Kohlhammer

Behinderung, Bildung, Partizipation
Enzyklopädisches Handbuch der Behindertenpädagogik

Herausgegeben von
Iris Beck, Georg Feuser, Wolfgang Jantzen, Peter Wachtel

Gesamtherausgeber:
Wolfgang Jantzen

Redaktion:
Birger Siebert

Band 2

Markus Dederich/Wolfgang Jantzen (Hrsg.)

Behinderung und Anerkennung

Verlag W. Kohlhammer

Alle Rechte vorbehalten
© 2009 W. Kohlhammer GmbH Stuttgart
Gesamtherstellung:
W. Kohlhammer Druckerei GmbH + Co. KG, Stuttgart
Printed in Germany

ISBN 978-3-17-019631-5

Vorwort der Gesamtherausgeber

Das Enzyklopädische Handbuch der Behindertenpädagogik „Behinderung, Bildung, Partizipation" ist ein Lexikon in Stichwörtern, die jedoch nicht alphabetisch, sondern thematisch in 10 Bänden strukturiert wurden. Insgesamt wurden ca. 20 Haupt-, 100 mittlere und 300 kleine Stichwörter erarbeitet. Sie suchen zum einen in ihrer Gesamtheit einen Zusammenhang des Fachwissens herzustellen, in dem jedes Stichwort und zugleich jeder Band verortet ist. Zum anderen aber bilden die Einzelbände aufeinander bezogene thematische Einheiten. Somit ist das Gesamtwerk in zwei Richtungen lesbar und muss zugleich auch so gelesen werden: als Bestand aufeinander verweisender zentraler Begriffe des Faches zum einen und als thematischer Zusammenhang in den Einzelbänden zum anderen, der aber jeweils auf die weiteren Bände verweist und mit ihnen in engstem Zusammenhang steht. Dementsprechend wurden Verweise sowohl innerhalb der Einzelbände als auch zwischen den Bänden vorgenommen, wobei einzelne Überschneidungen unvermeidbar waren.

Der Anspruch, das Gesamtgebiet der Behindertenpädagogik darzustellen, kann angesichts der Differenzierung und Spezialisierung der Einzelgebiete und ihrer schon je komplexen Wissensbestände nicht ohne Einschränkung vorgenommen werden. So ging es uns nicht darum, diese Komplexität aller Theorien, Methoden, Handlungsansätze und Einzelprobleme in Theorie und Praxis einzufangen, sondern den Wirklichkeits- als Gegenstandsbereich der wissenschaftlichen Behindertenpädagogik hinsichtlich seiner konstitutiven Begriffe, Aufgaben und Problemstellungen zu erfassen. Dabei sollte der grundlegende, auf aktuellen Wissensbeständen beruhende und der zugleich erwartbar zukunftsträchtige nationale und internationale Forschungs- und Entwicklungstand im Sinne einer synthetischen Human- und Sozialwissenschaft berücksichtigt werden. Reflexives Wissen bereit zu stellen ist also die wesentliche Intention. Dies gelingt nur, wenn aus anderen Wissenschaften resultierende Forschungsstände und Erkenntnisse möglichst breit und grundlegend verfügbar gemacht werden. Aufgrund der komplexen biopsychosozialen Zusammenhänge sowohl von Behinderung als auch von Persönlichkeitsentwicklung und Sozialisation müssen das gesamte humanwissenschaftliche Spektrum Berücksichtigung finden und insbesondere Philosophie, Psychologie und Soziologie, aber auch Medizin und Neurowissenschaften einbezogen werden. Gerade der neurowissenschaftliche Bezug, der selbstverständlich äußerst kritisch betrachtet wird, ist notwendig, um gegen neue Formen der Biologisierung die entsprechenden Argumente für Vielfalt und Differenz auf jeder Wissenschaftsebene, also auch auf der neurowissenschaftlichen, in die Debatte führen zu können. Vorrangig mit Blick auf die disziplinäre Verortung ist jedoch die Erziehungswissenschaft, Behindertenpädagogik ist eines ihrer Teilgebiete.

Für die Konzeption ist ein Bildungsverständnis tragend, das Bildung als Möglichkeit zur selbst bestimmten Lebensführung, zur umfassenden Persönlichkeitsentwicklung und gesellschaftlichen Teilhabe betrachtet; mit Wolfgang Klafki: Entwicklungen der Fähigkeiten zur Selbstbestimmung, Mitbestimmung und Solidarität, entwicklungspsychologisch mit Wolfgang Stegemann als Entwicklung auf höheres und auf höherem Niveau. Die erziehungswissenschaftliche Begründung von Bildungs- und Erziehungszielen muss über gesellschaftliche Erwartungen, wie sie sich in Forderungen nach einem Wissenskanon als Zurüstung auf die berufliche Eingliederung niederschlagen können, notwendigerweise hinausreichen und die Lebensbewältigung insgesamt umfassen. Bildung und Erziehung eröffnen Optionen für die Lebensgestaltung, und das bedeutet, die eigene Identität nicht nur schicksalhaft oder einzig von außen determiniert zu erleben, sondern auch über Möglichkeiten der Selbstverwirklichung und der Auswahl von Handlungsmöglichkeiten zu verfügen, Zwänge und Grenzen ebenso wie Handlungs- und Veränderungsmöglichkeiten erkennen und nutzen zu können. Nicht in jedem Fall, in dem diese Möglichkeiten nicht per se aufscheinen, ist diese Problematik begrifflich quasi automatisch mit Behinderung zu fassen. Umgekehrt heißt Bildung aber auch, solche Strukturen und Prozesse zu gestalten, die „Bildung für alle, im Medium des Allgemeinen", unabhängig von Kriterien, ermöglichen. Behinderungen im pädagogischen Sinn liegen dort vor, wo die Teilhabe an Bildung und Erziehung gefährdet oder erschwert ist oder wo Ausgrenzungsprozesse drohen oder erfolgt sind, und zwar aufgrund eines Wechselspiels individueller, sozialer und ökonomischer Bedingungen. Hier tritt die Frage der Ermöglichung von Partizipation in den Vordergrund. „Wo Menschen aus ihren Lebenszusammenhängen herausgestoßen werden, da wird lernender und wissender Umgang mit bedrohter und gebrochener Identität zur Lebensfrage" (Oskar Negt) und ebenso die Ermöglichung von Lebenschancen. Damit werden zugleich eine Abgrenzung zu sozial- oder bildungsrechtlichen Definitionen und eine weite Begriffsbestimmung von Behinderung vorgenommen, im Bewusstsein der Problematik, die diese mit sich bringt. Doch fasst auch der schulrechtliche Begriff des sonderpädagogischen Förderbedarfs, der wiederum nur partiell deckungsgleich mit dem sozialrechtlichen Behinderungsbegriff ist, äußerst heterogene, darunter auch rein sozial bedingte Benachteiligungsprozesse zusammen. Pädagogik heißt für uns somit auch nicht einseitige und ständige Förderung. Emil E. Kobi hat dies in der Gegenüberstellung einer ‚Pädagogik des Bewerkstelligens‘, der es immer um den Fortschritt geht, die sich nur auf den Defekt richtet und das So-Sein nicht anzuerkennen in der Lage ist, und einer ‚Pädagogik der Daseinsgestaltung‘ beschrieben, die anerkannte Lebensbedingungen zwischen gleichberechtigten und als gleichwertig anerkannten Subjekten und eine befriedigende Lebensführung auch bei fortbestehenden Beeinträchtigungen zu schaffen vermag. In diesem pädagogischen Verständnis von Behinderung liegt eine Begründung für die Beibehaltung des Begriffes der Behindertenpädagogik. Wir respektieren Benennungen wie Förder-, Rehabilitations-, Sonder-, Heil-, Integrations- und Inklusionspädagogik; der Begriff der Behinderung hebt jedoch wie kein anderer nicht nur die intransitive Sicht des behindert Seins, sondern auch die transitive Sicht des behindert Werdens hervor und lässt sich pädagogisch sinnvoll begründen. Ebenso entgeht er Verengungen mit Blick auf den Gegenstandsbereich; behindertenpädagogisches Handeln greift weit über den Bereich der institutionalisierten Erziehung und Bildung hinaus und findet lebensphasen- und lebensbereichsübergreifend statt; auch innerhalb des schulischen Bereiches ist das Handeln weitaus vielfältiger als allein unterrichtsbezogene Tätigkeiten; gleichwohl bleiben diese prominente Aufgaben. Behindertenpädagogik, in diesem weiten Sinne intransitiv verstanden, ist zwar einerseits Teilgebiet der Erziehungswissenschaft, andererseits trägt sie in transitiver Hinsicht zu deren Grundlagen bei. Denn behindert werden und eingeschränkt zu sein sind alltäglich und schlagen sich keineswegs nur in der sozialen Zuschreibung von Behinderung nieder. Entgegen der noch vorfindbaren Gliederung nach Arten von Beeinträchtigungen bzw. schulischen Förderschwerpunkten und einer institutionellen Orientierung ist für uns ein an den Lebenslagen und an der Lebenswirklichkeit der Adressaten von Bildungs- und Erziehungsangeboten orientiertes Verständnis pädagogischen Handelns leitend. Diese Perspektive auf den individuellen Bedarf an Unterstützung für eine möglichst selbst bestimmte Lebensführung ist der Bezugspunkt der personalen Orientierung, aber dieser Bedarf impliziert immer auch den Bedarf an Überwindung der sozialen Folgen, also der behindernden Bedingungen des Umfeldes. Traditionell wird der Lebenslauf- und Lebenslagenbezug der Pädagogik durch die Gegenstandsbezeichnungen der einzelnen Teildisziplinen angezeigt (Pädagogik, Andragogik, Geragogik einerseits; Sozial-, Berufs-, Freizeitpädagogik usw. andererseits). Hiermit können aber auch Abgrenzungen und Abschottungen einhergehen, so dass der Bezug zur Lebenslage als Ganzer und zum Lebenslauf in seiner biographischen Gewordenheit verloren geht. Lebenslagen- und Lebenslauforientierung stellen demgegenüber die notwendige Gesamtsicht her, die allerdings in ihrer Bezugnahme auf die Chancen und Grenzen selbstbestimmter Lebensführung einer Pädagogisierung im Sinne der andauernden intentionalen Erziehung entgehen muss. Sie hebt die spezifischen Gegenstandsbestimmungen und Handlungskonzepte der erziehungswissenschaftlichen Teildisziplinen nicht auf, sondern wird als konzeptionelle und methodische Leitperspektive tragend. Ebenso hat jedes Verständnis von individueller Teilhabe- und Bildungsplanung die Deutungshoheit der auf Unterstützung und pädagogisches Handeln angewiesenen Menschen zu respektieren und zentral von politischer Mitwirkung und der Gewährleistung der Menschen- und Bürgerrechte auszugehen. Dies verlangt die Demokratisierung und Humanisierung der Handlungsprozesse und Strukturen in Theorie und Praxis sowie die Auseinandersetzung mit Ethik, Moral und Professionalität.

Die aus diesem Verständnis von Bildung, Behinderung und Partizipation resultierenden Fragen lassen sich zusammenfassen in die nach dem Verhältnis von Ausschluss und Anerkennung, Vielfalt und Differenz, Individuum und Gesellschaft, Entwicklung und Sozialisation, System und Lebenswelt, Institution und Organisation, über die Lebensspanne hinweg und immer bezogen auf die Grundfrage nach Bildung und Partizipation angesichts behindernder Bedingungen.

Von diesen Grundgedanken ausgehend wurde die Konzeption und Anlage der Stichwörter von Iris Beck und Wolfgang Jantzen erarbeitet und dann durch das Team der Bandherausgeber kritisch überprüft und ergänzt. Es ergibt sich folgende Gesamtanlage: die Bände 1 und 2 dienen der wissenschaftlichen Konstitutionsproblematik mit Blick auf die wissenschaftstheoretische Begründung des Faches einschließlich der erziehungswissenschaftlichen Verortung und dem Verhältnis von Behinderung und Anerkennung. Die Bände 3 bis 6 repräsentieren Aufgaben und Probleme der Bildung und Erziehung im Lebenslauf mit den Kernfragen nach Bildung, Erziehung, Didaktik und Unterricht zum einen, Lebensbewältigung und gleichberechtigter Teilhabe am Leben in der Gemeinde zum anderen. Die Bände 7 bis 10 behandeln Entwicklung und Lernen, Sprache und Kommunikation, Sinne, Körper und Bewegung sowie Emotion und Persönlichkeit. Sie stellen grundlegende pädagogische Auseinandersetzungen über Persönlichkeitsentwicklung und Sozialisation angesichts behindernder und benachteiligender Bedingungen dar, und zwar in übergreifender Sicht, die zugleich die notwendigen speziellen und spezifischen Aspekte zur Geltung bringt. Allgemeines und Besonderes sind insgesamt, über alle Bände hinweg, vielfach aufeinander bezogen und haben gleichsam ihre Bewegung aneinander. Dort, wo sich gemeinsame Probleme quer zu speziellen Gebieten stellen, sind diese auch allgemein und mit der Absicht der Grundlegung behandelt, auch um Redundanzen zu vermeiden. Dort, wo ohne Spezifizierung zu grobe Verallgemeinerungen und damit unzulässige Reduktionen erfolgt wären, sind die Besonderheiten aufgenommen. Angesichts der zahlreichen Publikationen, die spezielle und spezifische Fragen en detail und mit Blick auf Einzelprobleme behandeln, ist diese Entscheidung auch vor dem Hintergrund einer ansonsten nicht zu gewährleistenden Systematik getroffen worden.

Wir sind uns bewusst, dass dieser Versuch der Systematik nicht ohne Lücken, Widersprüche und Redundanzen auskommt. Die allfällige Kritik hieran verstehen wir im Sinne des „Runden Tisches", als den wir die Zusammenarbeit unter den Herausgebern und Autoren verstehen, als Motivation zu neuen Fragen und neuer Forschung.

Wir danken allen Bandherausgebern und Autoren für ihre konstruktive Arbeit, die in Zeiten der Arbeitsverdichtung und Effizienzsteigerung nicht mehr selbstverständlich erwartet werden kann.

Iris Beck
Georg Feuser
Wolfgang Jantzen
Peter Wachtel

Vorwort

Im Mittelpunkt dieses Bandes steht die Kategorie Behinderung, die durchgängig in der Perspektive von Anerkennung und Partizipation unter sozial- und kulturwissenschaftlichen, ethischen und rechtlichen Aspekten betrachtet wird. Dabei tritt Behinderung nicht als zu beschreibender Sachverhalt, sondern als herausfordernder Problemtitel auf, der unter historischen, sozialen, gesellschaftlichen, politischen, ökonomischen, pädagogischen und psychologischen Gesichtspunkten untersucht und auf seine wirklichkeitsmächtigen Implikationen und Folgen hin befragt wird. Ohne medizinische Aspekte zu leugnen wird Behinderung radikal kontextualisiert und historisiert und als soziale Konstruktion, als Ausdruck ökonomischer und institutioneller Wirklichkeiten, ebenso als Deutungs- und Sinnphänomen verstanden. Bei deren kritischer Rekonstruktion kommen kulturelle und gesellschaftliche Rahmenbedingungen, Macht und Herrschaft, Ausgrenzung und Stigmatisierung sowie Sinnhorizonte, sich wandelnde Mentalitäten, Figurationen und Wandlungen von Wissen, auf Normen und Werten beruhende (sowie Normen und Werte hervorbringende) gesellschaftlichen Praxen, sich wandelnde Menschen- und Gesellschaftsbilder, Vorstellungen von Normalität und Abweichung, von Idealkörpern und abweichenden Biologien usw. in den Blick.

Auswahl, Gewichtung und Anordnung der Stichwörter soll dieser Komplexität und Vieldeutigkeit gerecht werden. Zugleich weist das weitgefasste Spektrum an Stichwörtern gewisse Schwerpunkte auf:

- Verschiedene Theorien und Rekonstruktionen von Behinderung. Hier reicht das Spektrum von der Erörterung sozialwissenschaftlicher Grundfragen über die Untersuchung eugenischer und rassistischer Ideologien bis hin zu entwicklungspsychologischen und persönlichkeitstheoretischen Fragen.
- Behandlung von Vielfalt und Differenz unter Bedingungen von Partizipation und Anerkennung, unter Aufnahme rechtlicher Aspekte ebenso wie unter Aufnahme der Stimme behinderter Menschen selbst.
- Diskussion und Kritik anthropologischer und ethischer Fragestellungen.
- Diskussion exemplarischer Problemfelder von sozialem Ausschluss und Reduktion auf nacktes Leben und bloße Natur, die insbesondere im Kontext der sog. Bioethik eine zentrale Rolle spielen.
- Reflexion der Rolle helfender Berufe.

Obgleich die Beiträge zu diesem Band der eingangs umrissenen Grundperspektive verpflichtet sind, zeichnen sie keineswegs ein homogenes Bild. Vielmehr wird eine methodische und wissenschaftstheoretische Vielfalt sichtbar, die den Diskurs über Behinderung in den verschiedenen beteiligten Disziplinen und Professionen gegenwärtig kennzeichnet. Das zeigt sich in den unterschiedlichen methodologischen und philosophischen Ausrichtungen der verschiedenen Beiträge; hier reicht das Spektrum von materialistischen über systemtheoretische bis hin zu phänomenologischen Zugängen. Es zeigt sich auch darin, dass manche Beiträge eher historisch systematisch, einige eher kritisch-analytisch und wieder andere eher ethisch-normativ ausgerichtet sind.

Unabhängig von wissenschaftlichen Kontroversen, die es auch innerhalb der Behindertenpädagogik gibt und geben muss, sind wir der Überzeugung, dass allein eine Pluralität der Perspektiven und Zugänge der außerordentlichen Mehrdimensionalität, Vielschichtigkeit und Komplexität des Themas gerecht werden kann. Wissenschaft muss zwar nach ihr entsprechenden methodologischen Regeln, aber zugleich in demokratischen Diskursen ohne Ausgrenzung betrieben werden. Es muss betont werden, dass auch ein Werk mit enzyklopädischem Anspruch nicht ohne Komplexitätsreduktion auskommt. Dementsprechend beruht die Festlegung und Gewichtung der Stichwörter auf einer Auswahl, die auf der Basis theoretischer und systematischer Kriterien erfolgt ist. Sie ist überdies das Resultat eines andauernden und prinzipiell unabschließbaren Diskussionsprozesses und insofern auch im Bewusstsein einer gewissen Kontingenz vorgenommen.

Wie die gesamte Enzyklopädie prägt auch diesen Band die Überzeugung, dass sich hinter der Problematik ‚Behinderung‘ ein Themenkomplex von großer gesellschaftlicher Relevanz verbirgt.

Wir hoffen, mit dieser Enzyklopädie und mit diesem Band einen Beitrag zu leisten, die Behindertenpädagogik aus ihrem bisherigen gesellschaftlichen und wissenschaftlichen Nischendasein herauszuholen, indem wir die hohe Interdisziplinarität dieses Faches als wichtigen Prüfstein für alle Humanwissenschaften herausstellen.

Markus Dederich
Wolfgang Jantzen

Inhaltsverzeichnis

Teil I

Behinderung als sozial- und kulturwissenschaftliche Kategorie

Markus Dederich

1 Definition

Eine allgemein anerkannte Definition von Behinderung liegt bis zum heutigen Tage nicht vor, obwohl der Begriff seit einigen Jahrzehnten im allgemeinen Sprachgebrauch gängig und wissenschaftlich etabliert ist. Ein wesentlicher Grund hierfür liegt darin, dass es sich um einen medizinischen, psychologischen, pädagogischen, soziologischen sowie bildungs- und sozialpolitischen Terminus handelt, der in den jeweiligen Kontexten seiner Verwendung unterschiedliche Funktionen hat und auf der Grundlage heterogener theoretischer und methodischer Voraussetzungen formuliert wird. Zu der Unklarheit trägt der metaphorische Gehalt des Begriffs ebenso bei wie sein ungeklärtes Verhältnis zu teilweise angrenzenden, teilweise synonym verwendeten, teilweise ergänzenden Termini wie Krankheit, Schädigung, Beeinträchtigung, Gefährdung, Benachteiligung oder Störung. So wird beispielsweise bei Bach (1999) Beeinträchtigung zu einem Oberbegriff, der in Behinderungen, Störungen und Gefährdungen unterteilt wird, während bei Bleidick (1999) Behinderung die allgemeine Kategorie ist.

Betrachtet man das semantische Feld des Begriffs, so ergibt sich ein ganzes Spektrum sinn- und sachverwandter Termini, etwa Hindernis, Erschwernis, Barriere, Hemmung, Hürde, Einschränkung oder Engpass. Der gemeinsame Nenner dieses Bedeutungsspektrums ist, dass etwas entgegen einer vorhandenen Erwartung nicht geht (vgl. Weisser 2005). Damit verweist der Begriff, allerdings auf höchst unspezifische Weise, auf *„Negativphänomene* menschlichen Daseins oder dinglichen Seins" (Lindmeier 1993, 22). Bereits diese sehr weit gefasste Annäherung macht deutlich, dass es Behinderung nicht per se gibt. Vielmehr markiert der Begriff eine von Kriterien abhängige Differenz und somit eine an verschiedene Kontexte gebundene Kategorie, die eine Relation anzeigt.

Die Relativität und die mit ihr gegebene Unschärfe zeigen sich in allen bisher vorgenommenen Definitionsversuchen. So heißt es in den „Empfehlungen der Bildungskommission des Deutschen Bildungsrates" (1973, 30): „Als behindert im erziehungswissenschaftlichen Sinne gelten alle Kinder, Jugendlichen und Erwachsenen, die in ihrem Lernen, im sozialen Verhalten, in der sprachlichen Kommunikation oder in den psychomotorischen Fähigkeiten so weit beeinträchtigt sind, dass ihre Teilhabe am Leben der Gesellschaft wesentlich erschwert ist, deshalb bedürfen sie besonderer pädagogischer Förderung."

Eine gewisse Verbreitung hat eine von Bleidick vorgelegte Definition erfahren: „Als behindert gelten Personen, die in Folge einer Schädigung ihrer körperlichen, seelischen und geistigen Funktion so weit beeinträchtigt sind, dass ihre unmittelbaren Lebensverrichtungen oder ihre Teilnahme am Leben der Gesellschaft erschwert werden" (Bleidick 1999, 15).

Das SGB IX definiert: „Menschen sind behindert, wenn ihre körperliche Funktion, geistige Fähigkeit oder seelische Gesundheit mit hoher Wahrscheinlichkeit länger als 6 Monate von dem für das Lebensalter typischen Zustand abweichen und daher ihre Teilhabe am Leben in der Gesellschaft beeinträchtigt ist. Sie sind von Behinderung bedroht, wenn die Beeinträchtigung zu erwarten ist."

Eine neue, mittlerweile häufig rezipierte Annäherung lehnt sich an die von der WHO entwickelte „International Classification of

Functions" [→ VI ICF] an. Dieses Klassifikationssystem soll ‚dimensions of disablement and health' unterscheiden. Gegenüber der älteren Fassung von 1980 wurden die Begriffe ‚impairment', ‚disability' und ‚handicap' durch die Begriffe ‚impairment', ‚activity' und ‚participation' ersetzt. Ein wesentlicher Grund für diese Veränderung liegt in der stärkeren Beachtung sozialer und gesellschaftlicher Aspekte von Behinderung. Während die frühere Klassifikation vom individuellen Defekt bzw. der individuellen Schädigung ausgegangen war, rückt die neue Klassifikation unterschiedliche Rahmenbedingungen und Kontexte stärker in den Blick und betrachtet das Individuum als Mitgestalter seiner Situation. Die Dimension des ‚impairment' bezieht sich auf Strukturen und Funktionen des Körpers, ‚activity' bzw. ‚activity limitation' sollen das Maß der persönlichen Verwirklichung auch angesichts einer Schädigung oder Störung erfassen und ‚participation' bzw. ‚participation restriction' sind auf die Dimension der Teilhabe am Leben der Gesellschaft und kulturellen Angeboten bzw. deren Einschränkungen bezogen. Die Kontextfaktoren schließlich fokussieren Umwelten und Milieus, aber auch personelle Bedingungen, Lebensumstände und Lebenshintergründe, die wichtig für das Individuum sind und seine Entwicklung bzw. seinen Lebensweg sowohl fördern als auch behindern können. Auch wenn dieses Modell nicht unwidersprochen geblieben ist und eine Reihe von Problemen mit sich bringt, so scheint es gegenwärtig in der Behindertenpädagogik zumindest einen Minimalkonsens darstellen zu können.

2 Begriffs- und Gegenstandsgeschichte

Erstmals verwendet wurde der Begriff ‚Behinderung' im Zusammenhang mit der ‚Krüppelfürsorge' für Körperbehinderte im frühen 20. Jahrhundert. Hier taucht er als deskriptiver Begriff auf, ohne sich allerdings durchzusetzen. Seit dem späten 18. und im gesamten 19. Jahrhundert gab es eine ganze Reihe von Vorläuferbegriffen, die aus der Medizin übernommen oder stark durch medizinisches und defektorientiertes Denken eingefärbt waren. Seit den Anfängen der Behindertenpädagogik und Behindertenhilfe hat es immer wieder Versuche gegeben, sich vom Einfluss der Medizin und defektorientierten Sichtweisen zu befreien. Dem versuchten zahlreiche Heilpädagogen, etwa Hanselmann und Moor, ‚einheimische' pädagogische Begriffe und eine konsistente Fassung des Gegenstandes des Faches gegenüber zu stellen. Diese Versuche werden jedoch heute als gescheitert angesehen. Bis heute besteht keine Einhelligkeit darüber, ob ein pädagogischer Behinderungsbegriff notwendig ist und wie dieser Begriff definiert und theoretisch unterbaut sein könnte.

Wie Lindmeier zeigt, hat der Terminus ‚Behinderung' seit seiner Einführung eine Reihe wichtiger Veränderungen und Ausweitungen durchlaufen: von der Bezeichnung von Phänomenen in der physikalisch-dinglichen Welt hin zur Bezeichnung menschlicher Phänomene, von einem deskriptiven hin zu einem nominalisierten und substanzialisierten Ausdruck und schließlich die Ausweitung von sinnfälligen hin zu nicht sinnfälligen Phänomenen. Erst Ende der 1960er Jahre setzt sich der Begriff durch, indem er „nicht nur zu einem Grundbegriff der Heilpädagogik avanciert, sondern auch im Bildungssystem allgemein ebenso wie im Rechtssystem, im Gesundheitssystem, im System sozialer Sicherung usw. eine herausragende Bedeutung als abstrakte Generalisierung erlangt" (Lindmeier 1993, 28). Ein wichtiger Schritt zu seiner Etablierung war seine Festschreibung im Bundessozialhilfegesetz von 1961. Neben seiner sozialrechtlichen Bedeutung war er bis in die 1970er Jahre hinein ein fast durchgängig medizinisch grundierter, recht unspezifischer Oberbegriff, der körperliche Schädigungen, Pathologien und Anomalien, Defizite und Dysfunktionen kennzeichnete.

Seit den 1970er Jahren hat in der Behindertenpädagogik und Behindertenhilfe ein phasenweise kontrovers geführter Prozess der kritischen Selbstvergewisserung und theoretisch-konzeptuellen Neuausrichtung eingesetzt. Zu den Kernthemen dieser in den 1970er Jahren stark durch soziologisches Denken beeinflussten Diskussion gehörte eine kritische Auseinandersetzung mit dem Behinderungsbegriff. Hierbei ging es im Wesentlichen um die Zurückweisung individualisierender, einseitig medizinisch oder psychologisch orientierter, Defekte, Mängel und Abweichungen fokussierender Sichtweisen von Behinderung. Diese Kritik wurde von unterschiedlichen Personen und Gruppen formuliert: Von Aktivistinnen und Aktivisten der Behindertenbewegung [→ Behindertenbewegung], Eltern behinderter Kinder, die sich für eine integrative Beschulung einsetzten, Sozialwissenschaftlern sowie Vertretern der Behindertenpädagogik. Insbesondere durch die emanzipatorisch orientierte Kritik der Behindertenbewegung hat sich die Blickrichtung entscheidend verändert. War der Diskurs bis dahin überwiegend als paternalistischer Fachdiskurs von Experten über eine heterogene Personengruppe geführt worden, die den Gegenstand ihrer Disziplin bildeten, so meldeten sich nun diese Gruppen als betroffene Menschen selbst zu Wort. Für sie ist Behinderung kein „neutraler Sachverhalt, sondern ein zentrales Daseinsthema" (Gröschke 2007, 109). Durch diesen Wechsel von der fachlich ausgerichteten Beobachterperspektive hin zu einer Betroffenenperspektive wird Behinderung als subjektive und existenziell erfahrene Tatsache sichtbar, die das Individuum auf „seinen prekären Status in der Gesellschaft" (ebd.) verweist.

Dem bis dahin kaum hinterfragten ‚medizinischen‘ bzw. ‚individualtheoretischen‘ Modell von Behinderung wurden verschiedene Alternativen entgegengestellt. Das waren aus der Soziologie übernommene Theorien, die Behinderung als Abweichung von gesellschaftlichen Normen, als Folge von Stigmatisierungsprozessen und Negativzuschreibungen bzw. im Lichte gesellschaftlicher Differenzierungs- sowie Ein- und Ausschließungsprozesse fassen. Es wurde ein durch den Marxismus inspirier-

ter gesellschaftskritischer Zugang vorgelegt, und in den vergangenen Jahren wurden konstruktivistische Modelle populär, denen zufolge Behinderung strikt als Beobachterkategorie und damit – je nach Optik – als gesellschaftliche, historische oder wissenschaftliche Konstruktion verstanden wird. Aus der Sicht einer Pädagogik der Vielfalt [→ Vielfalt], in deren Zentrum der Versuch steht, das Verhältnis von Gleichheit und Verschiedenheit nicht als Gegensatz, sondern als dynamische und dialektische Einheit zu verstehen, wird Behinderung als nicht gelungener Umgang mit Verschiedenheit gesehen. In den Disability Studies [→ Disability Studies] schließlich wurde dem medizinischen Modell von Behinderung ein soziales und ein kulturelles Modell gegenüber gestellt, die ebenfalls für einen Perspektivwechsel optieren. In den vergangenen Jahren hat sich der Prozess des Umdenkens auch auf die bereits erwähnte internationale Klassifikation der WHO ausgewirkt (ICF).

Ein Strang dieser komplexen Debatte war die vorwiegend in den 1990er Jahren geführte Debatte über einen ‚Paradigmenwechsel‘ in der Behindertenpädagogik und Behindertenhilfe. Diese Diskussion hat sich jedoch als wenig fruchtbar erwiesen. Dies lag an der häufig unklaren Bedeutung und Verwendung der Begriffe ‚Paradigma‘ und ‚Paradigmenwechsel‘ [→ I Paradigma und Paradigmawechsel] sowie einer letztlich nicht aufgelösten Kontroverse über unterschiedliche Paradigmen oder eine mögliche Paradigmenfolge. Ebenso ist bis heute umstritten, ob und wann in der Geschichte der Heil- und Sonderpädagogik überhaupt ein Paradigmenwechsel stattgefunden habe (vgl. Möckel 1996, Hillenbrand 1999, Dederich 2001).

3 Zentrale Probleme

Betrachtet man die Publikationen, die sich kritisch mit Behinderung befassen, so sind sie allesamt mit einem Dilemma konfrontiert: Um sich verständlich zu machen und zu kennzeichnen, wovon sie reden, müssen sie mit Benennungen operieren. Diese jedoch haben, wie die Geschichte immer wieder zeigt, die Tendenz, negative Konnotationen anzunehmen bzw. selbst zu Negativbegriffen zu werden. Die Kritik am Behinderungsbegriff steckt daher in einem ständigen Dilemma: Einerseits muss sie sagen, wovon sie spricht und die Phänomene benennen. Andererseits steht genau diese Benennung häufig im Zentrum der Kritik. Bis heute ist der Begriff ‚Behinderung' (bzw. seine funktionalen und semantischen Äquivalente) konstitutiv für die Behindertenpädagogik und Behindertenhilfe als Profession und Disziplin. Erst durch die begriffliche Unterscheidung ‚behindert' – ‚nicht behindert' wird der ‚Gegenstand' der Disziplin und Profession abgesteckt und die eigene Klientel zugeschnitten. So ist die Konstitution der *Sonder*pädagogik als Subsystem der Erziehungswissenschaft vermittels des Behinderungsbegriffs erfolgt, der einen spezifischen Personenkreis semantisch markiert und dadurch einen Unterschied einführt, der einen Unterschied macht. Dieses Verfahren war so lange erfolgreich, wie eine an der Leitdifferenz ‚behindert' – ‚nicht behindert' orientierte Systemdifferenzierung unhinterfragt aufrechterhalten werden konnte. Im Zuge der Emanzipationsbestrebungen behinderter Menschen und ihrer Forderungen nach Nichtaussonderung, Gleichberechtigung und gesellschaftlicher Anerkennung sowie der Bemühungen um schulische und soziale Integration wurde diese Leitdifferenz problematisch und aus verschiedenen Blickwinkeln einer Kritik unterzogen.

Eng verzahnt mit dieser Debatte ist eine kontrovers geführte Diskussion über anthropologisches Denken im Kontext von Behinderung und über die Funktion sowie Probleme von Menschenbildern. Es scheint kaum möglich zu sein, über Behinderung zu sprechen, ohne Vorstellungen von dem zu implizieren bzw. vorauszusetzen, was ‚der Mensch' ist oder sein soll. Menschenbilder haben die Funktion der Komplexitätsreduktion und Vereindeutigung, indem sie aus der Fülle möglicher Phänomene und Aspekte, die den Menschen als

Individuum, Sozialwesen und Gattung betreffen, eine begrenzte Anzahl herausheben und für die Theoriebildung und die Praxis als besonders wichtig erklären. Hierdurch kommt ihnen auch in der Praxis eine handlungsleitende Funktion zu. Menschenbilder können sowohl alltagstheoretisch begründet sein, zur kulturellen, etwa religiösen oder weltanschaulichen Überlieferung gehören oder wissenschaftlich (beispielsweise biologisch) oder philosophisch fundiert sein.

Wie jedoch die Anthropologiekritik [→ Anthropologie] deutlich gemacht hat, sind Anthropologien und Menschenbilder schwerwiegenden Einwänden ausgesetzt, die dem anthropologischen Denken in der Pädagogik letztlich den Boden entziehen (vgl. Jakobs 2001). In der Behindertenpädagogik ist die Hervorbringung einer Sonderanthropologie die Hauptgefahr einer anthropologischen Orientierung. Dies zeigt eines der schwerwiegendsten Probleme des Fachs auf: Wie ist es möglich, wissenschaftlich adäquat, philosophisch und soziologisch reflektiert und an den Erfordernissen der Praxis orientiert über Behinderung zu reden, ohne mit (sonder-) anthropologischen Denkfiguren, Wesenszuschreibungen, festgeschriebenen Merkmalskatalogen usw. zu operieren?

In einem prägnanten Überblick nennt Felkendorff (2003, 25 f.) eine Reihe von Argumenten, die gegen unterschiedliche Definitionen von Behinderung vorgebracht worden sind oder die sich gegen die Verwendung des Begriffs überhaupt wenden. Diese Liste ist nachfolgend leicht modifiziert und ergänzt.

Das Argument der Stigmatisierung: Die Verwendung des Begriffs bzw. Zuschreibung von Behinderung führt zu einer Stigmatisierung der betroffenen Individuen.

Das Argument des Essenzialismus: Durch den Rückgriff auf individuelle, biologisch definierte Merkmale wird Behinderung zu einem Wesensmerkmal; zugleich kaschiert dieser Zugang, dass es sich tatsächlich um gesellschaftlich oder kulturell erzeugte Differenzen handelt, die in (am Individuum diagnostizierte) ‚Natur' verwandelt werden.

Das Argument der Defizitarität: Der Behinderungsbegriff beruht auf der Feststellung individueller Mängel und Defizite und macht die Menschen, die diese Negativmerkmale aufweisen, zu menschlichen ‚Minus-Varianten'.

Das Argument der Arbitrarität: Der Begriff ist ein bloßes und willkürliches Konstrukt der definierenden Instanzen.

Das Argument fehlender Trennschärfe: Da höchst unterschiedliche Phänomene unter ihn subsumiert werden (etwa Down-Syndrom, Verhaltensstörungen, motorische Einschränkungen, chronische Erkrankungen, Beeinträchtigungen des Lernens oder Schädigungen von Sinnesorganen), verliert der Begriff bei gleichzeitiger Überstrapazierung seine Genauigkeit und Spezifität. Umgekehrt wurde aber auch argumentiert, der Begriff verdecke mit seiner scheinbar klaren und statischen Differenzierung von ‚behindert' und ‚nichtbehindert' Mischformen, Übergänge und zeitlich-prozesshafte Aspekte.

Das Argument der Individualisierung: Der Begriff transformiert ein gesellschaftlich und sozial bedingtes Phänomen in ein individuelles Problem und verdeckt damit die Tatsache, dass Behinderung eine Folge von gesellschaftlich definierten Erwartungen, sozialen Reaktionen auf Andersartigkeit, nicht gelingendem Umgang mit Verschiedenheit, dysfunktionalen Passungsverhältnissen zwischen Individuum und Umwelt usw. ist.

Das Argument der Segregation: Der Kern dieses Kritikpunktes besagt, dass der Behinderungsbegriff zu sozialer bzw. institutioneller Segregation beiträgt.

Das Argument des Missbrauchs für berufspolitische Zwecke: Durch ihre Definitionsmacht werden Professionen wie die Medizin und die Sonderpädagogik dazu verleitet, den Begriff im Sinne der eigenen Interessenswahrung zu verwenden, beispielsweise zur Sicherung oder Ausweitung des eigenen professionellen Zuständigkeitsbereichs.

Das Argument des Determinismus: Die Verwendung des Begriffs birgt die Gefahr, die so bezeichneten Individuen von vorne herein auf bestimmte Verhaltensweisen, Probleme oder Entwicklungsmöglichkeiten festzulegen und damit mögliche Veränderungen zu vereiteln. Dieses Argument wird auch manchmal unter dem Stichwort der sich selbst erfüllenden Prophezeiung vorgebracht.

Das Argument fehlender pädagogischer Aussagekraft: Da Behinderung ein negativer Begriff ist, der nur Defekte, Mängel, Defizite und Abweichungen hervorhebt, ist er pädagogisch wertlos; er gibt keinen Aufschluss darüber, was getan werden soll.

Auf diese Einwände wird mit einer Reihe unterschiedlicher Strategien reagiert:

- Betonung der Relativität von Behinderung;
- Neudefinition oder Ersatz durch einen neuen Begriff gleichen Umfangs;
- Verzicht auf eine eigenständige Definition oder ersatzlose Aufhebung;
- Strategische Verwendung des Begriffs, um Menschen mit Behinderung als gesellschaftlich benachteiligte, ausgegrenzte und unterdrückte Gruppe kenntlich und im politischen Diskurs sichtbar zu machen;
- Rückzug auf eine analytische Beobachterperspektive, die Wahrnehmungs- und Wissenspraxen im Feld der Behinderung rekonstruiert und kritisch analysiert (vgl. Felkendorff 2003, Weisser 2005, Dederich 2007).

4 Zentrale Erkenntnisse und aktueller Forschungsstand

4.1 Behinderung als sozialwissenschaftliche Kategorie

Im Kontext von Behinderung lassen sich grundsätzlich zwei unterschiedliche Typen soziologischer Theoriebildung unterscheiden: Während mikrosoziologische Theorien beim sozialen Handeln bzw. der Lebenswelt ansetzen, sind makrosoziologische Zugänge gesellschafts-, system- oder sozialstrukturtheoretisch ausgerichtet (vgl. Wieland 1993, Forster 2004).

In einem Überblicksartikel aus dem Jahr 1979 arbeitet Hohmeier fünf Ansätze einer Soziologie der Behinderten heraus, die bis heute ihre Bedeutung nicht verloren haben:

Behinderte als soziale Randgruppe und Minorität: Behinderte werden wie andere benachteiligte Gruppen der Gesellschaft als Minderheit angesehen. Drei Merkmale sind bezüglich solcher Gruppen charakteristisch: (1) Die Gruppe oder ihre Eigenschaften werden als soziales Problem wahrgenommen, das einer gesellschaftlichen Bearbeitung beispielsweise durch die Fürsorge bedarf. (2) Diese Problembearbeitung wird durch spezielle Institutionen übernommen. (3) Behinderten gegenüber existieren negative und stigmatisierende Einstellungen und Verhaltensweisen. Ferner sind sie von voller gesellschaftlicher Teilhabe ausgeschlossen.

Behinderung als abweichendes Verhalten: Behinderung wird in dieser Perspektive als eine Abweichung von gesellschaftlichen Normen verstanden. Solche Normen beziehen sich auf Eigenschaften unterschiedlicher Art oder Verhaltensweisen und konfrontieren die Individuen mit einem Erwartungsdruck. Der Devianzansatz geht nach Hohmeier von folgenden Annahmen aus: (1) In dem Moment, in dem eine Normabweichung festgestellt wird, besteht eine Behinderung. (2) Diese Feststellung zieht gesellschaftliche bzw. soziale Reaktionen nach sich, die ihrerseits wichtig für die Konstitution der Abweichung sind. (3) Die Reaktionen und die mit ihnen gekoppelten Erwartungen werden von stereotypen Vorstellungen darüber, was eine Behinderung ist, gesteuert. (4) Da Rollen an soziale Erwartungen gebunden sind, wird hierüber die Rolle des Behinderten konstituiert, die ihrerseits die betroffenen Personen beeinflusst. (5) Wenn diese Etikettierung und Rollenzuschreibung verinnerlicht werden, kann es zu einer Stabilisierung der Abweichung kommen, mit der Folge, dass sich die soziale Stellung der Person weiter negativ verändert (Hohmeier 1979, 122).

Behinderung als Stigma [→ Stigma]: Die Stigmatheorie ist eine Weiterentwicklung der Devianztheorie. Im Kern geht auch die Stigmatheorie davon aus, dass Behinderung bezüglich „ihrer Feststellung, der Reaktionen und Folgen an soziale Interaktionen" (ebd., 123) gebunden ist und als sozialer Prozess, nicht aber als feststehende Eigenschaft zu begreifen ist. Gegenüber der Devianztheorie fokussiert der Stigmaansatz einerseits die Durchsetzungs- und Machtprozesse in der Interaktion und Situationsdefinition stärker, beachtet aber auch die subjektive Seite der Dynamik, zu denen das Stigmamanagement, der individuelle Verarbeitungsprozess und die Auswirkungen auf die Ich-Identität gehören. „Kritisch ist zu diesem Ansatz vor allem anzumerken, dass er bislang materielle, insbesondere ökonomische Bedingungen für Behinderung und die Situation von Behinderten weitgehend unberücksichtigt gelassen hat" (ebd., 123).

Behinderung und Rehabilitation: Im Gegensatz zu den eher mikrosoziologischen Devianz- und Stigmaansätzen handelt es sich hier um eine makrosoziologische Perspektive, die gesellschaftliche Maßnahmen und Lösungswege im Umgang mit Behinderung, insbesondere die Institutionen der Rehabilitation, in den Blick nimmt. Hohmeier versteht diesen auf von Ferber (1972) zurückgehenden Ansatz als sozial- oder rehabilitationspolitisch. Behinderung wird als Beschränkung sozialer Teilhabe begriffen. „An der Entstehung der Behinderungen und an ihrer Auswirkung im Leben der Behinderten sind soziale Bedingungen beteiligt" (von Ferber 1972, 40). Folgende Aspekte sind zentral: (1) Das Auftreten von Behinderung und die Ausgliederung von behinderten Menschen wird vor allem an den Bedingungen in der Industriegesellschaft festgemacht. Von Ferber schreibt, der behinderte Mensch sei „der Fremdling, der Unbekannte, der ganz andere" (von Ferber 1972, 32). In einer „am Gesunden, Vollhandlungsfähigen" (ebd.) orientierten Gesellschaft gibt es drei für die Anerkennung [→ Anerkennung] und das soziale Lebensrecht entscheidende strategische Funktionsleistungen, die bei Behinderten stark eingeschränkt sind: „Nützlichkeit, Verantwortlichkeit und Kontaktfähigkeit" (ebd.). In der Folge kommt es über „gesellschaftliche Ausgliederungsprozesse" (ebd., 35) zu der „Deklassierung von Minoritäten" (ebd.). (2) Von besonderem Interesse bei diesem Ansatz ist die Frage, wie sich Rehabilitationsmaßnahmen auf die Integration Behinderter auswirken [→ III Integration und sozialer Ausschluss]. Hierbei gilt die Aufmerksamkeit vor allem dem Zusammenhang von Sozialpolitik und Rehabilitation. Die sich hieraus ergebende Hauptaufgabe ist die Sicherstellung von „Schutz vor folgenreichen sozialen Ausgliederungsprozessen" (ebd., 36) und eine „Verbesserung der gesellschaftlichen Lebenschancen" (ebd.). (3) Im Sinne der pragmatischen Ausrichtung werden aus den Analysen zu den Einflüssen von Gesellschaft und Politik auf die Sozialpolitik „Forderungen für eine Neuorientierung der Behindertenhilfe […] abgeleitet" (Hohmeier 1979, 124).

Behinderung und Gesellschaftsstruktur: Dieser Ansatz ist nach Hohmeier (1979) identisch mit der materialistischen Behindertenpädagogik, die „Entstehung, Sichtbarwerdung und gesellschaftliche Behandlung des Problems ‚Behinderung' […] an die Produktionsverhältnisse der kapitalistischen Gesellschaft" (ebd., 125) knüpft. Hohmeier bewertet den Ansatz als „wichtige Ergänzung und Alternative" (ebd.). Neben einigen kritischen Aspekten dieses Zugangs stellt Hohmeier einige Vorzüge gegenüber den anderen Ansätzen heraus. Erstens könne er „die Entwicklung und Ausprägung von Vorurteilen gegenüber Behinderten sowie die Tatsache, dass die Stigmatisierung unterschiedlich stark ist, adäquater […] erklären" (ebd.), zweitens sei er ein hervorragendes Denkmodell für die Analyse der Entwicklung des Behinderten- und Rehabilitationswesens.

In Ergänzung zu der Systematik Hohmeiers (1979) steht ein Vorschlag von Wieland (1993), der auf den *Zusammenhang von Behinderung und sozialen Netzwerken* hinweist. In den 1990er Jahren entwickelt er den Gedanken, dass Behinderung als Folge defizienter Netz-

werke auftreten kann. Entwicklung findet in sozialen Netzwerken statt, die ihrerseits entwicklungsfördernde oder entwicklungsgefährdende bzw. -behindernde Auswirkungen haben können. Demnach gibt es Risiko- und Schutzfaktoren, die sich positiv bzw. negativ auswirken können.

Nachfolgend sollen die in der Behindertenpädagogik einflussreichsten sozialwissenschaftlich ausgerichteten Behinderungstheorien skizziert werden.

a) Behinderung und Stigma

Ähnlich wie Hohmeier (1979) entwickelt Cloerkes (1997) den Stigmaansatz von einer Theorie abweichenden Verhaltens her. Dabei unterscheidet er zwischen einem strukturellen und einem devianztheoretischen Ansatz. Gemeinsam ist beiden Ansätzen die rollentheoretische Fundierung. Während jedoch der Strukturansatz dies aus einer objektiven und funktionalen Perspektive begründet, führt der prozessuale Ansatz die Behindertenrolle auf Interaktionsprozesse und soziale Reaktionen zurück und versteht Behinderung im Sinne Goffmans (1967) als Stigma [→ Stigma].

Auf der individuellen Ebene haben Stigmata eine Orientierungs- und eine Entlastungsfunktion und bilden eine Identitätsstrategie; auf der Gesellschaftsebene dienen sie der Systemstabilisierung, der Kanalisierung von Aggression, die z. B. auf ‚Sündenböcke' gelenkt wird, sie verstärken die Normkonformität der Nicht-Stigmatisierten und erfüllen eine Herrschaftsfunktion, indem sie bestimmte Gruppen unterdrücken und ausschließen. Cloerkes nennt drei Folgen der Stigmatisierung: Diskriminierung, Kontaktverlust, Isolation und Ausgliederung auf der Ebene der gesellschaftlichen Teilhabe, Erschwernisse der Interaktionen sowie Umdefinierung der Person auf der Ebene der Interaktion sowie Gefährdungen und Probleme auf der Ebene der Identität (vgl. Cloerkes 1997, 149).

In einem Artikel aus dem Jahr 1975 kritisiert Thimm die zu dieser Zeit weit verbreitete, jedoch aus seiner Sicht unreflektierte Rezeption der von Erving Goffman (1967) entwickelten Stigmatheorie und untersucht sie bezüglich ihrer Relevanz für eine Theorie der Behinderung. Seine Kritik setzt bei einer aus seiner Sicht „individuo-zentrischen" (Thimm 1975, 150) Theorieperspektive an, die Behinderung kausal aus einer am Individuum festgemachten Normabweichung auf medizinischer, psychologischer oder sozialer Ebene festmacht. Hiernach wird daran gearbeitet, „Behinderten durch immer präzisere empirisch belegbare ‚Merkmale' von Nichtbehinderten abzugrenzen" (ebd., 150) – eine methodologische Leitlinie, die Thimm kritisiert und verwirft, weil sie „eine spezielle Andersartigkeit der Klientel" (ebd.) postuliert und damit zur Ontologisierung oder Verdinglichung von Behinderung beiträgt. Wie Thimm kritisiert, wird häufig die Pointe des Ansatzes übersehen, dass nämlich ein Stigma nicht ein Anlass für eine negative soziale Zuschreibung sei, sondern deren Produkt. Nach dem von Thimm formulierten prozessualen und reflexiven „Stigma-Paradigma" (ebd., 154) ist Behinderung kein sich im Verhalten des Behinderten aktualisierendes „Eigenschaftspotential", sondern das Resultat sozialer Interaktionen. Die normalen und die stigmatisierten Individuen sind weniger Personen als Perspektiven, die in sozialen Situationen erzeugt werden (ebd., 170). Eine weitere Kritik formuliert Cloerkes (1997). Er konstatiert bei der Rezeption des Stigmaansatzes die Tendenz, anthropologische gegen sozialdeterministische Argumentationslinien auszutauschen. Dies geschieht durch die Ausklammerung der von Goffman herausgearbeiteten Subjektseite der Interaktion. Bei Goffman wird das Individuum nicht passiv, sondern aktiv gedacht. Da das stigmatisierte Individuum an der sozialen Interaktion beteiligt ist, kann von einer zwangsläufigen ‚Einschreibung' des Stigmas ‚behindert' in seine Identität nicht die Rede sein. Tatsächlich aber wird häufig mit der Annahme „einer geradezu automatischen Identitätsstörung bzw. -umformung (Stigma-Identitäts-These)" (ebd., 151) operiert. Hierdurch wird Behinderung in der Konsequenz zu einer umfassenden Identitäts-

kategorie stilisiert und die „Bedeutung von Identitätsstrategien" (ebd., 185) verkannt.

b) Behinderung aus interaktionistischer Sicht

Cloerkes (1997) legt eine Definition aus interaktionistischer Sicht vor, die im Kern aus drei ineinandergreifenden Aspekten besteht. Erstens muss bei einem Individuum in einer Interaktionssituation ein außergewöhnliches Merkmal mit Stimulusqualität vorhanden sein, das die Aufmerksamkeit anderer Individuen auf sich zieht und Spontanreaktionen auslöst. Zweitens muss dieses Merkmal andersartig sein und als Abweichung von sozialen Erwartungen wahrgenommen werden. Die Bewertung dieser Andersartigkeit kann negativ, ambivalent oder positiv ausfallen. Drittens kann nur dann von einer Behinderung gesprochen werden, wenn die Andersartigkeit in einem gegebenen kulturellen Kontext als unerwünschte Abweichung von einer Norm oder Erwartung wahrgenommen und negativ bewertet wird.

Auf dieser Grundlage definiert Cloerkes: „Eine Behinderung ist eine dauerhafte und sichtbare Abweichung im körperlichen, geistigen oder seelischen Bereich, der allgemein ein entschieden negativer Wert zugeschrieben wird. ‚Dauerhaftigkeit' unterscheidet Behinderung von Krankheit. ‚Sichtbarkeit' ist im weitesten Sinne das ‚Wissen' anderer Menschen um die Abweichung" (Cloerkes 1997, 6).

Von ‚behindert' ist dann zu sprechen, „wenn erstens eine unerwünschte Abweichung von wie auch immer definierten Erwartungen vorliegt und wenn zweitens deshalb die soziale Reaktion auf ihn negativ ist" (ebd.). Die wichtigste Ursache für die Negativbewertung in unserer Gesellschaft ist nach Cloerkes die ausschließliche Orientierung am „Gesunden und Vollhandlungsfähigen" (ebd., 75) (vgl. von Ferber 1972, 32).

c) Der Ansatz der materialistischen Behindertenpädagogik

In seiner „Allgemeinen Behindertenpädagogik" aus dem Jahr 1987 arbeitet Jantzen auf der Basis der marxistischen Theorie ein gesellschaftstheoretisch konturiertes Verständnis von Behinderung heraus. In Anlehnung an die WHO-Definition aus dem Jahr 1980 mit ihrer Unterscheidung von ‚impairment‘ (Jantzen übersetzt diesen Terminus nicht mit ‚Schädigung‘, sondern mit ‚Störung‘), ‚disability‘ (Beeinträchtigung) und handicap (Behinderung) unterstreicht Jantzen die Bedeutung der drei Ebenen des Biologischen, Psychischen und Sozialen. Gleichzeitig kritisiert er das mit der WHO-Definition verbundene Kausalitätsmodell, das die körperliche Schädigung als Ausgangspunkt und Ursache für die Behinderung ansetzt. Jantzen geht es darum, diese am Biologischen ansetzende Kausalkette aufzubrechen und stattdessen die zwischen Körper, Psyche und Sozialen bestehenden, durch Tätigkeit geknüpften und aufrechterhaltenen Verbindungen und Übergänge herauszuarbeiten. Seine Kernfrage in diesem Kontext lautet, wie das Biologische und das Psychische „in der Tätigkeit ineinander übergehen, sich vermitteln, wechselseitig voneinander abhängen und selbst wieder im Kontext der gesellschaftlichen Realität sich entwickeln und von diesem bestimmt werden" (Jantzen 1987, 76). Obwohl Schädigungen oder Defekte ein integrales Element dieses Modells sind, werden sie anders als im medizinischen Modell vom Sozialen bzw. der Gesellschaft her gedacht. Jantzen geht davon aus, dass die sozialen Bedingungen ausschlaggebend dafür sind, wie sich ein Individuum entwickelt und wie es seine Möglichkeiten aktiv ausbilden kann.

„Behinderung kann nicht als naturwüchsig entstandenes Phänomen betrachtet werden. Sie wird sichtbar und damit als Behinderung erst existent, wenn Merkmale und Merkmalskomplexe eines Individuums aufgrund sozialer Interaktion und Kommunikation in Bezug gesetzt werden zu gesellschaftlichen Minimalvorstellungen über individuelle und soziale Fähigkeiten. Indem festgestellt wird, dass ein Individuum aufgrund seiner Merkmalsausprägung diesen Vorstellungen nicht entspricht, wird Behinderung offensichtlich, sie existiert als sozialer Gegenstand erst von diesem Augenblick an" (Jantzen 1987, 18).

Im Rahmen der materialistischen Theorie der Behinderung sind ‚gesellschaftliche Produktion‘ und ‚Arbeit‘ – zusammengefasst im Terminus ‚Tätigkeit‘ – insofern zentrale Begriffe, als sie zwischen Individuum und Gesellschaft eine vermittelnde Funktion übernehmen. „Der Mensch wird zum Menschen […] durch seine Tätigkeit, die grundsätzlich gesellschaftliche Tätigkeit ist" (ebd., 109). Da Tätigkeit gesellschaftlich bestimmt ist, unterliegt sie zwangsläufig historischen Wandlungen und Umdeutungen. Aufgrund des vorherrschenden negativ-defizienten Bewertungsmodus der gesellschaftlichen Produktion und Arbeit Behinderter durch die kapitalistische Gesellschaft werden diese zu einer „Arbeitskraft minderer Güte" (Jantzen 1987, 30): Menschen mit deutlich sichtbaren körperlichen, psychischen und geistigen Einschränkungen, die nicht im geforderten Maß am gesellschaftlichen Arbeits- und Produktionsprozess teilnehmen können. Daher gibt es nach Jantzen auch einen klaren Zusammenhang zwischen Behinderung und Lebenslage, weil ungleich verteiltes Kapital im Sinne Bourdieus nicht nur soziale Ungleichheit schafft, sondern auch soziale Benachteiligungen für diejenigen, die mit körperlichen, psychischen oder geistigen Beeinträchtigungen zu leben haben.

Ein weiterer grundlegender Terminus in Jantzens Theorie ist ‚Isolation‘ [→ Isolation]. Dieser Terminus steht in Zusammenhang mit den Möglichkeiten und Notwendigkeiten des Vermittlungsprozesses zwischen dem sich entwickelnden Individuum und seiner sozialen und gesellschaftlichen Umwelt. Isolation bezeichnet die auf der biologischen, psychischen oder sozialen Ebene ansetzende Störung des Vermittlungsprozesses zwischen Individuum und Umwelt und damit die Störung des Prozesses der Aneignung des kulturellen Erbes einer gegebenen Gesellschaft.

„Behinderung ist somit ihrem Wesen nach als Isolation zu verstehen, als Störung der Widerspiegelungs-, Aneignungs- (und Vergegenständlichungs-)prozesse im innerorganismischen Bereich wie im Verhältnis zur Objektiven Realität in Natur und Gesellschaft" (Jantzen 1977, 199 f.).

Von den gesellschaftlich-ökonomischen Verhältnissen her analysiert begreift die materialistische Behindertenpädagogik Behinderung als reduzierte Geschäftsfähigkeit, reduzierte soziale Konsumfähigkeit, reduzierte Ausbeutungsbereitschaft, reduziertes Gebrauchswertversprechen, Ästhetik des Hässlichen, Anormalität und Minderwertigkeit. Alles in allem mündet Behinderung in gesellschaftlichen Ausschluss (Jantzen 1987, 40 ff.). Damit wird deutlich, dass Behinderung nicht nur von den gesellschaftlichen Produktionsverhältnissen her analysiert wird, sondern auch einen Verstoß gegen gesellschaftliche Normalität [→ X Normalität und Abweichung] darstellt: Die Norm der körperlichen Unversehrtheit und Körperideale bestimmen das Konzept des körperlichen Defektes; bürgerliche Bildungsideale bestimmen das Konzept der Bildungsunfähigkeit; Moral, Ethik und Sittlichkeit bestimmen das Konzept der Unerziehbarkeit; die Willens- und Straffähigkeit des Individuums bestimmen das Konzept der Unverständlichkeit (vgl. Jantzen 1982, 209 f.).

d) Der systemtheoretische Zugang

Neben den bisher referierten älteren sozialwissenschaftlich konturierten Behinderungsbegriffen etablierte sich im Laufe der 1980er und 1990er Jahre die systemtheoretische Perspektive [→ I Systemtheorie II]. Der erste größer angelegte Versuch einer Rezeption wurde 1987 von Speck vorgelegt (vgl. Speck 1998). Ein systemtheoretisch grundiertes Verständnis von Behinderung ist um eine Reihe von Schüsselbegriffen des Luhmannschen Theoriekosmos und des Konstruktivismus aufgebaut und ausdrücklich als Theorie des Beobachters entworfen. Luhmanns Grundlagenwerk „Soziale Systeme" (1984) führt den Begriff der Autopoiesis in die Soziologie ein und wendet sich damit gegen eine ontologische Denktradition mit ihrer grundlegenden Annahme der Verbundenheit von Sein und Denken. Im Kern entwickelt Luhmann den Gedanken, Systeme seien selbstreferenziell. Dies gilt für Organismen, psychische Systeme und soziale Systeme, bei denen Luhmann Interaktionen, Organisationen und Gesellschaften unterscheidet (vgl. Luhmann 1984, 16). Dabei werden die Elemente, Prozesse, Strukturen und Teilsysteme, auf die sich solche Systeme beziehen bzw. mit denen sie operieren, überhaupt erst durch die Systeme konstituiert. Dies gilt letztlich auch für die Systeme selbst.

Auf die eher konstruktivistisch zugeschnittene Theorieperspektive (die in einem engen, jedoch von ihren sonderpädagogischen Rezipienten häufig nicht wahrgenommenen Zusammenhang mit der Systemtheorie steht) soll im nachfolgenden Abschnitt eingegangen werden. Im Kontext einer systemtheoretischen Theorie der Behinderung werden häufig zwei eng miteinander verknüpfte Aspekte hervorgehoben.

Erster Aspekt: Behinderung, strukturelle Koppelung und Kommunikation. Neben dem Begriff der Autopoiesis arbeitet die Luhmannsche Systemtheorie mit einer Vielzahl komplexer und interdependenter Kategorien, u. a. Relation, Komplexität, Kontingenz, Kommunikation, System, Umwelt, Handlung, Struktur, Prozess, Selbstreferenz, Beobachtung, Reflexion und Differenz (vgl. Luhmann 1984, 12). Auch im Kontext einer Theorie der Behinderung sind diese Kategorien wichtig. In systemtheoretischer Perspektive ist Behinderung keine Individualeigenschaft, sondern eine Relation, die durch Kommunikation entsteht und sich in Systemdifferenzierungen niederschlägt. Systemtheoretisch orientierte Analysen beschäftigen sich daher vorzugsweise mit Problemkontexten und betrachten beispielsweise psychische Erkrankungen oder Verhaltensauffälligkeiten eher als Symptome für eine gestörte Passung zwischen Individuum und Umwelt. Individuelle Zustände oder Verhaltensweisen werden nicht als ‚krank' oder ‚behindert' bewertet, sondern auf ihre Entstehungs- und Bedingungskontexte sowie ihre Funktion innerhalb relevanter Systeme hin betrachtet. Sie sind nicht einfach etwas Vorgefundenes, sondern werden durch Unterscheidungsoperationen und Kommunikationen in Systemen ‚produziert' und bearbeitet. Systemtheoretisch sind Kommunikationen zentral dafür, ob und wie etwas konstituiert und in irgendeiner Form relevant wird, und sei es als Problem. Insofern sind Störungen oder Behinderungen das Resultat sprachlicher Organisation (vgl. Balgo 2002).

Folgt man systemtheoretischen Untersuchungen, ist Systemdifferenzierung eine häufige Strategie bei der Problemlösung, d. h. bei der Handhabbarmachung und Reduktion von Komplexität. Im Kontext von Behinderung sind strukturelle Koppelung, Kommunikation und Inklusion/Exklusion von besonderer Relevanz. Strukturelle Koppelung bezeichnet den Mechanismus, durch den Systeme bzw. Teilsysteme mehr oder weniger stabile Interdependenzverhältnisse realisieren. Dies geschieht in sozialen Systemen, Organisationen und Gesellschaften im Medium der Kommunikation. Demnach erschwert Behinderung die Koppelung von psychischen und sozialen Systemen über Kommunikation und wirkt sich maßgeblich auf Inklusionschancen bzw. Exklusionsrisiken aus.

„Behinderung tangiert Bewusstsein wie auch Kommunikation in dem Umfang, in dem sie die strukturelle Kopplung zwischen beiden beeinflusst. […] Je stärker die Kopplungsstörung, umso unwahrscheinlicher eine ‚Normalinklusion' bzw. umso wahrscheinlicher eine Inklusion in organisierte Spezialräume der Ein- bzw. Wegsortierung (Sonderschulen, Integrationsabteilungen, Werkstätten für Behinderte usw.)" (Wetzel 2004, 86).

Behinderung beeinflusst demnach die Bedingungen der Möglichkeit von Kommunikation (vgl. Fuchs 2002). Kommunikation ist an bestimmte Bedingungen gebunden. Wenn diese nicht erfüllt sind, kommt es zu einer Strapazierung sozialer Systeme. Dies ist der Fall, wenn verbalsprachliche Kommunikation durch Störungen des Hörens und/oder Sprechens, der Wahrnehmungsverarbeitung sowie der Sinnverarbeitung erschwert ist,

die zeitliche Synchronisation der beteiligten psychischen Systeme nicht hinreichend gelingt und Routinen sozialer Systeme stark gestört werden. In diesem Sinne ist Behinderung keine individuelle Eigenschaft, sondern das beobachtbare Resultat eines interaktiven Prozesses, in dessen Folge die strukturelle Koppelung nicht oder nicht im erwarteten Maß gelingt. Solche Behinderungen führen in den Umwelten, in denen sie auftauchen, zu Einschränkungen von Freiheitsgraden der Akteure. Sie schränken beispielsweise bei Eltern, Erziehern oder Lehrern Optionen ein und binden Aufmerksamkeiten. Diese müssen dann umdirigiert werden, Zeitverluste müssen toleriert und Probleme oder gar die Unmöglichkeit der Ausräumung von Missverständnissen hingenommen werden. „Umgekehrt strapazieren soziale Systeme genau die Individuen besonders stark, deren Konstellation von Einschränkungen […] jene Bedingungen der Möglichkeit von Kommunikation berührt" (Fuchs 2002, 8). Solche Belastungen erzeugen eine Exklusionsdrift, die unterschiedlichste Formen annehmen kann, von der Tötung über die räumliche Trennung bis hin zu pädagogischen oder therapeutischen Spezialmaßnahmen. Prozesse der Exklusion werden aber erst dann sozial auffällig, „wenn die Differenzierungsform der Gesellschaft ein Exklusionsverbot bzw. ein Inklusionsgebot mit sich bringt, das die Exklusionsdrift stoppen oder umkehren muss, obgleich die Gründe für diese Drift sich selbstläufig reorganisieren" (ebd., 8).

Zweiter Aspekt: Behinderung und Systemdifferenzierung. Bereits 1984 hat Ulrich Bleidick (1984) die Systemdifferenzierung zu einem seiner viel kritisierten ‚Paradigmen' der Behindertenpädagogik erklärt. Historisch dient die Heil- und Sonderpädagogik in dieser Hinsicht in erster Linie der Reduktion von Komplexität. Dabei steht die gesellschaftliche Funktion von Schule, nämlich die Selektion von Schülerinnen und Schülern nach dem Differenzschema ‚besser' – ‚schlechter' im Hintergrund. Die Systemtheorie liefert eine Erklärung dafür, „warum mit zunehmender

Differenzierung des allgemeinen Bildungswesens in seine spezialisierten Teilsysteme
Untereinheiten von ‚besonderen Kategorien‘
für bestimmte Schülergruppen entstanden"
(Bleidick 1999, 58). Ein systembedingter Behinderungsbegriff entstand „durch die Ver-
selbständigung von Organisationsformen der
speziellen Förderung behinderter Menschen,
die, weil sie sich selbst genügt, zur System-
erhaltung und Systemstabilisierung dient"
(ebd.). Bei ihrer Selbstlegitimation bezieht sich
die Sonderpädagogik häufig auf ein Versagen
der allgemeinen Schule, die entwicklungsauf-
fälligen und lernschwachen Schülern nicht die
notwendige Förderung gewähre [→ Legitima-
tions- und Kontingenzprobleme]. Tatsächlich
aber wird das Teilsystem Sonderschule – wie
alle Teilsysteme – nicht durch einen ständigen
Rekurs auf eine pädagogische Aufgabe in einem Funktionssystem aufrechterhalten, sondern durch eine verselbstständigte Dynamik,
die dem Prinzip der funktionellen Autonomie
folgt und die „Erhaltung ihres Systembestan-
des" (ebd., 61) bezweckt. Bleidicks Schlussfolgerung: „Behinderung und Sonderpädagogik
können also, systemsoziologisch betrachtet,
eine Folge des Schulsystems sein" (ebd., 60).

Die Sonderpädagogik als Teildisziplin der
allgemeinen Pädagogik hat ihre Wurzeln in
der Aufklärung und ist seit ihren Anfängen
immer wieder bestrebt gewesen, sich eine anthropologisch tragfähige Begründung zu geben. Diese Versuche mündeten regelhaft in
die Konstruktion von an individuellen Eigenschaften festgemachten Differenzkategorien,
durch die die eigene Klientel zugeschnitten
und die eigene professionelle Zuständigkeit
abgegrenzt und legitimiert wurde. Aus Sicht
der Kritik am Behinderungsbegriff und der
institutionellen Segregation ergibt sich hieraus jedoch ein grundlegendes Problem. Die
„Entwicklung funktioneller Ausdifferenzierung und die sie begleitende Semantik, die
im wesentlichen im Kontext der Theoriebildung an den aufklärungsphilosophischen anthropologischen Diskurs anknüpft, birgt [...]
das Problem, systembezogene Differenzierungen als Persönlichkeitsmerkmale umzu-

formen, um diese dann pädagogischer Praxis
zugänglich machen zu können – im Falle von
Behinderung also, diese auf der Subjektseite
dauerhaft im Sinne eines anthropologischen
Merkmals anzulagern. Funktionale Differenzierungen verweisen damit auch immer auf
einen Inklusions- und Exklusionskontext"
(Moser 2003, 28).

Nach Moser setzt die „primäre Orientierung auf eine Zuschneidung der Klientel auf
der Theorieebene anthropologische Begründungsmuster" (ebd., 53) voraus. Hiermit entsteht das Problem, dass sich die Disziplin mittels des Begriffs ‚Behinderung‘ als Subsystem
ausdifferenziert, zugleich aber den Begriff
über personengebundene Merkmale und mit
dem Ziel der Begründung und Konzipierung
ihrer Praxis entwickelt, die dann soziale Exklusion am Individuum bearbeitet. Die Sonderpädagogik verlagert die Abweichung in
das Individuum hinein, wo sie pädagogisch
bearbeitet „und zugleich als normative Größe
konstituiert" wird (ebd., 55).

e) Behinderung als Konstruktion

Mit der Rezeption systemtheoretischen Ge-
dankenguts hielten in den 1990er Jahren auch
konstruktivistische Theorieelemente und Hypothesen Einzug in den Diskurs der Behindertenpädagogik [→ I Konstruktivismus].
Bei konstruktivistischen Theorien der Behinderung handelt es sich insofern nicht um genuin sozialwissenschaftliche Ansätze, als die
biologische Theorie von Maturana und Varela
(1987) häufig eine zentrale grundlagentheoretische Referenz ist. Diese wird aber in der behindertenpädagogischen Rezeption zumindest
punktuell mit sozialwissenschaftlichen Theorien verbunden und in einen pädagogischen
Bezugsrahmen eingeschmolzen. Die Bezugnahme auf konstruktivistisches Gedankengut
erfolgt in unterschiedlichen inhaltlichen Kontexten, mit unterschiedlichen Zielsetzungen
und auf unterschiedlichen Abstraktionsebe-
nen. Es dient beispielsweise

• der Grundlegung der Heilpädagogik insgesamt;

- als Wissenschafts- oder Erkenntnistheorie des sog. ‚Paradigmenwechsels' und als Grundlage für ein inklusives Welt- bzw. Gesellschaftsbild;
- als Instrument der Kritik an einem defizitären Behinderungsbegriff oder des Behinderungsbegriffs überhaupt;
- als theoretisches Fundament für eine Neuorientierung in der Diagnostik;
- als begründendes Element für eine integrative Didaktik;
- als Theorie zur Erfassung der Komplexität von Lernbeeinträchtigungen und einer entsprechenden Aufgabenbestimmung der Lernbehindertenpädagogik;
- als quasi-anthropologisierte Begründung von Selbstbestimmung und Autonomie [→ Selbstbestimmung und Autonomie];
- als ‚systemökologische' Orientierung und theoretische Fundierung einer veränderten Sichtweise von Verhaltensauffälligkeiten bei Menschen mit geistiger Behinderung.

Der gemeinsame Nenner dieser und anderer Versuche besteht darin, den Konstruktivismus entweder als erkenntniskritisches Instrument oder für die Grundlegung für ein nichtdefizitäres Behinderungs- bzw. Menschenbild (oder für beides zugleich) heranzuziehen. Trotz der Heterogenität der Ansätze können einige Zentralbegriffe und Theoriefiguren identifiziert werden, auf die immer wieder zurückgegriffen wird: die Theorie des Beobachters, die erkenntnistheoretische Bedeutung des Unterscheidens, das Prinzip der Selbstherstellung bzw. Selbstorganisation von Organismen (= Autopoiesis) sowie die Erklärung ‚epistemologischer' Prozesse durch selbstreferente und strukturdeterminierte Größen wie ‚Organisation', ‚Struktur', ‚Rekursivität' und ‚Zirkularität'. Auf der Basis dieser Begriffe und der durch sie unterfütterten Theorie wird Erkenntnis als Vorgang verstanden, der Wirklichkeit nicht abbildet und repräsentiert, sondern systemintern konstruiert. Erkenntnis setzt Wahrnehmung voraus, und Wahrnehmung ist immer Wahrnehmung eines Systems. Die wahrnehmende und erkennende Instanz wird im Konstruktivismus ‚Be-

obachter' genannt. Beobachten (hier in der Regel ein Synonym für Wahrnehmen und Erkennen) ist eine sinnkonstruierende Operation geschlossener, selbstreferenziell organisierter Systeme. Daher, so die Schlussfolgerung, ist Beobachten (bzw. Wahrnehmen und Erkennen) eine Konstruktion des Beobachters. Die Welt ist uns nur als von uns erfahrene Welt zugänglich. Neben der Beobachtung wird der Sprache eine konstruktive Bedeutung bei der Hervorbringung von Wirklichkeit zugemessen. Sprache wird nicht als abbildend, sondern als formativ begriffen. Mit der sprachlichen Benennung werden Unterschiede eingeführt, die etwas als etwas markieren, kenntlich und kommunizierbar machen. Auf dieser Ebene beruht Erkenntnis auf sprachlichen Konstruktionen, die umso wirklichkeitsmächtiger sind, je mehr sie Allgemeingut sind und konsensuell geteilt werden.

Da es keine beobachterunabhängige Erkenntnis gibt, kann Erkenntnis nach konstruktivistischer Auffassung nicht auf einer ikonischen Übereinstimmung mit der ontologischen Wirklichkeit beruhen (vgl. Glasersfeld 1985). Wenn Erkenntnissubjekte oder Kollektive (z. B. in Gestalt einer ‚scientific community') an der Hervorbringung oder Konstruktion des ‚Objektes' der Erkenntnis beteiligt sind, wird der Idee einer objektiven Erkenntnis und damit sicheren Wissens der Boden entzogen. Folglich kann Behinderung nicht als beobachterunabhängiger objektiver Sachverhalt verstanden werden, sondern nur als auf Beobachtung, Unterscheidung und Kommunikation beruhende Konstruktion. Behinderung ist eine Kategorie des Beobachters (vgl. Palmowski 1997).

Mit dieser Denkfigur wird häufig eine weitere kombiniert, die sich ebenfalls auf das Autopoiesis-Konzept stützt. Diese zweite Denkfigur ist eher anthropologisch getönt und dient dem Nachweis der Autonomie jedes Individuums und zugleich, in einer ethischen Wendung, der normativen Begründung des Wertes dieses Individuums (vgl. Speck 1998). In dieser Perspektive wird der Mensch als Wesen begriffen, das in seiner strukturellen Kopplung (also dem Zusammenleben) mit anderen Individuen seine eigene Erfahrungs- und innere Lebenswirklichkeit hervorbringt. Hierfür können keine objektiven Maßstäbe geltend gemacht werden, vielmehr erfolgt die Konstruktion dem Prinzip der Passung, dessen Ansatzpunkt die Ausgangsbedingungen des Individuums sind. Hierzu gehören auch körperlich-biologische Schädigungen. Diese werden aber nicht als prinzipielle Begrenzung der Individualentwicklung verstanden, da diese auch von Randbedingungen abhängig ist. Schädigungen bedingen also nicht kausal-linear die weitere Entwicklung, sind aber ein zentrales Element bei der zugleich auf Autonomie und struktureller Koppelung beruhenden Formierung einer kognitiven und psychosozialen Individualität.

Zusammenfassend können folgende Aspekte als zentral für eine konstruktivistische Theorie der Behinderung herausgestellt werden: Behinderung ist

- eine Beobachterkategorie;
- ein Prozess der Wirklichkeitskonstruktion strukturell gekoppelter Systeme, die sich auf konsensuellem Wege auf Wirklichkeitsdeutungen einigen;
- durch die Konstruktion von Beobachtern als Schädigung beschreibbar, die als Ausgangsbedingung, nicht aber als unabänderliche Tatsache aufgefasst wird.

Des Weiteren ist Behinderung aus der Binnenperspektive ein entwicklungslogischer und entwicklungsoffener Prozess, der wesentlich von Kontextvariablen abhängig ist. Die Pfade dieser Entwicklung gelten als stimmige und subjektiv sinnvolle Antwort auf die gegebenen Ausgangs- und Randbedingungen. Auf der Basis dieser Argumentation soll Behinderung entpathologisiert werden.

f) Modernisierungstheoretische Ansätze

Während in den 1970er und 1980er Jahren die weiter oben skizzierten soziologischen Ansätze dominierten, lässt sich seit den 1990er Jahren eine Verschiebung beobachten. Diese ist gesellschaftlichen Entwicklungen der vergangenen Jahrzehnte und darauf antwortenden neueren soziologischen Theorien geschuldet. Während beispielsweise der Stigmaansatz und die Devianztheorie unmittelbar mit dem Thema ‚Behinderung' in Verbindung gebracht werden können, sind die neuen Ansätze eher gesellschaftstheoretisch orientiert und befassen sich auf unterschiedliche Weise mit modernisierungstheoretischen Problemen und sich daraus ergebenden ‚Pathologien des Sozialen', etwa neuen Formen sozialer Ungleichheit. Mit dieser Verschiebung sind gesellschaftliche, politische und ökonomische Fragestellungen in den Vordergrund getreten, die neue Desintegrationstendenzen und damit den anomischen Schatten der Moderne sichtbar werden lassen. Insofern geht es in neueren, für die Behindertenpädagogik relevanten soziologischen Theorien nicht unmittelbar um das Thema ‚Behinderung', sondern eher um globale gesellschaftliche Prozesse und Problemlagen, die sich mehr oder weniger stark auf den Prozess des Behindertwerdens auswirken. Nach Forster (2004) gibt es eine Reihe von Gesellschaftsanalysen, die vor dem Hintergrund des sog. postmodernen Denkens entstanden sind und sich mit sozialen Strukturen befassen, „die für die Bedingungen des Wahrnehmens von Behinderung und das Verhältnis gegenüber Behinderten zunehmende Bedeutung gewinnen, weil sie den Zusammenhang zwischen dem Selbstverständnis der sozialen Akteure und den sozialen Strukturen, in denen sich ein solches Selbstverständnis bilden kann, neu konturieren" (Forster 2004, 39).

Hierzu gehören beispielsweise die Arbeiten Ulrich Becks zur Risikogesellschaft und Individualisierungsprozessen (vgl. Beck 1986) und Pierre Bourdieus relationale Soziologie, in der die Topoi ‚Feld', ‚Kapital' und ‚Habitus' zentral sind (vgl. Bourdieu 1997, Greving 2002).

Trotz der teilweise deutlich unterschiedlichen theoretischen Akzentuierungen machen neuere soziologische Theorien auf Prozesse aufmerksam, die nicht nur einer Weiterentwicklung des bisher in der Behindertenpädagogik und Behindertenhilfe Erreichten entgegenstehen, sondern dieses umgekehrt wieder in Frage stellen könnten. Die Ursachen hierfür liegen in den letztendlich weltumspannenden Umwälzungen, die die Globalisierung der Wirtschaft und Politik mit sich bringt und die sich auf die Kohäsion und Struktur von Gesellschaften auswirken. Diese Veränderungen machen sich im Gesundheits-, Sozial- und Bildungssystem durch eine starke Ökonomisierung, neoliberale Deregulierungstendenzen, die Einschrumpfung des Wohlfahrtsstaates und neue Marginalisierungstendenzen bemerkbar [→ VI Globalisierung, Ökonomisierung, Deregulierung]. Der Um- und Abbau von solidarisch verfassten sozialen Sicherungssystemen wird durch eine Individualisierungsideologie flankiert. Diese verfolgt das Ziel, das Individuum aus den Netzen der Bürokratie und den Zwängen eines versorgenden Staates zu befreien, und setzt auf eine stärkere Eigenverantwortung. Hierbei jedoch wird ausgeblendet, dass die Möglichkeit zur Übernahme von Eigenverantwortung an Ressourcen gebunden ist – etwa Bildung, Geld und die Möglichkeit, auf verlässliche soziale Netze zurückzugreifen – die ihrerseits sozial ungleich verteilt sind.

Diese Entwicklungen bleiben nicht ohne Auswirkungen auf die Lebenswirklichkeit von Menschen mit Behinderungen. Tatsächlich müssen wir heute von neuen Lebensrisiken, einer Prekarisierung der Lebenslagen und möglicherweise einer neuen Marginalisierung behinderter Menschen ausgehen. Während also in der Behindertenpädagogik eine normativ getönte Inklusionssemantik weit verbreitet ist, rücken sozialwissenschaftliche Exklusionstheorien [→ V Soziale Exklusions- und Desintegrationsrisiken] eine wachsende Zahl von Menschen in den Blick, die eine in sich äußerst heterogene Gruppe bilden: Verlierer der Modernisierung, Menschen, die am Rande der Gesellschaft leben und weitgehend aus gesellschaftlichen Funktionssystemen herausfallen, verarmende oder von Armut bedrohte Bevölkerungsteile, gesellschaftlich und ökonomisch ‚Überflüssige' und ‚Entbehrliche': Menschen, für die keine Arbeit mehr

vorhanden ist, die überzählig sind, ihren gesellschaftlichen Nutzen verlieren und aus Anerkennungszusammenhängen herausfallen. Eng verbunden mit dem Problem der Exklusion sind der Umbau des Sozialstaates und die durch die Globalisierung beschleunigten Erosionsprozesse, denen die gesellschaftliche Kohäsion ausgesetzt ist. Nach Heitmeyer sind das zunehmende Auseinanderklaffen der Schere zwischen Arm und Reich, der Rückzug einer größer werdenden Zahl von Menschen aus Institutionen wie Ehe, Familie, Kirche, Parteien, Gewerkschaften oder Verbänden, die gesteigerten Anforderungen der Arbeitswelt (Flexibilisierung und Mobilität) mit ihren belastenden Auswirkungen auf Intimbeziehungen, soziale Netze und biographische Kontinuitäten sowie der Schwund gesellschaftsintegrierender, allgemein anerkannter und geteilter Werte Schattenseiten der gegenwärtigen gesellschaftlichen Entwicklungen (vgl. Heitmeyer 1997, 10 f.).

Diese zentrifugalen und erodierenden Tendenzen entfalten ihre Wirkungen in viele Richtungen und können sich direkt oder indirekt auf die Lebenswirklichkeit von Menschen mit Behinderungen und andere gesellschaftliche Randgruppen auswirken. So lässt sich ein klarer Zusammenhang zwischen Behinderung und sozialer Lage bzw. Behinderung und Armut nachweisen. In Deutschland sind Bildung und Bildungsbenachteiligung eng mit der sozialen Herkunft und der Verfügbarkeit von Ressourcen verbunden.

Eine weitere wichtige modernisierungstheoretisch begründete Problematik ist die gelegentlich neoliberale Züge annehmende Ökonomisierung des Sozialen, die damit begonnen hat, das System der Behindertenhilfe nachhaltig zu verändern (vgl. Speck 1999).

Schließlich ist in Zusammenhang mit den Veränderungen in der Gegenwartsgesellschaft auch der Vormarsch der Lebenswissenschaften zu nennen. Die molekularbiologische Grundlagenforschung hat zusammen mit der Gentechnologie, der prädiktiven Diagnostik und Biomedizin einen Prozess angestoßen, in dessen Folge eine Wiedererstarkung medizinisch grundierter Krankheits- und Behinderungstheorien zu beobachten ist [→ Bioethik/Biomedizin]. Gegenüber einem relationalen Verständnis von Behinderung erhält ein Zugang neuen Auftrieb, der einem ‚molekularbiologischen Paradigma‘ verpflichtet ist und einer Re-Individualisierung von Behinderung Vorschub leistet. In Zusammenhang mit der vorgeburtlichen Diagnostik lässt sich gegenwärtig in einigen Teilen der Gesellschaft ein Denken beobachten, das dem Gedanken der Prävention von Krankheit und Behinderung verpflichtet ist und eine Ideologie der Leidfreiheit impliziert. In dieser Perspektive wird Behinderung als für alle Beteiligten nachteilig, mit Leiden verbunden, die Lebensqualität mindernd und daher zu vermeidend angesehen.

4.2 Behinderung und Kultur: Kulturvergleichende, phänomenologische und machtanalytische Befunde

Über den Rahmen sozialwissenschaftlicher Theorien hinausgehend gibt es seit 2003 erste im Rahmen der Disability Studies [→ Disability Studies] entstandene Versuche, Behinderung explizit aus kulturwissenschaftlicher Perspektive zu denken (vgl. Waldschmidt 2003, Dederich 2007). Gegenstand der Kulturwissenschaften, zu denen heute neben anderen Disziplinen die Ethnologie, die Geschichte und die Literaturwissenschaften gezählt werden, ist die Kultur in ihren unterschiedlichsten Aspekten. Kulturwissenschaften erforschen „die von Menschen hervorgebrachten, sozialen wie technischen Einrichtungen, die zwischen Menschen gebildeten Handlungs- und Konfliktformen sowie deren Werte- und Normenhorizonte, insbesondere soweit diese zu ihrer Konstitution, Tradierung und Entwicklung besonderer Ebenen der symbolischen und medialen Vermittlung bedürfen" (Böhme 2000, 356).

Die Kulturwissenschaften befassen sich mit geistigen, sozialen und kulturellen Orientierungsmitteln, etwa der gesprochenen und geschriebenen Sprache, Kommunikationsmedien, Religion, Denksystemen und Mentalitäten, und untersuchen deren historische und gesellschaftliche Funktion. Seit dem 17. Jahrhundert meint der Terminus ‚Kultur‘ „das Gesamt der Einrichtungen, Handlungen, Prozesse und symbolischen Formen, welche mit Hilfe von planmäßigen Techniken die ‚vorfindliche Natur‘ in einen sozialen Lebensraum transformieren, diesen erhalten und verbessern, die dazu erforderlichen Fertigkeiten (Kulturtechniken, Wissen) pflegen und entwickeln, die leitenden Werte in besonderen Riten befestigen (‚cultus‘) und insofern soziale Ordnungen und kommunikative Symbolwelten stiften, welche kommunitären Gebilden Dauer verschaffen" (Böhme at al. 2002, 104 f.).

Für die Kulturwissenschaften sind menschliche Lebensformen untrennbar von Kultur und Geschichte. Diese Grundannahme impliziert zweierlei: Erstens sind individuelle und kollektive Sinnphänomene vorstellungsvermittelt, zweitens sind diese Vorstellungen kulturell und historisch bedingt und somit auch wandelbar.

Die Historizität und Kulturalität erstreckt sich über die gegenständliche und gesellschaftliche Welt hinaus ebenso auf die ‚Innenwelt‘ der Individuen (d. h. auf ihre Wahrnehmungen, ihr Denken und Fühlen, ihr Wissen von der Welt und von sich selbst) wie auf ihren Körper, ihren psychophysischen Habitus und ihre körperlichen und seelischen Leiden. Für ein kulturwissenschaftlich konturiertes Verständnis von Behinderung bedeuten diese Grundannahmen, dass Behinderung als kulturelles und historisches Bedeutungsphänomen zu fassen ist. Zum einen ist Behinderung ein ‚Produkt‘ oder ‚Effekt‘ historisch wandelbaren und kulturell bedingten, durch Kommunikation, Kollektivität und Standardisierung verfestigten Wissens, in das auch Glaubensvorstellungen und affektive Gestimmtheiten von Kollektiven eingehen. Zum anderen geht sie aus kollektiven (d. h. in irgendeiner Form institutionalisierten) sozialen oder kulturellen Handlungsmustern hervor. Behinderung muss daher in ihrer Abhängigkeit von Kommunikation, Interaktion und sozialen Praktiken, institutionellen Kontexten, medialen Repräsentationen und historisch und kulturell bedingten Menschenbildern, von durch Moral und Religion vermittelten Vorstellungen, politischen und ökonomischen Verhältnissen, für die Individuen verfügbaren Ressourcen, aber auch geographischen und klimatischen Bedingungen gesehen werden. Die ‚kulturelle‘ Perspektive stellt aufgrund ihrer thematischen Breite und Interdisziplinarität eine differenzierte methodische und theoretische Optik für die Erforschung des Themas ‚Behinderung‘ bereit, die über die disziplinären Engführungen einzelner akademischer Fächer hinausgeht. Dabei greift sie aber auch auf Forschungen unterschiedlicher Disziplinen zurück, beispielsweise aus der Ethnologie oder der Sozial- und Medizingeschichte.

Obwohl die Grenzen zwischen einem sozialwissenschaftlichen und einem kulturwissenschaftlichen Verständnis von Behinderung fließend sind, gibt es auch Unterschiede. So ermöglicht die weiter gefasste kulturwissenschaftliche Sichtweise in Bezug auf die Mechanismen der Entstehung der Differenzkategorie ‚behindert‘ – ‚nicht behindert‘ ein komplexeres Verständnis. Ein weiterer wichtiger Unterschied besteht darin, dass eine ganze Reihe der bisher vorliegenden kulturwissenschaftlich orientierten Arbeiten den Körper ins Zentrum der Betrachtung rücken (vgl. Dederich 2007).

Nachfolgend soll an einigen Beispielen gezeigt werden, wie unterschiedliche disziplinäre Zugänge für eine kulturwissenschaftlich ausgerichtete Analyse von Behinderung fruchtbar gemacht werden können.

a) Kulturvergleich: Behinderung in anderen Kulturen

Wie der Tod gehören Krankheit und Behinderung zu den unausweichlichen Erfahrungskategorien aller Gesellschaften und Kulturen.

Zahlreiche empirische Befunde der Ethnologie belegen, dass sowohl Individuen wie Kollektive spezielle Umgangsformen und kanonisierte Bewertungen zu ihrer Bewältigung ausbilden, manchmal, indem sie spezielle Zeiten und bestimmte Orte dafür vorsehen. Insbesondere vergleichende Studien machen deutlich, dass es sich bei Krankheit und Behinderung um Bedeutungsphänomene handelt, die an kulturell geprägte Wahrnehmungen, Erklärungsmuster und Umgangsformen gebunden sind, denen mit teilweise höchst unterschiedlichen Verhaltensformen, Kommunikationen und Bewältigungsmustern begegnet wird. Diese decken das gesamte Spektrum von Akzeptanz und Eingliederung über Distanzierung, räumliche Ausgliederung oder Internierung, Heilungs- und Kompensationsversuche, Idolatrisierung und Dämonisierung bis hin zu Vertreibung und Tötung ab. Darüber hinaus zeigt die Medizinethnologie, dass Medizinsysteme ihrerseits durch eine Reihe zugrunde liegender Vorstellungsmuster soziokulturell geprägt sind. Diese beziehen sich auf das Verhältnis zwischen dem Individuum und seinem Körper, die Relation von Individuum und Gemeinschaft und die hiermit einhergehenden Formen sozialer Einbindung sowie die Einbindung des Individuums und der Gemeinschaft in den Kosmos. Diese Vorstellungsmuster haben erheblichen Einfluss darauf, welche Medizin eine Kultur ausbildet (vgl. Kalitzkus 2003).

Innerhalb der Behindertenpädagogik sind bisher kaum über Einzelstudien hinausgehende systematische Untersuchungen zum Verhältnis von Kultur und Behinderung vorgelegt worden. 1987 veröffentlichten Neubert und Cloerkes ihre Studie „Behinderung und Behinderte in verschiedenen Kulturen“. Auf der Grundlage einer explorativen Sekundäranalyse ethnologischer Feldstudien arbeiten sie einerseits eine erhebliche kulturelle Variabilität von Deutungs- und Reaktionsmustern gegenüber Behinderung, andererseits aber auch kulturübergreifende Konstanten heraus. Dabei wird deutlich, dass Einstellungen bzw. Bewertungen von Behinderung und tatsächliche Verhaltensweisen gegenüber ‚Behinderten' nicht gleichzusetzen sind. Auf der Bewertungsebene werden interkulturell einheitlich vor allem starke Funktionseinschränkungen negativ wahrgenommen. Jedoch resultieren hieraus teilweise höchst unterschiedliche Verhaltensweisen. Die Autoren stellen fest, im interkulturellen Vergleich lasse sich eine „Universalität mit Bezug auf Behinderung und Variabilität mit Bezug auf Behinderte" (Neubert & Cloerkes 2001, 92) feststellen. Zur Erklärung führen sie u. a. die soziologisch bekannte Tatsache an, dass die Wahrnehmung von Andersartigkeit die Folge einer Normalitätserwartung ist. Dabei gibt es keine scharfe Trennlinie zwischen dem Bereich der Normalität [→ Normalität] und dem der Andersartigkeit, sondern „ein Kontinuum von normal über leicht abweichend bis zu extrem abweichend (abnorm)" (ebd., 97). Neubert und Cloerkes vermuten, dass die universale Negativbewertung vor allem durch diejenigen Abweichungen bedingt ist, die gattungstypische Eigenschaften betreffen. Das Reaktionsspektrum umfasst neben Extremreaktionen wie die Tötung oder Ausstoßung die Isolation, Einschränkungen oder Modifikationen der Partizipation am gesellschaftlichen Leben sowie ein Hinnehmen der Behinderung ohne spezifische Reaktionen.

b) Phänomenologie: Ordnung und Fremdheit

Die ethnologischen Befunde werfen die Frage auf, wie es überhaupt dazu kommt, dass bestimmte Phänomene als ‚abweichend' und ‚andersartig' wahrgenommen werden. Hier kommt der phänomenologische Zugang ins Spiel. Phänomenologisch lässt sich Kultur als Hervorbringung und Aufrechterhaltung einer überindividuellen Ordnung beschreiben, die kosmologische, ontologische und praktische Dimensionen aufweist.

„Kultur ist es um die Einführung und Aufrechterhaltung einer Ordnung zu tun; sie bekämpft alles, was von dieser abweicht und von ihrem Standpunkt aus als Chaos erscheint. Kultur ersetzt oder ergänzt die ‚Ordnung der Natur' (d. h. den Zustand der Dinge vor jeder

menschlichen Einwirkung) durch eine künstliche und geplante. Kultur erzeugt eine solche künstliche Ordnung nicht nur, sie verleiht ihr auch einen Wert. Kultur impliziert einen Vorzug. Sie lobt eine Ordnung als die beste, ja vielleicht sogar die einzig gute" (Bauman 2000, 200).

Ordnungen stiften mit anderen Worten Zusammenhänge, die den Dingen oder Phänomenen ihren ‚Platz', ihre Bedeutung und ihren Wert im Geflecht der Welt zuweisen. Ordnungen sind das Ergebnis von Ordnungsstiftungen, die damit zugleich das nicht zur Ordnung Gehörende, das Ordnungswidrige und Außerordentliche hervorbringen. Ordnungsstiftungen implizieren somit die Absonderung des Eigenen vom Fremden, des Normalen vom Anomalen oder des Innen vom Außen. Erst durch Ordnungsstiftungen ist die Möglichkeit der Abweichung gegeben. „Ohne solche Ordnungsprozesse gäbe es buchstäblich nichts und niemanden, dem man bestimmte Eigenschaften zuschreiben könnte" (Waldenfels 1999, 172), etwa die Eigenschaften ‚fremd' und ‚vertraut'. Zugleich sind Abweichung, Fremdheit und Anomalien unverzichtbar für die Konstitution von kulturellen Ordnungen.

Wenn Kultur als Prozess der Hervorbringung, Gestaltung und Differenzierung von Ordnung zu verstehen ist, dann ist damit zugleich die Frage nach den Grenzen solcher Ordnungen und dem Außerordentlichen sowie diejenige nach der kulturellen Eindämmung oder Bewältigung des Außerordentlichen gegeben. Mit Blick auf Behinderung ist dieser Zugang deshalb von Bedeutung, weil er es ermöglicht, sie als das Außerordentliche zu fassen und somit von einer gegebenen Ordnung her zu denken. Ein zentrales Motiv bei der Konstitution soziokultureller Ordnungen ist die Unterscheidung von ‚vertraut' und ‚fremd'. Demzufolge erscheint dasjenige als fremd, „was jenseits der Grenzen dessen liegt, was man mit Husserl Eigenheitssphäre nennen könnte" (Waldenfels 1990, 59). Fremdartigkeit entsteht durch Kontrastierung mit dem Vertrauten und beruht daher auf „Erfahrungsstrukturen und Erfahrungsordnungen [...]. Das Fremdartige, das die Grenzen bestimmter Ordnungen überschreitet, setzt eine bestimmte Form von Normalität voraus" (Waldenfels 1990, 59). Was in einem gegeben historischen und kulturellen Kontext als Fremdheit angesehen wird, ist abhängig von den jeweiligen Ordnungen, die, indem sie sich konstituieren, ihr jeweiliges Anderes mit hervorbringen. Somit ist Fremdheit keine ontologische Größe, keine Eigenschaft von Individuen oder Gruppen, sondern Ausdruck einer kulturellen Erfahrung.

Ordnungen können verschiedenen ,Konstruktionsprinzipien' folgen. Eine Möglichkeit besteht darin, Teile auf ein Ganzes zu beziehen, z. B. Individuen auf das Ganze einer Gemeinschaft. Abstrakter formuliert wird hier das Besondere vom Allgemeinen her gedacht. Die Individuen werden als Teile eines übergreifenden Ganzen gesehen und entfalten in ihm ihre Eigenheit. Diese Ordnungsform beruht auf dem Prinzip der Harmonie. Ihr Außerordentliches oder Fremdes ist das, was sich der z. B. physiognomisch, ästhetisch oder moralisch gedachten Harmonie und der Einordnung in das ,ganzheitliche' Ordnungsgefüge widersetzt. Eine weitere Realisationsform von Ordnung setzt ein Erstes oder Oberstes fest, auf die alles andere bezogen wird. Diese Form beruht vor allem auf der Herausbildung und Verfestigung von Hierarchien, die mit dem Prinzip der Über- und Unterordnung, „mit Zwang und Notwendigkeit, also Nichtanderskönnen und Nichtandersdürfen" (Waldenfels 1999, 173), operieren. Solche Ordnungen sind beispielsweise politische Systeme mit ihren gesellschaftlichen und rechtlichen Normen, ihren Herrschaftsmechanismen und ihrer Gewaltförmigkeit. Das Außerordentliche dieser Realisierungsform wären Individuen oder Gruppen, die die Hierarchie in Frage stellen oder sich in das System von Zwang und Notwendigkeit nicht einfügen. Eine dritte Realisationsform schließlich basiert auf der Leitdifferenz zwischen Früherem und Späterem; Ordnung ist hier zu einem Werden dynamisiert und erscheint als „Entwicklung auf ein Ziel hin" (ebd.). Das Außerordentliche dieser Rea-

lisationsform wäre beispielsweise das, was eine solche Entwicklung nicht, nicht vollständig oder auf andere Weise als vorgesehen vollzieht.

An anderer Stelle unterscheidet Waldenfels (2001) zwischen „Unzugänglichkeit" und der „Nichtzugehörigkeit" (ebd., 41). Diese Formen verweisen nicht auf quasi naturhaft gegebene Eigenschaften von Sachverhalten oder Individuen, sondern sind die Kehrseite des Versuchs, die Wirklichkeit am Leitfaden des Vertrauten und des Eigenen zu deuten und zu ordnen. Das Fremde ist auf dieser Folie das, was sich der Inkorporierung, der Aneignung durch Rasterung, begriffliche Einordnung oder verstehenden Zugriff entzieht. Es entfaltet seine Sprengkraft, „indem es sich den gegebenen Möglichkeitsbedingungen und den üblichen Erwartungen entzieht" (ebd., 51). Waldenfels betont, „dass alles, was den Spielraum der allgemeinen Ordnung überschreitet, als ordnungslos, vernunftwidrig, böse und pervers betrachtet wird – solange sich eine einzige Gesamt- oder Grundordnung aufrechterhält" (Waldenfels 1999, 174). Fremdheit ist verunsichernd, gefährdend oder verletzend, und genau dies erklärt, weshalb sie „so beharrlich abgewehrt wird, und zwar auch durch die philosophische Deutung" (Waldenfels 2001, 54). In ähnlicher Weise stellt Bauman in Anlehnung an Georg Simmels „Exkurs über den Fremden" (vgl. Simmel 1992) fest, der Fremde werde als ordnungssprengend und inkongruent erlebt und daher abgelehnt: „Seine Anwesenheit stellt die Verlässlichkeit orthodoxer Grenzen und der universalen Werkzeuge zur Herstellung der Ordnung in Frage" (Bauman 1995, 82).

Gemäß diesen Überlegungen lässt sich Behinderung als ,Stachel des Fremden' einer gegebenen kulturellen Ordnung begreifen (vgl. Waldenfels 1990). In diesem Sinne spricht die amerikanische Wissenschaftlerin Garland Thomson im Kontext von Behinderungen von „außerordentlichen Körpern" (Garland Thomson 1997). Zusammengefasst lässt sich die Außerordentlichkeit als relationales Phänomen an (inter- und intrakulturell z. T. variablen) Kriterien wie körperlicher Gestalt und Funktion, Aussehen und Ästhetik, sozialer Anpassungsfähigkeit, Möglichkeiten der Kommunikation und des Fremdverstehens, Einpassung in gesellschaftliche und kulturelle Erwartungsmuster, ökonomischer Leistungsfähigkeit, genetischer ‚Normalität‘ u. a. m. festmachen.

Nach Waldenfels lassen sich unterschiedliche Formen von Fremdartigkeit bestimmen und anhand dreier idealtypischer Figuren beschreiben: dem *Kind*, das gegenüber dem Erwachsenen für eine frühere Stufe der individuellen Entwicklung steht, dem *Wilden,* der gegenüber dem ‚Zivilisierten‘ auf einer ‚primitiveren‘ Stufe steht, und dem *Irren* oder *Narren,* der ‚abartige‘ Zustände, d. h. Anomalien, Heterologien und Pathologien verkörpert (Waldenfels 1990, 60). Im Kontext der abendländischen Rationalität ist die Aneignung des Fremden die bevorzugte Form, dieses zu bewältigen. So wird es beispielsweise durch Forschung, Erklärung und Begründung in eine Ordnung des Wissens eingefügt. Nach dieser Logik, die einem Monopol der Vernunft folgt, hat der Erwachsene recht „gegenüber dem Kind, der Zivilisierte gegenüber dem sogenannten Primitiven, der Gesunde gegenüber dem Kranken […]. Im Falle von Kindern und Primitiven handelt es sich um bloße *Vorformen* der Vernunft, im Falle des Kranken um *Fehlformen* der Vernunft" (ebd., 62).

In Anlehnung an Kobi (2004, 198 f.) kann man zeigen, dass das Außerordentliche in Gestalt unterschiedlicher kultureller Figuren auftritt:

- als unproduktiver Esser und bloßer sozietärer Kostenfaktor;
- als Individuum, das die Ehre der Familie, des Clans oder der Sippe beschädigt;
- als un- oder asoziales, unflätiges, widerborstiges Element;
- als Sündenbock oder eine göttliche Strafe verkörperndes Monstrum;
- als ökonomisch hemmender und kräftebindender, betreuungsintensiver und pflegeaufwändiger unheilbar Kranker oder Mehrfachbehinderter;

- als Verkörperung der Sinn-, Wert- und Zwecklosigkeit, an der Therapie, Integration und Belehrung scheitern müssen;
- als Bedrohung von Sozietät und Gemeinwesen;
- als Mitleid erregender, psychosozialer (ästhetischer, sittlicher und emotionaler) Kontaminationsfaktor;
- als kollektives Bedrohungspotenzial z. B. wegen ansteckender Krankheiten oder unerwünschter Erbeigenschaften.

Diese Liste ist sicherlich nicht umfassend, verdeutlicht aber die Vielfältigkeit kultureller Deutungsmuster und Bewältigungsformen. Wie bereits bei Waldenfels angedeutet, scheint es einen gemeinsamen Nenner zu geben, nämlich „eine mehr oder minder starke Irritation" (Bach 1999, 11), durch die der Prozess der Deutung und Sinnzuschreibung angestoßen wird. Die Irritation beruht darauf, „dass ein Verhalten oder ein Zustand eines Menschen angesichts gegebener Bedingungen von einem Wahrnehmenden als ‚nicht in Ordnung‘, d. h. als bestimmten Richtigkeitsvorstellungen oder Erwartungen nicht entsprechend, beurteilt und als der Verbesserung durch besondere Vorgehensweisen bedürftig gesehen wird" (ebd.).

Nach Meyer-Drawe (1999) begegnen wir in bestimmten Behinderten unserem eigenen „horror alieni" (ebd., 35), unserer Angst vor dem Fremden, hinter der die Angst vor der Zerbrechlichkeit unserer eigenen Normalität und unserer eigenen Existenz steht. Ähnlich bezeichnet Kobi (1991) Behinderte als „Repräsentanten menschlicher Grenzsituationen" (Kobi 1991, 63). Sie wurden immer schon häufig mit ordnungssprengenden Attributen wie „Zerfall, Auflösung, Tod" (ebd.) versehen. Daher kann ein häufiger und intensiver Kontakt mit Behinderten zu einer Entwicklung von Ängsten führen, „die dann ihrerseits Absatzbewegungen und Distanzphänomene auslösen" (ebd.) – oder ein Vertrautwerden, das eine Öffnung der Ordnung zum Fremden hin ermöglicht.

Wie Klaus E. Müller (1996) zeigt, ist die Ästhetik von besonderer Bedeutung für die Herausbildung kultureller Ordnungen. Ästhetik bezieht sich einerseits auf die Wahrnehmung, andererseits auf das Schöne. Ästhetische Ordnungen zeichnen sich aus durch Proportionen, Symmetrien, harmonische Wohlgestalten. Jedoch gibt es die Tendenz, ästhetische Phänomene epistemologisch und moralisch zu deuten, so dass die Ästhetik nicht auf das Feld des Schönen beschränkt bleibt, sondern auch als Anzeichen für das Wahre und Gute gedeutet wird. Entsprechend steht dann die Störung einer ästhetischen Ordnung für Falschheit, für Unwahrheit, für moralisch und sozial dubiose Zustände, für das Schlechte und Verwerfliche. Es gibt zahlreiche Hinweise aus verschiedenen Kulturen dafür, dass sowohl körperliche Deformationen als auch entstellte oder als hässlich empfundene Physiognomien nach diesem Muster gedeutet werden. So wird Behinderung häufig mit Missgestalt, Hässlichkeit oder Deformation assoziiert. Anders herum formuliert: Behinderung erscheint als Negation positiver Zustände, Qualitäten oder Eigenschaften. Nach Müller sind die Elemente, die quer zu einer Ordnung stehen, die nicht hineinpassen, Symmetrien durchbrechen und Proportionen sprengen, ‚Störenfriede‘: Sie „lösen Unruhe aus; Fluktuationen gleichsam, die das ruhende Ordnungsfeld erschüttern. ‚Stören‘ bedeutete ursprünglich ‚zerstreuen‘, ‚verwirren‘, ja ‚vernichten‘; verwandte Begriffe in anderen Sprachen stehen für ‚Tumult‘ und ‚Kampf‘. Störenfriede erscheinen ‚irregeleitet‘; sie folgen Impulsen, die aus tiefersitzenden, vorgängigen Feldbrechungen herrühren […]“ (Müller 1996, 122).

Aus diesem Deutungsmuster ergibt sich auch das interkulturell zu beobachtende Phänomen, angesichts solcher Ordnungsstörungen exorzistisch, vernichtend, abmildernd, korrigierend, kompensatorisch usw. einzugreifen, also die Ordnung wiederherzustellen.

c) Machtanalytik: Körper, Kultur und Behinderung

Ordnungen implizieren pragmatische kulturelle Wissenssysteme. Insbesondere die an Foucault orientierte Machtanalytik kann in diesem Zusammenhang zeigen, wie Wissen sich mit Wahrheitsansprüchen verbindet, Machtwirkungen [→ V Macht, Herrschaft, Gewalt] entfaltet und so an der Hervorbringungen seiner ‚Gegenstände‘ arbeitet. Im Kontext von Behinderung wurde diese analytische Perspektive bisher vor allem in den kulturwissenschaftlich orientierten Disability Studies eingenommen. Sie gehen davon aus, dass alle sozialen Phänomene, also auch Behinderungen und Schädigungen, von „kulturellen Ideen und diskursiven Praktiken“ (Thomas 2004, 46) durchzogen sind und durch diese hervorgebracht werden.

Behinderung wird als Differenzkategorie verstanden, die vorwiegend an körperlichen Merkmalen festgemacht wird. Nach Mitchell und Snyder (1997) werden etwa Rollstuhlfahrer, mit Gebärdensprache oder anderen Hilfsmitteln Kommunizierende, psychisch kranke Menschen oder solche mit intellektuellen Beeinträchtigungen deshalb unter die sehr grobe und unspezifische Kategorie ‚Behinderung‘ subsumiert, weil sie aufgrund körperlicher oder (sich auf der Ebene des Körpers bzw. des Verhaltens zeigender) psychischer Differenzen einer gegebenen Normalität nicht entsprechen. Aus dieser Grundannahme ergeben sich eine Reihe von Themen, die im Mittelpunkt der kulturwissenschaftlichen Disability Studies stehen: Die Produktion von kulturellem Wissen über den Körper, die Entstehung von Normalität und Abweichung, die Differenzierung von Individuen aufgrund körperlicher Merkmale, die Ausgestaltung gesellschaftlicher Ein- und Ausschließungspraktiken, die Formung von Identitäten und die Ausprägung und Wirkungsweise von Körperbildern und Subjektvorstellungen (vgl. Waldschmidt 2003, 16).

Es ist vor allem die starke Fokussierung auf den Körper und seine Verflechtung mit kulturellen Wissenssystemen und Praktiken, durch die sich ein kulturwissenschaftlich grundiertes Modell von Behinderung von sozialwissenschaftlichen Modellen unterscheidet. Diese blenden den Körper weitgehend aus und überlassen ihn der Medizin bzw. den Naturwissenschaften. Dem wird die Auffassung gegenübergestellt, es gebe „keine Phänomene oder Zustände [...], die unabhängig von spezifischen historischen und kulturellen Sprachspielen existieren, in denen wir sie verstehen und mit denen wir sie repräsentieren" (Tremain 2002, 32). Auf der Grundlage einer realistischen Ontologie wurde die Schädigung bisher „als eine Art objektive, transhistorische und transkulturelle Entität" (ebd., 34) verstanden. Demgegenüber kann in Anschluss an Foucault gezeigt werden, „dass diese angebliche reale Entität tatsächlich ein historisch kontingenter Effekt moderner Macht ist" (Tremain 2002, 34).

Foucault verklammert Macht mit zwei anderen theoretisch zentralen Begriffen, mit Wissen und Subjekt. Ein weiterer zentraler Begriff ist der des Diskurses. Dem Zusammenspiel von Diskurs und dem pragmatisch gefassten Wissensbegriff wird eine eminente wirklichkeitserzeugende Macht zugesprochen, die sich nicht nur auf die Formen der sozialen und kulturellen Welt beziehen, sondern auch auf den Körper und das ,Innere' des Menschen. Nach Foucault ist der Diskurs nicht „in ein Spiel von vorgängigen Bedeutungen aufzulösen" (Foucault 1991, 34): „Wir müssen uns nicht einbilden, dass uns die Welt ein lesbares Gesicht zuwendet, welches wir nur zu entziffern haben. [...] Man muss den Diskurs als eine Gewalt begreifen, die wir den Dingen antun; jedenfalls als eine Praxis, die wir ihnen aufzwingen" (ebd., 34 f.).

Die Macht des Diskurses richtet sich vermittels der Sprache und kultureller Praktiken im Subjekt und seinem Körper ein. In der Folge sind Machteffekte, individuelle Körperlichkeit und Subjektivität nicht mehr klar von einander zu trennen. Der Körper ist insofern nicht nur ein Gegenstand des Wissens, er ist das Ziel von Machtpraktiken, die in Form von Herrschaftstechniken auf ihn einwirken (vgl. Foucault 1977) und sich in ihm einnisten. Durch eine weitgehende Monopolisierung der Benennung und Klassifikation körperlicher Dysfunktionen und Anomalien beherrscht die Medizin den Diskurs über Schädigungen des Körpers. Bedeutung ist eine Folge der Benennung und diagnostischen Etikettierung, und deren beständige Wiederholung „produziert eine spezifische Gattung von Körpern mit den dazugehörigen Zeichen, Symptomen, Verhaltensweisen und normativen Erwartungen" (Hughes & Paterson 1997, 333). Durch diesen machtgestützten Prozess und im Fadenkreuz des klinischen Blicks verwandelt sich der Körper in eine Materialisation der diagnostischen Etiketten und ihrer ganz eigenen Zwänge und Regulierungen. Wie Foucault in unterschiedlichen Zusammenhängen gezeigt hat, ist der erkennende Blick, der aus der sichtbaren Welt Wissen herauspräpariert, mit einem kontrollierenden und disziplinierenden Blick verbündet. „Sehen (*voir*), Wissen (*savoir*) und Handeln (*pouvoir*) sind genealogische Koordinaten der Macht, und der ‚Blick' ist eine ihrer wesentlichen Technologien. Der Blick (eine Machttechnologie) produziert Information und Wissen" (Hughes 2005, 81).

Im Kontext von Behinderung besteht der wohl wichtigste Machteffekt somit darin, als naturgegeben erscheinen zu lassen, was tatsächlich gesellschaftlich bzw. kulturell bedingt ist. Macht hat einen produktiven Charakter; sie wirkt keineswegs nur repressiv, sondern bringt die Dinge hervor. Durch die Macht werden Individuen zu dem, was sie sind.

5 Ausblick

Es dürfte deutlich geworden sein, dass die theoretische Auseinandersetzung mit dem Begriff der Behinderung zu den komplexesten und schwierigsten Problemen der Behindertenpädagogik gehört. Nach Gröschke ist Behinderung ein Begriff mit hohem metaphorischen Gehalt und starken sozial-relationalen und sozial-normativen Bezügen. Obwohl er aus diesem Grund kaum als deskriptiver und klar eingegrenzter Grundbegriff der Behindertenpädagogik fungieren kann, bildet er bis heute ihr terminologisches Zentrum. Der gemeinsame Nenner der teilweise höchst unterschiedlichen Theorien und Zugänge ist die Relativität bzw. Relationalität des Begriffs. Er bezeichnet kein Individuum mit spezifischen Störungen oder Beeinträchtigungen, sondern ein mehrdimensionales Geflecht von Beziehungen und Relationen, „aus dessen Systemeigenschaften *emergent* erst der Sachverhalt hervorgeht, den man im heilpädagogischen Sinne unter einer Behinderung zu verstehen hat" (Gröschke 2007, 102).

Behinderung ist in diesem Sinne und je nach Perspektive und Kontext das Ergebnis eines Wahrnehmungs- und Deutungsprozesses angesichts von erwartungswidrigen Merkmalen oder Eigenschaften eines Individuums. Sie ist eine Folge der kulturellen Hervorbringung von ästhetischen, kognitiven, moralischen, kommunikativen, sozialen und ökonomischen Ordnungsmustern, die Eigenes und Fremdes, Vertrautes und Unvertrautes, Erwünschtes und Unerwünschtes, Normales und Abnormes, ‚Gutes' und ‚Böses' unterscheidbar machen. Behinderung ist ein historisch wandelbares Figur-Hintergrund-Phänomen, das auf den Horizont von Verstehensprozessen verweist, auf die Geschichtlichkeit von sozial und kulturell geprägten wissenschaftlichen, pädagogischen, therapeutischen und anderen ‚Optiken' und ‚Paradigmen', die Deutungs-, Interpretations- und Handlungsfolien bereitstellen. Behinderung wird als soziales Konstrukt, als Folge von Zuschreibungen, Etikettierung und Stigmatisierung sowie Systemeffekten beschrieben. Sie ist insofern verbunden mit sozialer Ungleichheit, d. h. der Benachteiligung beim Zugang zu Ressourcen und ‚Kapital'. Vor diesen Hintergründen ist Behinderung eine gesellschaftsrelevante sozialpolitische, bildungspolitische und sozialethische Aufgabe, die weit über den Kompetenz- und Aufgabenbereich der Pädagogik und Rehabilitation hinausgeht.

Jedoch bleibt Behinderung auch eine pädagogische Aufgabe. Im Bezugsfeld der Auffassung, Behinderung markiere eine Relation, wird diese Aufgabe nicht einfacher. Zum einen läuft die Pädagogik auf wissenschaftlich-theoretischer Ebene Gefahr, durch eine zu starke Fokussierung auf die Kontexte, Bezüge und Relationen das Individuum mit seinen je einzelnen Kompetenzen, Ressourcen, Problemen, Einschränkungen und Nöten aus den Augen zu verlieren. Auf der praktischen Ebene hingegen ist die Pädagogik mit dem Dilemma konfrontiert, gesellschaftliche und kulturelle Probleme auf individueller Ebene bearbeiten zu müssen. Ihre Aufgabe erfüllt sich nur darin, wenn sie dem konkreten Einzelnen eine Hilfe ist, sich zu entwickeln, seinen Weg zu gehen und die sich stellenden Aufgaben, auch und gerade angesichts von Widrigkeiten, zu meistern. Der allgemein gefasste und unspezifische Behinderungsbegriff ist im gesellschaftlichen Kontext als Instrument der Sicherung von Rechtsansprüchen auf Hilfe und Unterstützung in unterschiedlichen Bereichen von unverzichtbarem Nutzen; für die praktisch-pädagogische Arbeit jedoch ist er wegen seiner Abstraktheit und fehlenden Spezifität nicht von Nutzen.

Zumindest müsste es gelingen, ihn in jedem einzelnen Fall individuell so zu spezifizieren und dimensionieren, um „der ganzen Vielfalt und Komplexität individueller und sozialer Bedingungsmomente [...] Rechnung zu tragen" (Gröschke 2007, 107). Nur wenn dies gelingt wird es möglich, individuell passgenaue Hilfe, Unterstützung und Begleitung zu planen und anzubieten, ohne in eine individualisierende Sichtweise zurückzufallen.

Literatur

Bach, Heinz (1999): Grundlagen der Sonderpädagogik. Bern

Balgo, Rolf (2002): Sonderpädagogik im historischen und aktuellen Kontext. In: Werning, Rolf, Balgo, Rolf, Palmowski, Wilfried & Sassenroth, Martin: Sonderpädagogik. Lernen, Verhalten, Sprache, Bewegung und Wahrnehmung. München, 15–126

Bauman, Zygmunt (1995): Moderne und Ambivalenz. Das Ende der Eindeutigkeit. Frankfurt a. M.

Bauman, Zygmunt (2000): Vom Nutzen der Soziologie. Frankfurt a. M.

Beck, Ulrich (1986): Risikogesellschaft. Frankfurt a. M.

Bleidick, Ulrich (1984): Pädagogik der Behinderten. Berlin

Bleidick, Ulrich (1999): Behinderung als pädagogische Aufgabe. Behinderungsbegriff und behindertenpädagogische Theorie. Stuttgart

Böhme, Hartmut (2000): Kulturwissenschaft. In: Reallexikon der deutschen Literaturwissenschaft, Bd. II. Berlin, 356–359

Böhme, Hartmut, Matussek, Peter & Müller, Lothar (2002): Orientierung Kulturwissenschaft. 2. Auflage, Hamburg

Bourdieu, Pierre (1997): Die verborgenen Mechanismen der Macht. Hamburg

Cloerkes, Günther (1997): Soziologie der Behinderten. Eine Einführung. Heidelberg

Dederich, Markus (2001): Menschen mit Behinderungen zwischen Ausschluss und Anerkennung. Bad Heilbrunn

Dederich, Markus (2007): Körper, Kultur und Behinderung. Eine Einführung in die Disability Studies. Bielefeld

Felkendorff, Kai (2003): Ausweitung der Behinderungszone: Neuere Behinderungsbegriffe und ihre Folgen. In: Cloerkes, Günther (Hrsg.): Wie man behindert wird. Texte zur Konstruktion einer sozialen Rolle und zur Lebenssituation betroffener Menschen. Heidelberg, 25–52

Ferber, Christian von (1972): Der behinderte Mensch und die Gesellschaft. In: Thimm, Walter (Hrsg.): Soziologie der Behinderten. Neuburgweier, 30–43

Forster, Rudolf (2004): Das Phänomen der Behinderung als soziale Struktur und soziales Verhalten. Erste Aspekte einer ‚Soziologie im Kontext von Behinderung‘ zwischen beschreibender ‚Sozialkunde‘ und differenzierter Gesellschafts- und Sozialtheorie. In: Forster, Rudolf (Hrsg.): Soziologie im Kontext von Behinderung. Bad Heilbrunn, 20–48

Foucault, Michel (1977): Überwachen und Strafen. Die Geburt des Gefängnisses. Frankfurt a. M.

Foucault, Michel (1991): Die Ordnung des Diskurses. Frankfurt a. M.

Fuchs, Peter (2002): Behinderung und soziale Systeme. Anmerkungen zu einem schier unlösbaren Problem. In: Das gepfefferte Ferkel URL: http://www.ibs-network.de/altesferkel/fuchs-behinderungen.shtml (10. 8. 2005)

Garland Thomson, Rosemary (1997): Extraordinary Bodies. Figuring physical disability in American culture and literature. New York

Goffmann, Erving (1967): Stigma. Frankfurt a. M.

Greving, Heinrich (2002): Das heilpädagogische ‚Feld‘ – Ein Entwurf nach Pierre Bourdieu. In: Greving, Heinrich & Gröschke, Dieter (Hrsg.): Das Sisyphos-Prinzip. Gesellschaftsanalytische und gesellschaftskritische Aspekte der Heilpädagogik. Bad Heilbrunn, 89–112

Gröschke, Dieter: Behinderung (2007). In: Greving, Heinrich (Hrsg.): Kompendium der Heilpädagogik. Bd. 1, Troisdorf, 97–109

Heitmeyer, Wilhelm (1997): Auf dem Weg in eine desintegrierte Gesellschaft. In: Heitmeyer, W. (Hrsg.): Was treibt die Gesellschaft auseinander? Bundesrepublik Deutschland: Auf dem Weg von der Konsens- zur Konfliktgesellschaft. Bd. 1, Suhrkamp, Frankfurt a. M.

Hillenbrand, Clemens (1999): Paradigmenwechsel in der Sonderpädagogik? Eine wissenschaftstheoretische Kritik. In: Zeitschrift für Heilpädagogik 50, 5, 194–207

Hohmeier, Jürgen (1979): Soziologie der Behinderten: Standort und Perspektiven. In: Dennerlein, Hans, Schramm, Karlheinz & Gesellschaft für pädagogische Praxis e.V. (Hrsg.): Handbuch der Behindertenpädagogik. Bd. 1, München, 117–126

Hughes, Bill (2005): What can a Foucauldian Analysis Contribute to Disability Theory? In: Tremain, Shelley (Hrsg.): Foucault and the Government of Disability. Ann Arbor, 78–92

Hughes, Bill & Paterson, Kevin (1979): The Social Model of Disability and the Disappearing Body: towards a sociology of impairment. In: Disability & Society, 12, 3, 325–340

Jantzen, Wolfgang (1977): Konstitutionsprobleme materialistischer Behindertenpädagogik. Lollar

Jantzen, Wolfgang (1982): Sozialgeschichte des Behindertenbetreuungswesens. München

Jantzen, Wolfgang (1987): Allgemeine Behindertenpädagogik Bd. 1: Sozialwissenschaftliche und psychologische Grundlagen. Weinheim

Jakobs, Hajo (2001): Anthropologie. In: Antor, Georg & Bleidick, Ulrich (Hrsg.): Handlexikon der Behindertenpädagogik. Stuttgart, 151–154

Kalitzkus, Vera (2003): Biomedizin und Gesellschaft. Ein ethnologischer Blick auf die Biomedizin. IMEW-Expertise 2. Berlin

Kobi, Emil E. (1991): Vom Grenznutzen des Utilitarismus und den Nutzungsgrenzen des Inutilen. In: Christian Mürner (Hrsg.): Ethik – Genetik – Behinderung. Luzern, 51–73

Kobi, Emil E. (2004): Kulturhindernde Existenzen und Leiden als kultureller Stimulus. In: Greving, Heinrich, Mürner, Christian & Rödler, Peter (Hrsg.): Zeichen und Gesten – Heilpädagogik als Kulturthema. Gießen, 192–208

Lindmeier, Christian (1993): Behinderung – Fakt oder Phänomen. Bad Heilbrunn

Luhmann. Niklas (1984): Soziale Systeme. Grundriss einer allgemeinen Theorie. Frankfurt a. M.

Maturana, Humberto & Varela, Francisco (1987): Der Baum der Erkenntnis. Bern

Meyer-Drawe, Käte (1999): Der lachende und weinende Leib. In: Behindert(e) in Familie, Jugend und Gesellschaft 22, 3, 32–36

Mitchell, David T. & Snyder, Sharon L. (1997): Introduction: Disability Studies and the Double Bind of Representation. In: Mitchell, David T. & Snyder, Sharon L. (Hrsg.): The Body and Physical Difference. Discourses of Disability. Ann Arbor, 1–31

Möckel, Andreas (1996): Krise der Sonderpädagogik? In: Zeitschrift für Heilpädagogik 47, 3, 90–95

Moser, Vera (2003): Konstruktion und Kritik. Sonderpädagogik als Disziplin. Opladen

Müller, Klaus E. (1996): Der Krüppel. Ethnologia passionis humanae. München

Neubert, Dieter & Cloerkes, Günther (2001): Behinderung und Behinderte in verschiedenen Kulturen. Eine vergleichende Analyse ethnologischer Studien. 3. Auflage, Heidelberg

Palmowski, Winfried (1997): Behinderung ist eine Kategorie des Beobachters. In: Sonderpädagogik 27, 3, 147–157

Simmel, Georg (1992): Soziologie. Untersuchungen über die Formen der Vergesellschaftung. Gesamtausgabe Band 11. Frankfurt a. M.

Speck, Otto (1998): System Heilpädagogik. Eine ökologisch-reflexive Grundlegung, 4. Auflage. München

Speck, Otto (1999): Die Ökonomisierung sozialer Qualität. Zur Qualitätsdiskussion in Behindertenhilfe und sozialer Arbeit. München

Thimm, Walter (1972) (Hrsg.): Soziologie der Behinderten. Neuburgweier

Thimm, Walter (1975): Behinderung als Stigma. In: Sonderpädagogik 5, 4, 149–157

Thomas, Carol (2004): Theorien der Behinderung. Schlüsselkonzepte, Themen und Personen. In: Weisser, Jan & Renggli, Carola (Hrsg.): Disability Studies. Ein Lesebuch. Luzern, 31–56

Tremain, Shelley (2002): On the Subject of Impairment. In: Corker, Mairian & Shakespeare, Tom (Hrsg.): Disability/Postmodernity. Embodying disability theory. London, 32–47

Waldenfels, Bernhard (1990): Der Stachel des Fremden. Frankfurt a. M.

Waldenfels, Bernhard (1999): Vielstimmigkeit der Rede. Studien zur Phänomenologie des Fremden 4.

Waldenfels, Bernhard (2001): Verfremdungen der Moderne. Phänomenologische Grenzgänge. Göttingen

Waldschmidt, Anne (2003): ‚Behinderung' neu denken: Kulturwissenschaftliche Perspektiven der Disability Studies. In: Waldschmidt, Anne (Hrsg.): Kulturwissenschaftliche Perspektiven der Disability Studies. Tagungsdokumentation. Kassel, 11–22

Weisser, Jan (2005): Behinderung, Ungleichheit und Bildung. Bielefeld

Wetzel, Ralf (2004): Eine Widerspenstige und keine Zähmung. Systemtheoretische Beiträge zu einer Theorie der Behinderung. Heidelberg

Wieland, Heinz (1993): Soziologisches Denken bei Behinderungen. Grundlegende Theorieansätze. Lehrbrief der Fernuniversität Hagen. Hagen

Sinn/sinnhaftes Handeln und der Aufbau der sozialen Welt

Wolfgang Jantzen

1 Definitionen und Begriffsgeschichte

Sinn ist „einer der komplexen wie auch schillernden Grundbegriffe der Geisteswissenschaften", so Thürnau (1990, 283) mit Bezug auf seine ebenso kognitive wie psychologische, philosophische wie sozialwissenschaftliche Verwendung. In allgemeinster Form bezeichnet er „die gedankliche Richtung oder den ,Weg zu einem Werthe zu gelangen'" (Thürnau 1999, 1467). Etymologisch geht Sinn auf eine indogermanische Wurzel (*sent* = reisen, gehen) zurück, deren ursprüngliche Bedeutung „eine Richtung nehmen, eine Fährte suchen" war, jedoch angereichert durch die lateinische Bedeutung von *sentire* = „fühlen, wahrnehmen" und von *sensus* = „Gefühl, Sinn, Meinung" (Drosdowski 1989, 675). Dieser Gefühlsaspekt taucht am ehesten als „Sinn des Lebens" auf; meist wird „Sinn" jedoch rationalistisch verstanden.

Im engeren Sinne lassen sich folgende Dimensionen der Begriffsentwicklung- und Begriffgeschichte unterscheiden (Thürnau 1999):

a) *transzendentalphilosophisch*, d.h. in den Traditionen von Kant, ist die materiale Seinsordnung „eine Funktion der transzendentalen Sinnordnung", d.h. eine Funktion der Ordnung des Denkens;

b) *hermeneutisch*, in den Traditionen von Dilthey und Gadamer, ist Sinn der Inhalt komplexer Sinngebilde, die sich auf ,einfache Erlebniseinheiten reduzieren lassen'.

c) In der *analytischen Philosophie* erscheint Sinn innerhalb der formalen Logik bei Frege als Bedeutungszusammenhang einzel-

ner Referenzpunkte (Bedeutungen) (vgl. Freges Satz ,Der Abendstern ist der Morgenstern', in dem Abendstern und Morgenstern die ,Bedeutung' [engl. *meaning*] und der Planet Venus den ,Sinn' [engl. *sense*] markiert). Allerdings blieb diese Unterscheidung umstritten, so dass Sinn hier teilweise mit dem übereinstimmt, was heute Bedeutung genannt wird (vgl. Thürnau 1995).

d) Von diesen cartesisch orientierten Definitionen des Sinns unterscheidet sich eine in den *spinozanischen* Traditionen von Vygotskij und Leont'ev vorgenommene Bestimmung, innerhalb derer Sinn als „innerpsychischer Organisator des Aufbaus eines system- und sinnhaften Abbilds der Welt im Entwicklungsprozess des Lebenssystems des gesamten organismischen Lebens" erscheint; er ist hier der „Schlüsselbegriff zur Erklärung der psychischen Selbstkonstitution des organismischen Lebens" (Messmann 1990, 289; vgl. auch Jantzen 1994). In gewisser Hinsicht ähnlich dem psychoanalytischen Terminus der libidinösen Objektbesetzung markiert Sinn die gefühlshafte/emotionale Hülle von Erfahrungsräumen in phylogenetischer und ontogenetischer Hinsicht, für Lebewesen allgemein und beim Menschen soziogenetisch, [gemeinschaftlich, gesellschaftlich, kulturell, symbolisch] vermittelt. Entsprechend kann der psychische Raum gefühlshafter Erfahrungen und Erwartungen mit den Termini biologischer, individueller und persönlicher Sinn gefasst werden.

e) *Sinn eines Lebens* [→ V Lebenssinn]: Diese Dimension beinhaltet die Auseinandersetzung mit Fragen wie Empfängnis, Geburt, Krankheit, Tod, welche auf Widersprüche von Praxis und Zielen sowie auf das Problem der Selbstentfremdung verweisen (Thürnau 1999). Die Begriffsentwicklung verläuft von Wert des Lebens zu Sinn des Lebens (ab Mitte des 18. Jahrhunderts) (Gerhardt 1995). Bereits bei Tolstoi werden Ziel (russ. *zel*) und Sinn (russ. *smysl*) unterschieden, entsprechend der späteren Trennung der sinn- bzw. motivgeleiteten Tätigkeit in Form der zielgerichteten Handlung bei Leont'ev (1979). Für Dilthey ist alles Erleben auf den Sinn bezogen. „Also setzt das Erleben des eigenen Lebens die Bedingungen für das Verständnis eines jeden anderen. Da aber das Erleben stets auf Sinn bezogen ist, ist alles Verstehen immer nur ein Sinnverstehen" (Gerhardt 1995, 818). Für Husserl hat der Sinn sein Fundament in den Akten des Subjekts, für Heidegger ist er etwas Gegebenes oder Geoffenbartes (ebd., 818 f.).

f) Als sozialer Sinn wird der Sinnbegriff durch Max Weber in die Soziologie eingeführt. Er unterscheidet subjektiven und objektiven Sinn, in denen das Verhalten der Menschen aufeinander bezogen ist (ebd., 820). Hieran setzen Webers Definitionen von Gemeinschaft und Gesellschaft an: Gemeinschaftshandeln als „subjektiv sinnhaft auf das Verhalten anderer Menschen bezogen", Gesellschaftshandeln als 1. sinnhaft orientiert an Erwartungen auf Grund von Ordnungen, 2. deren „Satzung" rein zweckrational erfolgte und wenn 3. die „sinnhafte Orientierung subjektiv zweckrational geschieht" (Weymann 1999, 471).

An diese Überlegungen Webers knüpfen die im Folgenden dargestellten vier theoretischen Entwürfe sozialen Sinns an. Schütz, Berger & Luckmann sowie Luhmann sind mehr oder weniger ausdrücklich der Husserlschen Phänomenologie verpflichtet, während Bourdieu (1987, 40) diese als „pseudowissenschaftliche Grundlage" einer „Theorie der Praxis" zurückweist. Bei Berger & Luckmann kommen neben Weber und Husserl vor allem auch die Marxsche Gesellschaftstheorie zum Tragen, bei

Bourdieu, der von Marx her Weber materialistisch liest, zudem Cassirers Kultursoziologie, bei Luhmann gänzlich die Systemtheorie Parsons, erneuert unter dem Gesichtspunkt einer Kybernetik zweiter Ordnung.

2 Zentrale Probleme

Diese Ansätze eint, dass sie Soziologie vom Standpunkt der gesellschaftlichen Distribution entwickeln, wo für die Individuen in ihren je spezifischen Lebenswelten Soziales als Gemeinschaft und/oder Gesellschaft in Erscheinung tritt.

„Dem einzelnen Individuum erscheint natürlich die Distribution als ein gesellschaftliches Gesetz, das seine Stellung innerhalb der Produktion bedingt, innerhalb deren es produziert, die also der Produktion vorausgeht" (Marx MEW Bd. 42, 31).

Entsprechend fallen die jeweiligen Begriffe der Soziologie unterschiedlich aus, je nachdem ob gesellschaftliche Produktion und Reproduktion und die aus ihr hervorgehenden Prozesse der Verdinglichung mit ins Blickfeld geraten und je nachdem wie auf diesem Hintergrund Gemeinschaft und Gesellschaft gedacht werden. Die Webersche Definition legt nahe, Gesellschaft zunächst in Termini von Staat und Institutionen zu denken (vgl. Berger & Luckmann 1980). Der Rückgriff auf Husserl legt nahe, sozialen Sinn als Realisierungshintergrund der Intentionalität und damit als subjektiven wie objektiven Sinn zu denken, und in der Systemtheorie als objektiven Sinn kontingent prozessierender sozialer Systeme (Luhmann), Gesellschaft folglich als durch Kommunikation von sozialem Sinn bestimmtes soziales System aller sozialen Systeme zu verstehen. Und die Entwicklung einer allgemeinen Kapitaltheorie (ökonomisches, kulturelles, symbolisches und soziales Kapital) bei Bourdieu birgt bei begründeter Erweiterung der Debatte um den in den Körper durch gesellschaftliche Erfahrung eingeschriebenen praktischen Sinn (in der Dialektik von Habitus und Feld) zugleich die Gefahr in sich, den Marxschen Begriff des Kapitals, dort als sich selbst verwertender Wert verstanden, zu verdinglichen und einen Begriff von Gesellschaft als materielles, sich durch gesellschaftliche Arbeit produzierendes und reproduzierendes Subjekt zu verfehlen. Auf diesem Hintergrund verweisen die zu Recht aufgeworfenen Probleme des sozialen Sinns auf ihr erneutes Durchdenken und ihre Weiterentwicklung insbesondere unter systematischer Aufnahme der durch die kulturhistorische bzw. Tätigkeitstheorie von Vygotskij und Leont'ev möglichen anti-cartesischen, spinozanischen Perspektive, deren Notwendigkeit an etlichen Orten dieser großen soziologischen Entwürfe durchscheint.

2.1 Sinn und Lebenswelt: Alfred Schütz

Die Husserlsche Phänomenologie, von der aus Schütz Webers soziologische Theorie sinnvollen Handelns aufzugreifen und weiterzuentwickeln versucht, rekurriert auf einen im cartesischen Dualismus verankerten Sinnbegriff, aufgelöst nach der Seite des ‚einsamen Ichs‘, der ‚res cogitans‘. Anders als bei ihrem theoretischen Gegenpol, der am emotionalen bzw. volitionalen Pol an der cartesischen Philosophie orientierten Lebensphilosophie in den Traditionen von Dilthey, Scheler oder Bergson (vgl. Vygotskij 1996), erhält Sinn bei Husserl eine rein rationalistische Konnotation.

Bei Schütz (1960), für den mit Max Weber die Kategorie Handlung von zentraler Bedeutung ist, zielt der subjektive Sinn auf den Erlebniszusammenhang des Erzeugenden (1960, 150). In diesem Kontext bilden die Motive, insbesondere in Form des „Weil-Motivs", das Zentrum des subjektiv sinnhaften Erlebnisses (Schütz 1960, 93 ff.). So wäre, am Aufspannen eines Regenschirmes verdeutlicht, „um nicht nass zu werden" das vordergründige Um-Zu-Motiv, das im Rahmen einer „Selbstauslegung" zurückgeführt würde auf „weil es regnet", wohinter die durch den Regen aktu-

alisierte „attentionale Zuwendung zum Gesamtzusammenhang meiner Erfahrung" zu verstehen wäre (ebd. 102). In den Traditionen von Frege betrachtet würde hier auf einer höheren Abstraktionsebene der Sinn einzelner Referenzpunkte (Bedeutungen) sichtbar, wie dies die Schütz'sche Fassung der Weil-Motivation erkennen lässt: „Wenn ich mich ungeschützt dem Regen aussetze, werde ich nass und dies bereitet mir ein Unlustgefühl. Der Gefahr, nass zu werden, begegnet ein aufgespannter Schirm (d.h. das [...] als abgelaufen phantasierte Handeln des Aufspannens). Daher werde ich meinen Schirm aufspannen" (ebd.). Gefühle, Affekte, Emotionen spielen lediglich eine Randrolle, da sich die Grenzen der Erinnerbarkeit mit den Grenzen der Rationalisierbarkeit decken (ebd., 51). Der Sinn ist auf ein umgrenztes Erlebnis bezogen. „Nur das Erlebte ist sinnvoll, nicht das Erleben" (ebd., 49).

Diese Position bleibt auch im Spätwerk erhalten, in dem die Frage nach dem Verhältnis von subjektiv erlebtem und objektiv verstehbarem (also sozialem) Sinn in der Lebenswelt weiter vertieft wird (Schütz & Luckmann 2003).

Eigenes Handeln wird nicht nur aktuell als motiviert und zielstrebig erlebt, „sondern auch die Institutionalisierung des Handelns in sozialen Einrichtungen" (Schütz & Luckmann 2003, 45). Entsprechend bestehen qua Institutionalisierung zahlreiche gesellschaftliche „Sub-universen": „Ein geschlossenes Sinngebiet besteht also aus sinnverträglichen Erfahrungen" (ebd., 55).

„Während sich die Art der Erfahrung ändert, verändert sich der Sinn der Erfahrung nicht wie von selbst mit" (ebd., 610).

2.2 Institutionen und symbolische Sinnwelten: Berger & Luckmann

Institutionen [→ VI Institution und Organisation] sind in Durkheims Soziologie Orte, deren Funktion durch „Religion" als „Solidarität innerhalb der sozialen Gruppe" aufrechterhalten wird (Douglas 1991, 39). Dies verlangt jedoch eine Erklärung: Wenn eine Konvention sich aus „selbstregulierenden Anfängen" in eine „legitime soziale Institution verwandeln soll, bedarf es der Unterstützung durch eine parallele kognitive Konvention" (ebd., 80 f.). „Institutionen steuern unmittelbar das individuelle Gedächtnis, sie lenken unsere Wahrnehmung in Bahnen [...] sie reizen unsere Emotionen zu einem standardisierten Angriff auf standardisierte Fragen" (ebd., 159). Darüber hinaus muss jede Institution „auch das soziale Gebäude abstützen, indem sie Grundsätze der Gerechtigkeit heiligt", so Durkheims Lehre des Heiligen. „Die von den Institutionen ausgeübte Kontrolle ist unsichtbar; nicht so das Heilige" (ebd., 181). Es ist an drei Merkmalen zu erkennen: 1. Wird es entweiht, entstehen fürchterliche Dinge; 2. jeder Angriff auf das Heilige löst Emotionen aus, ‚die zu dessen Verteidigung drängen', und 3. bezieht man sich ausdrücklich auf das Heilige, durch Worte und Namen, heilige Orte, Flaggen, Embleme u. a. m.

Unschwer erkennt man hier die von Goffman (1972) aufgezeigte *Vorderbühne* und *Hinterbühne* totaler Institutionen, die jenes Handeln ihrer Akteure weihen, das ihren sozialen Sinn reproduziert und ‚Gläubige' von ‚Nestbeschmutzern' unterscheidet. Dem Buchtitel „Wie Institutionen denken" (Douglas 1991) hätte eine Abhandlung zu folgen, „Wie Institutionen fühlen", wie sie sozialen Sinn prozessieren, dessen emotional gestützte Realisierung Emotionen ordnet und dessen Infragestellung Emotionen gefährdet.

Die hier sich andeutende „existenziell metaphysische Sinndimension" wird bei Berger & Luckmann „bewusst gehalten", während sie bei Luhmann „abgeschattet" ist (Gerhardt 1995, 821).

Institutionen entstehen durch Arbeitsteilung und Handlungsverweise; sie werden durch Legitimation aufrechterhalten, so Berger & Luckmann (1980). Im Kern dieser legitimatorischen Prozesse steht die Konstruktion, Verteidigung und Erneuerung symbolischer Sinnwelten. Die Logik der Institution ergibt

sich aus der Art ihrer symbolischen Reflexion. „Die Sprache stellt semantische Felder oder Sinnzonen her" (ebd., 42). Das in ihr reflektierende und auf sie rekurrierende Bewusstsein „überlagert die institutionelle Ordnung mit seiner eigenen Logik." Die institutionelle Integration erfolgt demnach als „reziproke Sinngebung" nur über „gesellschaftlich gemeinsamen, um nicht zu sagen ‚gemeinten Sinn'" (ebd., 68 f.).

Mit Entwicklung und Aufsplitterung der institutionellen Ordnung entstehen gesellschaftlich abgetrennte Subsinnwelten und damit das „objektive Problem der Integration von Sinn" (ebd., 87 ff.). Diese institutionalisierte Welt wird zwangsläufig verdinglicht. Als von den Menschen hervorgebrachte erscheint sie ihnen als „Hervorbringung", als „Epiphänomen außermenschlicher Vorgänge" (ebd., 95 f.). Die „Redeweise zu sagen, der Mensch bediene eine Maschine, so wie ein Diener seinen Herren bedient" (Holz 2005, 382), drückt diesen Prozess der „Fetischisierung" (Marx MEW 23, 85 ff.) bzw. der „Verdinglichung" (vgl. Lukács 1970) präzise aus.

Hier setzt die Legitimation als sekundäre Objektivation von Sinn an; sie erklärt die institutionelle Ordnung als naturgegeben und gültig. Legitimationen lösen sich dabei zunehmend von der unmittelbaren Erfahrung, werden als reine Theorie, die besonderen Personenkreisen anvertraut ist, zunehmend zu symbolischen Sinnwelten, zu „synoptischen Traditionsgesamtheiten", die verschiedene Sinnprovinzen integrieren" und auf andere Wirklichkeiten „als die Alltagserfahrung" verweisen (Berger & Luckmann 1980, 102) – insbesondere in Form der Religion.

Symbolische Sinnwelten sind die „Matrix *aller* gesellschaftlich objektivierten und subjektiv wirklichen Sinnhaftigkeit. Die ganze Geschichte der Gesellschaft und das ganze Erleben des Einzelnen sind Ereignisse innerhalb dieser Sinnwelt", einschließlich der Verweise auf und der Erklärung von „Grenzsituationen", „so dass die Person auch noch bei den einsamsten Erlebnissen ‚ihren Ort' in ihr findet" (ebd., 103). Die Götter, die Partei, die Psychiatrie, wissen für ihn, so dass der Einzelne mit der Gewissheit leben kann, „dass er wirklich der ist, als der er sich ansieht" (ebd., 107 f.) Wir könnten diese Liste beliebig verlängern: die Regierung, die Schule, der Betrieb, die Familie usw.

„Auf der Ebene der Sinnhaftigkeit ist die institutionale Ordnung ein Schutz gegen das Grauen." Symbolische Sinnwelten „sind wie schützende Dächer über der institutionellen Ordnung und dem Einzelleben" (ebd., 109). In die Geschichte bringt die symbolische Sinnwelt System: „Für die Vergangenheit hält sie Erinnerung bereit" und „für die Zukunft garantiert sie ein gemeinsames Bezugssystem" (ebd., 110).

Ähnlich Vygotskijs kulturhistorischer Theorie und ähnlich Cassirers Kulturphilosophie gründen alle menschlichen Tätigkeiten „in historischen und gesellschaftlichen Bedingungen" (Cassirer 1996, 111), ist menschliche Erkenntnis symbolische Erkenntnis, aber in einer von Institutionen, Legitimation und Prozessen symbolischer Sinnbildung durchsetzten sozialen Wirklichkeit, innerhalb derer Kämpfe zwischen Beherrschten und Herrschenden die Regel und nicht die Ausnahme sind [→ V Macht, Herrschaft, Gewalt]. Durch das ständige Neuentstehen von Subsinnwelten lugt Häresie um jede Ecke. Denn menschliche Existenz ist qua Natur external (so in Rückgriff auf Plessners Anthropologie), der Mensch projiziert seinen subjektiv gemeinten Sinn in die Wirklichkeit (ebd., 112). Aber von Anfang an ist die institutionale Ordnung problematisch, nicht die symbolische Sinnwelt als solche. Dieser Widerspruch bringt zwangsläufig die immer erneute Delegitimation und Legitimation der Institutionen, Konflikte von Subsinnwelten sowie die notwendige Verteidigung und Rekonstruktion der symbolischen Sinnwelten hervor. Beim Aufeinanderprallen von Sinnwelten entscheidet die Macht und nicht das „theoretische Genie" ihrer Legitimatoren (ebd., 117).

Mythologie, Theologie, Philosophie und Wissenschaft sind Stützkonzeptionen für Sinnwelten, die Mythologie ist unter ihnen die archaischste. Als Wirklichkeitsentwurf nimmt sie die „dauernde Einwirkung heiliger Kräfte auf die Erfahrung der Alltagswelt an" (ebd., 118). Dies sind nicht nur Gottheiten, sondern all jenes Heilige, was in Ersatzreligionen und Verdinglichungen als Basis gesellschaftlicher oder gemeinschaftlicher Ordnung imaginiert wird. Im Neoliberalismus der Globalisierung sind es z. B. die Kräfte des Marktes, die als naturgegeben und schicksalhaft in einer „Theodizee des Privilegs" (Egger et al. 2000, 163) verhimmelt werden. Für Großeinrichtungen für Behinderte ist es der als natur- und schicksalhaft imaginierte ‚Defekt' der Internierten, welcher die gesellschaftliche Integration unmöglich macht und immer unmöglich machen wird, überhöht durch die Heiligsprechung der eigenen Wohltätigkeit. Sinnweltstützende Theoriebildung muss zwangsläufig über Methoden ihrer Geltungssicherung verfügen – Theorien der Abweichung verbunden mit einer diagnostischen Methodik, die einerseits auf Therapie, auf ‚Seelenheilung' zielen und andererseits auf ‚Nihilierung', als zumindest theoretische Liquidierung all dessen, was außerhalb der Sinnwelt steht (vgl. die Debatte um das Hirntodkriterium). Sinnwelten sind – den Überlegungen von Douglas (1991) vergleichbar – jeweils in Gefühlshüllen eingeschlossen. Die primäre Sozialisation, so Berger & Luckmann ist immer gefühlsbetont, die sekundäre (institutionelle, berufliche) meistens nur dann „wenn sie versucht, die subjektive Wirklichkeit des Individuums radikal umzumodeln" (Berger & Luckmann 1980, 151).

Offen aber bleibt, wie die persönlichen Gründe zur Häresie ins Spiel kommen, warum Individuen in den Widerspruch zu ihrer Zeit treten und einfach Nein sagen.

2.3 Doppelte Kontingenz als Grundlage von sozialem Sinn: Luhmann

Nach Schützeichel (2003) ist Sinn der Grundbegriff von Luhmanns soziologischer Systemtheorie. Seine Verwendung unterscheidet sich deutlich von anderen Auffassungen. „Sinn wird von Luhmann subjektlos konzipiert" (ebd., 32) und durchläuft in der Theorie mindestens fünf Aspekte:

- *phänomenologisch* als Verweisungszusammenhang von aktuellem auf möglichen Sinn. Keine Theorie von Gesellschaft noch die Gesellschaft selbst kann diesen überschreiten: „Denn ohne von Sinn Gebrauch zu machen, kann keine gesellschaftliche Operation ablaufen" (Luhmann 1997, 44). Der Unterschied System und Umwelt erscheint „als durch das System *produzierter* Unterschied und als im System *beobachtbarer* Unterschied" (ebd., 45). Und durch entsprechenden Re-entry wird das System für sich unkalkulierbar, braucht Gedächtnis.

Eine solche Position entspräche vollständig der von Edelman (1993) formulierten Theorie dynamischer Gehirnprozesse, wenn, ja wenn Luhmann nicht systematisch den Begriff der Handlung zugunsten der Kommunikation als Grundbegriff ausklammern würde, was Folgen für die gesamte Theorie hat. Denn nur durch Handeln (dazu gehört auch kommunikatives Handeln!) wird der für die Systemdifferenzen und für die kortikale Organisation der Bewusstseinsprozesse (Globalkartierung) entscheidende Prozess des Re-entry hervorgebracht. Über einen Systembegriff, in dessen Mittelpunkt Handlung steht [→ IX Funktionelles System], verfügt Luhmann nicht. Sein expliziter Bezug auf die Systemtheorie der sowjetischen Naturwissenschaften (Blauberg et al. 1977) erfasst genau diesen, in den physiologischen Theorien von Bernstein und Anochin (beide dort zitiert) vorangetriebenen Aspekt nicht, der konstitutiv für Edelmans Theorie der Globalkartierungen als Grundlage des Bewusstseins ist (vgl. Jantzen 2003a). Sinn bleibt damit subjektlos und ideell, aber als Prozess gedacht, der in jedem Moment über sich hinausweist.

- *komplextheoretisch* bedeutet dies, dass alle aktuellen Möglichkeiten trotz selektiven Verhaltens in der Situation als Sinn erhalten bleiben, dass der Komplementärbegriff zu Sinn Kontingenz ist (Schützeichel 2003).
- *operativ* betrachtet können Operationen nur an Operationen anschließen. Aus dieser Sicht ist das Sinngeschehen, so in Übernahme eines Begriffs von Maturana „Autopoiesis par excellence" (Luhmann 1984, 100). „Sinn gibt es nur dann und insofern, als Operationen sich sinnhaft aktualisieren" (Schützeichel 2003, 39).
- *differenztheoretisch* verweist jede Sinnaktualisierung auf andere mögliche und damit auf die Differenz der Identität zu anderen Identitäten (ebd., 40). Formuliert man dies in den Traditionen von Cassirers kulturphilosophischer Bewusstseinstheorie, so sichert der Sinn die Integration des Bewusstseins bei zugleich seiner Differenzierung in unterschiedliche Identitäten. „Denn jedes einzelne Sein des Bewusstseins hat eben nur dadurch seine Bestimmtheit, dass in ihm zugleich das Bewusstseinsganze in irgendeiner Form mit gesetzt und repräsentiert wird" (Cassirer 1994, 32).
- *formenanalytisch* ist Sinn eine „Zwei-Seiten-Form" mit einer markierten Innenseite und einer unmarkierten Außenseite (Schützeichel 2003, 41). Sinn und Form sind komplementär. Sinn ist die Differenz von Aktualität und Möglichkeitshorizont sowie von Differenz und Identität (ebd., 49 f.). Daher handelt es sich bei Sinn prozessierenden Systemen „um temporalisierte Systeme, die Stabilität nur als dynamische Stabilität, nur durch die laufende Ersetzung von vorgehenden Elementen durch neue, andere Elemente gewinnen können" (Luhmann 1997, 52). Sinnsysteme existieren nur in Form eines Paradoxons: „die in die Form wieder eintretende Form ist dieselbe und nicht dieselbe Form" und „das letzte für Sinnsysteme nicht transzendente Medium ist deshalb der Sinn" (ebd., 59).

Entsprechend vermerkt Schützeichel (2003): „Systeme sind keine Objekte, sondern Einschnitte in die Welt, die durch eine Verkettung von Operationen, also Unterscheidungen prozessiert werden" (ebd., 57).

Aber auch bei Luhmann ist wie bei Schütz von Emotionen nicht die Rede. In seinem Hauptwerk werden Gefühle ohne weitergehende inhaltliche Erörterung als „Immunfunktion" betrachtet. Sie sichern „den Weitervollzug der Autopoiesis [...] mit ungewöhnlichen Mitteln" (1984, 371).

Trotzdem wird keine Theorie des Sinns in methodologischer Hinsicht an Luhmanns formalen Bestimmungen vorbeikommen. Doch ebenso wenig wie die Theorie funktioneller Systeme [→ IX Funktionelles System)] eine Theorie der Hirnprozesse liefert, sondern lediglich ein methodologisches Instrumentarium für deren Erarbeitung (vgl. Jantzen 1990a, Kap. 7 und 8), so liefert auch Luhmanns Systemtheorie des Prozessierens von Sinn lediglich den nicht unterschreitbaren methodologischen Rahmen für künftige Reflexionen über individuellen und sozialen Sinn. Für letzteren bildet eine weitere Überlegung eine fundamentale Grundlage.

Das Theorem der doppelten Kontingenz „kann in seiner Bedeutung für die Systemtheorie kaum unterschätzt werden" (Schützeichel 2003, 72). „Jede Sinnfestlegung ist eine Festlegung im Horizont anderer Möglichkeiten und deshalb kontingent." Was aber passiert, wenn zwei Sinn bildende Operatoren aufeinander stoßen; *Ego* (lat. = Ich) und *Alter* (lat. = der Andere)? Das Theorem der doppelten Kontingenz versucht, diesen „Nullpunkt sozialer Koordinationen" zu bestimmen (ebd., 74). Denn „der ‚sinnhafte Aufbau der sozialen Welt' (Schütz 1960) beginnt nicht in der Konstitutionssphäre eines einsamen Subjekts, sondern in einer sozialen Situation, in der Ego auf Alter trifft" (ebd., 77). Operativ wird hierbei Alter durch Ego und Ego durch Alter bestimmt. Damit entsteht das Problem der Gleichsinnigkeit oder Diskrepanz von Auffassungen. Es stellt sich die Frage ‚Wie erleben andere?'

Doppelte Kontingenz ist das „Scharnier zwischen der Sozialdimension von Sinn und der Systemdimension" (ebd., 81) als dynamischer, Sinn prozessierender Dimension. „Doppelte Kontingenz generiert die Sozialdimension allen Sinns, und alle Relationen innerhalb der Sozialdimension generieren umgekehrt das Problem der doppelten Kontingenz" (ebd., 80).

Die Prozesse doppelter Kontingenz bleiben durch ihre Reduktion auf Kommunikation jedoch unterbestimmt. Kommunikation als basaler Prozess ist bestimmt über drei Formen der Selektion: Information, Mitteilung, Verstehen (Luhmann 1984, 194). Damit verliert die Theorie Sinn bildender sozialer Systeme die Komplexität ihrer Binnendifferenzierung als Vermittlung von Sinn und Bedeutungen, als innere Zusammenhänge von Dialog, Kooperation, Kommunikation, sozialem Verkehr (Jantzen 1990a, 210 ff.).

2.4 Sozialer Sinn als Zustand des Leibes: Bourdieu

Ähnlich wie Luhmanns soziologische Systemtheorie formuliert Bourdieus Soziologie Aussagen über relationale Zusammenhänge. Während bei Luhmann der Relationsbegriff bezogen auf „selbstreferenzielle soziale Operationen" bestimmt wird, konzipiert Bourdieu „soziale Relationen aufgrund ihrer konzeptionellen Einordnung in die Logik sozialer Felder stets als schon objektive bestimmte Relationen" (Schützeichel 2003, 67). In der Behandlung der Religion als „sozialer Verzauberung par excellence" (Bourdieu 2000, 8, Vorw. d. Hrsg.) gilt seine Bewunderung einem Max Weber, „mit dem sich der historische Materialismus radikalisieren; Marx ‚links' überholen ließ [...],dessen radikal herrschaftssoziologische Sicht ihm zu allen Bereichen der Sozialwissenschaften die Wege öffnet, auf denen seine einheitsstiftende Theorie der sozialen Welt sich entfalten kann" (ebd., 9). In Rückbezug auf Webers „Protestantische Ethik und der Geist des Kapitalismus" bedeutet dies, dass die Religion „den Klassenkampf in der Form des Religionskrieges möglich macht, wobei sie ihm zugleich das Bewusstsein seiner selbst als Klassenkampf verwehrt" (ebd., 68). Sie schafft sozialen Sinn, indem sie ein System von „konsekrierten Praktiken und Vorstellungen" einprägt, „dessen (strukturierte) Struktur in einer verklärten, also verkennbaren Form die Struktur der in einem bestimmten Gesellschaftsgebilde herrschenden ökonomischen und sozialen Verhältnisse reproduziert [...] indem sie die Verkennung der Grenzen des Erkennens, das sie möglich macht, miterzeugt" (ebd., 67).

Bourdieu liest Weber ausdrücklich materialistisch (1987, 37, 174). Er stellt sein eigenes Unternehmen der Aufhebung einer objektivierten, verdinglichten ebenso wie einer bloß subjektivierten Sicht von Praxis explizit unter die Herangehensweise der Feuerbachthesen: „Man kann nämlich mit Marx (Thesen über Feuerbach) den souveränen Standpunkt aufgeben, von dem aus der objektivistische Idealismus die Welt ordnet, ohne diesem die ‚tätige Seite' der Welterfassung überlassen zu müssen, indem man Erkenntnis auf Registrieren reduziert. Dazu braucht man sich nur in die ‚wirkliche, sinnliche Tätigkeit als solche', also in das praktische Verhältnis zur Welt hinein zu versetzen" (ebd., 97). Sozialer Sinn ist aus dieser Sicht *praktischer Sinn*, das Produkt jahrtausendelanger Anwendung derselben Wahrnehmungs- und Handlungsschemata. „Beherrschen kann diese Logik nur, wer von ihr völlig beherrscht wird" (ebd., 31).

Um diese Handlungslogik zu verstehen, ist es notwendig, Bourdieus zentralen Begriff des ‚Habitus' als eine Art von „praktischer Hypothese" zu erörtern. Denn dieser Habitus, die in den Körper sozial eingetragenen Handlungsgewohnheiten und Zukunftsvorwegnahmen, ist die Aufhebung des in den Institutionen objektivierten Sinns als praktischer Sinn (Bourdieu 1987, 107).

Bei Marx und Engels liest sich dieser Sachverhalt so: „Die Produktion der Ideen, Vorstellungen, des Bewußtseins ist zunächst ummittelbar verflochten in die materielle Tätigkeit und den materiellen Verkehr der Menschen, Sprache des wirklichen Lebens. Das Vorstellen, Denken, der geistige Verkehr der Menschen erscheinen hier noch als direkter Ausfluss ihres materiellen Verhaltens" (MEW 3, 1969, 26).

Bei Bourdieu heißt es entsprechend: „Die charakteristischen Strukturen einer bestimmten Klasse von Daseinsbedingungen sind es nämlich [...], die Strukturen des Habitus erzeugen, welche wiederum zur Grundlage der Wahrnehmung und Beurteilung aller späteren Erfahrung werden" (1987, 101). Was nach Seiten der Individuen Habitus ist, ist nach Seiten der gesellschaftlichen Verhältnisse Institution. Habitus ist die den Leibern durch identische Geschichte(n) aufgeprägte *lex insita* (lat.: = Bestimmtheit der natürlichen Lage), „welche Bedingung nicht nur der Abstimmung der Praktiken, sondern auch der Praktiken der Abstimmung ist" (ebd., 111).

Bezogen auf das Beispiel des Sports zeigt sich der Habitus als der „praktische Sinn für das Spiel." Dieser praktische Sinn leitet die Entscheidungen, indem er eine recht genaue Vorstellung schafft „von dem fast wundersamen Zusammentreffen von Habitus und Feld, von einverleibter und objektivierter Geschichte, das die fast perfekte Vorwegnahme der Zukunft in allen konkreten Spielsituationen ermöglicht" (ebd., 122). „Der praktische Sinn als Natur gewordene, in motorische Schemata und automatisierte Körperreaktionen verwandelte gesellschaftliche Notwendigkeit sorgt dafür, dass Praktiken in dem, was an ihnen dem Auge ihrer Erzeuger verborgen bleibt und eben die über das einzelne Subjekt hinausreichende Grundlagen ihrer Erzeugung verrät, sinnvoll, d. h. mit Alltagsverstand ausgestattet sind. Weil die Handelnden nie ganz genau wissen, was sie tun, hat ihr Tun mehr Sinn, als sie selber wissen" (ebd. 127).

Anders als bei Schütz (‚Nur das Erlebte ist sinnvoll, nicht das Erleben') ist bei Bourdieu das Erleben selbst in die Konfiguration von Sinn einbezogen; es ist im Habitus ebenso Basis wie Resultat des Erlebten.

„Der Glaube ist [...] entscheidend dafür, ob man zu einem Feld gehört." [...] Dieser aber ist ein kein Gemütszustand, sondern ein „Zustand des Leibes", der seinerseits wiederum sozial formiert ist und wird (ebd., 124 f.). So beinhalten Massenfeierlichkeiten u. a. auch die unbestimmte Absicht, „Gedanken zu ordnen und durch strikte Regelung der Praktiken, durch regelhafte Aufstellung der Leiber und besonders durch leibliche Ausdrucksformen der Gemütsbewegung wie Lachen oder Weinen, Gefühle zu suggerieren" (ebd., 128).

„Die körperliche Hexis [griech. = der Reihe nach; d. Verf.] ist die realisierte, einverleibte, zur dauerhaften Disposition, zur stabilen Art und Weise der Körperhaltung, des Redens, Gehens und damit des Fühlens und Denkens gewordene politische Mythologie" (ebd., 129). Sinn als widersprüchliche Einheit von Erlebnis und Erlebtem ermöglicht es, eine Situation „auf der Stelle, mit einem Blick und in der Hitze des Gefechts" einzuschätzen und sogleich die passende Antwort zu finden (ebd., 190) und damit auf die Vieldeutigkeiten der Praxis zu reagieren. Die Situation selbst wird über den Gabentausch – vor allem den symbolischen Gabentausch – reguliert. Der Austausch im jeweiligen Feld ebenso wie im Feld der Macht orientiert sich am Erhalt und Gewinn von symbolischem Kapital. Er unterliegt einer beständigen ‚Offizialisierung', d. h. der sozialen Neu- und Nachformung im Feld.

Der praktische Sinn zielt folglich nicht nur auf die Situation selbst, sondern auf die Gesamtheit der je gegebenen Anerkennungsregeln im Feld, die durch Offizialisierung bestehen und erzeugt werden. „Tatsächlich gibt es nichts, was Gruppen hartnäckiger einfordern und großzügiger belohnen als diese äußerliche Verbeugung vor dem, was sie zu verehren belieben" (ebd., 200). Dieser wechselseitige Austausch durch Gabe und Gegengabe und die Anerkennung symbolischen Kapitals errichtet dauerhafte Verhältnisse auf Gegenseitigkeit ebenso, wie er Herrschaftsverhältnisse schafft und stabilisiert.

Sozialer Sinn als praktischer Sinn wird damit von Bourdieu zunächst auf der Ebene von Habitus und Institution, von gelebtem sozialem Verkehr verstanden, nicht so sehr auf der Ebene reflexiver Verhältnisse. Diese kommen als symbolische Verhältnisse in der Ausgestaltung von bzw. im Widerstand gegen Herrschaft ins Spiel. Klassenkämpfe verwandeln sich in symbolische Kämpfe (Bourdieu 1973, 57). Aber als solche können sie geführt werden. Häresie entsteht durch Intellektuelle, so am Beispiel des niederen Klerus, durch reflexiven Rückgriff auf die in Sprache, Religion und Wissenschaft und natürlich auch in Moral und Recht (Horster 2004) verfügbaren symbolischen Formen. Dies erklärt die besondere Position der Verantwortung der Intellektuellen in Bourdieus soziologischer Theorie.

„Aufgrund des Umstands, dass sie innerhalb der Hierarchie des kirchlichen Herrschaftsapparats eine beherrschte Position einnehmen, die homolog zu derjenigen der beherrschten Klassen im sozialen Raum ist, und in einer sozialstrukturell uneindeutigen Zwischenposition schweben, verfügen sie über eine kritische Kompetenz, die ihnen ermöglicht, ihrer Revolte auf mehr oder weniger systematische Weise Ausdruck zu verleihen und so den beherrschten Klassen als Sprachrohr zu dienen" (Bourdieu 2000, 90).

Was die Bourdieusche Theorie ohne Zweifel leistet, ist die Kategorie Sinn soziologisch mit Leben zu füllen. „Es gibt keine Sozialwelt, in der nicht jeder Handelnde zu jedem Zeitpunkt auf die Geltung bauen müsste, die ihm zusteht und festlegt, wie viel er sich leisten kann (…)" (ebd., 253). Was aber ist mit jenem Sinn, der gerade diese Welt transzendiert? Der als Hoffnung im Horizont der Befreiung aufscheint (Bloch 1985), wie z. B. in den häretischen Bewegungen des ausgehenden Mittelalters, den Bauernkriegen, den bürgerlichen Revolutionen, der Oktoberrevolution, den Bürgerrechtsbewegungen, bei Gandhi ebenso wie bei Martin Luther King? Hier scheitert eine Soziologie des Sinns, welche nicht die Rolle der Emotionen für die Genesis des Sinns aufgreift.

Allerdings ist die in den genannten häretischen Bewegungen aufzuweisende Form nicht die einzige, in der sozialer Sinn als Häresie auftritt. Dies ist ausdrücklich festzuhalten. Wenn Donna Williams (1994, 1997) verschiedene für Autismus gehaltene Ausdrucksformen als Selbstverteidigungsmechanismen autistischer Menschen innerhalb von Vernunftfallen hervorhebt, so sind auch dies Formen der Häresie, welche Legitimation in Frage stellen und auf Veränderung symbolischer Sinnwelten drängen.

Ebenso wie Sinn sich auf Seiten des Individuums auf verschiedenen Ebenen und in verschiedenen Formen realisiert, so auch auf Seiten der gesellschaftlichen Verhältnisse: im Verhältnis von Habitus und Feld körperlich ebenso wie symbolisch inkorporiert und selbstverständlich auch reflexiv. Und auf all diesen Ebenen, so zeigt es die Herrschaftssoziologie, geht es um Legitimation und um Häresie.

3 Zentrale Ergebnisse und Ausblick

Eine künftige Soziologie des sozialen Sinn wird nicht möglich sein, ohne die hier dargestellten Entwürfe neu zu durchdenken und ihre grundlegende Überlegungen als Ausgangspunkte für eine Theorie jenseits ihrer gegenwärtigen Beschränkungen aufzugreifen. Dies soll im Folgenden an einigen Aspekten aufgezeigt werden.

3.1 Sinn als psychischer und sozialer Organisator von Persönlichkeitsentwicklung: Vygotskij, Leont'ev

In der Auffassung von A. N. Leont'ev entsteht Sinn durch das Leben, aber bedarf der *Bedeutungen*, um sich auszudrücken. Dies macht es auch möglich, dass er sich in falschen Kleidern, entfremdeten Bedeutungen, in „Stereotypen" realisiert (1979, 149). „Sinn" ist für Leont'ev ursprünglich identisch mit den Emotionen, trennt sich aber von diesen im Prozess der Evolution bzw. Entwicklung [→ VII Evolu-

tion und Entwicklung des Psychischen] in der Aneignung der sozialen und gesellschaftlichen Verhältnisse im gesellschaftlichen und sprachlichen Verkehr (Jantzen 2003b). Hierbei knüpft Leont'ev unmittelbar an die Kategorie ‚Erleben' (russ.: *pereživanie*) in Vygotskijs Spätwerk an, als ‚Zelle' der psychischen Prozesse. ‚Erleben', das sowohl emotionales Erleben wie Erleben der Wirklichkeit bedeutet, bildet den Kern einer spinozanischen Entwicklungstheorie der Emotionen. Ähnlich Luhmanns Systembegriff, von diesem jedoch durch die in seine Konstitution eingehenden Dimensionen von Emotionen und Handlungen unterschieden, wird eine Theorie entwickelt, innerhalb derer ein komplexes raumzeitliches System des Erlebens in rudimentärer Form den Ausgangspunkt aller entwickelten Formen bildet (vgl. Jantzen 2008). Durch die systematische Aufnahme und Ausarbeitung der Kategorie ‚Tätigkeit' gelingt Leont'ev eine Theorie der raumzeitlichen Struktur der psychischen Prozesse, innerhalb derer Sinn die zu jedem Augenblick gegebene interne emotionale Wertigkeit einer jeweiligen Tätigkeit in Form raumzeitlicher Synthesen ist. Diese innere Tätigkeit wird als bedürfnisrelevante, sinngeleitete, das Motiv setzende Seite der Aktivität verstanden, die sich nur in Handlungen, d. h. zielgerichtet und zweckgerichtet äußern kann (Jantzen 1990b). Die in den Handlungen angeeigneten Bedeutungen sedimentieren sich als kognitive Operationen, über welche das Subjekt verfügt. Sinn wäre demnach die je gegebene Gefühlshülle unserer Tätigkeiten bzw. unseres Tätigkeitssystems als Ganzes. Emotionen als Resultat ebenso wie Ursprung der Tätigkeit sind der Operator, der je nach Entwicklungsstand die weitere Entwicklung in neuen sinnhaften und kognitiven Räumen selbstähnlich und dynamisch realisiert (Jantzen 2004, 41 ff.).

Das individuelle Bewusstsein ist immer sozialer Natur, aber es ist keineswegs nur Verdoppelung des Sozialen. Indem die Bedeutungen angeeignet werden, erhalten sie eine andere Konfiguration. Grundlage dieses Prozesses ist die Herausbildung von Sinn, dessen Naturgeschichte als ‚biologischer Sinn'

Leont'ev ebenso erforscht wie seine soziale Genesis als persönlicher Sinn (1973, 1979). Die reziproke Bestätigung von Emotionen im frühen sozialen Verkehr (die ihrerseits ‚biologischen Sinn' ausdrücken), führt zur inhaltlichen Entwicklung von Bewusstsein, Sinn und Bedeutungen, so mit Bezug auf Wallon. Durch den sozialen Austausch „entstehen nach ihrer Quelle soziale Emotionen, spezifisch menschliche Ausdrucksbewegungen, Gefühle kommen auf, die mit den ideatorischen Prozessen verbunden sind" (Leont'ev 1999/2000, 15).

Sinn als gefühlshafte Binnenstruktur eines psychischen Raumzeitgefüges (eines Chronotops; Bachtin 1986) auf dem jeweiligen Bewusstseinsniveau und gekoppelt an und in die gleichzeitige Existenz zahlreicher latenter Gefüge vergleichbarer Art, dies ist die Perspektive, die Leont'evs Theorie eröffnet.

Hinweise auf die notwendige Existenz von sozialem Sinn als äußerem Organisator finden sich in dieser Theorietradition lediglich wenige und diese vorrangig in Vygotskijs „Psychologie der Kunst", deutlicher jedoch in der hierzu parallel entstandenen Literatur und Sprachtheorie Bachtins (Holquist 2002). Vygotskij (1976) bestimmt den aristotelischen Begriff der Katharsis am Beispiel des Dramas als soziale Gefühlstechnik, mittels derer Gefühle durch Gefühle aufgehoben werden (gänzlich in den Traditionen von Spinozas Affekttheorie gedacht). Die Kunst wäre demnach ein Ort der sozialen Organisation von Gefühlen, ähnlich wie dies bei Wallon (1984) Rhythmik, Tanz, Musik sind. Dieser Aspekt der Kunst, bei Lukács (1987) fortgeführt bis in die Hoffnung, künstlerische Katharsis könne die Funktion der Religion übernehmen, bedarf weiterer soziologischer Bearbeitung.

Sinn entsteht durch das Leben. Er bedarf der Bedeutungen um sich auszudrücken. Und Katharsis kann als Mittel verstanden werden, wieder Sinn in der Gleichgültigkeit der Bedeutungen zu gewinnen (Leont'ev 1981). Entsprechend würde Häresie als reflexiver Prozess durch Aufblitzen eines Horizonts der Befreiung im begreifenden Erkennen selbst gekennzeichnet sein, der sich in unmittel-barer emotionaler, kathartischer Berührung ausdrückt.

3.2 Sozialer Sinn und das ‚Aufblitzen' des Horizonts der Befreiung in einer zersplitterten Welt

Adornos „Negative Dialektik", als zentraler Versuch einer Auseinandersetzung mit Auschwitz als Resultat der Moderne, schließt mit Überlegungen, wie diese negative Dialektik, die sowohl die traditionelle Theodizee wie jene des Fortschritts verwerfen muss, wieder zu sich selbst gelangen könne. Denken entsteht als ‚Verhalten der Lebensnot'. Und das Bedürfnis im Denken will, dass gedacht wird. Es verlangt seine Negation durchs Denken. Und dort (mit Leont'ev als Sinnkern in den Bedeutungen zu denken!) vertritt es „in der kleinsten Zelle des Gedankens, was nicht seinesgleichen ist. Die kleinsten innerweltlichen Züge hätten Relevanz fürs Absolute, denn der mikrologische Blick zertrümmert die Schalen des nach dem Maß des subsumierenden Oberbegriffs hilflos Vereinzelten und sprengt seine Identität, den Trug, es wäre bloß Exemplar. Solches Denken ist solidarisch mit der Metaphysik im Augenblick ihres Sturzes" (Adorno 1975, 399 f.).

Das scheinbar Unverständliche dieses Gedankens löst sich durch Lévinas' Formel auf: ‚der Andere ist', indem er die Figur des Anderen als ontologischen Ausgangspunkt jeglicher Philosophie bestimmt. Hierauf aufbauend erhält die goldene Regel ‚Liebe Deinen Nächsten wie Dich selbst' in Baumans „Postmoderner Ethik" (1995) ebenso wie in der Lévinas-Lektüre von Klaus Dörner eine neue Bestimmung. Sich zur ‚Geisel des anderen zu machen', wohl wissend um den schmalen Grad zwischen Solidarität und Wohltätigkeit, so lautet die Formel für die Konstituierung persönlicher Verantwortung bei Bauman. „Handle in deinem Verantwortungsbereich so, dass du mit dem Einsatz all deiner Ressourcen (an Zeit, Kraft, Manpower, Aufmerksamkeit, Liebe) immer beim jeweils Letzten beginnst, bei dem es sich am wenigsten lohnt" – so Dörners Versuch die

Einheit von Sorge und Helfen kategorisch zu fassen (2008, 124).

Der ethisch relevante Andere, der hier – herrschaftssoziologisch betrachtet – eine soziale Sinn setzende Häresie begründet, ist eben jener, von dem in Marx' berühmtem kategorischen Imperativ die Rede ist, „alle Verhältnisse umzuwerfen, in denen der Mensch ein erniedrigtes, ein geknechtetes, ein verlassenes, ein verächtliches Wesen ist" (MEW 1, 1974,). Das Ende der Kritik der Religion, „dass der Mensch das höchste Wesen für den Menschen sei" (ebd. 385), verlangt nach theoretischer Aufklärung dessen, was gesellschaftliche Verhältnisse sind, so der weitere Weg von Marx. Aber es verlangt auch nach Aufhebung der Religion in Form einer Zertrümmerung der Metaphysik, die solidarisch ist mit dieser ‚im Augenblick ihres Sturzes'.

Wie kein anderes Denken liefert hierfür Walter Benjamin den Ausgangspunkt, insbesondere in seinen Geschichtsphilosophischen Hypothesen. Sie stehen im Kontext einer Philosophie im Zeitalter des deutschen Expressionismus und nach dem Ersten Weltkrieg. Wie ist Geschichte, wie ist Handlungsfähigkeit wieder zu erlangen in der „Idee der Utopie als Horizont der in Fragmente zerfällten Welt" (Holz 1992, 38)? „Wo die Ganzheit nicht mehr darstellbar ist [...] gibt es notwendigerweise kein anderes Gestaltungsprinzip als die subjektive Perspektive" (ebd., 24). Diese Perspektive kommt ebenso bei Lukács, Bloch und Benjamin in Verbindung mit dem historischen Materialismus ins Spiel, wie bei Buber und Rosenzweig als die reine Geschichtslosigkeit der Ich-Du-Beziehung, in welche und durch die hindurch die Zeit des Heils eintreten soll. Gemeinsam ist ihnen der Wunsch „des Menschen Not zu transzendieren" (ebd., 27).

Von besonderer Bedeutung ist unter ihnen Walter Benjamins Versuch, historischen Materialismus, d. h. Marxsche Gesellschaftstheorie, und Theologie zu verbinden, da er anders als Bloch (1985) nicht eschatologisch auf die Zukunft der kommunistischen Gesellschaft schlechthin setzt (als Konstituierung einer auf das kommende ‚Reich' der Erlösung setzende Hoffnungsmetaphysik), sondern strikt immanenzphilosophisch, im Horizont der Gegenwart argumentiert.

„Es besteht eine geheime Verabredung zwischen den gewesenen Geschlechtern und unserem. Wir sind auf der Erde erwartet worden. Uns ist wie jedem Geschlecht, das vor uns war, eine *schwache* messianische Kraft mitgegeben, an welche die Vergangenheit Anspruch hat. Billig ist dieser Anspruch nicht abzufertigen" (Benjamin 1965, 79).

Konsequent immanenzphilosophisch mit Spinozas Ethik gelesen würde dies bedeuten, dass Gott als ewige Natur, als *natura naturans* (lat. = schaffende Natur), sich in der Immanenz, in der Vielfalt des Seins in seinen unendlichen vielen Modi, ebenfalls als Modus in der *natura naturata* (lat. = geschaffene Natur) im Menschen und nur im Menschen realisiert (natürlich mit einem naturgeschichtlichem Vorlauf in der Evolution des Sinns; Jantzen 2004, 169 ff.), sowohl in Form der goldenen Regel „Liebe Deinen Nächsten wie Dich selbst" (vgl. Spinoza 1984) als auch der Möglichkeit nach in philosophischer Hinsicht als intellektuelle Liebe Gottes zu sich selbst im Menschen (Spinoza 1989).

Dies entspräche völlig der Theologie eines atheistischen Christentums von Dorothee Sölle (1981), allerdings mit einigen Implikationen, die diese Überlegungen verschärfen. Mit Sölles „Theologie der Schöpfung" sind die Menschen in dreifacher Hinsicht Träger und Fortführer der Schöpfung (1985), indem sie, so mit Bezug auf Jesaja (58, 6–12), „die Fesseln der Ungerechtigkeit" sprengen und „jedes Joch zertrümmern". Wir haben teil am Prozess der Schöpfung durch den historischen Exodus aus der Ungerechtigkeit, durch die Bewahrung der Natur vor den zerstörenden Kräften und durch Bewahren unseres Selbst, indem wir dem Tod im Leben entgehen, dem Absterben der Gefühle als Apathie (Sölle 1973). Gott, so Carter Heyward (1984), wäre dann kein Jemand, sondern ein „transpersonaler Geist" (power-in-relation). Gott (weiblich gedacht) wäre unsere Beziehungskraft als je immanenter Prozess im Prozess der Menschheit. Wir selbst wären ein „Teil dieser Kraft" (Sölle 1985, 65).

Bei Benjamin wird dies unter dem Aspekt der schwachen messianischen Kraft radikalisiert. Wir leben in einer erscheinenden Welt. Und die Verdinglichung, insbesondere auch des Fortschritts als Götzen, kennzeichnet unser im Alltag nicht bewusstes, magisches Denken, so in der berühmten Interpretation von Paul Klees Bild „Engel der Geschichte" in These 9. Umgarnt von den Netzen der Politik (These 10) müssen wir gegen diese Verdinglichung zu einem Begriff der Geschichte als Tradition der Unterdrückten gelangen, innerhalb derer der „Ausnahmezustand" (jener der Unterdrückung) die Regel ist (These 8). Nicht am „Ideal der befreiten Enkel", am „Bild der geknechteten Vorfahren" haben wir uns zu orientieren (These 12). Aber der Ort der Geschichte ist die ‚Jetztzeit'; in ihr kann das Kontinuum von Herrschaft und Unterdrückung aufgesprengt werden (Thesen 14–16). Die „messianische Stillstellung des Geschehens" hat die Zeit als „kostbaren Samen" in ihrem Innern (These 17).

Dass in der als Jetztzeit verstandenen Gegenwart die Zeit stillsteht, heißt jedoch nicht, „dass darin nichts geschieht. Im Gegenteil. Es geschieht da soviel, dass an ein Nacheinander im alten Stile nicht zu denken ist", denn „was echolos bleibt, wird weggerückt" (Holz 1992, 106 f.). Insofern erfasst Benjamin „die Konstellation, in die seine eigene Epoche mit einer ganz bestimmten früheren getreten ist. Er begründet die Gegenwart als „Jetztzeit" in welche Splitter der messianischen eingesprengt sind" (ebd., 107).

Aber diese Vergangenheit trägt diese Splitter in sich nur dort, „wo wir sie lieben", so in der ebenfalls im Anblick des Faschismus entstandenen Religionsphilosophie von Simone Weil (1981, 230 f.). Und wir können sie lieben, wo sie uns als Verwundbarkeit der schönen Dinge als Merkmal ihrer Existenz (ebd., 149), hier als Verletzlichkeit humaner Existenz erscheint [→ VIII Behinderung und Verletzlichkeit]. Gattungsgewissen (Lifton &

Markusen 1992) und Organisatoren unseres sozialen Sinns wären jene Vorfahren, die Unterdrückung skandalisiert und zu überwinden versucht haben, als unsere geistigen Ahnen – ähnlich den Ahnengöttern der Alten. Auf unsere Bindung an sie (Kirkpatrick 2005; Jantzen 2006) [→ Bindung] und auf erneutes Aufgreifen ihrer Häresie könnte sich unsere Häresie gründen. Aus jener ‚Gemeinschaft der Heiligen', welche das christliche Glaubensbekenntnis in die Transzendenz verlagert, würde eine Gemeinschaft jener, die vor uns um Humanismus gerungen haben und nicht bzw. nur teilweise obsiegt haben: der historische Jesus ebenso wie Mahatma Gandhi, Comenius ebenso wie Rosa Luxemburg oder Martin Luther King, um nur einige zu nennen. Dies würde allerdings bedeuten, dass ein künftiger Messias nie auftreten wird, sondern dass messianisches Handeln in Form unserer eigenen Verantwortung gänzlich an die Jetztzeit gebunden ist.

Derartige Religiosität fernab jeglicher Religion wäre die Antwort auf ihre herrschaftsförmige Verdinglichung. Sei jenes in Form des Versuchs einer additiven Ergänzung einer nur rationalistischen Aufklärungsphilosophie, so exemplarisch Habermas in der Debatte mit Ratzinger (Habermas & Ratzinger 2005). Oder in der Position seines Kontrahenten Benedikt XVI., damals noch Kardinal, der zwar von Macht und Pathologie allgemein spricht, nicht aber von der eigenen, in deren Kern es um die weltweite Unterordnung der Vernunft unter den Glauben geht (Holz 2006). Wenn „Feuer und Schwert nicht zu haben sind, bietet sich die Alternative, in ökumenische Verhandlungen mit den Konkurrenten einzutreten" (Berger & Luckmann 1980, 131).

All diese herrschaftssoziologisch zu dechiffrierenden Bewegungen des sozialen Sinns zwischen Herrschaft und Befreiung, Unterdrückung und Häresie artikulieren sozialen Sinn immer in Termini der Gemeinschaft, sei es die irdische, sei es die „Gemeinschaft der Heiligen", sei es die Gemeinschaft der Ahnen oder der geistigen Ahnen oder sei es nur die Gemeinschaft innerhalb einer Institution. Was aber ist dann Gesellschaft, im Unterschied zu Gemeinschaft?

3.3 Sozialer Sinn, Gemeinschaft und Gesellschaft

Gesellschaft ist „einer der vieldeutigsten Begriffe der Soziologie" (Kaupp 1974, 459). Keineswegs ist sie nur reduzierbar auf ihren Begriff als ökonomische Gesellschaftsformation (so tendenziell Klaus & Buhr 1985, 475), aber ebenso wenig ist Gesellschaft lediglich das Prozessieren sozialer Systeme auf Grund von Sinn oder die institutionelle und herrschaftssoziologische Verfasstheit alleine, in Abstraktion von gesellschaftlicher Arbeit. Gesellschaft ist, so Marx, „kein fester Kristall, sondern ein umwandlungsfähiger und beständig im Prozess der Umwandlung begriffener Organismus" (MEW 23, 1979, 16). Dieser Organismus ist eingebettet in den Naturprozess. Vernadskij (1997) wird später von einer Noosphäre sprechen, als der durch menschliche Arbeit umgestalteten Biosphäre, welche ihrerseits in die Geosphäre eingebettet ist. Der gesellschaftliche Körper der Produktion ist weder die Noosphäre noch ist er die Gesamtheit der ideellen Formen, welche die Auseinandersetzung der Gesellschaft mit der Natur steuern. Als ‚beseelter Körper in der Welt' (so in Anlehnung an Spinoza gedacht) ist Gesellschaft die *vermittelte Gesamtheit* der je produzierenden und reproduzierenden Menschen in Form der jeweils historisch vorgefundenen sowie weiterentwickelten *Produktions- und Reproduktionsmittel* in Prozessen der Produktion, Zirkulation, Konsumtion und Distribution. Gesellschaft wird bei Marx nicht nur als materieller Körper in die Noosphäre eingebunden und mit dieser in struktureller Koppelung gedacht, sondern Gesellschaft verfügt selbst über einen kognitiven Bereich, der sich in der und durch die Produktion wahrnehmend und antizipierend verändert. Gesellschaft ist Naturprozesse bewegender und umgestaltender „Gesellschaftskörper, ein gesellschaftliches Subjekt, das in einer größe-

ren oder dürftigren Totalität von Produktionszweigen tätig ist" (MEW 42, 1983, 21). Dieser Körper verfügt über *gesellschaftliches Bewusstsein*, welches strikt vom Begriff des in der Philosophie akzentuierten individuellen Bewusstseins zu unterscheiden ist. „Consciousness codes and in its own material realizes „re-presentation" of its object with itself is generated by operation of the social mechanism" (Mamardashvili 1986, 111). Dieses „*Ideelle*" (vgl. Il'enkov 1994) als Gesamtheit der in jeder historischen Epoche vorhandenen Formen von Kultur, Bedeutungen, habituellen Austauschprozessen (Sinn produzierenden Systemen) ist mehr als die in Sprache niedergelegten symbolischen Formen; es umfasst außer diesen semiotischen Prozessen auch in Arbeit und Praxis verfügbare außersemiotische Prozesse, die nicht oder noch nicht versprachlicht sind (vgl. Lotman 1990).

Der gesellschaftliche Körper selbst wird durch die Verhältnisse von Tausch und Vertrag reguliert, deren zentrale Momente Warenform und Geldform sind. Durch sie wird der energetische Durchsatz des gesellschaftlichen Organismus reguliert, so Marx in der Behandlung der Dialektik von konkreter und abstrakter Arbeit (Marx MEW 23, Kap. 1). Das konkrete Produkt der konkreten Arbeit, als Gebrauchswert, als nützliches Gut, erhält Warencharakter auf der Basis der in es eingegangenen physikalischen Arbeit, Energieverausgabung des Arbeiters, abstrakte Arbeit. Diese Wertgröße seiner Arbeit ist die Bemessungsgrundlage des Tauschs, des Warenverkehrs und der ihm durch diese für die eigene Reproduktion zur Verfügung gestellten Mittel. Unabhängig vom realen Arbeitsaufwand wird dieser nur in seiner gesellschaftlich durchschnittlichen Form (Wertform) entlohnt, der für die Arbeitskraft als Lohn, d. h. als ihr Preis gezahlt wird. Geld als besondere Ware wird mit der Entwicklung der modernen Industrie zum Mittel, alle anderen Waren hervorzubringen, Je preiswerter die Arbeitskraft als Ware in die Warenproduktion eingeht, desto größer der Profit. Dies ist der Kern eines Kapitalbegriffs, der *Kapital* als sich *selbst ver-*

wertenden Wert begreift. Dieser ökonomische Kapitalbegriff auf Basis der Marxschen Werttheorie, der neue Formen von Herrschaft und Unterdrückung in Form von gesellschaftlicher Produktion und privater Aneignung sichtbar macht, wäre noch zu vermitteln mit den von Bourdieu insbesondere an vorkapitalistischen Gesellschaften gewonnenen Begriffen des sozialen und symbolischen Kapitals, aber auch des kulturellen Kapitals, und damit des sozialen Sinns, die jeweils noch in allzu sehr, wenn auch herrschaftssoziologisch, so doch in gemeinschaftlicher und nicht in gesellschaftlicher Form formuliert erscheinen. Und der hieraus resultierende Klassenbegriff wäre mit den Begriffen der Weberschen Herrschaftssoziologie zu vermitteln (vgl. Giddens 1984).

Die soziologische Debatte um den Gemeinschaftsbegriff ist in ähnlicher Weise unscharf (Casanova 2001). Ersichtlich ist *Gemeinschaft* jener Ort, innerhalb dessen sozialer Sinn sich vergegenständlicht, aber da verdinglicht gedacht gefühlsmäßig als *Solidarität* mit den herrschenden Verhältnissen organisiert werden kann [→ VI Paternalismus]. Besondere Bedeutung kommt in Häresie hierzu stehend jenen Gruppen von *Intellektuellen* zu, welche die Möglichkeit der Humanität im Hier und Jetzt im Widerspruch zu den Herrschenden setzen. Die Entwicklung der Vernunft erweist sich als sozialer Prozess, dessen Elemente, so Gramsci, Bildung (als begreifende Vernunft, nicht jedoch enzyklopädische Bildung) und Katharsis sind (Jantzen 1990c, Kebir 1990). Derartige Gruppen von Intellektuellen lassen sich vor allem in spezifischen sozialen Infrastrukturen unterschiedlicher Gesellschaftsordnungen aufspüren: von der antiken Polis über die humanistische Intelligenz der Renaissance bis hin in die modernen Zivilgesellschaften. Sie artikulieren sich in Vernunfträumen strikt im Horizont der Gegenwart, im Verhalten von Einzelnen ebenso wie in Bürgerrechtsbewegungen als auch in der anerkennenden Praxis unserer menschlichen Verletzlichkeit, wie ihn z. B. Dörners kategorischer Imperativ der Sorge und des Helfens artikuliert.

Die Geschichte zeigt, dass es gesellschaftlich jeweils nur Minderheiten sind, die in die privilegierte Stellung zwischen jenen kommen, die ihre menschliche Entfremdung als Herrschende und Besitzende zwar spüren, aber sich trotzdem in ihr wohl fühlen (Marx & Engels MEW 2, 37) und jenen andern, die „bis an die Grenze des Nichtseins" verdrängt werden (Schlegelova 1992, 13). Umso zentraler stellt sich die Frage nach der Verantwortung der Intellektuellen für die Genesis anerkennender Vernunft in einer zivilen Gesellschaft und die Artikulation und Praktizierung eines in diesem Sinne häretischen Sinns auf allen Ebenen von institutioneller und staatlicher Verfasstheit. Derartige Zivilcourage ist die elementare Voraussetzung der Realisierung einer humanen Gesellschaft. Dass sie sich unbedingt mit einem neuen herrschaftssoziologischen Denken verknüpft, in welchem die Genesis und Praxis der Realisierung von sozialem Sinn mit einem nicht verdinglichten Gesellschaftsbegriff in Verbindung gebracht wird, ist unumgänglich. Die bedingungslose Beendigung der Transformation von Geldkapital und Aktienkapital in Spekulationskapital, wo die Investitionen von heute nicht die Arbeitsplätze von morgen sichern, sondern die Profiterwartungen von heute die Arbeitsplätze von heute vernichten, kennzeichnet den notwendigen gesellschaftlichen Horizont dieser Auseinandersetzung. Die Bändigung ökonomischer Ausbeutung und Aneignung hat für die Weiterexistenz der Menschheit sicherlich die gleiche Bedeutung wie der Umweltschutz.

Dies zu denken und zu entwickeln ist Aufgabe der Zukunft. Ausgangspunkt von demokratischem und republikanischem Handeln in der Gegenwart kann nur die in den Menschenrechten abgesicherte Wesensgleichheit aller Menschen sein [→ Menschenrechte und Behinderung], die sich in der Zivilgesellschaft [→ VI Bürgerschaftliches Engagement und Zivilgesellschaft] durch die Rückverpflichtung auf das allgemeine Wohl nach dem Prinzip der „Brüderlichkeit" organisiert. Die Geschwisterlichkeit in Verbindung mit der anerkannten Wesensgleichheit aller Menschen wäre die Grundlage für die in den Organisationen der Zivilgesellschaft auf sich genommene bürgerliche Gleichheit, welche als solche erst die Freiheit in der Gesellschaft gegenüber Staat und Ökonomie zu begründen vermag. Folglich ist die Verteidigung und Ausgestaltung von Geschwisterlichkeit und Wesensgleichheit der Kern dessen, was zukünftig sozialer Sinn genannt werden sollte, die Anerkennung und Durchsetzung der Menschenrechte als Fundament jeder modernen Gesellschaft und ihre konsequente Umsetzung in Bürgerrechte. Von hier aus hätten sich Toleranz einerseits und Widerstandsrecht gegen Unterdrückung andererseits systematisch zu legitimieren (vgl. Jantzen 2004).

Literatur

Adorno, Theodor W. (1990): Negative Dialektik. 6. Aufl., Frankfurt a.M.

Bachtin, Michail M. (1986): Untersuchungen zur Poetik und zur Theorie des Romans. Berlin

Bauman, Zygmunt (1995): Postmoderne Ethik. Hamburg

Benjamin, Walter (1965): Zur Kritik der Gewalt und andere Aufsätze. Frankfurt a.M.

Berger, Peter L. & Luckmann, Thomas (1980): Die gesellschaftliche Konstruktion der Wirklichkeit. Frankfurt a.M.

Blauberg, Igor V. et al. (1977): Systems theory. Moscow

Bloch, Ernst (1985): Das Prinzip Hoffnung. Werke Bd. 5 (3 Bände). Frankfurt a.M.

Bourdieu, Pierre (1973): Zur Soziologie der symbolischen Formen. Frankfurt a.M.

Bourdieu, Pierre (1987): Sozialer Sinn – Kritik der theoretischen Vernunft. Frankfurt a.M.

Bourdieu, Pierre (2000): Das religiöse Feld. Konstanz

Casanova, Pablo G. (2001): Gemeinschaft. In: Haug, Wolfgang Fritz: Historisch-Kritisches Wörterbuch des Marxismus. Bd. 5. Berlin, 174–189

Cassirer, Ernst (1994): Philosophie der symbolischen Formen. Bd. I. Darmstadt

Cassirer, Ernst (1996): Versuch über den Menschen. Hamburg

Dörner, Klaus (2008): Vorschlag für einen kategorischen Imperativ des Helfens. In: Österreichische Zeitschrift für Soziologie, 29, 2, 122–128

Douglas, Mary (1991): Wie Institutionen denken. Frankfurt a.M.

Drosdowski, Günther (Hrsg.) (1987): Duden „Etymologie". 2. Aufl., Mannheim

Edelman, Gerald (1993): Unser Gehirn ein dynamisches System. München

Egger, Stephan et al. (2000): Vom Habitus zum Feld. Religion, Soziologie und die Spuren Max Webers bei Pierre Bourdieu. In: Bourdieu, Pierre: Das religiöse Feld. Konstanz, 131–176

Gerhardt, Volker (1995): Sinn des Lebens. In: Ritter, Joachim & Gründer Karlfried: Historisches Wörterbuch der Philosophie. Bd. 9. Darmstadt, 815–824

Giddens, Anthony (1984): Die Klassenstruktur fortgeschrittener Gesellschaften. Frankfurt a.M.

Goffman, Erving (1972): Asyle. Über die soziale Situation psychiatrischer Patienten und anderer Insassen. Frankfurt a.M.

Habermas, Jürgen & Ratzinger, Josef (2005): Dialektik der Säkularisierung. Bonn

Heyward, Carter (1984): Und sie rührte sein Kleid an. Eine feministische Theologie der Beziehung. Stuttgart

Holquist, Michael (2002): Dialogism. London

Holz, Hans Heinz (1992): Philosophie der zersplitterten Welt. Reflexionen über Walter Benjamin. Köln

Holz, Hans Heinz (2005): Weltentwurf und Reflexion. Versuch einer Grundlegung der Dialektik. Stuttgart

Holz, Hans Heinz (2006): Ratzinger. In: Marxistische Blätter, 44, 6, 72–76

Horster, Detlef (2004): Was soll ich tun? Moral im 21. Jahrhundert. Leipzig

Il'enkov, Evald V. (1994): Dialektik des Ideellen. Münster

Jantzen, Wolfgang (1990a): Allgemeine Behindertenpädagogik Bd. 2. Weinheim

Jantzen, Wolfgang (1990b): Tätigkeit. In: Sandkühler, Hans Jörg: Europäische Enzyklopädie zu Philosophie und Wissenschaften. Bd. IV. Hamburg, 509–516

Jantzen, Wolfgang (1990c): Erziehung, Humanismus, Hegemonie. Münster

Jantzen, Wolfgang (1994): Am Anfang war der Sinn. Zur Naturgeschichte, Psychologie und Philosophie von Tätigkeit, Sinn und Dialog. Marburg

Jantzen, Wolfgang (2003a): Neuronaler Darwinismus. Zur inneren Struktur der neurowissenschaftlichen Theorie von Gerald Edelman. In: Mitteilungen der Luria-Gesellschaft, 10, 1, 21–41

Jantzen, Wolfgang (2003b): A.N. Leont'ev und das Problem der Raumzeit in den psychischen Prozessen. In: Jantzen, Wolfgang & Siebert, Birger: Ein Diamant schleift den anderen – Evald Vasil'evic Il'enkov und die Tätigkeitstheorie. Berlin, 400–462

Jantzen, Wolfgang (2004): Materialistische Anthropologie und postmoderne Ethik. Bonn

Jantzen, Wolfgang (2006): Was ist der Mensch? Konturen einer marxistischen Anthropologie. In: Forum Wissenschaft, 23 3, 40–41

Jantzen, Wolfgang (2008): Kulturhistorische Psychologie heute – Methodologische Erkundungen zu L. S. Vygotskij. Berlin

Kaupp, Peter (1974): Gemeinschaft. In: Ritter, Joachim & Gründer Karlfried: Historisches Wörterbuch der Philosophie. Bd. 3. Darmstadt, 459–466

Kebir, Sabine (1980): Die Kulturkonzeption Antonio Gramscis. München

Kirkpatrick, Lee A. (2005): Attachment, evolution, and the psychology of religion. New York

Klaus, Georg & Buhr, Manfred (Hrsg.) 1985: Philosophisches Wörterbuch. 2 Bde. Berlin

Leont'ev, Alexej N. (1973): Probleme der Entwicklung des Psychischen. Frankfurt a. M.

Leont'ev, Alexej N. (1979): Tätigkeit, Bewusstsein, Persönlichkeit. Berlin

Leont'ev, Alexej N. (1981): Die Psychologie der Kunst und die schöne Literatur (Psichologija iskusstva i chudozestnannija literatura). In: Literaturnaja uceba, 2, 177–185

Leont'ev, Alexej N. (1999/2000): Henri Wallon. In: Mitteilungen der Luria Gesellschaft, 6/7 2/1, 6–17

Lifton, Robert J. & Markusen, Eric (1992): Die Psychologie des Völkermordes. Stuttgart

Lotman, Juri M. (1990): Über die Semiosphäre. In: Zeitschrift für Semiotik, 12, 4, 287–305

Luhmann, Niklas (1984): Soziale Systeme. Frankfurt a. M.

Luhmann, Niklas (1997): Die Gesellschaft der Gesellschaft. Darmstadt

Lukács, Georg (1970): Geschichte und Klassenbewusstsein. Neuwied

Lukács, Georg (1987): Die Eigenart des Ästhetischen. 2 Bde. Berlin

Mamardashvili, Merab (1986): Analysis of consciousness in the works of Marx. In: Studies in Soviet Thought, 32, 101–120

Marx, Karl (1974): Zur Kritik der Hegelschen Rechtsphilosophie. MEW Bd. 1. 201–333, Berlin

Marx, Karl (1979): Das Kapital. Bd. 1. MEW Bd. 23. Berlin

Marx, Karl (1983): Grundrisse der Kritik der politischen Ökonomie. MEW Bd. 42. Berlin

Marx, Karl & Engels, Friedrich (1969): Die deutsche Ideologie. MEW Bd. 3. Berlin

Marx, Karl & Engels, Friedrich (1972): Die Heilige Familie oder Kritik der kritischen Kritik. MEW Bd. 2. Berlin

Messmann, Alfred (1990): Sinn im Kontext von Subjektwissenschaften und Gesellschaftsgeschichte. In: Sandkühler, Hans Jörg.: Europäische Enzyklopädie zu Philosophie und Wissenschaften. Bd. IV. Hamburg, 289–292

Schlegelova, Jaroslava (1992): Die Kraft, in einer differenten Welt Gutes zu tun. In: Jahrbuch für systematische Philosophie, Münster, 12–19

Schütz, Alfred (1960): Der sinnhafte Aufbau der sozialen Welt. 2. Aufl., Berlin

Schütz, Alfred & Luckmann, Thomas (2003): Strukturen der Lebenswelt. Konstanz

Schützeichel, Rainer (2003): Sinn als Grundbegriff bei Niklas Luhmann. Frankfurt a. M.

Sölle, Dorothee (1973): Leiden. Stuttgart

Sölle, Dorothee (1981): Das Recht ein anderer zu werden. Stuttgart

Sölle, Dorothee (1995): Lieben und Arbeiten. Eine Theologie der Schöpfung. Stuttgart

Spinoza, Baruch (1984): Theologisch-Politischer Traktat. Hamburg

Spinoza, Baruch (1989): Die Ethik. Hamburg

Thürnau, Donatus (1990): Sinn. In: Sandkühler, Hans Jörg: Europäische Enzyklopädie zu Philosophie und Wissenschaften. Bd. IV. Hamburg, 283–289

Thürnau, Donatus (1995): Sinn/Bedeutung. In: Ritter, Joachim & Gründer Karlfried: Historisches Wörterbuch der Philosophie. Bd. 9. Darmstadt, 808–815

Thürnau, Donatus (1999): Sinn. In: Sandkühler, Hans Jörg: Enzyklopädie Philosophie. 2 Bde. Hamburg, 1467–1469

Vernadskij, Vladimir I. (1997): Der Mensch in der Biosphäre. Frankfurt a. M.

Vygotskij, Lev S. (1976): Psychologie der Kunst. Dresden

Vygotskij, Lev S. (1996): Die Lehre von den Emotionen. Münster

Wallon, Henri (1984): The emotions. In: Voyat, Gilbert: The World of Henri Wallon. New York, 147–164

Weil, Simone (1981): Schwerkraft und Gnade. 3. Aufl., München

Weymann, Ansgar (1999): Gesellschaft/Gesellschaftstheorie. In: Sandkühler, H. J.: Enzyklopädie Philosophie. 2 Bde. Hamburg, 470–480

Williams, Donna (1994): Ich könnte verschwinden, wenn du mich berührst. Erinnerungen an eine autistische Kindheit. München

Williams, Donna (1997): Krankheit als Schicksal. Donna Williams im Interview. Spiegel TV: Hamburg 25. 01. 1997

Ethische Grundlagen der Behindertenpädagogik: Konstitution und Systematik

Markus Dederich & Martin W. Schnell

1 Definition

Moral ist der auf das lateinische Wort ‚mos/ mores' (Brauch, Sitte, Gewohnheit) zurückgehende Nachfolgebegriff des griechischen Wortes ‚Ethos' (*Ethik*). Beide Begriffe werden seit der Antike gleichwohl noch verwendet, manchmal als Synonyme, meist aber als Kennzeichnungen für Differentes. Ein Traditionsstrang versteht Ethik als Theorie der Moral. Als Moral gelten alle alltäglichen Wertüberzeugungen im Denken und Handeln. Ethik ist die Thematisierung, Reflexion und Wertanalyse dieser Wertvorstellungen, die sich als durchaus problematisch erweisen können und daher der ethischen Reflexion bedürfen. Ein anderer Traditionsstrang definiert die von Kant herkommenden Konzeptionen als Moral und die von Aristoteles ausgehende Denkbewegung als Ethik. Ein dritter und neuerer Strang unterscheidet zwischen Inhalten und Regeln des Handelns und Verhaltens (= Moral) und der Ethik als der Verbindlichkeitsquelle und der Frage nach dem Mich-Meinen des moralisch Relevanten (vgl. Schnell 2004).

2 Begriffs- und Gegenstandsgeschichte

Die Tatsache, dass die lexikalische Erfassung der Sache, um die es geht, in der Regel zwei Begriffe, nämlich ‚Ethik' und ‚Moral' vorsieht, hat verschiedene Gründe und ebenso verschiedene Konsequenzen.

Als in der europäischen Antike die Römer die Griechen in der Vorherrschaft der damals bekannten Welt ablösten, kam es auch zu einer Ablösung der Weltsprache. Wer herrscht, dessen Begriffe herrschen zugleich! Mit Aristoteles setzt in der griechischen Antike eine genuine Reflexion der praktischen Philosophie auf dem Boden einer Metaphysik ein. Metaphysik besagt, dass es eine in der Natur der Dinge und damit des Kosmos vorgegebene Ordnung gibt, die jedes Seiende und auch der Mensch zu entdecken haben. Im Hinblick auf die Ethik gilt, dass der Mensch von Natur aus nach dem Guten strebt. Entscheidend ist an dieser Qualität, dass das Gute nicht deshalb gut ist, weil es vom Menschen als gut bewertet wird. Es ist vielmehr an und in sich selbst ein Gutes, vom Menschen als Telos zu entdecken und als Leitfaden für das gute Leben zu realisieren.

Im Streben selbst konkretisiert sich für den Menschen, was das Gute inhaltlich ist und welche Art des Lebens es ermöglicht. Aristoteles zeigt, dass der Mensch an sich selbst seine soziale Natur entdeckt und seine Lebensführung auf Andere bezieht, mit denen er in Familie und Freundschaft im Oikos und in der Polis zusammenlebt, -arbeitet und -handelt. Besonders in der politischen Freundschaft der Tugendhaften, in der die Freunde einander wechselseitig jeweils um des Anderen willen das Gute wünschen, erfüllt sich das Streben nach dem Guten.

Die Annahmen der antiken Metaphysik, die durch ihre Synthese mit dem Christentum und durch die scholastische Tradition Thomas von Aquins das Mittelalter beherrschten, stürzen mit dem Einbruch der Renaissance. In der Natur gibt es keine vorgegebene und nur noch zu entdeckende Ordnung mehr! Jede Ordnung ist von Menschen zu errichten. Die Vernunft, die aus der Natur der Dinge verschwindet und eine umfassende Revolution des Weltbildes einleitet, die alle Wissenschaften und auch das menschliche Zusammenleben umwälzt, tritt nun auf der Seite des Menschen zu Tage. Mit Descartes beginnt das Zeitalter des vernünftigen Subjekts. Für die praktische Philosophie resultieren daraus zwei Konsequenzen.

Thomas Hobbes zeigt, dass das Gute im Zeichen eines neuzeitlichen Individualismus von nun an von der Wertung des Menschen und dessen freier Willkür abhängt. Ob ein Gut als gut gelten kann, ist einzig und allein von seinem Benutzer festzulegen. Benutzer und mögliche Meinungen gibt es potenziell viele, der Deutungsstreit findet, wie auch bei Spinoza, Eingang in die praktische Philosophie, ja auch der Begriff der Feindschaft, der von Carl Schmitt weitergeführt worden ist.

David Hume leitet die Moral als moralischen Sinn bzw. Sinn für das Moralische („moral sense') aus der Erfahrung her. Die alltägliche Erfahrung belehrt den Menschen über die moralische Wertschätzung. Wer einen absichtlichen Mord auf der Straße beobachtet, wendet sich mit Abscheu von der Szene, wer Liebkosung wahrnimmt oder gar erfährt, verweilt und wünscht eine Fortsetzung. Sofern ein jeder zu derselben Tatsachenunterscheidung gelangt, bildet der ‚moral sense' eine empirisch konstituierte Tradition, die im literarischen Werk Jane Austens ihre Illustration gefunden hat.

Kant ist der Revolutionär der Ethik im Zeichen der autonomen Vernunftperson. Sein Neuentwurf setzt bei einer Doppelbestimmung der praktischen Vernunft an. Jede moralische Person [→ Person/Persönlichkeit] erhebt von sich aus den Anspruch auf Selbstgesetzgebung und an ihre Adresse ergeht zugleich der Sollensanspruch des moralischen Gesetzes in Form des kategorischen Imperativs. Kant wendet sich gegen eine empirische Gründung von Moral und Ethik, wie sie von Hobbes und Hume vertreten worden ist, er findet seine Neuorientierung nicht in der Natur der Dinge, auf die Aristoteles noch setzte, sondern in der intelligiblen Vernunft und der

Einheit von Gesetzesanspruch und Gesetzesgeltung. Es ist ein Faktum der Vernunft, dass jede moralische Person den kategorischen Imperativ als Stimme in sich vernimmt.

Kants universalistische Ethik, die zur Begründung von Menschenrechten, Menschenwürde, Völkerrecht und der UNO unverzichtbar ist, wurde zu seiner Zeit von Johann Gottlieb Fichte weitergeführt und durch die Romantik ob ihrer scheinbaren Abstraktheit und Leere kritisiert. An dieser Stelle setzt auch Georg Wilhelm Friedrich Hegel an.

Hegel spielt den kategorischen Imperativ Kants durch und zeigt am Beispiel des Stehlens und des Privateigentums, dass der kategorische Imperativ zur Verteidigung materialer Werte nicht ausreicht. Kant nimmt, so Hegel, die Ideale einer bürgerlichen Gesellschaft in Anspruch, ohne diese in seiner Ethik begründet zu haben. Kants Rechtsphilosophie wird von Hegel allerdings vernachlässigt. Neben der formellen Prüfung durch den Imperativ bedarf es konkreter und moralkonstitutiver Inhalte und Fundamente. Der Staat der bürgerlichen Gesellschaft war für Hegel in dieser Weise konstitutiv. Hegels Neuentwurf versöhnt die antike Polis des Aristoteles und die autonome Subjektivität Kants miteinander. In seiner Rechtsphilosophie entwickelt Hegel den Begriff der ‚Sittlichkeit' als entsprechende Synthese einer Wiedergewinnung der Polis auf der Höhe der Subjektphilosophie. Die Sittlichkeit wirkt als Versöhnung dieser unterschiedlichen Bestimmungen. Der Staat ist die Wirklichkeit der sittlichen Idee. Das Wahre ist das Ganze!

Der Traum vom Ganzen wird allerdings im 20. Jahrhundert durch Totalitarismus, Nationalsozialismus und Stalinismus nachhaltig gestört. „Das Ganze ist das Unwahre", lautet die entsprechende Parole Theodor W. Adornos. Die nach dem Kriege wieder erwachte Ethik findet unter Staub und Asche die Trümmer der Tradition: Aristoteles, Kant, Hegel. Sie beginnt damit, die Fundstücke zu säubern und zu reparieren. Ein sehr großer Bereich dessen, was heute noch, im 21. Jahrhundert also, als Ethik/Moral bezeichnet wird, hat seine Impulse von jener Trümmerarbeit empfangen.

In der internationalen Liberalismus/Kommunitarismus-Debatte um die Zugänge zur Gerechtigkeit herrscht seit den 1980er Jahren allgemein ein Aristoteles/Kant-Doppelspiel vor. Während die Kommunitaristen mit Michael Walzer und Charles Taylor eher Aristoteles als den major domus ansehen, wollen die Liberalen um John Rawls eher Kant in dieser Rolle anerkennen. Die Vorläufer in dieser Sache sind zahlreich. George Herbert Mead fragt in den 1930er Jahren bereits in den USA nach einem Zusammenhang von Konkretem und Allgemeinem in seinen „Fragmenten über Ethik" (vgl. Mead 1973, 429 ff.). In Deutschland eröffnet Hans-Georg Gadamer 1963 die Vermittlungsarbeit zwischen Aristoteles und Kant in seinem Aufsatz „Über die Möglichkeit einer philosophischen Ethik" und zwar zugunsten des Griechen (vgl. Gadamer 1963). In „Antike und moderne Ethik" versucht Ernst Tugendhat das Verhältnis unter die Führung des Königsbergers zu bringen (vgl. Tugendhat 1980).

Im Jahre 1986 findet unter dem Titel „Moralität und Sittlichkeit – Das Problem Hegels und die Diskursethik" eine in dieser Sache entscheidende Konferenz statt, die die gesamte Tendenz der Reflexion seit der Nachkriegszeit in Deutschland widerspiegelt. Die von Jürgen Habermas und Karl-Otto Apel begründete Diskursethik sieht Kant als zentrale Figur des mit Aristoteles und Hegel gebildeten Trios. Treffen die Einwände, die Hegel gegen Kant erhob, auch auf die Diskursethik zu? Was ist Neoaristotelismus? Was ist Advokatorik in der Ethik? Diese und andere Fragen bestätigen, dass in der ethischen bzw. moralischen Reflexion Begründungsfragen im Zeichen des Neo-Aristotelismus, -Kantianismus oder -Hegelianismus vorherrschen (vgl. Kuhlmann 1986). Man ist sich dabei einig, dass Ethik ohne jede Metaphysik auskommen muss (vgl. Patzig 1983). Was im Hinblick auf eine Verbindlichkeitsquelle von Ethik/Moral heute an die Stelle der klassischen Antworten treten soll, wird gleichwohl nicht diskutiert.

Autoren wie Hans Jonas, ein Begründer der ökologischen Ethik, der in dieser Frage eine zugegeben problematische Antwort, aber immerhin eine Antwort versucht, wird in der Debatte um das Trio als unzeitgemäß beiseite geschoben (vgl. Schnell 2003).

Entscheidende Veränderungen in der Sache des Ethischen/Moralischen werden durch diese Debatte aber nicht erwirkt. Sie sind erst durch eine Andersbestimmung des Problemfeldes erzielt worden, deren Vorläufer in gewisser Hinsicht Friedrich Nietzsche gewesen ist.

In seinen Schriften zur Frage der Moral betreibt Nietzsche eine Genealogie. Die Aufweisung der Herkunft der Moral führt zu der These, dass die Moral keine Entfaltung einer präexistierenden Vernunft ist, sondern aus einem Anderen als der Moral herrührt. Dieses Andere bezeichnet Nietzsche als heterogenes Feld von Kampf und Schuldnerverhältnissen. Der einmal entstandenen Moral haften Spuren ihrer Herkunft weiterhin an. Gegen Aristoteles, Kant und Hegel sagt Nietzsche: Die Moral, die auf Reziprozität gegründet ist, ist eine verkleidete Ökonomie. Ihr wohnen Spuren von Gewaltsamkeit inne. Der moralische Fortschritt sei eine immer feinere Verankerung von „Gewaltsamkeiten in Regelsystemen" (Foucault 1971, 95).

Eine Alternative zum Motiv der Reziprozität in Intersubjektivität und Anerkennung, das bei Aristoteles, Kant und Hegel sehr zentral ist, ermöglicht das, was Nietzsche als ein „Jenseits des Rechts" bezeichnet und eine Asymmetrie meint, in der dem Anderen eher gegeben wird als vom ihm adäquate Rückgaben, Antworten, Handlungen oder andere Verhaltensweisen zu erwarten.

Der erste genuine Autor, der auf den Spuren dieser Andersbestimmung des Ethischen/Moralischen durch eine bestimmte Nietzscheinterpretation wandelt und dieser näher steht als oft gesehen wird, ist Emmanuel Lévinas. Lévinas unterbricht das Spiel des Trios Aristoteles, Kant, Hegel rückhaltlos und radikal. Ein neues Kapitel wird aufgeschlagen. Ethik wird zur Ersten Philosophie, da meine nicht-indifferente und asymmetrische Beziehung zum Anderen der Ausgangspunkt jeglicher Sinnbildung ist. Ich finde mich in der Welt vor als eingesetzt in eine nicht delegierbare Verantwortung für den Anderen. Verantwortung besagt, dass ich auf einen Anspruch, der durch den Anderen an mich ergeht, zu antworten habe. *Dass* ich in dieser Weise verantwortlich bin, ist unvermeidlich, *was* ich hingegen auf den Anspruch des Anderen zu sagen und zu tun habe, liegt in meiner Freiheit, ist also nicht durch den Anderen vorherbestimmt. Da mich im Angesicht des Anderen auch andere Andere, ja die Menschheit, wie Lévinas mit Kant sagt, ansprechen, bin ich immer schon einer Pluralität singulärer und unvergleichlicher Ansprüche ausgesetzt, die mich durch ein Vergleichen des Unvergleichlichen zur Einrichtung einer Rangordnung der Gerechtigkeit [→ X Recht und Gerechtigkeit] nötigen. Lévinas erklärt dadurch die Herkunft der Welt der Institutionen, der Politik und der Reziprozität. Von der ethischen Grundsituation aus gesehen, die durch die Andersheit des Anderen bestimmt ist, enthalten Institutionen, Politik und Reziprozität unausweichlich Momente der Gewaltsamkeit. Von sich selbst her ist die Pluralität singulärer Ansprüche nämlich nicht auf eine Reihenfolge, die festlegt, wem ich mich zuerst zuwende, angelegt. Erst die Einführung gerechter Institutionen trägt dazu bei, dass Bevorzugungen und Benachteiligungen auftreten. Dieser wohl kaum zu vermeidende Einbruch ist mit Momenten einer Gewaltsamkeit behaftet, weil er auf unzureichenden Gründen beruht.

Jacques Derrida, der zweite Autor der Andersbestimmung, folgt Lévinas und entfaltet besonders in seinem Spätwerk die ethische Problematik, die von der These ausgeht, dass Gerechtigkeit und Demokratie auf einer ursprünglichen Gewaltsamkeit basieren, da deren Stiftung als dem Logos vorausliegend verstanden werden muss. Mit Nietzsche wird damit die Möglichkeit einer reinen Vernunftgrundlegung bestritten. Das Maß einer Demokratie müsse eine unbedingte Gastfreundschaft sein, da sie eine Art sein könne, mit den Anderen zu leben und dennoch universale Menschenrechte zu achten. Demokratie ist das Miteinander von Singularität/Alterität und Gerechtigkeit, Mehrheit, Institutionen. Ethik, Recht und Politik sind, wie Derrida zeigt, mehrdeutig und in gewissen Hinsichten ambivalent. Die philosophische Konzeptionalisierung soll die Wirklichkeit nicht eindeutiger machen als sie sich zeigt.

Obwohl Paul Ricœur der Tradition von Aristoteles, Kant und Hegel näher als Lévinas und Derrida steht, kann er als der dritte Autor der Andersbestimmung angesehen werden. Diese gründet in der Ansicht, dass sich das Selbst des Menschen, welches den Ausgangspunkt der Bestimmung des Ethischen darstellt, als ein Anderer erweist, da es durch eine Andersheit einer Aufforderung konstituiert wird, die das Selbst in sich vorfindet. Das Selbst ist demnach aufgefordert, gut zu leben, mit den Anderen und für sie in gerechten Institutionen und sich selbst als Träger dieses Gelöbnisses zu schätzen. Ethik ist, streng genommen, die Durchführung und Beschreibung dieses Programms. Die Suche nach einem guten Leben in Freundschaft und Fürsorge vor dem Hintergrund eines anonymen Gerechtigkeitssinns wird im Falle von Konflikten der formellen Prüfung durch den kategorischen Imperativ und Gerechtigkeitsprinzipien unterworfen. Als Ergebnis dieser Prüfung ist die stets nur provisorische Synthese von Moral und Ethik in der kritischen phronesis denkbar. Umfassende Synthesen, die jegliche Konflikte und Gewaltsamkeiten definitiv ausschließen, können als unrealistisch gelten.

Ricœurs Leistung besteht darin, die klassische Trias, die Aristoteles, Kant und Hegel bilden, neu zu lesen und in die Andersbestimmung des Ethischen zu integrieren. Die Gesamtkonzeption ist Ausgangspunkt für weitere Entwicklungen in der Zukunft, an denen auch Autoren wie Zygmunt Bauman und Giorgio Agamben arbeiten.

Abschließend bleibt festzuhalten, dass eine zeitgemäße Theorie von Ethik und Moral so komplex sein muss, dass sie folgende Fragen zu beantworten in der Lage ist (vgl. Schnell 2001, 105 ff.): Worin liegt die unausweichliche Beanspruchung (= das Mich-Meinen) des Ethischen? Welcher Entwurf eines guten Lebens und welcher Schutzbereich können als Antwort auf diese Beanspruchung eingerichtet werden? Sind Einrichtung und Stiftung des Lebensentwurfes und Schutzbereiches gewaltsam?

All diese Fragen sind heute auch für Theorien der Ethik bei Behinderung und der Ethik der Heilberufe (Medizin, Pflegewissenschaft) wichtig. Obwohl ethische Fragen das Fach seit seinen Anfängen begleiten, werden sie vermehrt seit Ende der 1980er Jahre diskutiert. Diese verstärkte Beachtung ethischer Aspekte ist auf die plötzlich einsetzende Rezeption der Ethik Peter Singers zurückzuführen und die durch sie ausgelöste anfängliche Empörung, die im Laufe der Jahre langsam einer nüchternen und eher sachbezogenen Selbstvergewisserung gewichen ist. Seitdem ist die Ethik kaum mehr aus den internen Diskussionen des Fachs wegzudenken. Diese befassen sich beispielsweise mit dem anthropologischen und ethischen Fundament der Erziehung und Rehabilitation Behinderter, mit gesellschaftlichen und politischen Herausforderungen und Aufgaben der Behindertenpädagogik oder mit aktuellen bioethischen Fragen, die auch in der Öffentlichkeit ausgiebig und kontrovers verhandelt werden. Es dürfte gegenwärtig kaum eine mit historischen, begrifflichen, gesellschaftlichen oder wissenschaftlichen Grundlagen der Behindertenpädagogik befasste Arbeit geben, die nicht auch zumindest implizit ethische Fragen berührt.

Die drei genannten Fragen bilden nachfolgend den Leitfaden der Darstellung. Ihre Beantwortung zeigt, ob und in welcher Weise ethische Entwürfe und deren Beschreibungen exklusiv sind, also behinderte, kranke und/oder pflegebedürftige Menschen von Schutz, Achtung und Würde ausschließen. Ethik bei Behinderung und Ethik der Heilberufe müsste somit nicht-exklusiv sein und als Anwalt von Schutz, Achtung und Würde behinderter, kranker und/oder pflegebedürftiger Men-

schen auftreten (vgl. Dederich 2001, Schnell 2002).

3 Zentrale Probleme

a) Zum historischen Verhältnis von Ethik und Pädagogik

Seit dem späten Mittelalter beginnt die sittliche Erziehung zunehmend zum maßgeblichen Mittel der Zivilisierung des Menschen zu werden. Die moderne Pädagogik entsteht als vom antiken Verständnis abweichende Disziplin und Kunst im 18. Jahrhundert in Folge der Aufklärung. Spätestens mit den Anfängen der bürgerlichen Gesellschaft und Familie wird die Erhaltung der jeweiligen staatlichen Werteordnung zu einem der wichtigsten Erziehungsaufträge der Schule. Wie Philippe Ariès gezeigt hat, wird zu dieser Zeit die Kindheit als eigenes Lebensalter erfunden und zu einem Gegenstand der Reflexion. Rousseau ging so weit, den Eigensinn des Kindes gegen das Erwachsenenalter zu verteidigen.

Im 19. und 20. Jahrhundert prägte der Gegensatz der Begriffe ‚Bildung' und ‚Erziehung' die pädagogische Reflexion. Bildung wird grosso modo als teleologische Entfaltung des Wesens einer Person und Höherbildung verstanden, Erziehung hingegen als Zucht und Prägung eines Subjekts, das wesentlich eine tabula rasa sei. Diese Begrifflichkeiten sind von der Pädagogik ab dem 19. Jahrhundert mit den Grundpositionen der philosophischen Ethik verbunden worden, so dass die Pädagogik, wie Friedrich Schleiermacher sagt, zum Abkömmling der Ethik wird.

Für Kant muss der Mensch durch Zwang erzogen werden, um die Freiheit einer moralischen Person erreichen zu können. Herbart war der erste, der einen systematischen Abriss der Pädagogik auf der Grundlage eines ethischen Systems entwarf. In seinem Denken gilt die Ethik als Grundwissenschaft der Pädagogik. Friedrich Schillers „Ästhetische Erziehung" geht ebenfalls von Kant aus. Sie entfaltet ihre Wirkung aber eher in der Kunst. Hegel gilt hingegen als der bedeutendste Bildungstheoretiker. Sein Einfluss reicht bis in die bildungstheoretischen Schriften Heinz J. Heydorns und damit weit ins 20. Jahrhundert hinein.

Um das Jahr 1900 nimmt die Pädagogik eine zusätzliche Entwicklung. Wilhelm Diltheys Programm einer „Kritik der historischen Vernunft" versuchte, durch Hegel und die Romantik vermittelt und gegen Kant, die Vernunft auf den Boden der Geschichte und der Veränderungen des Lebens zu stellen. Damit formiert sich auch die geisteswissenschaftliche Pädagogik, die vor dem Hintergrund des Siegeszuges der Geisteswissenschaften überhaupt und der sich realisierenden Modernisierung des Staates durch die Preußischen Reformen lange Zeit eine Sonderstellung eingenommen und für Generationen das Verständnis von (höherer) Schulbildung bestimmt hat.

Erst nach dem Zweiten Weltkrieg fordern Pädagogen im Umfeld von Theodor W. Adorno eine *Erziehung zur Mündigkeit*, die Humboldt, allerdings nur teilweise berechtigt, und vor allen aber der geisteswissenschaftlichen Pädagogik vorwirft, Geschichte und Leben unrealistisch, weil vorgesellschaftlich gedacht zu haben. Diltheys Schüler Herman Nohl, dem diese Kritik gilt, hatte den so genannten pädagogischen Bezug zwischen Erzieher und Zögling, den guten Willen zur Interpersonalität als Wesen der Pädagogik auserkoren und damit ein unreflektiertes und unrealistisches Ideal verfochten, das durch die Unmenschlichkeit von Auschwitz als Ideologie entlarvt werden konnte.

Reflexionen der Pädagogik bei Behinderung müssen zunächst auch vor dem Hintergrund der Idealisierung und Ethisierung der Pädagogik betrachtet werden. Schon sehr früh zeichnet sich die Tendenz ab, die Aufgaben einer speziellen Pädagogik mittels moralischer Kategorien zu definieren. Bereits 1796 spricht August Hermann Niemeyer von einer „pädagogisch-moralischen Heilkunde", deren Aufgabe es ist, explizit moralisch gedeutete Auffälligkeiten in der kindlichen Entwicklung zu korrigieren. Dies blieb im 19. Jahrhundert eine fast durchgängige Tendenz im heilpädagogischen Schrifttum, so etwa in der „Lehre von den Kinderfehlern", wie sie etwa von Herbart und Strümpell vertreten wurde. Diese standen nach geläufiger Auffassung in Form von Gebrechen, Störungen, Erziehungsfehlern und dergleichen der ‚natürlichen Erziehung' im Sinne Rousseaus im Weg. In Herbarts im Geiste der Aufklärung entwickelter pädagogischer Ziellehre nehmen die praktischen Umsetzungsvorschläge fast durchgängig die Form einer moralischen Erziehung an. Mit dem Aufkommen des Begriffs der ‚Heilpädagogik' und den auf seiner Grundlage unternommenen Legitimationsversuchen wurde eine starke normative Tendenz im Fach offenkundig. Ziel pädagogischen Handelns war das ‚Heil' im Sinne von ‚Vollständigkeit' ‚Ganzheit', ‚Gesundheit' oder ‚Funktiontüchtigkeit'. Die Heilpädagogik war zuständig für die Individuen, bei denen dieses Heilsein nicht oder nicht in vollem Umfang vorlag. Ihr Ansatzpunkt waren insofern individuelle Mängel, Abnormitäten und Pathologien, die es zu beheben oder kompensieren galt. Nach Moor allerdings besteht die Aufgabe der Heilpädagogik darin, nach Möglichkeiten der Erziehung gerade auch dort zu suchen, wo etwas Unheilbares vorliegt. Die Tendenz, die Heilpädagogik über ihre Zuständigkeit für die pädagogische Bearbeitung von Mängeln usw. zu legitimieren, prägte sich besonders deutlich aus, wo sie medizinisch dominiert wurde. Insgesamt kann man sagen, dass (medizinische oder pädagogische) Pathologien zum konstitutiven Gegenstand des Fachs wurden [→ I Historiographie]. Diese Grundorientierung, durch die die eigene Klientel als normabweichend oder pathologisch konstituiert wird, bildet einen starken normativen Untergrund vieler Schriften bis in die zweite Hälfte des 20. Jahrhunderts. Zugleich entwickelt die Behindertenpädagogik eine starke Tendenz, sich ethisch zu legitimieren [→ Legitimations- und Kontingenzprobleme].

b) Pädagogik und Exklusion

Bei Georgens und Deinhardt (1861), die den Begriff ‚Heilpädagogik' geprägt haben, zeichnet sich bereits ein Legitimationsmuster ab, das sich in vielen Schriften bis heute gehalten hat. Sie schreiben der Heilpädagogik eine „wissenschaftliche und humane Tendenz" zu, „die Tendenz, die von Haus aus Ausgeschiedenen, Ausgestossenen und Verlorenen in dem Umkreis der menschlichen Gesellschaft aufzunehmen, ihre Isolirung aufzuheben, damit aber die Schuld der Vernachlässigung, welche der Gesellschaft den Heilbedürftigen zugesprochen werden muss – eine Schuld, die nicht nur die einer langen Vernachlässigung ist, sondern in den Ausartungen der Civilisation liegt, welche die Quelle besonderer Deformitäten sind – so weit als möglich, die Kraft der Wiederherstellung, der Restauration und Regeneration bewährend, zu tilgen" (ebd., 335).

Die Heilpädagogik gibt sich demzufolge eine ethische Grundlage, indem sie sich einer sonst vernachlässigten gesellschaftlichen Gruppe zuwendet. Ihre Entstehung und Institutionalisierung war insofern ein Fortschritt, als denjenigen Unterstützung, Förderung, Bildung und Schutz zuteil wurde, denen dies zuvor versagt geblieben war. Nach Möckel (1988) hat die Heilpädagogik „eine Veränderung herbeigeführt, die ohne Übertreibung als revolutionär genannt werden kann" (ebd., 26). Ihre revolutionäre Bedeutung liegt seiner Ansicht nach in der „Abwendung von der natürlichen Gleichgültigkeit und Grausamkeit […], die alle Menschen von innen bedroht. […] Die neue Erziehung richtete sich in der Tat gegen die scheinbar unwandelbaren Gesetze natürlicher Trägheit und menschlicher Vorurteile" (ebd., 26) [→ III Integration und Exklusion].

Jedoch hatte die Entwicklung auch ihre Schattenseiten. So brachte die Etablierung der Heilpädagogik eine weitgehende Segregation behinderter Menschen mit sich, denn die neu entstehenden Institutionen waren in der Regel Sonderinstitutionen, die, gewollt oder ungewollt, zu einer Verbesonderung ihrer Klientel führten. Diese Verbesonderung wur-

de durch spezifische Denkmuster untermauert und legitimiert. Auch dies zeigt sich in der Schrift von Georgens und Deinhardt. Bei ihnen avancieren ‚Entartung', ‚Abartigkeit' und ‚Deformität' zu zentralen Begriffen. Auf deren Basis mischen sich utilitaristische und bevölkerungspolitische Denkmuster in ihre Grundlegung der Heilpädagogik. Wie Haeberlin (1996) zeigt, zieht sich trotz der humanitären Impulse eine eigentümliche Ambivalenz gegenüber Behinderten durch das pädagogische Schrifttum vom 18. bis weit in das 20. Jahrhundert hinein. Manche Äußerungen des 19. und frühen 20. Jahrhunderts stehen der späteren NS-Ideologie keineswegs grundsätzlich fern. Dies zeigt sich an vielen Stellen im Schrifttum der deutschen Hilfsschulpädagogik der Zeit der Weimarer Republik und des Nationalsozialismus. Wie Brill (1994) in seiner materialreichen Studie gezeigt hat, sind die von Medizinern, Politikern, Ökonomen und anderen entwickelten rassenhygienischen Ideen und Gesellschaftsentwürfen in der Hilfsschulpädagogik und bei Vertretern der Behindertenhilfe weitgehend auf Zustimmung gestoßen, während grundsätzliche Kritik entweder gar nicht oder nur spärlich und zurückhaltend geäußert wurde. Anders gesagt: Der Widerstand gegen Lösungsversuche der sozialen Frage durch Eugenik [→ Eugenik], Rassenhygiene und die Vernichtung ‚lebensunwerten Lebens' war alles in allem sehr gering.

Diese sehr kursorische Darstellung soll deutlich machen, dass Sonderschulen und Institutionen der Behindertenhilfe sowie Theorien der Behinderung und spezielles pädagogisches Wissen eine überaus zwiespältige und prekäre Seite haben. Einerseits stehen sie im Dienste des seit der Aufklärung existierenden Inklusionsgebots. Als gesellschaftliche Institutionen haben sie sich seit ihren Anfängen für die Bildung und Erziehung behinderter Menschen eingesetzt, auch wenn diese häufig kaum über Verwahrung hinausging. Andererseits waren sie selbst Teil von Ausgrenzungsdiskursen und haben zu gesellschaftlichem Ausschluss, zu Asylierung, Diskriminierung, Stigmatisierung und Entrechtung beigetragen. In dieser Perspektive zeigt sich das schulische und außerschulische System der Behindertenhilfe nicht nur von seiner humanitären Seite, sondern als Teil von Ausgrenzungsdiskursen und -praxen, die ein spezifisches und keineswegs immer integrationsförderliches Denken über Behinderung in den Wissensvorrat der Gesellschaft eingespeist hat.

Wenn es die Pädagogik mit Menschen zu tun hat, die in erhöhtem Maß abhängig von persönlicher Unterstützung und institutionalisierter Hilfe sind, wird die Frage nach Machtverhältnissen und Gewaltsamkeiten virulent. Deshalb stellt sich die von Kant ausgehende Frage nach einer Legitimität pädagogischer Eingriffe im Kontext von Behinderung mit besonderer Dringlichkeit. Nach Jantzen (2001) ist Gewalt „nicht bloß sekundär in das Fach diffundiert [...], sondern eine notwendige Bedingung seiner Herausbildung" (ebd., 57) [→ V Macht, Herrschaft, Gewalt] – sie ist dieser These zufolge ein Fundament der Behindertenpädagogik. Auf direkte oder indirekte Weise ist „die offene und strukturelle Gewalt", so Jantzen, „der Kern der gesamten Behindertenpädagogik, der Kern der Konstruktion von Behinderung" (Jantzen 2002, 11). Zu den zahlreichen Mechanismen, die hier am Werke sind, gehören die soziale Herstellung und institutionelle Zementierung von Abhängigkeiten, Infantilisierung, die erzieherische Erzeugung von Hilflosigkeit durch Vorenthaltung angemessener Hilfe und Bildungsangebote [→ Naturalistische Dogmen], Fremdbestimmung, Entmündigung und Entrechtung, die Homogenisierung des Differenten auf dem Wege klassifikatorischer Gruppenbildung und Vereinheitlichung oder übergriffige Tendenzen eines wohlmeinenden Paternalismus [→ VI Paternalismus] durch eine „Schutzhaft der Nächstenliebe" in Sonderinstitutionen.

Befunde wie die vorangehenden haben nicht nur (bildungs-)politische Konsequenzen, sondern auch ethische. Wenn die Behindertenpädagogik der Gefahr entgehen möchte, Behinderungs- und Ausgrenzungsdiskurse fortzuschreiben, darf sie sich also nicht damit begnügen, sich losgelöst von ihrer eigenen Geschichte, ihren Theorien, Methoden und Konzepten sowie ihrer gesellschaftlichen Funktion nur dem ‚Tagesgeschäft' zu widmen. Vielmehr muss sie als kritische Human- und Gesellschaftswissenschaft die historisch gewachsenen normativen Sinnhorizonte, die untrennbar mit ihrer eigenen Existenz verbunden sind, rekonstruieren und reflektieren. Dies impliziert einen zugleich sensiblen und analytisch klaren Blick für ihre vielschichtigen Verflechtungen mit der Ideengeschichte menschlichen Behindertseins und deren sozialgeschichtlichen, gesellschaftlichen, politischen, ökonomischen, psychologischen und wissenschaftshistorischen Aspekten. Bei dieser Aufgabe kann die Ethik als Instrument der Kritik fungieren. Jedoch ist die Ethik kein letztes Fundament, auf dem eine Wirklichkeit des guten und gerechten Lebens aufgebaut wäre; sie ist kein von den Verhältnissen in der Welt abgelöster archimedischer Punkt. Diese Einsicht relativiert die Ethik einerseits, verweist aber auch auf ihre Kraft und Chance. Auch wenn sie mit den Verhältnissen verwoben ist, ist sie ein Ergebnis der Fähigkeit des Menschen, sich zu sich selbst und zur gesellschaftlichen Wirklichkeit reflexiv und kritisch in Beziehung zu setzen. Die Behindertenpädagogik kann jedoch unreflektierten und ungewollten Gefahren der Unmenschlichkeit nur entgehen, wenn sie die Andersbestimmung des Ethischen in sich aufnimmt. Dieser Schritt ist umso wichtiger, wenn die Pädagogik aus dem bevölkerungspolitisch, ökonomisch und ideologisch motivierten Umgang mit behinderten Menschen lernen, sich gegenüber neuen Ausgrenzungstendenzen klar positionieren und zudem den Gefahren der instrumentellen Bioethik kritisch begegnen will.

c) Die ethisch-normative Struktur pädagogischen Handelns

Durch die starke Neigung, sich ethisch zu legitimieren, läuft die Behindertenpädagogik Gefahr, ihre Diskurse zu moralisieren und sich selbst zu einer moralischen Instanz zu stilisieren. Zugleich besteht, wie unser sehr kursorischer Blick auf die Geschichte gezeigt hat, die Gefahr einer Ethisierung der Pädagogik, die in Ausgrenzung, Entrechtung und in letzter Konsequenz in Vernichtung münden kann. Dennoch ist zu konstatieren, dass die Behindertenpädagogik als angewandte Humanwissenschaft mit einer ganzen Reihe von normativen und ethischen Fragen konfrontiert ist, deren Klärung für sie unverzichtbar ist.

Die Behindertenpädagogik steht, wie jede Pädagogik, in einem normativen Horizont. Dieser zeigt sich etwa in Werthierarchien, die Verhaltensweisen als ‚gut‘ oder ‚schlecht‘ klassifizieren oder mit Begriffen wie ‚Leistung‘ oder ‚Störung‘ operieren. Normen sind aber auch bedeutsam in Bezug auf die teleologische Struktur der Pädagogik. Bildung, Erziehung, Therapie und Rehabilitation verfolgen als gesellschaftliche Institutionen Ziele und Zwecke. Diese implizieren Annahmen darüber, was für den zu Erziehenden, den pädagogisch Begleiteten, den Klienten usw. ‚gut‘, ‚richtig‘, ‚erstrebenswert‘, ‚zweckmäßig‘ oder ‚nützlich‘ ist bzw. dafür gehalten wird. In diesem Sinne haben Erziehung, Therapie und Rehabilitation eine Um-Zu-Struktur: Sie streben an, etwas zu verwirklichen, das gegenwärtig noch nicht gegeben ist und das als ein ‚Gut‘ angesehen wird. Der Sinngehalt pädagogischen Handelns speist sich insofern nicht unwesentlich aus einer antizipierten Zukunft, deren Entwurf häufig implizit bleibenden Werten folgt. Das erst noch zu Verwirklichende, die zu erreichenden Ziele, die zu erfüllenden Zwecke können sehr unterschiedlichen Ursprungs sein: Sie können beispielsweise aus gesellschaftlichen Vorgaben und Erwartungen generiert werden (etwa der Erziehung zu gesellschaftlichem Nutzen oder sozialer Eingliederung), aus Bildungs- und Erziehungsphilosophien oder aus Entwicklungstheorien. Die Ethik ist in diesem Zusammenhang von Bedeutung, weil mit der Pädagogik verbundene Ziel- und Zwecksetzungen der Begründung, Legitimation, kritischen Reflexion und ggf. Veränderung bedürfen. Gleiches gilt für pädagogische und therapeutische Konzepti-

onen, die die Funktion haben, die zugrunde liegenden Ziele mitsamt der mit ihnen verbundenen Wertvorstellungen in die Praxis umzusetzen. Das wird besonders deutlich bei sehr stark strukturierten und reglementierenden Therapieformen und Förderprogrammen, bei denen die Grenzen zwischen humaner und verantwortbarer Unterstützung oder Hilfe und enteignenden, übermäßig fremdbestimmenden und gewaltförmigen Übergriffen fließend werden. Die Begründungs- und Legitimationsbedürftigkeit bezieht sich ebenso auf die zugrunde liegenden, durch Geschichte, Kultur, Wissenschaft und Zeitgeist geprägten Menschenbilder, ohne die Pädagogik, Therapie und Rehabilitation nicht denkbar sind.

Ein weiterer wichtiger Aspekt der Ethik in der Pädagogik ist die Asymmetrie des Bezuges zwischen Lehrern und Schülern oder Betreuern und Betreuten. Insbesondere dort, wo solche Asymmetrien nicht abgebaut werden können oder sollen, müssen sie pädagogisch und ethisch begründet werden. Pädagogische Tätigkeit ist im Kern eine verantwortete Ausgestaltung solcher Asymmetrien. Darüber hinaus birgt deren unzureichende Wahrnehmung die Gefahr, Machtprozesse und Machtstrukturen in erzieherischen, therapeutischen oder pflegerischen Verhältnissen zu verschleiern und damit auch der Kritik zu entziehen. Des Weiteren stehen Erziehung, Bildung, Therapie und Rehabilitation selbst zumindest teilweise unter moralischen Kategorien. Dies betrifft beispielsweise die Haltung und den Ethos von Professionellen. Schließlich ist die moralische Erziehung zu nennen. Da der Mensch in seiner Entwicklung offen ist, ist er auch offen für ‚gut‘ und ‚böse‘. Wie die moralische Entwicklung eines Menschen verläuft, ist – auch wenn man hier den Einfluss organisierter und institutionalisierter Erziehung, etwa denjenigen der Schule, nicht überschätzen sollte – auch abhängig von seiner Erziehung.

Betrachtet man die bisher vorliegende Literatur, so steht die wichtigste Funktion der Ethik für die Behindertenpädagogik im Zusammenhang mit dem Legitimationsproblem [→ Legitimations- und Kontingenzprobleme]. Die normative Rechtfertigung eines spezialisierten pädagogischen Handelns hat das Fach von Anfang an begleitet. Diese lässt sich nach zumindest drei Seiten hin auffächern: Erstens muss pädagogisches Handeln gegenüber den Betroffenen legitimiert werden. Diese Seite des Legitimationsproblems steht in engem Zusammenhang mit den Problemen der advokatorischen Ethik und Fragen von ,Selbstbestimmung' und ,Empowerment'. Zweitens muss pädagogisches Handeln gegenüber Staat und Gesellschaft legitimiert werden. Auf dieser Ebene geht es häufig um die Sicherung grundlegender Rechte sowie notwendiger Ressourcen, aber auch um die gesellschaftliche Bedeutung und Funktion der Behindertenpädagogik und Behindertenhilfe. Drittens schließlich geht es um die Selbstlegitimation und die Klärung des Selbstverständnisses der Behindertenpädagogik. Diese drei Seiten des Legitimationsproblems werfen unterschiedliche normative Fragen auf und werden häufig unter Rückgriff auf die Ethik und ethische Begründungsmuster diskutiert.

Nach Antor und Bleidick weisen die ethischen Fragen der Behindertenpädagogik, die sich im Kern mit der „*Legitimierbarkeit* von Prinzipien und Formen des (pädagogischen) Umgangs mit Behinderten" befassen (Antor & Bleidick 2001, 158), zwei unterschiedliche Aspekte auf, die sich teilweise überschneiden bzw. ineinander greifen. 1) Der *individualethische* Aspekt: die „Rechtfertigung grundlegender Ansprüche auf Leben und Bildung; sie können als Minimaldefinition eines allgemeinen und rechtlich verbrieften Achtungsanspruchs namens Menschenwürde gelten" (ebd.). 2) Der *sozialethische* Aspekt: die „Rechtfertigung von Hilfen bei der schulischen/gesellschaftlichen Umsetzung solcher Achtungsgebote, nach Maßgabe von Leitbildern wie Gerechtigkeit [...] und Normalisierung" (Antor & Bleidick 2001, 158). Der sozialethische Aspekt ist deshalb von großer Bedeutung, weil er auf das Verhältnis von Behinderung und Gesellschaft verweist.

Im Spannungsfeld von Individualethik und Sozialethik kommen verschiedene Fragen und Problembereiche in den Blick, etwa die Frage nach Chancengleichheit und Teilhabemöglichkeiten behinderter Menschen, die Gewährung und Vorenthaltung von Bildung und Therapie mitsamt der Bereitstellung der dazu notwendigen Ressourcen oder die Wahl des schulischen Förderortes, die in Deutschland immer auch eine Entscheidung zwischen Integration und Separation darstellt. Hier schließt sich die Frage an, ob und wie weitgehend die Gesellschaft tatsächlich zu Integration bereit ist und ob und in welchem Umfang Behinderte Wertschätzung und Anerkennung erfahren. Mit Blick auf Sonderschulen und Institutionen der Behindertenhilfe zu fragen, ob sie gesellschaftliche Teilhabe, Wertschätzung und Anerkennung fördern oder eher verhindern.

Diese Fragen und Probleme sind keineswegs allein ethisch zu beantworten. Da es sich um gesellschaftliche Themen handelt, sind sie im Kern politisch. Da aber immer auch Fragen nach einem individuellen und sozialen ,Gut' angesprochen sind, ist auch die Ethik gefragt.

d) Das Problemfeld der ,Bioethik' und aktuelle gesellschaftliche Entwicklungstendenzen

Vorab wurde das sehr grundlegende Verhältnis von Pädagogik und Ethik diskutiert. Wie eingangs bereits hervorgehoben wurde, wird der Ethikdiskurs innerhalb der Behindertenpädagogik seit Ende der 1980er Jahre durch Themen dominiert, die der sog. ,Bioethik' zugerechnet werden können [→ Biomedizin und Bioethik]. In der Literatur wird ,Bioethik' generell als ,angewandte Ethik' verstanden. Nach einer weit gefassten Definition ist sie eine Teildisziplin der Ethik, die sich mit ethischen Fragen menschlichen Handelns gegenüber dem Lebendigen oder der Natur insgesamt beschäftigt (vgl. Siep 1998). Häufig werden die Medizinethik, die Tierethik und die Umweltethik als Teilsparten der ,Bioethik' behandelt. Die ,Bioethik' befasst sich „mit sittlichen Fragen von Geburt, Leben und Tod, insbesondere im Hinblick auf neuere Entwicklungen und Möglichkeiten der biologisch-medizinischen Forschung und Therapie. Sie untersucht u. a. die sittliche Problematik von Abtreibung, Sterilisation und Geburtenregelung, (Gen-)Manipulation, Sterbehilfe/Euthanasie und Humanexperimenten, auch den Tierschutz" (Höffe 1992, 26).

Damit geht es in diesem Feld, folgt man Foucault (1999), nicht primär um Ethik, sondern um Politik, und zwar eine machtgestützte Bio-Politik, eine „regulatorische Technologie des Lebens" (ebd., 293), die letztlich damit befasst ist, leben zu machen und sterben zu lassen.

Folgende Fragestellungen und Probleme haben in den vergangenen Jahren die bioethische Diskussion bestimmt:

- Chancen und Risiken, die aus der Gentechnologie und den verschiedenen Formen der Pränataldiagnostik sowie der Präimplantationsdiagnostik resultieren;
- Rechtliche und ethische Probleme in Folge des reformierten § 218, insbesondere in Bezug auf die ‚Spätabtreibungen' nach einer positiven pränatalen Diagnose;
- Die Stammzellforschung, das therapeutische und reproduktive Klonen sowie die sog. verbrauchende Embryonenforschung;
- Die Frage nach der Legitimität fremdnütziger Forschung beispielsweise an nicht einwilligungsfähigen Menschen;
- Die Kontroverse über ‚Lebenswert' und ‚Lebensqualität' von schwerstkranken und behinderten Menschen;
- Die Frage nach Dauer, Umfang und Grenzen lebenserhaltender und lebensverlängernder medizinischer Maßnahmen, die sich nicht nur bei Schwerstkranken mit infauster Prognose und Menschen im Koma stellt, sondern auch bei sehr frühgeborenen Kindern und so genannten ‚schwerstgeschädigten Neugeborenen';
- Der Komplex verschiedener Formen der Sterbehilfe und das Thema ‚Patientenautonomie'.

Im Mittelpunkt der ethisch-philosophischen Debatten stehen vor allem zwei Kontroversen:

- Die Kategorie der Person [→ Person] und die höchst strittige Frage, ob der Mensch aufgrund bestimmter Kriterien ‚Person' ist, konkret die Frage, ob Embryonen, Föten, Früh- und Neugeborene, aber auch Komapatienten, Individuen mit Altersdemenz oder geistiger Behinderung Personen sind und ob, ab wann und in welchem Umfang sie unter uneingeschränktem ethischen und rechtlichen Schutz stehen;
- Die vergleichbare Diskussion über die Menschenwürde [→ Menschenwürde] und Menschenrechte [→ Menschenrechte] sowie die Frage, ob sie unbedingt oder in einer stufenhaften – und das heißt: eingeschränkten – Form Geltung haben sollen.

In Bezug auf Inklusion, Teilhabe und Anerkennung behinderter Menschen ist die Situation heute überaus ambivalent. Der grundgesetzlichen Verankerung des Diskriminierungsverbotes, dem erheblichen Ausbau des Systems der Hilfe nach dem zweiten Weltkrieg sowie verschiedenen Ansätzen zu einer Revision der Grundlagen der Behindertenpädagogik und Behindertenhilfe stehen eine Reihe von kritisch zu betrachtenden Entwicklungstendenzen gegenüber. Hierzu gehört die Entstehung einer neuen ‚liberalen Eugenik' (Habermas 2001) oder der Prozess der Ökonomisierung ethischer Fragen, beispielsweise in Bezug auf Ansprüche auf Leistungen der Gesundheitsversorgung, der Rehabilitation und sozialen Sicherung. Unter Hinweis auf knapper werdende Ressourcen wird heute wieder öfter die Frage nach der sozialen und ökonomischen Brauchbarkeit von Menschen gestellt. Ebenso sind Probleme bei der Gesundheitsversorgung und der Verwirklichung von Chancengleichheit zu nennen. Diese Entwicklung, in deren Hintergrund die Globalisierung steht, ist eine Folge des Um- und Abbaus des Wohlfahrtsstaates, der neuen Armut in der Gesellschaft und der Prekarisierung von Lebenslagen. Durch eine relative geringe Erwerbsquote und die Verknappung von Sozial- und anderen Hilfsleistungen sind sozial Schwache, chronisch Kranke und Menschen mit schweren Behinderungen in besonderem Maße von den Entwicklungen betroffen. Weitere problematische Entwicklungen sind die gelegentlich aufkommende Infragestellung des Bildungsrechts von Menschen mit komplexen Behinderungen, die Stagnation der schulischen Integration und die nach wie vor hohe Quote der stationären Unterbringung.

Angesichts der hier skizzierten Kontroversen und Entwicklungstendenzen ist es für die Behindertenpädagogik zentral, auf die Herausforderungen und Probleme mit einer nicht-ausschließenden Ethik zu antworten, die angesichts von Gefährdungen zugleich die Notwendigkeit der Etablierung von ethischen Schutzbereichen begründet. Eine der gravierenden Schwierigkeiten, mit der sich die Moralbegründung auseinanderzusetzen hat, ist der moralphilosophische Pluralismus, den man für die Gegenwart konstatieren muss. Gemeint ist erstens das Fehlen einer moralphilosophischen Konzeption, die allgemein anerkannt wäre, und zweitens das Auseinanderstreben existierender ethischer Positionen in Bezug auf fundamentale ethische Fragen. Die Pluralisierung, eines der Grundkennzeichen der späten Moderne, impliziert eine Koexistenz von unterschiedlichen Lebensformen- und Stilen innerhalb der Gesellschaft, von Vorstellungen, was ein sinnvolles oder gelingendes Leben ausmacht, von moralischen Prinzipien und Entscheidungs- und Handlungsoptionen in konflikthaften Situationen, aber auch von teilweise höchst kontroversen Zielen und Interessen, die folglich im gesellschaftlichen Diskurs sehr unterschiedlich legitimiert werden. Bei genauerem Hinsehen erweist sich der Pluralismus als ambivalent: Er kann als Ausdruck einer liberalen, ihre Mitglieder nicht auf eine Weltanschauung verpflichtenden Gesellschaft und dadurch als wichtiges und schützenswertes Gut verstanden werden. Zugleich aber er ist auch ein entscheidender Faktor bei der Erosion bzw. Relativierung auch fundamentaler moralischer Überzeugungen und Werte. Diese Entwicklung mündet in eine paradoxe Situation: Gerade die Erosion einer allgemein geteilten Lebensform und die Pluralisierung und Relativierung ethischer Grundüberzeugungen machen eine Ethik als Schutzbereich unverzichtbar.

4 Zentrale Erkenntnisse

Wie bisher deutlich wurde, geht der hier entwickelte Zugang zu ethischen Fragen stark von *Gefährdungen* aus, von gesellschaftlichen Exklusionstendenzen gegenüber Behinderten, von teilweise höchst problematischen Aspekten der Biomedizin und Bioethik sowie dem Problem integritätsgefährdender Ein- und Übergriffe durch die Pädagogik und andere angewandte Humanwissenschaften.

In diesem Schritt unserer Überlegungen wollen wir der Frage nachgehen, ob sich in der Behindertenpädagogik Spuren einer Neubestimmung des Ethischen finden und welche Antworten auf unsere drei leitenden Fragen versucht werden. Wie die nachfolgend exemplarisch angeführten Arbeiten zeigen, wird in den behindertenpädagogischen Arbeiten zu Problemen der Ethik auf ein breites philosophisches Spektrum zurückgegriffen: Auf tugendethische Konzeptionen in Arbeiten zur Berufsethik, die neben moralischen Urteilen moralische Haltungen und Handlungen akzentuieren (etwa bei Gröschke 1993 [→ Tugenden]), auf die Verantwortungsethik von Lévinas (so bei Stinkes 1993, Dederich 2000 oder, in Verkoppelung mit Arbeiten Foucaults, bei Rösner 2002), auf Elemente der Diskursethik (teilweise aber auch kritisch: Antor & Bleidick 1995), auf die frühe Kritische Theorie von Horkheimer und Adorno (bei Jakobs 1997, der seine Überlegungen in eine tugendethische ‚Mikrologie' münden lässt), auf Kant und das Prinzip der Achtung der Würde des Menschen (etwa bei Speck 1998), oder auf die Ethik Spinozas (bei Jantzen 1998 und 2004, der die monistische Ethik Spinozas mit zentralen Theoriestücken der Kulturhistorischen Schule sowie des historischen Materialismus ebenso verbindet wie Momente einer modernen und einer postmodernen Ethik).

Die Monographie von Gröschke (1993) ist eine der ersten, die nach Beginn der Singerdebatte in der Behindertenpädagogik vorgelegt wurde. Gröschke geht davon aus, dass eine heilpädagogische Ethik auf der Grundlage einer unhintergehbaren Wertentscheidung entwickelt werden muss: der Entscheidung für ein praktisches Mandat für Personen, „die wegen ihrer alters- oder behinderungsbedingten sozialen Abhängigkeit auf unverbrüchliche Beistandschaft existenziell angewiesen sind" (ebd., 59). Wie er hervorhebt, ist die Selbstzweckhaftigkeit des Menschen, also die Würde, wie sie von Kant begründet wurde, maßgebend für jede heilpädagogische Ethik (ebd., 74). Für die Grundlegung einer praktischen Berufsethik zieht es Gröschke jedoch auf die Bahn einer aristotelisch grundierten Tugendethik. Die Berufstugenden haben ihren Bezugspunkt in einer anthropologischen Grundsituation, „in der Erfahrung von Endlichkeit, Ge- und Zerbrechlichkeit" (ebd., 162). Wie einige andere Autoren hebt Gröschke hervor, dass vom anderen Menschen und seiner Fragilität ein unausweichlicher Anspruch ausgeht, der den Kern des Ethischen ausmacht. Hier finden sich Anschlüsse an die Ethik von Emmanuel Lévinas. Die Antwort auf diesen Anspruch „ist gelebte mitmenschliche Solidarität: Hilfe, Beistand, Anteilnahme, Mitleid, Trost, Liebe" (ebd., 163). Diese bleibt angesichts der gesellschaftlichen Wirklichkeit gleichwohl stets gefährdet und durch „Dehumanisierung" (ebd., 170) bedroht.

Obwohl eine pädagogische Fragestellung im Vordergrund steht, ist die Arbeit von Stinkes (1993) die erste, die den ethischen Topos der Andersheit des Anderen in seiner Bedeutung für die (Geistig-)Behindertenpädagogik umreißt und in Anlehnung an Emmanuel Lévinas ausarbeitet. Bei Stinkes geht es um eine veränderte Sichtweise von Behinderung, die die Möglichkeit eines positiv-logozentrischen Wissens um den anderen Menschen aus phä-

nomenologischer Perspektive radikal in Frage stellt. Wissen und Fremdverstehen stehen in der Gefahr, gewaltförmige Züge anzunehmen, indem sie den anderen Menschen als anderes Ich fassen und eine Reziprozität voraussetzen, die ihn seiner Andersheit beraubt. Wie Stinkes zeigt, mündet dieses Denken in seiner präferenz-utilitaristischen Ausformung konsequent in einem Bild von (geistiger) Behinderung, das diese nur noch als defizitäre Minusvariante zu entwerfen vermag. Da es Stinkes zunächst um eine grundlegende phänomenologische Kritik der (Geistig-)Behindertenpädagogik selbst geht, bezieht sie ihre Überlegungen nur am Rande auf gesellschaftliche Exklusionsgefahren und bioethische Problemfelder. Dennoch bildet diese Arbeit den Grundstein für ein ethisches Denken in der Behindertenpädagogik, das Andersheit, Fremdheit und Differenz in den Mittelpunkt gerückt hat.

Antor und Bleidick (1995 und 2000) argumentieren in ihren problemnahen Arbeiten „sowohl deontologisch-grundsätzlich als auch konsequenzialistisch-anwendungsbezogen" (2000, 12). Auf grundsätzlicher Ebene optieren sie für eine Grundentscheidung, die sie eine „anthropologische" nennen: Die unbedingte und uneingeschränkte Zuerkennung des moralischen Personstatus. „Nur wenn ausnahmslos alle Menschen Personen sind, bleiben Personenrechte auch im buchstäblichen Sinne Menschenrechte" (ebd., 10). Somit reagieren sie auf das Problem der Exklusivität von Ethik durch eine maximale Ausdehnung des Inklusionsbereichs. Bei Antor und Bleidick findet sich, wie praktisch durchgängig in behindertenpädagogischen Arbeiten zur Ethik, ein Rekurs auf unterschiedliche gesellschaftliche Bedrohungs- und Exklusionstendenzen, denen sie vor allem mit einem grundrechtlich abgesicherten Schutzbereich begegnen wollen. Dieser rückt auf individualethischer Seite das Lebens- und Bildungsrecht Behinderter in den Mittelpunkt. Zugleich argumentieren sie angesichts nicht auflösbarer Widersprüche in konkreten Handlungssituationen für eine „Entscheidung im Einzelfall" (ebd., 12), um die latente Gewaltsamkeit aller gesetzförmigen Regelungen abzumildern.

Jakobs (1997) formuliert als entscheidende Frage für eine anthropologiekritische Theorie und Praxis der Behindertenpädagogik [→ Anthropologie], ob es möglich sei, eine Ethik des ‚Verallgemeinerten Anderen' mit einer solchen des ‚Konkreten Anderen' zu verbinden. Jakobs, dessen Überlegungen sich in einem Spannungsfeld von anthropologiekritischem Differenzdenken und Intersubjektivität im Sinne des symbolischen Interaktionismus bewegen, optiert in Anschluss an Schopenhauer sowie Horkheimer und Adorno für eine erfahrungsbezogene und mimetische Ethik des Mitgefühls, die sich zu einer moralisch parteilichen Solidarität ausweitet. Nach Jakobs reichen weder die rechtliche Gleichstellung noch formalisierte diskursethische Verfahren zum Schutz fundamentaler Lebensinteressen behinderter Menschen aus (vgl. ebd., 235). Aus einer „nicht hintergehbaren Intersubjektivität" (ebd., 241) folgt für Jakobs „die Verantwortung aller sog. Nicht-Behinderter für das Menschsein sog. Behinderter" (ebd.).

Im Rahmen seiner Grundlegung der Heilpädagogik skizziert Otto Speck (1998) ethische Grundlagen und Prinzipien. Er erachtet eine universelle und kategorische Geltung solcher ethischer Grundlagen und Prinzipien für unverzichtbar. Speck geht von den Menschenrechten aus, die die Prinzipien der unbedingten Achtung und der unbedingten Zugehörigkeit implizieren (vgl. ebd., 161). Die Achtung wird bei Speck einerseits ganz im Sinne der modernen Ethik seit Kant von der Würde her gedacht; andererseits bezieht er sich, z. T. auch kritisch, auf die Verantwortungsethik von Lévinas. In gesellschaftlicher und politischer Hinsicht erweitert Speck die Perspektive auf Fragen der gerechten Verteilung sozialer Güter.

Auch Jantzen bezieht seine Versuche zur Entfaltung einer behindertenpädagogischen Ethik immer wieder auf historische und aktuelle Ausgrenzungs- und Gefährdungsmomente, von latent antihumanen Potenzialen moderner Gesellschaften (vgl. Jantzen 1993,

1994, 2004). Daher sind ethische Fragen bei Jantzen untrennbar von politischen. Zugleich verknüpft er seine Ethik mit einer materialistischen Anthropologie. Verwirklichung von Humanität bedarf einer Zivilgesellschaft, deren normative Basis die „in den Menschenrechten abgesicherte Wesensgleichheit aller Menschen" (Jantzen 2004, 214) sein soll und die dem „Prinzip der Brüderlichkeit" (ebd.) verpflichtet ist. Im Gegensatz zu den Menschenrechten ist die Brüderlichkeit jedoch nicht rechtlich durchsetzbar und bedarf insofern einer besonderen Begründung, um in ethisches Handeln zu münden. Jantzen formuliert explizit die Frage nach der Möglichkeit persönlicher Verantwortung „unter gesellschaftlichen Bedingungen [...], welche selbst auf spezifischen Formen struktureller Gewalt fußen" (ebd., 235).

Jantzen optiert für eine ‚postmoderne Ethik', die bei der Begründung ethischen Handelns äußere Gründe klassischer Ethiken und innere Gründe moderner Ethiken verbindet. Das ‚sinnvolle Sein' und seine Steigerbarkeit sind der äußere Grund, die Kategorie des Sinns bildet den inneren Grund. Insgesamt wird die Begründung von Ethik relational gedacht und historisch situiert.

Jantzen versucht, unterschiedliche Denktraditionen und Konzeptionen, die er der ‚postmodernen Ethik' zurechnet, auf der Basis einer materialistischen Anthropologie in einen tragfähigen und konsistenten Rahmen einzubinden. Jantzen nennt folgende Elemente: Schweitzers „Ehrfurcht vor dem Leben" als ein „zentrales Regulativ sittlichen Handelns", die Bestimmung unbedingter Pflichten und verdienstlicher Handlungen, das „Prinzip Verantwortung" von Hans Jonas und Adornos negativ-dialektische Antizipation des Schlechtmöglichsten sowie das „Prinzip Hoffnung" von Ernst Block (Jantzen 2004, 274 f.).

Darüber hinaus gibt es noch eine Reihe von anderen Entwürfen, etwa Haeberlin (1996). Er geht von historischen Prozessen der Entsolidarisierung aus und umreißt eine wertgeleitete Ethik für die Heilpädagogik, die er tugendethisch anlegt. In jüngerer Zeit ist eine Reihe von Arbeiten entstanden, die den Versuch unternehmen, stärker bei der Sozialethik anzusetzen und den Ansatz einer Anerkennungsethik für die Behindertenpädagogik fruchtbar zu machen (vgl. Dederich 2001, Rösner 2002). Andere Arbeiten aus jüngerer Zeit versuchen neue Wege zu gehen und bisher eher vernachlässigte Themen für die Diskussion fruchtbar zu machen, so etwa Liesen (2006).

Auffällig ist, dass die genannten Arbeiten allesamt sowohl als Versuche zu verstehen sind, die Behindertenpädagogik zu legitimieren als auch auf gesellschaftliche Entwicklungen und Gefährdungen eingehen. Insbesondere die tugendethisch orientierten Arbeiten mit ihrer aristotelischen Ausrichtung sind dabei der Idee eines guten Lebens verpflichtet. Obwohl der Terminus ‚Schutzbereich' in den referierten Arbeiten nicht verwendet wird, verfolgen sie doch alle auch das Ziel, gegenwärtige Gefährdungspotenziale zu reflektieren und zu einem solchen Schutzbereich beizutragen. Ethische Schlüsselbegriffe und mit ihnen verbundene Konzepte wie Achtung, Menschenwürde, Person, Verantwortung, Anerkennung oder Gerechtigkeit werden jeweils so weit gefasst, dass sie niemanden ausschließen. Die Etablierung eines Schutzbereichs für ausnahmslos alle kann somit, trotz aller Differenzen und Unvereinbarkeiten zwischen den einzelnen Ansätzen, als das gemeinsame Motiv behindertenpädagogischer Arbeiten zur Ethik bezeichnet werden.

Die Ausarbeitung eines unausweichlichen Anspruchs durch das Ethische findet sich hingegen nur vereinzelt, nämlich dort, wo die Ethik vom Anderen her gedacht wird (erstmals bei Stinkes 1993). Die Gewaltsamkeit ist explizit in keiner der hier skizzierten Ansätze thematisiert, scheint gleichwohl an vielen Stellen immer wieder durch. Dies ist insbesondere dort der Fall, wo auf Ambivalenzen, Aporien und Dilemmata der Ethik hingewiesen wird (vgl. Antor & Bleidick 1995, Dederich 2000).

5 Aktueller Forschungsstand

Ethische Ansätze zur Legitimation der Behindertenpädagogik sowie Arbeiten zu unterschiedlichen ethischen Fragen im Kontext von Behinderung greifen immer wieder auf eine Reihe ethischer Schlüsselbegriffe und Legitimationsansätze zurück. Diese sollen nachfolgend in Bezug auf die Andersbestimmung des Ethischen skizziert werden.

a) Menschenwürde

Betrachtet man die Diskussion über die weiter oben angeführten kontroversen Themen der ‚Bioethik', so zeigt sich, dass die Menschenwürde [→ Menschenwürde] einen der Brennpunkte dieser Diskussion bildet. Die Diskussion über die Menschenwürde ist zentral in Bezug auf die Frage nach dem ‚moralischen Status' eines Individuums, also die Frage, ob und in welchem Umfang ein Individuum moralisch zu berücksichtigen ist und welche Rechte und Pflichten wir ihm gegenüber haben. Insofern nimmt diese Frage „eine Schlüsselstellung" (Honnefelder 2002, 79) ein. Während die Menschenwürde, insbesondere nach den Erfahrungen mit dem Nationalsozialismus, zur obersten Rechtsnorm des Grundgesetzes wurde, wird sie gegenwärtig insbesondere im Kontext der ‚Bioethik'-Debatte von verschiedenen Seiten her bezüglich ihrer umfassenden Geltung in Frage gestellt und relativiert. Die Diskussionen drehen sich dabei um folgende Fragen: Ab wann kommt dem Menschen Würde zu – ab der Befruchtung der Eizelle, ab der Nidation, ab bestimmten, in moralischer Hinsicht als signifikant angesehenen Entwicklungsstufen? Gilt sie unbedingt oder ist ein gestuftes Modell angemessener? Ist sie ein oberstes Gut oder ein Gut unter Gütern, das der Abwägung unterzogen werden kann? (vgl. Antor 2003)

Ausgehend von der Moralphilosophie Kants gilt die Menschenwürde als oberstes Moralprinzip. Nach Höffe handelt es sich bei ihr um ein Axiom, das in dem Sinn unableitbar ist, „dass es keinen höherrangigen Wert gibt, von dem her [sie] im Sinne einer Ableitung zu rechtfertigen wäre" (Höffe 2002, 114). Sie ist „angeboren und unveräußerlich, [...] unteilbar, unverrechenbar und unverlierbar, kurz: unantastbar" (ebd., 115).

Die Achtung der Würde des anderen Menschen besteht in der Verpflichtung, andere Menschen niemals bloß als Mittel, sondern immer auch „als Zweck an sich selbst" zu behandeln. Diese Selbstzweckhaftigkeit macht den Menschen, wie Spaemann (1996) es ausdrückt, „inkommensurabel" (ebd., 136): ein Wesen „jenseits der kategorial strukturierten Wirklichkeit" (ebd.), das außerhalb des Systems relativer Wertungen steht. So heißt es in einer berühmten Stelle in Kants „Grundlegung zur Metaphysik der Sitten": „Im Reiche der Zwecke hat alles entweder einen *Preis* oder eine *Würde*. Was einen Preis hat, an dessen Stelle kann auch etwas anderes als *Äquivalent* gesetzt werden; was dagegen über allen Preis erhaben ist, mithin kein Äquivalent verstattet, das hat eine Würde" (Kant 1965, 58).

Kant selbst hat allerdings die Menschenwürde auch an Kriterien gebunden, und zwar an die Autonomie und die mit ihr verbundene Moralfähigkeit [→ Selbstbestimmung inkl. Autonomie]. Moralfähigkeit und Würde sind untrennbar verknüpft. Diese Moralfähigkeit ist im Sinne Kants jedoch nicht als Individualeigenschaft zu verstehen, sondern ist mit der Zugehörigkeit zur ‚Menschheit' gegeben. Das Würdeprinzip impliziert eine „Anerkennung des Menschen *als Menschen*. [...] Sofern wir diesen Status in dem mit der Verwendung des Sortalprädikats ‚Mensch' verbundenen Werturteil zum Ausdruck bringen und an das menschliche *Lebewesen* binden, spricht alles dafür, ihn mit dem Leben beginnen zu lassen, das dem menschlichen Lebewesen eigen ist" (Honnefelder 2002, 110).

Nach Ansicht von Kritikern der vorgeburtlichen Diagnostik wird demgegenüber das Recht ins Leben zu treten der Tendenz nach an den Nachweis des Nichtvorhandenseins bestimmter unerwünschter Eigenschaften ge-

bunden. In der Folge haben das Lebensrecht [→ Recht auf Leben] und die Würde des einzelnen Menschen „konsequenterweise nicht mehr den Rang von im Wortsinne angeborenen Rechten. Sie sind nicht mehr mit dem Ins-Leben-Treten per se garantiert. Beide mutieren in einer solchen Gesellschaft zur bloßen Lizenz: Sie werden gewährt, versagt oder widerrufen je nachdem, ob man die examinierte Person im Kreis der Entscheidungsträger begrüßt oder aber missbilligt, ob man sie als erwünscht oder störend betrachtet" (Picker 2002, 144).

Vergegenwärtigen wir uns auch hier wieder, dass die Diskussion über die Menschenwürde von großer gesellschaftlicher Bedeutung ist, und dass es gesellschaftliche Entwicklungen sind, die die absolute Geltung der Menschenwürde in Frage stellen, so kommt ein wichtiger Gesichtspunkt in den Blick, auf den Graumann aufmerksam macht: „Die gesellschaftliche Anerkennung der in der Menschenwürde begründeten Rechte erfordert jedoch gesellschaftliche Verhältnisse, in denen der Schutz der Menschenrechte institutionell gesichert ist, sowie ein ‚gesellschaftliches Klima', das die moralische Haltung der Anerkennung grundlegender Rechte – auch derjenigen, die nicht selbst für ihre Rechte einstehen können – fördert" (Graumann 2002, o. S.) [→ Menschenrechte und Behinderung].

Dies ist einer der Punkte, an dem die Ethik politisch wird.

Eine mögliche Andersbestimmung der Menschenwürde müsste diese von dem Nachweis des Vorhandenseins bestimmter, sog. moralkonstitutiver Eigenschaften lösen. Es ist gewiss ein Unterschied, ob ein Mensch erwachsen und gesund ist oder seit Jahren im Koma liegt. Dieser Unterschied darf jedoch nicht einen Unterschied im Hinblick auf Würde und Lebensrecht bedeuten. Andersbestimmung hieße: die Würde des Anderen bestätige ich, indem ich dem Anderen als meinesgleichen begegne. Diese Begegnung ist passiver Natur, unvermeidlich und damit nicht exklusiv (vgl. Schnell 2005).

b) Die Gefährdetheit des Menschen und Verantwortung

Bei den vorangehenden Überlegungen zur Menschenwürde ist bereits angeklungen, dass das Achtungsgebot mit dem Prinzip der ‚Inkommensurabiltät‘ verbunden ist. Weil Inkommensurabiltät bedeutet, dass der andere Mensch mein Bild, mein Wissen und mein Verstehen von ihm unendlich übersteigt, muss Achtung vor dem Anderen immer auch heißen: Achtung vor dem Anderen *als* Anderen. Was diese Andersbestimmung bedeutet, soll nachfolgend kurz skizziert werden. Dabei wollen wir einen für die Ethik wichtigen Zusammenhang aufzeigen, nämlich den zwischen Leiblichkeit, Verantwortung und Andersheit des Anderen. Die Ethik, die hier skizziert werden soll, ist eine responsive „Ethik von unten" (Waldenfels 1998a, 13), die auf zweifache Weise beim anderen Menschen ansetzt: Zum einen bei seiner Leiblichkeit, zum anderen bei seiner Andersheit.

Der andere Mensch begegnet uns Menschen immer konkret in seiner Leiblichkeit, mit der auch seine „Bedürftigkeit, Angewiesenheit und Gefährdetheit" (Mertens 1998, 246) gegeben sind. Hiervon geht ein Anspruch aus, und dieser Anspruch bildet den innersten Kern, das Fundament, den Anfang der Ethik. Sie ist die Quelle unseres Wissens, was überhaupt ein moralisches Phänomen ist. Entsprechend heißt es bei Brumlik: „Um zu wissen, worum es bei einer Moral überhaupt geht, muss uns die menschliche Welt als eine Welt verletzlicher, aufeinander bezogener, mit- und aneinander leidender Wesen erschlossen sein" (Brumlik 1992, 157).

Von der Bedürftigkeit, Angewiesenheit und Gefährdetheit des anderen Menschen gehen Ansprüche aus, die denjenigen, an den diese Ansprüche ergehen, in die Verantwortung rufen. Folgt man der Ethik von Emmanuel Lévinas, zeigen sich die Verletzbarkeit des Leibes und die Unauslöschbarkeit des Anspruchs des anderen Menschen seinem Antlitz. Die Fragilität des Leibes hat einen appellativen Charakter.

„Grundsätzlich gefährdet sind Ansprüche der eigenen oder anderen Leiblichkeit nicht nur dort, wo ein Handeln oder Handelnkönnen die Existenz des gesamten Leibes gefährdet, sondern auch in den Fällen, in denen ein Handeln wesentliche Aspekte der leiblichen Endlichkeit zu verletzen droht. Die ethische Relevanz eines auf die *Verletzlichkeit des Leibes* bezogenen Handelns ist gerade in der Nicht-Reziprozität von Handeln und leiblichen Ansprüchen begründet" (Mertens 1996, 246).

Die Nicht-Reziprozität oder Asymmetrie entsteht dadurch, dass der Anspruch dem antwortenden Handeln immer vorausgeht.

Dieser Zugang zu Fragen der Ethik ist für die Behindertenpädagogik, ebenso wie die Pflege- und Rehabilitationswissenschaften und die Medizin, von besonderer Relevanz, weil sie es explizit mit bedürftigen Menschen zu tun haben. Vor dem Hintergrund der gegenwärtig hochgehaltenen Autonomie sind dies Menschen, „die das Kriterium eine autonome und selbstbestimmte Person zu sein, gar nicht, über einen erheblichen Zeitraum nicht oder immer nur teilweise erfüllen. Eben diese Menschen werden von der so genannten allgemeinen Ethik nicht angemessen, sondern nur als Mängelwesen berücksichtigt. Die allgemeine Ethik richtet sich an die aristotelischen Freunde, die kantische Vernunftperson, die utilitaristischen Nutzenmaximierer. Weil Menschen mit Demenz, im Wachkoma, mit schwersten Behinderungen, Krankheiten oder überschießendem Geist sich nicht umstandslos mit Freunden, Vernunftpersonen und Nutzenmaximierern gleichsetzen lassen, müssen die Pflegewissenschaften, die Sonderpädagogik und eine dialogisch verstandene Medizin bei der Konstitution der Ethik ein eigenes Gewicht zur Geltung bringen" (Schnell 2002, 12).

Damit ist auf eine asymmetrische Sorgestruktur und damit auf eine Relation der Verantwortung verwiesen. Verantwortung ist eine Antwort, die auf einen Anspruch folgt. Nach Lévinas ist es nicht möglich, sich diesem Anspruch zu entziehen, und insofern meint er mich und gilt unbedingt.

„Im Anspruch, den ich vernehme, erhebt sich ein Anspruch, der mir etwas abverlangt. Dieser situativ verkörperte Anspruch kommt jedem moralischen oder rechtlichen Anspruch zuvor. Die Frage, ob der Anspruch berechtigt sei oder nicht, setzt voraus, dass bereits ein Anspruch vernommen wurde" (Waldenfels 1998b, 43).

Wenn Verantwortung responsiv ist, heißt dies, dass der Andere, von dem der Anruf oder Anspruch ausgeht, dem Antwortenden in gewisser Weise immer voraus ist. Dies aber impliziert auch, dass hier nicht eine symmetrische, sondern eine asymmetrische Relation vorliegt. Das In-die-Verantwortung-genommen-werden durch den Anderen geht der Feststellung oder normativen Konstruktion von Pflichten unter Gleichen voraus.

„Sorge tragen um die Situation des Anderen, um seine Lebenslagen, seine Bedürfnisse, Missgeschicke usw. ist eine Gabe, die nicht durch eine Gegengabe zu beantworten ist; dies ist der Sinn der nicht-reziproken und asymmetrischen Verantwortung oder Fürsorge für den Anderen. Fürsorge bezieht sich dabei auf *jeden* Menschen als *radikal Anderen*, d. h. sie ist nicht bezogen auf spezifische Schädigungsformen, Lebenslagen etc. Aber sie verpflichtet zur Antwort, die durch keine Ethik einklagbar wäre" (Stinkes 2002, 219).

Leiblichkeit und Relationalität bilden einer phänomenologischen Sichtweise gemäß das Fundament für Interpersonalität und Verantwortung. Für die Ethik folgt hieraus, dass sie nicht von einer abstrakten Gleichheit und Reziprozität autonomer Subjekte ausgehen kann, wie dies beispielsweise moderne Diskursethiken tun. Vielmehr erlangen Andersheit und Asymmetrie der ethischen Relation einen ethischen Stellenwert, der auch in der Philosophie erst seit einigen Jahrzehnten wahrgenommen und gewürdigt wird (vgl. Waldenfels & Därmann 1998).

Nun handelt es sich bei Ethik von Lévinas keineswegs um eine Ethik für gesellschaftslose, asymmetrische Dyaden. Auch Lévinas hat gesehen, dass wir in der Regel nicht nur einem Anderen gegenüberstehen, sondern immer zugleich auch anderen Anderen. Hinzu kommt, dass Vis-à-vis-Beziehungen im Horizont institutioneller, gesellschaftlicher, ökonomischer und politischer Kontexte stehen. In dieser Situation tritt die Gerechtigkeit auf den Plan.

c) Fürsorge und Gerechtigkeit

Die zuletzt angeschnittene Problematik stellt uns vor die Frage, ob und wie eine radikal gedachte Ethik der Verantwortung für den Anderen, die *vor* der Konstruktion juridischer und universalistischer Gleichheitsforderungen einen Unbedingtheitsanspruch erhebt, mit der Frage der Gerechtigkeit verknüpft werden kann. Auch hier setzen wir bei der Andersbestimmung des Ethischen durch Lévinas an. Wie Lévinas zeigt, steht der Mensch diesseits seiner Freiheit als Subjekt in der grenzenlosen und nicht aufhebbaren Verantwortung gegenüber dem Anderen: „Diesseits der Gerechtigkeit des Mitseins, Verteilens, Beratens und kritischen Prüfens lässt sich ein Unausweichliches ausmachen, durch das Akteuren ein Zugang zur Gerechtigkeit unhintergehbar aufgegeben ist. […] ‚Diesseits' meint, dass ich, noch bevor ich als ‚Ich' auftrete, welches etwas tun oder lassen kann, vom Anderen zur Verantwortung gerufen bin" (Schnell 2001, 15).

Anders gesagt: Das Prinzip der Gleichheit, das für die Idee der Gerechtigkeit konstitutiv ist, wird durch die Relation der Verantwortung gestiftet und differenziert sich aus dieser heraus. Die Frage der Gerechtigkeit taucht bei Lévinas mit dem sog. ‚Dritten' auf (vgl. Lévinas 1992). Mit ihm entsteht die Notwendigkeit, ein Moment von Reziprozität und Symmetrie in die ethische Relation hineinzubringen.

„Das Eingehen auf einen fremden Anspruch und das Geschenk einer Antwort geraten erst dann auf die Bahnen eines wechselseitigen Gebens und Nehmens, wenn Eigenes und Fremdes im Lichte eines Dritten betrachtet werden, der Vergleiche anstellt und im Konfliktfall für einen Ausgleich sorgt. Der Gesichtspunkt des Dritten, der Recht und Gerechtigkeit ermöglicht, ist auf gewisse Weise unentbehrlich" (Waldenfels 1998b, 48).

Waldenfels weist auch darauf hin, dass der Gesichtspunkt des Dritten immer dann im Spiel ist, wenn Reden und Handeln allgemeinen Regeln, Normen, Gesetzen usw. folgen. Levinas schreibt hierzu: „Es ist der Augenblick der Gerechtigkeit (der Justiz). [...] Hier fordert das Recht des Einzigen, das Urrecht, des Menschen Urteil, und somit Objektivität, Objektivierung, Thematisierung, Synthese. Es werden Institutionen benötigt, die richten, und eine politische Autorität zu ihrer Unterstützung" (Levinas 1995, 237).

Hierdurch erlangt der einzelne Mensch den ethischen ‚Status' des Staatsbürgers, eines – trotz seiner Andersheit – Gleichen unter Gleichen [→ XI Gesellschaftsentwicklung und soziale Gerechtigkeit]. Gerechtigkeit ist der Vergleich des Unvergleichlichen. Jedoch beharrt Lévinas vor dem Hintergrund von Macht, Gewalt und politischen Totalitarismen, denen der einzelne Mensch anheimfallen kann, auf den Ursprung der Gerechtigkeit und des Rechtes in der Einzigkeit des anderen Menschen – weshalb auch im Lichte der Gerechtigkeit immer wieder „auf das unter den Identitäten der Staatsbürger verborgene menschliche Antlitz aufmerksam" gemacht werden müsse (ebd.).

Eine Handlung mag durch die vom konkreten anderen Menschen ausgehenden Ansprüche und durch die Berücksichtigung relevanter Kontextfaktoren motiviert sein. Jedoch sind pädagogische, therapeutische oder pflegerische Beziehungen immer auch institutionell (d.h. u.a. auch symbolisch) vermittelt. Die ethische Situation von Angesicht zu Angesicht ist von Anfang an in einem institutionellen bzw. gesellschaftlichen Kontext situiert – in einem Kontext, der durch institutionelle Regeln, Normen, Kommunikations- und Beziehungsstile, gesellschaftliche Aufträge an diese Institution, organisatorische Abläufe, normativ wirksame Konzeptionen, personelle, sächliche, räumliche, zeitliche oder andere Mangelerscheinungen bestimmt ist, oftmals auch durch die Notwendigkeit, knappe

Ressourcen zu verteilen, unterschiedliche Standpunkte und Interessen in Einklang zu bringen oder für schwierige Entscheidungen einen Konsens zu finden. Der Gesichtspunkt der Gerechtigkeit zeigt sich auch vor diesem Hintergrund als unverzichtbar. Zugleich aber resultiert hieraus aber auch ein gravierendes Problem: Indem „der fremde Anspruch einem allgemeinen Gesetz unterworfen und derart gleichgesetzt wird, was nicht gleich ist, enthält Gerechtigkeit stets ein Moment von Ungerechtigkeit" (Waldenfels 1998b, 48) und Gewaltsamkeit.

Die dennoch unverzichtbare Bedeutung der Gerechtigkeit zeigt sich auch dann, wenn es darauf ankommt, eine ethische Position, Entscheidung diskursiv zu begründen und (im Sinne einer Rechenschaft) zu verantworten. Auch kontextsensitive, von Gefühlen nicht abstrahierende Beurteilungen von spezifischen Handlungen erfordern auf der Ebene der Reflexion und Begründung stichhaltige Kriterien und allgemeine Maßstäbe. Sobald eine sprachlich-diskursive Rechtfertigung konkreter Handlungen oder Geltungsansprüche erfolgt, geschieht dies unter Rückgriff auf allgemeine (oder für allgemein gehaltene) Prinzipien, Argumente oder Gesichtspunkte. Wenn beispielsweise die Prozedur der Entscheidungsfindung bezüglich der Fortsetzung oder des Abbruchs der Behandlung eines schwerstkranken Patienten *begründet* werden soll, fließt bei aller Konzentration auf die spezifische Situation und ihre medizinischen und psychosozialen Hintergründe und Probleme ein Allgemeines in die Suche nach einer Lösung ein.

„Versucht man, sich ausschließlich an die konkrete Situation zu halten und alle allgemeineren Aspekte [...] auszublenden, so kann keine *begründete* Wahl getroffen und eigentlich nicht mehr von einer Entscheidung gesprochen werden; die Lösung des Konflikts wird vielmehr der bloßen Willkür überlassen" (Nagl-Docekal 1998, 149).

Allerdings geht der argumentativen Rechtfertigung die existenzielle Situation moralischer Entscheidungen voraus – und dieser wiederum jener des Angesprochen- oder Angerufenwerdens durch den Anderen. Das aktive Abwägen, Entscheiden und Handeln auf der Grundlage von Kriterien und ethischen Prinzipien sind deshalb sekundär. Primär ist das passive Angerufen- oder Ergriffenwerden durch die Ansprüche des anderen Menschen. Wenn Ethik von ihrer Wurzel her responsiv ist, geht die antwortende Fürsorge der Gerechtigkeit voraus.

„Ohne die Perspektive der Fürsorge, die allen Sozialbezügen innewohnt, wird die Verantwortung für den Anderen nicht erreicht. Sie steht in einem Stiftungsverhältnis zur Gerechtigkeit und fungiert durch symmetrische Solidarbeziehungen hindurch. Uneinholbar von jeder Ethik, weil der Andere zwar zugänglich, aber unverfügbar ist und von keinem Wissen eingeholt und in keinem Wort aufgehen kann" (Stinkes 2002, 215).

Anders als z. B. in Axel Honneths Anerkennungsethik werden Andersheit und Verantwortung nicht einfach der Gerechtigkeit angeheftet; vielmehr zeigt sich, dass sie in einem Stiftungsverhältnis zueinander stehen. Die verantwortliche Fürsorge geht der Gerechtigkeit voraus. Aber noch mehr als das: Die Fürsorge geht auch über die Gerechtigkeit hinaus. Sie ist auch nach der Bemessung des gerechten Gebens und Nehmens nicht annulliert, sondern stellt einen Anspruch an mich, der zeigt, dass meine die Verantwortung für den Anderen und die Anderen nicht durch die Gerechtigkeit abschließend einlösbar ist. Die Verantwortung ist eine Gabe, ein Überschuss über die Ordnung der Gerechtigkeit hinaus (vgl. Schnell 2001).

d) Anerkennung

Ein viertes zentrales Grundmotiv der Ethik ist die Anerkennung [→ Anerkennung]. Auch dieser Punkt kann wie die Vorangehenden nur in seinen Grundzügen erläutert, nicht aber eingehend entwickelt werden. Auch das Problem, wie sich die konzeptionelle Zusammenführung von Verantwortung und Anerkennung begründen lässt und wie sie aufeinander

zu beziehen sind, kann hier nur in Andeutungen behandelt werden. Diese Frage ist deshalb wichtig, weil beide Konzepte von ganz anderen Voraussetzungen ausgehen. Deshalb verbietet sich eine schlichte additive Kombination oder Zusammenführung beider Perspektiven.

Ganz allgemein formuliert ist Anerkennung ein Akt, dem anderen Menschen neben sich einen Daseinsraum zu eröffnen und ihm mit Achtung zu begegnen. Anerkennung bedeutet, andere Menschen nicht zu dämonisieren, zu vergöttern oder (in Anlehnung an Kant), sie nur als Objekte zu behandeln. Vielmehr zeigt sich Achtung darin, einen Menschen als Menschen zu sehen (vgl. Margalit 1999). Bei Spaemann heißt es: „Anerkennung der Person – das heißt zunächst einfach Rücknahme der eigenen, prinzipiell unbegrenzten Expansionstendenz, Verzicht darauf, den anderen nur unter dem Aspekt der Bedeutsamkeit zu sehen, die er in *meinem* Lebenszusammenhang hat, Achtung vor ihm als einer für mich nie gegenständlich werdenden Mitte eines eigenen Bedeutungszusammenhangs" (Spaemann 1996, 197).

Wie Spaemann betont, beruht Anerkennung nicht auf einer willkürlichen Setzung, sondern ist eine „angemessene Antwort" (ebd., 252) auf einen Anspruch, den Anspruch „auf einen Platz in der bereits existierenden Personengemeinschaft, nicht Kooptation nach Kriterien, die von den bereits Anerkannten definiert werden" (ebd., 253).

Nach Honneth (1994, 2000) sind Anerkennungsverhältnisse der Ermöglichungsrahmen für das Gelingen individuellen Lebens. Zugleich hat diese Ethik einen ausdrücklichen sozialethischen Schutzcharakter, indem sie an der menschlichen Integrität, deren Schutz sie für zentral hält, ansetzt. Honneth unterscheidet drei Interaktionssphären, die zugleich Dimensionen von Integrität sind, und deren Verletzbarkeit ihre Anerkennung fordert. Honneth spricht von emotionaler Zuwendung in Vis-à-vis-Beziehungen, rechtlicher Anerkennung und solidarischer Zuwendung. „Nur derjenige, der sich im Spiegel der expressiven Verhaltensweisen seines Gegenübers positiv zur Kenntnis genommen sieht, weiß sich in elementarer Form sozial anerkannt" (Honneth 2003, 20).

Gerade der letzte Punkt macht aber auch die Gefahr deutlich, Anerkennung an Voraussetzungen zu binden, daran nämlich, ob bestimmte Kriterien für die Anerkennung erfüllt werden oder nicht. Das wäre dann der Fall, wenn ein Gemeinwesen nur Individuen mit spezifischen Eigenschaften oder Merkmalen anerkennt, etwa solchen, die als ‚positiv' oder ‚nützlich' erachtet werden. Kulturelle oder ethnische Minderheiten, aber auch Schwerstbehinderte dürften es unter diesen Bedingungen schwer haben, Anerkennung zu erfahren. Bedingte Anerkennung würde, so zeigt sich hier, Andersheit und Differenz auslöschen. Ebenfalls muss im Rahmen einer Anerkennungsethik sichergestellt werden, dass sie nicht auf symmetrische oder reziproke Beziehungen zwischen als gleich gedachten Subjekten reduziert wird. Anerkennung müsste so gefasst werden, dass sie auf die klassifikatorische, begriffliche, verstehende, also die ihn als „so und nicht anders" identifizierende Festlegung des Anderen verzichtet. Anerkennung müsste die Anerkennung des „Nichtidentischen" sein (Adorno 1975), also eine Anerkennung, die auf herrschaftlichen Zugriff, auf Aneignung, Anpassungsdruck und Unterwerfung verzichtet. Dieser Zugang zur Anerkennung enthält ein Moment der Utopie, verweist er doch auf die Möglichkeit des Miteinanders des Verschiedenen.

Vor diesem Hintergrund macht Gamm auf einen wichtigen Sachverhalt aufmerksam, wenn er schreibt: „Die Schwierigkeit, Prozesse wechselseitigen Anerkennens zu denken liegt darin […], in den Begriff der Wechselseitigkeit ein Moment aufzunehmen, das den anderen radikal freigibt, das heißt, seine Einzigartigkeit oder sein von mir unendlich unterschiedenes Wesen anerkennt und aus der Wechselseitigkeit der Erwartung entlässt. […] Man muss ‚Anerkennen' als ein gleichsam flottierendes, frei bewegliches, extrem fragiles Medium betrachten, das schon beim Versuch, es in die eigene Reichweite oder Ge-

walt zu bringen, augenblicklich zerstört wird" (Gamm 2000, 214).

Anerkennung müsste, ähnlich der Würde in der Begegnung, aus der Passivität der Erfahrung gedacht werden. Geschuldet und zugleich unvermeidlich (vgl. Schnell 2004b).

e) Das Problem der Stellvertretung: Advokatorische Ethik

Zum Schluss muss mit dem Hinweis auf das Problem stellvertretender Entscheidungen noch auf eine anders gelagerte Problematik hingewiesen werden. Auch in Zeiten der Hochschätzung individueller Autonomie bleibt sie virulent, etwa in Konflikt- und Entscheidungssituationen in pädagogischen oder medizinischen Kontexten, in denen sich das stellvertretende Eintreten für Belange und Interessen anderer als juristisch oder ethisch notwendig erweist. Advokatorische Entscheidungen sind u. U. dann verlangt, wenn selbstbestimmte Entscheidungen der betroffenen Personen nicht mehr, vorübergehend nicht oder noch nicht möglich sind, beispielsweise weil sie im Koma liegen oder eine zweifelsfreie Ermittlung ihres mutmaßlichen Willens nicht möglich ist. Nach Brumlik ist advokatorische Ethik „ein System von Behauptungen und Aufforderungen in Bezug auf die Interessen von Menschen, die nicht dazu in der Lage sind, diesen selbst nachzugehen, sowie jenen Handlungen, zu denen uns diese Unfähigkeit anderer verpflichtet" (Brumlik 1992, 161).

Wie Waldenfels (2002a) schreibt, ist der Vormund das institutionelle Paradigma für diese Art der Stellvertretung: Dieser „spricht in eigener Stimme für einen Anderen" (ebd., 447) und nimmt dessen Belange, Wünsche und Interessen wahr. Dabei ist die hiermit verbundene Übernahme einer fremden Position ein „Provisorium; sie besteht darin, dass jemand den Platz eines anderen freihält, ohne ihn in einen eigenen zu verwandeln" (ebd.).

Die Probleme der advokatorischen Ethik gehören zu den schwierigsten der Ethik überhaupt. Sie werfen eine Reihe grundlegender Fragen auf. Derjenige, der vertreten wird, kommt nämlich nicht selbst und direkt zur Sprache, sondern über einen Umweg und indirekt, durch einen anderen. Welche Entscheidungen dürfen überhaupt von einem ‚Advokaten‘ getroffen werden und wer ist zu solchen Entscheidungen berechtigt? Ist stellvertretendes Entscheiden, das nicht der Gefahr ausgesetzt ist, den anderen Menschen bzw. seine aktuellen Interessen zu verfehlen, überhaupt möglich? Die moralische Brisanz advokatorischer Entscheidungen und stellvertretenen Handelns zeigt sich insbesondere, „wenn ein deutliches Mündigkeitsgefälle hinzu kommt, wie das etwa in pädagogischen Beziehungen der Fall ist" (Brumlik 1992, 103). Die entscheidende Problematik advokatorischer Entscheidungen, die sie mit einer nicht auflösbaren Fragwürdigkeit infiziert, lässt sich folgendem Punkt in besonderer Deutlichkeit aufzeigen: Unser Wissen vom anderen Menschen ist angesichts seiner Andersheit und Fremdheit prinzipiell begrenzt, weil es auf keine gemeinsame, umfassende Vernunft rückführbar ist. Damit ist die Legitimation, in Namen des Anderen sprechen zu dürfen oder auch nur zu können, grundsätzlich begrenzt. Advokatorik fußt unausweichlich auf unzureichenden Gründen. Hier gelangt eine interpersonale, auf Verständigung hin angelegte Hermeneutik an ihre Grenzen. Fremdverstehen gelingt prinzipiell nur ausschnitthaft und in Annäherungen. Dort, wo Menschen ihren Willen nicht klar und eindeutig artikulieren können, betreten wir den ethisch höchst anfälligen Bereich der Mutmaßungen, in dem Repräsentation leicht in Repression umschlägt. Als Leitlinie für advokatorische Entscheidungen wird oftmals angeführt, die Entscheidung solle so erfolgen, dass der von ihr betroffene Mensch ihr zwanglos zustimmen würde, wenn er es könnte. Ein Beispiel hierfür wäre die nachträgliche Bejahung der eigenen Erziehung. Da diese Frage konjunktivisch gestellt ist, aber nur spekulativ beantwortet werden kann, gewährt die Antwort nur eine Scheinsicherheit. Advokatorische Entscheidungen sind prinzipiell mit dem Zweifel behaftet, ob das, was getan wird, tatsächlich im Sinne des anderen

Menschen ist oder einen Übergriff darstellt. Damit bewegen sie sich an einer (höchstens im Nachhinein überprüfbaren) fließenden Grenze zwischen gelebter Verantwortung, Fürsorge und Solidarität einerseits und Fremdbestimmung, Missachtung und Gewalt andererseits. Auch das Prinzip der Gerechtigkeit hilft hier letztlich nicht weiter, weil allgemeine Kriterien eben nur das Allgemeine und, ausgehend vom Allgemeinen, das Besondere des Allgemeinen erfassen können, nicht aber das Einzigartige, im Allgemeinen nicht Aufgehende.

Für die Behindertenpädagogik umreißen Antor und Bleidick (2001) die Problematik der Legitimität praktizierter Stellvertretung wie folgt: „Die Behindertenpädagogik sieht sich immer wieder mit der Frage konfrontiert, inwieweit sie überhaupt ein Mandat habe, angesichts der Selbstvertretungsansprüche Behinderter für sie zu sprechen, also Macht auszuüben" (Antor & Bleidick 2001, 159). Hierzu führen sie aus: „*Pädagogisch* betrachtet trifft das Prinzip der Stellvertretung Behinderter auf eine widersprüchliche Ausgangslage. Die unterschiedlichen Entwicklungsmöglichkeiten von Kindern und Jugendlichen mit Behinderungen machen beides erforderlich: Hilfen zu einem selbstbestimmten Leben, auch wenn dafür zunächst alle Voraussetzungen zu fehlen scheinen; zugleich in manchen Fällen schwerster Behinderung eine Bereitschaft, sich ungeachtet jeder erdenklichen basalen Förderung autonomer Entwicklungsschritte auf eine dauerhafte Anwaltschaft einzustellen" (ebd., 159 f.).

Normalerweise wird das Problem der advokatorischen Ethik von der Autonomie her gedacht. Im vorab in Anlehnung an Lévinas skizzierten fundamentalethischen Zugang jedoch erscheint Stellvertretung als responsives Geschehen. Sie ist nicht Ersatz für eine beschädigte, verlorengegangene, nicht oder nur unzureichend ausgebildete Autonomie, sondern Ausdruck einer ethischen Relation der Verantwortung für den Anderen, in die wir hineingestellt sind, ob wir wollen oder nicht. Hier bildet nicht die Subjektautonomie den Ansatzpunkt, sondern die unaufhebbare Verflechtung von Eigenem und Fremdem, durch die die eigene Stimme, die Stimme des Advokaten „eine Art von Resonanzboden für fremde Stimmen werden" kann (Waldenfels 2002b, 178). Auch mit Blick auf die Verantwortung und die Anerkennung zeichnet sich in Bezug auf die Advokatorik ein Perspektivwechsel ab. Dieser wirft, das soll nicht verschwiegen werden, eine ganze Reihe von Fragen auf, die sich einfachen Antworten entziehen: ein Zugang, die Grundlagen der Ethik auch *hier vom Anderen her* zu denken.

6 Ausblick

Zusammenfassend kann festgehalten werden: Die gesuchte Ethik muss dem Anderen, unabhängig von objektivierbaren Qualitäten, spezifischen Eigenschaften, gesellschaftlichem Nutzen, verrechenbaren Präferenzen oder Reziprozitätserwartungen eine starke Position einräumen. Von hier aus ist auch die Menschenwürde zu begründen. Ansatzpunkt dieses Zugangs ist eine asymmetrische und responsive Relation zwischen Ich und Anderem, die Fürsorge ethisch begründet. Aus dieser ursprünglichen Situation der Verantwortung ergibt sich angesichts des ‚Dritten' und seiner Ansprüche die Gerechtigkeit. Ein weiteres Grundmotiv der hier skizzierten Ethik ist eine unvermeidliche Anerkennung, deren Ziel der Schutz, die Bewahrung und Förderung der Integrität des Anderen ist. Hierbei ist jedoch nicht nur das Individuum zu betrachten. Die vorab umrissene Andersbestimmung der Ethik umfasst auch gesellschaftliche, politische, rechtliche und ökonomische Rahmenbedingungen, die in Bezug auf das Problem der Gerechtigkeit für ein gelingendes Leben des Einzelnen und für seine soziale und gesellschaftliche Anerkennung und Partizipation unerlässlich sind (vgl. Dederich 2001, 197 ff.).

Obwohl die Ethik für die Behindertenpädagogik und die Heilberufe unverzichtbar ist, hat sie auch ihre Grenzen. Für viele der vorab skizzierten Fragen und Probleme gibt es nicht die eine, einzig wahre und ethisch unanfechtbare Lösung. Vielmehr bedarf es der Bereitschaft, Widersprüche und Ambivalenzen anzuerkennen und sie, sofern sie sich als unabänderlich erweisen, zu akzeptieren. Im Wissen um die gleichzeitige Unverzichtbarkeit wie Begrenztheit der Ethik sowie der Ambivalenz zahlreicher Problemfelder lässt sich aus den vorangehend entwickelten Gedanken eine ethische und politische Programmatik für die Behindertenpädagogik ableiten. Zentrale Eckpfeiler wären die folgenden:

- die Sicherung eines unverbrüchlichen Rechts auf Leben und das Eintreten für eine Ethik als Schutzbereich (vgl. Schnell 2008) angesichts von Gefährdungen;
- das Eintreten für ein ungeteiltes Recht auf Bildung, Erziehung und Rehabilitation;
- die Unterstützung der Selbstvertretung der Betroffenen;
- der anwaltschaftliche Einsatz für diejenigen, die nicht für sich selbst sprechen können;
- die Sicherung und Weiterentwicklung sozialer und schulischer Integration sowie beruflicher und sozialer Eingliederung und Teilhabe;
- die Sicherung humaner Qualität auch unter den Bedingungen knapper ökonomischer Ressourcen;
- das Engagement für eine weitere Öffnung der Gesellschaft für Vielfalt und Differenz [→ Vielfalt].

Literatur

Adorno, Theodor W. (1975): Negative Dialektik. Frankfurt a. M.

Antor, Georg (2003): Behinderung und Menschenwürde. In: Dederich, Markus (Hrsg.): Bioethik und Behinderung. Bad Heilbrunn, 49–67

Antor, Georg & Bleidick, Ulrich (1995): Recht auf Leben – Recht auf Bildung. Heidelberg

Antor, Georg & Bleidick, Ulrich (2000): Behindertenpädagogik als angewandte Ethik. Stuttgart

Antor, Georg & Bleidick, Ulrich (2001): Ethik. In: Antor, Georg & Bleidick, Ulrich (Hrsg.): Handlexikon der Behindertenpädagogik. Stuttgart, 158–161

Brill, Werner (1994): Pädagogik im Spannungsfeld von Eugenik und Euthanasie. St. Ingbert

Brumlik, Micha (1992): Advokatorische Ethik. Zur Legitimation pädagogischer Eingriffe. Bielefeld

Dederich, Markus (2000): Behinderung – Medizin – Ethik. Behindertenpädagogische Reflexionen zu Grenzsituationen am Anfang und Ende des Lebens. Bad Heilbrunn

Dederich, Markus (2001): Menschen mit Behinderungen zwischen Ausschluss und Anerkennung. Bad Heilbrunn

Dederich, Markus (2003) (Hrsg.): Behinderung und Bioethik. Bad Heilbrunn

Foucault, Michel (1978): Nietzsche, die Genealogie, die Historie. In: Von der Subversion des Wissens. Frankfurt a. M., 54–66

Foucault, Michel (1999): In Verteidigung der Gesellschaft. Vorlesungen am Collège de France (1975–76). Frankfurt a. M.

Gadamer, Hans-Georg (1963): Über die Möglichkeit einer philosophischen Ethik. In: Gadamer, Hans-Georg: Gesammelte Werke Bd. 4. Tübingen, 163–175

Gamm, Gerhard (2000): Nicht nichts. Studien zu einer Semantik der Unbestimmtheit. Frankfurt a. M.

Georgens, Jan Daniel & Deinhardt, Heinrich Martinius (1979): Die Heilpädagogik mit besonderer Berücksichtigung der Idiotie und der Idiotenanstalten. Erster Band: Zwölf Vorträge zur Einleitung und Begründung einer heilpädagogischen Gesamtwissenschaft. Giessen (zuerst Leipzig 1861)

Graumann, Sigrid (2002): Menschenwürde – eine unverzichtbare Idee. URL: IMEW konkret Nr. 2 (www.imew.de)

Greving, Heinrich & Gröschke, Dieter (2002) (Hrsg.): Das Sisyphos-Prinzip. Gesellschaftsanalytische und gesellschaftskritische Dimensionen der Heilpädagogik. Bad Heilbrunn

Gröschke, Dieter (1993): Praktische Ethik der Heilpädagogik. Individual- und sozialethische Reflexionen zu Grundfragen der Behindertenhilfe. Bad Heilbrunn

Gröschke, Dieter (2002): Leiblichkeit, Interpersonalität und Verantwortung – Perspektiven der Heilpädagogik. In: Schnell, Martin (Hrsg.): Pflege und Philosophie. Interdisziplinäre Studien über den bedürftigen Menschen. Bern, 81–108

Habermas, Jürgen (2001): Die Zukunft der menschlichen Natur. Auf dem Weg zu einer liberalen Eugenik? Frankfurt a. M.

Honnefelder, Ludger (2002): Die Frage nach dem moralischen Status des menschlichen Embryos. In: Höffe, Ottfried, Honnefelder, Ludger, Isensee, Josef & Kirchhof, Paul: Gentechnik und Menschenwürde. Köln, 79–110

Honneth, Axel (1994): Kampf um Anerkennung. Zur moralischen Grammatik sozialer Konflikte. Frankfurt a. M.

Honneth, Axel (2000): Das Andere der Gerechtigkeit. Aufsätze zur praktischen Philosophie. Frankfurt a. M.

Honneth, Axel (2003): Unsichtbarkeit. Stationen einer Theorie der Intersubjektivität. Frankfurt a. M.

Höffe, Otfried (1992): Lexikon der Ethik, 4. Auflage. München

Höffe, Otfried (2002): Menschenwürde als ethisches Prinzip. In: Höffe, Otfried, Honnefelder, Ludger, Isensee, Josef & Kirchhof, Paul: Gentechnik und Menschenwürde. Köln, 111–141

Jakobs, Hajo (1997): Heilpädagogik zwischen Anthropologie und Ethik. Eine Grundlagenreflexion aus kritisch-theoretischer Sicht. Bern, Stuttgart und Wien

Jantzen, Wolfgang (1999): Unterdrückung mit Samthandschuhen. URL: http://www.uni-koblenz.de/~proedler/landau.htm

Jantzen, Wolfgang (1993): Das Ganze muss verändert werden. Zum Verhältnis von Behinderung, Ethik und Gewalt. Berlin

Jantzen, Wolfgang (1994): Am Anfang war der Sinn. Zur Naturgeschichte, Psychologie und Philosophie von Tätigkeit, Sinn und Dialog. Marburg

Jantzen, Wolfgang (1998): Die Zeit ist aus den Fugen. Marburg

Jantzen, Wolfgang (2001): Unterdrückung mit Samthandschuhen – Über paternalistische Gewaltausübung (in) der Behindertenpädagogik. In: Müller, A. (Hrsg.): Sonderpädagogik provokativ. Luzern, 57–68

Jantzen, Wolfgang (2004): Materialistische Anthropologie und postmoderne Ethik. Methodologische Studien. Bonn

Jantzen, Wolfgang & Feuser, Georg: Behindertenpädagogik (2002): Fragen der Zeit und zum ‚Zeitgeist‘. In: Feuser, Georg & Berger, Ernst (Hrsg.): Erkennen und Handeln. Momente einer kulturhistorischen (Behinderten-)Pädagogik und Therapie. Berlin, 7–58

Kant, Immanuel (1965): Grundlegung zur Metaphysik der Sitten. Hamburg

Kuhlmann, Wolfgang (1986) (Hrsg.): Moralität und Sittlichkeit. Das Problem Hegels und die Diskursethik. Frankfurt a. M.

Lévinas, Emmanuel (1992): Jenseits des Seins oder anders als Sein geschieht. Freiburg

Lévinas, Emmanuel (1995): Zwischen uns. Versuche über das Denken an den Anderen. München

Liesen, Christian (2006): Gleichheit als ethisch-normatives Problem der Sonderpädagogik. Dargestellt am Beispiel „Integration". Bad Heilbrunn

Mead, George Herbert (1973): Geist, Identität und Gesellschaft. Frankfurt a. M.

Mertens, Karl (1998): Verletzlichkeit des Leibes und Ansprüche der Natur. In: Waldenfels, Bernhard & Därmann, Iris (Hrsg.): Der Anspruch des Anderen. Perspektiven phänomenologischer Ethik. München, 239–257

Möckel, Andreas (1988): Geschichte der Heilpädagogik. Stuttgart

Nagl-Docecal, Herta (1998): Feministische Ethik oder Theorie der weiblichen Moral? In: Horster, Detlef (Hrsg.): Weibliche Moral – ein Mythos? Frankfurt a. M., 42–72

Niemeyer, August Hermann (1796/1888): Ausgewählte pädagogische Schriften 1796. Langensalza

Patzig, Günter (1983): Ethik ohne Metaphysik. Göttingen

Picker, Eduard (2002): Menschenwürde und Menschenleben. Das Auseinanderdriften zweier fundamentaler Werte als Ausdruck der wachsenden Relativierung des Menschen. Stuttgart

Rösner, Hans-Uwe (2002): Jenseits normalisierender Anerkennung. Reflexionen zum Verhältnis von Macht und Behindertsein. Frankfurt a. M.

Schnell, Martin, W. (2001): Zugänge zur Gerechtigkeit. Diesseits von Liberalismus und Kommunitarismus. München

Schnell, Martin W. (2002a): Ethik als Lebensentwurf und Schutzbereich. In: Schnell, Martin (Hrsg.): Pflege und Philosophie. Interdisziplinäre Studien über den bedürftigen Menschen. Bern, 285–296

Schnell, Martin W. (2002b): Leiblichkeit – Verantwortung – Gerechtigkeit – Ethik. Vier Prinzipien einer Theorie des bedürftigen Menschen. In: Schnell, Martin (Hrsg.): Pflege und Philosophie. Interdisziplinäre Studien über den bedürftigen Menschen. Bern, 9–22

Schnell, Martin W. (2003): Zeit der Verantwortung – im Ausgang von Hans Jonas. In: Journal Phänomenologie 22, 44–56

Schnell, Martin W. (2004a): Artikel ‚Ethik', ‚Moral'. In: Wörterbuch der phänomenologischen Begriffe. Hamburg

Schnell, Martin W. (2004b): Das Andere der Anerkennung. In: Gander, Hans-Helmuth (Hrsg.): Anerkennung. Zu einer Kategorie gesellschaftlicher Praxis. Würzburg, 77–89

Schnell, Martin W. (2005): Zugänge zur Menschenwürde, in: Rode, Irmgard et al. (Hrsg.): Die Würde des Menschen ist antastbar? Münster, 9–22

Schnell, Martin W. (2008): Ethik als Schutzbereich. Lehrbuch für Pflege, Medizin und Philosophie. Bern

Siep, Ludwig (1998): Bioethik. In: Pieper, Annemarie & Thurnherr, Urs: Angewandte Ethik. München, 16–36

Spaemann, Robert (1996): Personen. Versuche über den Unterschied zwischen ‚etwas' und ‚jemand'. Stuttgart 1996

Speck, Otto (1998): System Heilpädagogik. Eine ökologisch-reflexive Grundlegung. 4. Auflage München

Stinkes, Ursula (1993): Spuren eines Fremden in der Nähe. Das ‚geistig behinderte' Kind aus phänomenologischer Sicht. Würzburg

Stinkes, Ursula (2002): Zur schwierigen Frage nach der Anerkennung – Fürsorge oder Solidarität für Menschen mit Behinderungen? In: Greving, Heinrich & Gröschke, Dieter: Das Sisyphos-Prinzip. Gesellschaftsanalytische und gesellschaftskritische Dimensionen der Heilpädagogik. Bad Heilbrunn, 203–219

Tugendhat, Ernst (1980): Antike und moderne Ethik. In: Tugendhat, Ernst: Probleme der Ethik. Stuttgart, 33–56

Waldenfels, Bernhard (1998a): Einführung. Ethik vom Anderen her. In: Waldenfels, Bernhard & Därmann, Iris (Hrsg.): Der Anspruch des Anderen. Perspektiven phänomenologischer Ethik. München, 7–14

Waldenfels, Bernhard (1998b): Antwort auf das Fremde. Grundzüge einer responsiven Ethik. In: Waldenfels, Bernhard & Därmann, Iris (Hrsg.): Der Anspruch des Anderen. Perspektiven phänomenologischer Ethik. München, 35–49

Waldenfels, Bernhard (2002a): Bruchlinien der Erfahrung. Phänomenologie, Psychoanalyse, Phänomenotechnik. Frankfurt a. M.

Waldenfels, Bernhard (2002b): Paradoxien ethnographischer Fremddarstellung. In: Därmann, Iris & Jamme, Christoph (Hrsg.): Fremderfahrung und Repräsentation. Weilerswist, 151–182

Teil II

Isolation und Partizipation

Ingolf Prosetzky

1 Definitionen und zentrale Probleme

Isolation (griech., frz. *isoler*, ital. *isolare*), abgeleitet von *isola* (lat.), bedeutet etwas zur Insel machen, vom Festland abtrennen und im weiteren Sinne den Vorgang des getrennt Haltens von Dingen, Prozessen, Individuen oder Institutionen. Isolation wird im sozialen Kontext häufig mit dem Zustand einer oder mehrerer Personen assoziiert, die als gesellschaftlich randständig, ausgrenzt oder sogar räumlich weggeschlossen gelten. Um dieses Phänomen beschreiben und erklären zu können, werden in der Forschungsliteratur die Begriffe *Isolation*, *Soziale Isolation* oder auch *Soziale Isolierung* verwendet. Dorsch (1963) bestimmt „soziale Isolierung als Zustand geringsten sozialen Kontaktes bzw. größter Distanz" sowie als „Absonderung/Vereinzelung von Individuen und Gruppen" (Dorsch in: Lauth & Viebahn 1987, 12). Lauth und Viebahn definieren Soziale Isolierung als „das negative individuelle Erleben unzureichender Sozialkontakte" (1987, 11). Sie unterscheiden hierbei zwischen direkten (z. B. Einsamkeitsempfinden, Entfremdungsgefühlen) und indirekten (z. B. Anzahl der Personen im sozialen Netzwerk, Mobilität) Isolierungsindikatoren.

Die Verbindung von Außen- und Innenperspektive (d. h. dem subjektiven Erleben) ist bereits 1976 durch den von Jantzen erarbeiteten Isolationsbegriff ermöglicht worden. In seinem 1979 und 1987 weiter ausdifferenzierten Modell verknüpft Jantzen Isolation in einem Netzwerk relationaler Begriffe (Aneignung, Widerspiegelung, Vergegenständlichung, Stress, Persönlichkeit u. a.) und definiert Isolation insofern als das Wesen (1976a, 435) bzw. die elementare Einheit von Behinderung (vgl. Jantzen 2005, 8), da für ihn die

Isolation vom gesellschaftlichen Erbe konstitutiv für die Herausbildung von Behinderung ist. Laut Jantzen ist Isolation „als Störung des Widerspiegelungs- und Aneignungsprozesses im innerorganismischen Bereich wie im Verhältnis zur objektiven Realität in Natur und Gesellschaft [zu verstehen]" (Jantzen 1976, 23). Isolation analysiert jene Bedingungen, die den Austausch zwischen Umwelt und Individuum existenziell gefährden. Kernannahmen sind, mit Rückgriff auf die Forschungsergebnisse zur sensorischen Deprivation, zum Hospitalismus sowie der angloamerikanischen Isolationsforschung von Ernest Haggard, dass unterschiedliche Isolationsformen gleiche Wirkungen haben können und dass umgekehrt gleiche Isolationsformen unterschiedliche Wirkungen zeigen können. Je nach Abhängigkeit von der bisherigen Entwicklungsgeschichte der Persönlichkeit kommt es bei einer bestimmten Gradüberschreitung zu kognitiven Umbildungen und schließlich zu emotionalen/affektiven Umbildungen bis zur Zerstörung der Identität. Blindheit, Gehörlosigkeit, Spasmen, Traumatisierung, Hirnverletzungen u. a. werden in diesem Kontext als Defekte begriffen, die aber keine persönlichen Eigenschaften und per se auch keine isolierenden Bedingungen sind. Hierzu werden sie immer erst dann, wenn sie das Individuum in seinem *Austausch mit seiner Umwelt* behindern. Anders ausgedrückt, wird die Hirnentwicklung nicht unmittelbar von dem Defekt determiniert, sondern erst durch das Erleben des (durch den Defekt) veränderten sozialen Austauschs. Unter Bedingungen der Isolation bilden sich andere funktionelle Organe des Großhirns aus, so dass dies zur Veränderung der Aneignung, zu anderen Formen der höheren Nerventätigkeit führt (vgl. Jantzen 2005, 9). Durch die Verbindung von Außen- und Innenperspektive ermöglicht der

Isolationsbegriff erstens die Kluft der Zweifaktorentheorie von Biologischem („angeborener' Organdefekt oder durch Unfall erworbene Hirnverletzung) und Sozialem (Armut, Vernachlässigung oder Misshandlung usf.) bei der Erklärung von Behinderung zu überwinden [→ I Monismus und Dualismus]. Zweitens verlangt die Kategorie des Erlebens nach einer Psychologie, die emotionale und kognitive Prozesse miteinander verbindet [→ VII Entwicklungspsychologie – vereinheitlichte Theorien]. Drittens eröffnet die *Anerkennung des veränderten Verhältnisses* zu den Menschen, zu sich und der Welt den Blick auf unmittelbare und auch vergangene (behindernde) Lebensbedingungen [→ III Rehistorisierende Diagnostik]. Vierte Konsequenz des Isolationsmodells ist es, die innere Reproduktion von Isolation als Aneignungs- bzw. Lernprozess zu begreifen, d. h. alles Handeln und Verhalten des Menschen als subjektlogisch und subjektiv sinnvoll zu betrachten [→ Sinn, sinnhaftes Handeln und der Aufbau der sozialen Welt]. „Ihre zentrale Bedeutung gewinnt Isolation darüber hinaus als dialektischer Gegensatz zur Partizipation am gesellschaftlichen Erbe" (Jantzen 1976, 24). Die Bewältigung von Isolation ist „ein Prozess sui generis, dessen Kern das soziale Verhältnis von Isolation und Partizipation ist" (Jantzen 2005, 9). Wenn ein genetisches Gefährdungsmuster, ein Syndrom oder ein Traumata als Ausgangspunkt eines veränderten bzw. anderen Entwicklungspfades begriffen werden, hängt von den jeweiligen sozialen Umständen bzw. dem sozialen Austausch ab, ob dieser Entwicklungspfad in umfassende Partizipation oder aber in die Isolation mündet [→ X Isolation und Entwicklungspsychopathologie].

Während der Isolationsbegriff in seiner relationalen Innen- wie Außenperspektive (entwicklungsneuro)psychologisch und soziologisch hinreichend von Jantzen definiert erscheint und mit ihm „ein grundlegendes Moment zur Konstituierung eines Paradigmas geschaffen wurde", welches jedoch „noch immer unbewusst und fachlich ignoriert"

(Feuser 2000, 28) sei, erfreut sich der Partizipationsbegriff in pädagogischen Forschungs- und Praxisfeldern einer großen Beliebtheit, jedoch bei weitestgehendem Verzicht vieler Autoren auf dessen nähere theoretische Bestimmung (vgl. Lenz 2006, 14). Folgen wir Jantzens Argumentation, dass *Isolation dialektischer Gegenpol zur Partizipation und Behinderung dem Wesen nach Isolation* ist, stellt sich die Frage, wessen Wesen Partizipation in diesem Verhältnis ist?

Partizipation (griech. μέτεξις, engl. participation, frz. participation, ital. partecipazione) erscheint als so genannter ,umbrella term' in englischer wie deutscher Sprache als ein Sammelsurium, hinter dem sich unterschiedliche und zum Teil widersprüchliche Bedeutungen verbergen. Partizipation wird häufig synonym mit den Begriffen Teilnahme, Teilhabe, Beteiligung oder Mitbestimmung verwendend [→ V Politische und soziale Partizipation]. In sozialwissenschaftlichen Feldern besitzt der Partizipationsbegriff eine „herausragende Rolle im Kontext normativer Bestimmungen von Demokratie", er wird aber auch zunehmend „im Kontext einer generalisierenden Unterscheidung von Leistungs- und Publikumsrolle oder von Entscheidern und Betroffenen", insbesondere in dienstleistungstheoretischen und in risiko- sowie rechtssoziologischen Ansätzen, diskutiert (vgl. Schnurr 2005, 1330).

„In seiner überwiegenden Verwendung im gegenwärtigen Sprachgebrauch bezeichnet der Begriff die Teil*nahme* bzw. Beteiligung der Bürgerinnen und Bürger an politischen Beratungen und Entscheidungen, seltener die Teil*habe* an den Politikresultaten, etwa im Sinne einer Partizipation an Freiheit, gesellschaftlicher Macht, Reichtum, Wohlstand und Sicherheit" (ebd., 1330).

Für Gerhardt (2007) ist Partizipation *das* Prinzip von Politik und bedeutet Teilhabe und Teilnahme an einem Ganzen, über das niemand allein verfügen kann. Partizipation ist der ausdrücklich auf die Gemeinschaft mit anderen bezogene Akt individueller Selbstbestimmung. Was aber sind die Bedingungen der Möglichkeit von Selbstbestimmung im

Sinne von Partizipation? Zahlreiche Autoren verweisen darauf, dass Partizipation in Wissenschaft, Politik, Verwaltung und Einrichtungsleitbildern zwar als beliebtes Schlagwort gebraucht werde und fachlich überaus positiv besetzt sei, jedoch ohne für das pädagogische Handeln inhaltlich und methodisch aufgearbeitet zu sein, vgl. die Kritik von Herrmann (1998), Seckinger (2006), Petersen (2007). So zeigen die Schwierigkeiten in der praktischen Umsetzung, dass Formen der Selbstverwaltung, Selbstorganisation und Partizipation nicht „wohlfeil zu haben" und „an Bedingungen und Voraussetzungen geknüpft sind" (Blandow, Gintzel & Hansbauer 1999, 21). Diese gelte es zu erkennen und begrifflich zu fassen, um sich aus einer drohenden „Partizipations-Technokratie" (ebd., 12) bzw. einer „Tyrannei der Partizipation" (Cooke & Kothari 2001) zu befreien. Welche Bedingungen und Voraussetzungen sind gemeint?

Die „hochgradige Ambivalenz" (Herrmann 1998, 119) des Partizipationsbegriffes ergibt sich aus wenigstens zwei Gründen. Erstens liegt die Schwäche vieler partizipatorischer Theorien und Aktionen in der Tatsache, dass diese mit einem *Mehr* an Partizipation zwangsläufig ein *Mehr* an Demokratie, Selbstbestimmung und sozialer Gerechtigkeit verknüpfen. Die Beteiligungen von Bürgern, Angestellten, Kunden, Klienten usw. zielen jedoch seltener auf eine „breitere" Partizipation ab, als vielmehr auf eine höhere Effizienz von Regierungsvorhaben, einer Flexibilisierung „unbeweglicher" Entscheidungsapparate oder der Optimierung von Verfahrensabläufen (vgl. Romoser 1985, 19 f.). Ferner verweisen Blandow, Gitzel und Hansbauer (1999) darauf, dass „sowohl Partizipationsangebote als Partizipationsstrategien von Bürgerinnen und Bürgern selbst dazu führen können, dass ohnehin schon Privilegierte noch mehr privilegiert werden" (S. 20). In Bezug auf die Heimerziehung kommen sie zur Einschätzung, dass es eine inflationär anmutende Diskussion über Kinder- und Jugendbeteiligung gebe, diese sich jedoch auf die Beteiligungsprozesse in Jugendparlamenten, auf Kinderbüros oder

kommunale Kinderbeauftragte beschränken würde, „während der Bereich erzieherischer Hilfen in aller Regel ausgeklammert bleibt. Die sonstige Nicht-Beachtung signalisiert, dass die Brisanz von Beteiligung gerade in einem Bereich, der für ‚Bevormundungen' und Unzufriedenheiten der Adressaten besonders anfällig ist, keine größere gesellschaftliche Aufmerksamkeit erfährt, vielleicht weil die Vermutung besteht, dass sich dieser Bereich […] ‚von selbst' regelt." (ebd., 11)

Insofern gilt es festzuhalten, dass Partizipation eher als ein Handlungs- und Organisationsprinzip zu verstehen ist, dessen Zielsetzung jedoch von der Definition des Begriffes offen bleibt (vgl. Lenz 2006, 13). Als problematisch erweist sich daher die unhinterfragt positive Besetzung und moralische Überhöhung des Begriffs, sofern dieser nicht näher bestimmt und auf ‚positive' Ziele ausgerichtet ist [→ III Begründung von Erziehungs- und Bildungszielen]. Verwiesen sei auch auf die jüngeren Ergebnisse der Faschismus- und Täterforschung u. a. von Christopher Browning, Roger Griffin oder Harald Welzer, welche die Lesart zulassen, dass sich die nationalsozialistische Herrschaft in Deutschland nicht nur gegen Partizipationsbedürfnisse der Bevölkerung gerichtet hat, sondern sich diese Herrschaft erst durch die Partizipationsmöglichkeiten breiter Bevölkerungsschichten dauerhaft stabilisieren konnte.

Zweitens resultiert die Ambivalenz des Partizipationsbegriffes, sofern er auf die Analyse und Veränderung von Ungleichheit, Benachteiligung bzw. Behinderung ausgerichtet ist, aus dem Verhältnis von Macht, Gewalt und Herrschaft [→ V Macht, Gewalt und Herrschaft], das alle sozialen Verhältnisse durchdringt. Das Wesen sozialer bzw. helfender Berufe ist das Dilemma von Hilfe und Kontrolle. Ein misshandeltes Kind zu seinem Schutz und gegen seinen Willen von den Eltern zu trennen muss mit der paradoxen Aufforderung gelöst werden, „Schaden abzuwenden und gleichzeitig der Autonomie des Kindes verpflichtet zu sein" (Seckinger 2006, 9). Behinderung als Institution ist dabei ebenso in gesellschaftspolitische, juristische, verwaltungstechnische und ökonomische Funktionen und Zwänge eingebunden wie Krankenhäuser, Schulen, Heime oder Werkstätten. In ihnen herrschen bewusste und unbewusste Rollen- und Loyalitätserwartungen, Machtgeflechte, Abhängigkeiten, Regeln und Gewohnheiten vor, die auch fortbestehen, wenn diese durch die handelnden Akteure tabuisiert oder geleugnet werden. Dem Bedürfnis jeder Institution zu funktionieren und fortzubestehen kann das Bedürfnis nach mehr demokratischer Teilhabe und Teilnahme – und dies ist gleichbedeutend mit einer Veränderung der bestehenden Macht, Gewalt- und Herrschaftsverhältnisse – diametral und bedrohlich gegenüberstehen. Daher kann von Partizipation nur die Rede sein, wenn daraus Konsequenzen für die Machtverteilung erfolgen (vgl. Petersen 2007, 909).

Exemplarisch lässt sich die Ambivalenz des Partizipationsbegriffes auch anhand der WHO-Definition in der zweiten ICIDH-Fassung (1999) aufzeigen, welche bis heute weitreichende Folgen in der pädagogischen, politischen und juristischen Bewertung von Behinderung hat [→ VI ICF]. Ist in der ersten ICIDH-Fassung aus dem Jahr 1980 noch zwischen *impairment* (Schädigung/Defekt), *disability* (Fähigkeitsstörung) und *handicap* (Behinderung) unterschieden worden, wird Behinderung nun als Folge von durch Defekt und Aktivitätsstörung (*activity limitation*) veränderter Partizipation verstanden. Partizipation sei hier „die Teilnahme oder Teilhabe einer Person in einem Lebensbereich bzw. einer Lebenssituation vor dem Hintergrund ihrer körperlichen, geistigen und seelischen Verfassung, ihrer Körperfunktionen und -strukturen, ihrer Aktivitäten und ihrer Kontextfaktoren (personbezogene Faktoren und Umweltfaktoren). Eine Beeinträchtigung der Partizipation ist ein nach Art und Ausmaß bestehendes Problem einer Person bezüglich ihrer Teilhabe in einen Lebensbereich bzw. einer Lebenssituation" (WHO 2008).

Einerseits verabschiedet sich die WHO mit dieser Definition von einem Denk- und Handlungsmodell, welches die Defizite einer Person bzw. die Reparatur des Defekts in den Vordergrund stellt [→ Behinderung als sozial- und kulturwissenschaftliche Kategorie]. Andererseits suggeriert die vage und unbestimmte Formulierung dessen, was unter Teilhabe zu verstehen und wie diese zu ermöglichen wäre, Partizipation per se als die *Lösung* aller mit Behinderung verknüpften Probleme. In Anlehnung an Watzlawick stellt sich aber die Frage, ob die von der WHO vorgeschlagene *Lösung* nicht vielmehr das eigentliche *Problem* oder zumindest einen *Teil des Problems* darstellt? Denn die gegebenen gesellschaftlichen Partizipationsverhältnisse vermögen nicht nur Behinderung zu kompensieren, sondern Behinderung überhaupt erst herzustellen bzw. zu konstruieren. Wenn dem so ist, müsste folglich auch das Verhältnis zwischen Individuum und behindernden Partizipationsbedingungen und deren Übergangs- und Rückkopplungsprozesse bestimmt und berücksichtigt werden. Und wie können darin gesellschaftliche Konstruktionsprozesse adäquat erfasst werden, ohne den Tatbestand individuell zweifellos diagnostizierbarer körperlicher Schädigungen zu leugnen? Es bedarf folglich eines Entwicklungsmodells, welches das Verhältnis von Genesis (Isolation) und Überwindung/Kompensation (Partizipation) von Behinderung unter Berücksichtigung der Innen- und Außenperspektive zu erfassen vermag.

2 Zentrale Erkenntnisse und aktueller Forschungsstand

„In den Arbeitsfeldern Prävention, Gesundheit und Erziehung sind theoretische und strukturelle Weiterentwicklungen oder praktische Fortschritte nicht mehr denkbar, ohne dass partizipative Elemente zumindest mitgedacht werden" (Seckinger 2006, 7).

Weder psychologische, pädagogische, juristische, gesellschaftspolitische oder naturwissenschaftliche Erkenntnisse könnten professionelles Handeln legitimieren, das nicht beteiligungsorientiert ist (ebd., 8). Einen Beitrag zur theoretischen Bestimmung der psychologischen Bedeutung von Partizipation hat Lenz (2006) in Rückgriff auf die Stressbewältigungsforschung geleistet, in dem er die Begriffe Bewältigungsoptimismus (Schreier & Carver), Kontrollüberzeugung (Rotter), Selbstwirksamkeit (Bandura), Widerstandsfähigkeit (Kobasa), gelernter Einfallsreichtum (Rosenbaum), Selbstorientierung (Kohn & Schooler), seelische Gesundheit als Eigenschaft (Becker) und Kohärenzgefühl (Antonovsky) systematisiert hat. Lenz kommt zu der Schlussfolgerung, „dass Partizipation im Sinne von Teilhabe und Teilnahme an Entscheidungsprozessen, Möglichkeiten des aktiven Gestaltens und der aktiven Einflussnahme eine wichtige Voraussetzung für die Entwicklung bzw. Stärkung und Aktivierung personaler Ressourcen wie Kontrollüberzeugung, Selbstwirksamkeitserwartung, Widerstandsfähigkeit und Kohärenzgefühl schafft" (Lenz 2006, 30).

Einen besonders engen Zusammenhang sieht Lenz zwischen Partizipationserfahrungen und dem Kohärenzgefühl, dem Kernstück des salutogenetischen Modells, dessen theoretische Entwicklung, empirische Fundierung und praktische Relevanz die anderen Konzepte überragt (ebd., 19 ff.).

Das relationale Modell der von Antonovsky (1997) entwickelten Salutogenese erforscht im Gegensatz zum Paradigma der Pathogenese die Bedingungen der Möglichkeit, wie Menschen trotz kränkender, bedrohlicher oder widersprüchlicher Lebensverhältnisse gesund bleiben bzw. werden können [→ V Gesundheit und Krankheit]. Grundannahme der Salutogenese ist erstens, dass sich Menschen permanent in einem multidimensionalen Gesundheits-Krankheits-Kontinuum bewegen und potenziell drei Formen von Stressoren ausgesetzt sind. Zweitens ist die Bewegung in Richtung des kranken bzw. gesunden Pols nicht unmittelbar von den Stressoren abhängig, sondern von der individuellen Fähigkeit der Bewältigung jener von den Stressoren ausgelösten Spannungszustände. Drittens ist diese Bewältigung abhängig von der Verfügbarkeit von Widerstandsressourcen, dessen Integral das Kohärenzgefühl ist. Ein starkes Kohärenzgefühl versetzt Menschen in die Lage, Bewältigungsstrategien auszuwählen, die für einen konstruktiven Umgang mit dem Stressor geeignet sind. Viertens und von besonderer Bedeutung für unsere Betrachtung ist die Annahme, dass die Entwicklung eines starken oder schwachen Kohärenzgefühls maßgeblich von sozialen Gegebenheiten in der Kindheit und Jugend abhängt. Erfahrungen, die überwiegend durch Unvorhersehbarkeit, Unkontrollierbarkeit und Unsicherheit geprägt sind, führen zu einem schwachen Kohärenzgefühl. Das Kohärenzgefühl als „generalisierte Ressource hat, wie Studien zeigen, einen großen Einfluss auf die Gesundheit, speziell auf die psychische Gesundheit, die Stresswahrnehmung und Krankheitsverarbeitung sowie auf eine gelingende Identitätsarbeit von Heranwachsenden" (Lenz 2006, 30).

Wie wichtig die Möglichkeit und die Fähigkeit sind, das eigene Leben und die unmittelbare Umwelt aktiv beeinflussen zu können, belegen unter anderem auch die Ergebnisse der berühmten Längsschnittstudie von Emmy Werner in Hawaii, die Erkenntnisse der Resilienzforschung [→ X Psychische Gesundheit und Resilienz] und der Traumaforschung (insbesondere der Aspekt des Wiedererlebens der eigenen Ohnmacht und Handlungsunfähigkeit) [→ X Traumatisierung]. Theoretisch anschlussfähig sind auch behindertenpädagogische Erkenntnisse zur Unterstützten Kommunikation] und selbstverletzendem Verhalten sowie Modelle der Bindungs- und Säuglingsforschung [→ Bindung].

Was bedeutet das für das Verhältnis von Behinderung, Isolation und Partizipation? a) Von Beginn des menschlichen Lebens an existiert ein grundlegendes Bedürfnis nach Partizipation. b) Die Ermöglichung von Partizipation durch Kommunikation mit „freundlichen Begleitern" (vgl. Jantzen 2005) sichert eine ‚gesunde‘ Entwicklung ab. c) Auftretende Stressoren können Menschen in ein verändertes Verhältnis zur Welt bringen und Entwicklungsprozesse behindern. d) Ob Stressoren als Stress oder normierte Beteiligungsverfahren tatsächlich als hilfreich wahrgenommen oder bewertet werden, hängt einzig vom individuellen Erleben ab. e) Die Fähigkeit, Stress sicher zu verarbeiten, wird durch frühe Interaktionsformen erworben und ‚wandert von außen nach innen'. Zusammenfassend bringt Feusers (2000) paradigmatische Entgegensetzung von Isolation als *zu überwindendes Moment* und Dialog als *herzustellendes Moment* die Ausführungen auf den Punkt und lässt den Schluss zu, das *Wesen der Innenperspektive von Partizipation als Dialog* zu bestimmen. Wie kann Partizipation – als Dialog gedacht – im gemeinschaftlichen und gesellschaftlichen Zusammenhang ermöglicht und geschützt werden? Reicht es hierzu aus, behinderte Menschen aus bestehenden institutionellen Strukturen heraus zu stärken und zu ermächtigen (Empowerment)?

Ein zentraler Mechanismus der gesellschaftlichen Anerkennung von Bedürfnissen der Bürger/innen ist deren rechtliche Kodifizierung (Bürgerrechte) sowie die Festlegung von Sanktionsmöglichkeiten und -verfahren (Honneth 1992) [→ Anerkennung]. Entsprechende politische Anstrengungen wurden und werden unternommen, um die Partizipation von behinderten oder von Behinderung bedrohten Personen gesetzlich abzusichern. Eine breite Verankerung von Mitbestimmungs- und Mitbeteiligungsrechten erfolgte beispielsweise im Kinder- und Jugendhilfebereich erstmals „durch das KJHG […], sowie durch die nationale und internationale Kinderrechtsdebatte im Anschluss an die UN-Kinderrechtskonvention von 1989 […], die auch von der Bundesrepublik, allerdings mit einigen Vorbehalten, im Jahr 1992 ratifiziert wurde" (Blandow, Gintzel & Hansbauer 1999, 10).

Herrmann verweist jedoch am Exempel der Jugendhilfeplanung darauf, dass sich das Steuermedium Recht in der konkreten Umsetzung als widersprüchlich und interpretationsbedürftig erweist.

„Die Anerkennung, die der Partizipationsgedanke in Form rechtlicher Regelungen erfährt, ist […] in der Realität höchstens als „halbierte" Anerkennung wiederzufinden." (Herrmann 1998, 126).

Ursächlich hierfür ist einerseits das Machtungleichgewicht (de facto kennen Leistungsempfänger i. d. R. nur Rechte und Ansprüche, über die sie die zuständige Fachkraft informiert hat) und andererseits die Tatsache, dass Partizipationsrechte vor allem als Individualrechte festgeschrieben werden, während Kollektivrechte selten und vage formuliert sind.

„Im positiven Sinne entstehen so zwar weite Gestaltungsräume für innovative Träger, im negativen Sinne besteht die Gefahr großer Beliebigkeit: […] Zusammenschlüsse von Betroffenen (Initiativen und Selbsthilfegruppen), die in der Regel über mehr Stärken und Selbstbewusstsein verfügen als Individuen, haben keine (rechtlichen) Möglichkeiten, Beteiligung einzufordern oder gar einzuklagen." (ebd., 126).

Wie ist dieses (rechtliche) Dilemma zu erklären, dass in seiner Wirkweise nicht nur auf die von Herrmann skizzierte Jugendhilfeplanung beschränkt ist?

„Im Schatten der staatsfixierten deutschen Verfassungstradition ist es üblich, Freiheit und Gleichheit als politische Verteilungsprinzipien gegen die tatsächliche Teilhabe an gesellschaftlicher Macht und gesellschaftlichem Reichtum abzusetzen, aber beides – die Gewähr von Freiheit und die Verwirklichung von sozialer Gerechtigkeit – als Staatsaufgabe zu begreifen" (Rödel, Frankenberg & Dubiel 1989, 181).

Hieraus ergeben sich in der Begründung öffentlicher Freiheit zwei folgenreiche Einschränkungen. Erstens soll öffentliche Freiheit „außerhalb des traditionellen Bereichs der Politik, also in *sozialen* Bereichen und Verhältnissen (wie Schulen, Betrieben, kulturellen Einrichtungen) mangels Eignung nicht zum Zuge kommen können. Mit der Folge, dass in diesen von der Begründung öffentlicher Freiheit ausgeklammerten Reservaten hierarchische Strukturen und tradierte Befehls- und Gehorsamsverhältnisse, also Zustände verminderter Freiheit fortexistieren können", was sich insbesondere in der Rechtsfigur der „sogenannten *besonderen Gewaltverhältnisse*" veranschaulichen lasse (ebd., 181). In der Tat kann von Freiheitsrechten keine Rede sein, wenn Partizipation nur dann funktioniert, wenn sie „von Fachkräften bzw. EntscheidungsträgerInnen *selbst gewollt, zugelassen und gewährt* wird" oder „den Ruch eines Gnadenaktes privilegierter Akteure" besitzt (Herrmann 1998, 126). Zweitens „wird die Frage der Teilhabe am gesellschaftlichen Reichtum und überhaupt die Sozialpolitik aus der Sphäre öffentlicher Freiheit ausgeschlossen. Es kennzeichnet wiederum gerade das deutsche Freiheits- und Verfassungsverständnis, diesen Ausschluss des Sozialen durchweg auf einer Entgegensetzung von politischen *Teilnahme*rechten und sozialen *Teilhabe*rechten zu gründen" (Rödel, Frankenberg & Dubiel 1989, 182). Soziale Gerechtigkeit verwirklicht sich in dieser Perspektive „nicht im Zusammenhandeln der Bürger, sondern vermittels der Leistungen sozialstaatlicher Bürokratien" (ebd.). Zu welchen Konsequenzen das Außerkraftsetzen von persönlicher (Bürger-) Verantwortung bzw. ihre Substitution durch technisch-formale Verantwortung (etwa die Orientierung an bürokratischen Sachzwängen) im Extremfall führen kann, hat Zygmunt Bauman (1992) an der Erörterung der Bedingungen der Möglichkeit des Holocaust analysiert. Folgt man dieser Argumentationslinie, kann die Sphäre öffentlicher Freiheit für den sozialen Raum geöffnet werden, in dem Bürger persönliche Verantwortung wahrnehmen [→ VI Bürgerschaftliches Engagement und Zivilgesellschaft]. Persönliche Verantwortung als Mitarbeiter in einer Institution mit besonderen Gewaltverhältnissen aufrecht zu halten ist leichter gefordert als umgesetzt, wenn Substitution der persönlichen Verantwortung bereits bedeuten kann, „unter den Bedingungen der Einrichtung durch Euphemisierungsarbeit ständig an der Produktion einer Vorderbühne beteiligt zu sein, deren Hinterbühne ganz anders aussieht" (Jantzen 2005, 208).

„Dies geschieht nicht ohne Schuldgefühle und Verdrängungsarbeit, zu der Mitarbeiter/innen in der vorherrschenden Realität immer wieder gezwungen werden, indem ihre besondere Bereitschaft zur Hilfe ausgebeutet wird. Denn die Einrichtung verspricht nach außen hin Hilfe, nach innen hin aber zwingt sie die Mitarbeiter/innen, unter vorherrschenden Bedingungen zu arbeiten, die […] durch ihre Demokratiefeindlichkeit sowie durch die fehlende äußere öffentliche und fachliche Kontrolle sowie die fehlende interne Unterstützung immer wieder Hilfe verunmöglichen" (ebd., 208).

In Krisenzeiten und verstärkt durch Globalisierung, Deregulierung und Ökonomisierung verändern sich die Wahrnehmungs- und Denkprozesse des Personals und führen dazu, dass problematische soziale Verhältnisse als persönliche Problemeigenschaften in Individuen hineinverlagert werden. Kern des Prozesses ist dabei die Außerkraftsetzung von Bürgerrechten, die sich durch die Umdeutung von subjektiv sinnvollem Verhalten in Schicksal, Devianz (so genannte Provokationen der Bewohner/innen) oder unbeeinflussbare Natur [→ Naturalistische Dogmen: Unerziehbarkeit, Unverständlichkeit, Bildungsunfähigkeit] vollzieht. Das Wesen von Partizipation in der Außenperspektive (unter den Bedingungen einer Institution mit besonderen Gewaltverhältnissen) wäre demzufolge De-Institutionelles Denken und Handeln, das sich durch die Rückgabe von Bürgerrechten realisieren kann [→ VI Institutionalisierung und De-Institutionalisierung]. Da sich die Rückgabe von Bürgerrechten im institutionellen Rahmen kaum in Form eines juristischen Verfahrens organisieren lässt, könnte dies in symbolischer Form erfolgen. Geeignet wäre hierzu etwa eine Rehistorisierung, welche eine demokratische Beteiligung aller Akteure gewährleistet und eine Rückübersetzung unverständlichen und scheinbar sinnlosen bzw. pathologischen Verhaltens in subjektiv sinnvolles Verhalten zu ermöglichen vermag. De-Institutionalisierung beseitigt dabei nicht die Institution, sondern verändert sie durch eine demokratischere Aushandlung der Macht-, Gewalt- und Herrschaftsverhältnisse. In diesem Sinne bedeutet die Übernahme persönlicher Verantwortung in Bezug auf die Ermöglichung von Partizipation auch, die eigene Konstruktion der Institution Behinderung zu negieren und sich selbst zu verändern, was jedoch mit selbstbefreienden Wachstumsschmerzen verbunden sein kann.

3 Ausblick

Anspruch von Wissenschaft ist es, gesellschaftliche Entwicklungsprozesse zu verstehen, zu erklären und gesellschaftliche Vorstellungen darüber zu konstruieren, was zum Gegenstand öffentlichen Handelns werden soll. Das dialektisch zu verstehende Begriffskonstrukt Isolation und Partizipation erscheint geeignet, diesem Anspruch im Kontext des Phänomens Behinderung gerecht zu werden. Befruchtend für die theoretische Weiterentwicklung dürften zukünftig erstens vor allem methodologische Überlegungen hinsichtlich der Begriffsjustierung von Partizipation sein. So erweist sich beispielsweise die Verknüpfung von Partizipation mit dem Salutogenesemodell nicht nur aufgrund der inneren Widersprüche des Kohärenzgefühls als noch klärungsbedürftig (vgl. Schumacher 2002). Wie lässt sich etwa Behinderung, Selbstverletzung oder Dissoziation auf dem Gesundheits-Krankheits-Kontinuum denken, wenn diese Begriffe einerseits als Resultate von Entwicklungspsychopathologie und anderseits als Kompetenzen oder subjektlogische Entwicklungspfade bewertet werden?

Beim Thema Partizipation dominiert häufig der Imperativ und die legitimierende Perspektive, warum die Umsetzung von Betroffenenbeteiligung so bedeutsam ist. Nichtsdestotrotz verweigern sich viele Institutionen und darin handelnde Akteure jenen Veränderungsprozessen und beharren sogar trotz hohem Leidensdruck auf bestehenden Strukturen. Aus der genannten Argumentation heraus wird der ‚schlechten Praxis' somit zwangsläufig ‚der Schwarze Peter' zugeschoben und deren Festhalten an Machtstrukturen lässt sich als Handeln wider besseren Wissens entweder als unmoralisch, unvernünftig oder sinnlos entwerten. Gleichermaßen zwangsläufig führt diese Argumentation aber auch die Annahme ad absurdum, dass Menschen unter allen Bedingungen immer subjektiv sinnvoll handeln, wenn dem Abwehrverhalten des Personals Logik und Sinnhaftigkeit abgesprochen werden. Warum entscheiden sich die Akteure jedoch so? Wichtige Impulse für die weitere Theorieentwicklung könnten folglich zweitens in der Erforschung der individuellen und kollektiven Motive liegen, auf welcher Grundlage sich Akteure im pädagogischen Feld für oder gegen Veränderungen im Sinne veränderter Machtstrukturen entscheiden. Hierzu könnten Partizipation und Isolation als *Willensakte* begriffen werden.

Literatur

Antonovsky, Aaron (1997): Salutogenese: zur Entmystifizierung der Gesundheit. Tübingen

Blandow, Jürgen, Gintzel, Ullrich & Hansbauer, Peter (1999): Partizipation als Qualitätsmerkmal in der Heimerziehung. Münster

Bauman, Zygmunt (1992): Dialektik der Ordnung: die Moderne und der Holocaust. Hamburg

Cooke, Bill & Kothari, Uma (2001): Participation: The New Tyranny? London

Feuser, Georg (2000) Zum Verhältnis von Sonder- und Integrationspädagogik. In: Albrecht, Friedrich, Hinz, Andreas & Moser, Vera (Hrsg.): Perspektiven der Sonderpädagogik. Berlin, 20–44

Gerhardt, Volker (2007): Partizipation: Das Prinzip der Politik. München

Herrmann, Franz (1998): Jugendhilfeplanung als Balanceakt. Neuwied

Honneth, Axel (1992), Kampf um Anerkennung. Zur moralischen Grammatik sozialer Konflikte. Frankfurt a. M.

Jantzen, Wolfgang (1976): Materialistische Erkenntnistheorie, Behindertenpädagogik und Didaktik. In: Demokratische Erziehung 2, 1, 15–29

Jantzen, Wolfgang (1976a): Zur begrifflichen Fassung von Behinderung aus der Sicht des historischen und dialektischen Materialismus. Zeitschrift für Heilpädagogik 27, 7, 428–436

Jantzen, Wolfgang (1979): Grundriß einer allgemeinen Psychopathologie und Psychotherapie. Köln

Jantzen, Wolfgang (1987): Allgemeine Behindertenpädagogik. Bd. 1. Weinheim

Jantzen, Wolfgang (2005): „Es kommt darauf an, sich zu verändern …" – Zur Methodologie und Praxis rehistorisierender Diagnostik und Intervention. Gießen

Lauth, Gerhard W. & Viebahn, Peter (1987): Soziale Isolierung. Ursachen und Interventionsmöglichkeiten. Weinheim

Lenz, Albert (2006): Psychologische Dimensionen der Partizipation. In: Seckinger, M. (Hrsg.): Partizipation – ein zentrales Paradigma. Tübingen, 13–34

Petersen, Kerstin (2007): Partizipation. In: Schröer, Wolfgang, Struck, Norbert & Wolff, Mechthild (Hrsg.): Handbuch Kinder- und Jugendhilfe. Weinheim, 909–924

Rödel, Ulrich, Frankenberg, Günter & Dubiel, Helmut (1989): Die demokratische Frage. Frankfurt a. M.

Romoser, George K. (1985): Demokratie und Partizipation in den Vereinigten Staaten und der BRD. In: Bundeszentrale für politische Bildung (Hrsg.): Politische Partizipation. Bonn

Schnurr, Stefan (2005): Partizipation. In: Thiersch, Hans & Otto, Hans-Uwe (Hrsg.): Handbuch Sozialpädagogik/Sozialarbeit. München, 1330–1345

Schumacher, Jörg (2002): Kohärenzgefühl. In: Schwarzer, Ralf, Jerusalem & Weber, Hannelore (Hrsg.): Gesundheitspsychologie von A bis Z. Ein Handwörterbuch. Göttingen, 267–269

Seckinger, Mike (2006): Partizipation – ein zentrales Paradigma. In: Seckinger, Mike (Hrsg.): Partizipation – ein zentrales Paradigma. Tübingen, 7–12

WHO (2008): http://www.who.int/classifications/icf/site/onlinebrowser/icf.cfm?parentlevel=1&childlevel=2&itemslevel=1&ourdimension=p&ourchapter=0&ourblock=0&our2nd=0&our3rd=0&our4th=0 [Stand: 10.05.2008, 18.00 Uhr]

Sozialer Tausch

Kerstin Ziemen

1 Definition

Tausch: engl. *exchange, trade*; frz. *échange*, auch: *communication*; etymologisch eine Variante von *täuschen* (vgl. Kluge 2002, 908), kennzeichnet aus kulturanthropologischer bzw. soziologischer Sicht das soziale Zusammenleben von Menschen im Sinne wechselseitigen Gebens und Nehmens, welches der sozialen Beziehungen Stabilität verleiht, der Kooperation immanent ist, jedoch durch soziale Ungleichheit bzw. Machtunterschiede verzerrt bzw. eingeschränkt sein kann (vgl. auch Hillmann 2007, 883). Prinzipiell wird zwischen ökonomischem und sozialem Tausch differenziert, wobei die Medien des Tausches verschiedene sind. Nicht nur ökonomische Güter sind somit zum Tausch bestimmt, sondern ebenso soziale und symbolische. ‚Tauschobjekte' können Güter, Sachen, Dienste ebenso sein, wie Informationen, Forderungen, Grüße oder andere Symbole. Beispielsweise ist der Tausch von Geschenken zwischen Nachbarn, Freunden, Familien oder Stämmen ein „Symbol friedlichen Neben- und Miteinanders; umgekehrt kann Blutrache als eine Art negativer Tausch" gelten: „Frauentausch zwischen Clans und Dynastien ist der Unterpfand gegenseitiger Loyalität [...]; aber auch gegenseitige Bewirtung, Einladung und Verteidigungshilfe sind konkrete Formen des Tausches. Die Verweigerung eines üblichen oder gar rituell vorgesehenen Tausches, z. B. das Nichterwidern eines Grußes, kann Ausgangspunkt für einen Konflikt sein. Nichtteilnahme an Tauschvorgängen ist Ausschluss aus wichtigen sozialen Beziehungen und birgt die Gefahr der Marginalisierung" (Endruweit & Trommsdorff 2002, 593).

Aus soziologischer Sicht und auf der Basis marxscher Analyse hat insbesondere Bourdieu (mit Bezug auf Mauss und Levi-Strauss) dem sozialen Tausch bzw. Gabentausch gebührende Bedeutung beigemessen. Basis für jegliche soziale Beziehung stellt der Tausch von symbolischen Gütern und Zeichen dar. Voraussetzung hierfür ist das Zuerkennen von ‚symbolischem Kapital' (vgl. Bourdieu 1998, 1997).

„Wenn man weiß, dass symbolisches Kapital *Kredit* ist, und dies im weitesten Sinne des Wortes, d. h. eine Art Vorschuss, Diskont, Akkreditiv, allein vom Glauben der Gruppe jenen eingeräumt, die die meisten materiellen und symbolischen *Garantien* bieten, wird ersichtlich, dass die [...] Zurschaustellung des symbolischen Kapitals einer der Mechanismen ist, die (sicher überall) dafür sorgen, dass Kapital zu Kapital kommt" (Bourdieu 1997, 218).

Symbolisches Kapital (steht synonym für Ansehen, Prestige, Ruhm, Ehre, Reputation), kann „nur aufgrund eines sozialen Beziehungs- und Verpflichtungskapitals erworben" (Bourdieu 1983, 195) und muss lebendig gehalten werden. Das setzt voraus, in Beziehungsarbeit langfristig zu investieren, welches bereits außerhalb, vor der „Zeit ihrer Nutzung" geschehen muss (ebd.).

Das „symbolische Kapital" ist der „Gemeinbesitz aller Mitglieder einer Gruppe [...] Als ein Wahrgenommenwerden, das in der Realisation zwischen Merkmalen – der Akteure – und Wahrnehmungskategorien existiert (oben/unten, männlich/weiblich, groß/klein usw.), die als solche soziale Kategorien begründen und konstruieren (die da oben/die da unten, die Männer/die Frauen, die Großen/die Kleinen), deren Grundlage die Zusammengehörigkeit (Bündnis, Kommensalität, Ehe usw.) und Nichtzusammengehörigkeit (Berührungstabu, Mesalliance usw.) ist, ist es an Gruppen – oder Gruppennamen, Familien,

Clans, Stämme gebunden und ein Instrument und zugleich Objekt von Strategien, die kollektiv seinem Erwerb oder Erhalt dienen sollen [...]" (Bourdieu 1998, 175).

Ebenso verhält es sich mit der Gruppe der als behindert Klassifizierten, der aufgrund der Zugehörigkeit zu dieser Gruppe und Abgrenzung von anderen Gruppen symbolisches Kapital in einem bestimmten (oftmals eingeschränkten), jedoch bislang nicht ausgeloteten Maße zuerkannt wird.

„Die Wahrnehmungs- und Bewertungsstrukturen sind im Wesentlichen ein Produkt der Inkorporierung [...] (so, d.V.) erweist sich die Struktur der Distribution des symbolischen Kapitals im allgemeinen als sehr stabil. Und symbolische Revolutionen setzen eine mehr oder weniger radikale Revolution der Erkenntnisinstrumente und Wahrnehmungskategorien voraus" (ebd.).

Die inkorporierten Wahrnehmungs-, Denk- und Handlungsschemata stabilisieren die zumeist und bis heute noch negativ konnotierten, auf Ausschluss aus gesellschaftlich anerkannten Feldern, ausgerichteten Vorstellungen um Behinderung. Als soziale Konstruktion erscheint Behinderung als kollektive, unaufhörlich in den Individualgeschichten reproduzierte Geschichte, die in den Denk, Wahrnehmungs- und Handlungsschemata der Menschen eingeschrieben ist und als selbstverständlich erscheint (vgl. Ziemen 2003, 6).

„Am jeweiligen gesellschaftlichen Ort erwerben die Individuen eine Reihe von Zeichen und Tauschregeln, die sie im Alltag realisieren, ohne dass ihnen dies bewusst ist [...]. Dieser Tausch wird im sozialen Bereich nicht an der Geldform bemessen [...], sondern zum Beispiel [...] in Termini der Zuerteilung von Ehre (symbolischem Kapital)" (Jantzen 2002, 44).

Das symbolische Kapital der Ehre, der Anerkennung des anderen wird zur unabdingbaren Voraussetzung aller sozialer, so auch (behinderten-)pädagogischer Prozesse, stellt jedoch eine immense Herausforderung im Prozess insbesondere dann dar, je unterschiedlicher, sozial ungleicher, fremder der andere erscheint und den eigenen inkorporierten Wahrnehmungs-, Denk-, und Handlungsmustern nicht oder nur bedingt entspricht.

In behindertenpädagogischen Zusammenhängen ist die Gefahr paternalistischer und letztlich fremdbestimmter Beziehungen, die als solche euphemisiert sind, hoch. Der soziale Tausch erscheint dann als nicht adäquat bzw. äquivalent, sondern verzerrt bzw. eingeschränkt. Darüber hinaus sind die als behindert Klassifizierten feldspezifisch in höchst unterschiedlicher Weise am Tausch beteiligt oder ausgeschlossen, werden ausgeschlossen bzw. schließen sich auch selbst aus [→ V Soziale Exklusions- und Desintegrationsrisiken]. So ist bspw. im Bildungswesen von zwei Selektionsmechanismen auszugehen: 1.) Fremdeliminierung auf der Basis nicht erfüllter Leistungskriterien, 2.) Selbsteliminierung durch Verzicht und bildungsstrategische Fehlentscheidungen. Beide Mechanismen bewirken letztlich, dass die Selektion als selbst- und nicht fremdverschuldet wahrgenommen wird (vgl. Bauer 2002, 422 ff.).

2 Begriffs- und Gegenstandsgeschichte

Die ursprüngliche Thematisierung des Tauschs „steht mehr oder weniger unter dem Einfluss des Aristoteles, seiner Analyse des Tauschs als Konstituens für Gemeinschaft [...] und seiner Theorie des gerechten Tauschs [...]. Durch den gerechten Tausch erzielt keine Seite einen Gewinn und keine einen Verlust, sondern jede erhält ,das ihre' wieder. Die getauschten Dinge müssen unterschiedlich, aber vergleichbar sein; das Maß der Vergleichbarkeit ergibt sich durch den Bedarf [...]. Erst die nicht mehr haus-, sondern marktzentrierte Reflexion des Ökonomischen in der Neuzeit ermöglichte eine eigentliche Thematisierung des Tausches, die von diesen aristotelischen ethischen Vorgaben des gerechten Tausches frei war" (Ritter & Gründer 1998, 920).

In Folge sind theoretische Annäherungen mit unterschiedlicher Akzentuierung insbesondere bei Locke, Hume, Smith, Nietzsche, Tönnies, Weber, Simmel, aber auch Mauss, Levi-Strauss, Bataille, Derrida, schließlich Marx, Luhmann, Serres zu finden (vgl. auch ebd. 920 ff.). Eine zusammenfassende Analyse historisch gewonnener Erkenntnisse legt schließlich Polanyi vor, der grundsätzlich „drei Formen des Tauschs unterscheidet: a) den auf Reziprozität beruhenden Tausch zwischen Einheiten gleicher sozialer Komplexität (z. B. Individuen, Clans, Gruppen usw.); dieser Tausch dient mehr der Stiftung des sozialen Bandes als dem Güterverkehr; b) Tausch als Redistribution, bei der die auszutauschenden Güter (z. B. Steuern) durch eine zentrale Stelle vermittelt und weitergegeben werden; und c) Markttausch, bei dem der Austausch (und der Preis) durch Angebot und Nachfrage gesteuert ist" (ebd., 924).

Auf die Gemeinsamkeiten von ökonomischem und sozialem Tausch verweist Homans (1968). Er stellt heraus, dass „die Prinzipien der elementaren Nationalökonomie vollkommen mit denen elementaren sozialen Verhaltens vereinbar sind, wenn nur die besonderen Bedingungen, unter denen sie jeweils gelten, in Betracht gezogen werden. Beide behandeln den Tausch von Gütern, die Belohnung einbringen" (Homans 1968, 58). Nach Blau (1964) erfüllt der Tausch zwei Funktionen: Freundschaftsbeziehungen und Unterordnungsverhältnisse zu etablieren. Sozialer Tausch schafft unspezifizierte zukünftige Verpflichtungen und übt damit nachhaltig einen Einfluss auf soziale Beziehungen aus, er erwartet Vertrauen in soziale Beziehungen. Die Personen, die eine Leistung nicht erwidern können und damit ihren Verpflichtungen nicht nachkommen können, begeben sich in Abhängigkeit. Die Abhängigkeit schließlich motiviert die Person mit allen möglichen Mitteln eine Gegenleistung zu erbringen (vgl. auch Blau 1963). Homans und Blau kennzeichnen den sozialen Tausch als Grundlage sozialen Handelns, fa-

vorisieren jedoch insbesondere den sozialen Tausch über Belohnungen und Sanktionen. Diese behavioristische Annahme bestimmt bis heute klassische verhaltenstherapeutische Konzepte.

„Im Prozess der Menschwerdung treten sozial geschaffene Werkzeuge [...] als Vermittlungsglied zwischen Mensch und Natur. In der Kooperation treten andere Menschen als ‚Werkzeuge' zwischen Individuum und Natur" (Jantzen 2002, 41 mit Verweis auf Marx). „Arbeit und Sprache vermitteln das Leben der Menschen [...] In diesem nunmehr gesellschaftlichen Universum der Bedeutungen gehen die Menschen vielfältigste Tauschbeziehungen ein" (ebd., 41 f.).

„Getauscht werden kann prinzipiell nur dann, wenn der Tausch über ein gemeinsames Drittes reguliert wird. Irgendetwas muss ein Äquivalent, etwas gleichwertiges darstellen, das zwischen den Individuen vermittelt [...] dieses Äquivalent (entsteht, d. V.) durch die abstrakte Arbeit (Jantzen 2002, 43, mit Verweis auf Marx), welches das „Maß der Verausgabung [...] Einsatz von Energie" (ebd.) entspricht und den Tauschwert ausmacht. Es entstehen zwischen Menschen vielfältige Tauschbeziehungen. Der Austausch erfolgt immer nach der Regel des ‚do ut des'. Die eine soziale Handlung des einen Individuums (Gruß) tauscht sich gegen die andere des anderen Individuums (Erwiderung des Grußes). Marx spricht von dieser „Äquivalentform" als Form der „unmittelbaren Austauschbarkeit ohne ein spezifisches Mittel des Tausches (Vieh, Geld usw.). [...] jede Tauschbeziehung hat ihre „besondere Äquivalentform" (ebd., 44).

Bourdieu schließlich bezieht sich einerseits auf die marxsche Analyse, andererseits auf Marcel Mauss und Levi-Strauss. Mit Mauss wurde insbesondere der Tausch als soziale Kategorie hervorgehoben, wobei es nicht vordergründig „um richtig oder falsch eingeschätzte Wert-Äquivalente von Dingen, sondern um das Knüpfen des sozialen Bandes (geht, d. V.). Als Momente des Tausches können nun erscheinen: Höflichkeit, Festessen, Rituale, Militärdienste, Frauen, Kinder" (Ritter & Gründer 1998, 924). Über die historischen Ursprünge des Tauschs äußert sich Mauss wie folgt: „Es waren gerade die Römer und Griechen, [...] die möglicherweise nach den Semiten des Nordens und Westens, die Unterscheidung zwischen Personenrecht und Sachenrecht erfunden, den Verkauf vom Geschenk und Tausch getrennt, moralische Verpflichtung und Vertrag voneinander geschieden und vor allem den Unterschied zwischen Riten, Rechten und Interessen ausformuliert haben" (Bourdieu 1997, 208).

Bourdieu verweist bei der Kennzeichnung des sozialen Tauschs zunächst auf Mauss, der „den Gabentausch als diskontinuierliche Folge von großmütigen Handlungen beschrieben (hat. d.V.); Levi-Strauss hat ihn als eine die Tauschakte transzendierende, auf Gegenseitigkeit beruhende Struktur definiert, in der die Gabe eine Gegengabe erheischt" (Bourdieu 1998, 163). Bourdieu hat schließlich in Erweiterung der vorliegenden Erkenntnisse darauf verwiesen, dass dem zeitlichen Intervall zwischen Gabe und Gegengabe eine entscheidende Rolle zukommt, indem das Intervall Gabe und Gegengabe voneinander abschirmt (vgl. ebd.). „Wenn ich meine Gabe als eine unbedingte, großmütige, keine Gegenleistung einfordernde Gegengabe erleben kann, dann in erster Linie deshalb, weil – wie minimal auch immer – ein Risiko besteht, dass die Gegenleistung ausbleibt" (ebd.).

3 Zentrale Erkenntnisse, Probleme und Forschungsfragen

Aus soziologischer Sicht kann die Welt als sozialer, mehrdimensionaler Raum gekennzeichnet werden, der sich als Raum der Relationen zwischen Positionen von sozialen Akteuren strukturiert. Diese historisch konstituierten Felder können nach der spezifischen Logik, die den Feldern immanent ist, unterschieden

werden. Dabei ist das Interesse zugleich Voraussetzung und Produkt, damit ein Feld Bestand haben kann.

„Das Feld ist ein Ort von Kräfte- und nicht nur Sinnverhältnissen [...] und [...] ein Ort des permanenten Wandels. [...] Jedes Unterfeld hat seine eigene Logik, seine spezifischen Regeln und Regularitäten" (Bourdieu & Waquant 1996, 134 f.). Die Feldspezifik wird auch von Regeln des sozialen Tauschs bestimmt.

Im Folgenden sollen die allgemeinen Prinzipien der symbolischen Güter (vgl. Bourdieu 1998, 161 ff.) des sozialen Tauschs aufgeführt werden. Der soziale Tausch ist gekennzeichnet durch ein gegenseitiges Geben und Nehmen. Jede Gabe erwartet eine Gegengabe. Zwischen diesen beiden befindet sich ein „zeitliches Intervall", welches die Funktion innehat, „Gabe und Gegengabe gegeneinander abzuschirmen" (Bourdieu 1998, 163). Nur durch diese zeitliche Differenz lassen sich Gabe und Gegengabe unterscheiden. Als eine verdrängte Wahrheit kennzeichnet Bourdieu, dass jede Initialhandlung einen Eingriff in die Freiheit des Empfangenden darstellt. Diese enthält eine Drohung, d. h. auch sie verpflichtet zu einer Gegengabe (einer größeren Gegengabe). Sie ist eine Art, Menschen an sich zu binden, indem man sie sich verpflichtet (vgl. Bourdieu 1998, 164). In (behinderten-)pädagogischen Kontexten kann das anhand paternalistischer Austauschbeziehungen belegt werden. Der massive Eingriff zwingt zu entsprechender erwarteter, jedoch nicht bewusst reflektierter Gegengabe, bspw. im Sinne eines ‚sich gefügig Machens', emotionaler Bindung, angepassten Verhaltens. Paternalistische Austauschbeziehungen bewirken Normierung und Penetration und etablieren sich dort, wo der Anspruch besteht, die Interessen der Benachteiligten besser zu verstehen als sie selbst; indem emotional Wohltäterschaft bekundet wird; indem Eltern-Kind-Beziehungen nachgeahmt werden oder indem die Würdigkeit überprüft wird, Leistungen und Zuwendung zu erhalten (vgl. Jantzen 2002a, 345 mit Bezug auf Jackman).

„Symbolische Akte setzen bei denen, an die sie sich richten, immer kognitive Akte voraus, Akte des Erkennens und Anerkennens. Soll ein symbolischer Tausch funktionieren, müssen beide Parteien über die gleichen Wahrnehmungs- und Bewertungskategorien verfügen […]. Die symbolische Herrschaft […] beruht auf der Verkennung und also Anerkennung der Prinzipien, in deren Namen sie ausgeübt wird […]. Und um ihn (z. B. den Knecht an den Herrn nach M. Weber, d. V.) an sich zu binden, muß das Herrschafts- und Ausbeutungsverhältnis durch eine kontinuierliche Reihe von Akten, die geeignet sind, es durch Euphemisierung symbolisch zu verklären […] eben so verklärt werden, daß es sich in eine häusliche, familiale Beziehung verwandelt" (Bourdieu 1998, 171 f.).

Paternalistische Beziehungen sind verklärte familiale Beziehungen, die die Strukturen des Feldes und Positionen der Akteure verdecken und erscheinen als „symbolische Gewalt" (ebd., 174) [→ V Macht, Herrschaft, Gewalt].

Bourdieu zeigt des Weiteren auf, dass beide (Gebende und Empfangende), „ohne es zu wissen, gemeinsam an einer Verschleierung […], die der Verneinung der Wahrheit des Tauschs dient, jenes *do ut des*, das die Vernichtung des Gabentauschs wäre" (Bourdieu 1998, 164), arbeiten. „Akteure (können, d. V.) nur deshalb Täuschende – ihrer selbst und der anderen– und Getäuschte zugleich sein, weil sie sich von Kindesbeinen an in einem Universum bewegen, in dem der Gabentausch sozial in den Dispositionen und in den Glaubensvorstellungen angelegt" (ebd., 165) ist. Mit Behinderung verändern sich die sozialen Verhältnisse, in die der Einzelne, die Bezugspersonen, ganze Familien verwoben sind. Diese Veränderungen gehen ebenso mit Veränderungen im sozialen Tausch bzw. Austausch einher [→ V Lebenswelt, Lebenslage]. Dieses kann sich bspw. an gestörten oder abgebrochenen Dialogen, sozialen Regelverletzungen, feldabhängigen Inklusionschancen und Exklusionstendenzen deutlich zeigen. Integration/Inklusion und Segregation/Ex-klusion verweisen auf soziale Tauschakte, die ermöglicht oder verunmöglicht werden. Forschungsdesiderate bestehen insofern, als dass eine Analyse der Feldspezifik mit den ihr immanenten Tauschakten bislang fehlt. Es wäre der Frage nachzugehen, inwiefern die in (behinderten-)pädagogischen Kontexten am Tausch Beteiligten jeweils als Gebende und Empfangene, sich im Feld Konstituierende, aber auch Verändernde etablieren. Was investieren die Pädagogen, was die Kinder, was die Eltern (o. a. mittelbar oder unmittelbar am Prozess Beteiligten), was und warum in dem Ausmaß; was erwarten sie und was bzw. in welchem Ausmaß nehmen sie? Dieser gegenseitig sich ausrichtende Prozess des Gebens und Nehmens kann spiralförmig abgebildet werden. Die Rekonstruktion dieses Prozesses ließe sich nur durch eine tiefere Analyse entschlüsseln.

Das zweite Merkmal der Ökonomie des symbolischen Tauschs ist „das Tabu der expliziten Formulierung". Demnach gilt: „Wer ausspricht, woran man ist, wer die Wahrheit des Tauschs oder, wie es manchmal heißt, ‚die Wahrheit der Preise' verkündet, macht den Tausch zunichte" (ebd., 165). „Ich weiß, dass du weißt, dass du, wenn ich dir etwas gebe, mir etwas wiedergeben wirst, usw. Aber die explizite Formulierung dieses offenen Geheimnisses, soviel steht fest, ist tabu" (ebd., 167). Der Tausch von Gaben „als das Paradigma der Ökonomie der symbolischen Güter, (ist, d. V.) dem *do ut des* der ökonomischen Ökonomie insofern entgegengesetzt, als sein Prinzip nicht ein berechnendes Subjekt ist, sondern ein Akteur, der sozial dazu disponiert ist, sich ohne Absicht und Berechnung auf das Spiel des Tauschs einzulassen" (ebd., 168). Soziale Prozesse sind (zumindest nicht explizit) auf Berechnung aus. Jeder handelt und ‚antwortet' auf den oder die anderen, wie dies für ihn einen Sinn ergibt. Sozialer Tausch beruht auf Anerkennung sozialer Regeln des menschlichen Miteinanders, die sich im Zugewandtsein zum anderen, der Bereitschaft zum Dialog, zu Kommunikation und Kooperation zeigt. In (behinderten-)pädagogischen

Kontexten gehen die Akteure mit unterschiedlichen Positionen im Feld Beziehungen im Sinne sozialer Tauschakte ein. Untersuchungen zur sozialen Situation von Eltern behinderter Kinder zeigen, dass die Negation oder Begrenzung des sozialen Tauschs durch professionell Tätige, z. B. durch Verweigerung der Kommunikation, missverständliche Aussagen und frühzeitige zumeist negativ konnotierte Entwicklungsprognosen im Kontext der Diagnosestellung und Mitteilung (vgl. Ziemen 2002) den in diesem Prozess so entscheidenden sozialen Tausch zunichte machen. Dieses wurde im Rahmen der Untersuchung als „soziale Regelverletzung" (ebd.) gekennzeichnet, stellt sich jedoch gleichzeitig als Negation, Irritation oder Störung des sozialen Tausches dar. Bislang gelten die Regeln des sozialen Tausches in (behinderten-)pädagogischen u. a. Kontexten weitgehend als unerforscht. Exempel sowohl in sozialen Kontexten zwischen Pädagogen und Kind, Kind-Kind und Eltern-Pädagogen kennzeichnen jedoch die dialogischen, kommunikativen und kooperativen Beziehungen als für den sozialen Tausch entscheidend. Diese Kategorien gelten entwicklungsunterstützend bzw. als emotionaler und sozialer Stabilisator.

„Die symbolische Arbeit besteht darin, Form zu geben und zugleich die Formen zu wahren. Dies verlangt nämlich die Gruppe […], dass man dem Menschsein der anderen die Ehre erweist, indem man das eigene Menschsein unter Beweis stellt […]. Verlangt wird nicht, dass man absolut nur tut, was sich gehört, sondern dass man zumindest Anzeichen dafür erkennen läst, dass man sich bemüht, es zu tun" (Bourdieu 1998, 168 f.).

Mit Jantzen (1992, 111 unter Verweis auf Marx) lässt sich zeigen, wie die entfremdeten Verhältnisse durch Anerkennung überwunden werden können.

„Setze den Menschen als Menschen und sein Verhältnis zur Welt als Menschliches voraus, so kannst du Liebe nur gegen Liebe austauschen, Vertrauen nur gegen Vertrauen etc. Wenn du die Kunst genießen willst, musst du ein künstlerisch gebildeter Mensch sein; wenn du Einfluss auf andere Menschen ausüben willst, musst du ein wirklich anregend und fördernd auf andere Menschen wirkender Mensch sein. Jedes deiner Verhältnisse zum Menschen – und zur Natur – muss eine bestimmte, dem Gegenstand deines Willens entsprechende Äußerung deines wirklichen individuellen Lebens sein. Wenn du liebst, ohne Gegenliebe hervorzurufen, d. h. wenn dein Lieben als Lieben nicht die Gegenliebe produziert, wenn du durch deine Lebensäußerung als liebender Mensch dich nicht zum geliebten Menschen machst, so ist deine Liebe ohnmächtig, ein Unglück" (Marx 1985, 567).

Anerkennung, so differenziert Jantzen (mit Verweis auf Hegel), sichert „zwei interpersonale Bedürfnisse" (Jantzen 1998, 187): das „Bedürfnis nach Anerkanntsein in der Liebe" und „nach dem Anerkanntsein in der Ehre" (ebd.) [→ Anerkennung].

„Liebe zielt her auf die Hingabe des Subjekts […] findet in der Empfindung ihren Ursprung. Die Ehre baut dagegen auf den Reflexionen und der Kasuistik des Verstandes auf" (ebd.). Ehre und Liebe zielen auf das Bedürfnis, „die Unendlichkeit der Person aufgenommen zu sehen in einer anderen Person" (ebd.). Anerkennung durch andere ist außerhalb der Familie nur begrenzt möglich. Sie wird durch den Tausch im Sinne „wechselseitiger Anerkennung der Ehre" (Jantzen 1998, 187) reguliert.

Im (behinderten-)pädagogischen Kontext wird die Anerkennung der Ehre zur vordergründigen Kategorie.

Symbolisches Kapital gehorcht der Logik der Hervorhebung (vgl. Schwingel 1998, 98). Andere anzuerkennen und anerkannt zu werden muss sichtbar oder spürbar wahrgenommen werden, als sozialer Tauschakt bleibt es jedoch euphemisiert. Sichtbar wird nicht die Äquivalenzform zwischen Gabe und Gegengabe bzw. der ausgetauschte ‚Wert', sondern nur die äußere Form, im Sinne des Austausches von Worten, Gesten, Blicken, des Austausches von Informationen, Ritualen, Handlungen. Nur die kontinuierliche bzw. diskontinuierliche Folge von Handlungen kann wahrgenommen werden, nicht das ‚Zwischen'.

„Das symbolische Kapital besteht aus einem beliebigen Merkmal, Körperkraft, Reichtum, Kampferprobtheit, das wie eine echte magische Kraft symbolische Wirkung entfaltet, sobald es von sozialen Akteuren wahrgenommen wird [...] ein Merkmal, das, weil es auf sozial geschaffene ‚kollektive Erwartungen' trifft [...] eine Art Fernwirkung ausübt, die keines Körperkontakts bedarf" (ebd., 173).

Anerkennung eines Menschen sichert dessen Wert und Würde und stellt damit eine unverzichtbare Kategorie für jede menschliche Begegnung dar. Jeder Mensch „hat den Anspruch anerkannt zu werden und die Pflicht in bestimmter Weise anzuerkennen" (ebd., 188). ‚Deutliche Zeichen' können beispielsweise sein:

- den anderen im Dialog ernst zu nehmen, welches nicht nur durch den Gebrauch seiner Worte zum Ausdruck kommt, sondern auch in der Art und Weise zu sprechen;
- mimisch-gestische Zeichen, die den anderen bestätigen bzw. den Kontakt zu ihm sichern;
- andere Meinungen, widersprüchliche Äußerungen zu akzeptieren, aufzunehmen;
- gemeinsame Begegnungsräume zu suchen, in denen beide Sinn finden können;
- kollektive und selbstreflexive Prozesse anzustreben.

In behindertenpädagogischen Kontexten ist der soziale Tausch begrifflich weniger etabliert, obwohl er den gemeinschaftlichen Beziehungen, so der Kommunikation, Kooperation [→ III Gemeinsamkeit, Kooperation, Kollektivität] und dem Dialog prinzipiell immanent ist. Diese erscheinen als grundlegende Kategorien einer humanen Pädagogik, die kein Kind/ keinen Jugendlichen ausschließt. „Kommunikation kennzeichnet [...] (den, d.V.) Austausch von Nachrichten zwischen Menschen [...]. Etymologisch bedeutet ‚kommunizieren' neben ‚mitteilen' auch ‚gemeinschaftliches Tun'. Insofern ist Kommunikation auch

Vermittlung mit dem Gemeinwesen" (Jantzen 1990, 212), insbesondere jedoch auch zwischen Personen. Kooperation ist schließlich als arbeitsteiliger, aber auch gemeinsamer Prozess anzusehen, der durch Dialog und Kommunikation vermittelt ist, mit der Möglichkeit der Übernahme der Leitungsfunktion, wobei der Einzelne seine Fähigkeiten einbringt und gleichzeitig neue erwirbt (vgl. auch Jantzen 1990, 220 ff.). In kooperativen Prozessen richten sich die sozialen Akteure aneinander aus, bringen sich in den Prozess ein, wobei hier der Tausch nicht nur zwischen zwei, sondern mehreren Akteuren stattfinden kann.

Am deutlichsten tritt jedoch der soziale Tausch im Dialog [→ VII Dialog und Kommunikation] zutage, wobei der „Akt der Reziprozität [...] des Tuns und Reagierens, der in Form eines Kreisprozesses [...] vor sich geht, als wechselseitig stimulierender Rückkopplungsstromkreis" (Jantzen 1990, 212 mit Verweis auf Spitz) betrachtet wird. Gabe und Gegengabe sind in Dialogen immanent, auch die Zeitdimension, d. h. das Intervall zwischen Gabe und Gegengabe kennzeichnet Dialoge. Sie „realisieren sich in der Wechselwirkung von Rhythmus und Raumkoordination und beinhalten das Feedback des Partners als befriedigend" (Jantzen 1990, 213).

4 Ausblick

Sozialer Tausch im Sinne von Anerkennung stabilisiert soziale Beziehungen, kann Entwicklung unterstützen und kennzeichnet Begegnungen bzw. gemeinschaftliches Miteinander von Menschen. Einerseits ist die Frage des sozialen Tauschs ein interindividueller Prozess. Andererseits wäre diesem durch die Reflexion sozialer Regeln und des sozialen Tauschs entsprechend der Feldspezifik (der Behinderten- Heil-, Sonder-, Integrations-, Regelpädagogik) nachzukommen. Welche sozialen Regeln des Tausches und Austausches bestimmen das Feld und wie unterscheiden diese sich maßgeblich von anderen Feldern? Die dem (behinderten-, integrations-)pädagogischen Feld innewohnenden sozialen Regeln und erforderlichen sozialen Tauschakte gelten bis heute weitgehend als unerforscht. Die Schwierigkeit besteht darin, die inkorporierten, nicht bewussten Tauschakte zu erfassen, die historisch entstanden sind und nicht nur die konkrete Situation betreffen, sondern mit der inkorporierten Struktur, den Auffassungen, Vorstellungen der Disziplin zu erklären sind, aufzunehmen.

Sozialer Tausch kann des Weiteren als Negation dieses bzw. durch symbolische Akte der Gewalt Menschen aus sozialen Kontexten ausschließen bzw. bspw. durch paternalistische Beziehungen an sich binden, sich gefügig machen, sich unterwerfen.

„Die symbolische Herrschaft [...] beruht auf der Verkennung und also Anerkennung der Prinzipien, in deren Namen sie ausgeführt wird" (Bourdieu 1998, 171).

„Der Gabentausch kann zwischen Gleichen stattfinden und durch die Kommunikation dazu beitragen, die ‚Kommunion‘ zu stärken, die Solidarität, die den sozialen Zusammenhang schafft. Er kann aber auch zwischen Akteuren stattfinden, die aktuell und potenziell ungleich sind. Er schafft auf dieser Basis dauerhafte Herrschaftsverhältnisse, Herrschaftsverhältnisse, die auf Kommunikation beruhen, auf Erkennen und Anerkennen (auch im Sinne von Sich-erkenntlich-Zeigen)" (Bourdieu 1998, 170). Beide Ausrichtungen sind durch den sozialen Tausch in (behinderten-)pädagogischen Kontexten möglich, darüber hinaus ist die Kluft zwischen beiden äußerst schmal, wie sich an der viel beschworenen zu praktizierenden Beziehungsarbeit zeigt, so zum einen zur Stärkung der sozialen Beziehung und des Einzelnen beitragen, ihn jedoch ebenso an sich binden, von ihm abhängig oder gefügig machen kann. Die in behindertenpädagogischen Kontexten favorisierte Beziehungsarbeit gilt als „nahezu völlig unreflektierte Hervorhebung (dieser, d.V.) [...] in seltsamer Diskrepanz zur sozialwissenschaftlichen ebenso wie psychoana-

lytischen Analyse des Charakters von Beziehungsarbeit" (Jantzen 2000, 176). Erst durch die Reflexion der eigenen Verstricktheit in den Prozess, wird die Ambivalenz der Beziehung deutlich.

Literatur

Bauer, Ullrich (2002): Sozialisation und Reproduktion sozialer Ungleichheit. Bourdieus politische Soziologie und die Sozialisationsforschung. In: Bittlingmeyer, Uwe, Eickelpasch, Rolf, Kastner, Jens & Rademacher, Claudia: Theorie als Kampf? Zur politischen Soziologie Pierre Bourdieus. Opladen, 415–446

Blau, Peter Michael (1963): The Dynamics of Bureaucracy. Chicago

Blau, Peter Michael (1964): Exchange and Power in Social Life. New York

Bourdieu, Pierre (1985): Sozialer Raum und „Klassen". Frankfurt a. M.

Bourdieu, Pierre (1998): Praktische Vernunft. Zur Theorie des Handelns. Frankfurt a. M.

Bourdieu, Pierre (1997): Sozialer Sinn. Frankfurt a. M.

Bourdieu, Pierre (1992): Rede und Antwort. Frankfurt a. M.

Bourdieu, Pierre (1983): Ökonomisches Kapital, kulturelles Kapital, soziales Kapital. In: Kreckel, Reinhard: Soziale Ungleichheiten. Soziale Welt, Sonderband 2, Göttingen, 183–198

Bourdieu, Pierre & Waquant, Loïc (1996): Reflexive Anthropologie. Frankfurt a. M.

Endruweit, Günter & Trommsdorff, Gisela (2002): Wörterbuch der Soziologie. Stuttgart

Hillmann, Karl-Heinz (2007): Wörterbuch der Soziologie. Stuttgart

Homans, George Caspar (1968): Elementarformen sozialen Verhaltens. Köln/Opladen

Jantzen, Wolfgang (1992): Allgemeine Behindertenpädagogik. Band I. Weinheim

Jantzen, Wolfgang (1990): Allgemeine Behindertenpädagogik. Band II. Weinheim

Jantzen, Wolfgang (1998): Die Zeit ist aus den Fugen. Marburg

Jantzen, Wolfgang: Geistige Behinderung ist kein Phantom. Über die soziale Wirklichkeit einer naturalisierten Tatsache. In: Greving, Heinrich & Gröschke, Dieter (Hrsg.): Geistige Behinderung: Reflexionen zu einem Phantom. Bad Heilbrunn 2000, 167–179

Jantzen, Wolfgang (2002): Die Genesis der Gesellschaftlichkeit der Individuen. In: Jantzen, Wolfgang: Methodologische Aspekte einer postmodernen Ethik. Leipzig, 39–72

Jantzen, Wolfgang (2002a): Identitätsentwicklung und pädagogische Situation behinderter Kinder und Jugendlicher. In: Sachverständigenkommission 11. Kinder- und Jugendbericht: Band 4. Gesundheit und Behinderung im Leben von Kindern und Jugendlichen. München, 317–394

Kluge, Friedrich (2002): Etymologisches Wörterbuch der deutschen Sprache. Berlin

Marx, Karl (1985): Philosophische und ökonomische Manuskripte aus dem Jahre 1844. MEW 40. Berlin

Ottomeyer, Klaus (2004): Ökonomische Zwänge und menschliche Beziehungen. Soziales Verhalten im Kapitalismus. Münster

Ritter, Joachim & Gründer, Karlfried (1998): Historisches Wörterbuch der Philosophie. Band 10. Darmstadt, 920–926

Schwingel, Markus (1998): Pierre Boudieu zur Einführung. Hamburg

Ziemen, Kerstin (2002): Das bislang ungeklärte Phänomen der Kompetenz-Kompetenzen von Eltern behinderter Kinder. Butzbach-Griedel

Ziemen, Kerstin (2003): Integrative Pädagogik und Didaktik. Aachen

Vielfalt

Annedore Prengel

Mit ‚Vielfalt' wird eine Erkenntnis- und Handlungsperspektive eröffnet, die in der Forschung nach Verschiedenheit fragt und in der Praxis Verschiedenheit zu ermöglichen sucht. Die Anerkennung des Vielfältigen auf der Basis gleicher Rechte bildet ein grundlegendes Motiv in der Ethik der Behindertenpädagogik. Der folgende Beitrag analysiert die Kategorie der Vielfalt in ihrer Bedeutung für den Zusammenhang von Behinderung, Bildung und Partizipation in drei Schritten: Im ersten Abschnitt werden in theoretischer Perspektive der Begriff Vielfalt und verwandte Begriffe sowie historische Aspekte erläutert. Im zweiten Abschnitt werden Probleme und Erkenntnisse erläutert, dabei geht es um systematische und menschenrechtliche Aspekte sowie – in handlungsbezogener Perspektive – um Kritik des Bildungswesens und Pädagogik der Vielfalt. Der Beitrag schließt mit einem Ausblick auf weiterhin zu klärende Paradoxien der Vielfalt.

1 Definition, Begriffs- und Gegenstandsgeschichte

Mit der Verwendung des Begriffs Vielfalt und einer Reihe verwandter Begriffe (s.u.) ist eine Wertschätzung von als vielfältig gekennzeichneten Phänomenen verbunden. So geht es zum Beispiel im biologischen Kontext um die Wertschätzung der ‚Artenvielfalt', im juristischen Kontext um die Wertschätzung der menschlichen bzw. der kulturellen Vielfalt und im erziehungswissenschaftlichen Kontext um die Wertschätzung der Vielfalt der Adressaten von Pädagogik. Der Begriff „Vielfalt" wurde nach Kluge (1960) erst relativ spät, im 18. Jahrhundert, verwendet. Er bezeichnet einen Gegensatz zum viel älteren Begriff der „Einfalt"

und weist Ähnlichkeit mit dem auf der indogermanischen Wurzel „manich" beruhenden Begriff der Mannigfaltigkeit auf (Kluge 1960, 158, 178 f., 822).

Verwandte, teilweise synonym verwendete Fachbegriffe – Heterogenität, Differenz, Différance, Nichtidentisches, Diversity – stammen aus unterschiedlichen theoretischen und gesellschaftlichen Kontexten und betonen unterschiedliche Aspekte der Wertschätzung von Vielfalt. ‚Heterogenität' geht auf die Kategorienlehre des Aristoteles (384–322 v. Chr.) in der griechischen Antike zurück und bezeichnet Verschiedenes, das nicht einander untergeordnet wird (Aristoteles 1998, Liddell 1959). Darin ist bereits die einem demokratischen Verständnis von Vielfalt entsprechende Verknüpfung von Vielfalt mit Gleichheit grundgelegt. Gegenwärtig hat der Begriff der Heterogenität in erziehungswissenschaftlichen Debatten Konjunktur (vgl. z. B. Bräu & Schwerdt 2005; Becker et al. 2004; Warzecha 2003), leider wird dabei teilweise versäumt, theoretische Implikationen offen zu legen (so zum Beispiel bei Bos et al. 2004). ‚Differenz' ist beeinflusst durch französische postmoderne Diskurse mit der für sie typischen Emphase für Pluralität (vgl. zusammenfassend Welsch 1987). Auch hier findet sich ein starker antihierarchischer Impuls verbunden mit Freude an allem was ‚anders' ist. Dabei ist das ‚Andere' nicht statisch zu verstehen, sondern als in ständiger Veränderung begriffen und darum niemals einem begrifflichen Zugriff unterzuordnen. Das Kunstwort ‚différance' wurde von Jacques Derrida für diese – hier nur andeutbaren – komplexen Zusammenhänge ins Spiel gebracht. Der Ethnologe und Differenztheoretiker Martin Fuchs stellt klar, „[…] dass wir in letzter Konsequenz nie mit uns selbst identisch sind, noch können Kulturen – die scheinbaren sozialen ‚Tatbestände' – dies sein. Anders gesagt, wir leben in Differenz nicht nur mit Anderen, sondern auch mit uns selbst. (…) Zeit bringt immer Verschiebungen mit sich, Identitäten wie Bedeutungen können nur prozesshaft und interaktiv begriffen werden. Hier liegt ein Rational für Jacques Derridas Begriff der *différance*" (Fuchs 2007, 21).

In der „Philosophie der Differenz" (Kimmerle 2000) wird das theoretische Postulat der Anerkennung dessen, was anders sei, zusammenfassend begründet. Diese Ansätze korrespondieren mit dem Gedanken des ‚Nichtidentischen' in der Kritischen Theorie (vgl. Adorno 1980), anhand dessen die Differenz zwischen Begriff und Gegenstand und das nicht mit sich selbst Gleichsein des Subjekts reflektiert werden (vgl. Wimmer & Schäfer 1999). Mit dem im nordamerikanischen Kontext auf dem Hintergrund der Bürgerrechtsbewegung entwickelten Begriff der ‚diversity' wird die Anerkennung differenter Lebensweisen als ‚celebrate diversity' postuliert und zum Beispiel mit Begriffskombinationen ‚diversity management' in der Betriebswirtschaft oder ‚diversity education' (vgl. Banks 2004) im Hinblick auf gruppenspezifisch verschiedene Bedürfnisse in gesellschaftlichen Teilbereichen ausbuchstabiert.

In den siebziger und achtziger Jahren des 20. Jahrhunderts entsteht, ausgehend von sieben Integrationsvorhaben (vgl. Deppe-Wolfinger, Prengel & Reiser 1990; Projektgruppe Integrationsversuch 1988), jene soziale Erfindung, die in öffentlichen Schulen das gemeinsame Leben und Lernen der verschieden befähigten Kinder und Jugendlichen eines Wohngebiets realisiert: Sehr verschiedene Begabungsprofile und Leistungsstände aller Kinder von schwerstbehindert bis hochbegabt werden als bereichernd interpretiert. Das Modell des gemeinsamen Unterrichts von Kindern mit und ohne Behinderung wird anhand einer Didaktik der Inneren Differenzierung (vgl. Platte, Seitz & Terfloth 2006) praktiziert. Begleituntersuchungen belegen, dass auf sozialer und kognitiver Ebene erfolgreiche Bildung in heterogenen Lerngruppen möglich ist. Das Modell des gemeinsamen Unterrichts entwickelt eine Strahlkraft, die zu ihrer partiellen Umsetzung in fast allen Bundesländern führt und den integrativ orientierten Bildungsinnovationen wie zum Beispiel der Neugestaltung der Schuleingangsphase (Liebers et al. 2008) wesentliche Impulse gibt.

Die Praxis der Integrationspädagogik des letzten Viertels des 20. Jahrhunderts inspiriert die Entwicklung der Theorie einer ‚Pädagogik der Vielfalt' (vgl. Preuß-Lausitz 1982; Prengel 1990; 1993) maßgeblich, da hier von Lehrerinnen und Lehrern nachgewiesen wird, dass und wie erfolgreicher Unterricht mit heterogenen Lerngruppen möglich ist. Einflussreich sind dabei zugleich die in sozialen Bewegungen verankerten Ansätze der Feministischen Pädagogik und der Interkulturellen Erziehung [→ Interkulturelle Pädagogik], denn die Integrationspädagogik hat mit ihnen gemeinsam, dass sie sich angesichts der Heterogenität ihrer Adressaten gegen Stigmatisierung und Ausgrenzung wenden und nach Anerkennung der Verschiedenheit auf der Basis gleicher Rechte und nach gleichberechtigter Partizipation in der Bildung suchen.

Für die Entwicklung der Integrationspädagogik ist ihre Vorgeschichte mit ausschlaggebend. Meilensteine der Vorgeschichte sind die Einrichtung der Grundschule als Schule für Kinder aller Schichten bzw. Stände des Volkes zu Beginn der Weimarer Republik sowie die Bemühungen um Chancengleichheit während der Bildungsreform in Westdeutschland und um Bildung unterer Bevölkerungsschichten im einheitlichen Schulwesen der DDR. Allerdings sind alle diese egalitär orientierten Reformen im Bildungswesen ambivalent zu bewerten, weil sie mit dem Ausbau des Sonderschulwesens und mit der separaten Unterrichtung von Schülerinnen und Schülern mit Behinderung einhergehen. Erst die Integrationspädagogik der siebziger Jahre leistet es, die Vielfalt aller Schülerinnen und Schüler anzuerkennen und in Praxis und Theorie eine Pädagogik der Vielfalt ohne Ausgrenzung zu entwerfen (vgl. zusammenfassend Eberwein & Knauer 2002; Prengel 2006; Schnell 2003).

Im Laufe der folgenden dreißig Jahre kommt es zur Kritik institutionell umgesetzter, aber auf der sozialen und didaktischen Ebene nicht gelingender Integration: Innerhalb der Regelschulen wiederhole sich die Separation, indem Untergruppen zwischen Kindern mit und ohne Behinderung gebildet und durch sonderpädagogische Förderung manifestiert würden. Um sich von solchen Fehlentwicklungen zu distanzieren, wird der Begriff der Inklusiven Pädagogik eingesetzt, der der Kritik der Etikettierung durch Diagnostik und dem Postulat der individuellen Vielfalt aller Kinder neues Gewicht verleiht (vgl. Hinz 2002). In den Disability-Studies (Degener 2007) [→ Disability Studies] wird zugleich dem Gedanken der gesellschaftlichen Konstruiertheit von Behinderung eine neue Plattform eröffnet. Während dessen kommt auch in den Bildungsdebatten nach PISA der Frage der Heterogenität besondere Aufmerksamkeit zu (vgl. Lumer & Nyssen 2002; Forum Schule 2002), allerdings wird hier Heterogenität oft eher im Sinne eines durch individuelle Förderung zu lösenden Problems als im Sinne einer Bereicherung verstanden.

2 Zentrale Probleme und zentrale Erkenntnisse

Mit der Wertschätzung von Vielfalt in der Bildung geht eine Reihe von Implikationen einher, deren Klärung zum Verständnis dieser Kategorie unerlässlich ist.

a) Systematische Aspekte

Die Option der Anerkennung menschlicher Lebensweisen in ihrer Verschiedenheit ist für das Verständnis von Behinderung folgenreich, denn sie regt dazu an, Lebensweisen von Menschen mit Behinderungen wie alle anderen Lebensweisen in ihrer Heterogenität wahrzunehmen und sie als grundsätzlich gleichwertig zu achten [→ Anerkennung]. Im Sinne des oben erläuterten, nicht identifizierenden Differenzbegriffs werden ,anders' Lebende und Lernende aber nicht auf eine ,Andersartigkeit' festgelegt, sondern als in Interaktion mit ihrer Umwelt stets veränderliche und begrifflich nicht identifizierbare Personen aufgefasst. Wenn so nach der Anerkennung heterogener Lebensweisen gefragt wird, wird ihre Gleichheit von vornherein einbezogen: Menschen mit verschiedenen Lebensweisen kommen gleiches Recht auf Bildung und andere Gleichheitsrechte zu. In der Denkfigur der ,egalitären Differenz' (vgl. Prengel 1990, 1993/2006) kommt der unauflösliche Zusammenhang der Anerkennung von Vielfalt und Gleichheit zum Ausdruck. Damit geht die Kritik an behindertenfeindlichen Hierarchisierungen einher, so dass die Anerkennung des Verschiedenen grundsätzlich mit der Kritik von Benachteiligung und Ausgrenzung verbunden ist.

Intersektionalitätstheorien bemühen sich darum, die Tatsache zu erhellen, dass Personen stets verschiedenen Gruppierungen gleichzeitig angehören, die anhand verschiedener Heterogenitätsdimensionen wie Dis/Ability, Gender, Ethnizität/Kultur, Alter, Religion, Schicht usw. begrifflich gefasst werden (vgl. McCall 2005). Für die Behindertenpädagogik ist dieser Ansatz weiterführend, weil er auf die vielfältigen, sich überschneidenden und einander beeinflussenden Differenzen, die auch das Leben von Menschen mit Behinderungen betreffen, aufmerksam macht und so dazu beiträgt, Pauschalisierungen zu vermeiden (vgl. Prengel 2007).

In den theoretischen Ansätzen, die sich auf die einzelnen Heterogenitätsdimensionen beziehen, zeigen sich ähnliche theoretische Entwicklungen, die mit einem Wandel von Verfestigung hin zu mehr Verflüssigung umschrieben werden können: In der Behindertenpädagogik wird diese Entwicklung im Diktum „behindert ist man nicht – behindert wird man" (vgl. Degener 2007; Disability-Studies 2007) [→ Disability Studies] auf den Begriff gebracht. Die Vorsilbe ,trans' kündigt eine solche Theoriebildung an, so zum Beispiel, wenn in der Interkulturellen Erziehung von „Transkulturalität" (vgl. Göhlich et al. 2006) [→ Interkulturelle Pädagogik], in der auf Altersstufen bezogenen Elementar- und Primarstufenpädagogik von „Transitionen" (vgl. Griebel & Niesel 2006), in der Geschlechtertheorie von „Transgender" (vgl. LSVD Verbandstag 2007) [→ Geschlecht] und schließlich in der Philosophie von „Transdifferenz" (vgl. Allolio-Näcke et al. 2005) die Rede ist. Den genannten theoretischen Richtungen ist gemeinsam, dass sie die Annahme feststehender Identität kritisieren und binäre Differenzkonzepte infrage stellen. Sie heben Sozialisations-, Konstruktions- und Zuschreibungsprozesse bei der Ausbildung von Gruppenzugehörigkeit sowie Unsicherheiten, Übergänge und Schwebezustände hervor (vgl. zusammenfassend Prengel 2007a).

Für empirische Untersuchungen sind die genannten theoretischen Voraussetzungen folgenreich, denn sie regen dazu an, bei der Konzeption von Erhebungen und bei der Interpretation von Daten die übliche Verwendung einfacher binärer Konstrukte wie zum Beispiel ‚normal' und ‚auffällig' kritisch zu reflektieren und differenziertere Ansätze zu entwickeln. Die eine Fülle internationaler empirischer Befunde zur kindlichen Entwicklung im Überblick präsentierende Studie von Largo (2000) leistet es, die Vielfalt kindlicher Entwicklungen in allen Domänen psychologischer und medizinischer Forschung als regelhaft gegeben nachzuweisen.

b) Gleichheit und Freiheit für Vielfalt in den Menschenrechten

In den für moderne demokratische Verfassungen maßgeblichen Menschenrechten [→ Menschenrechte und Behinderung] stellt Vielfalt einen Kerngedanken dar. Grundlegendes Prinzip der Menschenrechte ist die ‚gleiche Freiheit', die allen Menschen zukommt (vgl. Bielefeldt 1998). Die Gleichheit und Freiheit, eine der eigenen Person oder Gruppe gemäße Lebensform verwirklichen zu können, steht damit allen Menschen zu. In den einzelnen gruppenbezogenen Menschenrechtskonventionen werden diese Prinzipien auf die Bedürfnisse und Lebenslagen bestimmter Gruppierungen

zugeschnitten. Vielfalt nimmt in diesen Menschenrechtskonventionen einen bedeutenden Platz ein.

In der am 13. 12. 2006 in der Generalversammlung der Vereinten Nationen zur Ratifikation freigegebenen Menschenrechtskonvention über die Rechte von Personen mit Behinderungen (UN 2006) wird Vielfalt auf dreifache Weise eingeführt: als Wertschätzung der Vielfalt der Menschen mit Behinderungen, im Sinne einer Anerkennung von Behinderung als Teil der menschlichen Vielfalt und als Anerkennung der Beiträge, die von Menschen mit Behinderungen für die Allgemeinheit und für die Vielfalt ihrer Gemeinschaften erbracht werden. Der Philosoph Heiner Bielefeldt würdigt das Innovationspotenzial der UN-Behindertenkonvention: „Gegen die Vision einer künftigen Gesellschaft ohne Behinderung stellt die Konvention das Bild einer Menschenwelt, in der Behinderte selbstverständlich leben und sich zugehörig fühlen können. […]. Die geforderte Anerkennung gilt demnach nicht nur den behinderten Menschen und ihrer Würde, sondern erstreckt sich auch – und dies ist bemerkenswert – auf ihre durch die Behinderung bedingten *besonderen Lebensformen*. Der diversity-Ansatz führt konsequent dazu, dass manche Formulierungen der Konvention eine Nähe zu den Dokumenten des kulturellen Minderheitenschutzes aufweisen. […]. Eine Gesellschaft, die den Beiträgen behinderter Menschen Raum gibt und Aufmerksamkeit widmet, erfährt somit einen Zugewinn" (Bielefeldt 2006, 7).

Die 2005 verabschiedete und 2007 in Kraft getretene UNESCO-Konvention „Übereinkommen über den Schutz und die Förderung der Vielfalt kultureller Ausdrucksformen" (Deutsche Unesco-Kommission 2007) korrespondiert demnach mit der Behindertenkonvention.

Der Bezug auf Menschenrechte, wie er in der Allgemeinen Menschenrechtserklärung ebenso zum Ausdruck kommt wie in den einzelnen gruppenbezogenen Menschenrechtskonventionen, hat das Potenzial, zwischen

Universalität und Partikularität zu versöhnen und so zur Wahrnehmung der besonderen Interessen von Menschen mit Behinderungen beizutragen, ohne die besonderen Interessen anderer Gruppierungen zu vernachlässigen. Der Menschenrechtsdiskurs verbindet das Recht auf Bildung und Partizipation auch für Menschen mit Behinderungen unter Anerkennung ihrer Vielfalt (vgl. Overwien & Prengel 2007).

c) Kritik des Bildungswesens und Praxis der Vielfalt

Aus der Perspektive der der menschenrechtlichen Anerkennung vielfältiger Lebensweisen verpflichteten Pädagogik der Vielfalt ist die Kritik eines separierenden Bildungswesens unumgänglich. Ein Schulsystem, das neben seiner Zwei- oder Dreigliedrigkeit eine erhebliche Anzahl an Sonderschultypen vorhält und mit Zurückstellungen, Sitzenbleiben und Überspringen homogene Lerngruppen zu erreichen sucht, widerspricht auf der institutionellen Ebene dem Gedanken des Wertschätzens heterogener Lerngruppen. Mit der nach wie vor vorherrschenden Separation von Kindern und Jugendlichen mit Behinderungen geht zugleich die Benachteiligung von Kindern und Jugendlichen aus unteren Sozialschichten, einschließlich ökonomisch armer Familien mit Migrationshintergrund, einher (vgl. Forum Schule 2002). Stellenweise wird die vorherrschende Separation durchbrochen: In einzelnen Schulen findet sich eine Minderheit einzelner Lehrer, die auch im Rahmen des selektiven Schulsystems innere Differenzierung praktizieren. Einzelne Reformansätze tragen zu einer partiell integrierenden Pädagogik bei, dazu gehört die Neugestaltung des Schulanfangs (vgl. Liebers et al. 2008). Einzelne reformorientierte Schulen praktizieren gemeinsamen Unterricht mit Kindern mit und ohne Behinderung (vgl. Siegert 2006; Lau 2007). Die integrativen Ansätze zeichnen sich durch unterschiedliche Ausstattung mit Ressourcen und durch unterschiedliche pädagogische Qualität aus. Das Modell einer Didak-

tik der heterogenen Lerngruppe wurde seit der Reformpädagogik der vorletzten Jahrhundertwende immer weiter entwickelt und untersucht. Für soziales Lernen in der heterogenen Schulklasse wurden zahlreiche tragfähige Modelle entwickelt und erprobt, die zu Selbstachtung und Anerkennung der Anderen befähigen können (vgl. Heinzel & Geiling 2004; Forschungsgruppe Jugend und Europa 2007). Ausdifferenzierung und weitere Evaluation der Didaktik der heterogenen Lerngruppe und vor allem ihrer Implementation im Bildungswesen stehen an.

3 Ausblick: Paradoxien der Vielfalt

Bei der Arbeit an einer Pädagogik der Vielfalt stellt die Auseinandersetzung mit Paradoxien eine Herausforderung dar, die unerlässlich ist und sich nicht anhand kurzschlüssig vereindeutigender Aussagen umgehen lässt, sondern Unvereinbares und Heterogenes zulassende Denkanstrengungen erfordert. Zu den Paradoxien gehören: Bereicherung versus Leiderfahrung, Standardisierung versus Individualisierung und illusionäre Ideologisierung von Vielfalt versus Bemühen um partielle Annäherung an Vielfalt.

Wenn Behinderung als Teil des menschlichen Lebens ausdrücklich bejaht wird und Lebensformen behinderter Menschen als zur kulturellen Vielfalt gehörig interpretiert werden, so wird Behinderung als bereichernd gedeutet. Diese Deutung scheint den mit Behinderung auch verbundenen und keineswegs frei gewählten Leiderfahrungen Hohn zu sprechen. Beide, die Perspektive der Bereicherung und die Perspektive des Schmerzes, sind wesentlich für die Auseinandersetzung mit Behinderung und unverzichtbar für die Pädagogik der Vielfalt (vgl. Schuchardt 1988). Auch angesichts des Diversity-Ansatzes, so Heiner Bielefeldt (2006, 8), braucht die Thematisierung der Unrechtserfahrung ihren Ort.

Wenn Kinder und Jugendliche mit Behinderungen durch Bildung zur Wahrnehmung ihrer gesellschaftlichen Chancen befähigt werden sollen, so werden sie mit den hohen Leistungsanforderungen der Bildungsstandards konfrontiert. Solche Leistungsansprüche stehen im Widerspruch zum Respekt vor den individuellen Lernprozessen, der ein Herzstück der Pädagogik der heterogenen Lerngruppe bildet (vgl. Hinz 1998). Für die Lehrkräfte in heterogenen Lerngruppen folgt daraus, dass sie für jedes Kind im Interesse seiner Chancengleichheit bei Wahrung seiner Individualität so weit wie individuell möglich sowohl die Annäherung an Bildungsstandards als auch die Entfaltung persönlicher Kreativität anstreben.

Wenn Vielfaltsrhetorik die Anerkennung von Menschen mit verschiedenen Lernprofilen und Lebensformen als verwirklicht ausgibt und die real vorhandenen Einschränkungen und Hierarchien verschleiert, so schürt sie Illusionen der Vielfalt (vgl. Prengel 1999; 2005). Das kommt zum Beispiel in Schulprofilen vor, die auf der Homepage mit dem Schulmotto ‚Celebrate Diversity' werben, im Kleingedruckten aber damit drohen, die Kinder bei Ungehorsam mit der Suspension vom Schulbesuch zu bestrafen (vgl. z. B. Virginia Beach City Public Schools 2007a, 2007b). Daraus folgt, dass Vielfalt nie pauschal als realisiert behauptet werden kann; vielmehr sollten in Praxis und Theorie bestimmte Hinsichten der Anerkennung von Vielfalt präzise bestimmt werden.

Literatur

Adorno, Theodor W. (1980): Negative Dialektik. Frankfurt a. M.

Allolio-Näcke, Lars et al. (Hrsg.) (2005): Differenzen anders denken. Bausteine zu einer Kulturtheorie der Transdifferenz. Frankfurt a. M.

Aristoteles (1998): Die Kategorien. Griechisch/ Deutsch. Herausgegeben und übersetzt von Ingo W. Rath. Hamburg

Banks, James A. (2004): Diversity and Citizenship Education. Global Perspectives. San Francisco

Becker, Gerold et al. (Hrsg.) (2004): Heterogenität. Unterschiede nutzen – Gemeinsamkeiten stärken. Jahresheft Friedrich XXII. Seelze

Bielefeldt, Heiner (1998): Philosophie der Menschenrechte. Grundlage eines weltweiten Freiheitsethos. Darmstadt

Bielefeldt, Heiner (2006): Zum Innovationspotential der UN-Behindertenkonvention Deutsches Institut für Menschenrechte, Essay Nr. 5, Berlin. URL: http://files.institut-fuer-menschenrechte.de/437/ IUS-025_DIMR_E_BK_RZ_WEB_ES.pdf [Stand 24.12.2007]

Bos, Wilfried, Lankes, Eva-Maria, Plaßmeier, Nike & Schwippert, Knut (Hrsg.) (2004): Heterogenität. Eine Herausforderung an die empirische Bildungsforschung. Münster

Bräu, Karin & Schwerdt, Ulrich (Hrsg.) (2005): Heterogenität als Chance. Vom produktiven Umgang mit Gleichheit und Differenz in der Schule. Münster

Degener, Theresia (2007): Behinderung neu denken. Disability Studies. In: Partizip URL: http://www. partizip.de/Illustrierte/Reportagen/Neu_denken/ neu_denken.html [Stand 4.1.2008]

Deppe-Wolfinger, Helga, Prengel, Annedore & Reiser, Helmut (1990): Integrative Pädagogik in der Grundschule. Bilanz und Perspektiven der Integration behinderter Kinder in der Bundesrepublik Deutschland 1976–1988. München

Deutsche Unesco-Kommission (2007): Übereinkommen über den Schutz und die Förderung der Vielfalt kultureller Ausdrucksformen. URL: http:// www.unesco.de/konvention_kulturelle_vielfalt. html [Stand 15.5.2007]

Disability-Studies (2007): Disability-Studies in Deutschland. Behinderung neu denken. URL: http://www.disability-studies-deutschland.de/index.php [Stand 24.12.2007]

Eberwein, Hans & Knauer, Sabine (Hrsg.) (2002): Integrationspädagogik: Kinder mit und ohne Beeinträchtigung lernen gemeinsam. Ein Handbuch, 6. Aufl., Weinheim

Forschungsgruppe Jugend und Europa (2007): Eine Welt der Vielfalt. Ein Trainingsprogramm des A WORLD OF DIFFERENCE-Institute der Anti-Defamation League, New York, in der Adaption für den Schulunterricht. Praxishandbuch für Lehrerinnen und Lehrer, 4. Aufl., Gütersloh

Forum Schule (2002): Umgang mit Heterogenität. Ein Gespräch mit Professor Jürgen Baumert, wissenschaftlicher Leiter des deutschen Teils der PISA-Studie, über „Risikokandidaten", Diagnoseverfahren und Modernisierungsansätze für das Schulsystem, In: Forum Schule, 1. URL: http://archiv.forum-schule.de/archiv/07/fs07/magang.html [Stand 4.1.2008]

Fuchs, Martin (2007): Diversity und Differenz – Konzeptionelle Überlegungen. In: Krell, Gertraude et al. (Hrsg.): Diversity-Studies. Grundlagen und disziplinäre Ansätze. Frankfurt a. M., 17–34

Göhlich, Michael, Leonhard, Hans-Walter, Liebau, Eckart & Zirfas, Jörg (Hrsg.) (2006): Transkulturalität und Pädagogik. Weinheim

Griebel, Wilfried & Niesel, Renate (mit Beiträgen von Thomas Wörz & Ute Meiser) (2004): Transitionen. Fähigkeit von Kindern in Tageseinrichtungen fördern, Veränderungen erfolgreich zu bewältigen. Weinheim

Heinzel, Friederike & Geiling, Ute (Hrsg.) (2004): Demokratische Perspektiven in der Pädagogik. Wiesbaden

Hinz, Andreas (1998): „Pädagogik der Vielfalt auch für Schulen in Armutsgebieten? Überlegungen zu einer theoretischen Weiterentwicklung". In: Hildeschmidt, Anne & Schnelle, Irmtraud (Hrsg.): Integrationspädagogik. Auf dem Weg zu einer Schule für alle. Weinheim, 127–144

Hinz, Andreas (2002), Von der Integration zur Inklusion – terminologisches Spiel oder konzeptionelle Weiterentwicklung? In: Zeitschrift für Heilpädagogik 53, 9, 354–361

Kimmerle, Heinz (2000): Philosophien der Differenz. Eine Einführung. Würzburg

Kluge, Friedrich (1960): Etymologisches Wörterbuch der deutschen Sprache, 18. Auflage. Berlin

Largo, Remo H. (2000): Kinderjahre. Die Individualität des Kindes als erzieherische Herausforderung. München

Lau, Jörg (2007): Die neuen Klassenunterschiede. In: Die Zeit. URL: http://www.zeit. de/2007/06/Schule-Berlin [Stand: 15. 5. 2007]

Liddell, Henry George, Scott, Robert & Jones, Henry Stuart (1959): A Greek-English Lexicon. Oxford

Liebers, Katrin/Prengel, Annedore/Bieber, Götz (Hrsg.) (2008): Die flexible Schuleingangsphase in Brandenburg. Evaluation zu Lernergebnissen und zum Unterricht. Weinheim

LSVD Verbandstag (2007): Diskriminierung von Transgender beenden. Grundsatzpapier Köln. URL: http://typo3.lsvd.de/286.0.html [Stand 29. 7. 2007]

Lumer, Beatrix & Nyssen, Elke (2002): Homogenität – Heterogenität – Soziale Selektion. Konsequenzen aus der PISA-Studie für Haupt- und Sonderschulen. In: Weegen, Michael et al. (Hrsg.): Bildungsforschung und Politikberatung. Weinheim, 185–198

McCall, Leslie (2005): The Complexity of Intersectionality. In: Signs, Journal of Women in Culture and Society 30, 3, 1771–1802

Overwien, Bernd & Prengel, Annedore (2007): Recht auf Bildung. Zivilgesellschaftliche Stimmen zum Besuch von Venor Muñoz in Deutschland. Leverkusen-Opladen

Platte, Andrea, Seitz, Simone & Terfloth, Karin (Hrsg.) (2006): Inklusive Bildungsprozesse. Bad Heilbrunn

Prengel, Annedore (1990): Erziehung von Mädchen und Jungen. Plädoyer für eine demokratische Differenz. In: Pädagogik, 42, 7–8, 40–44

Prengel, Annedore (unter Mitarbeit von Friederike Heinzel, Ute Geiling und Marion Hemme-Kreutter) (1999): Vielfalt durch gute Ordnung im Anfangsunterricht. Opladen

Prengel, Annedore (2005): „Anerkennung von Anfang an – Egalität, Heterogenität und Hierarchie im Anfangsunterricht und darüber hinaus". In: Geiling, Ute & Hinz, Andreas (Hrsg.): Integrationspädagogik im Diskurs. Auf dem Weg zu einer inklusiven Pädagogik. Bad Heilbrunn, 15–34

Prengel, Annedore (2006): Pädagogik der Vielfalt. Verschiedenheit und Gleichberechtigung in Interkultureller, Feministischer und Integrativer Pädagogik. Zuerst 1993, 3. Aufl., Wiesbaden

Prengel, Annedore (2007): Grundlagen und Probleme der Pädagogik der Vielfalt. In: Diversity und Differenz – Konzeptionelle Überlegungen. In: Krell, Gertraude et al. (Hrsg.): Diversity-Studies. Grundlagen und disziplinäre Ansätze. Frankfurt a. M., 49–67

Prengel, Annedore (2007a): Im Schwebezustand: Schulen und transgressive Lebenswelten – Ansätze in Forschung und Lehre. In: Schweizerische Zeitschrift für Bildungswissenschaften 29, 2, 363–378

Preuß-Lausitz, Ulf (1982): Die vielfältige Schule für alle Kinder. In: Behinderte in Familie, Schule und Gesellschaft, 2, 10–14

Projektgruppe Integrationsversuch (1988): Das Fläming-Modell. Gemeinsamer Unterricht für behinderte und nichtbehinderte Kinder in der Grundschule. Weinheim

Schnell, Irmtraud (2003): Geschichte schulischer Integration. Gemeinsames Lernen von Kindern mit und ohne Behinderung in der BRD seit 1970. Weinheim

Schuchardt, Erika (1988): Schritte aufeinander zu. Soziale Integration Behinderter durch Weiterbildung. Bad Heilbrunn

Siegert, Hubertus (2006): Klassenleben. DVD, Berlin

United Nations (2006): Convention on the Rights of Persons with Disabilities. New York. URL: http://www.un.org/disabilities/default.asp?id=259 [Stand 24. 12. 2007]

Virginia Beach City Public Schools (2007 a): Celebration Diversity in our schools. Virginia Beach. URL: http://www.vbschools.com/diversity/ [Stand: 24. 6. 2007]

Virginia Beach City Public Schools (2007 b): Code of Student Conduct. Expulsion for First Time Offenses. Virginia Beach. URL: http://www.vbschools.com/policies/5-36_1r.asp [Stand: 24.6.2007]

Warzecha, Birgit (Hrsg.) (2003): Heterogenität macht Schule. Beiträge aus sonderpädagogischer und interkultureller Perspektive. Münster

Welsch, Wolfgang (1987): Unsere postmoderne Moderne. Weinheim

Wimmer, Michael & Schäfer, Alfred (1999): „Einleitung. Zu einigen Implikationen der Krise des Repräsentationsgedankens" In: Schäfer, Alfred & Wimmer, Michael (Hrsg.): Identifikation und Repräsentation. Opladen, 10–26

Interkulturelle Pädagogik

Yasemin Karakaşoğlu

1 Definition

Allgemein versteht sich interkulturelle Pädagogik in ihrer praktischen Ausrichtung als pädagogische Antwort auf die multikulturelle Gesellschaft. Der Begriff steht aber auch für eine erziehungswissenschaftliche Fachrichtung oder Subdisziplin (vgl. Krüger-Potratz 2004), die die Folgen gesellschaftlicher Pluralisierung durch Zuwanderung für das Erziehungs- und Bildungssystem untersucht und entsprechende Maßnahmen auf ihre Wirksamkeit für die Herstellung von Chancengleichheit hin überprüft. Dabei wird multikulturelle Gesellschaft nicht, wie im aktuellen politischen Diskurs oft despektierlich formuliert, als naives Ideal, sondern als Zustandsbeschreibung einer sich durch anhaltende Globalisierung und damit verbundene Wanderungsbewegungen von Menschen ethnisch, kulturell, sprachlich und religiös ausdifferenzierenden Gesellschaft verstanden. Unterstützung erhält diese Sichtweise durch empirische Befunde die zeigen, dass Menschen mit Zuwanderungsgeschichte (mindestens ein Elternteil im Ausland geboren) inzwischen ein Viertel der Gesamtbevölkerung Deutschlands ausmachen (vgl. Mikrozensus 2005). Interkulturelle Pädagogik beschreibt damit Konzepte sowohl für den schulischen wie auch außerschulischen Bereich und umfasst alle Altersstufen von Personen, die an pädagogischen Interaktionen beteiligt sind.

Der Begriff ‚Interkulturelle Pädagogik‘ ist, wie in Deutschland heute verwendet, gegenüber einem Verständnis von ‚multikultureller Erziehung‘ abzugrenzen. Während diese als Regelung eines gleichberechtigten ‚Nebeneinanders‘ von Menschen verschiedener Herkunftskulturen zumeist in ausgewiesenen Einwanderungsländern mit dem Anspruch auf die besondere Berücksichtigung der je eigenen kulturellen (kollektiven) Identität von Zugewanderten vor allem in England, Nordamerika, Kanada und Australien auftritt (vgl. Sting 1997, 124–125), soll ‚Interkulturelle Erziehung‘ im aktuellen deutschen Diskurs zu einem aktiven gesellschaftlichen Miteinander der Menschen verschiedener Herkunftskulturen führen, im Idealfall zur Akzeptanz einer neuen gemeinsamen kulturellen Basis. Dies Verständnis findet sich in der Definition des Begriffs durch Rey-von-Allmen (1984, 47) wieder: „Wer ‚interkulturell‘ sagt, der meint, indem er der Vorsilbe ‚inter‘ ihre ganze Bedeutung gibt, notwendigerweise: Interaktion, Austausch, Entgrenzung, Gegenseitigkeit, objektive Solidarität; er meint auch, indem er dem Begriff ‚Kultur‘ seine ganze Bedeutung gibt, Anerkennung der Werte, der Lebenswelten und ihrer Symbolleistungen, auf die sich Menschen, als Individuen und Gesellschaften, gründen, in ihrer Beziehung zu anderen und in ihrer Wahrnehmung der Welt: er meint Anerkennung ihrer Bedeutsamkeit, ihrer Funktionsweisen, ihrer Verschiedenheit, Anerkennung zugleich der Wechselbeziehungen zwischen den vielfältigen Registern ein und derselben Kultur und zwischen den verschiedenen Kulturen.“

Interkulturelle Pädagogik erhält damit die Aufgabe, ein Amalgam zwischen den verschiedenen Kulturen, Nationen und Religionen zu bilden und „die Chancen der Mitglieder einer Gesellschaft zur demokratischen Teilnahme und Teilhabe“ zu fördern (Dietzel-Papakyriakou 1997, 23). Hier schließt sie an Ideen einer Politik der Anerkennung an (vgl. Taylor 1992) [→ Anerkennung]. Sie wendet sich an Mehrheit und Minderheiten zugleich und setzt sich auch mit diesem Anspruch dezidiert gegenüber ihrem Vorläufer, der ‚Ausländerpädagogik‘, ab. Der Prozess einer Abkehr von ausländerpädagogischen und Hinwendung zu interkulturellen Konzepten unter Vertretern dieser pädagogischen Subdisziplin wurde nicht selten mit dem Begriff des ‚Paradigmenwechsels‘ beschrieben (Dietzel-Papakyriakou 1997, 23).

2 Begriffe und Gegenstandsgeschichte

Begriffe wie ‚multikulturelle‘ oder ‚transkulturelle Pädagogik‘ werden teilweise in Analogie, von den Vertretern dieser Richtungen aber auch in bewusster Abgrenzung zu ‚Interkultureller Pädagogik‘ eingeführt. Wird ‚Interkulturelle Bildung‘ oder ‚Interkulturelle Erziehungswissenschaft‘ statt ‚Interkulturelle Pädagogik‘ als Begriff verwendet, geht es darum, den wissenschaftlichen gegenüber dem anwendungsorientierten Charakter sowie die Eigenständigkeit Interkultureller Bildung als Tätigkeits- und Forschungsgebiet innerhalb der Erziehungswissenschaft zu betonen (Krüger-Potratz 2004, 75 f.).

Vertreter interkultureller Pädagogik identifizieren sich heute nicht mehr mit dem Begriff der ‚Ausländerpädagogik‘. Sie gilt „zumindest theoretisch" (Diehm & Radtke 1999, 127) als seit Anfang der 1980er Jahre abgeschlossene Phase der pädagogischen Versuche, Kinder nicht-deutscher Eltern, die aufgrund fehlender oder ungenügender deutscher Sprachkenntnisse und aufgrund ihrer – wie man meinte – Sozialisation mit anderen kulturellen Deutungsmustern Probleme bei der schulischen Eingliederung aufwiesen, besonders zu fördern. Gekennzeichnet war sie durch den Versuch, der von Seiten der Lehrer und Lehrerinnen als problematisch empfundenen Situation, die durch die Anwesenheit von Kindern der in den 1960er und 1970er Jahren angeworbenen ausländischen Arbeitnehmer, die weder sprachlich noch aufgrund ihrer Sozialisationsbedingungen der Normalitätserwartung an Schüler in Bildungseinrichtungen,

vornehmlich Schulen entsprachen, mit einer Vielzahl von nicht aufeinander abgestimmten ad-hoc-Lösungen zu begegnen. Ziel war die möglichst schnelle Kompensation der bei den Migrantenkindern gegenüber deutschen Kindern festgestellten sprachlichen und kulturellen ‚Eingliederungsdefizite‘. Gleichzeitig sollte mit muttersprachlichem Ergänzungsunterricht die Rückkehrfähigkeit der Kinder in die Herkunftsländer ihrer Eltern erhalten werden. Die widersprüchliche Zielrichtung war also zum einen eine als temporär begrenzt gedachte sprachliche Eingliederung bei gleichzeitiger kultureller Identitätswahrung [→ Identität]. Die Beschäftigung mit Bedingungen und Formen von Akkulturation, Integration, Assimilation sowie der Bewahrung, Herausbildung oder dem Wandel von kultureller Identität unter Migrationsbedingungen gehört seitdem zu den zentralen Forschungsfragen der interkulturellen Bildungsforschung [→ III Migration und Bildung].

Seit sich zu Beginn der 1980er Jahre abzeichnete, dass es sich bei der ausländischen Bevölkerung nicht um eine temporär anwesende Gruppe mit abnehmender Mitgliederzahl, sondern um eine dauerhafte und sich hinsichtlich ihrer kulturellen, sozialen und Bildungsvoraussetzungen auch stetig neu zusammensetzende Wohnbevölkerung handelt, gilt die Ausländerpädagogik als gesellschaftlich und bildungspolitisch überholt. Allerdings stellen die Vielzahl an speziellen Förderangeboten für Kinder und Jugendliche mit Migrationshintergrund sowie Deutsch- und Alphabetisierungskurse sowie die seit 2005 für Neuzuwanderer verpflichtenden Integrationskurse im Erwachsenenbildungsbereich ausländerpädagogische Elemente dar, die im Hinblick auf eine Befähigung zur gesellschaftlichen Partizipation und damit auch zur Integration unverzichtbar und damit Teil interkultureller pädagogischer Bemühungen sind.

Aus dem Blickwinkel der interkulturellen Pädagogik erfuhr die ‚Ausländerpädagogik‘ als Negativfolie (Diehm & Radtke 1999, 127) rückblickend scharfe Kritik. Diese richtete sich vor allem gegen den sonderpädagogischen Anspruch einer speziellen Förderpädagogik für Ausländer, den einseitig kompensatorischen Ansatz der Ausländerpädagogik, der die ausländischen Familien und ihre Kinder über deren Eingliederungsdefizite etikettierte und ihre Ressourcen missachtete. Kritisiert wurde das statische Kulturkonzept, das der Annahme zugrunde lag, ausländische Kinder unterlägen in ihrem Sozialisationsprozess einem permanenten und unausweichlichen Kulturkonflikt zwischen der Kultur des Elternhauses und derjenigen der Schule bzw. umgebenden deutschen Gesellschaft (vgl. hierzu Schrader, Nikles & Griese 1976). Weiterhin wurde die Widersprüchlichkeit der ausländerpolitischen Zielsetzungen, die sowohl Eingliederungs- wie Remigrationshilfen bieten sollen, kritisiert (vgl. Glumpler 1998, 207). Vor allem wird den Vertretern der Ausländerpädagogik vorgeworfen, sich von der Politik, die Ausländer rechtlich und damit auch gesellschaftlich in ein Nischendasein verweist, für ihre Zwecke instrumentalisieren zu lassen, indem sie das ‚Ausländerproblem‘ pädagogisiert und mit zur Klientelisierung der Ausländer beigetragen hätten.

In der Folge distanziert sich ein Teil der Erziehungswissenschaftler und -wissenschaftlerinnen von der Bezeichnung ihres Fachgebietes als ‚Ausländerpädagogik‘ und beteiligte sich seit Anfang der 1980er Jahre aktiv an der Entwicklung interkultureller Ansätze (z. B. Reich, Auernheimer, Nestvogel, Boos-Nünning, Hohmann). Ziel der diesem Ansatz Verpflichteten ist es nun, die ‚Interkulturelle Pädagogik‘ „als durchgängiges pädagogisches Programm nicht nur für die Schule, sondern als durchgängiges Erziehungsprinzip auch für alle vor-, außer- und nachschulischen Einrichtungen zu begründen und zu implementieren" (Diehm & Radtke 1999, 127) und dies für alle Teile der Gesellschaft, Mehrheit wie Minderheiten. Darüber hinaus wird in neueren Publikationen zur Interkulturellen Bildung darauf hingewiesen, dass auch im Bereich der Forschung Interkulturelle Bildung als Querschnittsdimension der Erziehungs-

wissenschaft zu betrachten ist (vgl. Gogolin & Krüger-Potratz 2006, 136 f.).

Es wurde versucht, die hier beschriebene Entwicklung interkultureller Pädagogik als lineare Abfolge von in sich abgeschlossenen Phasen darzustellen (vgl. u. a. Nieke 2000, Auernheimer 2004). Diese Phasen-Darstellungen orientieren sich an zentralen Daten zuwanderungs- und bildungspolitischer Maßnahmen z. B. Empfehlungen der KMK zum Umgang mit ausländischen Schülern (1960er bis 1980er Jahre) bzw. mit Migration und kultureller und sprachlicher Vielfalt (1990er bis 2000er Jahre). Entgegen zu halten ist, dass die Geschichte des pädagogischen Umgangs mit Kindern anderer nationaler Herkünfte nicht erst mit der Gastarbeiterzuwanderung seit 1955 beginnt, sondern bis in das Preußen des 19. Jahrhunderts zurück reicht (vgl. hierzu die Arbeiten von Wenning, Hansen und Krüger-Potratz). Ferner kann weder in der historischen Entwicklung noch im Fachdiskurs von in sich abgeschlossenen Phasen die Rede sein, da ausländerpädagogische Konzepte nach wie vor Bestandteil interkultureller Pädagogik sind und es keine objektiven Kriterien gibt, nach denen sich eine Phaseneinteilung festlegen ließe.

Auch der Begriff der „Interkulturellen Pädagogik" wird zunehmend kritisiert. Ihm wird vorgeworfen, dass mit der Formulierung „interkulturell" kulturelle Differenzen als spezifische Verschiedenheit überbetont würden bzw. eine solche Focussierung Differenz überhaupt erst herstellt (Mecheril 2004, 15 f.). Mecheril schlägt als Ersatz ‚Migrationspädagogik‘ vor: „Migrationspädagogik bezeichnet einen Blickwinkel, unter dem Fragen gestellt und thematisiert werden, die bedeutsam sind für eine Pädagogik unter den Bedingungen einer Migrationsgesellschaft" (ebd., 18). „,Migration‘ ist eine Perspektive, die von vornherein anzeigt, dass die Einengung auf *eine kulturelle* Betrachtung der mit Wanderung verbundenen Phänomene unangemessen ist" (ebd., 18). Durchgesetzt hat sich diese Begrifflichkeit jedoch bislang nicht.

Hormel & Scherr (2004) hingegen plädieren durchaus für die Beibehaltung des Begriffs interkulturelle Pädagogik, allerdings unter Zusatz des Attributs „reflektiert":

„Eine *reflektierte interkulturelle Pädagogik* weist darauf hin, dass kulturelle Differenzen weder notwendig Ursache von Problemen und Konflikten noch allein als ein Effekt sozialer Ungleichheiten verständlich sind. Sie bricht mit der Prämisse eines naiven Kulturalismus, der zufolge Individuen Angehörige einer Kultur und durch diese geprägt sind. Sie fordert zur Auseinandersetzung mit den Bedingungen, Formen und Folgen von ethnischen, kulturellen und religiösen Zuschreibungen und Identifikationen sowie ihrer gesellschaftspolitischen, sozialen und individuellen Bedeutung auf" (Hormel & Scherr 2004, 15).

Grundsätzlich können nach Hohmann zwei Hauptansätze interkultureller Erziehung unterschieden werden, der konflikt- und der begegnungsorientierte Ansatz (Hohmann 1983, Nieke 2000, 35 f.). In ihrer Fokussierung auf die Pädagogik der Begegnung fordert interkulturelle Erziehung die Zurkenntnisnahme der Differenzen zwischen zugewanderten Kulturen und der Kultur der Aufnahmegesellschaft, die Förderung gegenseitiger Information, die Repräsentation der fremden Kulturen im öffentlichen Leben für die Majorität und die Betonung der gegenseitigen kulturellen Bereicherung durch interkulturelle Kontakte. Dieser Ansatz wird vereinzelt auch als „Pädagogik der kulturellen Differenz" bezeichnet (Leiprecht 1999, 2). Er findet sich wieder in Konzepten interkultureller Jugendarbeit, z. B. in der internationalen Jugendbegegnung sowie der Eine-Welt-Erziehung oder Globalem Lernen.

In ihrem konfliktorientierten Ansatz fordert interkulturelle Pädagogik in erster Linie die Bekämpfung von Grundlagen gesellschaftlicher Ungleichbehandlung, die sich in Ausländerfeindlichkeit, Diskriminierung und Rassismus äußern. Hier wurden Impulse des angelsächsischen Antirassismus-Diskurses aufgenommen. Pädagogen sollen sich aktiv für die Beseitigung von Formen institutioneller Diskriminierung und sozialstruktureller Marginalisierung einsetzen (ebd.). Ziel ist die Herstellung von Chancengleichheit für Minderheiten und Mehrheit. Auf diesen Ansatz berufen sich Konzepte der Antirassismus-Erziehung, des interkulturellen Konfliktmanagements und der politischen Jugend- und Erwachsenenbildung.

Die meisten Vertreter und Vertreterinnen der interkulturellen Pädagogik verbinden Elemente dieser beiden Ansätze miteinander. So wird im Allgemeinen ein Bewusstsein für die politisch gestützte Dominanz der Mehrheitskultur und eine kritisch-konstruktive Auseinandersetzung mit ‚Fremdheitserfahrungen' über die „Suche nach dem Eigenen im Fremden und nach dem Fremden im Eigenen" (Nestvogel 1994, 37; Holzbrecher 2004, 90 f.) gefordert. Vertreter und Vertreterinnen dieser Linie warnen gleichzeitig vor möglichen Gefahren auf diesem Weg. So könne es über die Entdeckung des ‚Eigenen im Fremden' zu einer möglichen Vereinnahmung und Bemächtigung des Fremden/ der Fremden kommen. In diesem Sinne können „Verstehensbemühungen […] als Versuche verstanden werden, die Ambivalenz des Fremden aufzulösen, also eine Entscheidung darüber herbeizuführen, ob es integriert oder abgespalten/bekämpft werden soll" (Scherr 1998, 55). Verstehen des Fremden war und ist daher historisch und aktuell nicht immer ein Vorgang wechselseitiger Verständigung unter Gleichen, sondern teilweise verbunden mit dem Wunsch, Macht, Kontrolle und Herrschaft über die Minderheit(en) auszuüben (Kolonialpädagogik). Dort, wo eindeutige Klassifikationen nicht möglich erscheinen und der Umgang mit Mehrdeutigkeiten und Ambivalenzen nicht gelernt wurde oder unerwünscht ist, kann es schließlich zu Ausgrenzungsprozessen kommen. Diese Prozesse begünstigten die Entstehung eines „kulturalistischen Rassismus" (Nestvogel 1994, 44), der weniger auf tatsächlicher Fremdheit als vielmehr der Zuschreibung von Fremdheit beruhe, womit eine benachteiligte soziale Position ‚des/der Fremden' legitimiert werden solle.

Im Vordergrund der neueren interkulturellen Ansätze, die sich stärker am konfliktpädagogischen Ansatz orientieren, steht daher weder die Harmonisierung noch Idealisierung von Unterschieden zwischen Menschen oder Kulturen, sondern die Befähigung der Beteiligten, Konflikte aushalten und konstruktiv mit ihnen umgehen zu können. Damit wird der Erfahrung Rechnung getragen, dass sich beide Grundpositionen Interkultureller Pädagogik gleichermaßen an pädagogischen und gesellschaftlichen Utopien orientieren, zu wenig Erfahrungen aus der Praxis aufgegriffen haben und sich daher vielfach als praktisch nicht umsetzbar erwiesen haben.

Ziel interkultureller Pädagogik ist die Herausbildung ‚interkultureller Kompetenzen‘ bei allen an pädagogischen Interaktionen Beteiligten. Was jedoch konkret mit ‚interkulturellen Kompetenzen‘ gemeint ist, darüber gehen die Meinungen der verschiedenen Vertreter der interkulturellen Pädagogik auseinander. Konsens besteht in der Betonung von sozialem Lernen und Erziehung zur Toleranz. Nieke erweitert die Ziele Interkultureller Erziehung auf 10 Punkte, in denen sich die Ansätze antirassistischer Erziehung, der Eine-Welt-Pädagogik und interkullellen Konfliktmanagements miteinander verbinden. Er nennt: das Erkennen des eigenen, unvermeidlichen Ethnozentrismus, der Umgang mit Befremdung, die Grundlegung von Toleranz, die Akzeptanz von Ethnizität, die Thematisierung von Rassismus, die Betonung des Gemeinsamen, die Ermunterung zur Solidarität, das Einüben vernünftiger Formen von Konfliktbewältigung, d. h. auch den Umgang mit Kulturkonflikt und Kulturrelativismus zu lernen, das Aufmerksamwerden auf Möglichkeiten gegenseitiger kultureller Bereicherung sowie die Aufhebung der Wir-Grenzen in globaler Verantwortung (vgl. Nieke 2000, 215 ff.). Hinzuzufügen wäre die Anerkennung der positiven Aspekte von Mehrsprachigkeit (vgl. Leiprecht 1999, 3).

Dabei soll der Umgang mit kulturbedingten Konflikten, deren Existenz als selbstverständlich in interkulturellen Begegnungen betrachtet wird, mittels eines Diskurses in sieben idealtypischen Schritten (Sieben-Schritte-Diskurs) vermittelt werden. Als abschließenden Lösungsweg sieht Nieke die Vermittlung des Prinzips der situativen Geltung von Normen (vgl. Nieke 2000, 256 ff.), die verhandelt werden sollen auf der Basis eines diskursethischen Ansatzes. Ähnliche Ansätze sind in verschiedenen Wirkungsfeldern interkultureller Pädagogik wiederzufinden (so z. B. bei Demorgon für die internationale Jugendbegegnung: Demorgon 1999, 88–91).

Mit ihrem ‚Vier-Punkte-Programm‘ zur Entwicklung von Rahmenbedingungen Interkultureller Erziehung zielt Boos-Nünning vor allem gegen die Tendenzen innerhalb der interkulturellen Pädagogik, Migranten und Migrantinnen die Position von selbstbestimmten Individuen zu bestreiten, die sich nach ihren eigenen Vorstellungen mit kulturellen oder religiösen Traditionen, Werten und Normen auseinandersetzen. Sie bezeichnet Bildungsaktivitäten, Konzepte oder Programme nur dann als interkulturell, wenn sie sich an Einheimische wie Zugewanderte in gleicher Weise richten, wenn sie Migranten nicht als problematischen Faktor für die Entwicklung eines Landes vermitteln, sondern die Ressourcen der Zuwanderer in den Mittelpunkt stellen, wenn sie nicht die einseitige Anpassung der Zugewanderten an das Wert- und Normsystem der Aufnahmegesellschaft fordern, sondern ein Aushandeln zulassen und wenn sie nicht die Kulturen der Herkunftsländer, sondern die lebendigen Kulturen der Migrantenpopulationen in Deutschland in den Bildungs- und Sozialisationsprozess der ausländischen wie deutschen Kinder einbeziehen (vgl. Boos-Nünning 1997, 19). Hinzuzufügen wäre, in Anlehnung an Nieke, dass Bildungsaktivitäten, Programme und Konzepte zukünftig nur dann das Prädikat ‚interkulturell‘ verdienen, wenn „bei der Konzeptualisierung von Interkultureller Erziehung genauer und empirischer als bisher die Perspektive der Betroffenen“ (Nieke 2000, 201) ermittelt und berücksichtigt wurde. Das heißt konkret, wenn an der Entwicklung von interkulturellen pädagogischen Ansätzen Angehörige der Mehrheit wie auch der Minderheiten gleichberechtigt beteiligt würden.

3 Zentrale Probleme

Kritik an den Konzepten interkultureller Pädagogik richtet sich nach wie vor gegen die Zentralität des Kulturbegriffs, in dem sich eine Kontinuität zur Ausländerpädagogik zeige. Während diese die Kulturen der Zuwanderer als defizitär und daher eher hinderlich für die Eingliederung in die Aufnahmegesellschaft betrachtet habe, konzentriere sich die ,Interkulturelle Pädagogik' nun zu stark auf den Aspekt der Kultur als (positiv zu nutzendes) Unterscheidungskriterium (vgl. Boos-Nünning 1997, 24). Der vom begegnungsorientierten Ansatz geforderte Kulturrelativismus (,Kulturen sind unterschiedlich, haben aber in ihrer je spezifischen Ausprägung das gleiche Recht auf Bewahrung und Entfaltung') wird als im konkreten pädagogischen Handeln für nicht durchzuhalten kritisiert, da er in Konfliktsituationen zu Handlungsunfähigkeit der Beteiligten führen könne, die über keine gemeinsame Handlungsbasis verfügten (vgl. Nieke 2000, 96). Darüber hinaus berge der auf den Aspekt der Kultur fokussierte Blick zum einen das Risiko, dass Probleme zwischen Mehrheit und Minderheit auf kulturelle Unterschiede reduziert, gesellschaftliche und politische Ursachen ausgeblendet würden (vgl. Boos-Nünning 1997, Nieke 2000). Zum anderen beinhalte der kulturalistische Blick ein statisches Kulturverständnis, das Personen zu sehr auf ihre kulturelle Herkunft, diese wiederum auf ihre ,Ursprünglichkeit' festlege. Dies kommt zum Beispiel in der ethnische und religiöse Vielfalt missachtenden Rede von ,*der* türkischen Kultur' zum Ausdruck (vgl. Auernheimer 1995, 167; Nestvogel 1990, 31). In diesem Zusammenhang wird auch Kritik an der Folklorisierung der Migrantenkulturen laut (vgl. Diehm & Radtke 1999, 132).

Sting erkennt in Ansätzen der interkulturellen Pädagogik eine als negativ zu bewertende „Verstrickung von Konzepten Interkultureller Erziehung mit der klassischen deutschen Bildungstradition" (Sting 1997, 123), die sich in einer „Betonung der ,Kultur' für den Wert des Menschen" sowie der „Bedeutung der ,Erziehung' für die Hervorbringung dieser Kultur" äußere (ebd., 126). Im spezifisch deutschen Zusammenhang, der sich auf Herder und Fichte zurückführen lässt, konstituiere sich der ,Charakter einer Nation', ihr ,inneres Wesen' in ihrer jeweiligen ,Nationalkultur', die es durch Erziehung und Bildung herauszu*bilden* gelte (ebd., 130–131). Dies sei einer der Gründe dafür, dass Differenzen zwischen Angehörigen verschiedener Nationen in multikulturellen Gesellschaften im deutschen Diskurs oftmals mit Differenzen zwischen den Kulturen erklärt würden. Die sich hinter Differenzen verbergenden ökonomischen, Generations- oder Kommunikationskonflikte träten daher hinter dem Erklärungsaspekt ,Kultur' vielfach zurück. Sting plädiert daher für eine intensive Auseinandersetzung mit den eigenen nationalen Prämissen, er nennt ein „reflexives Nationalbewusstsein" als „unabdingbare Voraussetzung" für ein „nicht vereinnahmendes Verhältnis zum Fremden und Andersartigen" (ebd., 140; vgl. hierzu auch Nestvogel 1990 und 1994).

Andere interkulturelle Pädagogen und Pädagoginnen setzten sich für ein verändertes Verständnis von ,Kultur' ein. Kultur als kollektives Deutungsmuster einer Lebenswelt präge zwar den Alltag und die Lebenslage von Menschen ganz wesentlich mit, dürfe jedoch nicht gleichgesetzt werden mit der Identität von Menschen (vgl. Nieke 2000, 37 ff.). So wird es zwar als sinnvoll erachtet, Kulturen eingewanderter Minoritäten in ihrer strukturellen Andersartigkeit von der jeweiligen Herkunftskultur zu betrachten, dabei dürfe der Blick jedoch nicht verlorengehen für die strukturellen Ähnlichkeiten zu anderen Teilkulturen der Aufnahmegesellschaft. Gewarnt wird auch vor einer Gleichsetzung von ,Kultur' und ,Gesellschaft', die eine kritische Haltung gegenüber der Gesellschaft durch Aneignung von Kultur – eine Forderung von Bildung in demokratisch verfassten Gesellschaften – unmöglich mache (vgl. Apitzsch 1997, 257). Voraussetzung für die Realisierung dieser Position ist ein Verständnis von Gesellschaft, die nicht mehr durch den Glauben an eine gemeinsame (nationale) Kultur und die in ihr eingebetteten Werte und Normen verbunden ist, sondern durch Verfassungspatriotismus (vgl. Boos-Nünning 1997, 27). An diesem Punkt wird die deutlich politische Komponente der Forderungen aktueller interkultureller pädagogischer Ansätze deutlich, die nicht selten in konkreten Forderungen an ein Handeln münden, „das aktiv gleiche Rechte für alle anstrebt und Diskriminierungen, wie sie z. B. in dem bundesdeutschen Ausländergesetz festgeschrieben sind, energisch entgegentritt" (Nestvogel 1990, 32).

Als Ausweg aus dem Dilemma, mit der Selbstbezeichnung ‚interkulturell' kulturelle Zuschreibungen festzulegen, schlägt Welsch (1992) das Konzept der ‚transkulturellen Pädagogik' vor. Als wesentliches Kennzeichen von Transkulturalität benennt Welsch auf der Makroebene die externe Vernetzung der Kulturen und die Hybridisierung, auf der Mikroebene die transkulturelle Prägung der Individuen durch verschiedenartige, je individuelle kulturelle Herkünfte und Bindungen. Transkulturelle Gesellschaften seien nicht mehr einheitlich und monokulturell bestimmt, sondern umfassten eine Vielfalt unterschiedlicher (Teil-)Kulturen [→ Vielfalt]. Die erworbene Kultiviertheit der Individuen sei nicht mehr durch eine einheitliche, homogene Kultur geprägt, sondern durch die verschiedenen Kulturen, die Einfluss auf den je individuellen Sozialisationsprozess hätten. Voraussetzung dafür sei die Betrachtung des einzelnen Subjekts als eines, das an verschiedenen Wissens- und Symbolsystemen oder gesellschaftlichen Praxen partizipiert. Multikulturalität sei dann nicht mehr die Anwesenheit verschiedener Kulturen in einer Gesellschaft, sondern eine Konstellation, in der die einzelnen Gesellschaftsmitglieder gleich-

zeitig an verschiedenen Kulturen teilhaben oder sie als Orientierung nutzen können (vgl. hierzu auch Bhabha 2007; Datta 2005). Als Bezeichnung hat sich jedoch ‚transkulturelle Pädagogik' bislang nicht gegenüber ‚Interkultureller Pädagogik' durchsetzen können.

Eine weitere Position, die des Universalismus, betont die Notwendigkeit einer Existenz universaler und (kultur-)neutraler gemeinsamer Werte und Normen in einer Gesellschaft (aller Völker?). Diese seien repräsentiert in den universalen Menschenrechten, auf die sich alle Mitglieder der Gesellschaft verpflichten müssten (vgl. z. B. Borelli 1986) [→ Menschenrechte und Behinderung]. Aber auch hier werden Gegenargumente von Vertretern und Vertreterinnen anderer Richtungen innerhalb der interkulturellen Pädagogik vorgebracht. Sie kritisieren an dieser Haltung die Ignoranz gegenüber der kulturellen Prägung der Allgemeinen Erklärung der Menschenrechte, die deutlich von christlichem Gedankengut und der Tradition der westlichen Aufklärung geprägt sei. Ein Universalismus, der diese Traditionen außer Acht lasse, sei eine Form von Ethnozentrismus. Das impliziere die Vorstellung von einer kulturellen Evolution, der zufolge westliche Gesellschaften den gegenwärtig im Vergleich zu anderen höchsten Stand auf einer gradlinigen Skala erreicht haben. Nicht selten wird davon ausgegangen, dass sich die „Universalität des rational-wissenschaftlichen Denkens und Handelns" als Folge des in der Aufklärung errungenen „Sieges der Vernunft" aufgrund ihrer überlegenen Logik ausgebreitet habe. Dem wird entgegengehalten, dass die Verbreitung dieser Ideologie im Gefolge des ökonomisch-politisch motivierten Kolonialismus und Imperialismus erfolgt ist (Nestvogel 1994, 51). Um diesem unzulässigen Universalismus zu entgehen, schlägt Nestvogel die Erweiterung des vier Ebenen umfassenden „Strukturmodells der Sozialisationsbedingungen" von Geulen und Hurrelmann um eine fünfte Ebene der „weltsystemischen Perspektive" vor. Erst mit Hinzufügung dieser Ebene erhalte das Modell die „gesellschaftsanalytische

Qualität" (Nestvogel 1999, 391), mit der es möglich wird, die eigene Gesellschaft „als Teil umfassender weltgesellschaftlicher Zusammenhänge wahrzunehmen" (ebd., 402) und damit die Eingebundenheit der Theoriebildung „in die westlichen Dominanzkulturen und ihre Universalismusthesen" genauer zu überprüfen (ebd., 402). Auf diese Weise findet eine unmittelbare Verknüpfung inter-kultureller Ansätze mit Konzepten von Eine-Welt-Erziehung und Globalem Lernen statt.

Andererseits wird gerade in der UN-Menschenrechtserklärung durchaus eine Basis für universelle Rechtsgrundsätze gesehen, allerdings erst, wenn zuvor die Einsicht darin erfolgt, „dass die heutige Fassung der Menschenrechte nicht abgeschlossen und endgültig ist" (Nestvogel 1990, 32) und sie daher auf der Basis weiterer Erfahrungen und verschiedener Traditionen im interkulturellen Dialog ausgehandelt und weiterentwickelt werden können und müssen (vgl. auch Auernheimer 1995, 186). Als notwendige Voraussetzung für diese Herangehensweise ist auf Bielefeldt (1996) zu verweisen, der betont: „Die Menschenrechte können ihre konsensstiftende Bedeutung für die pluralistische Gesellschaft allerdings nur dann entfalten, wenn man darauf verzichtet, eine bestimmte religiöse oder weltanschauliche ,Letztbegründung' der Menscherechte als allgemein verbindlich zu erklären" (ebd., 361).

Unter Berücksichtigung des spezifischen Spannungsfeldes zwischen religiösen Traditionen im Islam und dem Anspruch der modernen Menschenrechte fordert Bielefeldt daher, „die Menschenrechte so offen zu formulieren, dass auch Muslime (sowie andere religiöse oder kulturelle Gruppen) sich auf den darin enthaltenen humanen Anspruch einlassen können". Dies sei unmöglich, sofern sie „als Ausdruck eines ,christlichen Menschenbildes' oder eines ,westlichen Individualismus' propagiert werden" (ebd., 378).

4 Zentrale Erkenntnisse

Zu den aktuellen Diskursen innerhalb der Disziplin gehört die Frage der Abgrenzung bzw. Verbindung zu angrenzenden Konzepten wie dem der Diversity-Education, das nicht nur kulturelle und damit ethnische, sprachliche und religiöse, sondern auch Differenz entlang der Linien soziale Schicht, Geschlecht, sexuelle Orientierung und Behinderung berücksichtigt (vgl. Nohl 2006, 132 f.). Für Deutschland hat Prengel zumindest Teilaspekte (Gender, Ethnizität und Behinderung) hiervon in den von ihr entwickelten Ansatz der „Pädagogik der Vielfalt" (1993/2006) übernommen. Während Gender als Querschnittsdimension interkultureller Bildungsforschung inzwischen selbstverständlich zu sein scheint [→ Geschlecht], findet eine Auseinandersetzung mit sonderpädagogischen Fragestellungen in der interkulturellen Pädagogik bislang kaum statt. Gender als Thema interkulturell pädagogischer Praxis und Forschung leitet sich aus kulturell unterschiedlichen geschlechtsspezifischen Rollenmustern, ihrer Bedeutung für pädagogische Interaktionen und damit auch Konflikte sowie dem Interesse an Prozessen ihrer Veränderung durch pädagogische und sozialisatorische Interventionen ab. Der Aspekt der Behinderung findet hingegen kaum Berücksichtigung. Lediglich vereinzelt befassen sich Sonderpädagogen und empirische Bildungsforscher anderer Fachrichtungen mit der überproportionalen Repräsentanz von Kindern und Jugendlichen mit Migrationshintergrund an Sonderschulen für Lernbehinderte und verweisen hier auf Mechanismen institutioneller Diskriminierung (vgl. Kornmann, Burghard & Eichling 1999; Gomolla & Radtke 2002). Andere Aspekte von Behinderung spielen im interkulturellen Fachdiskurs kaum eine Rolle. Dabei gibt es über Frage des Umgangs staatlicher Schulsysteme mit Abweichungen von der Schülernorm, mit Umgang mit Befremdung und Anderssein sowie mit unterschiedlichen Befähigungen und Kompetenzen durchaus zentrale Anknüpfungspunkte (vgl. Sehrbrock 2006).

Prengels Konzept einer „Pädagogik der Vielfalt" wird aufgegriffen und erweitert in neueren Konzepten von Intersektionalität (vgl. Leiprecht & Lutz 2006), die verschiedene Aspekte von Differenz oder Ungleichheit als miteinander verschränkt betrachten und damit die alleinige Konzentration auf den Faktor Kultur überwinden wollen. In der Auseinandersetzung mit Fragen von Toleranz und Anerkennung von Differenz sowie eines gerechten Umgangs mit der Bewahrung kultureller Eigenarten einerseits und der notwendigen kulturellen Anpassung an einen gesellschaftlichen und rechtlichen Konsens andererseits gibt es enge Verbindungen zur Menschenrechtserziehung wie auch, wenn es um Fragen des politischen und sozialen Miteinanders sowie Bildungsgerechtigkeit in der Gesellschaft geht, zur Citizenship Education (vgl. Luchtenberg 2004; Georgi 2008). Interkulturelle Pädagogik weist in ihrer Zielsetzung, die Partizipation und Chancengleichheit von Menschen unterschiedlicher ethnischer bzw. kultureller Herkunft im Bildungssystem zu unterstützen auch Anschlüsse an die Friedenserziehung und das Eine-Welt-Lernen/Globales Lernen (vgl. Scheuenpflug & Hirsch 2000) auf. Durchaus kritisch wird hingegen der Bezug zum Lernen für Europa gesehen (vgl. Luchtenberg 2006). Beschränkt sich dieses etwa auf die Vermittlung einer europäischen Geschichte und Identität, um Schüler auf das Ziel der Europäischen Einigung einzuschwören, wird dies als all jene Mitglieder der Gesellschaft ausgrenzend betrachtet, die selbst bzw. deren Eltern nicht Angehörige eines Mitgliedslandes Europas sind. Wird hingegen auf die auch außereuropäisch bedingte Vielfalt Europas hingewiesen, ergeben sich durchaus Anknüpfungspunkte für den interkulturellen Bildungsgedanken. Im Hinblick auf die Auseinandersetzung mit Menschenrechten, Ausgrenzung von Minderheiten sowie Rassismus gibt es für die interkulturelle Pädagogik auch Anknüpfungspunkte mit historisch-politischem Lernen (vgl. Ohliger 2006) und damit der Konfrontation mit Nationalsozialismus und Holocaust. Hier stellt sich als besondere Herausforderung die Frage,

wie dieser Lerngegenstand sich angemessen in multikulturellen Klassen mit hohen Anteilen von Nachfahren der nach 1945 zugewanderten Minderheiten anderer nationaler Herkunft (vgl. Alavi 1998; Georgi 2003) vermitteln lässt. Bei speziellen Fragen der Auseinandersetzung ethnischer Diskriminierung nimmt interkulturelle Bildung Konzepte der Anti-Rassismuserziehung auf. Wobei Vertreter und Vertreterinnen der Anti-Rassismuserziehung sich durchaus auch in Abgrenzung zur interkulturellen Pädagogik definieren, wenn sie betonen, dass die Betonung von Kultur als Unterscheidungsmerkmal rassistische Zuschreibungen begünstige.

5 Aktueller Forschungsstand

Die aktuelle interkulturelle Bildungsforschung wurde wesentlich beeinflusst durch die Ergebnisse des durch die Deutsche Forschungsgemeinschaft geförderten und 1997 eingerichteten Schwerpunktes „FABER" (Folgen der Arbeitsmigration für Bildung und Erziehung). Bis heute konzentriert sich die Forschung auf den Aspekt der Arbeitsmigration mit den Personengruppen, die infolge der Anwerbung ausländischer Arbeitskräfte nach Deutschland kamen. Hier stellt ein Schwerpunkt der Forschung die Untersuchung von Lebensumständen und -orientierungen einzelner oder mehrerer Zuwanderungsgruppen im Vergleich dar (vgl. Boos-Nünning & Karakaşoğlu 2005). Eine gewisse Fokussierung erfolgt auf die Gruppe der Kinder und Jugendlichen, als Adressaten des Bildungssystems. Erweitert wurde der Personenkreis, mit dem sich die interkulturelle Bildungsforschung beschäftigt, nach 1990 um ältere Migranten (vgl. Dietzel-Papakyriakou 1993) und damit einher gehend um interkulturell geragogische Konzepte. Im Hinblick auf die Zielgruppen der Forschung erfolgte nach 1990 eine Erweiterung durch eine Einbeziehung der deutschen (Spät-)Aussiedler. Andere Gruppen wie Asylbewerber und Flüchtlinge, damit vor allem Zuwanderungsgruppen aus Afrika und Übersee, bleiben als Forschungsgegenstand bislang eher marginal (zu den wenigen Studien über Afrikanerinnen in Deutschland gehört Nestvogel 2006).

Eine besondere Herausforderung stellt für die Interkulturelle Pädagogik die Auseinandersetzung mit bildungspolitischen Diskursen in Folge der Veröffentlichung von Ergebnissen der empirischen Schulleistungsstudien (PISA, IGLU, TIMSS, PIRLS etc.) dar. Die sich darin abbildende eklatante Bildungsbenachteiligung von Schülern mit Migrationshintergrund ließ bildungspolitisch die Forderung nach mehr spezieller Förderung von Kindern mit Migrationshintergrund [→ III Migration und Bildung], insbesondere im Hinblick auf Deutsch als Zweitsprache laut werden. Dagegen betonen interkulturelle Bildungsforscher die Notwendigkeit, das Bildungssystem und seine Reaktion auf eine sprachlich, kulturell und ethnisch plurale Schülerschaft kritischer in den Blick zu nehmen und hier grundlegende Reformen und Umorientierungen einzuleiten. Es werden Mechanismen institutioneller Diskriminierung aufgedeckt, die deutlich machen, dass das meritokratische Prinzip im Bildungssystem nicht realisiert wird (vgl. Diefenbach 2007). Darüber hinaus betonen interkulturelle Bildungsforscher u. a. mit Bezug auf die Europäische Vereinbarung zum Schutz der Sprachenvielfalt das Recht auf Mehrsprachigkeit sowie den Wert des Erhalts natürlicher Mehrsprachigkeit in einer globalisierten Welt.

Auch in der aktuellen interkulturellen erziehungswissenschaftlichen Forschung nimmt damit der Aspekt Sprache/Mehrsprachigkeit breiten Raum ein (vgl. Beiträge in Auernheimer 2006). Daneben findet aber auch zunehmend eine Auseinandersetzung mit Religion, insbesondere dem Islam als kulturelle Identität stiftendem und in interkulturellen Konflikten wirksam werdendem Faktor statt (vgl. von Wensierski & Lübke 2007). In beiden Fällen bewegen sich Gegenstände interkultureller Bildungsforschung an der Schnittstelle verschiedener Wissenschaftsdisziplinen. Diese Interdisziplinarität kann als Tradition interkultureller Pädagogik bezeichnet werden. Enge Verbindungen und Kooperationen existieren seit jeher mit der Sprachwissenschaft, der Kulturwissenschaft, der Religionswissenschaft und der Migrationsgeschichte und -soziologie.

Ebenfalls in kritischer Reaktion auf viele Schulleistungsstudien, die die Ursachen von Bildungsbenachteiligung von Kindern mit Migrationshintergrund nahezu ausschließlich auf deren deutsch-sprachliche Voraussetzungen zurückführen, findet eine umfassende qualitative Untersuchung der multifaktoriellen Bedingungen von Bildungserfolg bei Jugendlichen mit Migrationshintergrund innerhalb der interkulturellen Bildungsforschung statt (vgl. Hamburger et al. 2005; Riegel & Geisen 2007). Im Mittelpunkt stehen hier die Ressourcen, die Jugendliche mobilisieren können, um sich gegen systemimmanente Widerstände erfolgreich im Bildungssystem positionieren zu können. Zu den zentralen Begrifflichkeiten, mit denen sich die qualitativ empirische interkulturelle Bildungsforschung auseinandersetzt, gehören die Begriffspaare Integration und Assimilation, Exklusion und Inklusion, Anerkennung und Ausgrenzung [→ Anerkennung] [V Soziale Exklusions- und Desintegrationsrisiken], denen sie über die Analyse von strukturellen Faktoren einerseits und Offenlegung subjektiver Deutungsmuster von Angehörigen unterschiedlicher ethnischer Gruppen andererseits nachzuspüren versucht.

Zu den weiteren zentralen Forschungsgebieten interkultureller Bildungsforschung gehört die interkulturelle Schul- und Unterrichtsforschung (vgl. Auernheimer et al. 2001). Das umfassendste (Handlungsforschungs-)Projekt zu diesem Bereich stellt hier das 10 Bundesländer umfassende Modellversuchsprogramm „Förderung von Kindern und Jugendlichen mit Migrationshintergrund FörMig" dar, das seit 2004 läuft und wissenschaftlich durch die Universität Hamburg begleitet wird. Besondere Betonung wird auf die Zusammenarbeit unterschiedlicher Institutionen und die nachhaltige Veränderung der Institution durch die Implementation der Maßnahmen gelegt.

6 Ausblick

Auch wenn in der Praxis interkulturelle Pädagogik noch weit davon entfernt ist, als durchgängiges Bildungs- und Erziehungsprinzip verbreitet und in entsprechenden Konzeptionen fest verankert zu sein, so hat die von vielen interkulturellen Pädagogen und Pädagoginnen vorgebrachte Forderung nach einer interkulturellen Bildung als konstitutivem Element der Allgemeinbildung und Querschnittsdimension der Erziehungswissenschaft mittlerweile auf der Ebene aktueller pädagogischer Diskurse und bildungspolitischer Beschlüsse durchaus Beachtung und Umsetzung gefunden (Gogolin & Krüger-Potratz 2006, 135 f.). Interkulturelle Konzepte und der Erwerb interkultureller Kompetenzen ist zumindest theoretisch in den Kanon der geforderten ,Schlüsselqualifikationen' integriert worden, der vor allem im Rahmen von Schule vermittelt werden soll (vgl. KMK-Empfehlungen zum Interkulturellen Lernen in der Schule aus dem Jahr 1996). Interkulturelle pädagogische Ansätze sind integraler Bestandteil der Lehreraus- und -fortbildung in den meisten Bundesländern und die Auseinandersetzung mit Fragen von Migration und interkultureller Bildung ist inzwischen Gegenstand nicht nur dezidiert interkultureller Bildungsforschung, sondern gehört zum selbstverständlichen Bestandteil der einschlägigen Schulleistungsstudien (z. B. PISA, IGLU, DESI, ULME) und der nationalen Bildungsberichterstattung.

Mit der Bedeutungszunahme der Thematiken Migration und Integration in der aktuellen politischen Debatte über die Ausgestaltung und Zukunft der Gesellschaft gewinnt interkulturelle Pädagogik als Disziplin, der von bildungspolitischer Seite die Aufgabe zugeschrieben wird, die Integration von zugewanderten Minderheiten in die Gesellschaft zu befördern und an einer Umgestaltung des Bildungssystems sowie neuer Bildungskonzeptionen mitzuwirken, zunehmend an Bedeutung.

Literatur

Alavi, Bettina (1998): Geschichtsunterricht in der multiethnischen Gesellschaft. Frankfurt a. M.

Apitzsch, Ursula (1997): Interkulturelle Arbeit: Migranten, Einwanderungsgesellschaft, Interkulturelle Pädagogik. In: Krüger, Heinz-Hermann & Rauschenbach, Thomas (Hrsg.): Einführung in die Arbeitsfelder der Erziehungswissenschaft, 2. Aufl., Opladen, 251–268

Auernheimer, Georg (2004): Drei Jahrzehnte Interkulturelle Pädagogik. In: Karakaşoğlu, Yasemin & Lüddecke, Julian (Hrsg.): Migrationsforschung und Interkulturelle Pädagogik. Münster, 17–28

Auernheimer, Georg (1995): Einführung in die Interkulturelle Erziehung, 2. Aufl., Darmstadt

Auernheimer, Georg (Hrsg.) (2006): Schieflagen im Bildungssystem. Wiesbaden

Auernheimer, Georg et al. (Hrsg.) (2001): Interkulturalität im Arbeitsfeld Schule. Opladen

Bhabha, Homi K. (2007): Die Verortung der Kulturen. Tübingen

Bielefeldt, Heiner (1996): Menschenrechte und Islam. In: Heitmeyer, Wilhelm & Dollase, Rainer (Hrsg.): Die bedrängte Toleranz. Frankfurt a. M., 360–381

Boos-Nünning, Ursula (1997): Offene theoretische Probleme des interkulturellen Bildungsgedankens. In: Rickert, Folkert & Gottwald, Eckhart (Hrsg.): Verständigung und religiöse Vielfalt. Duisburg, 19–29

Boos-Nünning, Ursula & Karakaşoğlu, Yasemin (2005): Viele Welten leben. Münster

Borelli, Michele (1986): Interkulturelle Pädagogik. Baltmannsweiler

Datta, Asit (Hrsg.) (2005): Transkulturalität und Identität. Frankfurt a. M.

Demorgon, Jacques (1999): Interkulturelle Erkundungen. Frankfurt a. M.

Diefenbach, Heike (2007): Kinder und Jugendliche aus Migrantenfamilien im deutschen Bildungssystem. Wiesbaden

Diehm, Isabell & Radtke, Frank-Olaf (1999): Erziehung und Migration. Stuttgart

Dietzel-Papakyriakou, Maria (1993): Altern in der Migration. Stuttgart

Dietzel-Papakyriakou, Maria (1997): Die alltägliche Suche nach dem Verborgenen. In: Essener Unikate 9, 23–27

Georgi, Viola (2003): Entliehene Erinnerung. Hamburg

Georgi, Viola B. (Hrsg.) (2008): The Making of Citizens in Europe. Bonn

Glumpler, Edith (1998): Interkulturelle Bildung – Interkulturelle Erziehung, Interkulturelle Erziehung und Didaktik. In: Nyssen, Elke & Schön, Bärbel (Hrsg.): Perspektiven für pädagogisches Handeln. 2. Aufl., Weinheim, 199–226

Gogolin, Ingrid & Krüger-Potratz, Marianne (2006): Einführung in die Interkulturelle Pädagogik. Opladen

Gomolla, Mechthild & Radtke, Frank-Olaf (2002): Institutionelle Diskriminierung. Opladen

Hamburger, Franz et al. (Hrsg.) (2005): Migration und Bildung. Wiesbaden

Hohmann, Manfred (1983): Interkulturelle Erziehung. In: Ausländerkinder in Schule und Kindergarten, 4., 2–8

Holzbrecher, Alfred (2004): Interkulturelle Pädagogik. Berlin

Hormel Ulrike & Scherr, Albert (2004): Bildung für die Einwanderungsgesellschaft. Wiesbaden

Kornmann, Reimer et al. (1999): Zur Überrepräsentation von ausländischen Kindern und Jugendlichen in Schulen für Lernbehinderte. In: Zeitschrift für Heilpädagogik, 50, 3, 106–109

Krüger-Potratz, Marianne (2004): Ist die Interkulturelle Pädagogik in der Erziehungswissenschaft „angekommen"? In: Karakaşoğlu, Yasemin & Lüddecke, Julian (Hrsg.): Migrationsforschung und Interkulturelle Pädagogik. Münster, 75–90

Leiprecht, Rudolf (1999): Interkulturelle und Antirassistische Pädagogik. In: Arbeitshilfen zum Jugendschutz, 35, 3, 1–8

Leiprecht, Rudolf & Lutz, Helma (2006): Intersektionalität im Klassenzimmer: Ethnizität, Klasse, Geschlecht. In: Leiprecht, Rudolf & Kerber, Anne (Hrsg.): Schule in der Einwanderungsgesellschaft. Schwalbach/Ts., 218–234

Luchtenberg, Sigrid (2004): Citizenship Education. In: Karakaşoğlu, Yasemin & Lüddecke, Julian (Hrsg.): Migrationsforschung und Interkulturelle Pädagogik. Münster, 91–102

Luchtenberg, Sigrid (2006): Bildung und Kommunikation vor dem Hintergrund der europäischen Integration. In: Leiprecht, Rudolf & Kerber, Anne (Hrsg.): Schule in der Einwanderungsgesellschaft. Schwalbach/Ts., 83–96

Mecheril, Paul (2004). Migrationspädagogik. Weinheim

Nestvogel, Renate (1994): ‚Fremdes' oder ‚Eigenes'? Freiräume zwischen Ausgrenzung und Vereinnahmung. In: Nestvogel, Renate (Hrsg.): „Fremdes" oder „Eigenes". Frankfurt a. M., 27–69

Nestvogel, Renate (1990): Interkulturelles Lernen. In: ZEP, 13, 3, 30–33

Nestvogel, Renate (1999): Sozialisation im ‚Weltsystem'. In: Zeitschrift für Soziologie der Erziehung und Sozialisation, 19, 4, 388–404

Nestvogel, Renate (2006): Bildungs- und Berufserfahrungen von afrikanischen Migrantinnen in Deutschland. In: Schlüter, Anne (Hrsg.): Bildungs- und Karrierewege von Frauen. Opladen, 145–167

Nieke, Wolfgang (2000): Interkulturelle Erziehung und Bildung. 2. Aufl., Opladen

Nohl, Arnd-Michael (2006): Konzepte interkultureller Pädagogik, Bad Heilbrunn

Ohliger, Rainer (2006): Integration und Partizipation durch Historisch-Politische Bildung. Stand-Herausforderungen-Perspektiven. Berlin

Prengel, Annedore (1993, 2006): Pädagogik der Vielfalt. Wiesbaden

Rey-von-Allmen, Micheline (1984): Interkulturalismus – Holzwege und Herausforderungen. In: Reich, Hans H. & Wittek, Fritz (Hrsg.): Migration – Bildungspolitik – Pädagogik. Essen

Riegel, Christine & Geisen, Thomas (Hrsg.) (2007): Jugend, Zugehörigkeit und Migration. Wiesbaden

Scherr, Albert (1998): Die Konstruktion von Fremdheit in sozialen Prozessen. In: Neue Praxis 28, 1, 49–57

Scheunpflug, Annette & Hirsch, Klaus (Hrsg.) (2000): Globalisierung als Herausforderung für die Pädagogik. Frankfurt a. M.

Schrader, A. et al. (1976): Die Zweite Generation. Kronberg

Sehrbrock, Peter (2006): Interkulturelle Fachdiskurse in der Verbindung mit Ansätzen aus der Sonderpädagogik bzw. der Pädagogik für besondere Bedürfnisse. In: Leiprecht, Rudolf & Kerber, Anne (Hrsg.): Schule in der Einwanderungsgesellschaft, Schwalbach/Ts., 180–191

Sting, Stephan (1995): Interkulturelle Erziehung in der ‚Deutschen Kulturnation'. In: Hildebrand, Bodo & Sting, Stephan (Hrsg.): Erziehung und kulturelle Identität. Münster, 121–143

Taylor, Charles (1992): Multikulturalismus und die Politik der Anerkennung. Frankfurt a. M.

von Wensierski, Hans-Jürgen & Lübcke Claudia (Hrsg.) (2007): Junge Muslime in Deutschland. Opladen

Welsch, Wolfgang (1992): Transkulturalität. In: Information Philosophie, 20, 2, 5–20

Disability Studies

Anne Waldschmidt

1 Definition

Angewandte Wissenschaften wie die Behindertenpädagogik sind dem Projekt der Moderne verpflichtet, der mit ihr verbundenen Verheißung von Leidvermeidung und individuellem Lebensglück. Entsprechend geht es im Kern um die Prävention, Therapie und Rehabilitation von gesundheitlichen Beeinträchtigungen. Unterstellt wird, dass es für die Gesellschaft wie auch für das Individuum das Beste sei, wenn Menschen, die als behindert bezeichnet werden, besondere Hilfen erhalten und ihnen ermöglicht wird, brauchbare Kompetenzen zu erwerben, die Beeinträchtigung psychisch zu verarbeiten und die Anpassung an die Umwelt erfolgreich zu bewältigen, kurz: wenn ,normale' Lebensumstände entstehen.

Sicherlich kann es nicht darum gehen, pädagogische Förderung prinzipiell in Frage zu stellen. Dennoch ist ein Perspektivenwechsel auf das Phänomen der Behinderung notwendig. Dessen Ausgangspunkt muss darin liegen, sich zunächst zu vergegenwärtigen, dass der vorherrschende Blick auf gesundheitsrelevante Differenzen an den Standort gebunden, d. h. eingeschränkt ist: Auf Problemlösung fixierte Ansätze wie die Behindertenpädagogik können die Komplexität von Behinderung nicht hinreichend erfassen; sie blenden aus, dass Behinderung eine weit verbreitete Lebenserfahrung darstellt und der menschliche Körper, trotz oder gerade wegen der heute umfassenden Möglichkeiten seiner technischen Zurichtung, keine reibungslos funktionierende Maschine ist, sondern höchst gebrechlich und verletzlich. Im Grunde ist Behinderung nicht die Ausnahme, die es zu kurieren gilt, sondern die Regel, die in ihren vielfältigen Erscheinungsweisen zunächst einfach zu akzeptieren wäre. Dass ihr entgegen ihrer Omnipräsenz in der Lebenspraxis dennoch ein Ausnahmestatus zugeschrieben wird, hat gesellschaftspolitische und kulturelle Gründe. Offensichtlich wird die Abgrenzungskategorie ,gebraucht', um soziale Stabilität zu gewährleisten und kulturell vorgegebene Vorstellungen von Körperlichkeit und Subjektivität aufrechtzuerhalten. Vor allem die Gegenwartsgesellschaft benötigt den Abweichungstatbestand, um im Kontrast so etwas wie ,Normalität' [→ Normalität] herstellen und sichern zu können. Gleichzeitig lässt sich im historischen und kulturanthropologischen Vergleich beobachten, dass Behinderung keinesfalls eine universelle kulturelle Kategorie und uniforme soziale Praxis darstellt. Vielmehr findet man über die Jahrhunderte und zwischen den Kulturen eine große Vielfalt in den Sicht- und Reaktionsweisen [→ Behinderung als sozial- und kulturwissenschaftliche Kategorie].

In anderen Worten: Für eine reflexiv moderne, d. h. kritische Perspektive auf Behinderung braucht es einen grundlagentheoretischen Blickwinkel und genau um diesen geht es den Disability Studies. Die Ausgangsfrage dieser internationalen Forschungsrichtung lautet *nicht*: Wie soll die Gesellschaft mit behinderten Menschen umgehen? Vielmehr tritt man in den Disability Studies gewissermaßen einen Schritt zurück und fragt grundsätzlicher: Wie und warum wird – historisch, sozial und kulturell – eine Randgruppe wie ,die Behinderten' überhaupt hergestellt? Zielsetzung der Disability Studies ist es folglich *nicht*, ,Behindertenforschung' oder ,Behindertenwissenschaft' zu betreiben, auch wenn der Begriff manchmal so ins Deutsche übertragen wird. Besser ist an dieser Stelle die wortwörtliche Übersetzung: Es geht um Studien über oder zu (Nicht-)Behinderung. Unter der englischen Bezeichnung, bei der man sich entschieden hat, sie auch im Deutschen zu benutzen, um den internationalen Anschluss herzustellen, verbirgt sich ein Forschungsprogramm, das sich in deutlicher Distanz zum rehabilitationswissenschaftlichen Paradigma situiert.

2 Begriffs- und Gegenstandsgeschichte

Ähnlich wie eine ganze Reihe anderer Querschnittsdisziplinen, etwa die Gender Studies, Queer Studies, Diversity Studies, Critical Whiteness Studies, Post Colonial Studies etc., die in den letzten Jahrzehnten entstanden sind, um die wirkmächtigen ‚großen Erzählungen‘ der Moderne kritisch zu hinterfragen, handelt es sich auch bei den Disability Studies um den Versuch, die gesellschaftlichen Ausgrenzungs- und Diskriminierungsmechanismen zu erkunden, die behinderte Menschen als soziale Randgruppe überhaupt erst haben entstehen lassen. Dabei muss der gesellschaftspolitische Hintergrund mit bedacht werden.

Der Widerstand gegen hergebrachte Exklusionspraktiken [→ V Soziale Exklusions- und Desintegrationsrisiken: soziale Ungleichheit, soziale Abhängigkeit] und die Behandlung von behinderten Menschen als bloße Fürsorgeobjekte, der sich im Laufe der 1960er und 1970er Jahre weltweit formierte [→ Behindertenbewegung], führte nicht allein zu öffentlichem Protest und dem Aufbau von Netzwerken und Praxisprojekten, sondern auch zu Ansätzen eigener akademischer Reflexion. Zumeist ergriffen Wissenschaftler/innen, die selbst betroffen waren, die Initiative. In den USA war Irving Kenneth Zola (1935–1994), ein bekannter Medizinsoziologe, selbst behindert und engagiert in der amerikanischen Behindertenbewegung, die Kristallisationsfigur. 1982 gründete er zusammen mit anderen Wissenschaftlerinnen und Aktivisten die ‚Society for the Study of Chronic Illness, Impairment and Disability‘, die 1986 in ‚Society for Disability Studies‘ (SDS) um-

benannt wurde. Andere Vorreiter – etwa der Anthropologe Robert Murphy (1924–1995) – hatten zunächst ohne Behinderung gelebt, bis sie chronisch erkrankten und diese Erfahrung als Ausgangspunkt ihrer wissenschaftlichen Tätigkeit nahmen. Auch heute noch gilt: Prominente Vertreter der Disability Studies wie die Literatur- und Kulturwissenschaftler/innen Rosemarie Garland-Thomson (1997), David T. Mitchell (Mitchell & Snyder 2000) und Tobin Siebers (2001), die Bioethikerin Adrienne Asch (Parens & Asch 2000), die Psychologin Simi Linton (1998), der Sozialepidemiologe Jean-François Ravaud (Ravaud & Stiker 2001), die Juristin Theresia Degener (2005), die Sozialwissenschaftler Colin Barnes (Barnes et al. 1999), Carol Thomas (2007) und Tom Shakespeare (2006) leben selbst mit einer Behinderung. Außerdem gibt es Protagonisten, die aus Familien mit behinderten Angehörigen stammen, wie z. B. der Literaturwissenschaftler Lennard J. Davis (1995), der zweisprachig, neben dem Englischen mit der Gebärdensprache, aufgewachsen ist.

In den britischen Disability Studies spielte der Sozialwissenschaftler Michael Oliver (1990, 1996), ebenfalls behindert, eine Schlüsselrolle; heute emeritiert, hatte er lange Zeit eine extra ausgewiesene Professur für Disability Studies an der University of Greenwich inne. Im Großbritannien der 1970er Jahre starteten die Disability Studies an der ‚Open University‘; außerhalb des akademischen Mainstreams konnten an dieser Fernuniversität Kursprogramme im Sinne der Disability Studies gestaltet werden. Mit der ‚Disability Research Unit‘ an der University of Leeds wurde 1990 ein erstes Forschungsinstitut gegründet, das 2000 zum interdisziplinären ‚Centre for Disability Studies‘ (CDS) erweitert wurde.

Nicht nur in den USA und Großbritannien, sondern auch in anderen Ländern – z. B. in Australien, Belgien, Dänemark, Finnland, Frankreich, Ghana, Kanada, Kenia, Indien, Irland, Island, Japan, Malta, Neuseeland, den Niederlanden, Norwegen, Schweden, Südafrika etc. – haben sich die Disability Studies in den letzten dreißig Jahren erfolgreich in Forschung und Lehre etablieren können. Mittlerweile verfügen sie über eine eigene internationale Infrastruktur, welche die oben erwähnten Einrichtungen, weitere Netzwerke (z. B. ‚Nordic Network on Disability Research') und internetbasierte Mailing Lists (z. B. disability-research@jiscmail.ac.uk) ebenso umfasst wie mehrbändige Lexika (vgl. Albrecht 2006), Lehrbücher (z. B. Albrecht et al. 2001; Barnes et al. 2002; Davis 2006), Fachzeitschriften (z. B. ‚Disability & Society', ‚Disability Studies Quarterly') und nicht zuletzt auch Professuren, Studiengänge und Promotionsprogramme (z. B. an der University of Leeds, GB, und der University of Illinois at Chicago, USA).

Im Vergleich zum Ausland scheint es auf den ersten Blick, als hätte die Entwicklung hierzulande reichlich spät eingesetzt. Jedoch zeigt das nähere Hinsehen, dass auch im Umkreis der deutschsprachigen Behindertenbewegung bereits frühzeitig Versuche von Wissenschaftskritik unternommen wurden; gleichzeitig lässt sich im Rückblick eine Vielzahl von Arbeiten ausmachen, die den Disability Studies zugerechnet werden können (vgl. Waldschmidt 2005). Eine der ersten Aktionen der Bremer ‚Krüppelgruppe' drehte sich um fragwürdige Erhebungsmethoden von Behindertenpädagogen an der Universität, die orientiert am naturwissenschaftlichen Labormodell per Einwegscheibe und Videoaufnahme pädagogische Interventionen kontrollieren wollten und dabei die Würde der behinderten Probanden ausblendeten. Franz Christoph (1953–1996), einer der prominentesten Vertreter der deutschen Behindertenbewegung, trat mehrfach mit provozierenden Thesen auf heil- und sonderpädagogischen Fachtagungen auf. Im Laufe der 1990er Jahre gelang es bei verschiedenen Gelegenheiten, über Tagungskooperationen und Fachgutachten Positionen der Behindertenbewegung in den wissenschaftlichen Diskurs einzuspeisen. Die Konzeptionalisierung von Selbstbestimmung und Assistenz aus der Sicht behinderter Menschen ist in diesem Zusammenhang besonders hervorzuheben (vgl. Waldschmidt 1999).

Außerdem nahmen bereits zu Beginn der 1980er Jahre, zu einer Zeit, als das Thema in der etablierten Geschichtswissenschaft noch weitgehend ignoriert wurde, Mitglieder der Behindertenbewegung die historische Erforschung von Eugenik, Rassenhygiene und Humangenetik in Angriff (vgl. Sierck & Radtke 1984) [→ Eugenik]. In den Folgejahren kristallisierten sich – vor dem Hintergrund der gen- und reproduktionstechnologischen Herausforderung – Bioethik und Biopolitik als wichtige Themenfelder heraus (vgl. Degener & Köbsell 1992) [→ Bioethik]. Des Weiteren haben im Vergleich zum feministischen Diskurs behinderte Frauen bemerkenswert früh unter dem Schlagwort der ‚doppelten Diskriminierung' die Differenzlinien zwischen den Geschlechtern wie auch innerhalb der weiblichen Genusgruppe thematisiert (vgl. Ewinkel et al. 1985) [→ Geschlecht]. Auch in die rechtswissenschaftliche Debatte um bürgerrechtliche Gleichstellung mischten sich frühzeitig behinderte Juristinnen und Juristen ein (vgl. Heiden & Göbel 1998). Und nicht zuletzt findet man im Umfeld der Behindertenbewegung kulturwissenschaftlich orientierte Arbeiten (vgl. Mürner 1996).

Dennoch lässt sich, auch wenn die nachträgliche Rekonstruktion ergibt, dass seit Ende der 1970er Jahre auch in Deutschland kritische Studien zu und über Behinderung betrieben wurden, der eigentliche Beginn der deutschsprachigen Disability Studies erst auf das Jahr 2001 datieren. Die beiden Tagungen „Der (im-)perfekte Mensch" (2001) und „PhantomSchmerz" (2002), die vom Deutschen Hygiene-Museum, der Aktion Mensch und der Humboldt-Universität Berlin in Dresden und Berlin veranstaltet wurden, waren die Startsignale. Erstmalig für den deutschsprachigen Raum fand hier eine Begegnung zwischen Sozialwissenschaften, Erziehungswissenschaften, Kulturwissenschaften und den internationalen Disability Studies statt (vgl. Lutz et al. 2003).

Im Anschluss wurde 2002 eine bundesweite Arbeitsgemeinschaft ‚Disability Studies in Deutschland' gegründet. Im Rahmen des Europäischen Jahres der Menschen mit Behinderungen 2003 konnte außerdem in Bremen die Sommeruniversität ‚Disability Studies in Deutschland – Behinderung neu denken!' ausgerichtet werden (vgl. Hermes & Köbsell 2003; Waldschmidt 2003). Nach diesen Anfängen kam es in der Folgezeit zu weiteren Publikationen (z. B. Hermes & Rohrmann 2006; Weisser & Renggli 2004) und in Fachzeitschriften – etwa ‚Psychologie & Gesellschaftskritik' (2005) in Deutschland, ‚Traverse' (2006) in der Schweiz und die nordamerikanischen ‚Disability Studies Quarterly' (2006) – wurden Schwerpunkthefte zu den deutschsprachigen Disability Studies veröffentlicht. Seit 2007 existiert außerdem eine interdisziplinäre Buchreihe ‚Disability Studies: Körper – Macht – Differenz' (vgl. Dederich 2007; Waldschmidt & Schneider 2007). Auch Bemühungen um die akademische Institutionalisierung sind unverkennbar. Nach der 2004 an der Kölner Universität gegründeten ‚Internationalen Forschungsstelle Disability Studies' (iDiS) entstand 2005 das Hamburger ‚Zentrum für Disability Studies' (ZeDiS); im gleichen Jahr wurde in Zürich die ‚Schweizerische Gesellschaft für Disability Studies' gegründet. An verschiedenen Hochschulen – in Berlin, Bochum, Bremen, Dortmund, Düsseldorf, Hamburg, Köln, Marburg sowie in Innsbruck und Zürich – sind mittlerweile Lehrtätigkeiten zu verzeichnen.

3 Zentrale Probleme

Ähnlich wie andere Querschnittsdisziplinen bringen die Disability Studies die hergebrachte „Ordnung der [wissenschaftlichen] Dinge" (Foucault 1990) durcheinander. Somit lässt sich durchaus darüber streiten, ob das interdisziplinäre Forschungsfeld, das sich quer zur traditionellen Fachsystematik stellt und auf einen wenig konturierten Teilausschnitt aus der soziokulturellen Wirklichkeit fokussiert, überhaupt sinnvoll ist. Gleichwohl ist die Entste-

hung der Disability Studies nicht dem Zufall zu verdanken.

Zu ihrer Entfaltung trug nicht nur die allgemeine Umorientierung im Verständnis von Behinderung bei, die beispielsweise auch in der ‚International Classification of Functioning, Disability and Health' (ICF) [→ VI ICF] der Weltgesundheitsorganisation ihren Niederschlag gefunden hat. Auch die Konjunktur der kritischen Sozialwissenschaften in den 1980er Jahren muss in Rechnung gestellt werden. Als weitere Impulse sind der ‚cultural turn' und die poststrukturalistische Differenzdebatte zu erwähnen, die Entdeckung von Wissen, Subjekt, Körper, Normalität und Identität als historisch und kulturell geformte Phänomene. Für die Anwendung neuerer wissenschaftlicher Debatten (z. B. Partizipation, Inklusion/Exklusion, Intersektionalität/ Diversität, Neoliberalismus, Globalisierung, Biopolitik) wie auch innovativer Methodologien (z. B. Diskursanalyse, Dispositivanalyse, Governmentalitätsstudien, ‚linguistic turn', ‚pictoral' oder ‚iconic turn', ‚spatial turn') und deren Fragestellungen bieten sich die Disability Studies geradezu an.

Allerdings haben sich die Disability Studies – ähnlich wie im Falle von ‚Geschlecht' in den Gender Studies – mit dem Vorhaben einer Kritik des Behinderungsbegriffs ein systematisches Problem eingehandelt: Der Rekurs auf ‚Natur', d. h. auf medizinisch-klinische Diagnosen und deren vermeintliche Eindeutigkeit ist nun (eigentlich) nicht mehr ohne weiteres möglich. Gleichzeitig birgt die in den Disability Studies vorherrschende kulturalistische Konzeptionalisierung von Behinderung, so sehr sie einerseits neuartige Perspektiven verspricht, andererseits doch auch eine für Theorie und Methodologie bedenkliche Tendenz, denn prinzipiell lässt sich die Kategorie, wenn sie als Oberbegriff eine Vielzahl verkörperter Differenzen subsumiert, so weit in Richtung auf andere Benachteiligungstatbestände öffnen, dass ihre Spezifika aus dem Blick geraten. Versuche, Behinderung als zentrale Kategorie der Disability Studies enger zu fassen, laufen wiederum Gefahr, einer Grenzverwischung im Verhältnis zu den Rehabilitationswissenschaften Vorschub zu leisten. Vor diesem Hintergrund wird verständlich, warum in dem Forschungsfeld fortwährende wissenschaftstheoretische und begriffssystematische Debatten stattfinden.

Da die Disability Studies außerdem dem Wissenschaftssystem eigentlich fremde Zielsetzungen wie Emanzipation und Teilhabe verfolgen, ist es nicht verwunderlich, dass sie mit Legitimationsproblemen konfrontiert sind. Zum einen geht es um die Sprecherpositionen: Sollen, können, dürfen auch nichtbehinderte Wissenschaftler/innen Disability Studies betreiben oder sollte das Forschungsfeld vorrangig behinderten Menschen als Expertinnen und Experten in eigener Sache überlassen werden? Schließlich geht es der Querschnittsdisziplin auch darum, die hierarchisierten Beziehungen in der Wissenschaft einzuebnen und behinderten Nachwuchskräften Partizipations- und Karrierechancen zu eröffnen. Jedoch sind selbstverständlich auch die Disability Studies der Freiheit von Forschung und Lehre verpflichtet, insofern kann es keine von persönlicher Betroffenheit abhängigen Zugangsbarrieren geben; vielmehr sind die allgemeinen wissenschaftlichen Qualitätsstandards entscheidend.

Zum anderen ist die weit verbreitete Tendenz, Wissenschaft im positivistischen Sinne als vermeintlich wertfrei und objektiv anzusehen und akteursorientierte Zugänge als subjektivistisch gering zu schätzen, wohl ein Grund dafür, dass das Forschungsfeld noch um akademische Anerkennung ringt. Tatsächlich ist in den Disability Studies die Methodologie des qualitativen Forschungsparadigmas vorherrschend, da sie sich für ‚peer research' (vgl. Waldschmidt 2004) gut eignet, d. h. für Untersuchungsdesigns, bei denen die persönliche Erfahrung als Ausgangspunkt genommen wird. Des Öfteren sehen sich allerdings die Disability Studies auch dem Missverständnis ausgesetzt, sie seien sozusagen ‚der verlängerte Arm' der Behindertenbewegung. Zwar geht es tatsächlich darum, die Anliegen der Selbstorganisation und Selbstre-

präsentation behinderter Menschen auf der wissenschaftlichen Agenda zu platzieren. Gleichwohl stellt sich das Verhältnis zwischen Querschnittsdisziplin und Interessenvertretung nicht als einseitige Verpflichtung, sondern als wechselseitiger, durchaus auch kontroverser Austausch dar.

4 Zentrale Erkenntnisse und aktueller Forschungsstand

Trotz vieler offener Fragen und Kontroversen zeigt die insgesamt erfolgreiche Entwicklung der letzten Jahrzehnte, dass es ganz offensichtlich einen Bedarf an Analysen des Phänomens Behinderung gibt, die sich nicht auf den rehabilitationswissenschaftlichen Blickwinkel beschränken, sondern einen grundlagentheoretischen und gesellschaftskritischen Anspruch verfolgen. Der aktuelle Forschungsstand der sehr heterogenen, über die verschiedenen Wissenschaften verstreuten, international betriebenen Querschnittsdisziplin lässt sich kaum zusammenfassend darstellen (für eine erste Orientierung vgl. Albrecht et al. 2001; Albrecht 2006; Barnes et al. 2002; Davis 2006; Dederich 2007; Hermes & Köbsell 2003; Hermes & Rohrmann 2006; Lutz et al. 2003; Mitchell & Snyder 2000; Oliver 1990, 1996; Shakespeare 2006; Stiker 1999; Thomas 2007; Waldschmidt 2003; Waldschmidt/Schneider 2007; Weisser & Renggli 2004). Beispielsweise trifft man auf geschichtswissenschaftliche Arbeiten zum Umgang mit behinderten Menschen in der Antike und im Mittelalter ebenso wie zur Institutionalisierung, Kriegsopferversorgung, Eugenik und Behindertenbewegung; es finden sich Studien zur Repräsentation von Behinderung in Philosophie, Kunst, Literatur, Film und Massenmedien; die Deaf Studies konzeptionalisieren Gehörlosigkeit als Merkmal einer kulturellen Minderheit; wissenschaftstheoretische Arbeiten beschäftigen sich mit der Macht von Diagnosen und Normalitätsdiskursen; ebenso lassen sich Studien über Identität und Subjektivität, Körper und Sexualität, Intersektionalität und Diskriminierung entdecken; andere arbeiten die Beziehungen zwischen Barrierefreiheit, Bürgerrechten, Behindertenpolitik und Wohlfahrtsstaatsregimen heraus; die Lebenssituationen von Menschen mit Lernschwierigkeiten und alten Menschen mit Behinderung werden ebenso thematisiert wie Debatten um Integration, Inklusion und Normalisierung in Schule, Arbeitsmarkt und Gesellschaft.

Für einen systematisierenden, notwendigerweise Komplexität reduzierenden Überblick ist es sinnvoll, zwei Ansätze grob zu unterscheiden. Während Vertreter der so genannten britischen Schule (vgl. Barnes et al. 1999; Oliver 1990; 1996) überwiegend von den Prämissen neomarxistischer Sozialwissenschaft ausgehen und folglich die Bedeutung von Gesellschaftsstrukturen betonen, kann man die Herangehensweise der nordamerikanischen Disability Studies (vgl. Davis 2006; Garland-Thomson 1997; Mitchell & Snyder 2000) als pluralistischer und weniger politisch beschreiben. Sie sind, obwohl ursprünglich auch innerhalb der Sozialwissenschaften entstanden, eher kulturalistisch angelegt und an den Geisteswissenschaften orientiert. Die Trennlinie zwischen einer eher sozialwissenschaftlichen und einer mehr kulturwissenschaftlichen Akzentuierung lässt sich auch in anderen ‚disability studies communities‘ finden. Dagegen erscheint es noch zu früh, für den deutschsprachigen Raum ein klar umrissenes Forschungsprofil ausmachen zu wollen.

Gleichwohl gibt es eine Reihe von Grundannahmen, welche dem internationalen Forschungsfeld seine Konturen verleihen. Allen Vertretern und Vertreterinnen der Disability Studies geht es um den Versuch, Behinderung als soziale Konstruktion zu konzeptionalisieren, d. h. gesundheitsrelevante Differenz wird nicht als (natur-)gegeben verstanden, im Sinne einer vermeintlich objektiv vorhandenen, medizinisch-biologisch definierbaren Schädigung oder Beeinträchtigung, sondern als historisches, kulturelles und gesellschaftliches Differenzierungsmerkmal. Gemeinsamer Ausgangspunkt ist die These, dass Be-

hinderung im Gesellschaftssystem hergestellt wird, produziert und konstruiert in wissenschaftlichen und alltagsweltlichen Diskursen, politischen und bürokratischen Verfahren, subjektiven Sichtweisen und Identitäten.

Außerdem verstehen sich die Disability Studies als kritischer Kontrapunkt zum Rehabilitationsparadigma, das ihnen als die Operationalisierung eines so genannten individuellen Modells von Behinderung gilt, bei dem Behinderung mit der Schädigung oder funktionalen Beeinträchtigung gleichgesetzt und als schicksalhaftes, persönliches Unglück gedeutet wird, das individuell zu bewältigen sei und insbesondere der medizinisch-therapeutischen Behandlung bedarf. Die Gesellschaft kommt bei diesem Modell nur insofern ins Spiel, als allgemein vorhandene Vorurteilsstrukturen als hinderlich für das individuelle Coping und die Akzeptanz der Behinderung, d. h. die Annahme einer behinderten Identität betrachtet werden. Weitere Eckpunkte des individuellen (präziser wäre wohl: individualistischen) Modells sind die Expertendominanz im rehabilitativen Versorgungssystem und das Verwiesensein behinderter Menschen auf Sozialleistungen, deren Empfang an soziale Kontrolle und Disziplinierung gekoppelt ist; entsprechend gilt Rehabilitation als nur eines von vielen gesundheits- und sozialpolitischen Handlungsfeldern (engl.: policy) und wird von Staat und Gesellschaft als eher randständig angesehen.

Als Alternative zum Rehabilitationsansatz haben britische Sozialwissenschaftler (vgl. Barnes et al. 1999; Oliver 1996) im Laufe der 1980er Jahre das soziale Modell von Behinderung entwickelt, bei dem sie Anschlüsse an den politischen Diskurs herstellten und Definitionsbemühungen der Behindertenbewegung aufgriffen. Auf der Basis einer klaren Unterscheidung von Beeinträchtigung (engl.: impairment) und Behinderung (engl.: disability) lautet der Kerngedanke der neuen Heuristik: Behinderung (‚disability‘) ist kein Ergebnis medizinischer Pathologie, sondern das Produkt sozialer Organisation; sie entsteht durch systematische Ausgrenzung.

Menschen werden nicht auf Grund gesundheitlicher Beeinträchtigungen behindert, sondern durch das soziale System, das ihnen eine Randgruppenexistenz zuweist und Barrieren gegen ihre Partizipation errichtet. Während das individuelle Modell den Körperschaden oder die funktionale Beeinträchtigung als Ursachenfaktor ausmacht, geht das soziale Modell von der sozialen Benachteiligung als der allein entscheidenden Ebene aus. Aus diesem Grund wird soziale Verantwortlichkeit postuliert und die Erwartung, dass nicht der einzelne, sondern die Gesellschaft sich ändern müsse. Folglich wird Behinderung in den Kontext sozialer Unterdrückung und Diskriminierung gestellt und als soziales Problem thematisiert, das wohlfahrtsstaatlicher Unterstützung und gemeinschaftlicher Aktion bedarf. Entsprechend sollen die gesellschaftlichen Regulierungs- und Bearbeitungsweisen nicht am Expertenwissen, sondern an den Selbsthilfepotenzialen und Erfahrungen der Betroffenen ansetzen. Aus Sicht des sozialen Modells sind behinderte Menschen mündige Bürgerinnen und Bürger, die zu Selbstbestimmung und politischer Partizipation fähig sind. Nunmehr erhält Behindertenpolitik den Rang von Bürgerrechts- und Menschenrechtspolitik; sie wird zur Aufgabe des Verfassungsstaates (engl.: polity).

Das soziale Behinderungsmodell hat sich für die Disability Studies als entscheidender Impuls erwiesen. Gleichermaßen anschlussfähig an wissenschaftliche Diskurse wie auch an politische Interessenvertretung und persönliche Lebenspraxis bietet es ein allgemeines Raster, das mit unterschiedlichen Theorieansätzen ebenso gefüllt werden kann wie mit politischer Programmatik und Identitätsstrategien. Dennoch wird das Modell innerhalb der Disability Studies durchaus auch kritisch rezipiert. Neben Kritikpunkten, die sich um seine Bedeutung für die Identitätspolitik drehen wie um den methodologischen Status und Möglichkeiten der empirischen Validierung, wird vor allem der Stellenwert des Körpers kontrovers diskutiert (vgl. Hughes & Paterson 1997). Offensichtlich – so postulieren

z. B. poststrukturalistische Ansätze (vgl. Tremain 2005) – basiert das soziale Modell auf einer vereinfachten Dichotomie von Natur und Kultur. Indem nur Behinderung (engl.: disability) als soziale Konstruktion verstanden wird, wird gleichzeitig ausgeblendet, dass Schädigungen und Beeinträchtigungen (engl.: impairments) ebenfalls als historisch und kulturell kontingente Phänomene begriffen werden müssen. Kurz gesagt, werfen die kulturwissenschaftlich orientierten Disability Studies dem sozialen Modell auf der Ebene von ‚impairment' einen unkritischen Naturalismus vor.

Aus ihrer Sicht stellt sich die grundsätzliche Frage, ob es nicht sinnvoller wäre, Behinderung als spezifische Form kultureller ‚Problematisierung' (vgl. Foucault 1989) von körperlicher und verkörperter Auffälligkeit anzusehen. Somit hätten behinderte Menschen eigentlich nicht sehr viel gemeinsam, sondern würden über höchst vielfältige Erfahrungen und Fähigkeiten verfügen. Erst die generelle Assoziation mit Unvermögen und Anormalität würde ihre kollektive gesellschaftliche Identität herstellen. Damit erweist sich Behinderung nicht als trennscharfe Kategorie, sondern als eine bunte Mischung von unterschiedlichen körperlichen und kognitiven Merkmalen, die nichts anderes verbindet als das soziale Stigma der Begrenzung, Unfähigkeit und Abweichung. In anderen Worten, Behindertsein und Behindertwerden werden zu Dimensionen, die wechselseitig auf einander verwiesen sind.

Aus kulturwissenschaftlicher Perspektive geht es um ein vertieftes Verständnis der Kategorisierungsprozesse selbst, um die Kritik des ‚klinischen Blicks' (vgl. Foucault 1988), d. h. die Dekonstruktion ausgrenzender Wissensordnungen und der durch sie konstituierten Realität. Somit benötigen die Disability Studies nicht nur ein soziales Behinderungsmodell, sondern auch ein kulturelles Modell (vgl. Waldschmidt 2005). Mit ihm wird die Relativität und Historizität von Ausgrenzungs- und Stigmatisierungsprozessen postuliert. Gezeigt werden soll, dass Identität kulturell geprägt und von Deutungsmustern des Eigenen und Fremden bestimmt wird. Folglich nehmen die am kulturellen Modell orientierten Arbeiten die Erfahrungen aller Gesellschaftsmitglieder als Ausgangspunkt: Sie benutzen Behinderung als Erkenntnis leitende und generierende Kategorie, deren Untersuchung kulturelle Praktiken und gesellschaftliche Strukturen zum Vorschein bringt, die sonst unerkannt geblieben wären. Mit dem kulturwissenschaftlichen Ansatz wird die Perspektive umgedreht und zugleich erweitert: Nicht behinderte Menschen als Randgruppe, sondern die Mehrheitsgesellschaft wird zum eigentlichen Untersuchungsgegenstand. In anderen Worten, im Anschluss an die Kulturwissenschaften werden aus den Disability Studies eigentlich ‚Dis/Ability Studies‘.

In emanzipatorischer Hinsicht wird eine gesellschaftliche Praxis kritisiert, in der es primär darum geht, homogene Gruppen zu bilden und diese auf der Basis normativer Bewertungen zu hierarchisieren, anstatt Heterogenität und Diversität [→ Vielfalt] anzuerkennen und wertzuschätzen. Im kulturellen Modell geht man davon aus, dass Sozialleistungen und Bürgerrechte allein nicht genügen, um Anerkennung und Teilhabe zu erreichen, vielmehr bedarf es auch der kulturellen Repräsentation. Individuelle und gesellschaftliche Akzeptanz wird erst dann möglich sein, wenn behinderte Menschen nicht als zu integrierende Minderheit, sondern als ‚integraler‘ Bestandteil der Gesellschaft (vgl. Stiker 1999) angesehen werden. Somit sind nicht nur Politik, sondern auch Lebenswelt und Diskurs aufgefordert, den gesellschaftlichen Wandel zu bewirken, der notwendig ist, um Behinderung als stigmatisierte Lebenslage zu überwinden.

5 Ausblick

Bei den Disability Studies handelt es sich um eine interdisziplinäre und internationale Querschnittsdisziplin, die im Kontext der sozialen

Bewegung behinderter Menschen, beeinflusst durch postmoderne Sozial- und Kulturtheorie entstanden ist. Ihr wissenschaftliches Programm zielt auf die Kritik des in den Rehabilitationswissenschaften vorherrschenden individuellen Behinderungsmodells. Das sozial- und kulturwissenschaftlich aufgestellte Forschungsfeld hat zwei eigene Heuristiken entwickelt, zum einen ein soziales Modell, zum anderen ein kulturelles Modell von Behinderung. Neben der Gesellschafts- und Kulturkritik wird die konkrete Utopie eines Zusammenlebens verfolgt, in dem Behinderung als Ausgrenzungskategorie überflüssig geworden ist.

Von der Behindertenpädagogik und insbesondere deren kritischen Ansätzen unterscheiden sich die Disability Studies dadurch, dass ihnen der pädagogische Impetus fehlt. Statt auf individualisierende und praxisorientierte Sichtweisen, von denen die Pädagogik geprägt ist, setzen die Disability Studies auf eine sowohl grundlagentheoretische als auch Gesellschaft verändernde Orientierung. Außerdem beschränkt sich ihr Anspruch nicht auf die Untersuchung der Lebenssituation behinderter Menschen, sondern es geht ihnen um einen allgemeinen Erkenntnisgewinn: Behinderung wird benutzt, um über Gesundheit und körperliche Unversehrtheit, Normalität und Abweichung, Individualität und Subjektstatus, Identität und Autonomie, Vernunft und Menschenwürde, Gleichheit und Solidarität zu reflektieren, d. h. Konzepte in den analytischen Blick zu nehmen, die für die späte Moderne fundamental sind.

Literatur

Albrecht, Gary (Hrsg.) (2006): Encyclopedia of Disability. Band 1–5. Thousand Oaks, London

Albrecht, Gary L., Bury, Michael & Seelman, Katherine D. (Hrsg.) (2001): Handbook of Disability Studies. Thousand Oaks

Barnes, Colin, Mercer, Geof & Shakespeare, Tom (Hrsg.) (1999): Exploring Disability. A Sociological Introduction. Cambridge

Barnes, Colin, Barton, Len & Oliver, Mike (Hrsg.) (2002): Disability Studies Today. Cambridge

Davis, Lennard J. (1995): Enforcing Normalcy. Disability, Deafness and the Body. London

Davis, Lennard J. (Hrsg.) (2006): The Disability Studies Reader. New York

Dederich, Markus (2007): Körper, Kultur und Behinderung. Eine Einführung in die Disability Studies. Bielefeld

Degener, Theresia (2005): Disability Discrimination Law: A Global Comparative Approach. In: Lawson, Anna & Gooding, Caroline (Hrsg.): Disability Rights in Europe: From Theory to Practice. Oxford, 87–106

Degener, Theresia & Köbsell, Swantje (1992): „Hauptsache, es ist gesund!"? Weibliche Selbstbestimmung unter humangenetischer Kontrolle. Hamburg

Ewinkel, Carola, Boll, Silke, Degener, Theresia, Hermes, Gisela, Kroll, Bärbel, Lübbers, Sigrid & Schnartendorf, Susanne (Hrsg.) (1985): Geschlecht Behindert – Besonderes Merkmal Frau. Ein Buch von behinderten Frauen. München

Foucault, Michel (1988): Die Geburt der Klinik. Eine Archäologie des ärztlichen Blicks. München

Foucault, Michel (1989): Der Gebrauch der Lüste. Sexualität und Wahrheit 2. Frankfurt a. M.

Foucault, Michel (1990): Die Ordnung der Dinge. Eine Archäologie der Humanwissenschaften. (9. Aufl.). Frankfurt a. M.

Garland-Thomson, Rosemary (1997): Extraordinary Bodies. Figuring Physical Disability in American Culture and Literature. New York

Heiden, Günther H. & Göbel, Susanne (1998): Bundesgleichstellungsgesetz für behinderte Menschen – Gleiche Rechte für alle in ganz Deutschland. Gesetzesinitiativen und vergleichbare internationale Regelungen. Kassel

Hermes, Gisela & Köbsell, Swantje (Hrsg.) (2003): Disability Studies in Deutschland – Behinderung neu denken! Dokumentation der Sommeruni 2003. Kassel

Hermes, Gisela & Rohrmann, Eckhard (Hrsg.) (2006): Nichts über uns – ohne uns! Disability Studies als neuer Ansatz emanzipatorischer und interdisziplinärer Forschung über Behinderung. Neu-Ulm

Hughes, Bill & Paterson, Kevin (1997): The Social Model of Disability and the Disappearing Body: Towards a Sociology of Impairment. In: Disability & Society 12, 3, 325–340

Linton, Simi (1998): Claiming Disability. Knowledge and Identity. New York, London

Lutz, Petra, Macho, Thomas, Staupe, Gisela & Zirden, Heike (Hrsg.) (2003): Der (im-)perfekte Mensch. Metamorphosen von Normalität und Abweichung. Köln

Mitchell, David T. & Snyder, Sharon L. (2000): Narrative Prosthesis. Disability and the Dependencies of Discourse. Ann Arbor

Mürner, Christian (1996): Philosophische Bedrohungen. Kommentare zur Bewertung der Behinderung. Frankfurt a. M.

Oliver, Michael (1990): The Politics of Disablement. A Sociological Approach. New York

Oliver, Mike (1996): Disability Politics: Understanding Our Past, Changing Our Future. London

Parens, Erik & Asch, Adrienne (Hrsg.) (2000): Prenatal Testing and Disability Rights. Washington, D. C.

Ravaud, Jean-François & Stiker, Henri-Jacques (2001): Inclusion/Exclusion: An Analysis of Historical and Cultural Meanings. In: Albrecht, Gary L., Seelman, Katherine D. & Bury, Michael (Hrsg.): Handbook of Disability Studies. Thousand Oaks, 490–512

Shakespeare, Tom (2006): Disability Rights and Wrongs. London

Siebers, Tobin (2001): Disability in Theory: From Social Constructionism to the New Realism of the Body. In: American Literary History 13, 4, 737–754

Sierck, Udo & Radtke, Nati (1984): Die Wohltäter-Mafia. Vom Erbgesundheitsgericht zur Humangenetischen Beratung. Hamburg

Stiker, Henri (1999): A History of Disability. Ann Arbor (zuerst: Paris 1982)

Thomas, Carol (2007): Sociologies of Disability and Illness. Contested Ideas in Disability Studies and Medical Sociology. Basingstoke

Tremain, Shelley (Hrsg.) (2005): Foucault and the Government of Disability. Ann Arbor

Waldschmidt, Anne (1999): Selbstbestimmung als Konstruktion. Alltagstheorien behinderter Frauen und Männer. Opladen

Waldschmidt, Anne (Hrsg.) (2003): Kulturwissenschaftliche Perspektiven der Disability Studies. Kassel

Waldschmidt, Anne (2004): ‚Behinderung' revisited – Das Forschungsprogramm der Disability Studies aus soziologischer Sicht. In: Vierteljahresschrift für Heilpädagogik und ihre Nachbargebiete 73, 4, 365–376

Waldschmidt, Anne (2005): Disability Studies: Individuelles, soziales und/oder kulturelles Modell von Behinderung? In: Psychologie & Gesellschaftskritik 29, 1, 9–31

Waldschmidt, Anne & Schneider, Werner (Hrsg.) (2007): Disability Studies, Kultursoziologie und Soziologie der Behinderung. Erkundungen in einem neuen Forschungsfeld. Bielefeld

Weisser, Jan & Renggli, Cornelia (2004): Disability Studies. Ein Lesebuch. Zürich

Menschenwürde

Georg Antor

1 Einleitung

Das Grundgesetz – so heißt es in einer Broschüre über die Entstehungsgeschichte des grundrechtlichen Verbots einer Benachteiligung Behinderter (Art. 3 Abs. 3 Satz 2 GG) – ist eine „Integrationsordnung für alle Bürger", mithin auch für Behinderte. Sind die biotechnologischen Umwälzungen der jüngeren Zeit dazu das Kontrastprogramm? Zumindest geben sie immer wieder Anlass, so zu fragen, dabei das Recht auf ein Leben mit einer Behinderung zu „verteidigen" (Speck 2005, 9). Was sich in den 90er Jahren des vergangenen Jahrhunderts durch Fortschritte in der pränatalen Diagnostik erstmals als Konflikt zwischen Prävention von Behinderung und Integration Behinderter angekündigt hat, hat seither mit dem Aufkommen weiterer medizinisch-technischer Präventionsmöglichkeiten wie etwa der Präimplantationsdiagnostik (PID) an Schärfe gewonnen. Die Tiefe der beabsichtigten Eingriffe am Menschen beflügelt Heilungsversprechen, die auf das Ganze gehen: eine Totalisierung des Präventionsanliegens, wobei es letztlich um den Einstieg in das eugenische Ziel einer „verbessernden genetischen Merkmalsveränderung" (Habermas 2005, 38) gehen dürfte. Die Weichen in Richtung Verbesserung des Menschen mit den Mitteln der Biotechnik scheinen gestellt. Sie sind der Anstoß, den Schutz vor Ausschlussgefahren für Behinderte in einer grundsätzlichen Weise zu reflektieren.

Gegen solche Gefahren, insbesondere durch eine Infragestellung existenzieller Grundlagen wie Leben und Bildung, argumentiert die Behindertenpädagogik teils unter Berufung auf einen nicht-ausschließenden Personbegriff (Bleidick 2003), neuerdings verstärkt im Namen der Menschenwürde (Antor 2003; De-

derich 2004; Speck 2005). Dass Würde jedem Menschen zukommen soll, dieses (Schutz-) Versprechen ist rechtlich verbrieft: „Die Würde des Menschen ist unantastbar" (Art. 1 Abs. 1 GG). Zwischen Menschenwürde und Person [→ Person] gibt es eine enge Verwandtschaft (vgl. Bleidick 2003, 38). Auch die Frontstellung bei den kontroversen Debatten ist ähnlich. Im Menschenwürdediskurs steht ein Inklusionsverständnis – Menschenwürde als Würde für alle Menschen, in allen Lebensphasen, beginnend mit der Zeugung – gegen ein gestuftes, graduiertes Verständnis, wobei sich das zu gewährende Maß an Schutz nach dem biologischen Entwicklungsstand (Einnistung in die Gebärmutter, Schmerzempfindlichkeit, Überlebensfähigkeit außerhalb des Uterus) und nach den empirisch feststellbaren Fähigkeiten wie etwa Selbstachtung und Vernunft zu richten habe.

Die Erwartungen der Sonderpädagogik, man könne Ausschlussgefahren wirksam begegnen, indem man sich auf die Menschenwürde als höchstes Moral- und Rechtsprinzip beruft, sind nicht frei von Skepsis, insbesondere nachdem in einem einflussreichen Grundgesetzkommentar Art. 1 Abs. 1 eine Neukommentierung erfahren hat (Herdegen 2005). Sie lässt einen prominenten Kritiker, ehedem Richter am Bundesverfassungsgericht in Karlsruhe, davon sprechen, sein ursprünglich intendierter Sinn gehöre nunmehr der Vergangenheit an: Die „Würde des Menschen war unantastbar" (Bockenförde 2003). Fragen nach der Bedeutung der Menschenwürde für Menschen mit einer Behinderung gelten (1) dem (Rechts-) Schutz, den die Menschenwürde gewährt, (2) der ethischen Rechtfertigung sowie (3) der künftigen Entwicklung angesichts globaler Veränderungen.

2 Zentrale Probleme

a) Menschenwürde und Menschenwürdenähe im Grundgesetz

Mit Menschenwürde verbindet sich ein Anspruch auf Achtung und moralische Schonung, der keinem Menschen, wie immer er beschaffen ist, abgesprochen werden kann. Dabei stellt ein solcher Anspruch in rechtlicher Hinsicht erst einmal ein *Menschenrecht neben anderen* dar, das einen Kernbereich menschlicher Existenz gegen massive Verletzungen von Gleichheit, körperlicher und seelischer Integrität, materiellem Überleben in absoluter Weise schützen soll (Dreier 2001, 233). Soweit solche Menschenrechte [→ Menschenrechte] in unserem Grundgesetz festgelegt und damit einklagbar sind, heißen sie Grundrechte.

Darüber hinaus ist Menschenwürde nach herrschendem Verfassungsverständnis auch die *„Wurzel aller Grundrechte"*, die ihrerseits die Menschenwürde zu schützen und auszufüllen haben, die also Ausdruck des in Art. 1 Abs. 1 GG garantierten Anspruchs auf Achtung sind. Menschenwürde ist damit „der letzte Grund" (Zacher) für alle Rechte Behinderter und die Pflichten der Gemeinschaft, diese zu wahren. Ohne einen Anspruch auf entsprechende Hilfen würden Grundrechte wie etwa das Recht auf Leben und körperliche Unversehrtheit (Art. 2 Abs. 2) ihren Charakter als Schutzrechte verfehlen.

Das heißt nicht, dass nun jedes einzelne Grundrecht auch mit dem Absolutheitssiegel der Menschenwürde versehen ist (Isensee in: Höffe et al. 2002, 68). Grundrechte stehen der Menschenwürde unterschiedlich nahe. Dazu einige sonderpädagogisch einschlägige Beispiele. So sieht der Gesetzgeber im Betreuungsgesetz von 1992 eine Sterilisation bei Nicht-Einwilligungsfähigen vor, ausnahmsweise, obwohl dem das *Grundrecht auf körperliche Unversehrtheit* grundsätzlich entgegensteht und obwohl der Eingriff bis an die Menschenwürde, „an die Schranke des Art. 1 Abs. 1 GG" heranreicht. Auch bei einem anderen Grundrecht ist der „Menschenwürdegehalt" offensichtlich: beim *Diskriminierungs- bzw. Benachteiligungsverbot wegen einer Behinderung* nach Art. 3 Abs. 3 Satz 2 GG (Herdegen 2005, 17). Grundrechte sollen ja erst einmal als Auftrag verstanden werden, Behinderten zu mehr Gleichheit und Freiheit zu verhelfen. Und dennoch kommt auch diesem Verbot nicht die gleiche Unbedingtheit zu wie dem Grundrecht nach Art. 1 Abs. 1. Ein Sehbehinderter zum Beispiel kann von der Führung eines Kraftfahrzeugs ausgeschlossen werden, vorausgesetzt, es gibt dafür ‚zwingende Gründe' wie das Fehlen einer geeigneten Sehhilfe. Auch herrscht das Bemühen vor, in Streitfragen zwischen Behinderten und Nichtbehinderten einen Interessenausgleich herbeizuführen statt das Diskriminierungsverbot in absoluter Weise auszulegen. An zwei einschlägigen Gerichtsurteilen aus der jüngeren Zeit wird das deutlich.

In seiner Rechtsprechung macht sich das Bundesverfassungsgericht z. B. das pädagogische Anliegen zu eigen, eine Anerkennung [→ Anerkennung] Behinderter durch soziale Zugehörigkeit solle sich auch in einer Teilhabe am gemeinsamen Unterricht niederschlagen. Dies geschieht aber, ohne dass es schulische Integration als ein fundamentales, kategorisches Grundrecht interpretiert. Eher vertritt es eine wertgeleitet-pragmatische Position: im Grundsatz eindeutige Präferenz für gemeinsamen Unterricht, doch das in Verbindung mit einer fallbezogenen Abwägung zwischen den Interessen behinderter und nichtbehinderter Schüler (Antor & Bleidick 2000, 120, 167 f.). In den gleichen Zusammenhang gehört ein Urteil des OLG Köln, in dem der Konflikt zwischen den Kommunikationsbedürfnissen geistig Schwerstbehinderter in einem heilpädagogischen Heim und den Bedürfnissen eines lärmgeplagten Musiklehrers zu entscheiden war. Das Gericht beansprucht, im ‚Lichte' des Art. 3 Abs. 3 Satz 2 GG zu urteilen, wenn es zwar ‚eine erhöhte Toleranzbereitschaft' einfordert und daher die Schwelle des hinzunehmenden Lärms höher ansetzen möchte als in vergleichbaren Fällen bei Geräuschen, die von nicht-behinderten Personen ausgingen. Zugleich zieht es aber auch eine Grenze der Zumutbarkeit. Die sonderpädagogisch motivierte und juristisch ausgewiesene Kritik an diesem Urteil war denn auch weniger grundsätzlicher Art, als dass sie den erreichten Kompromiss als zu Lasten Behinderter gehend qualifizierte. Dass sich manche Hoffnung auf das Benachteiligungsverbot nicht erfüllt hat, lag auch daran, dass nicht jede Diskriminierung justiziabel ist. Statt auf einen rechtlichen kann man dann eher auf einen moralisch begründeten Schutz bauen. Das muss nicht immer von Nachteil sein. Speck (1996, 199) hat in seiner Pädagogik der Achtung vor dem Anderen die pädagogisch-moralische Seite der Menschenwürde reflektiert und in einem aktuellen Streitfall – dass ein Oberlandesgericht darüber zu entscheiden hatte, ob eine Erziehungsmaßnahme sinnvoll sei – auf dem legitimen Vorrang pädagogischer Eingriffe vor rechtlichen Interventionen bestanden. Einen hinlänglich weiten Begriff von Achtung (nicht schon mit Menschenwürde gleichzusetzen) bekommt man ohnedies erst, wenn man zur rechtlichen noch weitere, persönliche Formen von Achtung wie Liebe, Fürsorge, auch Solidarität hinzunimmt.

Anliegen wie die Integration Behinderter in ihrem jeweiligen Wohngebiet sowie ein gemeinsamer Unterricht im Rahmen eines bildungsgerechten Schulwesens für Behinderte sind verfassungsrechtlich zu unterscheiden von der grundlegenderen Frage z. B. nach einem *Recht auf Leben*. Hier ist das Abwägungsprinzip (Leben gegen Freiheit der Forschung, aber auch Leben gegen Leben) von Verfassungs wegen unstatthaft, weil sich das „Recht auf Leben [...] von Anfang an mit der Anerkennung der Würde" verbindet (Isensee in: Höffe et al. 2002, 62). Es besteht ein *„Grundrechtskonnex von Leben und Menschenwürde"* (ebd.). In diesen Konnex möchte man aus pädagogischer Sicht auch ein Recht auf Bildung einbezogen sehen. Es existiert bisher nicht als ausdrückliches Grundrecht, ist aber anthropologisch in Art. 2 Abs. 1 GG („Jeder hat das Recht auf die freie Entfaltung seiner Persönlichkeit") angelegt. Versteht man unter Menschenwürde die normative Anerkennung des Menschen als Wesen, dessen Leben Weiterentwicklung heißt, so läge eine Deutung nahe, die Lebens- und Bildungsrecht [→ Recht auf Leben] [→ Bildungsrecht] in einem wechselseitigen Zusammenhang sieht (Bleidick 1999, 144 f.).

Welches Gewicht jedenfalls dem Recht auf Leben von Verfassung wegen selbst noch in einer so genannten Rettungsbootsituation zukommt, dass mag schließlich ein Urteil des Bundesverfassungsgerichts vom Februar 2006 unterstreichen, das seinerzeit für Schlagzeilen gesorgt hat. Darin wies es das so genannte Luftsicherheitsgesetz – das den Abschuss eines von Terroristen gekaperten Flugzeugs und eine Abwägung zwischen der Zahl der dabei getöteten und der geretteten Menschen erlaubte – im Namen einer absolut verstandenen Menschenwürde zurück, einstimmig, wie es heißt. Für die Bioethik [→ Bioethik] stellt sich die Frage einer Würdeschutzpflicht für menschliches Leben vor allem jedoch an seinem vorgeburtlichen Beginn, und das noch vor der Einnistung (Nidation) des frühen Embryos in die Gebärmutter. Stammzellen, aus menschlichen Embryonen gewonnen, zählen zu den Körperstoffen, denen therapeutisch wahre Wunderdinge, etwa bei einer Behandlung von Krebs und Parkinson, zugetraut werden. Die derzeitige Rechtslage in diesem Punkt wird bestimmt durch die Rechtsprechung des Bundesverfassungsgerichts zum Abtreibungsproblem. Die Grundsatzentscheidung zugunsten eines inklusiven Würdeschutzes (in seinen Urteilen von 1975 und 1993) hat das Gericht bekanntlich nicht daran gehindert, weitgehenden Ausnahmeregelungen vom Tötungsverbot zuzustimmen, in denen die Fristenlösung des Abtreibungsproblems gelten soll.

Eine rechtliche Kritik an dieser Entscheidung hebt auf die Ungleichbehandlung ab, dass das vorgeburtliche Leben im Hinblick auf ein fundamentales Einzelgrundrecht, das Recht auf Leben, vergleichsweise nur schwach geschützt sei. Im Grunde werde der Embryo, wenn er im Schwangerschaftskonflikt getötet wird, „nicht als Rechtsperson mit Grundrechten behandelt, sondern aus dem Bereich der Grundrechte exkludiert" (Merkel 2002, 110). Kommt es allein auf logische Widerspruchsfreiheit der Aussagen an, dann gilt nur eines: Entweder ist die Abtreibung rechtens, dann kann der Embryo nicht Träger der Menschenwürde sein; oder sein Grundrechtstatus ist rechtens, dann darf die Abtreibung nicht zugelassen werden. Doch zu der Inkohärenz der Aussagen kam es wegen der Einzigartigkeit der Schwangerschaftssituation (‚Zweiheit in Einheit') und weil der Gesetzgeber – und das Bundesverfassungsgericht ist ihm darin gefolgt – die Widersprüchlichkeit unseres moralischen Lebens auch rechtlich abbilden wollte: „Die Kontingenz unseres tatsächlichen moralischen Verhaltens ist größer, als die Festlegung auf den Gattungsbegriff von Personalität [und damit Menschenwürde; G. A.] erwarten ließe" (Bleidick 2003, 41). Die Spannung zwischen allgemeinem Gebot und abweichendem Einzelfall zieht sich wie ein roter Faden durch die sonderpädagogische Ethik [→ Ethische Grundlagen] (Antor & Bleidick 2001, 80 ff). Freilich: Was der Gesetzgeber als ausnahmsweise Abtreibung zugestanden hat, um Frauen in einer Zwangslage zu entlasten, ist seither zur beinahe regelhaften (und eugenisch motivierten) Abtreibung von Kindern mit Down-Syndrom geworden.

b) Rechtfertigung und Reichweite der Menschenwürde

Als richtungweisend für eine ethische Rechtfertigung der Menschenwürde als eines absoluten Werts gilt noch immer Kant. Auch in die Rechtsprechung des Bundesverfassungsgerichts zu Art. 1 Abs. 1 GG hat sein Kategorischer Imperativ Eingang gefunden, als sog. *Objektformel* (Dürig). Ob Kant ein geeigneter Schiedsrichter etwa im Streit zwischen Befürwortern und Gegnern bestimmter biotechnologischer Verfahren ist, wie man überhaupt erst einmal seine Aussagen zu interpretieren hat, darüber gehen die Ansichten freilich weit

auseinander. Grundgelegt ist der Kategorische Imperativ in seiner Anthropologie [→ Anthropologie], in der Lehre vom ‚Selbstzweck' des Menschen. So heißt seine Sonderstellung, die er in der Natur einnimmt, dass er, „wie man in Westafrika erzählt, mit den Tieren den gleichen Vater hat und sich trotzdem vor allen Naturwesen auszeichnet" (Höffe in: Höffe et al. 2002, 115): „Allein der Mensch, als Person betrachtet, d. i. als Subjekt einer moralisch-praktischen Vernunft, ist über allen Preis erhaben; […] als ein solcher ist er […] als Zweck an sich selbst zu schätzen, d. i. er besitzt eine Würde (einen absoluten innern Wert) […]" („Metaphysik der Sitten"). Oder: „In der ganzen Schöpfung kann alles, was man will […] auch bloß als Mittel gebraucht werden; nur der Mensch […] ist Zweck an sich selbst […]" („Kritik der praktischen Vernunft"). Den Anderen als Selbstzweck sehen, sich ihm um seiner selbst willen zuwenden, auch dann, wenn er uns vielleicht nie von Nutzen sein kann, das bedeutet, ihn in seiner Menschenwürde zu achten. Das mag „dem merkantilen Geist unseres Zeitalters" fremd sein (Koch 1998, 184). Dennoch kommt die Pädagogik nicht aus ohne eine Berufung auf den „Selbstzweck des Menschlichen" (Bleidick). Das heißt z. B., dass man (alle) Kinder „aus tausend Gründen, aber auch um ihrer selbst willen" zu fördern sucht (Koch 1998, 184). Für die Legitimation eines Bildungsrechts gerade für behinderte Kinder muss das Selbstzweckmotiv den Ausschlag geben, ob sich die Investitionen später ‚rechnen' oder nicht.

Die entscheidende Konsequenz aus dieser Wesensbestimmung des Menschen formuliert Kant dann im *Kategorischen Imperativ* als Instrumentalisierungsverbot: „Handle so, dass du die Menschheit, sowohl in deiner Person als in der Person eines jeden anderen, jederzeit zugleich als Zweck, niemals bloß als Mittel brauchst" (Grundlegung zur Metaphysik der Sitten). Ethisch strittig daran ist, (1) wem eine solche Würde zukommt und (2) wann ein Verstoß dagegen vorliegt.

Zu (1): Was für eine Eigenschaft am Menschen ist es, die das Instrumentalisierungsverbot, den kategorischen Imperativ begründet? Kant verlegt den Geltungsgrund dafür, dass dem Menschen eine besondere Würde zukommen soll, in seine moralisch-praktische Vernunft als die Fähigkeit, moralisch zu handeln bzw., bei Verfehlungen, Schuld zu empfinden (Höffe in: Höffe et al. 2002, 128). Bleibt damit moralisch nicht-einsichtsfähigen Menschen die Menschenwürde versagt? Die Antwort Peter Singers, Schwerstbehinderten komme kein Lebensrecht zu, schließt sie aus der Menschenwürdegemeinschaft aus. Daran hat sich, wie an keiner anderen seiner umstrittenen Aussagen, seinerzeit der Konflikt mit Behinderten und Vertretern der Behindertenpädagogik entzündet. Aus Grenzziehungen zwischen Ein- und Ausschluss, wenn sie die menschliche Existenz im Kern betreffen, können solche zwischen Leben und Tod werden. Kant unterscheidet zwischen einer „physiologischen" Anthropologie (der reale Mensch, der stets unvollkommen bleibt) und einer „pragmatischen", normativen Anthropologie (was der ideale Mensch „als frei handelndes Wesen aus sich selber [...] machen [...] soll") (so in seiner „Vorrede" zu einer „Anthropologie in pragmatischer Hinsicht"). Das Verhältnis von idealem und tatsächlichem Menschen, so spannungsvoll es auch sein mag, beinhaltet nicht, irgendeinen Menschen auszuschließen (vgl. Bleidick 2003, 23–24).

Ähnlich versucht sich – in der Tradition der Ethik Kants – die *Diskursethik* an einem Brückenschlag, um eine Würde von Menschen über alle Kompetenzunterschiede hinweg zu rechtfertigen. Eigentlich eine Ethik der symmetrischen Anerkennung [→ Anerkennung] für autonome Subjekte hat auch sie zu vermitteln: zwischen der Bestimmung des Menschen zu Vernunftgebrauch und Autonomie, wie ihn die ideale Kommunikationsgemeinschaft voraussetzen muss, und seiner tatsächlichen, wie immer unfertigen Existenz, die bei Menschen mit schwersten Behinderungen Formen dauerhafter Asymmetrie und Abhängigkeit annehmen kann. Dafür ungeeignet wäre ein Person- und Würdeverständnis, das exklusiv den Höhepunkten der Selbstreflexivität vor-

behalten bleibt. Vielmehr müsste man es antizipierend auf *Potenzialitäten* ausdehnen und diese in den kategorischen Imperativ einbeziehen. Doch es ist zweifelhaft, ob man mittels der Diskursethik (auch unter Einschluss stellvertretend, advokatorisch geführter Diskurse) eine besondere Schutzwürdigkeit auch der Menschen rechtfertigen kann, die – wie etwa Ungeborene – nicht nur aktuell keine Diskursteilnehmer sein können, die womöglich niemals dazu in der Lage sind (vgl. Braun 2000, 188 f.; Antor & Bleidick 2000, 107–109). Überdies bleibt offen, bis zu welchem Punkt in der menschlichen Entwicklung eine solche Antizipation Würde und Lebensschutz begründet zurückverlegen kann: lediglich bis zur Geburt (vgl. Habermas 2005, 64), bis zur Befruchtung der Eizelle oder zur Einnistung in der Gebärmutter. Immerhin lieferte die Nidation als Zeitpunkt für den Beginn des Würdeschutzes die moralische Legitimation für eine Forschung an (früh-)embryonalen Stammzellen. Sie ist in Deutschland per Gesetz verboten, außer es handelt sich dabei um aus anderen Ländern importierte Stammzelllinien.

Statt mit der Potenzialität von frühen Formen des Menschseins argumentiert eine phänomenologische Betrachtung mit der *Leiblichkeit*. Zwar ist es das Vermögen zur moralischen Selbstbestimmung, dem der Respekt vor der Würde des Menschen gilt (Schockenhoff 2006, 90). Daraus folgt nicht, dass der Leib des Menschen – im Vergleich zu seiner Vernünftigkeit – zu einer Marginalie schrumpft. Als Bedingung der moralischen Handlungsfähigkeit des Menschen hat auch ihm der Respekt vor der Menschenwürde zu gelten. Damit aus der Zuschreibung von Menschenwürde kein Willkürakt wird, muss sie sich allerdings auf einen geeigneten materiellen Sachverhalt beziehen lassen. Und das ist hier der biologische Tatbestand, dass der Embryo mit der Verschmelzung von Ei- und Samenzelle „sowohl artspezifisch (als Mensch) wie auch individualspezifisch (als dieser Mensch)" festgelegt ist, ohne dass seine Entwicklung irgendwelche Zäsuren aufweist (ebd., 80).

Ein anderes Argument zugunsten eines Würdeschutzes speziell für vorgeburtliches menschliches Leben zielt auf eine *weltanschauungsneutrale* Rechtfertigung. Es möchte ohne ontologische Annahmen auskommen, weil sie in einer wertpluralistischen Gesellschaft als nicht mehr konsensfähig gelten. Sie verlegen etwas in den Menschen hinein (z. B. Vernunft bzw. die Möglichkeit dazu), was an ihm selbst, etwa beim frühen Embryo, (noch) nicht sichtbar ist. Doch selbst bei so begründeten Zweifeln an seiner Personalität wird dann nicht für ein Weniger, sondern, tutioristisch, für ein Mehr an Schutz plädiert, und damit befindet man sich zumindest auf der sicheren Seite. Schockenhoff verbindet diesen *Tutiorismus* mit dem Postulat einer unparteilichen, *„intergenerationellen Gerechtigkeit"* zwischen geborenen und ungeborenen Menschen: „Wir alle waren einmal Embryonen und unsere heutige Existenz steht in einem unauflöslichen Zusammenhang mit der Tatsache, dass wir bereits zum damaligen Zeitpunkt, als unsere Weiterexistenz biologisch ungesichert war, in unserem selbstzwecklichen Dasein geachtet wurden. Wenn wir heute als moralische Subjekte […] voreinander Anerkennung fordern, so müssen wir sie nach dem Gesetz der Gleichursprünglichkeit auch denjenigen einräumen, die sich zum jetzigen Zeitpunkt in unserer damaligen ungesicherten Lage befinden, in der Schutz, Hilfe und Förderung erfahren zu haben wir heute begrüßen" (Schockenhoff 2006, 87).

Wir sprechen also auch von uns selbst, wenn wir von Ungeborenen sprechen. Ganz ähnlich, *rekonstruktiv*, rechtfertigt Haeberlin (2005, 64) eine moralische Pflicht zu helfen. Sie richte sich an diejenigen, die unabhängig geworden sind und dies nur werden konnten, weil ihnen andere dabei geholfen haben. Man kann den verpflichtenden Charakter der Menschenwürde nicht eigentlich begründen, aber man kann ihn rekonstruieren, etwa auf der Basis eines intuitiven moralischen Vorwissens.

Die Tatsache, dass der Menschenwürdeschutz sowohl der moralischen Vernunft des Menschen wie seiner vitalen Voraussetzung, dem Leben, zu gelten hat, wird immer wieder zum Ausgangspunkt für unterschiedliche Gewichtungen (und damit auch: Begriffe) von Menschenwürde zwischen Befürwortern und Gegnern der neuen biotechnologischen Verfahren. Während deren Kritiker schon heute eine beklagenswerte „Relativierung" des Lebensrechts, ja eine Menschenwürde ohne Lebensrecht als „Grundströmung der Epoche" konstatieren (Picker 2002, 8), ist die Wahrnehmung der Befürworter eine ganz andere. Sie sehen eine bedenkliche Verschiebung im Menschenwürdebegriff in der Tatsache, dass nicht mehr „die Autonomie der Person" im Zentrum stehe, vielmehr „die Sakrosanktheit ihrer biologischen Substrate wie Leben und genetische Identität" (Birnbacher 2006, 83). Eine solche „Alltagsmoral" (ebd.), die am Vertrauten festhalten wolle, blockiere den wissenschaftlichen Fortschritt.

Zu (2): Beim so genannten *Schwellenproblem* (Werner 2004, 212) – z. B.: liegt der Sonderschulbesuch tatsächlich unter der Schwelle zum Menschenwürdeverstoß; ab wann bedeutet ein Eingriff in ein menschliches Leben eine Entwürdigung; gibt es eine oberste Grenze für die Durchsetzung fremder Interessen? – stellt sich zunächst eine Interpretationsfrage: Gilt das Instrumentalisierungsverbot Kants total oder begrenzt (was sich mit einem bestimmten Maß an Fremdbestimmung vertragen würde, der Betroffene könnte seiner Abhängigkeit vorweg zugestimmt haben)? Der Wortlaut für sich („… niemals bloß als Mittel …") spricht für letzteres: dass ein Menschenwürdeverstoß erst vorliegt, wenn jemand zu einem rechtlosen Objekt degradiert wird. Doch der Rigorosität in Kants Ethik steht die erstere Deutung, ein absolutes Instrumentalisierungsverbot, eigentlich näher (vgl. Bleidick 2003).

Karriere gemacht hat freilich die zweite, relativierende Fassung der Kantischen Formel in der Bedeutung eines begrenzten Instrumentalisierungsverbots. Sie ist auch für die so genannte Objektformel im Verfassungsverständnis maßgeblich geworden: „Die Menschenwürde ist betroffen, wenn der konkrete Mensch zum Objekt, zu einem bloßen Mittel, zur vertretbaren Größe herabgewürdigt wird". Gleichsam in Reinform entspräche dem die PID, weil die Erzeugung der später ausgesonderten Embryonen nicht um ihrer selbst willen geschieht, sondern vorbehaltlich des Ausgangs einer späteren genetischen Untersuchung. Nichts anderes gilt für eine Forschung an embryonalen Stammzellen des Menschen; sie entspricht recht genau der Vorstellung von einer völligen Instrumentalisierung für einen fremden Zweck.

Sich über den Willen (die Zwecke) eines anderen Menschen einfach hinwegsetzen, nur eigene Zwecke gelten lassen, das kann darüber hinaus unter beiden denkbaren Voraussetzungen geschehen: Dass jemand einwilligungsfähig ist, aber unter Zwang, z. B. bei einer Vergewaltigung, es hinnehmen muss, dass andere von ihm Besitz ergreifen. Oder dass er das nicht ist, so etwa bei fremdnütziger Forschung an Nicht-Einwilligungsfähigen. Hier ist an einen Personenkreis zu denken, zu dem neben Kindern auch Demenzkranke, Schwergeistigbehinderte sowie Menschen im Koma gehören – und natürlich auch Embryonen. Es ist aber gerade das Recht jedes Schwachen, Zweck an sich selbst zu sein und niemals bloß Mittel eines Stärkeren, das durch die Menschenwürde besonders geschützt werden soll (Höffe in: Höffe et al. 2002). Und dies erfordert „Selbstbeschränkung", „Rücknahme der eigenen, prinzipiell unbegrenzten Expansionstendenz" (Spaemann 1996, 196 f.). Gemessen daran ließe sich Forschung an Nicht-Einwilligungsfähigen ehestens noch vertreten, wenn sie einen direkten therapeutischen Nutzen hätte, ohne den das Überleben der von dem Eingriff Betroffenen nicht sicherzustellen ist.

Über solche Vorbehalte scheint die Entwicklung hinwegzugehen. Körperstoffe wie menschliches Gewebe, Organe und Gene werden heute, losgelöst von ihren Trägern, umfassend nutzbar gemacht. Und selbst die Frage, ob denn das alles nicht wenigstens der Zustimmung des jeweiligen Trägers bedarf, weil der doch „Eigentumsrechte" geltend ma-

chen könne, wird gelegentlich verneint (Speck 2005, 53).

3 Ausblick: Mögliche Folgen

Die Sonderpädagogik hat, indem sie z. B. die Infragestellung eines Lebensrechts für Schwerstbehinderte zurückwies, immer auch den inhaltlichen Zusammenhang betont, in dem Lebensschutz und gesellschaftliche Akzeptanz gesehen werden müssten. Die Befürchtung, eine Verfügungsgewalt über menschliches Leben würde sich auch auf lebende Behinderte auswirken, begleitete den Lebensrechtdiskurs in der Sonderpädagogik von Anfang an. Dieser Zusammenhang erklärt im Übrigen, warum ein im eigentlichen Sinne philosophisches (theologisches, verfassungsrechtliches) Thema wie die Menschenwürde auch von einem hohen sonderpädagogischen Belang ist.

Bei einer Momentaufnahme einzelner Aspekte ergibt sich zunächst ein widersprüchliches Bild. So wird man etwa mit Blick auf hiesige Verhältnisse sagen können, dass im historischen Vergleich „wohl noch niemals so viele materielle und immaterielle Ressourcen für Menschen mit Behinderung aufgebracht und bereitgestellt wurden", und dies, obwohl die selektive Verfügbarkeit vor der Geburt zugenommen hat (Dederich 2004, 261). Am Beispiel von Menschen mit Down-Syndrom lässt sich der Befund illustrieren: Einerseits werden sie als Föten fast lückenlos erfasst und abgetrieben, andererseits sind sie als Erwachsene in Film und Fernsehen, teilweise als Stars, präsent.

Dazu gibt es eine internationale Parallele. So formulieren Menschenrechtsübereinkommen zur Biomedizin unter dem Leitmotiv ‚Menschenwürde' Schutzbestimmungen für medizinische Eingriffe, die im Vergleich zu der in Deutschland geltenden Rechtslage (Beispiel: Embryonenschutzgesetz) deutlich weniger restriktiv ausfallen. Womöglich wirkt hier nach, dass es nach klassischem Menschenrechtsverständnis „die Integrität geborener Menschen ist, die den Gegenstand des Menschenrechtsschutzes ausmacht" (Braun 2000, 283, 59). Von der „Menschenrechtskonvention des Europarates zur Biomedizin" z. B., der so genannten Bioethik-Konvention vom 4. April 1997, heißt es, gingen „Signale der Deregulierung des Menschenrechtsschutzes" aus. Im Ergebnis sei die Menschenwürde gerade nicht geschützt (246, 248; Antor & Bleidick 2000, 112–115), und das betrifft vor allem nicht-einwilligungsfähige Personen, die fremdnütziger medizinischer Forschung ausgesetzt werden könnten (so auch die ‚Universal Declaration on Bioethics and Human Rights', eine Menschenrechtserklärung der UNESCO). Doch das hält die neue „UN-Konvention über die Rechte von Menschen mit Behinderungen" nicht davon ab, sich zum Fürsprecher einer „inhärenten Würde" Behinderter zu machen und zum Abbau ausgrenzender gesellschaftlicher Strukturen aufzurufen. Speziell ist damit die ‚zwangsweise Sonderbeschulung' gemeint, deretwegen sich die deutsche Bildungspolitik schon mal an den Pranger gestellt sieht, so durch den UN-Sonderberichterstatter für das Recht auf Bildung des Menschenrechtsrats der Vereinten Nationen. Hier hat das Bildungsrecht eine erweiterte Bedeutung, zu der auch die allgemeine Schule als obligatorischer Ort für seine Umsetzung gehört. Die Gleichzeitigkeit nachdrücklicher (schulischer) Integrationsempfehlungen einerseits und einer befürwortenden Haltung etwa zur Forschung an nicht-einsichtsfähigen Menschen andererseits muss frappieren – vor dem Hintergrund der Lage in Deutschland, die man vielleicht eher so umschreiben könnte: im Ganzen Bedenken in allen Fragen einer (medizinischen) Prävention von Behinderung, weniger gegenüber einem Sonderschulbesuch. Obwohl Menschenwürde als Prinzip als interkulturell anerkannt gilt (vgl. Höffe in: Höffe et al. 2002), gibt es im einzelnen nach Inhalt und Gewicht Unterschiede.

In den womöglich globalen Trend fügen sich auch Hamburger Umfrageergebnisse zu Einstellungen gegenüber Behinderten ein

(Wocken 2000, 299): positive Werte für gemeinsamen Unterricht, aber ein „erdrutschartiger Abfall der positiven Reaktionen" auf Behinderung, wie er sich etwa in der Zustimmung zur Früheuthanasie äußert. Die Rechtfertigungsfigur für so ein Verständnis von Prävention heißt: „Behinderte Menschen verdienen jede Unterstützung, Behinderung an sich aber nicht!" (Wetz 2004, 245). Nicht die analytische Trennung zwischen Behinderung und Behinderten ist das Problem, sondern dass daraus definitive Handlungskonsequenzen gezogen werden. Repräsentativ für das Urteil der Behindertenpädagogik mag folgendes Zitat sein: „Wenn Prävention heißt, dass Behinderungen und Erkrankungen verhindert werden, indem ihre Träger verhindert werden, wird der Präventionsgedanke völlig verdreht" (Dederich 2000, 241). Und kann dann noch die Rechnung aufgehen, dass sich das derzeitige Niveau von Unterstützung und Inklusion zumindest halten lässt – trotz Exklusion?

Im Blick auf die Entwicklung in der Zukunft mag einiges dafür sprechen, dass die Menschenwürde nicht mehr lange ein verfassungsrechtliches Hindernis darstellt für eine Forschung an Embryonen: „Es wäre […] mehr als seltsam, hielte […] der gesamte Rest der rechtsstaatlich organisierten Welt Forschungen für zulässig, die in Deutschland als schwerste denkbare Rechtsverletzung überhaupt, als Verletzung der Menschenwürde, von Verfassungs wegen auf ewig verdammt wären" (Merkel 2006, 201).

Welche Rolle dabei – neben dem Konkurrenzdruck durch wirtschaftliche Globalisierung sowie der internationalen Forschung – der Neukommentierung des Art. 1 GG zukommt, ist ungewiss. Immerhin öffnet sie sich für Differenzierungen im Maß des Würdeschutzes beim vorgeburtlichen Leben. Bedenken, etwa die positive Eugenik [→ Eugenik] könne würdeverletzend sein, bestünden danach nicht (Herdegen 2005, 62). Und die Kommentierung hält die (noch immer gültige) Ableitung von Grundrechten aus der Menschenwürde, letztlich also den (das Einzelgrundrecht in Art. 1 Abs. 1) überragenden Stellenwert der Menschenwürde im System unserer grundgesetzlichen Ordnung, für problematisch (ebd., 13). Eine solche „Omnipräsenz" der Menschenwürdegarantie, so ein anderer Kritiker, führe zu einer Inflationierung und damit zu ihrer „Entwertung" (Dreier 2001, 236 f.).

Argumente, die nach den Auswirkungen der neuen Techniken fragen, handeln von dem, was eintreten könnte. Sie sind ‚weiche' Argumente, rechtlich nicht zwingend, doch alternativlos. Bezogen auf Behinderte, bezeichnen sie Ausschlussgefahren, die kaum exakt, als Folgewirkung einer einzelnen ganz bestimmten Technik, darstellbar sind. Annahmen der Technikforschung machen ein Szenario kumulierender Wirkungen wahrscheinlich, in dem eine soziale Ausweitungsdynamik, kaum dass man es merkt, die Entwicklung vorantreibt. Sie stützt sich auf eine wachsende Verbesserung der technischen Möglichkeiten der Prävention, gesteigerte Nachfrage (am Beispiel der Pränataldiagnostik: Dederich 2003), Lebensverbesserung als zwanglose „gigantische Mitmach-Unternehmung" (Gehring 2006, 225) und immer anspruchsvollere Gesundheitsnormen (vgl. Habermas 2005, 149). Im Ergebnis könnte so die Bereitschaft abnehmen, mit behinderten Menschen zu leben.

Die eigentlichen moralischen Folgeprobleme warten Habermas zufolge allerdings erst ‚hinter' PID und Embryonenforschung, die gleichwohl den Weg dahin ‚ebnen' könnten: bei einer *merkmalsverändernden, ‚liberalen' Eugenik* unter der Direktive der Eltern (ebd., 114 ff.). Habermas zählt zu denen, die vor einer solchen Entwicklung warnen, ohne sich dafür des Arguments einer Menschenwürde ‚von Anfang an' zu bedienen. Er „verstehe" zwar, ja er „teile" die Besorgnis, dass sich so „die Tür zur Instrumentalisierung menschlichen Lebens [...] einen Spalt weit" öffnen könnte. Und trotzdem empfiehlt er, einer „weltanschaulich neutralen Lösung" wegen, einen anderen Weg zum Embryonenschutz (Habermas 2005, 70). Seine Kernaussage lautet, das „vorpersonale Leben" des Embryos sei – weil ohne Men-

schenwürde – nicht unantastbar, wohl aber „unverfügbar" (ebd. 59). Diese (fragwürdige) Unterscheidung soll helfen, dass der Embryo schutzwürdig bleibt, trotz mächtiger Gegeninteressen.

Dafür stehe auch zuviel auf dem Spiel. Es geht, folgt man Habermas, um mehr noch als das Schicksal Behinderter, es ist unsere „Moral im Ganzen", „das ethische Selbstverständnis der Gattung Mensch". Wie soll denn ein Mensch lernen, für eigene Schuld auch die alleinige Verantwortung zu übernehmen, wenn er „die Autorschaft für das eigene Lebensschicksal mit einem anderen Autor teilen" muss (ebd., 137)? Warum sollten wir dann noch „moralisch sein wollen"? Als Konsequenz denkt er an ein „Grundrecht auf unmanipulierte Erbanlagen" (ebd., 51): Kinder sollen nur aus dem Erbgut ihrer Eltern entstehen.

Anderenfalls, käme es zu einer Praxis der Genmanipulation, ginge die Idee einer Verbesserung des Menschen von der Pädagogik zur Medizin über. Dann würde wohl nicht nur moralisch, auch pädagogisch ein Rubikon überschritten: „In der Prämisse [...], dass der Mensch [...] biologisch verbesserbar ist, manifestiert sich ein Menschenbild, in dem es für die Erziehungswissenschaft und ihre alten Fragen (etwa nach der Bildsamkeit; G. A.) keinen Bedarf mehr gibt. Aber was sollten [...] Erziehung und Kultur noch heißen, wenn die Biowissenschaften das Regiment übernommen haben?" (Mietzner & Tenorth 2007, 15).

Literatur

Antor, Georg (2003): Behinderung und Menschenwürde. In: Dederich, Markus (Hrsg.): Bioethik und Behinderung. Bad Heilbrunn, 49–67
Antor, Georg & Bleidick, Ulrich (2000): Behindertenpädagogik als angewandte Ethik. Stuttgart
Birnbacher, Dieter (2006): Bioethik zwischen Natur und Interesse. Frankfurt a. M.
Bleidick, Ulrich (1999): Behinderung als pädagogische Aufgabe. Behinderungsbegriff und behindertenpädagogische Theorie. Stuttgart

Bleidick, Ulrich (2003): Der Personbegriff in der Behindertenpädagogik. In: Dederich, Markus (Hrsg.): Bioethik und Behinderung. Bad Heilbrunn, 20–48

Bockenförde, Ernst-Wolfgang: Die Würde des Menschen war unantastbar. In: FAZ Nr. 204, 3.9.2003, 33–35

Braun, Kathrin (2000): Menschenwürde und Biomedizin. Zum philosophischen Diskurs der Bioethik. Frankfurt a. M.

Dederich, Markus (2000): Behinderung – Medizin – Ethik. Behindertenpädagogische Reflexionen zu Grenzsituationen am Anfang und Ende des Lebens. Bad Heilbrunn

Dederich, Markus (Hrsg.) (2003): Bioethik und Behinderung. Bad Heilbrunn

Dederich, Markus (2004): „Bioethik", Menschenwürde und Behinderung. In: Vierteljahresschrift für Heilpädagogik und ihre Nachbargebiete 73, 3, 260–270

Dreier, Horst (2001): Konsens und Dissens bei der Interpretation der Menschenwürde. Eine verfassungsrechtliche Skizze. In: Geyer, Christian (Hrsg.): Biopolitik. Die Positionen. Frankfurt a. M., 232–239

Gehring, Petra (2006): Was ist Biomacht? Vom zweifelhaften Mehrwert des Lebens. Frankfurt a. M.

Habermas, Jürgen (2005): Die Zukunft der menschlichen Natur. Auf dem Weg zu einer liberalen Eugenik? Frankfurt a. M.

Haeberlin, Urs (2005): Grundlagen der Heilpädagogik. Einführung in eine wertgeleitete erziehungswissenschaftliche Disziplin. Bern

Herdegen, Matthias (1999): Die Grundrechte: Art. 1 Abs. 1. In: Herzog, Roman, Herdegen, Matthias, Scholz, Rupert & Klein, Hans H. (Hrsg.): Grundgesetz. Kommentar. München (Lfg. 44, 2005)

Höffe, Otfried, Honnefelder, Ludger, Isensee, Josef & Kirchhoff, Paul (2002): Gentechnik und Menschenwürde. An den Grenzen von Ethik und Recht. Köln

Koch, Lutz (1998): Pädagogische Anthropologie im Zeitalter der technischen Reproduzierbarkeit des Menschen. In: Marotzki, Winfried, Masschelein, Jan & Schäfer, Alfred (Hrsg.): Anthropologische Markierungen. Herausforderungen pädagogischen Denkens. Weinheim, 173–187

Merkel, Reinhard (2002): Forschungsobjekt Embryo. Verfassungsrechtliche und ethische Grundlagen der Forschung an menschlichen embryonalen Stammzellen. München

Merkel, Reinhard (2006): Verbrauchende Embryonenforschung? Verfassungsrechtliche und ethische Grundlagen und Grenzen. In: Liessmann, Konrad Paul (Hrsg.): Der Wert des Menschen. An den Grenzen des Humanen. Wien,

Mietzner, Ulrike & Tenorth, Heinz-Elmar (2007): Anthropologie als Thema und Problem in der Erziehungswissenschaft. Vielfalt der Methoden, Desiderat des Pädagogischen. In: Zeitschrift für Pädagogik 52, Beiheft, 7–19

Picker, Eduard (2002): Menschenwürde und Menschenleben. Das Auseinanderdriften zweier fundamentaler Werte als Ausdruck der wachsenden Relativierung des Menschen. Stuttgart

Schockenhoff, Eberhard (2006): Der Wert des Menschen. Die Idee der Menschenwürde in der Bioethik. In: Liessmann, Konrad Paul (Hrsg.): Der Wert des Menschen. An den Grenzen des Humanen. Wien, 67–93

Spaemann, Robert (1996): Personen. Versuche über den Unterschied zwischen ‚etwas' und ‚jemand'. Stuttgart

Speck, Otto (1996): Erziehung und Achtung vor dem Anderen. Zur moralischen Dimension der Erziehung. München

Speck, Otto (2005): Soll der Mensch biotechnisch machbar werden? Eugenik, Behinderung und Pädagogik. München

Werner, Micha H. (2004): Menschenwürde in der bioethischen Debatte – Eine Diskurstopologie. Kettner, Matthias (Hrsg.) (2004): Biomedizin und Menschenwürde. Frankfurt a. M., 191–220

Wetz, Franz Josef (2004): Menschenwürde als Opium fürs Volk. Der Wertestatus von Embryonen. In: Kettner, Matthias (Hrsg.): Biomedizin und Menschenwürde. Frankfurt a. M., 221–248

Wocken, Hans (2000): Der Zeitgeist: Behindertenfeindlich? Einstellungen zu Behinderten zur Jahrtausendwende. In: Albrecht, Friedrich, Hinz, Andreas & Moser, Vera (Hrsg.): Perspektiven der Sonderpädagogik. Disziplin- und professionsbezogene Standortbestimmungen. Neuwied, 283–306

Person/Persönlichkeit

Volker Schürmann

1 Definition

Falls man ‚menschliche' Weltbezüge als dreigliedrig zugrunde legt (Körper, Psyche, Geist), dann ist Person durch Mitweltlichkeit konstituiert – im Unterschied zum außenweltlich konstituierten Ding oder Körper und zum innenweltlich konstituierten Selbst. Körper, Selbst und Person sind damit Titel für einen individuellen ‚Menschen' in je bestimmter Bezüglichkeit. Insofern in Mitweltlichkeit das spezifisch ‚Menschliche' gründet, sind ‚menschlicher' Körper, Selbst und Person keine sich ausschließenden Begriffe, sondern konzipieren ‚dasselbe' individuierte Wir in je bestimmter Perspektive. Person ist somit ein individueller ‚Mensch' als Körper-Selbst-Person-,Einheit' in der Perspektive von Person im engeren Sinn. Persönlichkeit ist dann ein Titel für die Je-Einmaligkeit einer Person.

Weil strittig ist, ob nur Mitgliedern der Gattung Mensch oder auch gewissen intelligenten Maschinen oder gewissen Primaten Person-Status zukommt, ist ‚menschlich' in der obigen Formel strikt struktural, nicht aber material zu begreifen. Diese Struktur nennt Plessner Exzentrizität und verweist gelegentlich auf jene „geistreiche Mutmaßung des Paläontologen Dacqué", dass das „Menschsein an keine bestimmte Gestalt gebunden [ist]" und insofern „unter mancherlei Gestalt stattfinden [könnte], die mit der uns bekannten nicht übereinstimmt" (Plessner 1928, 293). Mitweltlichkeit als das zu postulieren, was Exzentrizität ausmacht, meint, dass alle körperlichen, psychischen und sozialen Beziehungen von Personen prinzipiell vermittelt sind durch eine unreduzierbare Wir-Dimension. Personale Welt-Bezüge ‚leben' also im Element respektive im Medium der Mitwelt – analog dazu, dass Fische im Element des Wassers leben.

Prinzipiell vermittelt zu sein meint die Realisierung einer (im Vergleich zu ‚Tieren') neuen Reflexionsstufe im Vollzug personalen Lebens. Es kann ganz unstrittig sein, Intelligenz, Emotionalität, Sozialität, Kulturalität etc. bei gewissen Tieren anzunehmen; Personen aber leben ihr Leben besonnen (im Sinne von Herders Ursprung der Sprache), d. h. sie sind im Lebensvollzug vermittelt durch jene Wir-Dimension reflexiv bezogen auf ihren Lebensvollzug: ex-zentrisch. Prinzipiell vermittelt zu sein meint, dass das Zukommen von Personalität eine Frage des gemeinsam geteilten Sich-Anerkennens ist, nicht aber ein empirisches Merkmal. Person-sein ist ein Status, und deshalb gibt es „keinen gleitenden Übergang von ‚etwas' zu ‚jemandem'" (Spaemann 1996, 258, vgl. 261 f.). Falls der Person-Status als Eigenschaft (welcher Art auch immer: natural, mental, sozial) gilt, dann führt man eine „Aufnahmeprüfung" (Stekeler-Weithofer 2002, 22 f.) ein: Person wäre ein Naturkörper dann und nur dann, wenn (und nur solange wie) ein empirischer Nachweis erbracht wäre, über diese Eigenschaft tatsächlich zu verfügen. Dass diese Aufnahmeprüfung dann normalerweise bei erwachsenen weißen, männlichen, heterosexuellen, nichtbehinderten, christlichen Bourgeois erlassen wird, bestätigt nur diesen Sachverhalt.

Person ist daher wesentlich Rechtsperson. Der Person-Status ist in den Menschenrechtserklärungen als kategorisch zukommend deklariert, was ein Festhalten am und ein Bruch mit dem traditionellen Naturrecht zugleich ist. Rousseau hat das auf die Formel gebracht, dass das grundlegende Recht „heiliges Recht" sei, das auf „Vereinbarung" beruhe (Rousseau 1762, 1. Buch, 1. Kap.).

Personalität kommt insofern exzentrisch positionierten Naturkörpern zu: „Positional liegt ein Dreifaches vor: das Lebendige ist

Körper, im Körper (als Innenleben oder Seele) und außer dem Körper als Blickpunkt, von dem aus er beides ist. Ein Individuum, welches positional derart dreifach charakterisiert ist, heißt Person" (Plessner 1928, 292 f.). Wer je historisch konkret als Exzentriker gilt, ist eine Frage gemeinsam geteilten Sich-Anerkennens. Freilich ist solches Sich-Anerkennen nie willkürlich, sondern immer schon vorentschieden. Die zivilisatorische Errungenschaft der Bürgerlichen Revolution liegt darin, den Person-Status fraglos allen Mitgliedern der Gattung zuzusprechen und dies in den Menschenrechten positiviert zu haben. Unsere Freiheit liegt darin, diese Vorentscheidung zu modifizieren. Aber unsere Freiheit besteht auch nur darin: Wir können die Geschäftsgrundlage der Menschenrechte modifizieren (oder auch verraten), aber die Zuschreibung des Person-Status ist keine Dezision. „Die Festlegung durch ihn trägt […] den Charakter eines Festhaltens an einer schon getroffenen Festlegung oder eines Revoltierens gegen sie, also geschichtlich relevanten Charakter" (Plessner 1931, 192).

2 Begriffs- und Gegenstandsgeschichte

„Der Begriff der Person hat keine natürliche, sondern eine soziale Herkunft" (Borsche 2005, 3). An diesem Satz scheiden sich die Geister der Person-Konzepte.

Persona heißt Maske, so der früheste und in der römischen Antike selbstverständliche Sprachgebrauch. Das meint zunächst den verkleideten Mensch, was zugleich – da Gegenbegriff zu ‚Natur' – den Nebenton des Scheins, der Verstellung, gar des Betrugs mit sich führt. Diese Grundbedeutung wird dann übertragen auf Rolle; zunächst im Sinne der dramatischen Rolle des Theaterschauspielers, dann aber auch im Sinne der Rolle, die man im Leben respektive in der Gesellschaft spielt. Gemeint war nicht der Einzelne, sondern der Rollenträger als Personifikation einer typischen Rolle. Personen ‚gibt' es insofern nur innerhalb von ‚Subsystemen' der Gesellschaft, also im Bühnenwesen, Gerichtswesen, Behördenapparat, im oikos etc. Personalität war ein sozialer Sachverhalt, also an Relationen zwischen Personen gebunden; Person kann man hier nicht allein sein (Fuhrmann et al. 1989, 269–271). „Auf eine handliche Formel gebracht: Der ältere Personbegriff bezeichnet den Menschen in der stabilen Ordnung der Institution" (Konersmann 2006, 162).

Daneben gibt es diejenige Bedeutung, die das Rollenhafte nicht an das „synchrone System von Relationen", sondern an das „sich gleichbleibende Verhalten des Rollenträgers", an die dadurch „konstituierte diachrone Identität oder Identitätspflicht" bindet (Fuhrmann et al. 1989, 271). Hier ist Person-sein das Merkmal eines einzelnen Menschen. Beide Bedeutungen sind komplementär, da die Identität(spflicht) sich nur als sozialer Sachverhalt und nicht als strikt individueller denken ließ: dem vorgegebenen Drehbuch einer *typischen* Rolle treu zu bleiben.

Im christlichen Mittelalter konnte die relationengebundene Bedeutung von Person in Bezug auf die Menschen entsprechend außer Gebrauch genommen werden: „die ursprüngliche Bedeutung ‚Maske' […] war nicht mehr geläufig" (ebd., 281). Das Drehbuch galt als von Gott geschrieben – Individuen hatten dem nachzuspielen, insofern der Einzelne „eine Rolle übernimmt, die er nicht geschrieben hat' (Borst) und sich zu eigen macht" (Konersmann 2006, 175). Entsprechend wurde die Bedeutung kultiviert, die Person-sein an das Individuum band, prominent z. B. von Boethius: „Person ist die individuelle Substanz einer rationalen Natur" (Fuhrmann et al. 1989, 280). In Bezug auf Gott jedoch reproduzierte sich die relationengebundene Bedeutung in all den theologischen Problemen, die mit der Trinitätslehre und der Menschwerdung Gottes verbunden waren. Dass der eine Gott in drei Personen auftrat und dass der eine Christus Mensch und Gott zugleich war, wurde typischerweise durch Relationen gefasst. In Bezug auf die Menschen ist ein Abglanz der relationalen Bedeutung von Person noch in der Rede von Würde und Würdenträger präsent, was zugleich die früher latente Entgegensetzung zu Schein, Trug und Heuchelei bestätigt und bekräftigt. – Der „bedeutende Franziskanertheologe Alexander von Hales" etabliert im 12. Jahrhundert eine *drei*fache Seinsordnung: „Es gibt den Bereich des natürlichen, des rationalen und des moralischen Seins", wobei „der Bereich des moralischen Seins durch Anerkanntsein konstituiert [ist]" (Fuhrmann et al. 1989, 288). Dem korrespondiert die Einteilung der Philosophie in Physik, Logik und Ethik, und Alexander unterscheidet entsprechend in Bezug auf den einzelnen Menschen Subjekt, Individuum und Person.

Mit Beginn der Neuzeit wurden göttliche Drehbücher als vorgegebene zunehmend problematisch. Hobbes' Nominalismus und sozialtheoretischer Atomismus kappt solche Abhängigkeiten an vorgegebene Ordnungen radikal. Die Ordnung des menschlichen Miteinanders ist nunmehr ‚Vertragssache', also durch die Vertragsschließenden selber gestiftet. Konsequenterweise kann in dieser Zeit auch von künstlichen Personen geredet werden; das Kriterium für Person-sein ist die Zuschreibbarkeit von Handlungen, d. h. ihr Verantwortlichsein (ebd., 301). Der Preis dieses Befreiungsschlages liegt darin, dass Relationen logisch sekundär gegenüber den Vertragsschließenden sind. Diese logische Wiederabwertung der Zwischen- bzw. Mitweltlichkeit – die mittelalterliche Aufwertung der Relationalität stand und fiel ja mit der Gebundenheit an Gott – verschärfte sich also paradoxerweise, weil die soziale Ordnung thematisiert wurde und als eine durch den Menschen gestiftete erwiesen werden sollte. Person-sein sollte und musste gleichsam als eine Leistung von Individuen gedacht werden. Gil (2004) reproduziert diese Position: Person-sein gilt als soziale „Zuschreibung", aber gerade nicht als relationaler Sachverhalt, sondern als zugeschriebenes „Merkmal".

Den wohl prominentesten Ausdruck fand dieses Bestreben bei John Locke. Ihm ist es um personale Identität und deren empirischen Bedingungen zu tun, nicht aber um logisch-begriffliche Präsuppositionen, wie sie vormals durch die Thematisierung des Menschen als Kreatur noch verhandelbar waren. In der durch ihn grundgelegten Traditionslinie gilt das Person-sein als eine (empirisch feststellbare) Eigenschaft, die sich in bestimmten Fähigkeiten manifestiere. Welche Eigenschaften und welche Fähigkeiten das je sind oder sein mögen, ist selbstredend strittig. Nicht mehr strittig ist in dieser Traditionslinie das Modell selber, und relativ unstrittig ist der grobe Bereich, in dem jene Eigenschaften und Fähigkeiten beheimatet sind, um von Person-sein sprechen zu können.

„Eine Person müsse [so Locke] als ein intelligentes und denkendes Wesen begriffen werden, das über Vernunft, Reflexionsvermögen und Selbstbewußtsein verfüge und aufgrund seiner Fähigkeit, sein Leben überlegt führen zu können, in besonderer Weise mit zukünftigen Handlungsweisen umgehen müsse" (Sturma 1999, 994 f.).

Es gilt dann als Erkenntnisfortschritt, wenn Strawson einklagt, dass Personalität neben mentalen auch durch physische „Merkmale" konstituiert sei.

Die Konsequenzen dieses Ansatzes sind nicht lustig: Bei nicht bestandener oder wieder verwirkter Aufnahmeprüfung droht die Hinrichtung. Auch Locke wird die logisch-begriffliche Notwendigkeit nicht los, ein „Einheitsmoment" denken zu müssen: „Würden Selbstinteresse und Sorge um das Glück sich von wechselnden Inhalten leiten lassen, so zerfiele mit diesem Wechsel auch die Identität. Das gesuchte Einheitsmoment entspringt für Locke allein aus seinem Bezug zur Zukunft, nämlich zu dem über unendliche Qual oder Glück entscheidenden göttlichen Gericht" (Fuhrmann et al. 1989, 304).

Dieser Bezugspunkt mag praktisch lange Zeit unscheinbar bleiben; im Zweifel verlangt er Stellvertreter des göttlichen Gerichts auf

Erden. Der Mensch kann sein Recht, Person werden zu können, auch „verspielen, wenn er nämlich gegen die Gesetze Gottes handelt [...]. Darum kann Locke, in Spannung zu seinen Ideen von individueller Freiheit und Toleranz, meinen, Atheisten und solche, die gegen Gottes Gesetz handeln, verlören ihre ‚Person-Rechte' und dürften getötet werden" (ebd., 305).

Die „Praktische Ethik" Peter Singers spricht lediglich offen aus, was dem größten Teil unserer expliziten und impliziten Anthropologien bis heute, trotz Herder, ganz selbstverständlich ist: dass der Mensch ein besonderes Tier sei.

Hume wird dann, „darin über Locke und Berkeley hinausgehend, den Substanzbegriff ganz auf[geben]", freilich mit der Konsequenz, personale Identität nur noch als „Fiktion" respektive als philosophisch nicht begründbar begreifen zu können (ebd., 305 f.). – Kant wird jenen fatalen Konsequenzen des Ansatzes, dass Individuen ihr Person-sein ‚verspielen' können, dadurch Einhalt zu gebieten versuchen, dass er Personen als Zwecke an sich selbst (im Unterschied zu ‚Sachen', die Mittel zum Zweck sind) konzipiert. Er zahlt dafür den hohen Preis, der Natur selber diese Auszeichnung von Personen gegenüber Sachen zuzumuten. Der kategorische Imperativ, Menschen nicht als Sachen, sondern als Selbstzweck zu behandeln, ist nicht insofern kategorisch, als er die Setzung von Menschen als Personen als kategorische vornimmt, sondern insofern er daran appelliert, die bereits von Natur aus bestehende Unterscheidung zu achten, was dann zur unendlichen Aufgabe gerät (ebd., 308 f.).

Diese Traditionslinie, die Person-sein nur als Merkmal von Individuen kennt, ist die gegenwärtig wirkmächtige und hegemoniale. Demgegenüber fristet die ältere Traditionslinie, die Personalität als Relation begriff, in der zeitgenössischen Philosophie und Wissenschaft nur noch ein Schattendasein – mit Spaemann (1996) als prominenter und wirkmächtiger Ausnahme. Neuzeitlich scheint das in der Tat auch alternativlos zu sein, will

man Personen nicht weiter ans Gängelband vorgegebener Ordnungen nehmen. Auch das scheint Spaemann zu bestätigen, denn er kann sich nicht recht entscheiden, ob das biologische Merkmal der Gattungszugehörigkeit der Grund oder der Anlass ist, alle Menschen als Personen anzuerkennen (vgl. ebd., 11, 14, 26, 252, 264).

Das jedoch ist nicht zwingend. Rousseau hatte den Ansatz, Personalität als Relationalität zu konzipieren, auf das Niveau der Moderne gehoben, und Hegel hatte dem im Konzept des In-Anerkennung-seins eine scharfe begriffliche Fassung gegeben. Diese Subtradition kann, in Anspielung an Rousseaus Kritik an monarchistischen Vertragstheorien, als republikanisches Person-Konzept bezeichnet werden. Hier gilt das moralische Sein als „durch Freiheit bestimmt" (Borsche 2005, 4; vgl. nachdrücklich Kobusch 1993). Das hat freilich nicht verhindert, dass die Menschenrechte dem Inhalte nach individualistisch konzipierte Individualrechte sind.

Rousseau erhebt jenen scheinbar paradoxen Charakter – substanzielle Relation – zum Prinzip: Die Ordnung, in der Menschen miteinander leben, ist ein kategorisch geltendes Recht, das auf Vereinbarungen beruht. Wir verabreden, hinsichtlich der Anerkennung aller Mitglieder der Gesellschaft als Würdige [→ Anerkennung] nicht mit uns reden lassen zu wollen. Das Person-sein kommt all denen, denen es zukommt, *fraglos* zu – so ist es vereinbart. „Die Gesellschaftsordnung ist ein heiliges Recht, das die Grundlage für alle anderen Rechte ist. Diese Ordnung entspricht aber nicht der Natur. Sie ist durch Vereinbarungen begründet" (Rousseau 1762, 62).

Der Bruch ist ein radikaler: Bis dato war der Grundsatz der kategorischen Geltung erkauft durch einen Rückgriff auf das Naturrecht, das der menschlichen Ordnung vorgegeben war, sei es qua Natur, sei es qua göttlichem Geschenk. Zwar fällt Rousseau nicht vom Himmel (zur Vorgeschichte innerhalb der Naturrechtskonzeptionen vgl. Welzel 1962), aber erst mit der Deklaration von Menschenrechten ist der Verweis auf kategorische

Geltung keine Absage an menschliche Freiheit mehr, sondern im Gegenteil Ausdruck höchster Freiheit. Die Grundlagen der Mitwelt können jetzt als selber gestaltbar gewusst werden. Insofern können sich Mitglieder der Republik nicht nur spielerisch *in* einer vorgegebenen Ordnung bewegen, sondern auch *mit* der „Grundlage" aller Rechte spielen (Richter 2005; zu dieser Differenz auch Spaemann 1996, 199–203). Erst jetzt ist das Person-sein radikal nichts, was man erkennen kann, sondern etwas, das *an*zuerkennen ist (im Sinne von Herder).

In diesem, vormodern betrachtet, Paradox – kategorische Geltung ohne Vor-Gegebenes – liegt der Grundsatz der Moderne, der sich, folgerichtig, in einer grundlegenden Antinomie manifestiert: Mitglieder der Republik sind in derselben Hinsicht Herrscher wie Beherrschte. Das ist der Punkt, den Rousseau gegen vormoderne Vertragstheorien geltend macht: „Ehe man also den Akt untersucht, mit dem ein Volk einen König wählt, müsste man erst den Akt untersuchen, durch den ein Volk ein Volk wird. Denn dieser Akt geht notwendigerweise dem anderen voraus und ist die wahre Begründung der Gesellschaft. [...] Das Gesetz der Stimmenmehrheit ist selber eine Übereinkunft und setzt wenigstens eine einmalige Einstimmigkeit voraus" (Rousseau 1762, 71 f.).

Rousseau muss daher den Gesamtwillen vom Gemeinwillen unterscheiden: Jedes Abwägen, Koordinieren, Durchsetzen von Interessen in der Dimension des Gesamtwillens nimmt je schon das insofern unreduzierbare innere Maß irgendeines Gemeinwillens in Gebrauch.

Hegel wird dann eine Logik substanzieller Relationen bereitstellen. In der hier fraglichen Angelegenheit – dass Person-sein nicht erkannt, sondern nur anerkannt werden kann –, drückt sich jene Antinomie in einem sprachlichen ‚Fehler' aus, den er *notwendig* machen muss: Anerkennung ist eine Relation ‚zweier Bewusstsein'. Der Plural würde unterstellen, dass es Bewusstsein schon vor der Relation der Anerkennung gibt. Wer hier den Plural

gebraucht oder auch nur unterstellt (wie die Herausgeber der Suhrkamp-Ausgabe), der versteht Anerkennung als Anerkennung machen (analog zu to make love vs. to be in love). Gleichwohl *muss* Hegel von mehreren reden, denn selbstverständlich ist Bewusstsein kein reines Kontinuum liebend dahinschmelzender Versöhnter. Hegel weiß um die Kraft des Negativen.

Dass Person-sein etwas sei, das ‚zugeschrieben' wird, ist somit zutiefst doppeldeutig. Nimmt man ‚anerkennen' als wechselseitiges Wertschätzen, dann gibt es immer schon Subjekte/Personen, die Anerkennung machen. Hegel dagegen will derjenigen Sachlage Ausdruck geben, dass In-Anerkennung-sein nichts ist, was ein Subjekt, das schon ist, was es ist, dann auch noch täte. Insbesondere ist es kein Analogieschlussverfahren: Dem Anderen das Person-sein so zuzuschreiben, wie man es sich selber zuschreibt. All das setzt bereits voraus, was zu erklären ist. Noch Habermas wird haarscharf an diesem Unterschied von Anerkennung machen und In-Anerkennung-sein vorbeireden, wenn er das reziproke Sich-Anerkennen meint empirisch festmachen zu sollen, nämlich am „egalitären Umgang von Personen miteinander" (Habermas 2001, 62). Honneth (1992) hatte schon vorher ganze Arbeit geleistet und Hegels Stachel als kommunitaristisch interpretiertes Gemeinschaftsmachen abgebrochen.

3 Aktuelle Probleme und Erkenntnisse

Als eigenständige ist diese republikanische Traditionslinie gegenwärtig kaum wirksam. Konersmann (2006, 159) spricht von einer „Bedeutungsverkehrung" und formuliert es als Frage: „Wie war es möglich, als das Persönliche und als die Sphäre der Persönlichkeit gerade dasjenige anzusehen, was nicht Maske ist und was mit irgendwelcher Verhüllung und äußerlicher Wahrnehmung gerade nicht übereinkommt?" Die faktische Hegemonie der Lockeschen Linie kann man am besten daran sehen, dass selbst noch die *Problemstellungen* von Rousseau und Hegel zwar aus dem Gebot der Sache heraus aufgegriffen, aber ins Personalität-als-Eigenschaft-Modell eingemeindet und damit unkenntlich gemacht werden. Rousseau gilt als „wirkungsmächtige Weiterentwicklung" (Sturma 1999, 995), nicht aber als radikaler Bruch. Dem entsprechend kann Sturma (1999, 994) zu Protokoll geben: „In der Philosophie der Gegenwart, insbesondere unter dem Einfluss der neueren anglo-amerikanischen Philosophie, wird ‚Person' als systematischer Grundbegriff verwendet, der üblicherweise ein Subjekt von epistemischen Bewusstseinszuständen und moralischen Einstellungen bezeichnet."

Die republikanische Version taucht dort erst gar nicht auf. Ihre Rolle sei hier prototypisch von der Philosophie Plessners übernommen, die das Person-sein strikt in der Mitweltlichkeit verortet. Person zu sein, ist nichts, was Einzelnen zu haben zugemutet wird. Exzentriker sind, in der von Josef König ausgearbeiteten Logik, „nichts als" Rollenspielende, und Personen sind nicht vorausgesetzte Substanzen, sondern „hinterhergesetzte Subjekte" in „modifizierenden Prädikationen" (König 1937, vgl. Schürmann 1999). Rollen verbergen dann kein Eigentliches – insofern liegt das Person-sein offen am Tage, und das Erkennen personaler Identität verlangt keine Entblößung. Entblößung würde zudem das Person-sein zerstören, insofern es auf endgültige Fest-Stellung zielt. Exzentriker aber sind als unergründlich anerkannt und geachtet und könnten immer auch ganz andere sein als die, als die sie sich je gegenwärtig zeigen (vgl. Spaemann 1996, 20). Personalität ist wieder an die Maske gebunden, insofern Masken zugleich verbergen und enthüllen. Personalität und die Würde des Einzelnen [→ Menschenwürde] sind (nur) im Schutze der Öffentlichkeit unantastbar (vgl. Haucke 2003).

Die Kontraste sind deutlich (vgl. ausführlicher Schürmann 2007):

1. Dort, wo Personalität als Eigenschaft gilt, wird man erst zur Person – dann und dadurch, dass eine Bedingung X erfüllt ist.– Mit Plessner ist die Rede von personalen Eigenschaften und Zuständen obsolet, denn Person kann man nicht allein sein. Person *ist* man dann je schon – z. B. im Rahmen einer geltenden Verfassung.

2. Der entscheidende Unterschied ist ein ontologischer, denn das republikanische Modell muss mit der Ding-Eigenschaft-Ontologie brechen, die Personalität von vornherein an atomistisch konzipierte Individuen bindet, denen ggf. das Vermögen zukommt, sekundär Relationen herzustellen. Erst diesseits eines solchen Bruchs ist denkbar, dass Personalität nicht lediglich eine relational zu interpretierende Eigenschaft, sondern eine Relation ist, mithin mitweltlich konstituiert ist. Selbst Spaemanns entschiedener Einspruch verbleibt im Rahmen dieses Modells: Person-sein sei kein Merkmal, sondern bezeichne den „Träger" (Spaemann 1996, 15, 41, 252).

3. Die in beiden Traditionslinien unterstellte Nicht-Identität von Mensch und Person wird anders begründet. Es ist und bleibt strittig und historisch und kulturell bestimmt, welche Entitäten als Person gelten und welche nicht. In Lockescher Traditionslinie bedeutet das, dass Entitäten eine ‚Aufnahmeprüfung' absolvieren müssen: es kann und muss empirisch entschieden werden, ob diesen Entitäten dasjenige empirische Merkmal zukommt, das gerade als Diskriminante des Person-seins gilt. Attestiert wird das vom Lärm des Speciesismus-Vorwurfs – so, als könnten wir Menschen ohne einen minimalen Anthropomorphismus darüber befinden, wer als Unsereins Anerkennung verdient. Konsequenterweise wird dann dort der große Affe gemacht: „Die Verweigerung des Personstatus für Menschenaffen gehe auf anthropozentrische Vorurteile zurück. [...] Vielmehr wiesen die Menschenaffen ähnliche mentale und emotionale Eigenschaften [sic] wie Menschen auf" (Sturma 1999,

997). – In republikanischer Traditionslinie ist es eine politische Identifizierungsleistung, wer als Person gilt bzw. dass in der Moderne alle Menschen fraglos als Person gelten. Es kann und muss dort die Arbeit jenes „Grenzregimes" (Lindemann 2002, 2006) analysiert werden, die je schon die Grenzziehung zwischen Unsereins und den Unwürdigen bewerkstelligt hat. Diese Arbeit ist kein Willkürregime: Zum einen muss sich auch eine Bestimmung des moralischen Seins „an dem Realen aussprechen und bemerkbar machen, in einer Art, die dem Realen als physischem Ding nicht zuwiderläuft und seinen ,Mitteln' konform ist" (Plessner 1928, 128). Plessner geht daher immer wieder auch solchen Phänomenen nach, in denen sich Exzentrizität als Exzentrizität zeige, und findet sie in all jenen Phänomenen unter Unseresgleichen, die sich gegen eine Interpretation als verfüg- und kalkulierbar sperren. Würde ist keine zu achtende Naturtatsache mehr, gleichwohl mit Kant der Gegenbegriff zu Preis: das, was nicht in Kosten-Nutzen-Rechnungen aufgeht (vgl. Spaemann 1996, 259–261) [→ Menschenwürde]. – Zum anderen trägt die je schon vollzogene Grenzziehung zwischen Uns und den Unwürdigen ,geschichtlichen Charakter'.

Bindet man das Person-sein an Mitweltlichkeit, d.h. an das In-Relation-sein von Exzentrikern, dann bezeichnet *Person* dasjenige, worin in diesem Relationensystem alle gleich sind: das Recht und die Verpflichtung, uns als Würdige zu behandeln, weil und insofern wir je einzeln einen je eigenen und unverwechselbaren Ort in diesem Relationensystem einnehmen. Zur Bezeichnung dieser Je-Einmaligkeit bietet sich Persönlichkeit an. Auch das ist freilich eine kategoriale Rede, die die Je-Einmaligkeit einer festen, aber beliebigen Person, mithin die Unverwechselbarkeit von Jedermann fasst. Die je lebendige Konkretheit der einzelnen Persönlichkeit geht in keiner Logik der Theorie auf [→ Praxis].

4 Ausblick

Die Ausarbeitung eines republikanischen Person-Konzeptes wird eine weitere Klärung der Relation des In-Anerkennung-seins leisten müssen. Das zielt neben der Logik substanzieller Relationen vor allem auf den Status des freien, aber kategorischen Anerkennens im Anschluss an Rousseau. Die Arbeiten von Spaemann und von Kobusch sind dabei diejenigen, die diese Traditionslinie am weitesten vorangetrieben haben, wobei es kein Zufall ist, dass jeweils Plessner Pate gestanden hat. Die Schranken beider Ansätze sind jedoch dort erreicht, wo allein christlich-theologische Prämissen die kategorische Geltung der Menschenrechte absichern. Die kategorische Geltung bleibt damit letztlich gebunden an einen als vorgegeben gedachten Sachverhalt – im Bruch mit der Moderne, die auch jenes ,heilige Recht' noch ,auf Vereinbarung' gründet. Spaemann weiß um den Sachverhalt (1996, 195, 201, 202, 262), vermag aber den Gedanken einer ,unter der Bedingung stets prekärer Zustimmung stehenden kategorischen Geltung' nicht zu formulieren. Die Schranke wird dort sichtbar, wo er „die biologische Zugehörigkeit zum Menschengeschlecht" zum „Kriterium für Personalität" (ebd., 264) macht und damit in genau die Falle tappt, die er vorher so überzeugend kritisiert hat: das Person-sein an ein Merkmal zu binden. Auffällig wird diese Schranke in homophoben Aussetzern – z.B. dort, wo Spaemann nicht willens ist, zwischen der Fortpflanzungs- und der Lustfunktion menschlicher Sexualität zu unterscheiden und folglich die „Geschlechterdifferenz" zum Konstituens von Liebesgemeinschaften macht (ebd., 47).

Personen sind diejenigen, deren Würde unantastbar ist. Der Lackmustest, der ein republikanisches Person-Konzept von einem monarchistischen unterscheiden wird, ist die Frage, ob Zuschreibung von Würde ein logischer Zweischritt ist oder nicht. Monarchistische Konzepte müssen schon von woanders her (Natur, Gott, Experten) – also ohne über

Würdigkeit zu reden – ,wissen', was eine Person ist, und vollziehen dann den Gnadenakt, diesen Entitäten Würde zuzubilligen. Die Menschenrechtserklärungen wollten etwas anderes: Personen sind diejenigen von uns, denen wir erklärtermaßen bestimmte Rechte geben und denen gegenüber wir uns kategorisch verpflichten, uns so zu behandeln. Würde ist nichts, was zum Person-sein hinzukommt, sondern Person-sein ist durch Würde bestimmt.

Die wohl wichtigste Verschiebung im Hinblick auf eine Theorie von Behinderung, die mit dem republikanischen Modell formuliert wird, liegt in der radikalen Absage an jede Naturalisierung [→ Behinderung als sozial- und kulturwissenschaftliche Kategorie]. Das ist angesichts modischer biowissenschaftlicher und biotechnologischer Varianten wahrlich nicht wenig (vgl. Dederich 2007, Kap. 7). Aus dem Vorliegen eines physischen Merkmals folgt nichts im Hinblick auf ein würdiges Miteinander. Für die Frage, ob Koma-Patienten oder Embryonen als Person zu gelten haben, ist es völlig unerheblich, was Primaten auch schon können. Und auch umgekehrt: Um würdig mit Koma-Patienten umzugehen, muss man nicht beweisen, was die auch noch alles können. Für die Praxis unseres Miteinanders heißt das, dass Personalität primär die Schutzfunktion der Gleichbehandlung hat: Hautfarbe, biotisches Geschlecht, Religionszugehörigkeit, Monströsitäten, Ver-Rücktheiten – all das soll im Hinblick auf ein würdiges Miteinander keine begründende Rolle spielen. Das heißt gerade nicht, dass solche Merkmale gleichgültig wären. Die Menschenrechte [→ Menschenrechte und Behinderung] formulieren ja gerade, dass Menschen verschieden sind, und dass diese Verschiedenheit nicht beseitigt werden muss, weil sie im Hinblick auf Würdigkeit keine Rolle zu spielen hat. Diese Verschiedenheit ist nicht nur toleriert, sondern vielmehr die Basis der politischen Moderne: Dass allen Menschen fraglos Würde zukommt, ist äquivalent zu der ,Vereinbarung', dass jede und jeder Einzelne in der Gesellschaft eine unersetzliche Stellung innehat. Hätten Individuen lediglich einen mehr oder weniger hohen Preis, dann wären sie je eine oder einer von vielen – und damit ersetzbar. Weil das nicht mehr sein soll, schreiben wir uns allen Würde zu. Würdiges Miteinander heißt dann wohl, dass jede und jeder in dieser Einmaligkeit bzw. Persönlichkeit das Gesicht wahren kann. Diese Einmaligkeit ist wahrlich nicht durch die physische Seite des Individuums begründet. Aber es gibt weder theoretische noch praktische Not, die physische Seite von Behinderung zu leugnen, sondern Anlass, ein von Feuerbach über Plessner bis zu Waldenfels vielfach eingeklagtes ,passives Prinzip' in Bezug auf das Menschsein zu wahren. Seel nennt es Sich-bestimmen-lassen (zur entsprechenden Diskussion vgl. Dederich 2007, Kap. 6). Gemeinsam geteiltes sich-Anerkennen als Person heißt in der Moderne geradezu, „to care about" (ebd., 186 f.) die Einmaligkeiten der je Beteiligten. Und ein verschiedener „Stil" (ebd., 193) im Umgang mit der eigenen physis ist zweifellos ein Zug der Persönlichkeit.

Die wichtigste Gemeinsamkeit der Lockeschen und der Rousseauschen Traditionslinien, die mit diametral entgegengesetzten theoretischen Mitteln zu bewältigen versucht wird, ist das drängende Problem, dass die Würdigkeit des Person-seins „extreme soziale Benachteiligungen" nicht beseitigt (Sturma 1999, 997; vgl. Sturma 2001a). Würdigkeit ist ein (Rechts-)Anspruch, der noch keine würdige Lebensführung garantiert. Kriterien würdiger Lebensführung zu formulieren, ist freilich keine Arbeit der Philosophie und Wissenschaft, sondern der öffentlichen Auseinandersetzung. Aus der Zuschreibung von Personalität folgt noch nichts Bestimmtes für konkrete Problemlagen. Hier geht es in der Behindertenbewegung genauso normal zu wie in jeder anderen sozialen Bewegung auch: Das Problem der Sterbehilfe etwa „[spaltet] die Behindertenbewegung bis heute" (Dederich 2007, 173). Dass die konkreten Probleme durch einen Verweis auf Würdigkeit noch nicht erledigt sind, ist freilich kein Argument gegen verbriefte Rechtsansprüche.

Genau so, wie der Bereich des Wahrheits-Definiten je schon bestimmt sein muss, um die Wahrheit oder Falschheit von Sätzen, Aussagesätzen oder Urteilen beurteilen zu können, genau so ist der Bereich des Würde-Definiten je schon abgesteckt, wenn wir über ein würdiges oder unwürdiges Leben von Kindern, Alten, Behinderten, Schoßhunden, Menschenaffen, Dackeln, personal robotics oder auch von Jedermann befinden oder streiten. Die Menschenrechte haben diesen Bereich des Würde-Definiten festgelegt: alle Menschen – nicht weniger, aber auch nicht mehr. Es gibt keine Not, diese Grenze aufzuweichen. Noch gelten Terroristen als Personen, was Folter kategorisch ausschließt. – Tiere gelten noch nicht als Personen; sie kann man zwar quälen, aber nicht foltern. „Moralisch gesättigte juristische Begriffe wie ‚Menschenrecht‘ und ‚Menschenwürde‘ [verlieren] durch eine kontraintuitive Überdehnung nicht nur ihre Trennschärfe, sondern auch ihr kritisches Potenzial. Menschenrechtsverletzungen dürfen nicht zu Verstößen gegen Wertvorstellungen ermäßigt werden" (Habermas 2001, 68).

Literatur

Borsche, Tilman (2005): Mensch und Person. In: fiph-Journal, Nr. 5, 1 u. 3–6

Dederich, Markus (2007): Körper, Kultur und Behinderung. Eine Einführung in die Disability Studies. Bielefeld

Fuhrmann, Manfred et al. (1989): ‚Person‘. In: Historisches Wörterbuch der Philosophie, Bd. 7, 269–338

Gil, Thomas (2004): Personen. Berlin

Habermas, Jürgen (2001): Die Zukunft der menschlichen Natur. Auf dem Weg zu einer liberalen Eugenik? Frankfurt a. M.

Haucke, Kai (2003): Das liberale Ethos der Würde. Eine systematisch orientierte Problemgeschichte zu Helmuth Plessners Begriff menschlicher Würde in den ‚Grenzen der Gemeinschaft‘. Würzburg

Honneth, Axel (1992): Kampf um Anerkennung. Zur moralischen Grammatik sozialer Konflikte. Frankfurt a. M.

Kobusch, Theo (1993): Die Entdeckung der Person. Metaphysik der Freiheit und modernes Menschenbild. Darmstadt

Konersmann, Ralf (2006): Person. Ein bedeutungsgeschichtliches Panorama. In: Konersmann, Ralf: Kulturelle Tatsachen. Frankfurt a. M., 156–189

König, Josef (1937): Sein und Denken. Studien im Grenzgebiet von Logik, Ontologie und Sprachphilosophie. 2. Auflage Tübingen

Lindemann, Gesa (2002): Die Grenzen des Sozialen. Zur sozio-technischen Konstruktion von Leben und Tod in der Intensivmedizin. München

Lindemann, Gesa (2006): Soziologie – Anthropologie und die Analyse gesellschaftlicher Grenzregimes. In: Krüger, Hans-Peter & Lindemann, Gesa (Hrsg.) (2006): Philosophische Anthropologie im 21. Jahrhundert. Berlin, 42–62

Plessner, Helmuth (1928): Die Stufen des Organischen und der Mensch. Einleitung in die philosophische Anthropologie. 3. Auflage Berlin

Plessner, Helmuth (1931): Macht und menschliche Natur. Ein Versuch zur Anthropologie der geschichtlichen Weltansicht. In: Dux, Günther et al. (Hrsg.) (1981): Gesammelte Schriften, Bd. V, Frankfurt a. M., 135–234

Richter, Norbert A. (2005): Grenzen der Ordnung. Bausteine einer Philosophie des politischen Handelns nach Plessner und Foucault. Frankfurt a. M.

Rousseau, Jean-Jacques (1762): Vom Gesellschaftsvertrag oder Prinzipien des Staatsrechtes. In: Politische Schriften. Übers. u. Einführung v. L. Schmidts. Paderborn, 2. Auflage 1995, 59–208

Schürmann, Volker (1999): Zur Struktur hermeneutischen Sprechens. Eine Bestimmung im Anschluss an Josef König. Freiburg

Schürmann, Volker (2007): Personen der Würde. In: Kannetzky, Frank & Tegtmeyer, Henning (Hrsg.): Personalität. Leipzig

Spaemann, Robert (1996): Personen. Versuche über den Unterschied zwischen ‚etwas‘ und ‚jemand‘. Stuttgart

Stekeler-Weithofer, Pirmin (2002): Stolz und Würde der Person. Grundprobleme der (Bio)Ethik in einer mit Nietzsche entwickelten Perspektive. In: Nietzscheforschung. Jahrbuch der Nietzsche-Gesellschaft, Bd. 9, 15–29

Sturma, Dieter (1999): ‚Person‘. In: Sandkühler, Hans Jörg (Hrsg.): Enzyklopädie Philosophie, Bd. 2, Hamburg, 994–998

Sturma, Dieter (Hrsg.) (2001): Person. Philosophiegeschichte – Theoretische Philosophie – Praktische Philosophie. Paderborn

Sturma, Dieter (2001a): Person und Menschenrechte. In: Sturma, Dieter (2001): Person. Philosophiegeschichte – Theoretische Philosophie – Praktische Philosophie. Paderborn, 337–362

Welzel, Hans (1962): Naturrecht und materiale Gerechtigkeit. Göttingen

Anerkennung

Detlef Horster

1 Definition, Begriffs- und Gegenstandsgeschichte

Es gilt als unbestrittener soziologischer Befund, dass es in einer Gesellschaft mit zunehmender Individualisierung der „wechselseitige Anspruch der Individuen auf Anerkennung ihrer Identität [ist], der dem gesellschaftlichen Leben von Anfang an als eine normative Spannung innewohnt" (Honneth 1989, 550). Dies – so Axel Honneth, mit dessen Namen sich der Begriff der Anerkennung in der gegenwärtigen philosophischen Diskussion untrennbar verbindet – sei für die Individuen ein unverzichtbarer Bezugsrahmen, weil jeder Mensch auf die Anerkennung durch andere angewiesen ist. Man wird anerkannt, wenn man zugleich andere anerkennt. Anerkennung gibt es auf gesellschaftlicher Ebene wie im Privatleben nur im wechselseitigen Verhältnis.

„Für die Anerkennungsbeziehung kann das nur heißen, dass in sie gewissermaßen ein Zwang zur Reziprozität eingebaut ist. [...] Wenn ich meinen Interaktionspartner nicht als eine bestimmte Art von Person anerkenne, dann kann ich mich in seinen Reaktionen auch nicht als dieselbe Art von Person anerkannt sehen" (Honneth 1992, 64 f.).

Moral ist nach Honneth folglich das System in einer Gesellschaft, nach welchem über Anerkennung und Nichtanerkennung entschieden wird. Alle moralischen Normen implizierten die Anerkennung des anderen als Person.

Durch empirische Forschungen wurde bestätigt, dass Anerkennungsverhältnisse als Wertvorstellungen auch, und vielleicht besonders, in einer Welt, in der die Menschen mehr als früher auf sich gestellt sind, Geltung haben. „In der Bevölkerung wird sozialen Zielen, wie z. B. der ‚Hilfsbereitschaft gegenüber anderen Menschen' eine unvermindert hohe Bedeutung

zugewiesen" (Gensicke 1994, 24). Ebenso dem Wert ‚Achtung vor den Mitmenschen'. Nur wird er heute anders interpretiert als früher. Früher galt das in Beziehung zu Respektspersonen. Heute interpretiert man den Wert ‚Achtung vor den Mitmenschen' im Sinne der Anerkennung der Andersartigkeit von Mitmenschen, von Schwächeren, von Homosexuellen oder ausländischen Mitbürgern. Diese Daten stammen aus regelmäßigen Untersuchungen des EMNID-Instituts (vgl. Gensicke 1994, 24).

Das Hegelsche Paradoxon, dass die Anerkennung des eigenen Selbstbewusstseins die Negation des anderen fordert, doch dieses andere Selbstbewusstsein andererseits für die eigene Anerkennung gebraucht wird und darum nicht gänzlich entwertet werden darf, wird in Hegels Entwürfen zwischen 1801 und 1806 und in der „Phänomenologie des Geistes" unterschiedlichen Lösungen zugeführt (vgl. Siep 1974). In der „Jenaer Realphilosophie" von 1805/6 ist das Resultat des Kampfes um Anerkennung die Regulierung durch das Recht, in welchem – nach einer treffenden Formulierung in Habermas' Hegelinterpretation – der auf „gegenseitiger Anerkennung beruhende gesellschaftliche Verkehr [...] förmlich festgelegt wird" (Habermas 1968, 33) oder laut Hegel der Wille der Einzelnen mit dem allgemeinen und umgekehrt der allgemeine Wille mit dem der Einzelnen in Übereinstimmung ist (vgl. Hegel 1931, 212).

2 Zentrale Erkenntnisse, Forschungsstand

Axel Honneth interpretiert im Anschluss an Hegel neben dem Recht zwei weitere Formen von Anerkennung: „Im affektiven Anerkennungsverhältnis der Familie wird das menschliche Individuum als konkretes Bedürfniswesen, im kognitiv-formellen Anerkennungsverhältnis des Rechts wird es als abstrakte Rechtsperson und im emotional aufgeklärten Anerkennungsverhältnis des Staates wird es schließlich als konkret Allgemeines, nämlich als in seiner Einzigartigkeit vergesellschaftetes Subjekt anerkannt" (Honneth 1992, 45).

Die erste Anerkennungsform hat nach Honneth ihren Ort in der Primärbeziehung, die Anerkennungsform des Rechts in der Gesellschaft und die der Moral in der Gemeinschaft.

Übersichtlich wird das Honnethsche Konzept in folgendem Schema:

Anerkennungsweise		
emotionale Zuwendung	kognitive Achtung	soziale Wertschätzung
Anerkennungsformen		
Primär- beziehung (Liebe/Freund- schaft)	Rechts- verhältnisse (Normen/ Rechte)	Wertgemeinschaft
praktische Selbstbeziehung		
Selbst- vertrauen	Selbstachtung	Selbstschätzung
Missachtungsformen		
Misshandlung (Folter/Verge- waltigung)	Ausschließung (Exklusion)	Beleidigung (Entwürdigung)

Die drei positiven Anerkennungsverhältnisse von Liebe, Recht und Solidarität, denen drei Negativwerte gegenüberstehen, will ich im Einzelnen aufschlüsseln (vgl. Honneth 1990, 1046–1050):

a) Liebe

Zum einen handle es sich um die emotionale Zuwendung, die leibgebunden ist, in der primären Sozialbeziehung, in Familie, Freundschaft und Liebesverhältnissen.

Bezogen auf die Selbstbeziehung könne das bedeuten, dass man das Gefühl bekommt, grundsätzlich anerkannt und bejaht zu werden, so dass Selbstvertrauen entsteht, was zur gleichberechtigten Partizipation befähigt (vgl. Honneth 1992, 66). Diesen Zusammenhang sieht Honneth im Anschluss an Erikson, der den Begriff des Selbstvertrauens für die Psychoanalyse fruchtbar gemacht habe (vgl. Honneth 1997, 33).

Die Verletzung dieses Anerkennungsverhältnisses sei die praktische Misshandlung, die Folterung, die Vergewaltigung, die Missachtung der physischen Integrität. Das sind Verletzungen, die tiefer als die anderen Formen der Missachtung destruktiv in die Selbstbeziehung des Menschen eingreifen würden. Es sei das „Gefühl, dem Willen eines anderen Subjektes schutzlos bis zum sinnlichen Entzug der Wirklichkeit ausgesetzt zu sein" (Honneth 1990, 1046). Honneth sieht ein Gefälle zwischen den Missachtungsformen: Die Misshandlung ist eine stärkere Missachtung als die Ausschließung, und diese wiederum stärker als die Beleidigung. „Moralische Verletzungen werden als umso schwerwiegender empfunden, je elementarer die Art der Selbstbeziehung ist, die sie jeweils beeinträchtigen oder zerstören" (Honneth 1997, 32).

b) Recht

Alle Menschen würden die ihnen gleichermaßen zustehenden Rechte, von denen niemand ausgeschlossen sein darf, kennen. Bezogen auf die Selbstbeziehung bedeute das, dass mit diesem Bewusstsein des eigenen Wertes, der durch andere Personen anerkannt wird, die positive Einstellung gegenüber sich selbst entsteht, die man Selbstachtung nennt (vgl. Honneth 1992, 127). Diesen Begriff bezieht Honneth aus der Kantischen Tradition (vgl. Honneth 1997, 33).

Die Verletzung des Rechts sei die Ausschließung, das ist die Vermittlung des Gefühls, nicht den Status eines vollwertigen Interaktionspartners zu haben. Ein Gefühl, das in der heutigen Zeit vornehmlich Arbeitslose hätten.

c) Solidarität

Hier handle es sich um die solidarische Zustimmung zu alternativen Lebensformen, das ist die Akzeptanz individueller Besonderheiten. Selbstschätzung beruhe darauf, dass man trotz der Andersartigkeit und Besonderheit als soziales Wesen anerkannt wird, ohne die Besonderheiten der anderen für sich als Lebensweise übernehmen zu müssen (vgl. Honneth 1992, 209). Man könnte hier genauso gut von Selbstwertgefühl sprechen, so wie Honneth das später unter Bezugnahme auf Ernst Tugendhat macht (vgl. Honneth 1997, 33).

Die Verletzung dieses Anerkennungsverhältnisses würden wir landläufig eine Beleidigung oder eine Entwürdigung nennen, wenn man etwa eine unverständlich andere Lebensweise mit den Worten herabwürdigt: ‚Der spinnt'. Eine Missachtungsform, die die wohl schwächste unter den anderen Missachtungsformen darstellt.

Alle drei Anerkennungsverhältnisse hätten einen wechselseitigen Bezug aufeinander: „In dem Binnenbereich von Primärbeziehungen dringen die Anerkennungsmuster des Rechts deswegen ein, weil der einzelne vor der Gefahr einer physischen Gewalt geschützt werden muß, die in der prekären Balance jeder emotionalen Bindung strukturell angelegt ist: zu den intersubjektiven Bedingungen, die heute personale Integrität ermöglichen, gehört nicht nur die Erfahrung von Liebe, sondern auch der rechtliche Schutz vor den Verletzungen, die mit ihr ursächlich verknüpft sein können" (Honneth 1992, 284).

Ich will hier als Beispiel nur eines der Anerkennungsverhältnisse genauer betrachten. Es handelt sich allerdings um das Anerkennungsverhältnis, das nach Honneth für die weitere moralische Entwicklung des Menschen von zentraler Bedeutung ist. Es ist das Anerkennungsverhältnis der Liebe. Von der Liebe als einer bestimmten „Form der Anerkennung" spricht der englische Psychoanalytiker Winnicott, auf den Honneth sich bezieht, wenn er beschreibt, wie in der affektiven frühkindlichen Bindung die Balance zwischen Symbiose und Selbstbehauptung gelingt (vgl. Honneth 1992, 157). Die Ablösung geschehe in einem Prozess zwischen dem 9. und 18. Monat als Pendelprozess zwischen autonomem Wegbewegen und emotionalem Wiederauftanken (vgl. Winnicott 1976, 112). Der Prozess einer gesunden Entwicklung erfolgt nach Winnicott so, dass der Säugling eine Unlustspannung erlebt, die wiederholt durch Befriedigung von Bedürfnissen abgebaut wird, indem die Mutter im gegebenen Moment das für ihn Richtige tut. Die Mutter passe sich dem Säugling an. Dadurch würden sich beim Säugling positive Erinnerungsinseln bilden. So könne er sich einbilden, dass er den Abbau der Unlustspannung selbst erzeugt hat, so dass sich bei ihm ein Omnipotenzgefühl einstellt, denn er weiß natürlich nicht, dass er von der Mutter abhängig ist. Die Mutter unterstütze die Umweltanpassung, indem sie auswählt, was aus der Umwelt für den Säugling gut und was schlecht ist (vgl. Winnicott 1974, 48). Erst allmählich erfährt der Säugling, dass er nicht durch eigene Aktivität seine Unlustspannung abbaut, sondern, dass sie von außen erfolgt. Dieser Prozess geschehe allmählich. Der Säugling nehme allmählich Äußeres und Fremdes wahr und kann durch Gewöhnung damit umgehen. Der Säugling lerne so, sich auf Fremdes einzustellen und beginnt, ein stabiles autonomes Selbst zu entwickeln, das später dem Äußeren, das ihm zunächst fremd war, gegenübersteht. Er könne sich darauf einstellen und damit umgehen. Mutter und Kind vermögen sich über diesen Prozess so voneinander zu lösen, dass sie sich als unabhängige Partner akzeptieren und lieben. Oder anders ausgedrückt: Dieser Ablösungsprozess sei so verlaufen, dass man sich „so viel Vertrauen entgegenbringen kann, dass [man] im Schutz einer gefühlten Intersubjektivität sorglos mit sich allein zu sein vermag" (Honneth 1992, 167). Soweit zur Liebe in der Primärbeziehung und zur Entwicklung des Selbstvertrauens.

Honneth verbindet in seiner Erörterung der sozialen Anerkennungsverhältnisse die sozialen Komponenten mit den individuellen und zwar so, dass man sein Konzept folgendermaßen zusammenfassen kann: Das Individuum wird als autonomes Individuum anerkannt. Diese Anerkennung geschieht durch andere autonome Individuen. So entsteht über Anerkennungsverhältnisse die Verbindung von Individuen als sozialer Zusammenhang. Das, was die vereinzelten Individuen verbindet, ist die Moral der wechselseitigen Anerkennung. Nur so sei der soziale Umgang der Menschen miteinander vorstellbar, dass alle sich wechselseitig in ihrer autonomen Individualität anerkennen. Was jemand für sich beansprucht, nämlich als autonomes Individuum anerkannt werden zu wollen, muss er dem anderen ebenso gewähren. Wir sprechen hier von einem reziproken Verhältnis: „Alle Subjekte besitzen wechselseitig die Pflicht, sich als Personen zu respektieren und zu behandeln, denen dieselbe moralische Zurechnungsfähigkeit zukommt" (Honneth 1997, 39).

Danach ist klar, wer der moralischen Gemeinschaft angehört und wer nicht. Derjenige, der der moralischen Gemeinschaft angehört, hat Rechte und Pflichten. Die Pflichten sind nur die Vorderseite der Medaille, auf der wir auf der Rückseite die Rechte sehen. Dem liegt das Modell des Äquivalenten-Tauschs oder des Vertrags zugrunde. Jeder ist nur zu so viel verpflichtet, wie er umgekehrt erwarten oder als moralisches Recht einklagen kann. Man ist zu nichts darüber hinaus verpflichtet, nicht zu supererogatorischen Leistungen, also nicht zu Leistungen, die über das Gesollte hinaus gehen, und das Gesollte ist das Reziproke von dem, was man erwarten kann. Man kann nur das verlangen, wozu man umgekehrt verpflichtet ist. Man ist moralisch und rechtlich verpflichtet zur Hilfeleistung, wenn jemand, der z. B. im Straßengraben liegt, Hilfe braucht. Man hat reziprok ein moralisches Recht auf Hilfeleistung, wenn man selbst Hilfe braucht.

Unproblematisch ist das reziproke Verhältnis. Problematisch hingegen ist es, wenn Menschen ihre moralischen Pflichten nicht erfüllen können oder wenn Menschen aufgrund ihrer Behinderung gar keine Pflich-

ten haben können. Der Mensch, der auf einen Rollstuhl angewiesen ist, kann nicht allein auf einer einsamen Landstraße jemandem aus dem Straßengraben helfen. Da behinderte Menschen keine oder nur in begrenztem Rahmen moralische Pflichten erfüllen können, ist die Wechselseitigkeit von moralischen Rechten und Pflichten in ihren Fällen nicht gegeben. Da diese Reziprozität gegeben sein muss, wenn man einen Menschen als Mitglied der moralischen Gemeinschaft auszeichnen will, entsteht die Frage, ob Menschen Mitglieder sein können, wenn sie der moralischen Reziprozität nicht genügen können. Haben Sie möglicherweise einen anderen Status als andere Menschen, wenn wir auf die moralische Gemeinschaft blicken? Anders gefragt: Sind behinderte Menschen Mitglieder der moralischen Gemeinschaft?

Nun haben wir an behinderte Menschen andere Erwartungen, und sicher sind die Erwartungserwartungen ebenfalls andere. Wir wissen, dass behinderte Menschen beispielsweise in dem Fall, dass jemand im Straßengraben liegt, gar nicht oder nur in begrenztem Umfang helfen können. Hier ist die Wechselseitigkeit außer Kraft gesetzt. Wir hatten gesehen, dass unsere Moralordnung nach dem Tauschprinzip funktioniert, das heißt Rechte und Pflichten ausgewogen auf jeder der beiden Seiten eines Tauschs sind. Mitglied der moralischen Gemeinschaft ist man dann, wenn man Rechte und in gleichem Maße Pflichten hat. Wir gehen von einem symmetrischen Verhältnis aus. Demnach müsste die Antwort sein, dass behinderte Menschen nicht Mitglieder der moralischen Gemeinschaft sind. Wenn wir von der bislang unbestrittenen Annahme ausgehen, dass die Moral nach dem Prinzip der wechselseitigen Anerkennung funktioniert, ist diese Antwort korrekt. Mit diesem Ergebnis stellt sich eine große Unzufriedenheit unter Philosophen ein.

Darum bringt der Tübinger Philosoph Otfried Höffe folgendes Argument ins Spiel: „Ein Großteil der Behinderungen [resultiert aus] jenen Risiken, die mit unserer Zivilisationsform zusammenhängen. Da wir deren

Vorteile kollektiv in Anspruch nehmen, sind auch die Nachteile kollektiv zu tragen" (Höffe 1996, 212). Was ist nun, wenn die Ursache der Behinderung nicht eine Schädigung als Folge der Zivilisation ist, deren Vorteile wir genießen? Für Höffes Argumentation sollte es meines Erachtens völlig unerheblich sein, welche Ursache die Behinderung hat. Wie bereits gesagt, sind wir alle gefährdet. Die Ursachen für eine Behinderung, von der wir selbst betroffen sein könnten, sind vielfältig und nicht zu prophezeien. Es muss nicht unbedingt eine Folge der Zivilisation sein. Es kann eine spät zum Ausbruch kommende Erbkrankheit sein, die späten Folgen einer Infektionskrankheit oder eine Jahrzehnte zu früh auftretende Alterskrankheit wie Parkinson, die ein selbst Betroffener erschütternd und eindrucksvoll schildert (Dubiel 2006). Wichtig ist an dieser Stelle der Argumentation nur die Tatsache, dass wir betroffen sein könnten, egal aus welchen Gründen. Dann wird die Argumentation von Höffe plausibel. Eine solche Lösung bewegt sich im Rahmen einer Moral der wechselseitigen Anerkennung, also einer Moral der Reziprozität. Damit sind die behinderten Menschen Mitglied der moralischen Gemeinschaft, folgt man der Argumentation von Höffe.

Radikaler ist nun der Gedanke, das Moralgefüge gar nicht mehr auf strikte Reziprozität abzustellen. Das führt uns zu einer möglichen Weiterentwicklung der Moral. Habermas brachte diesen Gedanken mit folgenden Worten ins Spiel: „Die christliche Liebesethik wird einem Element der Hingabe an den leidenden Anderen gerecht, das […] in einer intersubjektivistisch begriffenen Gerechtigkeitsmoral zu kurz kommt. Diese beschränkt sich nämlich auf die Begründung von Geboten, denen jeder unter der Bedingung folgen soll, dass sie auch von allen anderen befolgt werden. […] Ein supererogatorisches Handeln, das über das hinausgeht, was auf der Basis der Gegenseitigkeit jedermann zugemutet werden kann, bedeutet die aktive Aufopferung legitimer eigener Interessen für das Wohl oder die Minderung des Leidens des hilfsbedürftigen Anderen" (Habermas 2001, 192 f.)

Eine solche supererogatorische Moral haben wir in der Gegenwartsgesellschaft nicht.

Die Supererogation geht über das reziproke Verhältnis von moralischen Rechten und Pflichten hinaus.

Was ist mit der Supererogation gemeint, die Habermas anspricht? Die Fundstelle dazu ist in der Bibel das Gleichnis vom barmherzigen Samariter. In Luk 10, 35 der Vulgatafassung der Bibel heißt es: „Curam illius habe, et quodcumque supererogaveris ego cum rediero reddam tibi." Übersetzt: „Und wenn du mehr für ihn brauchst, werde ich es dir bezahlen, wenn ich wiederkomme" (Einheitsübersetzung 1980). Oder man könnte es so ausdrücken, wie in der Luther-Bibel von 1912: „[…] und so du was mehr wirst dartun, will ich dir's bezahlen, wenn ich wiederkomme." Wie auch immer, es ist mit Supererogation die über das obligate Maß hinausgehende Mehrleistung gemeint. Man könnte demnach frei übersetzen: ‚Wenn du deine Pflicht in einem Übermaß erfüllen wirst, werde ich es dir bezahlen, wenn ich zurück komme.' Der Samariter geht über seine Pflicht, den Verletzten zu verbinden und ihn zur Herberge zu bringen, hinaus. Er gibt dem Wirt Geld und sorgt sich um die Zukunft des Verletzten. Er verbürgt sich sogar, für ihn zu bezahlen, falls es mehr kosten sollte. Wenn man sich die einzelnen Schritte ansieht, kann man zu dem Urteil kommen, dass die Hilfe, die dem Verletzten zuteil wird, durch das Verbinden der Wunden und die Unterbringung in der Herberge, eine Pflicht ist, die wir in unserem auf Wechselseitigkeit gestellten moralischen Pflichtenkatalog haben. Doch der Samariter geht noch über seine Pflicht hinaus. Er gibt dem Wirt Geld und verbürgt sich, für ihn zu bezahlen, falls es mehr kosten würde. Warum? Er ist dazu nicht verpflichtet, hat mit dem Mann so wenig zu tun wie der Wirt. Der Samariter könnte genauso gut sagen: „So, jetzt habe ich meine Pflicht erfüllt und gehe weiter meiner Wege", und dem Wirt die weitere Sorge überlassen. Das wäre im Rahmen eines auf wechselseitige Anerkennung gestellten Moralsystems durchaus angemessen. Nein, der Samariter fühlt sich dem Verletzten gegenüber als der Nächste. Das ist doch das Bemerkenswerte an diesem Gleichnis und zeichnet es als das anschaulich machende Beispiel für Supererogation aus, bei der für die Leistung keine Gegenleistung erwartet wird. Das haben Kirchenväter wie Thomas von Aquin als das zutiefst Menschliche angesehen, das, wonach jeder Mensch strebt und streben sollte, nämlich „ein immer besserer, tugendhafterer, immer mehr ein Mensch der ‚amicitia caritatis‘ zu werden" (Ilien 1975, 224). Das entspricht dem Gedanken des Aufklärungsphilosophen Immanuel Kant in seiner „Metaphysik der Sitten", der von einer Pflicht gegen sich selbst spricht, die in der Weise realisiert wird, dass man sich in moralischer Hinsicht vervollkommnen sollte (vgl. auch Ross 2002, 21).

Es gibt sicher ein breites Spektrum der Interpretation dessen, was unter Supererogation zu verstehen ist. Die eine Version ist die, dass man für seine Hilfe keine Gegenleistung erwarten darf, und diese Hilfe leistet, „ohne Rücksicht auf jegliche Kalkulation von Gewinn und Verlust, Belohnung und Strafe" (Michalski 2005, 7). Das ist die wohl vorherrschende Interpretation von Supererogation. Diese so verstandene Nächstenliebe durchbricht im Verhältnis zum anderen Menschen den Gedanken des Äquivalententauschs, der dem Prinzip der Wechselseitigkeit zugrunde liegt (vgl. Adorno 1979, 221). Es handelt sich um zwei unterschiedliche Moralsysteme, auf der einen Seite ein auf Wechselseitigkeit basierendes und auf der anderen ein auf Supererogation beruhendes. Das eine schließt das andere aus. Es kommt zu kuriosen Beispielen, wie bei Angelika Krebs, die argumentieren will, dass man in einem partnerschaftlichen Liebesverhältnis beides zusammenbringen könne: „Aber muss mein Geliebter den Mülleimer wirklich aus Liebe zu mir ausleeren? Darf er ihn nicht einfach deswegen ausleeren, weil ich dafür schließlich das Bad putze?" (Krebs 2002, 293). Es fallen einem absonderliche Antworten ein, wenn man auf dieser Ebene bleiben wollte, z. B. dass es kein echter Tausch sei, weil das Leeren des Mülleimers

ungleich leichter ist als das Putzen des Bades. Darauf kommt es nicht an, sondern darauf, dass man in einem Liebesverhältnis gar nicht nach einer Gegenleistung fragt. Man tut etwas freiwillig und ohne Gegenleistung zu verlangen. Setzt man beides gleich, begeht man einen Kategorienfehler. Supererogation ist etwas anderes als Tausch.

3 Ausblick

Mit der Supererogation wird die Wechselseitigkeit aus dem Moralkonzept herausgenommen. Es kommt nicht mehr auf die Reziprozität von Rechten und Pflichten an, wenn man die Frage beantworten will, ob ein Mensch der moralischen Gemeinschaft angehört, denn damit ist die Frage beantwortet, ob behinderte Menschen Mitglieder der moralischen Gemeinschaft sind.

Sowohl nach der Interpretation von Otfried Höffe, wie auch in einer supererogatorischen Moralordnung gehören behinderte Menschen auch dann als vollwertige Mitglieder der moralischen Gemeinschaft an, wenn sie nicht alle moralischen Pflichten erfüllen können.

Literatur

Adorno, Theodor W. (1979): Kierkegaards Lehre von der Liebe. In: Adorno, Theodor W.: Gesammelte Schriften, Band 2, Frankfurt a. M., 217–236

Dubiel, Helmut (2006): Tief im Hirn. München

Gensicke, Thomas (1994): Wertewandel und Erziehungsleitbilder. Hinweis aus Sicht der empirischen Soziologie. In: Pädagogik, 46, 7/8, 23–26

Habermas, Jürgen (1968): Arbeit und Interaktion. Bemerkungen zu Hegels Jenenser ‚Philosophie des Geistes‘. In: Habermas, Jürgen: Technik und Wissenschaft als ‚Ideologie‘. Frankfurt a. M., 9–47

Habermas, Jürgen (2001): Zeit der Übergänge. Kleine Politische Schriften IX. Frankfurt a. M.

Hegel, Georg Wilhelm Friedrich (1931): Jenenser Realphilosophie II. Die Vorlesungen von 1805/6. In: Hegel, G. W. F.: Sämtliche Werke, hrsg. von Johannes Hoffmeister, Band XX. Leipzig

Höffe, Otfried (1996): Vernunft und Recht. Bausteine zu einem interkulturellen Rechtsdiskurs. Frankfurt a. M.

Honneth, Axel (1989): Moralische Entwicklung und sozialer Kampf. Sozialphilosophische Lehren aus Hegels Frühwerk. In: Honneth, Axel, McCarthy, Thomas, Offe, Claus & Wellmer, Albrecht (Hrsg.): Zwischenbetrachtungen. Im Prozess der Aufklärung. Frankfurt a. M., 549–573

Honneth, Axel (1990): Integrität und Missachtung. Grundmotive einer Moral der Anerkennung. In: Merkur, 44, 1043–1054

Honneth, Axel (1992): Kampf um Anerkennung. Zur moralischen Grammatik sozialer Konflikte. Frankfurt a. M.

Honneth, Axel (1997): Anerkennung und moralische Verpflichtung. In: Zeitschrift für philosophische Forschung, 51, 1, 25–41

Ilien, Albert (1975): Wesen und Funktion der Liebe im Denken des Thomas von Aquin. Freiburg

Krebs, Angelika (2002): Arbeit und Liebe. Die philosophischen Grundlagen sozialer Gerechtigkeit. Frankfurt a. M.

Michalski, Krzysztof (2005): Gott zu lieben – Johannes Paul II. (1920–2005). In: Transit 29, 5–13

Ross, William David (2002): The Right and the Good [1930], new edition, ed. by Philip Stratton-Lake. New York

Siep, Ludwig (1974): Der Kampf um Anerkennung. Zu Hegels Auseinandersetzung mit Hobbes in den Jenaer Schriften. In: Hegel-Studien, 9, 155–207

Winnicott, Donald W. (1974): Reifungsprozess und fördernde Umwelt. München

Winnicott, Donald W. (1976): Von der Kinderheilkunde zur Psychoanalyse. München

Menschenrechte und Behinderung

Theresia Degener

1 Definition Menschenrechte

Als Menschenrechte gelten die Rechte, die jedem Menschen qua Geburt zustehen. Sie werden nicht erworben – etwa durch Leistung oder Erbe – und können auch niemandem entzogen werden. Man kann sie weder verkaufen noch auf sie verzichten. Als universell anerkannter Katalog der Menschenrechte gilt heute die sog. Internationale Menschenrechtscharta der Vereinten Nationen. Diese besteht aus drei Dokumenten, der Allgemeinen Erklärung der Menschenrechte von 1948 (AEMR), dem Internationalen Pakt über bürgerliche und politische Rechte von 1966 (Zivilpakt) und dem Internationalen Pakt über wirtschaftliche, soziale und kulturelle Rechte von 1966 (Sozialpakt). Daneben gibt es zahlreiche andere Menschenrechtsdokumente auf internationaler und regionaler Ebene. Neben der ‚Internationalen Menschenrechtscharta' haben die Vereinten Nationen weitere zentrale Menschenrechtskonventionen zu verschiedenen Themen wie Diskriminierung oder Folter verabschiedet. Zu den Kernnormen gehören neben der Internationalen Menschenrechtscharta das Internationale Übereinkommen zur Beseitigung jeder Form der Rassendiskriminierung (1965), das Internationale Übereinkommen zur Beseitigung jeder Form der Diskriminierung von Frauen (1979), das Internationale Übereinkommen gegen Folter und andere grausame, unmenschliche oder erniedrigende Behandlung oder Strafe (1984), das Internationale Übereinkommen über die Rechte des Kindes (1989) sowie das Internationale Übereinkommen zum Schutz aller Wanderarbeitnehmer/innen und ihrer Familien (1990). Zu diesen Menschenrechtskonventionen gehören auch die im Dezember 2006 von den Vereinten Nationen verabschiedeten Übereinkommen über die Rechte von Menschen mit Behinderungen (BRK) und das Übereinkommen zum Schutz vor dem Verschwindenlassen.

Auch auf regionaler Ebene gibt es zahlreiche Menschenrechtsdokumente. Dazu gehören zum Beispiel die vom Europarat verabschiedete Europäische Menschenrechtskonvention von 1950 oder die Europäische Sozialcharta von 1961 bzw. 1996. Auch die Grundrechtscharta der Europäischen Union von 2000 ist ein wichtiges Menschenrechtsdokument. Die anderen regionalen Regierungsorganisationen, wie die Afrikanische Union (AU) oder die Organisation der Amerikanischen Staaten (OAS) haben ebenfalls Menschenrechtskonventionen verabschiedet. Eine besondere Menschenrechtskonvention für Behinderte gibt es auf regionaler Ebene nur in der OAS, die im Jahre 1999 das Interamerikanische Übereinkommen zur Beseitigung aller Formen der Diskriminierung gegen Menschen mit Behinderungen verabschiedete.

Menschenrechte gibt es jedoch nicht erst seit die Vereinten Nationen 1945 gegründet wurden und in ihre Charta – u. a. als Antwort auf die nationalsozialistischen Verbrechen – die Menschenrechte mit aufnahmen (Art. 1 Abs. 3). Die Geschichte der Menschenrechte ist so lang wie die Menschheitsgeschichte, erste Kodifizierungen gab es recht spät im Zuge der Herausbildung der Moderne, insbesondere als Ergebnis von Revolutionen und Freiheitsbewegungen, wie etwa der Französischen Revolution im ausgehenden 18. Jahrhundert.

Das heutige System der internationalen und regionalen Menschenrechtsquellen ist weit verzweigt und ihre Rechtswirkungen sind unterschiedlich. Gemeinsam ist allen diesen Rechtsdokumenten, dass sie einen Katalog von Rechten enthalten, die als Menschenrechte verstanden werden und in nationales Recht und nationale Politik umgesetzt werden sollen. Die Rechte sind in der Regel allgemein gehalten, um nationalen und kulturellen Unterschieden der jeweiligen Mitgliedsstaaten gerecht werden zu können. Die Rechtsdokumente verpflichten zunächst die Regierungen, in Ausnahmefällen, bzw. im Europäischen Recht sogar häufiger, können sie aber auch unmittelbare Wirkung für die in den Staaten lebenden Individuen entfalten. Die meisten Staaten haben die Menschenrechtskataloge der jeweiligen Menschenrechtskonventionen in ihre Verfassungen übernommen. Konkreter umgesetzt werden diese Menschenrechte dann in detaillierte Gesetze, wie z. B. Antidiskriminierungsgesetze (Degener et al. 2007, 74 ff.) oder Sozialgesetze.

Wer sich theoretisch oder praktisch mit Menschenrechten auseinandersetzt, wird häufig um eine enttäuschende Erkenntnis nicht umhin können: Menschenrechte werden in der Realität nicht umgesetzt oder massiv verletzt. Zwischen Anspruch und Wirklichkeit besteht eine tiefe Kluft. In den Vereinten Nationen sitzen VertreterInnen von Nichtdemokratien und Demokratien nebeneinander und haben gleiche Stimmrechte. Das heutige umfangreiche System der internationalen Menschenrechtsnormen hat weder den Völkermord in Ruanda, noch den Krieg gegen den Irak oder andere völkerrechtswidrige Kriege verhindert. Im Feldzug gegen den internationalen Terrorismus werden Menschenrechte dem Primat der Sicherheitspolitik im großen Maßstab geopfert. Die sozialen und wirtschaftlichen Menschenrechte werden im Gegensatz zu den bürgerlichen und politischen Menschenrechten von den meisten Staaten nicht ernst genommen. Auch der Begriff der Menschenrechte und seine westlich geprägte Bedeutung wird kritisiert. Darf es einen universalen Menschenrechtsanspruch geben oder müssen die Menschenrechte kulturell relativiert werden, um regionalen Besonderheiten Rechnung zu tragen? Soll nur das Individuum im Mittelpunkt stehen oder müssen auch Gruppenrechte anerkannt werden? Dürfen im Namen eines kulturellen Relativismus Menschenrechtsverletzungen – wie etwa die genitale Verstümmelung – legitimiert werden? Diese Fragen müssen immer wieder neu und in Bezug auf historische und kulturelle Zusammenhänge debattiert werden. Aufgrund der Tatsache, dass die Internationale Menschenrechtscharta heute von der Mehrheit der 194 Mitgliedsstaaten der Vereinten Nationen unterzeichnet worden ist, kann sie als kleinster gemeinsamer Nenner eines internationalen Menschenrechtsverständnisses angesehen werden. Die Umsetzung der Menschenrechte – darüber besteht ebenfalls Konsens – ist eine der größten Herausforderungen des 21. Jahrhunderts.

2 Das neue Behindertenrechtsübereinkommen: Gegenstandsgeschichte

Obwohl behinderte Menschen zu einer der besonderen Opfergruppen des Nationalsozialismus zählen, wurden sie in den ersten drei Dekaden der Vereinten Nationen weitgehend ignoriert. Zwar wurden sie vom Schutz der Internationalen Menschenrechtscharta nicht ausgenommen, sie wurden jedoch in kaum einem Menschenrechtsdokument explizit genannt. Menschenrechtsverletzungen, die systematisch an behinderten Menschen begangen wurden und werden, wie etwa Zwangssterilisationen, (Mitleids-)Tötungen oder Folter und andere Formen der grausamen, unmenschlichen und erniedrigenden Behandlung von Zwangseingewiesenen oder anderen Heiminsassen, wurden und werden unter dem Deckmantel der Therapie legitimiert bzw. aus dem Kontext der Menschenrechtsdiskussion heraus genommen. Das medizinische Modell von Behinderung [→ Behinderung als sozial- und kulturwissenschaftliche Kategorie] hat lange Zeit zur Verschleierung von Menschenrechtsverletzungen an behinderten Menschen gedient, weil sein Fokus auf der Lokalisierung der Probleme und ihrer Veränderung beim behinderten Individuum lag. Der behinderte

Mensch muss therapiert, geheilt und rehabilitiert werden. Behinderte Personen als Menschenrechtssubjekte zu sehen, hilft, den Paradigmenwechsel vom medizinischen zum sozialen Modell von Behinderung zu vollziehen. Damit wird der Blick auf die Umwelt und die Gesellschaft mit ihren exkludierenden Strukturen und verletzenden Verhaltensweisen gelenkt. Die neue UN-Behindertenrechtskonvention stellt insofern einen Meilenstein auf dem Weg zum Menschenrechtsschutz für die geschätzten 650 Mio. behinderten Menschen weltweit dar. Dass es mehr als ein halbes Jahrhundert seit der AEMR von 1948 gebraucht hat, um behinderte Menschen an den Tisch der Menschenrechte zu laden, ist bemerkenswert. Behindertenorganisationen forderten verbindliche Menschenrechtsnormen seit mindestens drei Dekaden. Innerhalb der Vereinten Nationen wurde ein entsprechender Vorschlag erstmals 1987 während der UN-Behindertendekade (1983–1992) diskutiert. Der italienische Entwurf einer Behindertenkonvention blieb jedoch erfolglos. 1989 versuchte Schweden einen erneuten Vorstoß, der ebenfalls scheiterte. Die Zeit für ein Behindertenrechtsübereinkommen war noch nicht reif, obwohl bereits bekannt war, dass behinderte Menschen zu den am meisten gefährdeten Gruppen gehören, wenn es um Menschenrechtsverletzungen geht. Zu dieser Feststellung gelangten zwei Menschenrechtsberichte, die für die Menschenrechtskommission in den 1980er Jahren erstellt wurden (vgl. Daes 1986, Despouy 1993). Beide Berichte waren außergewöhnlich, denn sie stellten Behinderung in den Kontext internationaler Menschenrechtspolitik. Bis zu diesem Zeitpunkt wurde Behinderung allenfalls als medizinisches oder sozialpolitisches Thema verstanden, das bei der Kommission für soziale Entwicklung oder bei der Weltgesundheitsorganisation (WHO) gut aufgehoben war. Es verwundert kaum, dass Behinderung damals überwiegend im Kontext von Prävention, Rehabilitation und Sozialer Sicherheit behandelt wurde. Erste Änderungen setzten mit dem UN-Weltaktionsprogramm für behinderte Menschen

von 1982 ein, indem neben den traditionellen Zielen der Prävention und Rehabilitation als Drittes die Chancengleichheit proklamiert wurde. Doch damit wurde nur eines der zentralen – wenngleich fundamentalen – Menschenrechte für behinderte Menschen eingefordert. Behinderung wurde weiterhin als medizinisches bzw. sozialpolitisches Problem gesehen, nicht aber als Menschenrechtsthema. Diese Sichtweise vertraten nicht nur Regierungen und ihre internationalen Organisationen, auch die Menschenrechtsorganisationen der Zivilgesellschaft kümmerten sich damals kaum um Menschenrechtsverletzungen an behinderten Menschen. In den Veröffentlichungen von Amnesty International oder Human Rights Watch sind behinderte Menschen erst seit wenigen Jahren sichtbar. Selbst internationale Behindertenorganisationen definierten sich erst Ende der 1980er Jahre als Menschenrechtsorganisationen.

Die Berichte haben maßgeblich dazu beigetragen, dass sich dieser Sichtwechsel auf internationaler Ebene vollzog. Sie belegten einerseits, dass Menschenrechtsverletzungen wie Folter, Krieg, unmenschliche Körperstrafen (z. B. Amputationen), traditionelle Praktiken wie Geschlechtsverstümmelungen an Frauen und medizinische Experimente an Menschen Ursachen für viele Behinderungen sind. Zum anderen verdeutlichten sie, dass Menschenrechtsverletzungen zum Alltag vieler behinderter Menschen in allen Mitgliedsstaaten der Vereinten Nationen gehören. Als Menschenrechtsverletzungen werden physische Gewaltakte, wie Misshandlungen und Zwangssterilisationen oder sexualisierte Gewalt gegen Frauen in Behinderteneinrichtungen benannt. Auch die Institutionalisierung in Heimen und anderen Sondereinrichtungen selbst und die damit verbundene Ghettoisierung und Isolierung behinderter Menschen wird als strukturelle Menschenrechtsverletzung eingeordnet. Der Bericht sieht darüber hinaus das Lebensrecht [→ Recht auf Leben] Behinderter in vielen Ländern durch neue biotechnologische Entwicklungen bedroht, in deren Zusammenhang zunehmend häufig das Lebensrecht Behinderter in Frage gestellt und eine ungenügende medizinische Versorgung legitimiert wird. Breiten Raum nehmen in dem Bericht schließlich Beispiele von Diskriminierungen Behinderter ein, die das fundamentale Menschenrecht auf Gleichheit verletzen.

Während die Zivilgesellschaft sowohl das Internationale Jahr der Behinderten, das die Vereinten Nationen für das Jahr 1981 proklamierten, als auch die anschließende Behindertendekade ausgiebig nutzte, um Menschenrechtsverletzungen an behinderten Menschen anzuklagen (Daniels et al. 1983), war die Zeit in den Vereinten Nationen für ein entsprechendes Menschenrechtsübereinkommen noch nicht gekommen. Stattdessen verabschiedete die UN-Generalversammlung zum Abschluss der Behindertendekade die „Rahmenbestimmungen für die Herstellung der Chancengleichheit für Behinderte" (Rahmenbestimmungen 1993), die als soft law für die Mitgliedsstaaten keine Bindungswirkung entfalten.

Es dauerte weitere sieben Jahre, bis sich die UN erneut mit einem verbindlichen Rechtsinstrument für Behinderte befasste. Im April 2000 brachte Irland das Thema in die Sitzung der Menschenrechtskommission in Genf ein. Der Vorschlag für ein Behindertenrechtsübereinkommen musste jedoch aus dem Resolutionsentwurf wieder entfernt werden, als sich abzeichnete, dass kein Konsens hierüber zu erzielen war. Immerhin forderte die Resolution die damalige Hohe Kommissarin für Menschenrechte, Mary Robinson, auf, Maßnahmen zur Verbesserung des Menschenrechtsschutzes für Behinderte zu untersuchen (Resolution 2000/51). Eine von ihr in Auftrag gegebene Studie über die gegenwärtige Anwendung und das zukünftige Potenzial der UN-Menschenrechtsverträge im Kontext von Behinderung wurde von uns im Januar 2002 vorgelegt (Quinn & Degener 2002). Am 13. Dezember 2006 verabschiedete die Generalversammlung der Vereinten Nationen die „UN Convention on the Rights of Persons with Disabilities" in ihrer 61. Sitzung mit der Resolution A/RES/61/106.

Die BRK ist der erste universelle Völkerrechtsvertrag, der den anerkannten Katalog der Menschenrechte, wie er in der internatonalen Menschenrechtscharta zum Ausdruck kommt, auf die Situation behinderter Menschen zuschneidet. Mit der Verabschiedung der BRK haben die Vereinten Nationen nicht nur die erste verbindliche universelle Menschenrechtsquelle für behinderte Menschen geschaffen. Sie haben damit auch die Behindertenfrage in das mainstream des UN-Menschenrechtssystems eingeordnet. Diese Entwicklung markiert im internationalen Behindertenrecht einen historischen Wendepunkt, der den viel beschriebenen Paradigmenwechsel vom medizinischen zum sozialen/menschenrechtlichen Modell von Behinderung reflektiert (Quinn & Degener 2002, 9–18).

Die Bundesrepublik Deutschland hat die BRK und ihr Fakultativprotokoll am 30. März 2007 zusammen mit vielen anderen Mitgliedsstaaten unterzeichnet. Die BRK ist damit nicht nur die erste Menschenrechtskonvention, die in einer Rekordzeit von nur vier Jahren erarbeitet wurde. Sie wurde auch in kürzester Zeit von der Mehrheit der Mitgliedsstaaten der Vereinten Nationen akzeptiert.

3 Zentrale Inhalte der Behindertenrechtskonvention von 2006

Die Behindertenrechtskonvention gliedert sich in einen Vertragstext und ein fakultatives (d. h. Unterzeichnung nur des Vertragstextes ist möglich) Zusatzprotokoll. In diesem Fakultativprotokoll ist neben dem besonderen Untersuchungsverfahren für schwerwiegende Menschenrechtsverletzungen das Individualbeschwerdeverfahren geregelt, mit dem sich Individuen oder Gruppen gegen erlebte Menschenrechtsverletzungen wehren können.

In dem ad hoc-Ausschuss saßen als stimmberechtigte Mitglieder die Staatenvertreter.

Daneben nahmen auch Vertreter von Nicht-regierungsorganisationen (wie etwa Disabled Peoples' International), die Sonderorganisationen der Vereinten Nationen (z. B. WHO, UNICEF, Weltbank, ILO) und Nationale Menschenrechtsinstitute (z. B. die südafrikanische Menschenrechtskommission) beratend teil.

Der Vertragstext enthält neben der Präambel einen Teil, den man den allgemeinen Teil der BRK nennen könnte (Art. 1–9) und der Bestimmungen enthält, die für alle weiteren Artikel des Abkommens bedeutsam sind, wie den Zweck der Konvention, Definitionen und allgemeine Prinzipien. Den Katalog der einzelnen Menschenrechte enthalten Artikel 10 bis 30. Die anschließenden Normen (Art. 31–40) betreffen den prozeduralen Teil der BRK, in dem es um die Implementierung und Überwachung des Abkommens geht. Die abschließenden Artikel 41 bis 50 regeln Formalia, wie z. B. das Inkrafttreten des Abkommens.

Im allgemeinen Teil der Konvention befinden sich in Art. 3 acht Prinzipien, die den Geist des Übereinkommens darstellen und die den Interpretationsrahmen der einzelnen normativen Bestimmungen abstecken. Dabei handelt es sich um: (1) Respekt vor der Würde [→ Menschenwürde] und individuellen Autonomie, einschließlich der Freiheit, selbstbestimmte Entscheidungen zu treffen; (2) Nichtdiskriminierung; (3) volle und effektive Partizipation an der und Inklusion in die Gesellschaft; (4) Achtung vor der Differenz und Akzeptanz von Menschen mit Behinderungen als Teil der menschlichen Diversität und Humanität; (5) Chancengleichheit; (6) Barrierefreiheit; (7) Gleichheit zwischen Männern und Frauen; (8) Respekt vor den sich entwickelnden Fähigkeiten von Kindern mit Behinderungen und Achtung ihres Rechts auf Wahrung ihrer Identität.

In den ersten fünf Prinzipien finden sich die Schlüsselbegriffe der Konvention, die das veränderte menschenrechtliche Behindertenmodell markieren: Autonomie, Nichtdiskriminierung, Inklusion und Partizipation, sowie Gleichheit in der Differenz. Das sind die

Zielvorgaben, an der internationale und nationale Behindertenpolitik zukünftig zu messen sein wird. Die letzten beiden Prinzipien knüpfen an Forderungen der Frauen- und Kinderrechtsbewegung an, die seit langem auf die Verfehlungen einer eindimensional an Männern orientierten Menschenrechtspolitik aufmerksam machen. Behinderten Frauen und behinderten Kindern sind mit Art. 6 und 7 eigenständige Artikel gewidmet, die horizontale Wirkung für die gesamte Konvention haben. Während der Kinderartikel von den ersten Entwürfen an vorgesehen war, musste der Frauenartikel allerdings durch Frauenorganisationen hart erkämpft werden.

Bei den Verhandlungen besonders umstritten war die Frage der Definition von Behinderung. Als Kompromiss wurde folgende Formulierung gefunden: „Der Begriff ‚Menschen mit Behinderungen‘ umfasst Menschen mit langfristigen körperlichen, geistigen, intellektuellen oder sensorischen Beeinträchtigungen, die sie im Zusammenspiel mit verschiedenen Barrieren an einer gleichberechtigten vollen und wirksamen Teilhabe in der Gesellschaft hindern können.“

Durch die Ansiedelung dieser Bestimmung in Art. 1 (Zweck) statt in Art. 2 (Definitionen) wurde zum Ausdruck gebracht, dass es sich nicht um eine Begriffsdefinition handelt. Dies wird auch in der Präambel unterstrichen, in der darauf hingewiesen wird, dass sich das Verständnis von Behinderung ständig entwickelt und verändert (Präambel Absatz e)). Auch die Definition von Behindertendiskriminierung (Art. 2) war in den Verhandlungen umstritten, da diesbezüglich unterschiedliche nationale, regionale und internationale Vorgaben vorlagen (vgl. Degener 2005, 887–935). Umstritten war insbesondere, ob die ‚Verweigerung angemessener Vorkehrungen‘ als Diskriminierung gewertet werden soll oder nicht. Dabei geht es um die Beseitigung von Barrieren, wie Treppen oder Kommunikation ohne Gebärden. Diese Barrieren als eine Form der (strukturellen) Diskriminierung zu kennzeichnen und eine Pflicht zur verhältnismäßigen Beseitigung zu statuieren, ist eine der größten Errungenschaften der BRK. Das gilt insbesondere, da die Nichtdiskriminierung das zentrale Thema dieser Menschenrechtskonvention ist.

Im „besonderen Teil" (Art. 10–30) der BRK sind die aus der Internationalen Menschenrechtscharta bekannten Menschenrechte aufgeführt und auf den Kontext von Behinderung zugeschnitten. Das Recht auf Anerkennung als Rechtssubjekt (Art. 12) [→ Anerkennung] wurde beispielsweise in enger Anlehnung an das entsprechende Recht aus dem Zivilpakt formuliert, jedoch im Hinblick auf das Problem der rechtlichen Handlungsfähigkeit deutlich konkretisiert. Weltweit wird behinderten Menschen oft das Recht auf gleichberechtigte Teilnahme am Rechtsverkehr abgesprochen, indem sie z. B. wegen ihrer Sinnesbehinderung oder intellektuellen Beeinträchtigung für geschäftsunfähig erklärt werden. Dieser Praxis setzt die BRK ein deutliches Signal entgegen, indem sie auf das Prinzip der unterstützenden Entscheidungsfindung setzt und zugleich für die Ausnahmefälle, in denen rechtliche Stellvertretung unumgänglich ist, einen menschenrechtlich abgesicherten Verfahrensschutz als Mindeststandard fordert. Ein anderes Beispiel ist das Recht auf Meinungsfreiheit, das durch die detaillierten Vorgaben zu barrierefreier Information und Kommunikation unter Einbezug der Anerkennung von Gebärdensprache und anderen Kommunikationsweisen eine behindertenspezifische Konkretisierung erfuhr (Art. 21). Eine besondere Herausforderung für das deutsche Bildungssystem stellt die Umsetzung des Rechts auf Bildung (Art. 24) dar. Das Recht auf Bildung wurde eindeutig als Recht auf inklusive und qualitativ hochwertige Bildung auf allen Ebenen ausgeformt. Es enthält sowohl den Anspruch auf individualisierte und diskriminierungsfreie Bildung, als auch das Recht auf Anerkennung der Differenz, indem insbesondere Unterricht in Gebärdensprache und Lernen mit Braille und anderen Methoden gefordert wird. Indem die BRK das Recht auf Bildung als Recht auf inklusive Bildung ausgestaltet,

knüpft sie an völkerrechtliche Entwicklungen im Bildungsbereich an, die dazu führten, dass der Begriff der Integration durch den Terminus der Inklusion abgelöst wurde. Im menschenrechtlichen Kontext besteht seit langem Einigkeit, dass der Begriff der Inklusion den Begriff der Integration im Kontext des Rechts auf gleichberechtigte Bildung abgelöst hat. Integration wird assoziiert mit der Anpassung des Kindes an das vorgefundene Bildungssystem, während Inklusion mit der Anpassung des Bildungssystems an die Fähigkeiten und Bedürfnisse der einzelnen Kinder assoziiert wird. Dieser Wandel in der Begriffswahl lässt sich in den UN-Menschenrechtsdokumenten nachlesen. So beschreibt die erste UN-Sonderberichterstatterin zum Recht auf Bildung Katharina Tomasevski in ihrem Bericht aus dem Jahre 2003 an die Menschenrechtskommission die verschiedenen Entwicklungsstadien des Rechts auf Bildung im internationalen Kontext. Das dritte Stadium beschreibt sie als „Assimilation durch Integration": Integration, so Tomasevski, anerkenne zwar Differenz, jedoch nur als Abweichung von der Norm. Die Gleichberechtigung im Bildungssektor werde erst durch inklusive Bildung hergestellt (Tomasevski 2002, 27 f.). Speziell bezüglich behinderter Kinder hat der UN-Kinderrechtsausschuss den Wandel von Integrations- zu Inklusionspolitik bereits im Jahre 1997 beschrieben. Der Ausschuss fasst diesen Wandel als bedeutenden Unterschied zwischen Integration und Inklusion zusammen. Während Integrationspolitik darauf abziele, das Kind zu verändern, um es fit für die Schule zu machen, setze Inklusion darauf, die Bildungsbedingungen zu verändern und an die Bedürfnisse des einzelnen Kindes anzupassen (Recommendation „Children with Disabilities", § 335). Es ist daher bedauerlich, dass die zwischen den deutschsprachigen Ländern abgestimmte Übersetzung der BRK den Begriff der Integration verwendet. Damit wird ein rückwärtsgewandtes Signal gesetzt, das im Übrigen auch nicht der Vorreiterrolle entspricht, die jedenfalls Deutschland und Österreich im Entstehungsprozess der Konvention eingenommen haben.

Während die meisten Menschenrechte aus der Internationalen Menschenrechtscharta eine behindertenspezifische Konkretisierung in der BRK erfuhren, wurden andere fast wörtlich übernommen. So das Recht auf Schutz vor Folter (Art. 15), welches der entsprechenden Vorschrift aus dem Zivilpakt nachgebildet wurde. Für die Debatte um Forschung an nichteinwilligungsfähigen Menschen wurde mit der Übernahme des bewährten unmodifizierten Rechts zugleich eine deutliche rechtliche Schranke gesetzt. Denn wie Art. 7 Zivilpakt von 1966 verbietet auch Art. 15 BRK jede Durchführung von wissenschaftlichen oder medizinischen Versuchen ohne die freiwillige Zustimmung der Betroffenen. Bekanntlich wurde dieses eindeutige völkerrechtliche Verbot durch die Verabschiedung der Europäischen Biomedizinkonvention von 1997 und die UNESCO-Deklaration zu Bioethik und Menschenrechten [→ Bioethik] von 2005 aufgeweicht, indem für die fremdnützige Forschung an Einwilligungsunfähigen Ausnahmen zugelassen wurden (Art. 17 Abs. 2 Europäische Biomedizin-Konvention und Art. 7 b) UNESCO-Deklaration). Während die UNESCO-Deklaration von 2005 als soft law keine Rechtsverbindlichkeit hat, gehört die Europäische Biomedizinkonvention von 1997 zum verbindlichen Völkerrecht. Allerdings hat die Bundesregierung sie wegen der Proteste der Kirchen und Behindertenverbände, die es wegen dieser Bestimmung in Deutschland gab, bislang nicht ratifiziert. Für Deutschland gilt danach der strengere Maßstab des Zivilpakts von 1966, den Deutschland im Jahre 1973 ratifiziert hat.

Wichtige Weichenstellungen nimmt die BRK auch im Hinblick auf die Frage der Deinstitutionalisierung behinderter Menschen vor. Art. 19 statuiert den Grundsatz des selbstbestimmten Lebens außerhalb von Heimen und Sondereinrichtungen, indem die Staaten verpflichtet werden zu gewährleisten, „dass Menschen mit Behinderungen gleichberechtigt die Möglichkeit haben, ihren Aufenthaltsort zu wählen und zu entscheiden, wo und mit wem sie leben, und nicht verpflichtet sind, in besonderen Wohnformen zu leben; [...]." Die Staaten haben die Pflicht, gemeindenahe Unterstützungsdienste „einschließlich der persönlichen Assistenz" zur Verfügung zu stellen.

Im Vergleich zu anderen Menschenrechtsabkommen bemerkenswert ist die Tatsache, dass die BRK die erste Menschenrechtskonvention ist, die einen eigenständigen Artikel zur internationalen Entwicklungszusammenarbeit enthält: Art. 32 unterstreicht die Bedeutung der internationalen Zusammenarbeit und deren Förderung für die Verwirklichung der Ziele und des Zwecks der BRK. Die Notwendigkeit einer solchen Bestimmung ist angesichts der Tatsache, dass $^2/_3$ der 650 Mio. Behinderten in Entwicklungsländern leben, evident. Dass Behinderung und Armut sich gegenseitig bedingen, ist ebenfalls keine neue Erkenntnis. Gleichwohl werden behinderte Menschen in der Entwicklungszusammenarbeit der meisten Staaten kaum beachtet. Die wenigsten Entwicklungshilfeprojekte sind zur Verbesserung der Lebensumstände behinderter Menschen geeignet, oftmals sind Behindertenprojekte in der Entwicklungszusammenarbeit auf medizinisch-rehabilitative Hilfen beschränkt. Art. 32 könnte daher als Katalysator für einen Veränderungsprozess in der deutschen und internationalen Entwicklungszusammenarbeit dienen. Erste Schritte zeichneten sich bereits während der Verhandlungen der BRK ab. So wurde mit Unterstützung der Weltbank und der deutschen Bundesregierung im Januar 2006 ein Handbuch zur inklusiven globalen Armutsbekämpfung erstellt (Handicap International/Christoffel Blindenmission 2006). Und ebenfalls noch bevor die BRK feierlich von den Vereinten Nationen verabschiedet wurde, veröffentlichte das deutsche Entwicklungsministerium ein Politikpapier zum Thema Behinderung und Entwicklung (BMZ, 2006).

Insgesamt setzt der Normenkatalog der BRK einen hohen Standard für den Menschenrechtschutz von behinderten Menschen. Dieses Ergebnis ist insbesondere der hohen Beteiligung von Menschen mit Behinderungen und ihren Organisationen an den Verhandlungen zum Abkommen zu verdanken. In einer bisher einzigartigen Weise konnten sich behinderte Menschen auf allen Ebenen einbringen. Sie waren nicht nur auf Seiten der Zivilgesellschaft oder als Vertreter von nationalen Menschenrechtsinstituten aktiv, sondern auch als Mitglieder von Regierungsdelegationen. Schätzungsweise ein gutes Drittel der über 140 teilnehmenden Staaten hatten behinderte Experten (oft Mitglieder der nationalen Behindertenbewegung [→ Behindertenbewegung]) in ihre Regierungsdelegation berufen. Bei den – zuletzt über 600 – akkreditierten Nichtregierungsorganisationen (NRO) dominierten die Behindertenorganisationen, die in der Regel auch durch behinderte Personen vertreten wurden. Sieben globale Behindertenorganisationen (World Blind Union, World Federation of the Deaf, World Federation of the Deafblind, Rehabilitation International, Disabled Peoples' International, Inclusion International, World Network of Users and Survivors of Psychiatry) hatten sich zu einer Allianz zusammengeschlossen, der International Disability Alliance (IDA), die tonangebend im International Disability Caucus (IDC), dem Zusammenschluss der jeweils anwesenden NROs, war. Der international bekannte Slogan ‚*Nothing about us without us*‘ konnte im Entstehungsprozess der BRK erfolgreich umgesetzt werden.

Auch im prozeduralen Teil setzt die BRK neue Maßstäbe, indem das Überwachungsverfahren reformorientiert ausgestaltet wurde. Der Behindertenrechtskonvention wurde ein eigener Vertragsausschuss zugeordnet (Art. 34), der jedoch nach einer gewissen Zeit auch wieder aufgelöst und in ein allgemeines Gremium überführt werden kann. Die Vertragsstaaten verpflichten sich, mindestens alle vier Jahre oder jeweils auf Verlangen dem Ausschuss über den Stand und die Entwicklung der Verwirklichung der Konvention zu berichten.

Daneben wird die Umsetzung der Konvention durch regelmäßige Regierungskonferenzen (Art. 40) evaluiert und durch nationale Überwachungsverfahren flankiert (Art. 33).

4 Bedeutung der Behindertenrechtskonvention von 2006 für Theorie und Praxis

Die Behindertenfrage als Menschenrechtsfrage zu begreifen, hat nicht nur Auswirkungen für die staatliche Behindertenpolitik, sondern auch auf die Theorie und Praxis der verschiedenen Professionen, die sich mit behinderten Menschen beschäftigen. Für die Disability Studies [→ Disability Studies] ist der Menschenrechtsansatz ein wichtiges Instrument im Transformationsprozess vom medizinischen zum sozialen/individuellen Modell von Behinderung (Degener 2003, 448–467). Dieser rechtsbasierte Ansatz ermöglicht es, Ausgrenzungen, Diskriminierungen und andere Formen der Verletzungen zu erkennen und Rechtsschutzmaßnahmen zu entwickeln. Aber auch in der Theoriebildung bietet der Menschenrechtsansatz wertvolle Anknüpfungspunkte und korrigiert überkommene Vorstellungen von Selbstbestimmung und Autonomie [→ Selbstbestimmung]. Die BRK entwirft ein Konzept von Autonomie, das auch in abhängigen Lebenslagen gelebt werden kann. Sie bietet eine Idee der Gleichheit in der Differenz und in Freiheit und zeichnet die Landkarte für eine barrierefreie inklusive Gesellschaft. Den wirklich universalen Anspruch des Menschenrechtsgedankens, der sich in der BRK abzeichnet, gilt es theoretisch weiterzuentwickeln. Die Forschung entwickelt sich hier erst langsam (Breslin & Yee 2002; Herr et al. 2003; Jones & Basser-Marks 1999; Lawson & Gooding 2005; Schiek et al. 2007).

Dass die BRK zentraler Anknüpfungspunkt für die zukünftige Behindertenpolitik der Behindertenverbände sein wird, ergibt sich aus ihrer Entstehungsgeschichte. Aber auch für die alltägliche Arbeit mit Menschen mit Behinderungen wird die BRK wertvolle Anknüpfungspunkte bieten. Wer sich als Anwalt der Behinderten versteht, sollte sich als Angehöriger einer Menschenrechtsprofession verstehen. Das gilt für die soziale Arbeit insgesamt (Staub-Bernasconi 1995, 57–105; Centre for Human Rights 1994) und für die Behindertenarbeit im Besonderen. Ein solches Verständnis hat zumindest zwei Konsequenzen für die Praxis: Dienstleistungserbringer in der Behindertenhilfe sind durch die persönliche Nähe zum Klientel oft die ersten Zeugen von Menschenrechtsverletzungen, die von den Betroffenen oftmals nicht als solche begriffen werden. Hier gilt es einerseits zu intervenieren und weiteren Schaden abzuwenden. Es gilt aber auch aufzuklären. Es ist das Recht eines jeden Opfers zu begreifen, dass das, was geschehen ist, nicht nur nicht in Ordnung, sondern eine Menschenrechtsverletzung war. Oft hat schon dieses Begreifen eine erste heilende Wirkung. Zum anderen gilt es aber auch zu erkennen, dass Menschenrechtsverletzungen häufig von denen begangen werden, die meinen, Anwälte der Betroffenen zu sein. Dienstleistungserbringer müssen sich daher bereits aus Gründen der Qualitätssicherung mit der BRK auseinandersetzen und die Frage stellen, inwieweit ihre Einrichtungen bzw. ihre Angebote den Zielen und dem Zweck der BRK entsprechen oder im Widerspruch zu ihr stehen.

5 Ausblick

Der Behindertenrechtskonvention von 2006 wird gesellschaftspolitisch ein hohes Innovationspotenzial zugeschrieben. Heiner Bielefeldt, der Direktor des Deutschen Menschenrechtsinstituts, nennt drei wesentliche Aspekte: Erstens ergänze die BRK den internationalen Menschenrechtsschutz, indem sie diesen auf die besondere Gefährdungslage behinderter Menschen hin konkretisiere und den internationalen Menschenrechtsschutz auch in prozeduraler Hinsicht ergänze. Zweitens gebe sie wichtige Impulse für die Weiterentwicklung des internationalen Menschenrechtsdiskurses. Ein Beispiel sei die starke Akzentsetzung auf soziale Inklusion, die ausdrücklich vom Postulat individueller Autonomie her gedacht und daher als freiheitliche Inklusion definiert werde. Dieses Verständnis habe bisher in der Menschenrechtsbewegung zu wenig Berücksichtigung gefunden. Drittens habe das Übereinkommen Bedeutung für die Humanisierung der Gesellschaft im Ganzen: „Indem sie Menschen mit Behinderungen davon befreit, sich selbst als ‚defizitär‘ sehen zu müssen, befreit sie zugleich die Gesellschaft von einer falsch verstandenen Gesundheitsfixierung […]“ (Bielefeldt 2006, 15).

Die Herausforderung besteht nun in der Umsetzung dieser Menschenrechtskonvention in Deutschland. Dazu muss sie zunächst einmal ratifiziert werden, was die Verabschiedung eines entsprechenden Gesetzes durch den Bundestag erfordert (Art. 59 Abs. 2 GG). Sodann sind insbesondere die in Art. 4 BRK (allgemeine Verpflichtungen) genannten legislativen, exekutiven und anderen Maßnahmen zu ergreifen, um die Konvention zu implementieren. Das wird nicht mit einer einmaligen Kraftanstrengung zu erreichen sein. Die Erfahrungen mit anderen Menschenrechtsübereinkommen lehren, dass die nationale Implementierung als langfristiger Prozess verstanden und gestaltet werden muss. In diesem Zusammenhang kommt insbesondere dem nationalen Monitoringmechanismus (Art. 33 BRK) eine besondere Bedeutung zu. Dazu gehört eine staatliche Anlaufstelle und ein staatlicher Koordinierungsmechanismus sowie ein unabhängiger Überwachungsmechanismus, in den die Zivilgesellschaft – insbesondere Menschen mit Behinderungen und ihre Verbände – ‚im vollen Umfang‘ mit einbezogen werden. Dieses nationale Überwachungssystem könnte neue Impulse für die Entwicklung einer an den internationalen Menschenrechten orientierten deutschen Behindertenhilfe und eines inklusiven deutschen Bildungssystems geben.

Literatur

Bielefeldt, Heiner (2006): Zum Innovationspotenzial der UN-Behindertenkonvention, Deutsches Institut für Menschenrechte, Essay No 5

Breslin, Mary Lou & Yee, Sylvia (Hrsg.) (2002): Disability Rights Law and Policy: International and National Perspectives. Ardsley

Bundesministerium für wirtschaftliche Zusammenarbeit und Entwicklung (BMZ) (November 2006): Behinderung und Entwicklung. Ein Beitrag zur Stärkung der Belange von Menschen mit Behinderungen in der deutschen Entwicklungszusammenarbeit, Politikpapier

Daes, Erica-Irene (1986): Principles, Guidelines and Guarantees for the Protection of Persons Detained on Grounds of Mental III-Health or Suffering from Mental Disorder. New York

Degener, Theresia (2003): Behinderung als rechtliche Konstruktion. In: Lutz, Petra et al. (Hrsg.): Der (im-)perfekte Mensch. Metamorphosen von Normalität und Abweichung. Köln, 448–467

Degener, Theresia (2005): Antidiskriminierungsrechte für Behinderte: Ein globaler Überblick. In: Zeitschrift für ausländisches öffentliches Recht und Völkerrecht. Heidelberg Journal of International Law 65, 4, 887–935

Degener, Theresia, Dern, Susanne, Dieball, Heike, Frings, Dorothee, Oberlies, Dagmar & Zinsmeister, Julia (2007): Antidiskriminierungsrecht: Handbuch für Lehre und Beratungspraxis: Mit Lösungsbeispielen für typische Fallkonstellationen. Frankfurt a. M.

Despouy, Leandro (1993): Human Rights and Disabled Persons. New York

Handicap International & Christoffel Blindenmission: Making PRSP Inclusive, January 2006, URL: http://www.handicap-international.de/images/pdfs_multimedia/prsp_manual_eng_1.pdf

Herr, Stanley et al. (Hrsg.) (2003): The Human Rights of Persons with Intellectual Disabilities: Different but Equal. Oxford

Jones, Melinda & Basser-Marks, Ann (Hrsg.) (1999): Disabiliy, Divers-Ability and Legal Change. The Hague

Lawson, Anna & Gooding, Caroline (Hrsg.) (2005): Disability Rights in Europe: From theory to Practice. Oxford

Schiek, Dagmar, Waddington, Lisa & Bell, Mark (2007): Non-Discrimination Law. Oxford

Staub-Bernasconi, Silvia (1995): Das fachliche Selbstverständnis Sozialer Arbeit – Wege aus der Bescheidenheit. Soziale Arbeit als Menschenrechtsprofession. In: Wendt, Wolf Rainer (Hrsg.) (1995): Soziale Arbeit im Wandel ihres Selbstverständnisses. Beruf und Identität. Freiburg, 57–105

Quinn, Gerard & Degener, Theresia (2002): Human rights and disability: The current use and future potential of United Nations human rights instruments in the context of disability, OHCHR, United Nations, New York and Geneva (U.N. Sales No: E.02.XIV.6)

Tomasevski, Katarina (2002): United Nations: Report of the Special Rapporteur, sub- mitted pursuent to Commission on Human Rights resolution 2002/23, E/CN.4/2003/913. URL: http://www.right-to-education.org/content/unreports/unreport9prt.1.html (22 Sept. 2005)

Legitimations- und Kontingenzprobleme

Vera Moser

1 Definition

Kontingenz und Legitimation sind zwei strukturelle Bedingungen wissenschaftlicher Disziplinen: Zunächst verweist Kontingenz auf das erkenntnistheoretische Problem, dass die Dinge, die wir erkennen und beschreiben, schlicht auch anders sein können – je nach Beobachterstandpunkt und vorhandenen Deutungssystemen [→ I Erkenntnistheorie/Erkenntnis]. Dieses erkenntnistheoretische Problem besteht bereits seit der aristotelischen Philosophie und ist insbesondere innerhalb des Konstruktivismus [→ I Konstruktivismus] von zentraler Bedeutung. Darüber hinaus hat in jüngerer Zeit die soziologische Systemtheorie [→ I Systemtheorie II] den Kontingenzbegriff für die Analyse sozialer Prozesse dahingehend präzisiert, dass die Zufälligkeit gesellschaftlicher Entwicklungen durch die Ausformung sozialer Systeme eingeschränkt wird. Unter diesem Blickwinkel stellt auch die Wissenschaft ein soziales System dar, welches unter bestimmten Beobachtungskategorien Wissen hervorbringt – freilich von allen Möglichkeiten nur bestimmtes ‚Wissen‘ zu einer bestimmten Zeit. Damit muss auch Wissenschaft ihr Kontigenzproblem, nämlich die Tatsache der Unabgeschlossenheit von Wissen, in ihre Selbstbeobachtung aufnehmen und zugleich Legitimationen entwickeln, denn die auf ausgewählten Forschungsgegenständen und -methoden basierenden Erkenntnisse bedürfen der Begründung: ‚Wahrheit‘ liegt nicht (mehr) in den Gegenständen selbst, sondern in der Wirkungskraft wissenschaftlicher Argumente und ihrer Akzeptanz innerhalb wissenschaftlicher Gemeinschaften [→ I Wissenschaft und Wahrheit]. Insofern enthält der Begriff der Legitimation die diskursiven Dimensionen der ‚Glaubhaftigkeit‘ und ‚Anerkennung‘.

2 Begriffs- und Gegenstandsgeschichte

Das Problem der Kontingenz wird vornehmlich im Bereich der Erkenntnistheorie und neuerdings im Kontext sozialer Systembildungen diskutiert. Unter letzterer Perspektive sind auch wissenschaftliche Tatbestände kontingente Beschreibungen von Wirklichkeit, die durch bestimmte, der systemeigenen Logik folgende Differenzierungsleistungen hervorgebracht werden. Diese Perspektive kann für die Betrachtung gesellschaftlicher Prozesse als derzeit einflussreichste soziologische Theorie zur Untersuchung des Zusammenhangs von wissenschaftlichen Aussagen und professionellen und organisatorischen Entwicklungen gesehen werden, weil sie eine externe ‚Beobachtung zweiter Ordnung‘ eröffnet. Innerhalb der Sozialwissenschaften wird das Kontingenzproblem derzeit fruchtbar für die Historiographie bearbeitet und löst hier die langjährige Tradition der Kausalitätskonstruktionen ab.

Die Untersuchung von Legitimationsproblemen kann hingegen auf eine schon längere Forschungsgeschichte zurückblicken. Einerseits sind – mit Blick auf wissenschaftliche Aussagen – bedeutende Wissenschaftshistoriographien über die Entstehung wissenschaftlicher Tatsachen von Ludwik Fleck (1994) und Thomas S. Kuhn (1996) vorlegt worden. Andererseits hat insbesondere unter der Fragestellung von Ideologiebildungen die Erforschung von wissenschaftlichen Legitimationen zur Durchsetzung von Herrschaftsinteressen bereits breiteren Raum eingenommen.

3 Zentrale Probleme und Erkenntnisse

Zunächst ist Luhmann dahingehend zu folgen, dass die gegenwärtig vorfindlichen Wissenschaften und Professionen den modernen gesellschaftlichen Funktionssystemen zuzurechnen und die jeweiligen Legitimationen im Bereich der disziplinären Semantik aufzufinden sind. Mit ,Semantik‘ ist gemeint, dass soziale Systeme Selbstbeschreibungen hervorbringen, um ihre spezifischen Beobachtungen und Kommunikationen zu organisieren – sie erzeugen mithin systemeigenen Sinn; für das Erziehungssystem ist beispielsweise ,Bildung‘ ein zentraler Bestandteil der eigenen Semantik und lässt unter dieser Prämisse alle internen Prozesse im Sinne einer Erzeugung von Bildung beobachten. Gesellschaftliche Funktionssysteme verdanken ihre Existenz jedoch nicht nur autopoietischen Kräften, sondern sie erfüllen auch Leistungen für andere Teilsysteme – für das Erziehungssystem hat Luhmann die Leistung der ,Selektion‘ ausgemacht, mit welcher sie Zugänge zu anderen Systemen regelt [→ I Systemtheorie II]. Luhmann betont allerdings, dass diese Systemleistung innerhalb der eigenen Semantik kaum thematisiert werden kann. Dies sei deshalb schwer möglich, weil der Anspruch auf ,Erzeugung von Bildung‘ und die damit verbundene Absicht der bestmöglichen Förderung jedes Einzelnen mit dem Effekt der Verteilung auch ungünstigerer Lebenschancen schwer verträglich ist, zumal die pädagogische Semantik vorwiegend darauf rekurriert, dass es sich bei den vom System erzeugten Unterschieden (,besser/schlechter‘) um individuelle (anthropologische) Eigenschaften handelt: „Man geht nicht vom Sozialsystem der Erziehung, sondern vom zu erziehenden Menschen aus und expliziert Erziehungsziele am Menschen" (Luhmann & Schorr 1988, 43).

Die Orientierung auf den zu erziehenden Menschen lässt sich deutlich auch in der Behindertenpädagogik nachzeichnen, die ebenfalls einen starken anthropologischen Kern aufweist [→ Anthropologie]: Hier wird die Semantik vor allem auf den Behinderungsbegriff und seine Auswirkung auf Bildungs- und Erziehungsprozesse eingestellt. Diese Bezugnahme auf die Spezifität der Klientel erlaubt es, behindertenpädagogisches Handeln zu begründen und zu qualifizieren: Im Allgemeinen heißt es, Behinderung erfordere besondere Erziehungs- und Bildungsmaßnahmen. Damit hat Behindertenpädagogik freilich deutlicher als andere Teilbereiche innerhalb des Erziehungssystems das Problem, nicht nur die Förderung (Erziehung und Bildung) zur Erzielung von Rehabilitation und Integration zu thematisieren, sondern zugleich auch den Selektionseffekt (Aussonderung) mit aufscheinen zu lassen, denn das Etikett ,Behinderung‘ ist zweifelsohne nicht frei von auch negativen sozialen Folgen [→ Behinderung als sozial- und kulturwissenschaftliche Kategorie]. Diese Problemlage wird wiederum mit einem starken ethischen Akzent eingefangen – die besondere Förderung, so der allgemeine Diskurs, finde im Interesse der Betroffenen, mithin als solidarischer Akt, statt.

4 Aktueller Forschungsstand

Innerhalb der Behindertenpädagogik fehlt bislang eine umfassende Analyse von Legitimationsstrategien und möglichen anderen (kontingenten) Entwicklungen. Zwar hat es im Zuge des so genannten Paradigmenstreits in den 1990er Jahren eine Debatte um den Behinderungsbegriff gegeben, allerdings weitgehend unter Verzicht einer dezidierten Untersuchung seiner Entstehungsgeschichte, seiner Bezogenheit auf die Systemlogik, seiner professionellen und organisatorischen Niederschläge und seiner Funktion für andere gesellschaftliche Teilsysteme. Lediglich im Bereich der Historiographie zur Hilfsschule und des Hilfsschullehrerberufs gibt es Verweise auf die Verflechtung von Professionsinteressen, Organisationsgründungen und der Hervorbringung einer Semantik über das ,Hilfsschulkind‘

(vgl. z. B. Möckel 1976, Ellger-Rüttgardt 1980, Hänsel & Schwager 2004). Darüber hinaus haben Wolfgang Jantzen und Ingeborg Altstaedt auf den Zusammenhang von Hilfsschulpädagogik und der Verelendung des industriellen Proletariats hingewiesen (Jantzen 1982, Altstaedt 1977). Damit liegen aber nur einige Verweise auf Legitimationsstrategien und historische Kontingenzen vor. Im Allgemeinen jedoch wird die Entstehung der Hilfsschule mit einem angeblichen Anstieg der Volksschule zur Leistungsschule begründet (vgl. z. B. Möckel 1976 und 1988, Solarova 1983) [→ I Historiographie].

Im außerschulischen Sektor liegen insbesondere zur Geschichte der Geistigbehindertenbetreuung Historiographien vor, die ihre Bezüge zu caritativen, punitativen und psychiatrischen Teilsystemen herausarbeiten und damit Hinweise auf religiös, juridisch und christlich konnotierte Semantiken geben (z. B. Bradl 1991, Störmer 1991, Droste 1999) – allerdings bleibt hier insbesondere die Entstehung des professionellen Bereichs noch unerforscht. Im Bereich der NS-Geschichte gibt es vor allem lokale Forschungen, Monographien liegen zur Euthanasie-Geschichte (Klee 1983) und zur Hilfsschule (Höck 1979) vor, jedoch sind auch hier noch keine Zusammenhänge von disziplinärer Legitimation, organisatorischen und professionellen Entwicklungen ausreichend aufgearbeitet.

Die Standardwerke behindertenpädagogischer Historiographie (Möckel 1988, Solarova 1983) präferieren, wie auch die meisten Kompendien, eine Platzierung von Behindertenpädagogik in einem ethischen Feld der Humanität (vor allem hinsichtlich der Sicherung des Lebens- und Bildungsrechts behinderter Menschen) [→ Ethische Grundlagen der Behindertenpädagogik: Konstitution und Systematik]. Entlang dieser Position werden auch gegenwärtig noch Anstrengungen unternommen, Behindertenpädagogik als Disziplin, Profession und Organisation auf ein gemeinsames ethisches Fundament zu stellen, um einerseits disziplinäre Homogenität zu erzeugen und andererseits starke Legitimationskraft zu

entfalten. Eine solche Verortung muss allerdings Ambivalenzen und Interessenkonflikte übersehen und wird mithin dem Problem der Kontingenz wissenschaftlicher Aussagen und historischer Entwicklungen nicht gerecht. Demgegenüber soll im Folgenden ein systemtheoretisch inspirierter historiographischer Zugang die Entwicklung von Behindertenpädagogik im Kontext von systemlogischen Semantiken, organisatorischen Ausformungen und professionellen Interessen entlang ausgewählter historischer Daten darlegen. Gezeigt werden kann dabei, dass die behindertenpädagogische anthropologische Semantik auch Systemfolgen mit einbezieht und von hier aus Legitimationen entwickelt. Dabei wird die These Luhmanns unterlegt, nach der sich die Semantik des Erziehungssystems in den vergangenen 200 Jahren von ‚Perfektibilität‘ zu ‚Bildung‘ und schließlich ‚Lernen‘ verändert hat (vgl. Luhmann & Schorr 1988, 84 ff., Luhmann 2002).

Bereits der Aufklärungsdiskurs um die Verbesserung (Perfektibilisierung) des Menschen, aus dem auch die Pädagogik als moderne Wissenschaft hervorging, hatte zur Differenzsetzung von besser und schlechter erziehbaren (bzw. später bildbaren) Menschen beigetragen (vgl. Moser 1995): Die auch von Pädagogen verfolgten anthropologischen Forschungen wollten zeigen, wie der Mensch von Natur aus sei und entwickelten dabei immanent auch Vorstellungen über normale und unnormale Menschen (wobei der Begriff der ‚Normalität‘ erst Ende des 19. Jahrhunderts entsteht), die ihren Niederschlag unter anderem in Rassetheorien und Katalogen über Krankheitsbilder und so genannte ‚Sonderlinge‘ fanden. Paradigmatisch kann hier die Aussage Rousseaus angeführt werden, der davor warnte, sich unnötig mit einem ‚kränklichen und schwächlichen Zögling‘ zu beschäftigen (Rousseau 1987, 28). Der Beginn behindertenpädagogischer Theoriebildung und Praxisentwürfe entstammt mithin diesem Differenzierungsprozess, wobei das Dilemma von Verbesonderung und Förderung durchaus thematisiert wurde – so enthielten bereits die ersten theoretischen Entwürfe der damaligen

Heilpädagogik, die sich mit ‚Kretinismus‘, ‚Taubstumm‘ – und Blindheit sowie Armut beschäftigten, nicht nur die Absicht, das Phänomen und seine Behandlungsmöglichkeiten zu ergründen, sondern auch soziale Teilhabe zu ermöglichen bzw. wieder herzustellen (vgl. Moser 1995, 195 ff.). Die kleinen privaten heilpädagogischen Anstalten der ersten Stunde sahen sich beiden Zielsetzungen verpflichtet.

Institutionell von Bedeutung wurde Behindertenpädagogik allerdings erst im ausgehenden 19. Jahrhundert, in welchem durch den Prozess der Industrialisierung die Versorgung und Betreuung pflegebedürftiger Personen erstmalig umfassend erforderlich wurde und zugleich ein weit reichender Disziplinierungsprozess einsetzte, der für das Leben in einer modernen, differenzierten und anonymen Gesellschaft notwendig wurde. Neue innere und äußere Disziplinierungsstrategien und soziale Differenzierungsprozesse bildeten die Grundlage dieser Entwicklung, die zugleich auch die Individualisierung des Einzelnen bedeutete, bedingt durch eine Herauslösung aus Traditionen, die Transformation des Ständein ein Klassensystem und die Einbindung in neue gesellschaftliche Funktionssysteme (vgl. Beck 1986). Das sich im 19. Jahrhundert ausformende staatliche Erziehungssystem übernahm dabei die bereits beschriebenen gesellschaftlichen Aufgaben der Reproduktion (‚Bildung‘), der Sozialisation (‚Erziehung‘) und der Selektion auf der Basis der Vergabe unterschiedlicher Qualifizierungen. In diesem Kontext ist auch die neu geschaffene Institution ‚Hilfsschule‘ anzusiedeln, die mit den Zielen der ‚Entlastung‘, und ‚Brauchbarmachung‘ im Sinne einer ‚Nacherziehung‘ antrat und damit vornehmlich auf die Sozialisations- und (implizit) Selektionsfunktion rekurrierte – getragen von einem starken Professionsinteresse der neu entstandenen Hilfsschullehrerschaft (organisiert ab 1898 im Verband der Hilfsschullehrer Deutschlands): „Die Lehre von den schwachsinnigen, halbidiotischen, nicht normalen Kindern diente der Begründung einer notwendigen Spezialisierung der Lehrer innerhalb des allgemei-

nen Schulwesens“ (Möckel 1976, 55). Die hier vorfindliche Semantik der Hilfsschulpädagogik hebt vor allem auf die Besonderheit ihrer Klientel ab und bezieht sich dabei explizit auch auf die zeitgenössische Psychopathenlehre (vgl. Hofsäss 1993; Alstaedt 1977). Die gemeinte Klientel sind in erster Linie Kinder des Proletariats, die innerhalb des Industrialisierungsprozesses zum Problembereich der so genannten ‚Sozialen Frage‘ zählten. Die sozialen Ursachefaktoren wurden hier allerdings anthropologisch-biologistisch gewendet im Sinne von Erbanlagen, die Verwahrlosung und ‚Schwachsinn‘ bedingen. Diese Anthropologisierung sozialer Probleme ist einerseits im Kontext des entstehenden Sozialdarwinismus (als Antwort auf die ‚Soziale Frage‘) zu lesen, hatte aber auch den Effekt, sich von der parallel entwickelnden Sozialpädagogik zu unterscheiden, die insbesondere an Ressourcenproblemen ansetzen wollte.

Die gleichzeitig massiv expandierenden Anstalten für Menschen mit Behinderungen, die teilweise der neu entstandenen Psychiatrie zugeordnet wurden, sind demgegenüber dem Pflegesektor und damit dem Gesundheitssystem zuzurechnen. Die behauptete mangelnde ‚Heilung‘ und darüber hinaus postulierte ‚Bildungsunfähigkeit‘ im Bereich geistiger Behinderung führte hier zum Paradigma der (lebenslänglichen) Verwahrung – bis hin zur Vernichtung während des NS-Regimes [→ Euthanasie]. Dieser soziale Ausschluss wurde innerhalb der eigenen legitimatorischen Semantik in den Dienst gesellschaftlicher Entlastung gestellt.

Auf Seiten der Disziplin wurden ab Mitte des 19. Jahrhunderts die ersten umfassenden heilpädagogischen Lehrbücher verfasst, die in erster Linie mit der Bestimmung der heilpädagogischen Klientel befasst waren, dabei aber das stärkste Professionsfeld, die Hilfsschulpädagogik, nur am Rande betrachteten. Bedeutsamer war hier die Ausformung eines Behinderungsverständnisses, das so unterschiedliche Phänomene wie Sinnesschädigungen, körperliche Auffälligkeiten und Erziehungs- und Lernproblematiken auf einen Nenner bringen sollte. Als Theoriebezug dienten vermögens-psychologische Grundüberlegungen: Die erwähnten Besonderheiten sollten Einfluss auf die Denk- und Gefühlsentwicklung und damit auf die Willensbildung haben, so dass Heilpädagogik im Sinne einer besonderen ‚Willenserziehung‘ ausgearbeitet werden konnte. Im Gegensatz zur bildungstheoretischen Semantik der Pädagogik des 19. und beginnenden 20. Jahrhunderts wird hier auf Erziehung abgestellt. Noch bei Hanselmann (1930) war in dieser Hinsicht die ‚Gesamtseelenschwäche‘ Ausgangspunkt heilpädagogischen Handelns (vgl. Moser 2003). Der Terminus ‚Behinderung‘ wurde erst im bundesrepublikanischen Sozialrecht (1961) und dann durch Bleidicks Kompendium „Pädagogik der Behinderten“ (1972) als Kategorie entwickelt.

Lern- und entwicklungsbezogene Forschungen in BRD und DDR lösten ab den späten 1960er Jahren den defizitären Blick von den Terminologien ‚schwachsinnig‘ oder ‚bildungsunfähig‘. Im Zuge der westdeutschen Bildungsreform in den 1970er Jahren erschien hier auch die Klientel der Hilfsschule im Kontext der Diskussionen um Benachteiligung und Stigmatisierung, die eine sozialwissenschaftliche Forschungsperspektive vorantrieb. Ergänzend zu dieser bildungspolitischen Debatte waren Bürgerrechtsbewegungen, die aus der Studentenbewegung hervorgingen, für den schulischen Sektor wie für das außerschulische Behindertenbetreuungswesen bedeutsam: Im Zuge der Psychiatrie-Reform, die ausdrücklich auch auf die Fehlplatzierung geistig behinderter Personen hinwies, gerieten Sonderbeschulung und Langzeitunterbringung in exkludierenden Großeinrichtungen in die Kritik. Integration war hier das Stichwort für beide Bereiche und innerhalb der Disziplin entstand das Feld der ‚Integrationspädagogik‘ [→ III Bildung und Erziehung als Prozess; → III Integration und Exklusion].

Die Semantik ‚Behinderung‘ erfuhr durch diese gesellschaftlichen Entwicklungen durchaus Irritationen: Behinderung, so die Kritiken, führe zu Stigmatisierung und Aussonderung und könne darüber hinaus auch als allgemeine Leitkategorie pädagogisch nicht präzisiert werden. Ersatztermini, wie ‚besondere Erziehungserfordernisse‘ oder ‚Menschen mit Förderbedarf‘ wurden vorgeschlagen, ohne jedoch das prinzipielle Dilemma der Verbesonderung aufheben zu können. Mit dem Konzept der ‚Inklusion‘ soll dieses nun überwunden werden, konsequenter Weise um den Preis der Aufhebung sonderpädagogischer Organisationsformen. Jedoch scheint die gegenwärtige bildungspolitische Debatte nicht dazu angetan, dieses Ziel weiter zu verfolgen, denn auch die von den internationalen PISA-Studien erfolgten Hinweise auf die Wirkungslosigkeit äußerer Selektion hinsichtlich der Anhebung des Leistungsniveaus und entsprechende einschlägige Studien über die Sonderschule für Lernbehinderte blieben bislang wirkungslos. Hingegen scheinen im außerschulischen Sektor die Orientierungen auf ‚Selbstbestimmung‘ [→ III Selbstbestimmung und Selbstvertretung], ‚Empowerment‘, ‚Enthospitalisierung‘ [→ VI Recht und strukturelle Folgen] und ‚Dezentralisierung‘ größeren Niederschlag gefunden zu haben, wobei die empirische Klärung tendenzieller ‚Normalisierung‘ der Lebensumstände von Menschen mit Behinderung noch ein Forschungsdesiderat darstellt.

Die hier zur verzeichnende Änderung des semantischen Feldes ist auch mit dem von Luhmann beobachteten Lernbegriff für die Pädagogik ab den 1960er Jahren in Verbindung zu bringen, denn nunmehr steht der lernende (und nicht mehr der zu erziehende) Schüler bzw. Klient im Zentrum der jüngeren behindertenpädagogischen Theoriebildung.

5 Ausblick

Zusammenfassend kann hier für die Disziplin festgestellt werden, dass nach wie vor die Orientierung am Behinderungsbegriff (und seinen Äquivalenten) für die Semantik der Behindertenpädagogik von zentraler

Bedeutung ist, obgleich die verschiedenen theoretischen Perspektiven ein unterschiedliches Verständnis von Behinderung implizieren: Im Lichte geisteswissenschaftlich orientierter Ansätze ist Behinderung in erster Linie ein Identitätsproblem, welches insbesondere Solidarität und Dialogizität herausfordert; unter ökosystemischer Perspektive ist Behinderung vor allem hinsichtlich des Ressourcenproblems von Bedeutung; in materialistischem Sinne stellt Behinderung eine Isolationskategorie dar mit Auswirkungen auf die biologische, psychische und soziale Entwicklung; die kritisch-rationalistische Perspektive orientiert Behindertenpädagogik an vorfindlichen sozialen und institutionellen Bedingungen; konstruktivistische Ansätze fokussieren ihre erkenntnistheoretische Perspektive einerseits auf Zuschreibungen wie ‚Behinderung‘ und erarbeiten andererseits auf konstruktivistischer Lerntheorie basierende Didaktiken; integrationspädagogische Theorien formulieren auf der Grundlage von Gleichheits- und Gerechtigkeitstheoremen den Anspruch an soziale Integration und Inklusion und legen hierzu geeignete methodisch-didaktische Modelle vor. Als kontingent erweist sich damit die jeweilige pädagogische Perspektive, die aus dem Phänomen ‚Behinderung‘ geschlossen wird und insofern auch behindertenpädagogisches Handeln unterschiedlich legitimiert. Am Ausgangspunkt einer mehr oder weniger anthropologisch konnotierten Fassung von Behinderung wird dabei festgehalten. Insofern erklären sich auch die pluralen organisatorischen Niederschläge, die teilweise zwar integrative Settings anstreben und zulassen (im schulischen Bereich kann derzeit eine Integrationsquote von ca. 10 % ausgemacht werden), andererseits aber das grundsätzliche Dilemma der Verbesonderung nicht erschüttern. Auch der im Zuge der Bioethik neu angestrengte Ethik-Diskurs überschreitet den aufgezeigten semantischen Rahmen nicht grundlegend. Ohnedies steht derzeit kaum in Frage, dass für die Gewinnung eines partikularen ethischen Standpunktes innerhalb der Disziplin der Bezug auf Behinderung verzichtbar sei. Andere Legitimationen, die auf den Behinderungsbegriff verzichten und demgegenüber auf ‚Heterogenität‘ setzen, verzichten dabei notwendiger Weise auch auf eigene behindertenpädagogische Organisationsformen, wie dies am Konzept der ‚inclusive education‘ beobachtbar ist.

Literatur

Altstaedt, Ingeborg (1977): Lernbehinderte. Kritische Entwicklungsgeschichte eines Notstandes. Reinbek

Beck, Ulrich (1986): Risikogesellschaft. Auf dem Weg in eine andere Moderne. Frankfurt a. M.

Bradl, Christian (1991): Anfänge der Anstaltsfürsorge für Menschen mit geistiger Behinderung (‚Idiotenanstaltswesen‘). Frankfurt a. M.

Droste, Thomas (1999): Die Historie der Geistigbehindertenversorgung unter dem Einfluß der Psychiatrie seit dem 19. Jahrhundert. Münster

Ellger-Rüttgardt, Sieglind (1980): Der Hilfsschullehrer: Sozialgeschichte einer Lehrergruppe (1880–1933). Weinheim

Fleck, Ludwik (1994): Entstehung und Entwicklung einer wissenschaftlichen Tatsache: Einführung in die Lehre vom Denkstil und Denkkollektiv, 3. Aufl. Frankfurt a. M.

Hänsel, Dagmar & Schwager, Hans-Joachim (2004): Die Hilfsschule als Armenschule: Vom gemeinsamen Unterricht zur Sondererziehung nach Braunschweiger Modell. Bern

Hanselmann, Heinrich (1930): Einführung in die Heilpädagogik. Zürich

Höck, Manfred (1979): Die Hilfsschule im Dritten Reich. Berlin

Hofsäss, Thomas (1993): Die Überweisung von Schülern auf die Hilfsschule und die Schule für Lernbehinderte. Berlin

Jantzen, Wolfgang (1982): Sozialgeschichte des Behindertenbetreuungswesens. München

Klee, Ernst (1983): Euthanasie im NS-Staat. Hamburg

Kuhn, Thomas S. (1996): Die Struktur wissenschaftlicher Revolutionen, 13. Aufl. Frankfurt a. M.

Luhmann, Niklas & Schorr, Karl-Eberhard (1988): Reflexionsprobleme im Erziehungssystem. Frankfurt a. M.

Luhmann, Niklas (2002): Das Erziehungssystem der Gesellschaft. Frankfurt a. M.

Möckel, Andreas (1976): Die besondere Grund- und Hauptschule. Von der Hilfsschule zum kooperativen Schulzentrum. Rheinstetten

Möckel, Andreas (1988): Geschichte der Heilpädagogik. Stuttgart

Moser, Vera (1995): Die Ordnung des Schicksals. Zur ideengeschichtlichen Tradition der Sonderpädagogik. Butzbach

Moser, Vera (2003): Konstruktion und Kritik. Sonderpädagogik als Disziplin. Opladen

Rousseau, Jean-Jacques (1987): Émile oder Über die Erziehung. Paderborn

Solarova, Svetluse (Hrsg.) (1983): Geschichte der Sonderpädagogik. Stuttgart

Störmer, Norbert (1991): Innere Mission und geistige Behinderung. Von den Anfängen der Betreuung geistig behinderter Menschen bis zur Weimarer Republik. Münster

Teil III

Identität

Anke Langner

1 Definition, Begriffs- und Gegenstandsgeschichte

„Identität ist das Bewusstsein, ein unverwechselbares Individuum mit einer eigenen Lebensgeschichte zu sein, in seinem Handeln eine gewisse Konsequenz zu zeigen und in der Auseinandersetzung mit anderen eine Balance zwischen individuellen Ansprüchen und sozialen Erwartungen gefunden zu haben" (Abels 2006, 254).

Als soziales und kulturelles Phänomen hat Identität erst in der Moderne an Relevanz gewonnen. In der Philosophie hingegen ist sie seit der Antike verankert, indem sie als Problem der reinen Logik diskutiert wird. Aus sozial- und kulturwissenschaftlicher Perspektive gibt es keine allgemeingültige Definition, sondern nur einen schwachen Konsens zwischen den unterschiedlichsten theoretischen Ansätzen. Dieser Konsens bezieht sich auf zwei Punkte: Die Identität entsteht aus dem Individuum heraus und ist sowohl kulturell wie auch sozial konstruiert. Als solches ist sie sowohl ein subjektives Gefühl, ein individueller Stil als auch ein objektiver Tatbestand (vgl. Abels 2006, 273 ff.). Dieser schwache gemeinsame Konsens ist u. a. das Ergebnis der Vielschichtigkeit des Identitätsbegriffes. Identität charakterisiert unterschiedliche Erkenntnisdimensionen, sie stellt eine Analyse- und Wissenskategorie aber auch eine Ordnungs- und Handlungskategorie dar. Die Erkenntnisfrage bestimmt mit welchem Blick auf das Phänomen Identität geschaut wird.

Die sozial- und kulturwissenschaftlichen Auseinandersetzungen mit Identität bestimmen sie nicht als anthropologische Konstante, sondern stellen sie in Verbindung mit Prozessen der Moderne wie Individualität und Individualisierung. Diese wurden bedingt durch eine voranschreitende Ausdifferenzierung der Arbeitsteilung seit der Industrialisierung und den mit ihr einhergehenden Spezialisierungen und Rationalisierungen wie dem sich etablierenden aufgeklärten Menschenbild: jeder solle sich seines Verstandes selbst bedienen. Damit wurde in der Moderne der Blick weg von einem Charakteristikum des Wesentlichen der Identität hin zum Entstehungsprozess von differenten, hybriden Identitäten gelenkt (vgl. Keupp 2002). Identität ist demnach das Phänomen aus der individuellen Aneignung der Gesellschaft, dem Wechselverhältnis zwischen Individuum und anderen. Identität als ein solches Verhältnis ist nicht gleichzusetzen mit dem Individuum, als einem offen dynamischen Prozess, in dem nach Elias Gesellschaft und Individuum ineinander verschachtelt sind.

Identität ist auch nicht Sozialisation [→ V Sozialisation, Biographie und Lebenslauf], vielmehr steht sie in Diskrepanz zu ihr. Sozialisation determiniert das Individuum, sie schafft jedoch keine sinnhafte Verortung des Selbst in die es umgebende soziale Welt [→ Sinn/sinnhaftes Handeln und der Aufbau der sozialen Welt]. Demzufolge muss das Individuum in seiner Identitätsarbeit die durch die Sozialisation vorgegebenen Schemata in der Schaffung eines Selbst bearbeiten bzw. integrieren.

Diesen Ausführungen folgend werden in dem Artikel Konzepte eines Herstellungs- und Konstruktionsprozesses von Identität hergeleitet. Die mögliche psychologische Perspektive auf Identität, deren Kernstücke das Selbstwertgefühl und das Selbstkonzept sind, die eine emotionale Aktivität, Bewertungs- und Reflexionsfähigkeit, Exzentrizität und Symbolisierungsfähigkeit, bewusste und unbewusste Prozesse der Selbstinterpretation voraussetzen, wie die Idee eines fest bestehenden Identitätskerns muss im Folgenden vernachlässigt werden.

2 Zentrale Erkenntnisse, Forschungsstand

Goffman (1967) und Mead (Interaktionismus) [→ IX Körper, Selbst und (Ich)-Identität] legen den Blick in der Frage nach der Konstruiertheit von Identität auf die Interaktion. Nach Mead kann die eigene Identität nur über die anderen angeeignet werden. Die Rollenübernahme ermöglicht ein Antizipieren an dem Verhalten der anderen und zugleich ein Instrumentalisieren des Subjektes seiner Selbst als Objekt der eigenen Reflexion. Die Identität als reflexives Moment wird in den Interaktionen, der wechselseitigen Anerkennung zwischen dem Individuum und den anderen, erzeugt. Meads Ansatz folgend differenziert Goffman zwischen sozialer, persönlicher und Ich-Identität, letztere wird in Interaktionen über Identitätsaufhänger (objektive Bedingungen) präsentiert und hergestellt. Beschädigungen der Identität werden durch Zuschreibungsprozesse der anderen in Interaktion erzeugt, indem auf Grund der Feststellung eines Makels über die Interaktion eine Stigmatisierung des Individuums mit dem Makel erfolgt. Dieser Makel zwingt die Stigmatisierten zu einer doppelten Anstrengung, sie müssen die Zuschreibung der anderen verarbeiten und gleichzeitig den anderen den Umgang mit ihnen erleichtern. Behinderung ist ein solcher Makel, so entstanden in Anlehnung an Goffmans Konzepte, die eine Kausalität herstellen zwischen einer Beeinträchtigung und einer behinderten Identität.

Erikson [→ Körper, Selbst und (Ich-)Identität] fragt nach den subjektiven Handlungsimpulsen, indem er ein stark psychosozial geprägtes Phasenmodell konzipiert. Die Stufen des Lebenszyklus geben den Rahmen der Identität vor (siehe Ansätze der Entwicklungspsychologie), in dem ein Bewusstsein von sich selbst aufgebaut werden muss. Dieses Bewusstsein, das Gefühl der Ich-Identität ist eine ‚subjektive Erfahrung‘ und der Antrieb für die Entwicklung des Individuums. Als solches schafft Identität Zukunftsperspektiven, die in einer sozialen, kollektiven Realität verankert sind, indem sie die psychosozialen Krisen des Lebenszyklus bewältigt. Diese Auseinandersetzung geschieht vor den Augen der anderen, sie sind zentral um Einheitlichkeit, Kohärenz und Kontinuität des eigenen Selbst herzustellen. (vgl. Erikson 1973). Nur so kann Identität als lebenslanger Prozess gelingen. Ein Nichtgelingen in Form bspw. einer Identitätsdiffusion oder Isolierung würde Erikson Menschen mit Behinderung zuschreiben. Ihnen fehlt das Identitätsgefühl und das Urvertrauen, welches sich bereits in früher Kindheit ausbildet und stabile Ich-Grenzen, wie auch eine Einheit des Selbst manifestiert als Institution [→ Behinderung/Institution]. In dessen Folge kommt es nach Erikson zu einer Identitätsdiffusion (eingeschränkte Beziehungsfähigkeit, keine Zeitperspektive und Verlust des Werksinns), d. h. es kann keine Identifikation mit sich selbst stattfinden und kein Vertrauen in die Blicke der anderen gelegt werden.

Krappmann (1988) greift sowohl auf das Konzept von Erikson als auch auf das von Goffman zurück. Er charakterisiert Identität als Strukturkategorie, als solche ermöglicht und sichert sie dem Individuum die Teilnahme an Interaktionen und besitzt Orientierungsfunktion für das Individuum. Das heißt, mit der Identität balanciert das Individuum sich und gesellschaftliche Normen aus, nicht nur indem es sich anpasst, sondern auch dadurch, dass es soziale Interaktionen umstrukturiert. Erst durch letzteres, durch Verschiebungen, durch Wahrnehmungen von Verschiedenartigkeit und durch Widersprüche wird die Identität bestimmt und nicht durch bzw. über bestimmte Inhalte.

Basierend auf den oben dargestellten Konzepten und unter Berücksichtigung der veränderten Bedingungen der Spätmoderne (eine enttraditionalisierte und fragmentierte Sozialwelt) formuliert Keupp ein reflexiv, sozialpsychologisches Konzept der Identitätskonstruktion, die ‚Patchwork-Identität'. Identität ist für ihn ein „subjektives Konstrukt", welches an der „Nahtstelle von Gesellschaft und Subjekt" (Keupp 2002, 9) erarbeitet werden muss. Über die Herstellung der Identität, die an psychische, soziale und materielle Ressourcen gebunden ist, schafft das Individuum selbstreflexiv ein Passungsverhältnis zwischen äußerer und innerer Welt. Die Verknüpfungsarbeit basiert auf dem Identitätsgefühl – einem Vertrauen auf sich selbst und erfolgt in Form von Konfliktaushandlung, Ressourcen- und Narrationsarbeit auf einer zeitlichen, einer lebensweltlichen (Arbeit/Freizeit/Rollen/Geschlecht) und einer inhaltlichen Dimension (Ähnlichkeiten/Differenzen) (vgl. Keupp 2002, 189) [→ IX Arbeit und Identitätsentwicklung]. Die Notwendigkeit für diese Identitätsarbeit und zugleich ihre Schwierigkeit besteht in dem durch die Moderne geprägten Widerspruch sich als sozial akzeptables Individuum zu präsentieren und zugleich unverwechselbar zu sein. Identität ist eine Handlungsaufgabe des Individuums, da sie eine Orientierung in dem „System von vernetzten, sich gegenseitig beeinflussenden Anforderungen, die im Wechselspiel von gesellschaftlichen Vorgaben, kollektiven und subjektiven Aneignungen definiert werden" (Keupp 2002, 223), schafft. Sie beantwortet nicht nur die Frage der Passung oder Nicht-Passung, sondern ermöglicht das Aushalten der bestehenden Spannungsverhältnisse zwischen Selbsterfahrungen/-krisen und Zukunftsperspektiven, dem Erreichten versus dem Erreichbaren. Keupp unterstreicht den Blick auf den Prozess der Identitätskonstruktion, bleibt jedoch trotzdem einer normativen Bestimmung von Identität (Kohärenz, Kontinuität etc.) verhaftet. Brüche in der Identität stellen für ihn eine Gefahr des Gelingens dar, so können Menschen mit Behinderung lediglich eine beschädigte Identitätsarbeit leisten.

Eine nicht direkt in der bisher dargestellten Linie entstandene Idee von Identität stammt von Bourdieu (1987/1993) und in dessen Modifizierung von Kaufmann (2005). Sie fragen nicht nach dem Gelingen von Identität, sondern danach, wie durch das Individuum soziale Strukturen reproduziert werden. Bourdieu entwickelt in seiner Theorie des sozialen Raumes das Konzept des Habitus [→ IX Habitus], den er als Instanz des praktischen Sinns (als handlungsleitend) charakterisiert. Der Habitus ist die einverleibte soziale Struktur. Er ist Teil des Körpers und wird über den Körper angeeignet. Er strukturiert ihn und er wirkt auf soziale Strukturen zurück, denn er fungiert als Ordnungsmechanismus für das Individuum [→ IX Entwicklung der Körperidentität]. Mit dem Habitus ist es möglich die Frage nach dem Sitz der Identität wie auch das Zurückbleiben eines Erklärungsansatzes hinter dem Dualismus von Leib/Körper und Seele zu überwinden.

Kaufmann folgt der Idee des Habitus von Bourdieu, jedoch erscheint ihm in Anbetracht der neuen Anforderungen der Moderne eine Neuformulierung des Konzeptes als notwendig. Der Habitus bleibt als das inkorporierte, unbewusste Schemata erhalten, muss aber von dem Individuum in einem kontinuierlichen Dialog zwischen der Gegenwart und der Vergangenheit in einer eigenen Geschichte konstruiert werden. Der Habitus kann demnach nicht mehr als alleiniges Erzeugungsinstrument des Selbst in der Moderne angesehen werden, da eine Definition des Selbst nicht nur über soziale Rollen möglich ist. Identität wird in die Pflicht genommen, den Sinn des Lebens herzustellen, indem sie eine Symbolwelt wie auch Verbindungen zwischen den Identifikationsphasen schafft. Auf diesem Wege kann sie den Mangel an Bedeutung von Institutionen beheben, eine Symbolwelt erschaffen, eine biografische Kontinuität gewährleisten, das Selbstwertgefühl aufwerten und so das Individuum handlungsfähig erhalten. Das Individuum schafft sich den eigenen Handlungsrahmen über die Identität, indem sie als Realitätsfilter oder Handlungssystem fungiert, der die Verhandlung zwischen Objektivität (soziale Reflexivität und Gedächtnis) und Subjektivität (subjektive Geschlossenheit: ein Ganzes zu sein mit

Blick auf sich selbst) ausbalanciert. Um dies leisten zu können stehen affektiv-kognitive Strukturen zur Verfügung, sie stellen Bedeutungsschablonen dar, die über das emotionale Gedächtnis geordnet werden. Trotz objektiver Bedingtheit bleibt Identität ein subjektives Konstrukt, welches Einheitlichkeit (biografische Kontinuität) und Einzigartigkeit herstellt. Um auf das identitäre Moment, welche die schwammige Unbeständigkeit des Individuums aushält, zu stoßen, muss der Verinnerlichungs- und Verhältnisbestimmungsprozess zwischen sozialem handlungsleitendem Gedächtnis und der subjektiven Selbstregulierung untersucht werden.

3 Ausblick

Für die Beantwortung der Frage nach der Identitäts(arbeit) bei Menschen mit Behinderung können normativ an dem Gelingen von Identität ausgerichtete Konzepte wie stark an der verbalen Sprachfähigkeit orientierte Ansätze nur bedingt weiterhelfen (Goffman, Erikson, Krappmann, Keupp). Ihr Verdienst ist es, dass der Blick auf Identität geöffnet wurde, nicht mehr von etwas naturgegebenen und abgeschlossenen ausgegangen wird, sondern dass es sich bei der Identität um einen alltäglichen lebenslangen Prozess handelt, in dem das Individuum über ein Wechselspiel mit der Umwelt und mit sich selbst den eigenen Platz in den sozialen Strukturen finden muss. Identität ist zum Teil über ein objektives Bedingungsgefüge geprägt, jedoch nicht bestimmt; dies ist die Aufgabe der subjektiven Kreativität. Auf Grund dieser notwendigen Verhandlung prägte Keupp den Begriff der Identitätsarbeit. Ein solches konstruktives Verständnis von Identität erklärt Konzepte von Identitätszuständen für hinfällig, wie es auch die Idee einer ‚disability identity‘ verwirft [→ III Erziehung des Menschen als Identitätsentwicklung].

Den disability studies [→ disability studies] folgend muss Identität als eine subjek-

tive Konstruktionsleistung ohne Anfang und Ende betrachtet werden. Es kann nicht von einer Behinderung auf eine disability identity geschlossen werden. Die Disability Studies schließen sich darin den Gender und Cultural Studies an, die von hybriden Identitäten ausgehen und fragen, wie diese vom Individuum verhandelt und geordnet werden (vgl. Dederich 2007). Mit diesem Ansatz und dem Bourdieus/Kaufmanns, dass soziale Strukturen die Identitätsarbeit bedingen, kann die kulturelle und sozio-ökonomische Bedingtheit von Behinderung als bedingendes Element der Identität [→ Behinderung als sozial- und kulturwissenschaftliche Kategorie] angemessen berücksichtigt werden.

Daran anknüpfend scheint es dringend notwendig, für weitere Analysen und Konzeptionalisierungen von Identität eine Verschmelzung von oben dargestellten sozialwissenschaftlichen (psychosozialen) Ansätzen mit dem Ansatz der Kulturhistorischen Schule anzustreben. Identitätsarbeit muss als alltägliches „Vollziehen eines psychischen Integrationsprozesses" (Bohleber 1997, 93) betrachtet werden. In der Frage nach der Identität müssen die intra- und interpsychischen Prozesse, die geleitet sind durch den erfahrenden Dialog und die erlebten Interaktionen, in ihrem Wechselverhältnis beleuchtet werden. Nur auf diesem Wege wird berücksichtigt, dass es sich bei der Identitätsarbeit um „einen lebenslangen dialektischen Prozess, bei dem Wahrnehmung und Veränderung des eigenen Selbst immer auf soziale Objekte bezogen und mit ihnen verklammert ist" (Bohleber 1997, 112), handelt. Mit einer solchen Betrachtung werden Begriffe wie Kohärenz und Kontinuität als Bestandteil der Identitätsarbeit inhaltlich gefüllt und Identität kann als Struktur- und Differenzbegriff konzeptionalisiert werden. Als solcher gibt er Aufschluss über Differenzierungs- und Konstruktionsprozesse entlang sozialer Ungleichheiten; entlang historischer wie auch individueller und kollektiver Bedingungsgefüge also über die Herstellung von Behinderung.

Literatur

Abels, Heinz (2006): Identität. Wiesbaden
Bourdieu, Pierre (1987): Die feinen Unterschiede. Frankfurt a. M.
Bourdieu, Pierre (1993): Sozialer Sinn. Frankfurt a. M.
Bohleber, Werner (1997): Zur Bedeutung der neueren Säuglingsforschung für die psychoanalytische Theorie der Identität. In: Keupp, Heiner & Höfer, Renate (Hrsg.): Identitätsarbeit heute. Frankfurt a. M., 93–118

Erikson, Erik (1973): Identität und Lebenszyklus. Frankfurt a. M.
Goffman, Erving (1967): Stigma. Frankfurt a. M.
Kaufmann, Jean-Claude (2005): Die Erfindung des Ich. Eine Theorie der Identität. Konstanz
Keupp, Heiner (et al.) (2002): Identitätskonstruktionen. Das Patchwork der Identitäten in der Spätmoderne. Reinbek bei Hamburg
Krappmann, Lothar (1988): Soziologische Dimensionen der Identität: strukturelle Bedingungen für die Teilnahme an Interaktionsprozessen. Stuttgart

Selbstbestimmung/Autonomie

Barbara Fornefeld

Seit Mitte der 1990er Jahre gelten Selbstbestimmung und Autonomie als Leitprinzipien der Behindertenhilfe, wobei in der Fachsprache keine klare Abgrenzung zwischen beiden Begriffen erfolgt, sie häufig synonym verwendet werden. Autonomie (vom griechischen *autonomia*, sich selbst Gesetz gebend, selbstständig) wird im Zusammenhang mit Unabhängigkeit, Selbstverwaltung und Entscheidungsfreiheit thematisiert. Das Verständnis von Selbstbestimmung wird aus der Beschreibung von Abhängigkeiten und Formen von Fremdbestimmung behinderter Menschen gewonnen. Selbstbestimmung ist nicht allein Ziel pädagogischer Bemühungen, sondern auch anthropologische Grundannahme.

Vor Inkrafttreten des Sozialgesetzbuches IX im Juli 2001, hatten sich Selbstbestimmung und Autonomie bereits zu Leitlinien der Behindertenpädagogik und Rehabilitation herausgebildet. Beeinflusst war das Autonomie- bzw. Selbstbestimmungskonzept der deutschen Behindertenpädagogik von der in den 1960er/1970er Jahren in den USA entstandenen ,Independent-Living‘-Bewegung [→ Behindertenbewegung], die die Vorstellungen von einem durch Unabhängigkeit gekennzeichneten, selbstbestimmten Leben von Menschen mit Behinderungen weltweit bekannt gemacht hat (vgl. Hahn 1999, 15). Anfang der 1980er Jahre begannen in Deutschland Frauen und Männer mit Behinderung „für ein Ende der institutionellen Unterbringung zu kämpfen, persönliche Assistenz selbst zu organisieren und Bürgerrechte einzufordern, mit einem Wort, Selbstbestimmung zu verwirklichen" (Waldschmidt 2003, 14). An dieser ,Selbstbestimmt-Leben-Bewegung‘ hatten Menschen mit geistiger Behinderung zunächst keinen Anteil. Erst durch den von der Bundesvereinigung Lebenshilfe 1994 in Duisburg veranstalteten Kongress „Ich weiß doch selbst, was ich will! Menschen mit geistiger Behinderung auf dem Weg zu mehr Selbstbestimmung", rückte auch diese Personengruppe in das behindertenpädagogische und -politische Blickfeld. Inzwischen wird sie durch die Selbsthilforganisation ,People First‘ vertreten.

Die Autonomie- und Selbstbestimmungsdiskussion wird heute im Kontext des Empowermentgedankens geführt (vgl. Theunissen 1997; Biewer 2000), wobei die semantischen Unterschiede nicht genug beachtet werden. Empowerment geht auf die Bürgerrechtsbewegung der afro-amerikanischen Bevölkerung in den 1950er Jahren in den USA zurück. Übersetzt wird der Begriff des Empowerments mit Selbstbefähigung, Selbstermächtigung oder Selbstbemächtigung im Sinne einer Aneignung politischer Macht. Demgegenüber ist Selbstbestimmung humanistisch-individualistisch geprägt.

Die behindertenpädagogische Reflexion interpretiert Selbstbestimmung heute anthropologisch, pädagogisch, ethisch und politisch. Inwieweit es sich bei dem Selbstbestimmungs- und Autonomiediskurs um einen Paradigmenwechsel handelt, ist strittig. Seit einigen Jahren ist das Leitprinzip Selbstbestimmung selbst in die Kritik geraten, weil sie zu einem Leitbegriff geworden ist, „mit dem sich erneut Ausgrenzungsstrategien in der postmodernen Gesellschaft rechtfertigen lassen" (Rösner 2002, 371).

1 Definition, Begriffs- und Gegenstandsgeschichte

„Selbstbestimmt und autonom zu sein, ist keine Wesenseigenschaft des Menschen, sondern eine tradierte Selbstbeschreibung des Menschen", sagt Stinkes (2000, 170). Sie sei in ihrer heutigen prononcierten Gestalt eine Erfindung, wobei meist vergessen würde, dass sie eine geschichtlich gewordene Idee ist. Die Begriffsgeschichte des Wortes *Selbstbestimmung* ist relativ jung, das heißt, der Wortteil ‚selbst' bildet sich erst im 18. Jahrhundert mit der Aufklärung und der frühen Moderne heraus. Er entwickelt sich vom Demonstrativpronomen zum eigenständigen Substantiv Selbst, mit dem das Individuum sein Ich oder seine Identität bezeichnet. Das Wort ‚Bestimmung' ist mehrdeutig. Es meint sowohl einen Befehl über etwas ausüben, als auch etwas benennen (im Sinne einer Klassifikation). Von seiner Wortgeschichte her verweist Selbstbestimmung auf ein einzelnes Wesen, das sich erkennt, indem es sich definiert und sich selbst gestaltet. Selbstbestimmung ist heute

ein zentraler Grundsatz der Menschenrechte. Art. 2, Abs. 1 des Grundgesetzes garantiert das Recht eines jeden Menschen „auf freie Entfaltung seiner Persönlichkeit, soweit er nicht die Rechte anderer verletzt und nicht gegen die verfassungsmäßige Ordnung oder das Sittengesetz verstößt". Mit dieser Formel versucht das Grundgesetz die Spannung zwischen individueller Autonomie und äußerer Bindung zu lösen.

Bis heute ist die Auffassung von Selbstbestimmung eng mit der Aufklärungsphilosophie und besonders mit Kants „Kritik der praktischen Vernunft" (1788) verbunden. Für Kant ist der vernünftige Wille die Voraussetzung dafür, dass der Mensch sein Handeln unabhängig von der ‚Sinnenwelt' (der unmittelbaren Anschauung) an rationalen Gesichtspunkten auszurichten vermag. Die Aufklärungsphilosophie des 18. Jahrhunderts schaffte die Basis für die moralische Vorstellung eines autonomen Subjektes. Die Pädagogik der Aufklärung (G. W. Leibniz, J. J. Rousseau) entwirft ein Verständnis von Bildung [→ III Erziehung und Bildung als private und als institutionelle Tätigkeit], dass sich gegen Beeinträchtigungen der freien Entfaltung des Menschseins richtet. Im ausklingenden 18. Jahrhundert wird dieser Gedanke im deutschen Humanismus (W. v. Humboldt) weiterentwickelt. Bildung wird als Freisetzung des Individuums zu sich selbst, also als Selbstbestimmung verstanden. Bildung ist nur durch Selbstbildung möglich. Die Verhinderung von Bildung wird zu einer Verletzung eines die Menschwerdung des Menschen verbürgenden Grundechtes. In der ‚Bildung als Selbstbestimmung' ist die ‚praktische Vernunft' von zentraler Bedeutung. Sie „zeichnet den Menschen allgemein aus und macht ihn zu einem rational handelnden Subjekt. In Gefahr gerät die Subjekthaftigkeit des Menschen dann, wenn er krank wird, eine dauernde gesundheitliche Beeinträchtigung erwirbt oder mit solcher geboren wird, wenn also die Abhängigkeit von der menschlichen Natur seine Existenz bestimmt. Denn als Kranker oder Behinderter ist der Mensch ein weniger vernünftiges, sondern eher ‚ein bedürftiges Wesen, sofern er zur Sinnenwelt gehört (Kant)‘" (Waldschmidt 2003, 15).

Für Kant erweist sich der Mensch nicht in seiner Krankheit als Subjekt, sondern indem er sich in ärztliche Behandlung begibt, also die Krankheit zu überwinden sucht. Die Aufklärungsphilosophie sieht den Kranken als grundsätzlich vernünftiges Wesen an, nicht so den psychisch kranken oder geistig behinderten Menschen. Sie gelten als die Unvernünftigen. Da man davon ausging, dass sie nicht rational handeln können, sprach man ihnen ihr Subjektsein ab. Die Selbstbestimmung der Unvernünftigen wurde somit in Frage gestellt. Der auf die Aufklärungsphilosophie zurückgehende Kerngedanke des Vernunftvermögens hat in Bezug auf die Bewertung und Einordnung von Menschen mit Behinderung und ihre Bildung zu einer fundamentalen Grenzziehung geführt. Diese zeigt sich auch in den heilpädagogischen Initiativen des 19. Jahrhunderts mit ihren Anstalts- und Schulgründungen.

„Zunächst wandte man sich den Blinden und Gehörlosen zu, da sie trotz ihrer Schädigung als vernunftbegabt galten und für eingliederungsfähig in den Arbeitsmarkt gehalten wurden; dagegen dauerte es bis ins 20. Jahrhundert bis geistig behinderte Kinder als bildungsfähig anerkannt wurden" (Waldschmidt 2003, 17).

Nach Selektion, Zwangssterilisation und Vernichtung während der Zeit des Nationalsozialismus entwickelte sich nach 1945 ein stark gegliedertes Versorgungssystem für Menschen mit Behinderung, in dem Betreuung, Versorgung und Erziehung im Vordergrund standen. Von Selbstbestimmung oder persönlicher Autonomie der behinderten Menschen war noch keine Rede. Erst Ende der 1970er Jahre vollzog sich in Orientierung an den internationalen behindertenpolitischen Modellen eine stärkere Hinwendung zum Individuum. Dieser Individualismus rückte die Bedarfe der Menschen mit Behinderung selbst ins Zentrum der fachlichen Diskussion. *Normalisierung, Integration* [→ V

Normalisierung, Integration, Lebensqualität], *Selbstbestimmung* und *Teilhabe* wurden zu verbindlichen Leitgedanken des Ausbaus und der Umgestaltung des Behindertensystems. Bereits 1979 hat Hahn auf dem Hintergrund einer Untersuchung zur sozialen Abhängigkeit von Menschen mit schwerer Behinderung das *Prinzip Entscheidenlassen* später *Autonomieprinzip* publiziert. „Es enthält den Appell, Menschen – auch mit schwerer geistiger Behinderung – selbst bestimmen zu lassen" (Hahn 1999, 16). Nach den ersten behindertenpädagogischen Appellen setze eine breite Selbstbestimmungsdiskussion ein, die anthropologisch, pädagogisch und behindertenpolitisch geführt wurde.

„In der anthropologischen Perspektive erscheint der Gedanke der reinen Selbstbestimmung des Subjekts eine einseitige Sichtweise zu sein. Die Abhängigkeit vom Anderen und die Notwendigkeit der Anerkennung durch den Anderen lässt den Menschen sowohl in einer angreifbaren als auch in einer durch Fremdeinflüsse maßgeblich gekennzeichnete Position erwachsen" (Moosecker 2004, 114).

In der pädagogischen Betrachtungsweise von Selbstbestimmung geht es darum, den Menschen mit Behinderung nicht länger zum Objekt pädagogischer Bemühungen zu machen, sondern ihn als Subjekt seiner eigenen Entwicklung zu erkennen. Mit der pädagogischen Fachdiskussion waren sozialpolitische Veränderungen verbunden, die zu mehr Anerkennung von Menschen mit Behinderung führten. Der Gedanke der Selbstbestimmung fand 2001 Eingang in die Sozialgesetzgebung. Im Sozialgesetzbuch IX wird der Begriff der ‚Selbstbestimmung‘ als Zwecksetzung sozialer Leistungen für Menschen mit Behinderung eingeführt. Hier heißt es in § 1: Selbstbestimmung und Teilhabe am Leben in der Gesellschaft: „Behinderte oder von Behinderung bedrohte Menschen erhalten Leistungen nach diesem Buch und den für die Rehabilitationsträger geltenden Leistungsgesetzen, um ihre Selbstbestimmung und gleichberechtigte Teilhabe am Leben in der Gesellschaft zu fördern, Benachteiligung zu vermeiden oder ihnen entgegenzuwirken. Dabei wird den besonderen Bedürfnissen behinderter und von Behinderung bedrohter Frauen und Kindern Rechnung getragen" (SGB IX – BGBl. I, 606).

Da die Leistungen aus öffentlichen Mitteln erbracht werden, sind die Rehabilitationsträger verpflichtet, Rechenschaft darüber abzulegen, wie die von ihnen verwendeten Gelder der Selbstbestimmung ihrer Klientel zugute kommen. Dies schlägt sich unter anderem in den Verfahren des Qualitätsmanagements, bei der individuellen Hilfeplanung und bei der Erfassung des Hilfebedarfs bzw. bei der Einstufung in Pflegestufen nieder. Die Historizität des Selbstbestimmungsgedankens zeigt für Stinkes, dass Selbstbestimmung nicht als anthropologische Konstante verstanden werden kann, "sondern als ein Postulat, das unter exakt angegebenen, politischen, ökonomischen, kulturellen und sozialen Bedingungen auszuformen und folglich unter genannten Bedingungen neu zu interpretieren ist. Stets war Selbstbestimmung eingebunden in Selbstbeschreibungsmuster der Menschen, die immer auch spezifische Techniken und Praktiken beinhalten, mit beeinträchtigten Menschen umzugehen" (Stinkes 2000, 173).

2 Aktueller Forschungsstand

Heute wird die Diskussion um Selbstbestimmung und Autonomie von Menschen mit Behinderung breit und unter Einbezug systemtheoretischer, konstruktivistischer, phänomenologischer, ethischer, soziologischer und kulturwissenschaftlicher Positionen geführt. Unterschiedliche Einschätzungen zur Selbstbestimmung, ob es sich um ein Paradigma, einen (Schlüssel-)Begriff, einen Gedanken, ein Leitbild, ein Orientierungsprinzip oder ein Phänomen handelt, beförderten eine Grundsatzdiskussion (vgl. Moosecker 2004, 108), auf die hier nur mit wenigen Beispielen verwiesen werden kann. Für Os-

bahr ist Selbstbestimmung „systemtheoretisch, eine Grundbedingung von Lebensprozessen *und*, sozialpolitisch, eine menschenrechtliche Forderung" (2000, 190). Demgegenüber sieht Theunissen (1997) im Gedanken der ‚Selbstbestimmung‘ ein Paradigma, das revolutionär und provokativ zugleich anmutet, während Thimm (1997) bedauert, dass Leitideen der 1980er Jahre wie Normalisierung und Integration inzwischen ‚out‘ seien und stattdessen das ‚Autonomieparadigma‘ Einzug gehalten habe (vgl. 1997, 222). Neben positiven Bewertungen von Selbstbestimmung als Errungenschaft der modernen Behindertenhilfe, mehren sich heute kritische Stimmen, die in der neoliberalen Moderne einen Zwang zur Selbstbestimmung sehen. Für Lindmeier reichen die bisherigen Begründungen um Selbstbestimmung noch nicht aus, um eine neue Leitidee und einen Paradigmenwechsel zu legitimieren (1999, 221). In der Selbstbestimmungsdebatte würde es in Verkennung des Konstitutionsverhältnisses von Freiheit und Selbstheit zu einer Verkürzung des Freiheitsbegriffs auf Wahl- und Willkürfreiheit kommen (ebd.). Stinkes diskutiert Selbstbestimmung im Kontext humaner Rechte eines Subjektes, das durch neoliberale Erwartungen an Grenzen seiner ökonomischen, sozialen und kulturellen Ressourcen stößt (vgl. 2000, 176). Durch die Übernahme ökonomischen Denkens in die Behindertenversorgung wird Selbstbestimmung und Autonomie zur Pflicht für Menschen mit Behinderung. Für Dederich ist Selbstbestimmung „ein Schlüsselbegriff in der gegenwärtigen Diskussion um die Zurückschneidung des Wohlfahrtstaates" (2001, 203). Angesichts der Verpflichtung zur Selbstbestimmung, als Verantwortung für sich selbst, ist aus ‚Selbstbestimmung durch Integration‘ der 1990er Jahre heute eine ‚Selbstbestimmung statt Integration‘ geworden. „Mit dem Appell an das selbstbestimmte Subjekt", so betont auch Rössner, „verabschiedet sich der bisherige Wohlfahrtstaat, um das Management von Lebensrisiken vermehrt auf das Individuum zu übertragen" (2002, 371) [→ VI Globalisierung, Deregulierung, Ökonomisierung]. Mit der Selbstbestimmung verbinden sich heute neue Selektionsstrategien und Exklusionspraktiken.

3 Ausblick

Selbstbestimmung und Autonomie bleiben für Menschen mit Behinderung nur dann eine Errungenschaft der Moderne, wenn sie nicht den ökonomischen Interessen von Sozialpolitik geopfert werden. In der gegenwärtigen Betonung von Selbstbestimmung wird übersehen, dass sie Gefahr läuft, „ein unangemessenes Bild vom Menschen zu entwerfen" (Dederich 2001, 202). Selbstbestimmung und Fremdbestimmung, Autonomie und Fremdzwänge bilden für Dederich „in der Alltagspraxis der Menschen ein kaum analytisch sauber auflösbares Geflecht" (ebd.). Darum muss die Diskussion um Selbstbestimmung immer auch anthropologisch geführt und mit einer ‚Ethik der Anerkennung' (vgl. Dederich 2001; Moosecker 2004) verbunden werden. Von hier aus lässt sich Selbstbestimmung im pädagogischen Kontext anders verstehen. Selbstbestimmung ist mehr als nur Artikulation oder Durchsetzung eigener Bedürfnisse, und Bildung ist mehr als die Befähigung zur Selbstartikulation. Selbstbestimmung gehört zum Wesen der Bildung eines Menschen. Bildung ergibt sich nicht allein aus der ‚praktischen Vernunft' des Menschen, sondern aus seinem Leibsein. In ihr hat auch die Selbstbestimmung ihren Ursprung. Selbstbestimmung und Bildung bedingen sich also wechselseitig. Darum ist Selbstbestimmung ein Leben lang Arbeit an sich selbst (vgl. Fornefeld 2000, 33).

Literatur

Biewer, Gottfried (2000): Pädagogische und philosophische Aspekte der Debatte über Selbstbestimmung von Menschen mit geistiger Behinderung. In: Zeitschrift für Heilpädagogik, 6, 240–244

Dederich, Markus (2001): Menschen mit Behinderung zwischen Ausschluss und Anerkennung. Bad-Heilbrunn

Fornefeld, Barbara (2000): Selbstbestimmung und Erziehung von Menschen mit Behinderung. In: Behinderte in Familie, Schule und Gesellschaft, 1, 27–34

Hahn, Martin (1999): Anthropologische Aspekte der Selbstbestimmung. In: Wilken, Etta & Vahsen, Friedhelm (Hrsg.): Sonderpädagogik und soziale Arbeit. Neuwied, 14–30

Lindmeier, Christian (1999): Selbstbestimmung als Orientierungsprinzip der Erziehung und Bildung. In: Sonderpädagogik, 29, 74–90

Moosecker, Jürgen (2004): ‚Selbstbestimmung' in anthropologischem und pädagogischem Blickwinkel. In: Sonderpädagogik, 34, 2, 107–117

Osbahr, Stefan (2000): Selbstbestimmtes Leben von Menschen mit einer geistigen Behinderung. Luzern

Rösner, Hans-Uwe (2002): Jenseits normalisierender Anerkennung. Frankfurt a. M.

Stinkes, Ursula (2000): Selbstbestimmung – Vorüberlegungen zur Kritik einer modernen Idee. In: Bundschuh, Konrad (Hrsg.): Wahrnehmen, Verstehen, Handeln. Bad Heilbrunn, 169–193

Theunissen, Georg (1997): Empowerment – Paradigmenwechsel in der Behindertenhilfe. In: Behinderte in Familie, Schule und Gesellschaft, 20, 55–62

Thimm, Walter (1997): Kritische Anmerkungen zur Selbstbestimmungsdiskussion in der Behindertenhilfe. In: Zeitschrift für Heilpädagogik, 48, 55–62

Waldschmidt, Anne (2003): Selbstbestimmung als behindertenpolitisches Paradigma – Perspektiven des Disability Studies. In: Aus Politik und Zeitgeschichte, B8/2003, 13–20

Isolation

André Frank Zimpel

Isolation ist die Bezeichnung für ein kybernetisches Modell [→ I Kybernetik], das für grundlegende Bedrohungen der Interaktionen eines Individuums mit seiner Umwelt sensibilisiert. Es beschäftigt sich mit Bedingungen, die den Austausch zwischen Umwelt und Individuum existenziell gefährden. Jantzen (1987) entwickelte ein Isolationsmodell, das die wesentlichen Prozesse beschreibt, die eine Behinderung determinieren. Sein Isolationsbegriff geht von der These aus, dass unterschiedliche Isolationsformen gleiche Wirkungen haben können und dass umgekehrt gleiche Isolationsformen unterschiedliche Wirkungen zeigen können. Aus tätigkeitstheoretischer Sicht skizziert sein Modell Wege, wie Behinderung in dialogischen Kooperationsbeziehungen überwunden werden kann [→ Isolation und Partizipation].

Isolierende Bedingungen sind keine Eigenschaften, die einer Person in irgendeiner Form anhaften. Blindheit, Gehörlosigkeit und Spasmen sind an sich keine isolierenden Bedingungen. Dazu werden sie immer erst dann, wenn sie zum Anlass genommen werden, das Individuum in seinem Austausch mit seiner Umwelt zu behindern. Isolation liegt auch dann vor, wenn einem Menschen die notwendige Unterstützung und Orientierung vorenthalten wird, wenn ihm beispielsweise Braille-Schrift, Gebärdensprache oder Delta-Talker verwehrt wird. Den Teufelskreis der Isolation zu durchbrechen, bedeutet auch, Lebensverhältnisse, Bildungsangebote, Selbst- und Mitbestimmung den individuellen Möglichkeiten anzupassen.

Die Experimente des amerikanischen Neurophysiologen Lilly (1996) gaben der Isolationsforschung in den 1950ern neuen Auftrieb: In einem so genannten Isolationstank liegen Menschen abgeschirmt von Licht und Geräuschen aller Art in konzentriertem Salzwasser. Die Temperatur von 34,5 Grad Celsius entspricht in etwa der Hautaußentemperatur. Die Dichte des Wassers, angereichert mit Magnesiumsulfat, ist so weit erhöht, dass die Menschen in dieser Salzlösung schweben. Anfangs schwindet das Gefühl für die eigene Körpergrenze und die meditative Ruhe wird als angenehm empfunden. Nach einiger Zeit treten jedoch Halluzinationen auf, die allmählich immer beängstigendere und realistischere Formen annehmen.

Sensorische Deprivation durch Isolation ist auch eine Foltermethode, zum Beispiel bei Verhören. Der Mangel an Wahrnehmungen, mitmenschlichen Kontakten und emotionaler Zuwendung führt bei Folteropfern zu schweren Denk- und Persönlichkeitsstörungen.

Ein weiteres Beispiel ist die Geiselnahme: Anfangs erleben Geiseln die Isolation als Schock. Es folgen Widerstandsversuche gegen die Geiselnehmer. Wird die Sinnlosigkeit des Widerstandes erlebt, folgen Selbstvorwürfe und Autoaggressionen bis zur Resignation. Diese Erschöpfungszustände können auch nach der Befreiung schubweise immer wieder auftreten.

Aus der Autismusforschung ist die Überstimulierung (Reizüberflutung oder sensory overload) bekannt. Sie ist aber auch ein allgemein menschliches Problem. Typische Reaktionen auf Reizüberflutung sind schnelle Ermüdung, Gereiztheit und Aggressivität. Langzeitfolgen sind Halluzinationen [→ X Psychosen], Orientierungsverlust [→ VII Orientierung und Orientierungsgrundlage], Hyperaktivität [→ VII Das Problem der Hyperaktivität] und Konzentrationsstörungen [→ VII Das Aufmerksamkeitsdefizitsyndrom].

Auch Ergebnisse der Schizophrenieforschung nimmt Jantzen in seine Isolationstheorie auf. Diese Ergebnisse gehen im Wesentlichen auf die Doppelbindungstheorie von

Bateson (1996) zurück. Diese Theorie wurde im Zusammenhang mit der Erforschung familiärer Kommunikationsstrukturen bei schizophrenen Erkrankungen entwickelt. Eine Doppelbindung beruht auf paradoxen Nachrichten. Sie verunmöglichen eine Wahl, weil sie nur Scheinalternativen anbieten: „Wasch mich, aber mach mich nicht nass!" „Sei selbstbestimmt!" „Hilf allen, die sich nicht selbst helfen!" „Glaube mir nie, denn ich lüge immer!" „Lies diesen Satz auf gar keinen Fall!"

Besteht ein Abhängigkeitsverhältnis, kann es sein, dass es keine Möglichkeit gibt, einer paradoxen Aufforderung auszuweichen. Formal ist eine Doppelbindung (double-bind) immer dann gegeben, wenn eine Person zwei sich widersprechende Befehle erfüllen muss, keinen dieser Befehle ignorieren darf und die Widersprüchlichkeit dieser Befehle nicht kommunizieren kann oder darf. Eine solche Zwangssituation oder ‚Zwickmühle' entspricht auch dann einer isolierenden Bedingung, wenn sie zwar logisch nicht paradox ist, aber subjektiv als paradox erlebt wird.

Jantzens Modell baut auf diesen drei wesentlichen isolierenden Bedingungen auf: Überstimulation, sensorische Deprivation und widersprüchliche Information (Abbildung 1).

Alle drei Parameter der Isolation beziehen sich auf Information. Neben Energie und Materie ist Information der fundamentalste Begriff der zeitgenössischen Wissenschaft. Die Teufelskreise einer immer umfangreicheren inneren Reproduktion isolierender Bedingungen zeigen den engen Zusammenhang zwischen Information und Emotion. Dieser Zusammenhang wird von Jantzen in seiner Tätigkeitstheorie differenziert entwickelt und anhand der Forschungsbefunde zur Isolation diskutiert (Jantzen 1979).

Als Quellen der Isolation führt Jantzen folgende Bereiche an (siehe auch Abbildung 2):

1. Wahrnehmungsstörungen, die sowohl die Sinnesorgane als auch unbewusste sensorische Prozesse im Gehirn betreffen können, lokalisiert zum Beispiel im Stammhirn, im Thalamus oder den primären Arealen des Cortex.
2. Zentrale Störungen höherer Zentren. Gemeint sind zum Beispiel bewusste oder bewusstseinsfähige emotionale Koordinationen im Limbischen System, Prozesse der Informationsaufnahme, -verarbeitung und -speicherung im parieto-temporo-occipitalen Hirnarealen sowie Planungs-, Inten-

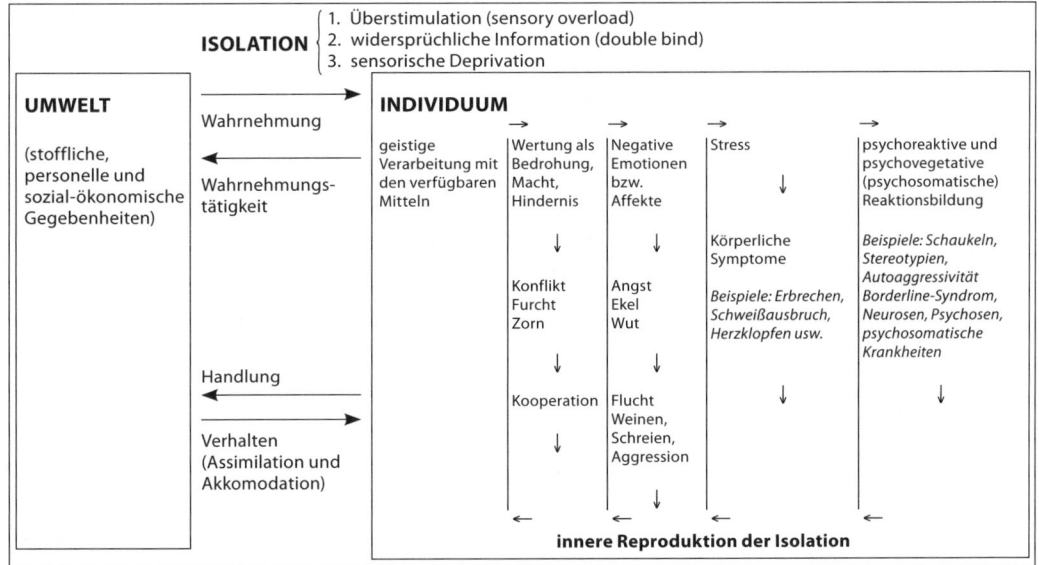

Abb. 1: Auswirkungen isolierender Bedingungen auf die Persönlichkeitsentwicklung (nach Jantzen 1987, 284)

tions- und Verifikationsvorgänge im Frontalhirn.

3. Motorische Störungen lokalisiert zum Beispiel in den Basalganglien, im peripheren sensomotorischen Nervensystem, in den Muskeln oder im Skelett.

4. Inadäquate Objekte, Maschinen und menschliche Beziehungen. Beispiel: Bedeutungszusammenhänge werden zugunsten mechanischer Wirkungszusammenhänge nicht kommuniziert, heruntergespielt oder unterdrückt.

5. Toxische, infektiöse und traumatische Störungen, die unmittelbar die physische Reproduktion des Organismus betreffen.

Diese systemische Sichtweise ermöglicht ein ganzheitliches Verständnis von Isolation: Das harmonische Zusammenspiel zwischen Subjekt, Tätigkeit und Objekt wird unter isolierenden Bedingungen empfindlich gestört. Aus dieser Perspektive ist es einsichtig, dass isolierende Bedingungen auf verschiedenen Niveaustufen der Persönlichkeitsentwicklung unterschiedliche Auswirkungen haben können.

Je weniger die innere Position einer Persönlichkeit gefestigt ist, umso geringer ist ihre Widerstandskraft gegen isolierende Bedingungen. Konnte sich die innere Position eines Menschen nicht in befriedigenden zwischenmenschlichen Interaktionen festigen und sind

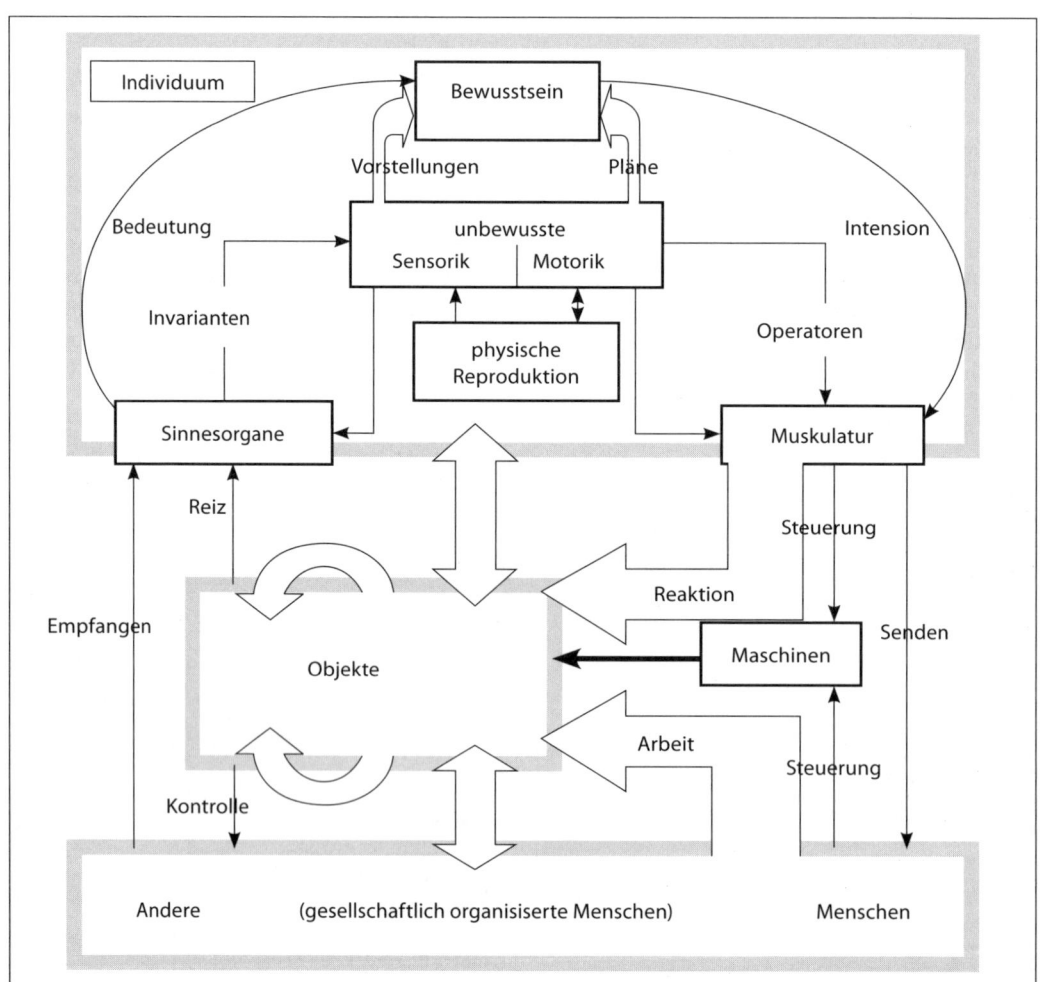

Abb. 2: Kybernetisches Schema möglicher Quellen der Isolation (frei nach Jantzen 1987, 282)

Kooperationsmöglichkeiten in einer isolierenden Situation nicht gegeben, passt sich die betroffene Person allmählich an die isolierenden Bedingungen an. Isolationskrisen können massive strukturelle Umbildungen einer Persönlichkeit bewirken.

Der Kern psychopathologischer Prozesse bei Anpassung an isolierende Bedingungen ist die Stereotypentwicklung. Diese Entwicklung beruht auf dem Auseinanderfallen von Sinn und Bedeutung:

Stereotypien auf der Ebene des biologischen Sinns entwickeln sich bei Säuglingen im Alter bis zu zirka vier Monaten. Bei ihnen dominiert die Wahrnehmungstätigkeit. Unter isolierenden Bedingungen entwickeln sie motorische Stereotypien.

Stereotypien auf der Ebene des individuellen Sinns (4.–12. Monat sowie 1. bis 3. Lebensjahr) sind Autoaggressionen, Aggressionen gegen Sachen und gegen Personen sowie Psychopathien und das Borderline-Syndrom. Sie entwickeln sich unter der Dominanz manipulierender und gegenständlicher Tätigkeiten unter den Bedingungen von Hospitalismus, Ich-Lücken und Störungen des Ich-Aufbaus infolge von Störungen der Kooperation mit Bezugspersonen oder infolge ihrer völligen Abwesenheit.

Stereotypien auf der Ebene des persönlichen Sinns sind Neurosen, Schizophrenie und Depressionen. Sie entwickeln sich unter isolierenden Bedingungen während der Dominanz von Spiel, schulischem Lernen und Arbeit ab dem dritten Lebensjahr.

Zusammenfassend kann festgestellt werden: Das besondere Verdienst der Isolationstheorie ist die Beantwortung von drei Grundfragen der Allgemeinen Behindertenpädagogik:

1. Wie lässt sich Verhalten, das als behindert wahrgenommen wird, als eine Wechselwirkung von Person und Umwelt erklären?
2. Wie lässt sich eine kybernetische Sichtweise für die Behindertenpädagogik produktiv machen?
3. Wie lässt sich eine Ontologisierung von Behinderung konsequent vermeiden?

Der Gestalt- und Strukturpsychologe Lewin forderte schon 1935, die isolierte Betrachtung des Individuums aufzugeben. Stattdessen sollte die Wissenschaft ihre Aufmerksamkeit auf die Wechselwirkungen zwischen Individuum und Umwelt lenken. Dieser Forderung Lewins (1982, 66) trägt im Rahmen der Behindertenpädagogik die Isolationstheorie im hervorragenden Maße Rechnung.

Lewin, der als Teilnehmer an den Macy-Konferenzen [→ I Kybernetik] maßgeblich an der Entwicklung der Kybernetik mitwirkte, konnte diese kybernetische Sichtweise leider nicht mehr in seine dynamische Feldtheorie einfügen. Jantzens Isolationsbegriff, der behindernde Bedingungen des Austauschs zwischen Individuum und Umwelt untersucht, ist in seinen Wurzeln dialektisch. Aber er geht auch einen wesentlichen Schritt über die Dialektik hinaus: Es postuliert nicht nur dialektische Wechselwirkungen, sondern er deckt mit Hilfe kybernetischer Modelle Mechanismen auf, die diesen Wechselwirkungen zugrunde liegen.

Jantzens Konkretisierung der kulturhistorischen Theorie von Wygotski, Galperin, Leont'ev u.a. ermöglicht ihm eine Überwindung der bis dahin in der Allgemeinen Behindertenpädagogik [→ I Allgemeine Behindertenpädagogik] vorherrschenden ontologischen Wertbegriffe. Seine prozess-, entwicklungs- und interaktionsorientierte Sichtweise nimmt dem Begriff der Behinderung seinen fatalistischen Charakter. Behinderung erweist sich aus dieser Perspektive sowohl als eine gesamtgesellschaftliche als auch als eine pädagogisch-therapeutische Herausforderung.

Literatur

Bateson, Gregory, Jackson, Don D., Haley, Jay & Weakland, John W. (1996): Auf dem Weg zu einer Schizophrenie-Theorie. In: Bateson, Gregory et al.: Schizophrenie und Familie. 5. Auflage, Frankfurt a. M., 11–43

Jantzen, Wolfgang (1979): Grundriss einer allgemeinen Psychopathologie und Psychotherapie. Köln

Jantzen, Wolfgang (1987): Allgemeine Behinderten-
    pädagogik. Band 1: Sozialwissenschaftliche und
    psychologische Grundlagen. Weinheim
Lewin, Kurt (1982): Formalisierung und Fortschritt
    in der Psychologie. In: Graumann, Carl-Friedrich

(Hrsg.): Kurt Lewin Werkausgabe. Band 4: Feld-
    theorie. Bern, 41–72
Lilly, John C. (1996): Tanks for the Memories. Floata-
    tion Tank Talks. Nevada

Bindung

Bodo Frank

1 Begriffsklärung und Gegen-standsgeschichte: Bindung, Attachment, Belonging

Das Phänomen der Bindung ist auf verschie-denen Ebenen zu betrachten. Um zu verste-hen, was „Bindung" erzeugt und durch welche Gegebenheiten sie einen weniger günstigen Verlauf nimmt, bis hin zur unsicheren Bin-dungskonfiguration vom Typ D, des desori-entierten/desorganisierten Bindungsmusters (zur neurobiologischen Ebene vgl. insbeson-dere Schore 2001, 2002, 2003a/b sowie Ains-worth et al. 1978, Fonagy 2005) ist es nötig, auf soziale, entwicklungspsychologische als auch neurobiologische Bezüge und Aspekte einzugehen. Einige neuere Ergebnisse in der Säuglingsforschung zeigen, dass das Vorhan-densein von Hirnstrukturen, die spätestens von Geburt an eine komplexe mimetische Be-ziehung und Bindung an eine/die primäre Be-zugsbezugsperson sichern, die bisherige und weitere Forschungen zur Bindungstheorie be-einflusst.

Die Bindungstheorie hat ihre Wurzeln u. a. in den Pionierarbeiten von Bowlby (1958, 1969, 1973, 1977, 1989), Ainsworth (1978), Klein (1932) und Robertson (Robertson 1970, Robertson & Bowlby 1952). Das eng mit Anna Freud zusammenarbeitende Ehepaar Robert-son beschäftigte sich u. a. mit dem Phänomen der psychischen Hospitalisierung: Bei der Trennung von den Müttern gingen die unter-

suchten Kleinkinder von der Phase des Pro-testes (Schreien, Unruhe, Erregung) über die Phase der Verzweiflung (Resignation bis Zu-stand depressiver Passivität) in die Phase der Verleugnung über (Verdrängung des Verlan-gens nach der Mutter, Wiedererkennen und Freude über Wiedererscheinen der Mutter dauern einige Zeit).

Mary Ainsworth, die in den 1960er Jahren bei Bowlby an den Tavistock-Kliniken arbei-tete, hat anhand von Testsituationen drei ty-pische Verhaltens- und Bindungsmuster be-obachtet, die später für Kinder, die über keine konsistente Bindungsstrategie verfügen und zu einem sehr großen Teil Misshandlungen ausgesetzt waren, durch eine vierte Kategorie ergänzt wurden:

- Typ B – Sichere Bindung: Angemessene Regulation von Distanz und Nähe zu Be-zugspersonen [→ VII Bindung und Sicher-heit],
- Typ A – Unsicher vermeidende Bindung: Auffälliges Kontakt-Vermeidungsverhal-ten, Beschäftigung primär mit Spielzeug im Sinne einer Stress-Kompensationsstra-tegie; wirken in der Testsituation bei Weg-gang der Mutter nach außen ruhig, stehen physiologisch nachweisbar unter Stress
- Typ C – unsicher-ambivalente Bindung: ge-kennzeichnet durch widersprüchlich-an-hängliches Verhalten. In der Testsituation wechseln sich bei Wiederkehr der Mutter anklammerndes und aggressiv-abweisen-des Verhalten einander ab.

- Typ D – Desorganisierte Bindung: Kinder mit diesem Bindungsmuster zeigen ein deutliches desorientiertes, auf keine Bezugsperson bezogenes Verhalten (vgl. Spangler & Grossmann 1993, Ainsworth 1978, Fonagy 2005).

Allan Schore, der umfangreiches neurowissenschaftliches Material zu Bindungstheorie und Neuropsychoanalyse zusammengetragen hat (Schore 2003, 2004) und als „American Bowlby" bezeichnet wird, verweist hinsichtlich des „type-D-attachments" als „desorganised/desoriented attachment pattern" auf die besondere Bedeutung des sozialen Umfeldes für die Struktur der je möglichen Bindungskonfiguration und spricht bei sozial ungünstigen Voraussetzungen (Misshandlungen, Vernachlässigung u. a. m.) von einer „intergenerational transmission of relational trauma", d. h. von ungünstigen, sozial bedingten Bindungsmustern über Generationen in einer Familie z. B. hinweg (vgl. Schore 2001, 2002, Pollak & Sinha 2002, Pollak & Kistler 2002, Beebe & Lachmann 2004). Schore verweist mehrfach und unterschiedlich darauf, dass schon früh in der Ausbildung psychischer Prozesse und der Bindung an den „primary caregiver" hinsichtlich neurochemischer und neurophysiologischer Regulationsmechanismen und hinsichtlich der Prozesse im Gehirn des Kindes wie dem der Mutter beide Gehirne wie eine biologische Einheit wirken. Um diesen Umstand adäquat zu beschreiben, verweist Schore auf die Notwendigkeit einer Systemanalyse im Sinne einer „multi-level-analysis" (Schore 1995), in welcher neurobiologische, psychologische, psychoanalytische, soziologische und semiotische Momente und Aspekte berücksichtigt werden müssen (Schore 2003a, Basch 1995). Insbesondere in Richtung einer Systemtheorie sozialer und psychischer Prozesse (vgl. Luhmann 1987), im Hinblick auf die systeminterne Reziprozität sozialer und psychischer Systeme (Edelman & Tononi 2000) sowie im Sinne eines dynamischen systemtheoretischen Ansatzes (Granic et al. 2007, Hollenstein et al. 2004 sowie Thelen et al. 1987) ist diese Art der Analyse unverzichtbar. Dies gilt insbesondere dann, will man bei komplexen Ursachen persistierender, nichtgelingender bzw. unsicherer Bindung vom Typ D bzw. von Bindungskonfigurationen, die im Fall so genannter „geistiger Behinderung" oder Autismus ins Spiel kommen, systematisch und konsistent verändernd eingreifen (Field 2001, Meltzhoff 2002, Frank 2003, Thatcher 1996).

Kennzeichnend für den bindungstheoretischen Ansatz nach Bowlby ist, dass das Bindungsgeschehen ausschließlich in Kategorien der psychischen und physiologischen Absicherung des Säuglings bzw. Kleinkindes beschrieben und untersucht wurde. Wesentliche Aspekte der Beziehung zwischen Mutter und Kind bzw. Begleiter und Kind kommen insbesondere durch neuere Untersuchungen mithilfe von Mikrosequenzanalyse der Entwicklung (Gratier 2003, Gratier & Apter-Danon 2008, Trevarthen 2001, 2006, Trevarthen & Aitken 2001, Nagy & Molnar 2004) sowie der neurobiologischen Grundlagen bzw. Voraussetzungen der Mutter-Kind-Dyade zum Vorschein.

Daniel Stern (2003) unterscheidet verschiedene Stufen dieses Selbstempfindens zwischen dem zweiten bis fünfzehnten Monat und beschreibt die Übergänge zwischen einem auftauchendem Selbst, Kern-Selbst, einem subjektiven Selbst und einem verbalen Selbst. Die enge Dyade ist hier Voraussetzung für ein exploratives, probierendes Selbst und beschränkt sich nicht auf psychische und physiologische Absicherung. Von anderen Säuglingsforschern mit einer mehr klinisch-medizinischen Orientierung hebt sich Stern durch die Annahme der Entstehung bzw. des Vorhandenseins eines wie auch immer rudimentären Selbstempfindens direkt nach der Geburt ab, eine Annahme, die durch eine wachsende Zahl neuerer Untersuchungen gestützt wird.

2 Stand der Forschung

a) Phasen der Intersubjektivität: Grundprozesse für die Gestalt der Bindung zwischen Mutter und Kind – Ergebnisse der Kleinkindforschung mittels Mikrosequenzanalysen

Trevarthen unterscheidet hinsichtlich der Entwicklung in den ersten Lebensmonaten zwischen primärer und sekundärer Intersubjektivität (vgl. Trevarthen 1999a, 2006, 2009, Trevarthen & Aitken 2001, Trevarthen et al. 2006):

In der Phase der primären Intersubjektivität (von Geburt bis 3. Lebensmonat) justieren sich Schlafregulation, Nahrungsaufnahme/Stillen und Atmung, angeborenes „Pre-Reaching". Schon in dieser frühen Phase wird der Gesichtsausdruck der Mutter imitiert. Meltzoff berichtet von Säuglingen, die bereits 18 Stunden nach der Geburt durch Imitation des Gesichtsausdruckes in mimetischen Kontakt mit der Mutter treten (vgl. u. a. Meltzoff 2002). Der enge wechselseitige, affektiv-emotionale Austausch mit der Mutter schafft die psychischen Grundlagen für einen dann komplexer werdenden vorsprachlichen Austausch im Sinne einer Proto-Konversation, einer Phase coenästhetischer Regulation des Selbst, in welcher sich der erste Organisator des Psychischen nach René Spitz, von ihm als Lächelreaktion gekennzeichnet, um den dritten Lebensmonat ausbildet (Spitz 1972, 1974). Trevarthen bezeichnet diese frühe Phase der physiologischen und psychischen Regulation als amphoteronomische Regulation, ein Begriff für die gekoppelte physiologische Kontrolle zwischen Mutter und Kind.

Eine Videoanalyse durch Gunilla Preisler (vgl. Trevarthen 2009) [→ VIII Intersubjektive Kommunikation] zeigt, wie ein fünf Monate altes Mädchen die rhythmische Struktur des Interaktionsangebotes der Mutter antizipiert, ohne je etwas gesehen zu haben, es ist von Geburt an blind (Trevarthen 1999b, 2009). Eine Mikrosequenzanalyse legt dar, dass die Bewegungen der Hände des Mädchens dem Tonhöhenwechsel im Singen der Mutter um 300 ms vorweg eilen. Demnach liegt eine enge sympathetische Bindung zwischen beiden vor, wobei Rhythmizität und zeitliche Struktur der Interaktionen eine wichtige Rolle spielen. Trevarthen verweist neben der vorgeburtlichen Ausbildung einer „Intrinsic Motive Formation" (IMF), die mithilfe des „Emotional Motor Systems" (EMS) das frühe Bindungsgeschehen motorisch absichert, auf die Existenz eines „Intrinsic Motive Pulse" (IMP), eines angeborenen, auf rhythmische „Kopplung" mit bestimmter zeitlicher Struktur an die primäre Bindungsperson gerichteten neuronalen Geschehens (Trevarthen 1999b). Er bezeichnet diese Phase der Körperspiele und rhythmischen Interaktionen, in denen Interessen durch Koordinierung von Blickrichtung, Stimme und Gestik wechselseitig reguliert werden, als synrhythmische Regulation (Trevarthen 2006, 2009).

Es folgt die Stufe der sekundären Intersubjektivität um den 9. Monat. Sie stellt eine Integration gestischer und mimetischer Fähigkeit hinsichtlich „Person-Person-Awareness" und kooperativer Intersubjektivität in Spielen und Interaktionen mit Objekten zusammen mit anderen Personen dar. Spitz hat in seinen klinischen Arbeiten die sogenannte „Acht-Monats-Angst" als Ausdruck eines Übergangs und neuen Organisators (2. Organisator) des Psychischen identifiziert. Die möglichen interaktiven Beziehungen zu anderen, fremden Personen als auch die Kooperation in gemeinsamen Aktivitäten tritt in ein neues Stadium. Es entfaltet sich eine Proto-Sprache, die dann zur unmittelbaren Nachahmung von Worten und somit dann später zur symbolischen Regulation psychischer und physiologischer Bedürfnisse führt (vgl. Trevarthen 2009, Frank 2009) [→ VIII Dialogaufbau]. Die Entwicklung von einer amphoteronomischen über synrhythmische zur symbolischen Regulation wäre nach Spitz'scher Terminologie äquivalent der Entwicklung von der coenästhetischen zur diakritischen Organisation des Selbst, deren dritter psychischer Organisator sich nach Spitz mit dem Gebrauch der semantischen Nein-Geste offenbart.

Die Art und Weise und die rhythmische Qualität in der interaktiven Beziehung zwischen Mutter und Kind sind es, die letztlich Art und Qualität, den Verlauf der Bindung und der Bindungsprozesse bestimmen. Es ist vor allem die zeitliche Struktur der mimetischen und gestischen Interaktionen zwischen Mutter und Kind, von der es abhängt, ob die jeweilige Interaktion momenthaft zu positiven affektiv-emotionalen Zuständen führt (zu einer Konsolidierung der Bindungskonfiguration vom Typ B) oder zu negativen affektiv-emotionalen Zuständen, zu Vermeidungsverhalten und Rückzug, die zu den Bindungskonfiguration vom Typ A und, wenn persistierend und unaufgelöst, ohne Rückgewinnung der Bindung, zu den Bindungskonfigurationen C und letztlich D führen können.

Die Bedeutung dieser zeitlichen Struktur der mimetisch-gestischen Interaktionen wird durch das DTV-Experiment (double-video-link Experiment) von Murray (Murray & Trevarthen 1985, 1986) hervorgehoben. Hier sehen sich Mutter und Kind (Alter um acht Wochen) nur vermittelt über eine Videoanlage und treten in eine positiv verlaufende mimetisch-gestische Interaktion. Die Interaktion wird aufgezeichnet und nach wenigen Minuten der bisherige Interaktionsverlauf in die Anlage zurückgespeist, d.h., das Kleinkind sieht nun zwar weiterhin das Interaktionsangebot der Mutter, aber in seinem zeitlichen Verlauf nicht mehr der je momentan eigenen Gestik und Mimik angepasst. Nach sehr kurzer Zeit (90 Sekunden im hier beschriebenen Fall) verliert das Kind das Interesse, reibt die Hände aneinander, zeigt negative Emotionen wendet den Blick ab und zeigt Vermeidungsverhalten: die Interaktion stimmt nicht mehr (vgl. Murray & Trevarthen 1985, 1986, Trevarthen 2001, 2009).

Edward Tronick bezeichnet den auf Wahrnehmung und gegenseitiges Gewahrwerden bezogenen Anteil als „dyadic states of consciousness" (Tronick 2005) und verweist u.a. auf die energetische Struktur der Interaktionen hinsichtlich der affektiv-emotionalen Anteile, die schon durch Veränderungen im Sekundenbruchteil bei der Qualität der Zuwendung, die also nur minimal abweichen muss, einen völlig anderen, z.B. negativen Verlauf nehmen kann.

b) Vom imitierenden zum provozierenden, Gesten bei anderen stimulierenden Säugling

Emese Nagy hebt hervor, dass die Frage, ob ein Säugling ausschließlich über beginnend psychische Repräsentationen verfügt, die ihn nur zur Imitation, also zur mimetisch-gestischen Nachahmung befähigen oder über solche, die Gesten im Sinne der Stimulation von Gesten bei einer anderen Person provozieren, sehr entscheidend ist. Denn ihre Bejahung würde die Annahmen über den Charakter der Qualität der psychischen Repräsentation beim Säugling sehr stark verändern und wäre für die Modellierung und Modifizierung aktueller bindungstheoretischer Ansätze und Erläuterungen von immenser Bedeutung; Jede Art Reduktion auf ein Reiz-Reaktionsschema würde erneut obsolet.

In ihren Untersuchungen korreliert Nagy u.a. das Timing gestischer Interaktionen mit der Herzfrequenzrate, wobei sich auf Basis der physiologischen Erregung des vegetativen Nervensystems Rückschlüsse auf den Charakter der beobachteten Interaktionen ziehen lassen (vgl. Nagy & Molnar 2004, Trevarthen et al. 2006).

Die zeitliche Struktur in der Abfolge der Gesten zeigt, dass Neugeborene schon wenige Stunden nach der Geburt Gesten initiieren, im Gegenüber hervorrufen bzw. stimulieren.

Kinder, die von Geburt an blind sind, sind zu komplexem emotionalem Ausdruck fähig. Dies verweist darauf, dass sich ein emotionaler Ausdruck entwickeln kann, ohne dass zuvor ein solcher wahrgenommen wird, er also auf angeborene Hirnstrukturen zurückgeht: Neugeborene, die gerade 36 Stunden alt sind, sind fähig, einen emotionalen Gesichtsausdruck von Freude, Traurigkeit und Überraschung zu imitieren, wenn diese von einem Akteur gezielt gezeigt werden (vgl. Nagy &

Molnar 2004). Es liegt also weit mehr an psychischem Vermögen vor, als die klassische Bindungstheorie annimmt: Nicht physiologische Absicherung allein ist für die Bindungsqualität von Bedeutung, sondern insbesondere das, worauf eine gemeinsam sich entwickelnde und somit soziale Interaktion abzielt.

c) Frühe sprachliche und vorsprachliche Interaktionen und die Genese des Proto-Habitus

Die Genese der Sprache ist schon vor Beginn ihrer manifesten Entstehung eingebunden in einen kulturellen und sozialen, in einen semiotischen Raum als Voraussetzung und Ergebnis möglicher Verhaltensdispositionen (Lotman 1989, Lüdtke & Frank 2007, Bourdieu 2005).

Dieser Raum ist konstitutiv für die Genese und Erhaltung psychischer Bindekräfte für Erwachsene und somit von Bedeutung für die Entfaltung psychischer Bindekräfte bei Neugeborenen und älteren Kindern. Seine soziale, sozioökonomische Konstitution als Raum sozialer Dispositionen ist wesentlich für jedwede Bindungskonfiguration bis in das Erwachsenenalter hinein und ist im Fall traumatischer bzw. traumatisierender Ereignisse, die zu pathologischen Bindungsmustern mit lang anhaltenden Effekten bis in das Erwachsenenalter hinein führen, mit symbolischen Interaktionsformen durchsetzt (Lorenzer 1973), die den schwierigen sozioökonomischen Bedingungen entsprechen (vgl. Pollak & Sinha 2002, Beebe & Lachmann 2004 zur Frage Psychotherapie Erwachsener und Säuglingsforschung). Jeder therapeutische und bindungstheoretische Ansatz stößt auf diese Vermittlung im Umschlag von eher soziologischer zu eher psychologischer Betrachtung dieses semiotischen Feldes bzw. Raumes (vgl. Devereux 1978), z. B. im Hinblick auf die Frage des Verhältnisses der Ergebnisse beim klinisch rekonstruierten und beobachteten Säugling (Stern 2003).

Gratier (2003) zeigt anhand von Mikrosequenzanalysen in der frühen verbalen Mutter-Kind-Interaktion den Einfluss sich verändernder kultureller und sozialer Bedingungen auf sowie den besonderen Charakter und Einfluss der tonalen Struktur der Interaktion von Kindern mit depressiven Müttern. Problematische kulturelle und soziale Bedingungen wirken in das psychische Geschehen zwischen Mutter und Kind hinein. Die sich verändernde Prosodie und zeitliche Struktur der sprachlich-verbalen Zuwendung der Mutter zum Kind schlägt sich nieder in den Ausdrucksbewegungen sowie der sprachlichen, und somit psychischen Entwicklung betroffener Kinder. Die Stimme von immigrierten Müttern zeigte sich in Richtung einer mehr metronomischen Rhythmizität verändert, ist also gleichförmiger im Klangbild, ist weniger lebhaft und wird den psychischen Bindungsbedürfnissen deutlich weniger gerecht (ebd.). Belonging als Sich-zugehörig-Fühlen wird in diesem sich verändernden sozialen Raum der Immigrationserfahrung unsicherer. Und dies hat Einfluss auf die habituellen Formen der impliziten kulturellen Vermittlung durch die Mutter sowie Ausbildung und Genese des Proto-Habitus (Habitus in Anlehnung an Pierre Bourdieus relationale Soziologie). Als Ergebnis und weitere Vorraussetzung sämtlicher gestischer, mimischer, sprachlich-expressiver Entwicklungstrajektorien erhalten die hierauf aufbauenden habituellen Interaktionsformen zwischen Mutter und Kind einen für die psychische Entwicklung eher ungünstigen Charakter.

Forschungen von Pollak und Sinha (2002) verweisen u. a. auf die langanhaltenden Effekte früher Bindungsstörungen und traumatisierender Erlebnisse durch Vernachlässigung und Misshandlung: In frühen Lebensjahren misshandelte Kinder deuten im Vergleich zur Kontrollgruppe einen ambivalenten Gesichtsausdruck signifikant öfter negativ emotional besetzt als die Kontrollgruppe, d. h. sämtliche existierenden und weiteren möglichen Bindungskonfigurationen und Interaktionsformen sind implizit mit einer negativen ‚Bias‘ versehen. Die Ausgangsbedingungen für die Platzierung des eigenen Selbst im semiotisch-sozialen Raum sind potenziell ungünstiger. Dies führt rekursiv zu den Bindungskonfigurationen, die mit der oben zitierten „intergenerational transmission of relational trauma" benannt sind: Die Schwächung psychischer und somit sozialer Einbindung, ein problematisches Phänomen der so genannten ‚Postmoderne' (Baumann 1995), beginnt mit dem ersten Lebenstag und hat ihren sozialen Ort, der sich symbolisch und ökonomisch in einem Grenzbereich befindet (Bourdieu 2005, Bauman 1995).

Literatur

Ainsworth, Mary et al. (1978): Patterns of Attachment. Hillsdale

Basch, Michael (1995): Kohuts contribution. Psychoanalytic Dialogues 5, 367–373

Bauman, Zygmunt (1995): Postmoderne Ethik. Hamburg

Beebe, Beatrice & Lachmann, Frank M. (2004): Säuglingsforschung und die Psychotherapie Erwachsener. Stuttgart

Bourdieu, Pierre (2005): Language and symbolic power. Cambridge

Bowlby, John (1958): The nature of the child's tie to his mother. In: International Journal of Psycho-Analysis 39, 350–373

Bowlby, John (1969): Attachment and loss. Vol. 1: Attachment. London

Bowlby, John (1973): Attachment and loss. Vol. 2: Separation: anxiety and anger. London

Bowlby, John (1977): The making and breaking of affectional bonds. In: British Journal of Psychiatry 130, 201–221

Bowlby, John (1989): Attachment and loss. Vol. 3: Loss: sadness and depression. London

Cicchetti, Dante & Rogosch, Fred A. (1997): The role of self-organization in the promotion of resilience in maltreated children. Development and Psychopathology 9, 797–815

Devereux, George (1978): Ethnopsychoanalyse. Frankfurt a. M.

Edelman, Gerald M. & Tononi, Giulio (2000): A Universe of Consciousness. New York

Field, Tiffany, Field, Tory, Sanders, Chris & Nadel, Jacqueline (2001): Children with autism display more social behaviour after repeated imitation sessions. Autism 5 (3) 9, 317–323

Fonagy, Peter (2005): Die Bedeutung der Entwicklung metakognitiver Kontrolle der mentalen Repräsentanzen für die Betreuung und das Wachstum des Kindes. In: Fonagy, Peter & Target, M.: Frühe Bindung und psychische Entwicklung. Gießen, 49–69

Frank, Bodo (2003): Autismus als erlernte Sprachlosigkeit. In: Die Sprachheilarbeit 48, 212–216

Frank, Bodo (2009): Förderschwerpunkt geistige Entwicklung: Dialogaufbau. In: Braun, Otto & Lüdtke, Ulrike (Hrsg.): Enzyklopädisches Handbuch der Behindertenpädagogik, Bd. 8: Sprache und Kommunikation

Granic, Isabela, O'Hara, Arland, Pepler, Debra & Lewis, Marc D. (2007): A Dynamic Systems Analysis of Parent-Child Changes Associated with Successful „Real-world" Interventions for Aggressive Children. In: Journal of Abnormal Child Psychology 35, 845–857

Gratier, Maya (2003): Expressive timing and interactional synchrony between mothers and infants. Cognitive Development 18, 533–554

Gratier, Maya & Apter-Danon, G. (2008): The musicality of belonging: Repetition and Variation in mother-infant vocal interaction. In Malloch, S. & Trevarthen, Colwyn (Hrsg.): Communicative musicality. Oxford

Hollenstein, T., Granic, Isabela, Stoolmiller, Mike & Snyder, James (2004): Rigidity in Parent-Child Interactions and the Development of Externalizing and Internalizing Behavior in Early Childhood. In: Journal of Abnormal Child Psychology 32, 6, 595–607

Klein, Melanie (1932): Die Psychoanalyse des Kindes. Wien

Lorenzer, Alfred (1973): Sprachzerstörung und Rekonstruktion. Frankfurt a. M.

Lotman, Yuri (1989): The semiosphere. Soviet Psychology 27, 1, 40–61

Luhmann, Niklas. (1987): Soziale Systeme. Frankfurt a. M.

Lüdtke, Ulrike & Frank, Bodo (2007): Die Sprache der Gefühle – Gefühle in der Sprache: Ausdruck, Entwicklung und pädagogische Regulation von Emotionen am Beispiel der Jugendsprache. In: Arnold, R. & Holzapfel, G. (2007): Die vergessenen Gefühle in der Erwachsenenpädagogik. Hohengehren

Meltzoff, Andrew N. (2002): Elements of a developmental theory of imitation. In: Prinz, W. & Meltzoff, A. (Hrsg.): The imitative mind: Development, evolution and brain bases. Cambridge, 19–41

Murray, Lynn & Trevarthen, Colwyn (1985): Emotional regulation of interactions between 2-month-olds and their mothers. In: Field, T. M. & Fox N. A. (Hrsg.): Social perception in infants. Norwood, NJ. 177–197

Murray, Lynn & Trevarthen, Colwyn (1986): The infant's role in mother-infant communication. In: Journal of Child Language 13, 15–29

Nagy, Emese & Molnar, Peter (2004): Homo imitans or homo provocans? The phenomenon of neonatal initiation. Infant Behavior and Development, 27, 57–63

Pollak, Seth D. & Sinha, Pawan (2002): Effects of Early Experience on Children's Recognition of Facial Displays of Emotion. In: Developmental Psychology 38, 5, 784–793

Pollak, S. D. & Kistler, D. J. (2002): Early experience is associated with the development of categorical representations for facial expressions of emotion. In: PNAS 99, 13, 9072–9076

Robertson, James (1970): Young children in hospital. London

Roberston, James & Bowlby, John (1952): Responses of young children to separation from their mothers. In: Courrier Centre Internationale Enfance 2, 131–142

Schore, Allan N. (1995): Affect regulation and the development of self. Hillsdale, N.J

Schore, Allan N. (2001): The Effects of Early Relational Trauma on Right Brain Development, Affect Regulation and Infant Mental Health. In: Infant Mental Health Journal 22, 201–269

Schore, Allan N. (2002): Dysregulation of the Right Brain: A Fundamental Mechanism of Traumatic Attachment and the Psychopathogenesis of Posttraumatic Stress Disorder. In: Australian and New Zealand Journal of Psychiatry 36, 9–30

Schore, Allan N. (2003a): Affect Regulation and the Repair of the Self. New York

Schore, Allan N. (2003b): Affect Dysregulation and Disorders of the Self. New York

Spangler, G. & Grossmann, Klaus (1993): Biobehavioral organization in securely und insecurely attached infants. In: Child Development 64, 1439–1450

Spitz, René A. (1972): Eine genetische Feldtheorie der Ichbildung. Frankfurt a. M.

Spitz, René A. (1974 [i. O. 1965]): Vom Säugling zum Kleinkind. Stuttgart

Stern, Daniel N. (2003): Die Lebenserfahrung des Säuglings. Stuttgart

Thatcher, Robert W. (1994): Psychopathology of early frontal lobe damage: Dependence on cycles of development. Development and Psychopathology 6, 565–596

Thelen, Esther, Kelso, J. A. Scott & Fogel, Alan (1987): Self-organizing Systems and Infant Motor Development. In Developmental Review 7, 39–65

Trevarthen, Colwyn (1999a): Intersubjectivity. In: Wilson, R. & Keil, F. (Hrsg.): The MIT Encyclopedia of Cognitive Sciences. Cambridge (Mass.), 415–419

Trevarthen, Colwyn (1999b): Musicality and the Intrinsic Motive Pulse: Evidence from human psychobiology and infant communication. In: Rhythms, musical narrative, and the origins of human communication. Musicae Scientiae, Special Issue, 1999–2000, Liège, 157–213

Trevarthen, Colwyn (2001): The neurobiology of early communication. In: Kalverboer, A. F. & Gramsbergen, A. (Hrsg.): Handbook on brain and behavior in human development. Dordrecht, 841–882

Trevarthen, Colwyn (2006): Wer schreibt die Autobiographie eines Kindes? In: Welzer, H. & Markowitsch, Hans J. (Hrsg.): Warum Menschen sich erinnern können. Fortschritte in der interdisziplinären Gedächtnisforschung. Stuttgart, 225–255

Trevarthen, Colwyn (2009): Intersubjektivität und Kommunikation. In: Braun, Otto & Lüdtke, Ulrike (Hrsg.): Enzyklopädisches Handbuch der Behindertenpädagogik, Bd. 8: Sprache und Kommunikation

Trevarthen, Colwyn & Aitken, Kenneth J. (2001): Infant Intersubjectivity. In: J. Child Psychol. Psychiat. 42, 1, 3–48

Trevarthen, Colwyn et al. (2006a): Collaborative regulations of vitality in early childhood. In: Cicchetti, Dante & Cohen, Donald J. (Hrsg.): Developmental Psychopathology, Vol. 2. New Jersey: Wiley

Tronick, E. (2005): Why is connection with others so critical? In: Nadel, Jacqueline & Muir, Darwin (Hrsg.): Emotional development: Recent research results. Oxford

Praxis

Volker Schürmann

1 Definition, Begriffs- und Gegenstandsgeschichte

Praxis ist ein Problemtitel. Mit ihm sind unterschiedliche Anliegen verbunden und er erhält seine Bestimmtheit durch verschiedene Entgegensetzungen. Daher verbietet sich eine Definition. Die wichtigsten und klassischen Entgegensetzungen sind Theorie – Praxis [→ I Theorie und Praxis], Möglichkeit/ Macht – Wirklichkeit (*dynamis-energeia*) sowie Resultat – Vollzug. Die verschiedenen Dimensionen bündeln sich im fraglichen Beitrag der Kategorie ,Praxis' für die Bestimmung von Wahrheit. Das Problemfeld ist in der griechischen Antike bereits weitgehend vermessen, vor allem durch Aristoteles.

Praxis (*praxis, praktikê, prattein*) ist dort zwar auch ein eigener Begriff, der aber nur in Verbindung mit und Abgrenzung gegen die Begriffe energeia/entelecheia, kinesis, poiêsis, eupraxia, eudaimonia Bestimmtheit erhält (vgl. Horn & Rapp 2002). Im Deutschen kann daher Praxis, je nach Kontext, synonym sein mit Tätigkeit, Wirklichkeit, Wirksamkeit, Vollzug oder auch Leben. Energeia ist die vollzogene Wirklichkeit einer dynamis, wobei dies als ein Rückschluss von der vollzogenen Wirklichkeit auf eine ermöglichende Macht zu verstehen ist, nicht aber als die Umsetzung eines Vermögens in die Wirklichkeit. Energeia ist zu unterscheiden von dem Veränderungsvorgang, der Bewegung, dem Prozess als solchem (*kinesis*), insofern energeia jene ausnehmend besonderen Fälle von Prozessen meint, die in dem Sinne ,in sich vollendet' sind als sie ihr Worumwegen (*telos*) in sich selbst haben. Aristoteles gebraucht energeia daher weitgehend synonym mit entelecheia, während sich nicht-entelechiale Prozesse (Veränderungsvorgänge) als eine Abfolge unterschiedener

Schritte hin zu einem ihnen äußeren Ziel darstellen. Bei Veränderungsvorgängen fällt das erzielte Ergebnis außerhalb des Prozesses und insofern ist hier der Prozess während seines Dauerns unvollendet (das Bauen eines Hauses etwa, im Unterschied zum Sehen eines Hauses). Energeia/entelecheia dagegen bezeichnet solche Prozesse, deren ergon nicht vom Vollzug abtrennbar ist (Etwas-Sehen, Glücklichsein). Zentrale und problemgenerierende Beispiele für energeia sind das ,ewige Leben' des Kosmos und das ,gute Leben' der Menschen.

Insofern der Kosmos für Aristoteles nicht entstanden ist, sondern immer war, ist und sein wird, kann man dessen Leben (den Prozess seines Werdens) nicht als eine dynamis denken, denn dann – das ist Aristoteles' zentraler Einwand gegen ältere Naturphilosophien – benötigt man ein zusätzliches Prinzip, das die Umsetzung jener dynamis in die Wirklichkeit erklärt. Herders Sprachursprungsschrift bezieht den gleichen Grundgedanken auf die menschliche Welt: Wer das Menschsein als dynamis denkt (bis hin zu Cassirers animal symbolicum), der benötigt ein zusätzliches Prinzip – und d. h. hier: der führt eine ,Aufnahmeprüfung' für das Mensch-sein ein. In diesem Sinne ist das Prinzip aller (kosmischen: Aristoteles; gesellschaftlichen: Herder) Veränderungsvorgänge selber nicht entstanden (und kann nicht vergehen), was als Rede vom ,unbewegten Beweger' traurige und berüchtigte Berühmtheit erlangte. Das heißt nicht, dass der Kosmos statisch gedacht wird, denn sein Werden ist „gerade deshalb höchstes Leben oder höchste Tätigkeit, weil [es] immer schon am Ziel ist und nicht erst auf ein äußeres Ziel zustreben muss" (Horn & Rapp 2002, 133). Freilich wird erst mit einer (z. B. christlichen) Schöpfungsontologie Kontingenz des Kosmos denkbar: dass seine Struktur und Ordnung auch eine ganz andere sein könnte.

Auch das ‚gute Leben‘ der Menschen ist von dieser entelechialen Struktur. Dem liegt die Beobachtung zugrunde, dass Menschen nicht ob eines Mittels (z. B. Einnahme eines Medikamentes) handeln oder handeln sollten, sondern ob des Zwecks dieses Mittelgebrauchs (hier: Gesundheit, Wohlergehen). Und insofern menschliches Handeln mehrere Zwecke verfolgt (Gesundheit, soziale Akzeptanz etc.), wiederholt sich die Struktur auf nächsthöherer Stufe: Gesundheit u. a. wird nicht angestrebt als ein Mittel zum Zwecke des guten Lebens, sondern das Gute des guten Lebens, die eudaimonia, ist das gelebte Prinzip solcher Zwecksetzungen, also *in* der Sorge um Gesundheit, sozialer Akzeptanz etc. wirksam. Die eudaimonia ist von entelechialer Struktur, und nicht selber ein Ziel, das man anstreben könnte; wäre sie das (selber erstrebbare) ‚am meisten größte Glück‘, dann gäbe es sofort ein noch größeres, nämlich die so bestimmte eudaimonia auch im eigenen Leben zu erreichen.

Mit einem Zwischenschritt bezeichnet praxis dann entelechiale Prozesse (in) der menschlichen Welt – mit dem Gegenbegriff der poiêsis zur Bezeichnung nicht-entelechialer Herstellungsprozesse in der Welt des Menschen. Der Sprengsatz der weiteren Problementwicklung liegt freilich sofort darin, dass entelechiale Prozesse (in) der menschlichen Welt nur als Nachahmungen der kosmischen entelecheia gedacht werden können. Praxis und poiêsis sind angesiedelt in dem, ‚was Veränderung zulässt‘, und nicht im Bereich des Notwendigen. Das nivelliert nicht den zentralen Unterschied zur menschlichen poiêsis, schafft aber das Folgeproblem, menschlich-entelechiale Prozesse als ‚unvollkommen‘ denken zu müssen. Erst die Anthropologie Ludwig Feuerbachs wird die menschliche Welt als die ‚eigentliche‘ und insofern auch nicht mehr unvollkommene Welt des Menschen denken, und d. h. deren Unendlichkeit nicht mehr am Maß göttlicher Unendlichkeit messen (vgl. vor allem sein Leibniz-Buch [1837] sowie seine Bestimmung des Menschen als eines religiösen Wesens im Wesen der Religion [1845], insbes. §§ 1–10).

Der genannte Zwischenschritt besteht darin, dass Praxis bei Aristoteles zunächst nicht auf menschliches Handeln beschränkt ist, sondern das Wesen des Lebendigen und der Natur auszeichnet. „Praxis wird geradezu gleichgesetzt mit Leben und Bewegung“ (Horn & Rapp 2002, 367) [→ IX Sinnlichkeit und Praxis]. Im engeren und eigentlichen Sinn bezeichnet Praxis dann aber menschliches Handeln und poiêsis menschliche Herstellungsprozesse; der Unterschied beider sei einer der hexis, der Haltung, des Habitus. – Der Kategoriengebrauch der Tätigkeitstheorie Leont'evs ist insofern ein originär aristotelischer.

Der systematische Kern von Praxis liegt mit und seit Aristoteles somit in einem Primat der Wirklichkeit vor der Möglichkeit in einem doppelten Sinn. Man kann und muss entelechiale von nicht-entelechialen Prozessen unterscheiden, wobei man bei entelechialen nur von deren Vollzug aus auf die sie ermöglichende Macht zurückschließen kann. Man verfehlt ihre Struktur prinzipiell, wenn man sie als Verwirklichungen einer Möglichkeit begreift. Insofern kann Aristoteles auch nur eine „immanente Teleologie“ kennen, die bestimmt-gegebene Prozesse zur Grundlage hat; „eine Fremdzweckdienlichkeit, dass eine Spezies um der anderen (zumal des Menschen) willen da ist, ist ihm unbekannt“ (Horn & Rapp, 135). Zum zweiten werden nicht-entelechiale Prozesse nur denkbar und verständlich, wenn man sie als eingebettet in bzw. grundgelegt durch entelechiale Prozesse begreift – im gleichen Sinn von ‚denkbar und verständlich‘, in dem Mittelgebräuche als Mittelgebräuche nur denkbar und verständlich sind, wenn man sie als Mittelgebräuche zu einem Zweck begreift. Hier liegen zugleich die historische Schranke der Antike und die systematische Schranke jedes Holismus. Die kosmische Ordnung gilt letztlich als der Polis-Ordnung vorgegeben – und insofern ist der Hobbessche Atomismus und Nominalismus eine Befreiung –, und die politische Ordnung wird in einer Sklavenhaltergesellschaft herrschaftlich von Wenigen (Philosophen) vorbedacht. Politische Tätigkeit und Muße sind Privilegien, für die Gemein(d)e bleibt nur ordentlicher (vor-geordneter) Spielraum, aber kein Spielen mit der Ordnung. Selbst noch Habermas' ‚Zwang des zwanglosen Arguments' verbleibt in diesem Sinne ordnungswahrend (vgl. Richter 2005). Was ganz ohne Feuerbachs Postulat eines ‚passiven Prinzips' zur Hybris/Vermessenheit und politisch zum Dezisionismus gerät, gerät holistisch gedacht zur Herrschaftslegitimierung. Die für das gute Leben konstitutive entelechiale Struktur – und d.h. immer auch: die Eingebundenheit der menschlichen Welt in die ‚höhere' Macht der Natur – ist in der Moderne medial zu konzipieren, also weder naturalisierend noch holistisch-erbaulich, sondern etwa in einer Linie Feuerbach – Helmuth Plessner – Martin Seel (‚Sich bestimmen lassen').

Eine Begriffsgeschichte von Praxis im engeren Sinne ist kaum möglich. Weil es im Kern eine Problemgeschichte ist, ist mit wesentlichen Verschiebungen auch dort zu rechnen, wo der Begriff gar nicht Thema zu sein braucht, etwa in den Begriffsgeschichten von Macht, Möglichkeit oder auch Natur. Pauschal können wichtige Stationen der Begriffs- und Sachgeschichte von Praxis genannt werden, wie z.B. die mittelalterliche Philosophie, die Philosophie von Leibniz, die (Geschichts-) Wissenschaft von Marx und Naturdialektik von Engels, der Pragmatismus, die Theorie Bourdieus, oder auch ex negativo der Existenzialismus (Existenz muss sich erst noch verwirklichen). Eine konkrete Begriffs- und Sachgeschichte würde schnell unübersichtlich. In einigen Fällen müsste sie geradezu akribisch ins Detail gehen – z.B. in den verschiedenen Versionen, in denen der Marxismus als Philosophie der Praxis begriffen wurde (Antonio Gramsci, jugoslawische Praxis-Philosophie, Helmut Seidel); in anderen Fällen würde es ausufernd – z.B. wenn man die Tätigkeitstheorie Leont'evs als Praxis-Konzeption erweisen will. Dann hilft der Name allein natürlich nichts – die Handlungstheorien sind ja auch nicht eo ipso schon Praxis-Konzeptionen –, sondern man müsste es u.a. festmachen

an Leont'evs Satz: „Die realisierte Tätigkeit ist reicher, wahrer als das sie vorwegnehmende Bewusstsein" (Leont'ev 1982, 125). Dann aber ‚sieht' man sofort, dass man nun eine Geschichte der Lebensphilosophie zu schreiben hätte, denn die Unergründlichkeits-Annahme, die hier von Leont'ev in Anspruch genommen wird, ist *das* Motiv aller Lebensphilosophie.

2 Zentrale Erkenntnisse

Vorbereitet durch die romantische Naturphilosophie (vgl. Röttgers 1983), ist die wichtigste, wenn auch wahrlich nicht die einzige Station der modernen Begriffsgeschichte von Praxis der Marxismus. Daher können die wichtigsten systematischen Problemdimensionen der Kategorie der Praxis anhand des Marxismus und seiner Rezeption dargestellt werden (alles Folgende, insbesondere alle Hinweise auf Autoren und Literatur, ist in diesem Sinne exemplarisch zu verstehen). Die Formel, um die sich diese Geschichte rankt, ist die des ‚Praxiskriteriums der Wahrheit' (vor allem im Anschluss an Marx 1845). Alltagskulturell, einzelwissenschaftlich und philosophisch wurde diese Formel sowohl von ihren Befürwortern als auch von ihren Verächtern in aller Regel unter dem Paradigma nicht-entelechialer Prozesse verstanden: Theorie als poiêsis von Wahrheit. Wahrheit gilt als abtrennbares Ergebnis eines Herstellungsvorgangs, wobei dieses ergon dann dem ‚praktischen' Tun zur ‚beweisenden' Überprüfung ausgesetzt werden müsse (was in dieser Entgegensetzung dann logisch zwingend als nicht-theoretisch, theorielos gedacht werden muss). Doch diese Sicht der Dinge ist nicht einmal in der Theorie haltbar. Menschlichem Tun ist es nun einmal als menschlichem Tun nicht möglich, nicht-theoretisch zu sein – und insofern kann keinerlei Theorie von einer nicht-theoretischen Praxis geprüft werden, sondern wir Menschen können immer nur die eine Theorie mit einer anderen vergleichen (womit dann die Emphase und die Pointe eines so verstandenen ‚Praxiskriteriums der Wahrheit' zusammenbricht). Oder anders gesagt: Auch die Theorie ist nur der Spezialfall einer Praxis, was in der Geschichte des Marxismus u. a. von Althusser (1968) stark gemacht wurde. An diesem Punkt notorisch Einsicht zu verweigern, und stattdessen bis zum Überfluss Floskeln zu zitieren, dass der Beweis des Puddings das ihn-Essen sei, war ein zentrales Charakteristikum des Erstarrens des Staat gewordenen Marxismus einschließlich seiner Kritiker. Vor allem praktisch-politisch hatte dies desaströse Folgen. Im Einzelnen: u. a. konnte selbst die ‚Praxis' sozialistischer Atomkraftwerke durch ein so verstandenes Theorie-Praxis-Verständnis legitimiert werden (vgl. dagegen Peters 1987); im Ganzen: aus der unaufhebbaren Parteilichkeit der Wahrheit wurde eine Parteinahme, und selbstlegitimierte Priester maßen sich einen privilegierten, unmittelbaren Zugang zu jener vermeintlich für sich selbst sprechenden gesellschaftlichen Praxis an, um von dort über die profanen Prozesse zu richten. Das Theorem von der Einheit von Theorie und Praxis ist das „Kreuz der Geschichte des Marxismus" (Tosel 1990, 589).

Marx muss es (schon als Aristoteleliker, erst recht in der Sache) anders gemeint haben: Praxis ist energeia, d. h. durch eine entelechiale Struktur definiert, und folglich das innere Maß, und nicht das äußere Ziel theoretischer Wahrheit. Das aber stellt einen Großteil der bisherigen Debatte auf den Kopf: Praxis ‚überprüft' nicht, d. h. sie ratifiziert nicht lediglich eine bereits bestehende ‚theoretische' Wahrheit als ‚wirklich wahr' oder ‚wirklich falsch', sondern Wahrheit ist definitiv performativ zu denken: sie bildet sich (erst) im Vollzug ihrer Suche (vgl. Althusser 1971). Und diese Umkehrung hat gravierende Konsequenzen.

Im Ganzen: Es mag so sein, dass der Marxismus dereinst in plausibler Weise einen Begriff von Erfahrung generiert, der es begründet erscheinen lässt, ihn als wissenschaftliche Philosophie zu erweisen und von schlechter Ideologie zu unterscheiden. In anderer und wesentlicher Hinsicht bleibt aber auch für ihn das Ideologie-Problem bestehen, weil Praxis von entelechialer Struktur ist und auch klassenbewusste Menschen nicht über einen Standpunkt außerhalb der Theorie verfügen, von dem aus ihre eigene Welt-Auffassung beweisbar sein könnte: „Jede neue Klasse nämlich, die sich an die Stelle einer vor ihr herrschenden setzt, ist genötigt, schon um ihren Zweck durchzuführen, ihr Interesse als das gemeinschaftliche Interesse aller Mitglieder der Gesellschaft darzustellen, d. h. ideell ausgedrückt: ihren Gedanken die Form der Allgemeinheit zu geben, sie als die einzig vernünftigen, allgemein gültigen darzustellen" (Engels & Marx 1845/46, 47). Dieses als vernünftig Darstellen ist nur performativ zu haben, d. h. eine Frage des Verhältnisses von Wahrheit und Rhetorik respektive Politik, nicht aber eine Frage des ‚praktischen' Ratifizierens eines vor-praktischen Besitzes von Wahrheit. Und eben deshalb ist und bleibt Wahrheit parteilich (vgl. Koselleck et al. 1977), was eben auch für eine „wissenschaftliche Weltanschauung" (Engels) gilt: „Wenn die Philosophie der Praxis theoretisch behauptet, dass jede für ewig und absolut gehaltene ‚Wahrheit' praktische Ursprünge gehabt hat und dass sie einen ‚provisorischen' Wert dargestellt hat (Geschichtlichkeit jeder Welt- und Lebensauffassung), so ist es sehr schwierig, ‚praktisch' verständlich zu machen, dass eine solche Interpretation auch für die Philosophie der Praxis selbst gilt, ohne dabei die zum Handeln notwendigen Überzeugungen zu erschüttern" (Gramsci 1994 [1932–33], 1476).

Und im Einzelnen bedeutet ein so verstandener, d. h. ein entelechial konzipierter Primat der Praxis vor der Theorie

• hinsichtlich wissenschaftlicher Erkenntnisprozesse einen Primat von Wirklichkeit gegenüber Möglichkeit: Wissenschaft erschließt „post festum" vom vorliegenden Resultat auf die ermöglichenden Bedingungen und Strukturen, also anti-evolutionär (Marx 1872, 106 [MEW 23, 89]). Denken ist Nach-Denken, Reflexion, und eine Geschichte zum Gewordensein sagt nichts über das, was da geworden ist. U. a. dies entschieden festzuhalten, zeichnet Praxis-Konzeptionen aus: „Demnach hat die Untersuchung nicht von den erworbenen Fertigkeiten, Fähigkeiten und Kenntnissen zu den durch sie charakterisierten Tätigkeiten überzugehen, sondern vom Inhalt und von den Tätigkeitsverbindungen zu der Art und Weise ihrer Realisierung durch jene Prozesse, die sie ermöglichen" (Leont'ev 1982, 178).

- Das Moment der Grundlegung wahren Wissens in entelechial zu denkenden Prozessen, also in solchen, die ihr Worumwegen in ihrem Dauern sei es ‚vollendet' haben, sei es performativ bilden, bleibt erhalten. Das bedeutet einen Primat des Könnens vor dem Wissen, des knowing-how vor dem knowing-that (Gilbert Ryle), des hermeneutisch-evozierenden Sprechens vor dem feststellenden (Georg Misch, Josef König; vgl. Schürmann 1999).
- Das Moment der Grundlegung der Poiesis, der Einbettung von poietischen in entelechiale Prozesse bleibt erhalten. Praktische Praktiken bestehen nicht einfach in einer Reihe neben theoretischen Praktiken, und Praxis ist nicht einfach noch eine andere Praktik neben den vielen durch sie gegründeten theoretischen und praktischen Praktiken. Die Logik der Praxis ist als Logik eine andere als die Logik der Theorie, und vielfach dürften die Logiken der praktischen Praktiken andere sein als die Logiken der ihnen entsprechenden theoretischen Praktiken. Hier droht das, wovor Bourdieu (1998, 201 ff.) so entschieden gewarnt hat: der scholastische Fehlschluss, der die Logik der Theorie schon für die Logik der Praxis nimmt, verkennend, dass

das Leben reicher, wahrer ist als die es vorwegnehmende Lebensauffassung.

Literatur

Althusser, Louis (1968): Für Marx. Frankfurt a. M.

Althusser, Louis (1971): Anmerkungen zum Verhältnis von Marxismus und Klassenkampf. In: Althusser, Louis (1975): Elemente der Selbstkritik. Berlin, 104–111

Bourdieu, Pierre (1998): Praktische Vernunft. Zur Theorie des Handelns. Frankfurt a. M.

Engels, Friedrich & Marx, Karl (1845/46): Die deutsche Ideologie. In: MEW 3 (1983)

Gramsci, Antonio (1991 ff.): Gefängnishefte. Kritische Gesamtausgabe. Herausgegeben von Wolfgang F. Haug. Hamburg

Horn, Christoph & Rapp, Christoph (Hrsg.) (2002): Wörterbuch der antiken Philosophie. München

Koselleck, Reinhart et al. (Hrsg.) (1977): Objektivität und Parteilichkeit in der Geschichtswissenschaft. München

Leont'ev, Alexej N. (1982): Tätigkeit – Bewusstsein – Persönlichkeit. Köln

Marx, Karl (1845): Thesen über Feuerbach. In: MEW 3 (1983)

Marx, Karl (1872): Das Kapital. Kritik der Politischen Ökonomie. 1. Band, Hamburg. In: MEGA^2 II.6 (1987)

Peters, Klaus (1987): Über die Erkennbarkeit der Welt. Anmerkungen zur Logik der marxistischen Agnostizismus-Kritik aus Anlass der Diskussion um die Beherrschbarkeit der Technik. In: Dialektik 14, 143–156

Richter, Norbert A. (2005): Grenzen der Ordnung. Bausteine einer Philosophie des politischen Handelns nach Plessner und Foucault. Frankfurt a. M.

Röttgers, Kurt (1983): Der Ursprung der Prozessidee aus dem Geiste der Chemie. In: Archiv für Begriffsgeschichte 27, 93–157

Schürmann, Volker (1999): Zur Struktur hermeneutischen Sprechens. Eine Bestimmung im Anschluss an Josef König. Freiburg

Tosel, André (1990): ‚Theorie-Praxis-Verhältnis'. In: Sandkühler, Hans Jörg (Hrsg.): Europäische Enzyklopädie zu Philosophie und Wissenschaften, Bd. 4, Hamburg, 585–592

Normalität

Ulrike Schildmann

1 Definition, Begriffs- und Gegenstandsgeschichte

Aus dem lateinischen Begriff ‚norma' (rechter Winkel oder metaphorisch Regel; schon bei Cicero zu finden) entstanden „im wissenschaftlichen Neulateinischen Derivate wie normalis, normativus und seit dem 18. Jahrhundert volkssprachliche Äquivalente wie Norm, normal und normativ (auch im Englischen, Französischen usw.)" (Link 2002, 538). Verwandt wurden diese Begriffe – u. a. in Medizin und Pädagogik – „vor allem in der Bedeutung Muster (englisch standard), bezogen auf eine Masse von Gegenständen" (Link, ebd.). Auch Normalfiguren, Normalmaße und Normalgrößen wurden, massen- und durchschnittsbezogen, gebräuchliche Begriffe, ab Mitte des 18. Jahrhunderts vor allem im preußischen Heer. Dagegen erschienen die Begriffe Norm und normativ vermehrt im juristischen Diskurs (vgl. Link 2002, 538). In Deutschland trat etwa seit dem 1. Weltkrieg ein „Bedeutungswandel hin zum Normal-Machen (einer Situation oder einer Subjektivität) ein, während für den englischen Begriff ‚standardization' Normung oder Normierung benutzt wird" (Link 2002, 539).

Normalitäten im Sinne der Normalismustheorie von Jürgen Link sind „eine moderne und okzidentale Besonderheit, die sowohl hochdynamisch-industrielle wie auch flächendeckend verdatete Gesellschaften voraussetzt" (Link 2001, 48). Damit unterscheidet sich Normalität nicht nur von Normativität, sondern ebenfalls „von dem Komplex des Gewöhnlichen, Üblichen und Alltäglichen, wie er menschliche Kulturen jederzeit und allerorts charakterisiert" (Link 2001, 48).

2 Zentrale Erkenntnisse, Forschungsstand

2.1 Grundannahmen der Normalismusforschung

In seinem Werk „Versuch über den Normalismus. Wie Normalität hergestellt wird" (1997) hat Jürgen Link die zentralen Charakteristika des Normalismus – in Abgrenzung zur Normativität ebenso wie zum Üblichen/Alltäglichen – systematisch herausgearbeitet: In der modernen Gesellschaft dient der Normalismus als ein gesamtgesellschaftliches (politisches und soziales) Regulativ auf der Basis massenhafter Verdatung und Orientierung an statistischen Durchschnitten. Diese Orientierung ist als eine historisch spezifische Reaktion auf die Herausforderungen der modernen Gesellschaft zu verstehen, deren Entwicklung durch tendenziell exponenzielle und chaotische Wachstumskurven gekennzeichnet ist. „Auf eine einzige Formel gebracht, bildet der Normalismus für den Fortschritt eine Versicherung mittels Umverteilung" (Link 2002, 540). Orientierung an der Normalität heißt Orientierung an der gesellschaftlichen Mitte (sprich: am statistischen Durchschnitt). Sie dient den modernen Subjekten als soziale (Selbst-)Vergewisserung darüber, dass sie sich in der Mitte der Gesellschaft befinden und auf diese Weise zur Gemeinschaft gehören. So wirkt sie der Denormalisierungsangst der Individuen (vor sozialer Abweichung) entgegen. Diese gesellschaftliche Struktur erfordert die Selbstnormalisierung der Subjekte bzw. die Herausbildung normalistischer Subjektivitäten.

Konstituierend für die soziale Funktion der Normalität sind nach Jürgen Link (1997) so genannte Basis-Normalfelder: Leistung, Gesundheit, Intelligenz, Sicherheit, Solidarität, Sexualität/sexuelle Befriedigung u. a. Für all diese Felder werden Indikatoren entwickelt, die den gesellschaftlichen Bedürfnissen und Tendenzen immer wieder neu angepasst werden (vgl. Link 1997, 321). Ein Basis-Normalfeld stellt eine gesellschaftlich relevante Kategorie dar, die die soziale Funktion übernimmt, dass sich die einzelnen Menschen auf ihm anderen gegenüber positionieren und miteinander in Vergleich treten.

Auf dem Wege der (Selbst-)Normalisierung passen sich also die Menschen den wirtschaftlichen und sozialen Veränderungen immer wieder neu an, in der (versteckten) Hoffnung, so dem Risiko der sozialen Abweichung – und damit Ausgrenzung – entgehen zu können. Wo allerdings die sozialen Grenzen zwischen normal und anormal gezogen werden, ist in der Struktur des Normalismus – ganz im Gegensatz zur Struktur der Normativität – nicht grundsätzlich festgeschrieben.

„Das ergibt sich aus dem statistischen Verfahren: Wenn eine Population unter einem bestimmten Gesichtspunkt verdatet wird, wird sie dadurch qualitativ homogenisiert. Ihre Verteilung um den Durchschnitt (wenn man will, um die symbolische Mitte) zeigt zwar Wendepunkte der Kurve (idealiter der Gaußkurve, der sog. Normalverteilung), aber niemals so etwas wie wesenhafte, qualitative Diskontinuitäten" (Link 2002, 540 f.).

Die Fixierung von Grenzen zwischen dem, was die moderne Gesellschaft für normal bzw. für abweichend hält, ist abhängig von jeweiligen (auch ggf. kurz- oder mittelfristigen) wirtschaftlichen, politischen und sozialen Erwägungen und Zwängen. Zwei grundlegende Strategien haben sich im Laufe der Normalismusgeschichte herausgebildet: der *Protonormalismus* und der *flexible Normalismus*:

Die *protonormalistische Strategie* charakterisiert Link als eine mit möglichst fixen und engen Grenzzonen. Sie versucht, die Normalitätsgrenzen semantisch zu beschweren, sie symbolisch und schließlich auch real festzuklopfen.

„Die Mauern der Gefängnisse, Irrenanstalten und Stacheldrahtzäune der KZs sind unübersehbare, schreckliche Denormalisierungsangst auslösende und gleichzeitig für die noch draußen Befindlichen Erleichterung spendende Normalitätsgrenzen. Ähnlich massiv wirken protonormalistisch symbolische Normalitätsgrenzen wie die gegenüber sexuellen ‚Perversionen' und anderen ‚Devianzen'" (Link 1998, 94 f.).

Als Subjektivierungstaktik entspricht dem Protonormalismus die Außenlenkung, Abrichtung, Dressur, Disziplinierung. Dabei sucht der Protonormalismus „auch eine Art rückversichernde Anlehnung an Normativität, wo immer das möglich erscheint" (Link 2002, 541 f.).

Der protonormalistischen Strategie entgegengesetzt, tendiert die *flexibel normalistische Strategie* dazu, die Normalitätsspektren maximal auszudehnen, Normalitätsgrenzen flexibel zu halten und breite Übergangszonen (Risikobereiche, borderlines) zwischen Normalität und Anormalität zu erlauben. Sie arbeitet mit „Taktiken, die auf die Inklusion und Integration möglichst großer Abschnitte der borderlines in die Normalität zielen" (Link 1998, 96 und 2002, 542). Der flexible Normalismus setzt – entgegen dem Protonormalismus – auf die Autonomie der Subjekte, sich selbst zu normalisieren (vgl. Link 2002, 542.). Auch wenn sich der flexible Normalismus in der zweiten Hälfte des 20. Jahrhunderts dem Protonormalismus gegenüber weitgehend durchgesetzt habe, so Link (1998, 96), sei ihr Verhältnis bildlich in einer Y-Struktur zusammenzufassen: „Wie bei den Ästen eines Y oder einer Gabel bleiben die beiden Strategien nach Art siamesischer Zwillinge aneinander gekettet. Auf beiden Ästen münden sie in eine Sackgasse des Denormalisierungsrisikos. Jeder starre Protonormalismus löst in längeren Phasen historischer Entspannung Tendenzen zur Flexibilisierung aus; jeder radikale Flexibilitätsnormalismus schlägt in Krisenprozessen wieder in stärker protonormalistische Tendenzen um" (Link 2002, 542).

Beide Strategien, die protonormalistische und die flexible normalistische, funktionieren, wie gezeigt werden konnte, auf der Basis des kontinuierlichen Übergangs zwischen normal und anormal und der daraus entspringenden Denormalisierungsangst, einem Zusammenhang, der als ‚Prinzip von Broussais und Comte‘ in die Geschichte eingegangen ist: „Die Konstatierung der prinzipiellen Kontinuität zwischen normal und anormal durch das ‚Prinzip von Broussais und Comte‘ in den 20er und 30er Jahren des 19. Jh. hat von Beginn an eine spezifische Angst ausgelöst, die ich als Denormalisierungsangst bezeichne. Wenn es keine Wesensgrenze des Normalen gibt, dann ist kein Individuum wesenhaft und ein für allemal gegen Denormalisierung geschützt […]. Schon Auguste Comte reagierte auf diese spezifische Angst mit der Etablierung symbolisch fixer Normalitätsgrenzen, die im Anschluss an Erving Goffman als Stigmagrenzen bezeichnet werden können" (Link 2002, 541) [→ Stigma und Vorurteil].

2.2 Ergebnisse der Normalismusforschung in der Behindertenpädagogik und der Integrationspädagogik

Ein äußerst geeignetes Untersuchungsfeld für die Normalismusforschung ist die Behindertenpädagogik, weil Behinderung eine Form der Abweichung von der Normalität darstellt [→ Behinderung als sozial- und kulturwissenschaftliche Kategorie]. Vor diesem Hintergrund fand in den Jahren 1998–2003/04 im Rahmen der Behinderten- und der Integrationspädagogik ein umfangreiches Forschungsprojekt statt. Die Ausgangsthese lautete „Das Verhältnis zwischen Normalität und Behinderung ist … grundlegender Bedeutung; denn Behinderung wird immer im Verhältnis zu Normalität definiert, die ihrerseits in sozialen Zusammenhängen immer geschlechterspezifische Formen annimmt. Sowohl Behinderung als auch Geschlecht stehen in engem Zusammenhang mit Normalität" (Schildmann 2000, 90).

Ein erstes, normalismustheoretisch relevantes Ergebnis ging aus der von Ute Weinmann (2003) durchgeführten *historischen Analyse über Normalität und Behindertenpädagogik* hervor. Gezeigt werden konnte, dass die Kategorie des ‚Normalen‘ die wissenschaftliche Heilpädagogik von deren ersten Anfängen an (vgl. Georgens & Deinhardt 1861) beschäftigte, übrigens lange bevor sich der Begriff Behinderung etablierte [→ I Universitäre Geschichte der Sonderpädagogik]. Darüber hinaus wurde deutlich, dass die genannten ersten heilpädagogischen Theoretiker eine flexibel normalistische Position vertraten, ein disziplinspezifisches Ergebnis, das – vor dem Hintergrund der allgemeinen Normalismusanalyse (Link 1997) – überraschte: „Symptomatisch für den (heil-)pädagogischen Diskurs war […] seine Koppelung an medizinisch-biologische, soziologische, psychologische und theologische Normalitätskonzepte und seine starke Fokussierung auf das pädagogisch ‚Anormale‘" (Weinmann 2003, 225).

Da Georgens und Deinhardt die Heilpädagogik jedoch als einen integralen Bestandteil der Pädagogik sehen wollten, entwickelten sie, im Gegensatz zu ihren Nachfolgern, eine flexibel normalistische Diskursstrategie, welche keine starren, sondern flexible Grenzen zwischen Normalität und Abweichung [→ X Normalität und Abweichung] vorsah: „Normalität sei durch Erziehung herzustellen und erhielte demnach in bestimmten Gesellschaftskontexten auch ihre historisch spezifische Ausprägung. Die Frage, wo die Grenze zwischen ‚normal‘ und ‚anormal‘ liegt, ließen sie theoretisch offen und konnten deshalb auch mit breiten Übergangszonen arbeiten, die z. B. auf die Integration ‚anormaler‘ Kinder in die zu reformierende Volksschul-Normalität oder umgekehrt ‚normaler‘ Kinder in die heilpädagogischen Anstalten zielten" (Weinmann 2003, 92).

Am Beispiel der Heilpädagogik wird also deutlich, dass der Normalismus historisch gesehen keinesfalls auf allen (wissenschaftlichen) Gebieten in seiner protonormalistischen Ausprägung begann, wie dies von Jürgen Link (2002, 541) angenommen wurde. Im Falle der Heilpädagogik wurde der flexible Normalismus jedoch spätestens mit den ersten Versuchen der Etablierung der Heilpädagogik als einer universitären Fachwissenschaft von eher protonormalistischen Positionen verdrängt, wie vor allem dem Werk Heinrich Hanselmanns in den 1920er/30er Jahren zu entnehmen ist. Insbesondere Hanselmann habe eine harte Trennlinie zwischen (gesunder) „Vollentwicklungsfähigkeit" und (kranker) „Entwicklungshemmung" markiert, so Weinmann (2003, 226).

Die beiden anderen normalismustheoretischen Analysen des Forschungsschwerpunktes (Lingenauber 2003 und Schildmann 2004) konzentrieren sich auf die Zeit zwischen 1970 und 2000. Sie greifen gezielt nicht den Mainstream der wissenschaftlichen Behindertenpädagogik auf, sondern daraus entstandene Reformströmungen: die Integrationspädagogik mit den Autoren Hans Eberwein und Georg Feuser und die Frauenforschung in der Behindertenpädagogik mit den Autorinnen Barbara Rohr und Annedore Prengel (auch Integrationspädagogin). Gerade bei den Autorinnen Rohr und Prengel konnte gezeigt werden, dass das zentrale Basisnormalfeld, auf dem Behinderung gesellschaftlich ‚verhandelt' wird, Leistung heißt, und sich die Basisnormalfelder Gesundheit, Intelligenz (und ggf. Sexualität) [→ Eugenik] weitgehend dahinter verbergen.

Normalismustheoretisch interessant sind auch die Auseinandersetzungen der beiden Autorinnen mit Denormalisierungsangst und Selbstnormalisierung der Subjekte. Vor allem Barbara Rohr analysierte – am Beispiel ihrer eigenen Bildungsbiographie – die normalistische Subjektivität der Normalen.

An den Schriften der drei Autoren Prengel, Eberwein und Feuser konnte vor allem nachgewiesen werden, dass die wissenschaftliche Auseinandersetzung mit Behinderung nicht nur im Spannungsfeld zwischen Protonormalismus und flexiblem Normalismus stattfindet, sondern dass auf dem Feld der Integrationspädagogik eine Diskursstrategie verfolgt wird, die mit dem Begriff Transnormalismus zu bezeichnen ist (vgl. Lingenauber 2003). Als Transnormalismus bezeichnet Jürgen Link

ein nicht auf statistischen Durchschnitten fußendes Normalitätskonzept: „Die Zonen möglicher transnormalistischer Exploration lagen und liegen stets uneindeutig und unentschieden in einer Art Schwebezustand an der Grenze des flexiblen Normalismus, in den zurück sie jederzeit ‚gefloatet' werden konnten und können" (Link 1997, 33). Während er selbst dem Transnormalismus über dieses und wenige andere Zitate hinaus keine größere Bedeutung beimisst, sind die genannten drei Integrationspädagogen – diskursiv – geradezu auf transnormalistische Strukturen fixiert, d. h. ihnen ist daran gelegen, nicht nur den Protonormalismus, sondern auch den flexiblen Normalismus zu überwinden (und mit diesen die Grundstruktur jeglicher Normalität, zumindest auf dem gesellschaftlichen Feld der Bildung). Hier zeigt die behinderten- bzw. integrationspädagogische Untersuchung also nochmals eine Besonderheit, die der allgemeinen Normalismustheorie in Anlehnung an Jürgen Link eher fremd ist und die diese – im Sinne des wissenschaftlichen Erkenntnisgewinns – kritisch ergänzt.

3 Ausblick

Die Normalismusforschung hat – auf unterschiedlichen wissenschaftlichen Feldern, darunter Behindertenpädagogik und Integrationspädagogik – seit einigen Jahren theoretische Konzeptionen und empirische Ergebnisse vorzuweisen, die ausbaufähig sind. Für die Behindertenpädagogik wichtig wäre vor allem eine weitere Auseinandersetzung zwischen flexibel normalistischen Diskursstrategien, die vom Mainstream der Fachdisziplin favorisiert werden und sich an die Ziele des Normalisierungsprinzips (einer behindertenpolitischen und -pädagogischen Reformströmung) anlehnen [→ V Normalisierung, Integration, Lebensqualität], und transnormalistischen Diskursstrategien, die von der integrativen/inklusiven Pädagogik verfolgt werden. Darüber hinaus wäre es an der Zeit – insbesondere im Sinne eines adäquaten pädagogischen ‚Umgangs mit Heterogenität' – auch die allgemeine Pädagogik auf ihr Verhältnis zur Normalität und auf ihre normalistischen Diskursstrategien hin intensiver zu beforschen. Denn die „Erziehung zur Normalität. Eine Geschichte der Ordnung und Normalisierung der Kindheit" (Stechow 2004) beeinflusst das gesamte Bildungswesen und alle Menschen, die es durchlaufen.

Literatur

Georgens, Jan Daniel & Deinhardt, Heinrich Marianus (1861): Die Heilpädagogik unter besonderer Berücksichtigung der Idiotie und der Idiotenanstalten. Leipzig

Lingenauber, Sabine (2003): Integration, Normalität und Behinderung. Eine normalismustheoretische Analyse der Werke (1970–2000) von Hans Eberwein und Georg Feuser. Opladen

Link, Jürgen (1997): Versuch über den Normalismus. Wie Normalität hergestellt wird. Opladen

Link, Jürgen (1998): Die Angst des Kügelchens beim Fallen durch die Siebe: Zum Anteil des Norma-lismus an der Kontingenzbewältigung in der Moderne. In: Zimmermann, Peter (Hrsg.): Eigentlich könnte alles auch anders sein. Köln, 92–105

Link, Jürgen (2001): Wieso ist die Norm nicht enorm in Form? In: Frankfurter Allgemeine Zeitung, Nr. 176, 48

Link, Jürgen (2002): Normal/Normalität/Normalismus. In: Barck, Karl-Heinz et al. (Hrsg.): Ästhetische Grundbegriffe. Historisches Wörterbuch in sieben Bänden, Band 4. Stuttgart/Weimar, 538–562

Schildmann, Ulrike (2000): Forschungsfeld Normalität. Reflexionen vor dem Hintergrund von Geschlecht und Behinderung. In: Zeitschrift für Heilpädagogik 51, 3, 90–94

Schildmann, Ulrike (2004): Normalismusforschung über Behinderung und Geschlecht. Eine empirische Untersuchung der Werke von Barbara Rohr und Annedore Prengel. Opladen

Stechow, Elisabeth v. (2004): Erziehung zur Normalität. Eine Geschichte der Ordnung und Normalisierung der Kindheit. Wiesbaden

Weinmann, Ute (2003): Normalität und Behindertenpädagogik. Historisch und normalismustheoretisch rekonstruiert am Beispiel repräsentativer Werke von Jan Daniel Georgens, Heinrich Marianus Deinhardt, Heinrich Hanselmann, Linus Bopp und Karl Heinrichs. Opladen

Stigma/Vorurteil

Günther Cloerkes

‚Stigma' und ‚Vorurteil' bezeichnen sehr ähnliche Tatbestände. Den Begriff Stigma hat Goffman (1967) in die soziologische Diskussion eingeführt. Mit Stigma bezeichnet man eine Eigenschaft einer Person, „die zutiefst diskreditierend ist" (Goffman 1967, 11). Goffman führt weiter aus:

„Ein Individuum, das leicht in gewöhnlichen sozialen Verkehr hätte aufgenommen werden können, besitzt ein Merkmal, das sich der Aufmerksamkeit aufdrängen und bewirken kann, dass wir uns bei der Begegnung mit diesem Individuum von ihm abwenden [...]. Es hat ein Stigma, das heißt, es ist in unerwünschter Weise anders, als wir es antizipiert hatten" (ebd., 13).

Ein Mensch mit einem Stigma entspricht in seiner „aktualen sozialen Identität" nicht den normativen Erwartungen seiner Umwelt als antizipierte Vorstellungen („virtuale soziale Identität") von einem ‚Normalen' (ebd., 10). Ein Stigma ist immer relativ und kann sich erst in sozialen Beziehungen darstellen. Es geht also nicht um das Merkmal selbst, sondern um die „negative Definition des Merkmals bzw. dessen Zuschreibung" (Hohmeier 1975, 7) [→ III Stigma und Etikettierung]. Folgerichtig ist für Goffman Stigma auch „die

Situation des Individuums, das von vollständiger sozialer Akzeptierung ausgeschlossen ist" (Hohmeier 1967, 7).

Für Stigmata gelten die gleichen Definitionskriterien wie für Vorurteile: Fast immer negativ, komplexer Inhalt, affektive Geladenheit, interkulturelle und historische Variabilität, Tendenz zur Generalisierung des Merkmals auf die ganze Person. Man kann den Begriff deshalb mit Hohmeier (1975, 7) auch so definieren: „Ein Stigma ist […] der Sonderfall eines sozialen Vorurteils gegenüber bestimmten Personen, durch das diesen negativen Eigenschaften zugeschrieben werden." Eigenschaften oder Verhaltensweisen der Betroffenen können dabei durchaus eine wichtige Rolle spielen, weil an derartigen Merkmalen leichter anzuknüpfen ist. Sie haben Stimulusqualität, sie drängen sich der Aufmerksamkeit in negativer Weise auf und werden als ‚Anderssein' bewertet. Der Begriff Vorurteil ist etwas weiter und abstrakter, weil Stigma sich immer auf Merkmale von *Personen* bezieht.

Stigmata wie Vorurteile wirken auf der Ebene der Einstellungen und sind typischerweise stark affektiv geladen, d. h. es geht noch nicht um tatsächliches Verhalten. Anders als bei Vorurteil gibt es aber bei Stigma eine begriffliche Erweiterung für die Verhaltensebene: ‚Stigmatisierung' ist das Verhalten aufgrund eines zueigen gemachten Stigmas. Stigma und Stigmatisierung können in einem engen Zusammenhang stehen, sie müssen es aber nicht in jedem Fall.

Eine Behinderung stellt in der Regel ein Stigma dar [→ Behinderung als sozial- und kulturwissenschaftliche Kategorie]. Die Diskriminierung von Menschen mit einem Stigma erfolgt sehr wirksam – wenn auch oft gedankenlos – über die Konstruktion einer Stigma-Theorie, „eine Ideologie, die ihre Inferiorität erklären und die Gefährdung durch den Stigmatisierten nachweisen soll" (Goffman 1967, 14). Die Merkmale, an denen Stigmatisierungen anknüpfen, können sichtbar oder unsichtbar sein. Die Visibilität erleichtert das Stigmatisieren. Stigmatisierten wer-

den meistens in generalisierender Weise weitere negative Eigenschaften unterstellt. Die Zuschreibung wird durch die Verwendung spezifischer Stigmatermini (z. B. Krüppel, Spastiker, Idiot etc.) noch unterstrichen. Von entscheidender Bedeutung für die Durchsetzung von Stigmatisierungen ist die Macht, über die Stigmatisierer und Stigmatisierte verfügen.

Stigmata haben wichtige Funktionen für den Einzelnen wie für die Gesellschaft (Hohmeier 1975, 10 ff.). Auf der individuellen Ebene erleichtern Stigmata die Orientierung in sozialen Situationen und entlasten u. a. durch selektive, verzerrte Wahrnehmung. Außerdem stellt die betonte Abgrenzung eine Identitätsstrategie dar. Auf der gesamtgesellschaftlichen Ebene dienen Stigmata in verschiedener Hinsicht der Systemstabilisierung. Diese Interessengleichheit sorgt dafür, dass Stigmatisierungsprozesse allgegenwärtig und außerordentlich schwer reduzierbar sind. Grundsätzlich stehen alle ständig in der Gefahr, erfolgreich stigmatisiert zu werden. Die Folgen von Stigmatisierungen sind für Betroffene tiefgreifend: Kontaktverlust und Isolation, Interaktionsprobleme, Identitätsstörungen [→ Isolation]. Die Sozialisation in die Rolle eines Stigmatisierten geschieht in der primären Kindheitssozialisation, sofern das Stigma bereits vorhanden ist, fortlaufend in den Interaktionen mit den ‚Normalen' und besonders nachdrücklich als Klient spezieller Organisationen (auch Einrichtungen für behinderte Menschen), in denen eine neue soziale Identität konstruiert wird.

In der Behindertenforschung hat der Stigma-Ansatz beachtliche Aufmerksamkeit gefunden. Anstelle eines Eigenschaftspotenzials wird Behinderung hier als das Ergebnis von Zuschreibungsprozessen angesehen. Kernpunkt der theoretischen Analyse ist aber die ‚Stigma-Identitäts-These'. Stigmatisierende Zuschreibungen führen danach geradezu zwangsläufig zu einer massiven Gefährdung bzw. Veränderung der Identität stigmatisierter (behinderter) Menschen (vgl. Thimm 1975; 1985) [→ Identität]. Dieser Kausalzusammenhang kann allerdings nach dem gegenwärtigen Forschungsstand nicht bestätigt werden, deshalb muss der klassischen Stigma-Identitäts-These widersprochen werden: Stigmatisierungsfolgen sind weder zwangsläufig noch einheitlich, weil stigmatisierte (behinderte) Menschen entgegen einem gängigen Experten-Vorurteil durchaus in der Lage sind, dem Stigmatisierungsdruck zu begegnen (vgl. Neubert, Billich & Cloerkes 1991).

Ein Stigma kann als Sonderfall eines sozialen Vorurteils angesehen werden. Die Auseinandersetzung mit den Vorurteilen gegenüber behinderten Menschen gehört mit zu den wichtigsten Aufgaben der Behindertensoziologie und der Behindertenpädagogik. Vorurteile sind extrem starre, negative Einstellungen, die sich weitgehend einer Beeinflussung widersetzen. ‚Einstellung‘ ist also der neutrale Grundbegriff. Unter einer ‚Einstellung‘ verstehen wir ein stabiles System von positiven oder negativen Bewertungen (kognitive Komponente), gefühlsmäßigen Haltungen (affektive Komponente) und Handlungstendenzen (konative Komponente) in Bezug auf ein soziales Objekt. Am wichtigsten, gerade was Menschen mit Behinderungen betrifft, ist die affektive Komponente als Kern einer sozialen Einstellung. Einstellungen zu symbolischen oder abstrakten Konzepten (z. B. ‚Gesundheit‘ oder ‚körperliche Integrität‘) bezeichnet man als ‚Werte‘. Verwandte Begriffe sind ‚Meinung‘ bzw. ‚Überzeugung‘, wo der kognitive Aspekt überwiegt. Der Begriff ‚Soziale Reaktion‘ bezeichnet die Gesamtheit der Einstellungen und Verhaltensweisen gegenüber einem sozialen Objekt.

Die Vorurteils- oder Einstellungsforschung hat eine lange Tradition seit etwa 1930 mit einem Höhepunkt der Forschungsaktivität in den 1950er Jahren (Allport 1954). Zwischen 1960 und 1980 hat man sich dann auf die Einstellungen gegenüber Menschen mit Behinderungen konzentriert (zusammenfassend: Cloerkes 1985); der heutige Erkenntnisstand erscheint weitgehend gesichert. In der theoretischen Diskussion überwiegen zwei Positionen. Nach der ‚Konsistenz-Konzeption‘,

basierend auf Annahmen der ‚Theorien kognitiver Konsistenz bzw. Dissonanz‘, sind die Individuen bemüht, die drei Komponenten ihrer Einstellungen in Übereinstimmung zu bringen, mit dem Ergebnis einer einheitlichen Reaktion auf das jeweilige Einstellungsobjekt, die sich auch im tatsächlichen Verhalten niederschlägt. Die Vertreter der Gegenposition bevorzugen ein eindimensionales Konzept mit Beschränkung auf die affektiv-evaluative Ebene. Dies gelte insbesondere für sozial konfliktgeladene Einstellungsobjekte, zu denen auch behinderte Menschen zählen. Ein deutlicher Zusammenhang zwischen Einstellung bzw. Vorurteil und tatsächlich beobachtbarem Verhalten wird bezweifelt.

Bis heute wurden Hunderte von mehr oder weniger anspruchsvollen empirischen Untersuchungen zu den Einstellungen und Vorurteilen gegenüber Behinderten vorgelegt. Sie zeigen im Wesentlichen, dass es mit Ausnahme der Behinderungsart und der kulturellen Bedingtheit kaum eindeutige Bestimmungsgründe für ihre Existenz gibt: Es handelt sich also offensichtlich um bemerkenswert starre und grundlegende Haltungen. Der Nutzen derartiger Studien ist allerdings außerordentlich kritisch zu bewerten. Ihre Beliebtheit resultiert wohl vor allem aus der Tatsache, dass es ungleich aufwendiger wäre, das reale Verhalten zu erfassen. Die wichtigsten Kritikpunkte sind: Gravierende methodische Schwächen in Stichprobenauswahl und Messinstrumenten, Verfälschungstendenzen angesichts der Sensibilität des Themas, Überschätzung von „Wissen“ als Indikator für eine positive Haltung, Verkennung der Problematik, dass das Einstellungsobjekt oftmals kognitiv überhaupt nicht präsent ist, fehlende Trennung zwischen der Bewertung einer „Behinderung“ und der Einstellung zum „behinderten Menschen“ (Cloerkes 2007, 112 f.).

Der unterstellte direkte Zusammenhang zwischen gemessenen Einstellungen und dem tatsächlichen Verhalten konnte nirgendwo nachgewiesen werden. Die Bedeutung der Einstellungsforschung basiert ja auf der allgemein bekannten und selten hinterfragten Annahme, dass das Denken und Empfinden eines Individuums seinem Handeln vorausgeht und es verursacht. Übersehen wird dabei: Was wir denken und sagen und was wir schließlich tatsächlich tun unterliegt nicht dem gleichen Einfluss gesellschaftlicher Vorschriften. Die Tendenz, sich selbst in ‚sozial erwünschter' Weise darzustellen, ist gerade bei der Erfassung der Reaktion auf behinderte Menschen eine Fehlerquelle ersten Ranges; schließlich ist die gesellschaftlich offiziell erwünschte Haltung zu Kranken und Behinderten positiv und nicht negativ – Vorurteile hat es nicht zu geben. Von den gemessenen Einstellungen sind also bestenfalls gewisse Rückschlüsse auf das tatsächliche Verhalten möglich, mehr nicht. Die Erforschung der Einstellungen bzw. Vorurteile sollte daher immer durch zusätzliche Erfassung der Verhaltensdimension ergänzt werden, und zwar auch über qualitative Verfahren.

Grundsätzlich muss festgehalten werden: Was sich in den Köpfen der Menschen abspielt, ist die Einstellungsebene (Einstellung, Vorurteil, Wert, Stigma). Streng davon zu trennen ist immer die Ebene des tatsächlichen Verhaltens. Zwischen beiden Ebenen besteht nur ein begrenzter Zusammenhang, der keine eindeutigen Vorhersagen erlaubt. Im Übrigen ist die Bewertung einer Behinderung zu trennen von der Reaktion auf den Menschen mit einer Behinderung. Der einzelne Behinderte wird zudem im Allgemeinen positiver gesehen als seine Behindertengruppe. Dieser „Personalisierungseffekt" (Cloerkes 2007, 111 f.) sollte sowohl bei der Interpretation von Forschungsergebnissen als auch für die Praxis möglicher Strategien zur Veränderung von Einstellung und Verhalten gegenüber behinderten Menschen besondere Beachtung finden.

Der Ausgangspunkt für eine erfolgreiche Einflussnahme auf die nach wie vor beachtlichen Vorurteile in der Bevölkerung ist insgesamt nicht günstig. Das liegt vor allem daran, dass die soziale Reaktion auf Menschen mit Behinderungen wegen ihrer irrationalen und affektiven Basis eine erhebliche Änderungs-

resistenz hat. Ein ganz entscheidender Punkt scheint auch ihre kulturelle Bedingtheit zu sein. Aus dem *interkulturellen Vergleich* kennen wir zwar die außerordentlich große Variabilität in der Reaktion auf Menschen, die als ‚behindert' gelten, bei schwersten Behinderungen sind aber universell ungünstige Reaktionstendenzen zu beobachten (vgl. Neubert & Cloerkes 2001). Die Widersprüchlichkeit der gesellschaftlichen Normen in Bezug auf die soziale Rolle Behinderter führt im Übrigen zu schwerwiegenden Ambivalenzkonflikten, psychischen Abwehrstrategien und auf bloßer Scheinakzeptanz basierenden Reaktionsformen (vgl. Cloerkes 1984).

In der Literatur wird unterschieden zwischen Informationsstrategien, Kontakt, Simulation des Behindertseins bzw. Rollenspiel, Einwirkung auf persönlichkeitsspezifische Merkmale, Kombinationen verschiedener Strategien und Veränderung des normativen, gesellschaftlichen Kontextes. Eine Analyse der einschlägigen Forschungsergebnisse zeigt, dass es eine gezielt einsetzbare und erfolgssichere Vorgehensweise zur Bekämpfung der Vorurteile gegenüber behinderten Menschen noch nicht gibt. Allen Strategien im mikrosozialen Bereich gemeinsam sind zwei ganz wesentliche Einschränkungen: Ihr Erfolg hängt von der Bereitschaft der Adressaten ab, ihre Haltung überhaupt ändern zu wollen, und vorhandene ungünstige Haltungen können unter Umständen noch verstärkt werden. Der Wert massenmedialer Informationskampagnen wird allgemein überschätzt. Der Erfolg von Kontaktprogrammen steht und fällt mit der Beachtung zahlreicher qualitativer Bedingungen, deren Realisierung oft enge Grenzen gesetzt sind. Die anderen Strategien haben bestenfalls ergänzende Bedeutung (vgl. Cloerkes 2007, 136–156). In dieser Situation scheint es ratsam, das Forschungsinteresse verstärkt auf die Rahmenbedingungen der sozialen Reaktion auf Menschen mit Behinderungen zu lenken. Weil Vorurteile bereits in der frühesten Kindheit erlernt werden, dürften sich langfristig die besten Möglichkeiten aus der konsequent und sorgfältig vom Vorschulalter an geförderten sozialen Integration behinderter Menschen ergeben.

Literatur

Allport, Gordon W. (1954): The nature of prejudice. Cambridge (Mass.)

Cloerkes, Günther (1984): Die Problematik widersprüchlicher Normen in der sozialen Reaktion auf Behinderte. In: Vierteljahresschrift für Heilpädagogik und ihre Nachbargebiete 53, 25–40

Cloerkes, Günther (1985): Einstellung und Verhalten gegenüber Behinderten. Eine kritische Bestandsaufnahme der Ergebnisse internationaler Forschung. 3. Aufl., Berlin

Cloerkes, Günther (2007): Soziologie der Behinderten. Eine Einführung. 3. Aufl., Heidelberg

Goffman, Erving (1967): Stigma. Über Techniken der Bewältigung beschädigter Identität. Frankfurt a. M.

Hohmeier, Jürgen (1975): Stigmatisierung als sozialer Definitionsprozess. In: Brusten, Manfred & Hohmeier, Jürgen (Hrsg.): Stigmatisierung. 1. Zur Produktion gesellschaftlicher Randgruppen. Neuwied, 5–25

Neubert, Dieter & Cloerkes, Günther (2001): Behinderung und Behinderte in verschiedenen Kulturen. Eine vergleichende Analyse ethnologischer Studien. 3. Aufl., Heidelberg

Neubert, Dieter, Billich, Peter & Cloerkes, Günther (1991): Stigmatisierung und Identität. Zur Rezeption und Weiterführung des Stigma-Ansatzes in der Behindertenforschung. In: Zeitschrift für Heilpädagogik, 42, 673–688

Thimm, Walter (1975): Behinderung als Stigma. In: Sonderpädagogik, 5, 149–157

Thimm, Walter (1985): Soziologische Aspekte von Sehschädigungen. In: Rath, Waltraut & Hudelmayer, Dieter (Hrsg.): Pädagogik der Blinden und Sehbehinderten. Handbuch der Sonderpädagogik, Band 2. Berlin, 535–568

Behinderung/Institution

Dietmut Niedecken

1 Definition

Institution „Geistigbehindertsein": Ein Terminus, der von Dietmut Niedecken geprägt wurde (1989). Als ein umfassender Begriff mit psychoanalytischem Hintergrund [→ I Psychoanalyse] fasst er all jene Umstände zusammen, die das Leben und Erleben von Menschen mit geistiger Behinderung in Kultur und Gesellschaft bestimmen. Darüber hinausgehend erfasst er auch das Erleben derjenigen, die mit ihnen in Verbindung stehen. Er beschreibt ein vorgegebenes Regelwerk von diagnostischen Festlegungen, Rollenklischees und Verhaltensanweisungen, innerhalb dessen ein je individuelles Geschick als Naturkatastrophe definiert wird [→ Naturalistische Dogmen]. Auf diese Weise wird es in einer dem Denken undurchdringlichen Normalität des ‚Geistigbehindertseins' sowie des Umgangs damit institutionell abgesichert.

Die Zwänge der Institution Geistigbehindertsein stehen außerhalb subjektiver Verfügung. Es handelt sich um gesellschaftlich-kulturell festgelegte Muster, die institutionell all jene Mechanismen regeln und verwalten, die geeignet sind, Gefühle, die von dem Phänomen der geistigen Behinderung aufgestört wurden – Ängste, Schuldgefühle, aggressive Phantasien und Affekte – unbewusst zu halten und damit ihre Wirksamkeit festzuschreiben. In dieser gesellschaftlichen Unbewusstheit werden die Affekte destruktiv, gerade auch da, wo sie sich als Fürsorge verkleiden. Die davon bestimmten destruktiven Mechanismen können sich überall verwirklichen – bei der Diagnose-Stellung, bei rehabilitativen Maßnahmen aller Art, bei der Beschulung, bei der Unterbringung [→ VII Die gesellschaftliche Konstruktion von geistiger Behinderung]. Fatal ist, dass solche Mechanismen im Zuge der Institutionalisierung sich als geradezu natürliches Geschehen verkleiden und sich damit unhinterfragbar machen. Damit sind ihnen immer wieder auch jene unterworfen, die ausdrücklich darum bemüht sind, ihnen den Kampf anzusagen.

Der Begriff ist nicht auf einzelne Institute beschränkt gedacht. Vielmehr steht er in einem jeweils näher zu bestimmenden Verhältnis zu den Einzel-Instituten (Diagnostik- und Frühförderungs-Einrichtungen, Schulen, Wohn- und Arbeitseinrichtungen etc.), die im gesellschaftlichen Gesamt für das Leben geistig behinderter Kinder und Erwachsener zuständig sind. Innerhalb ihrer bietet er Rollendefinitionen, denen die Einzelnen sich nicht entziehen, und die nur in der Reflexion der ‚institutionellen Gegenübertragung‘ erfasst werden können. Nur dann kann es gelingen, die Zwänge der Institution Geistigbehindertsein – und auch nur punktuell – aufzulösen, wenn das Subjekt seine eigene Beteiligung am destruktiven Geschehen der Institution, seine institutionelle Gegenübertragung anerkennt und Verantwortung dafür übernimmt.

2 Begriffs- und Gegenstandsgeschichte

Der Begriff leitet sich aus zweierlei Quellen ab: Dem Buch „Das zurückgebliebene Kind und seine Mutter" von Maud Mannoni (1982), und dem Buch „Die gesellschaftliche Produktion von Unbewusstheit" von Mario Erdheim (1982). Mannoni vermutet, dass sich hinter den Diagnosen, mit welchen geistig behinderte Menschen belegt werden, Abwehren verbergen. Indem diese Abwehren als erstarrte Diagnostik-Schemata unhinterfragt angewendet werden, so sagt sie, „wird Krankheit zur Institution". Solche Zusammenhänge untersucht Mannoni allerdings lediglich im Zusammenhang einer gestörten Mutter-Kind-Beziehung.

Niedecken setzt sich von dieser Theorie mit ihrer latent schuldzuweisenden Tendenz ab, indem sie die Störung in einem destruktiven gesellschaftlichen Kontext verortet, in dessen Sog die individuelle Mutter-Kind-Beziehung geraten kann, ohne dass dieses Geschehen einer individuellen Verantwortung unterliegt.

Mario Erdheims Ansatz ist eine allgemein gefasste psychoanalytische Theorie der Institutionen. Er untersucht die Rolle, welche Institutionen bei der Herstellung des gesellschaftlich Unbewussten spielen, und d. h. bei der Zurichtung je subjektiver Deformationen im Sinne einer gesellschaftlichen ‚Normalität‘. Institutionen dienen demnach einer Unbewusstmachung von Ohnmacht durch Stimulierung und Einbindung von Omnipotenzphantasien in ein vorgegebenes Abwehrgefüge. Damit wird kritisches Potenzial zunichte gemacht und werden Rollen festgeschrieben, die der Erhaltung des status quo dienen und denen sich das Individuum nur schwer entziehen kann.

3 Zentrale Erkenntnisse

Diese Überlegungen aufgreifend, beschreibt Niedecken drei Organisatoren, in denen sich die Institution Geistigbehindertsein realisiert: Diagnostik, gesellschaftliche Phantasmen und Behandlungsmethoden.

ad 1) Diagnostik

An den Diagnosen, welche eine geistige Behinderung feststellen, fällt deren zweiseitige Wirkung ins Auge: Sie wirken als Schock, aber auch als Entlastung. Bei sehr frühen Diagnose-Mitteilungen überwiegt zunächst der Schock; wenn der Mitteilung indes eine lange Unsicherheit und Suche nach dem sicheren Wissen vorausgegangen ist, dann wird vornehmlich Entlastung erlebt. Immer jedoch spielt beides eine Rolle, und das Zusammenwirken der scheinbaren Sicherheit mit der Verzweiflung über die scheinbare Unabänderlichkeit eines als grausam empfundenen Schicksals nimmt seinen Lauf.

Als besonders erleichternd empfinden Eltern an der Diagnose den Umstand, dass mit der Aussage, etwas sei organisch bedingt, sich meist unmittelbar der erleichternde Gedanke verknüpft: „Dann sind wir ja nicht schuld, dafür können wir nichts, das ist Schicksal." Mit dieser Schuldentlastung werden jedoch jene Phantasmen endgültig ins Unbewusste verbannt, die als der zentrale Organisator des *Geistigbehindertwerdens* dem Schuldgefühl eigentlich zugrunde liegen. Es handelt sich um Phantasien der Ablehnung und des Nicht-Wollens, welche sich in der Zeit der ersten großen Verzweiflung zu auf das Kind gerichteten quälenden Tötungsphantasien verdichten. Die Eltern werden sich für solche Tötungsphantasien schuldig fühlen; es resultieren Selbstvorwürfe, welche durch die Diagnose-Mitteilung nicht zum Verstummen gebracht, welche aber durch die Rationalisierung: „Das ist rein organisch, Schicksal, dafür kannst du nichts!" zugedeckt und unbewusst gemacht werden können. Dadurch können sie im Unbewussten wirksam bleiben und die Eltern-Kind-Beziehung auf fatale Art unterminieren. Das Kind wird die Tötungsphantasien spüren und auf sie reagieren, die Eltern erkennen wiederum unbewusst die Todesangst des Kindes und fühlen sich daran schuldig. Die Diagnose wird nun dazu dienen, die Anzeichen von Todesangst beim Kind als ‚typische Symptomatik' zu verzeichnen, und sie damit ihrer Bedeutung zu entkleiden. Auf diese Weise werden die Schuldgefühle mit ihrem eigentlichen Hintergrund, den Tötungsphantasien, nicht etwa aufgelöst, vielmehr im Unbewussten verewigt, von wo aus sie eine stete Suche nach erneuter Bestätigung und Schuldentlastung erzeugen. Jede Geste des Kindes, die geeignet ist, Zweifel an der Sicherheit „dafür kannst du nichts, das ist organisch" zu wecken, werden in der eingeschränkten Wahrnehmung der Eltern zur ‚typisch behinderten' Aktionsweise – etwa wenn das Kind inaktiv bleibt, um sich der fast instinktiv gefürchteten Tötung

zu entziehen, wenn es ein „behindertes Lächeln" (Sinason 2000) entwickelt, oder wenn die Angst es in Unruhe und Kontaktabwehr treibt. Die durch solche phantasmatischen Zuschreibungen noch einmal verstärkte Todesangst des Kindes kann nicht mehr verstehend aufgenommen und beschwichtigt werden, und wird zum quasi-körperlichen Symptom, zur ‚Stereotypie'. Dass bei der Eigenart der Angstreaktion die Disposition des Kindes eine prägende Rolle spielt, sorgt für eine weitere scheinbare Bestätigung der aus der Diagnose abgeleiteten phantasmatischen Zuschreibungen, und so kann ein Circulus vitiosus entstehen, in welchem Todesangst zur ‚typischen' Behinderungssymptomatik erstarrt.

Fachleute übernehmen in dieser Inszenierung leicht eine bestimmte Rolle: Die der Instanz, welche wieder und wieder die Eltern von ihren Schuldgefühlen freizusprechen hat, indem sie die Gültigkeit der Diagnose bestätigt. Es bleibt dabei unerkannt, dass die Behauptung einer solchen freisprechenden Instanz gleichzeitig die Schuld unbewusst festschreibt. Freisprechen kann jemand ja nur von einer Schuld, die tatsächlich besteht, und auch nur dann, wenn die freisprechende Instanz selbst darüber erhaben ist. Damit wird eine permanente Abhängigkeitskonstellation eingerichtet, in welcher die Eltern den Fachleuten eine große Macht über das zugestehen, was sie sich wahrzunehmen trauen. Ihre Wahrnehmung vom Kind wird tendenziell auf das eingeschränkt, was die Fachleute ihnen wahrzunehmen nahe legen.

ad 2) Phantasmen

Zentral ist schon in Maud Mannonis Auseinandersetzung mit dem Phänomen der geistigen Behinderung das, was sie „mütterliche Phantasmen" nennt. Klinische Erfahrung bestätigte ihr immer wieder, dass die frühe Beziehung einer Mutter zu ihrem sich geistig behindert entwickelnden Kind geprägt ist von Phantasmen, welche sich auf der unerträglichen Enttäuschung darüber aufbauen, dass das Kind nicht den Traum vom besseren Leben wird erfüllen können. Das Kind wird dann zum Projektionsobjekt, in welchem alles Versagen, alle phantasierte Minderwertigkeit etc. untergebracht werden, so dass das Kind seinen eigenen Lebenswunsch nur mehr gefiltert durch die enge Wahrnehmungsperspektive dieser Phantasmen zur Geltung bringen kann. Niedecken kritisiert diese Einengung aufs Private der Mutter-Kind-Beziehung und geht darüber hinaus, indem sie aufzeigt, wie im kulturellen Kontext bestimmte Konstrukte bereitliegen, welcher sich die Eltern, wo sie mit nicht erträglichen Ängsten und Schuldgefühlen für ihre Tötungsphantasien alleingelassen sind, bedienen müssen. Phantasmen bieten sozusagen einen ersatzweisen Halt für die durch die fatale Vorstellung, „dieses Kind wird nie so werden, wie du es dir vorstellen kannst und gewünscht hast", verloren gegangene Orientierung. Solche phantasmatischen Konstrukte werden oft schon in den Diagnosen als prognostische Einschätzung mitgeliefert, und realisieren sich in den beschriebenen Mechanismen von Schuldentlastung und Unbewusstmachung von Tötungsphantasien. Sie sind als kollektiv gültige Abwehren archaischer Ängste – Ohnmacht, Ängste vorm vollkommenen Ausgeliefertsein, Ängste vor überwältigender Triebhaftigkeit, Ängste vor Bloßstellung und Demütigung, Ängste schließlich vor Vernichtung – präformiert, sie bieten sich in der Not der totalen Verunsicherung an wie Strohhalme, an die die Eltern sich klammern, um die von Untergang bedrohte Eltern-Kind-Beziehung zu retten. Die Abwehrmechanismen geben Sicherheit, zugleich aber engen sie die Wahrnehmung der Eltern von ihrem Kind, und damit auch die des Kindes von sich selbst, in einer Weise ein, die die Entfaltung von dessen Neugierde und geistigen Aktivität behindert: Sie sind im wahrsten Sinne behindernde Mechanismen.

Zwei besondere phantasmatische Konfigurationen, sozusagen Extreme des Phantasma, organisieren sich um die Diagnosen *Down-Syndrom* einerseits, *frühkindlicher Autismus* andererseits. Im einen Fall werden die Abhängigkeit des Kindes, seine angebliche Unfähigkeit, von sich aus Entwicklungsschritte zu unternehmen, zugleich seine Aggressionsarmut und Freundlichkeit betont. Die darin zum Ausdruck kommende Angst vor der Ohnmacht kippt dann leicht in die vor dem Monsterkind, dem ganz Fremden, Bedrohlichen [→ Behinderung als sozial- und kulturwissenschaftliche Kategorie]. Dieses Kippen geschieht besonders häufig im Zuge der pubertären Triebentwicklung – womit deren Bewältigung besonders erschwert wird. Im Fall des Autismus wird im Gegenteil das ganz Fremde, vollkommen Autonome, auf niemanden und nichts angewiesene Dasein, also eine phantasmatische Allmacht betont, ja idealisiert. Neid und Frustration darüber, sich derart überflüssig gemacht zu fühlen, werden dann projektiv im Gegenüber bekämpft, und jede Not, Angst, Unfähigkeit des Kindes im Sinne dieser Projektion missverstanden.

ad 3) Behandlungsmethoden

An den beiden genannten zueinander komplementären phantasmatischen Konfigurationen orientieren sich jene Behandlungsmethoden, welche, auf einer defektorientierten Diagnose beruhend, Anpassung erreichen wollen, ohne nach den Bedeutungen der Symptome für Kind und Eltern bzw. nach dem eigenen Wunsch des Kindes zu suchen. Als Extreme können defektorientierte Frühförderung einerseits, behavioristische Verhaltensmodifikation andererseits gelesen werden.

Eine am Defekt orientierte Frühförderung geht aus von der totalen Verunsicherung in der frühen Eltern-Kind-Situation, in welcher Eltern vom Diagnose-Schock noch so mitgenommen sind, dass sie ihrer Wahrnehmung und ihren Gefühlen nicht mehr trauen. Sie setzt an die Stelle der verloren gegangenen eigenen Orientierung die Scheinsicherheit klarer Verhaltensanweisungen und angebbarer Lernziele, und in ihrem Extrem neigt sie dazu, aus den Eltern in endloser Verpflichtung sich erschöpfende Handlanger, aus den Kindern willenlos-brave Zombies zu machen [→ III Frühförderung als kooperativer Prozess und Prävention vor Intervention].

Die behavioristisch begründete Verhaltens-modifikation gründet hingegen auf einem schon eingespielten Scheitern von Beziehungsaufnahme, also eine bereits ausgebildeten „typischen" Symptomatik, und die entsprechende Reaktion der Bezugspersonen, die in Resignation und Hass umzuschlagen droht. Der Hass, der bis dahin in seiner Intensität unerträglich und daher mühevoll unterdrückt war, bekommt durch die verhaltenstherapeutischen Anweisungen eine Form, in welcher er als Halt gebend und konstruktiv erlebt werden kann.

Beide Behandlungsmethoden beruhen darauf, dass sie eine unerträgliche Situation in eine umwandeln, in welcher die Eltern das Gefühl erhalten, wieder etwas tun zu können, wieder die Kontrolle zu haben, nicht mehr vollkommen ohnmächtig ausgeliefert zu sein. Dies ist ihr jeweils konstruktiver Aspekt, der allerdings erkauft wird davon, dass von solchen Methoden die eigene Wahrnehmung der Eltern nur gefiltert, der eigene Wunsch des Kindes kaum oder gar nicht gesehen, geschweige denn respektiert wird.

4 Forschungsstand, Ausblick

Der Begriff hat in der pädagogischen Diskussion bereits einige Anwendungen und Weiterentwicklungen gefunden. Wesentliche Beiträge stammen von Wolfgang Jantzen und von Maria Becker.

Wolfgang Jantzen gebraucht ihn im Zusammenhang mit seiner Theorie von der „Rehistorisierung" (2004, 2005). Die in der ‚Institution Geistigbehindertsein' zeitlos gemachte Gültigkeit von Definitionen soll durch die Erarbeitung und Anerkennung der je individuellen Lebens- und Leidensgeschichte nach und nach aufgehoben und subjektiver Bedeutungsgebung damit wieder Raum gegeben werden.

Maria Becker zeigt in „Begegnung im Niemandsland" (2002), dass im Umgang mit schwerst mehrfach behinderten Menschen

ein ‚rationaler Mythos' am Werke ist, der den Gesten und Handlungen der Betroffen jede subjektive Intentionalität abspricht. Dieser rationale Mythos setzt sich in diagnostisch-festlegenden Definitionen durch und unterwirft, wo er nicht als spezifischer Gegenübertragungs-Widerstand reflektiert wird, jedes therapeutische Handeln dem Zwang der Institution Geistigbehindertsein.

Niedecken (mit Lauschmann und Pötzl) unternimmt es in „Psychoanalytische Reflexion in der pädagogischen Praxis" (2003) sowie in zwei Folgearbeiten (2006, 2007) eine engere Anbindung der Theorie von der Institution Geistigbehindertsein an den corpus der psychoanalytischen Theorie einzurichten. Dazu greift sie zunächst Adornos Kritik an der Ausschlussfigur des bürgerlichen Individuums auf (vgl. auch Jantzen o. J.) und verbindet sodann die Theorie der Institutionen von Erdheim mit Wilfred Bions Gruppentheorie (2001). Hier bestimmt sie auch das Verhältnis der einzelnen Institute zur Gesamtinstitution: Einzelinstitute können einer paranoiden Abwehr der aktualisierten Ängste dienen und damit die Mechanismen der Institution Geistigbehindertsein im ‚Kampf-Flucht-Modus' festschreiben; sie können aber auch der Aufnahme und Fassung dieser Ängste dienen, dergestalt, dass diese Ausdruck finden und ertragen werden können. Auf diesem Weg können die Zwänge der phantasmatischen Verstrickung aufgelöst und in Möglichkeiten der Solidarisierung transformiert werden.

Literatur

Becker, Maria (2002): Begegnung im Niemandsland. Weinheim

Bion, Wilfred (2001): Erfahrungen in Gruppen. Stuttgart

Erdheim, Mario (1982): Gesellschaftliche Produktion von Unbewusstheit. Frankfurt a. M.

Jantzen, Wolfgang (2005): „Es kommt darauf an, sich zu verändern …" – Zur Methodologie und Praxis rehistorisierender Diagnostik und Intervention. Gießen

Jantzen, Wolfgang (2004): Segregation und Integration in historischer Perspektive. In: Jantzen, Wolfgang: Materialistische Anthropologie und postmoderne Ethik. Bonn, 87–106

Mannoni, Maud (1982): Das zurückgebliebene Kind und seine Mutter. Olten

Niedecken, Dietmut (1989): Namenlos. Geistig Behinderte verstehen. IV/2003. Weinheim

Niedecken, Dietmut (2006): Gewaltlose Integration des Divergierenden. In: Psyche – Z Psychoanal 60, 625–651

Niedecken, Dietmut (2008): Zerstörung des Denkens in Institutionen. In: Niedecken, Dietmut (Hrsg): „Szene und Containment. Wilfred Bion und Alfred Lorenzer: ein fiktiver Dialog". Marburg

Niedecken, Dietmut, Lauschmann, Irene & Pötzl, Marlies (2003): Psychoanalytische Perspektiven in der pädagogischen Praxis. Weinheim

Sinason, Valerie (2000): Geistige Behinderung und die Grundlagen menschlichen Seins. Weinheim

Behindertenbewegung

Swantje Köbsell

1 Definition

Die deutsche Behindertenbewegung, auch autonome oder emanzipatorische Behindertenbewegung genannt, ist eine soziale Bewegung behinderter Menschen, die Ende der 1970er Jahre entstand. Zentrale Forderungen waren und sind die nach Nicht-Aussonderung, Selbstbestimmung und Selbstvertretung. Mit dem zunehmenden Selbstverständnis als Bürgerrechtsbewegung und der damit einher gehenden Einmischung in Gesetzgebungsprozesse kamen die Forderungen nach gesellschaftlicher Teilhabe und rechtlicher Gleichstellung hinzu.

2 Gegenstandsgeschichte

Nach dem 2. Weltkrieg spielten ‚Zivilbehinderte' zunächst keine Rolle, wohingegen sich die Kriegsopferverbände bereits kurz nach Kriegsende neu gründeten. Später entstanden Elternvereinigungen, die sich auf eine bestimmte Beeinträchtigung bezogen, die bekannteste ist die 1958 gegründete ‚Lebenshilfe für das geistig behinderte Kind'. An eine Integration behinderter Kinder in Regelkindergärten und -schulen wurde damals nicht gedacht, und so entstand ein bundesweites Netz von Sondereinrichtungen.

Die gesellschaftliche Aufbruchstimmung der späten 1960er und frühen 1970er beeinflusste auch die inzwischen herangewachsenen Kinder der Vereinsgründer. Sie begannen nach Betätigungsfeldern außerhalb der von Eltern und Fachleuten dominierten Vereine zu suchen. 1968 gründete sich der „Club 68", der Vorläufer der „Clubs Behinderter und ihrer Freunde" (Cebeef). In den Clubs trafen sich jüngere behinderte und nichtbehinderte Menschen, um in partnerschaftlichem Zusammenwirken Vorurteile abzubauen und gegenseitiges Verständnis zu fördern. Der inhaltliche Schwerpunkt der Cebeefs lag zunächst auf der gemeinsamen Freizeitgestaltung, doch zunehmend brachten sich die Clubs auf kommunalpolitischer Ebene ein, um Barrieren im Alltag abzubauen [→ V Barrieren], von denen es Anfang der 1970er Jahre viele gab.

Zunehmend wurde behinderten Menschen klar, dass nicht ihr körperlicher Zustand für ihre Ausgrenzung verantwortlich war, sondern eine Gesellschaft, die sie ausgrenzte – und dass sie sich dagegen wehren konnten und mussten. Gusti Steiner und der nichtbehinderte Publizist Ernst Klee veranstalteten ab 1974 in Frankfurt Volkshochschulkurse, die sich mit der Ausgrenzung behinderter Menschen befassten. Aus den Kursen gingen für die damalige Zeit ,unerhört' provokative Aktionen hervor, wie z. B. Straßenbahnblockaden. Behinderte, die sich wehrten, waren ein absolutes Novum.

Ein politischeres Herangehen an das Thema ,Behinderung' hatten die ab 1978 um Franz Christoph und Horst Frehe gegründeten Krüppelgruppen. Christoph und Frehe entwickelten den „Krüppelstandpunkt", in dem die Unterdrückung Behinderter als kulturelle Versklavung begriffen wurde. Angestrebt war nicht die Partnerschaft mit Nichtbehinderten, sondern Konfrontation (vgl. Frehe 1984).

Auf diesem Hintergrund erfolgte die Gründung der Bremer Krüppelgruppe, der weitere in anderen Städten folgten. Schon der Name war Provokation und als solche auch gedacht: „Immer wieder werden wir danach gefragt, warum wir uns als Krüppel bezeichnen [...]. Der Begriff Behinderung verschleiert für uns die wahren gesellschaftlichen Zustände, während der Name Krüppel die Distanz zwischen uns und den sogenannten Nichtbehinderten klarer aufzeigt. Durch die Aussonderung in Heime, Sonderschulen oder Rehabilitationszentren werden wir möglichst unmündig und isoliert gehalten. Andererseits zerstört die Überbehütung im Elternhaus jede Möglichkeit unserer Selbstentfaltung. Daraus geht hervor, dass wir nicht nur behindert (wie z. B. durch Bordsteinkanten), sondern systematisch zerstört werden. Ehrlicher erscheint uns daher der Begriff Krüppel, hinter dem die Nichtbehinderten sich mit ihrer Scheinintegration („Behinderte sind ja auch Menschen") nicht so gut verstecken können" (N. N. 1982, 2).

Die Krüppelgruppen blieben Nichtbehinderten verschlossen. Nach dem Vorbild der Frauengruppen wollte man sich untereinander über Ausgrenzungserfahrungen [→ III Integration und Exklusion] austauschen, um dann gemeinsam Strategien des Widerstands

zu entwickeln. Dies ging nur ohne Nichtbehinderte, die als Nichtbetroffene ohnehin nicht mitreden konnten. Der Ausschluss Nichtbehinderter sollte deren Dominanz vermeiden, war aber auch Ausdruck eines neuen Selbstbewusstseins. Die Krüppelgruppen gaben von 1979 bis 1985 die Krüppelzeitung heraus.

Viele Nichtbehinderte, vor allem solche, die in der ,Behindertenarbeit' tätig waren, fühlten sich von den Krüppelgruppen zutiefst provoziert – wurden sie doch als Unterdrücker bezeichnet. Und auch unter Behinderten war die Herangehensweise der Krüppelgruppen nicht unumstritten.

Ende der Siebzigerjahre gab es somit verschiedenste Gruppen, die sich mit der Ausgrenzung Behinderter beschäftigten, von einer ,Bewegung' konnte jedoch noch nicht die Rede sein. Ein erster Schritt in diese Richtung waren die 1980 durch das ,Frankfurter Urteil' ausgelösten Proteste. In diesem Gerichtsurteil war einer Urlauberin, die sich durch behinderte Menschen in ihrem Hotel gestört fühlte, die Minderung ihres Reisepreises zuerkannt worden. Höhepunkt der Proteste war eine Demonstration mit 5000 – mehrheitlich behinderten – Teilnehmern, die das Selbstbewusstsein der im Entstehen begriffenen Bewegung festigte.

Der wirkliche Geburtshelfer der Bewegung war das UN-Jahr der Behinderten 1981, von seinen Gegnern in ,Jahr der Behinderer' umbenannt. Um Behindertenfunktionären und Politikern keine Gelegenheit zur Selbstbeweihräucherung zu geben, besetzte ein gruppenübergreifendes Aktionsbündnis bei der Eröffnungsveranstaltung am 24. Januar in Dortmund unter dem Motto „Jedem Krüppel seinen Knüppel" (vgl. Steiner 1983, 88) die Bühne und sprach sich gegen Aussonderung und Menschenrechtsverletzungen an Behinderten aus [→ Menschenrechte und Behinderung]. Den Abschluss des Jahres seitens der Behindertenbewegung bildete das ,Krüppeltribunal', das Menschenrechtsverletzungen an behinderten Menschen zur Anklage brachte.

Nach der aktionsgeladenen Anfangszeit ging es in den folgenden Jahren um die Verbesserung der Lebensbedingungen behinderter Menschen. Dies erfolgte vor allem durch Schaffung von Infrastruktur wie ambulanten Diensten und politische Selbstvertretung.

Einer der ersten ambulanten Hilfsdienste nahm 1978 in München seine Arbeit auf. Dadurch erhielten Behinderte erstmals die Möglichkeit, ,Helfer' zur selbstbestimmten Gestaltung ihres Alltags einzusetzen. In der Folge entstanden an vielen Orten der Bundesrepublik ambulante Hilfsdienste, viele von Behinderten selbst initiiert und geleitet. Darauf aufbauend wurde Ende der 1980er das Konzept der Persönlichen Assistenz in Deutschland eingeführt und z. B. in den Assistenzgenossenschaften umgesetzt.

Parallel zum Aufbau der Ambulanten Dienste wurde ein großer Bedarf an Beratung offensichtlich. Auf die an manchen Orten bereits vorhandene Idee der Beratung Behinderter durch Behinderte traf 1982 das angloamerikanische Konzept des ,Independent Livings', das in Deutschland als ,Selbstbestimmt Leben' Verbreitung fand. Im November 1986 wurde in Bremen ,Selbstbestimmt Leben' eröffnet, die erste von mittlerweile über zwanzig Beratungsstellen bzw. ,Zentren für Selbstbestimmtes Leben'. Dort wird einerseits behinderten Menschen ganz konkret geholfen, andererseits soll durch politische Aktivitäten die Situation für alle Behinderten verbessert werden.

1990 wurde die ,Interessenvertretung Selbstbestimmt Leben Deutschland' (ISL) gegründet, der Dachverband der Selbstbestimmt-Leben-Zentren, der die Arbeit der Zentren politisch unterstützt und in dem, wie in den Zentren auch, alle Entscheidungen von Behinderten selbst getroffen werden. Die ISL vertritt die Behindertenbewegung im 1999 gegründeten Deutschen Behindertenrat.

Wichtige Voraussetzungen für ein selbstbestimmtes Leben sind eine barrierefreie Umwelt und Mobilität. In beiden Bereichen hat sich die Behindertenbewegung frühzeitig engagiert und insbesondere um die Mobilität ist hart gekämpft worden. Das Ziel ,Bus und Bahn für alle' ist zwar noch nicht flächendeckend erreicht, aber vielerorts ist man ihm wesentlich näher gekommen.

Inspiriert durch die US-amerikanische Gesetzgebung und ihre positiven Auswirkungen für Behinderte gewann ab 1986 die Diskussion um Antidiskriminierungsgesetze zunehmend an Bedeutung. Auch die traditionellen Behindertenverbände begannen sich für das Thema zu interessieren, was zur Gründung des ,Initiativkreis Gleichstellung Behinderter' führte, der mit dem ,Düsseldorfer Appell' 1991 auf die Notwendigkeit gesetzlicher Regelungen (Änderung des GG, Gleichstellungsgesetze auf Bundes-/Länderebene) zur rechtlichen Gleichstellung Behinderter aufmerksam machte.

Zunehmend entwickelte sich für diesen Themenkreis eine funktionierende Zusammenarbeit zwischen Organisationen und Einzelpersonen aus der Behindertenbewegung und den großen Behindertenverbänden. Dieser ,großen Koalition' gelang es, Politikerinnen und Politiker von der Notwendigkeit zu überzeugen, dass Diskriminierungsschutz für Behinderte ins Grundgesetz gehört, so dass bei der Grundgesetzänderung 1994 in Artikel 3, Absatz 3 der Satz aufgenommen wurde „Niemand darf wegen seiner Behinderung benachteiligt werden."

Im Koalitionsvertrag der rot-grünen Koalition wurde 1998 die Verabschiedung eines Gleichstellungsgesetzes festgeschrieben. Zur Umsetzung des Vorhabens bedurfte es indes noch zahlreicher Aktivitäten seitens der Behindertenbewegung sowie der engagierten Unterstützung des Behindertenbeauftragten. Das Behindertengleichstellungsgesetz (BGG), das am 01. 05. 2002 in Kraft trat, regelt die Verpflichtungen des Bundes zur Gleichstellung behinderter Menschen; eine große Errungenschaft des Gesetzes ist die Anerkennung der Deutschen Gebärdensprache. Da das BGG nur die Anforderungen an Einrichtungen des Bundes klärte, brauchte es zur rechtlichen Gleichstellung weitere Gesetze, nämlich Landesgleichstellungsgesetze sowie ein zivilrechtliches Antidiskriminierungsgesetz. Berlin verabschiedete 1999 das erste Landesgleichstellungsgesetz, im Mai 2007 hatte lediglich Niedersachsen noch keines. Das zivilrechtliche Allgemeine Gleichbehandlungsgesetz (AGG) trat am 18.08.2006 in Kraft, nachdem es vor allem von Seiten der CDU und FDP große Widerstände dagegen gegeben hatte, behinderte Menschen aufzunehmen.

Ein weiteres zentrales Thema der Behindertenbewegung war und ist das Lebensrecht behinderter Menschen, bzw. die negative Bewertung behinderten Lebens und deren Folgen. Anfänglich vor allem historisch orientiert, begann man sich zunehmend mit aktuellen Entwicklungen im Hinblick auf (Zwangs-)Sterilisation, selektive Abtreibung nach Pränataldiagnostik und Sterbehilfe [→ Bioethik] zu befassen, diese kritisch zu hinterfragen und öffentlich für das Lebensrecht Behinderter Stellung zu nehmen. 1989 wurde unter dem Motto „Unser Lebensrecht ist nicht diskutierbar" mit anderen kritischen Gruppen eine Kampagne gegen die Einladung des australischen Bioethikers Peter Singer [→ Euthanasie] [→ Eugenik] durchgeführt, die zu dessen Ausladung führte. Ab 1994 gab es eine vergleichbare Kampagne gegen die ‚Bioethikkonvention' des Europarates, mit der verhindert wurde, dass die Bundesregierung das Dokument unterzeichnete. Inzwischen hat das Thema nicht mehr diesen Mobilisierungseffekt: Als Singer 2004 nach Heidelberg eingeladen war, gab es zwar Protest, ein großes Bündnis, das sein Auftreten verhindern sollte, kam jedoch nicht zustande.

Die Thematik der Selektion durch vorgeburtliche Untersuchungen in Kombination mit Abtreibung hat die Behindertenbewegung seit ihrer Entstehung begleitet. Dabei wurde durchgängig und weitgehend einheitlich die gleiche Position vertreten: Die Möglichkeit des Schwangerschaftsabbruches an sich wurde und wird bejaht, die Abtreibung eines bestimmten Fötus aufgrund dessen mangelhafter Qualität jedoch abgelehnt und

als vorgeburtliche Diskriminierung und Ablehnung behinderten Lebens kritisiert. Diese Haltung hat, vor allem in feministischen Zusammenhängen, immer wieder zu äußerst heftigen und kontroversen Diskussionen geführt.

Sehr früh begannen behinderte Frauen, die ihre Anliegen in den männlich dominierten Krüppelgruppen nicht ausreichend repräsentiert sahen, ihre eigenen Wege zu gehen. Unter dem Schlagwort der ‚doppelten Diskriminierung' machten sie darauf aufmerksam, was es bedeutet, in Personalunion zwei benachteiligten Gruppen anzugehören. 1985 erschien ein Buch von behinderten Frauen, dessen Titel „Geschlecht behindert – besonderes Merkmal Frau" (Ewinkel et al.) das Problem auf den Punkt brachte. Das Buch ist trotz seines Alters immer noch *der* Klassiker zum Thema Frau und Behinderung [→ Geschlecht].

Behinderte Frauen begannen, sich in die Diskussion um Gleichstellungsgesetze einzumischen und brachten umfangreiche Forderungskataloge erfolgreich in die Debatte ein: Sowohl das Behinderten- wie auch die Landesgleichstellungsgesetze und auch das SGB IX sehen die Berücksichtigung der besonderen Belange behinderter Frauen vor.

Anfang der Neunzigerjahre begannen sich behinderte Frauen in Netzwerken auf Länderebene zusammenzuschließen; 1998 erfolgte die Gründung des Bundesnetzwerkes unter dem Namen ‚Weibernetz e.V. – Bundesnetzwerk von Frauen, Lesben und Mädchen mit Beeinträchtigungen', das die politische Interessenvertretung behinderter Frauen wahrnimmt.

Neben dem Auslösen der Kontroverse um den selektiven Schwangerschaftsabbruch ist es ein großer Verdienst behinderter Frauen, das Thema ‚sexuelle Gewalt gegen behinderte Mädchen und Frauen' in die Öffentlichkeit gebracht zu haben. Ein Erfolg der Hartnäckigkeit, mit der sich behinderte Frauen für ihre Belange einsetzen, ist z. B. die Änderung des Sexualstrafrechts von 2004, wodurch der Schutz behinderter Menschen vor sexueller Gewalt verbessert wurde.

Seit 2001 werden die aus den USA und Großbritannien stammenden Disability Studies diskutiert [→ Disability Studies]. 2002 wurde die Arbeitsgemeinschaft ‚Disability Studies Deutschland – wir forschen selbst‘ gegründet. Die Gruppe ist ein Zusammenschluss von behinderten Wissenschaftler/innen und Aktivist/innen aus der Behindertenbewegung, die daran interessiert sind, dass Disability Studies auch in Deutschland bekannt und anerkannt werden. Die Sommeruni ‚Disability Studies – Behinderung neu denken‘, die im Rahmen des Europäischen Jahres der Menschen mit Behinderungen im Juli 2003 in Bremen stattfand, bot erstmals den Rahmen, Disability Studies innerhalb der Bewegung zu diskutieren.

Entscheidend für die Disability Studies ist die Abkehr vom medizinischen oder individuellen Modell von Behinderung, dem ein soziales Modell gegenübergestellt wird. Danach ist Behinderung keine Eigenschaft des Individuums sondern ein Konstrukt, das im gesellschaftlichen Austausch hergestellt wird [→ Behinderung als sozial- und kulturwissenschaftliche Kategorie]. Die deutsche Behindertenbewegung wandte sich ebenfalls frühzeitig gegen das medizinische Modell von Behinderung mit seinen negativen Zuschreibungen und seiner Defektorientierung, allerdings mit anderer Terminologie. Der zentrale Begriff war hier der der Aussonderung, verbunden mit der politischen Forderung nach Abschaffung aussondernder Einrichtungen und dem Aufzeigen aussondernder gesellschaftlicher Mechanismen und deren Folgen. Ein explizites ‚soziales Modell von Behinderung‘ wurde nie formuliert, implizit war es jedoch immer vorhanden. Trotz Kritik am medizinischen Modell und ausgeübter Wissenschaftskritik kam es hier jedoch nicht zur Entwicklung eines vergleichbaren ‚eigenen‘ wissenschaftlichen Ansatzes.

3 Ausblick

Die deutsche Behindertenbewegung hat sich verändert: Aus der locker organisierten ‚kleinen radikalen Minderheit‘ der ersten Jahre haben sich etablierte Organisationen entwickelt. Was früher unvorstellbar war: heute gibt es einen eigenen Dachverband, Projekte werden mit Mitteln von ‚Aktion Mensch‘ (früher ‚Aktion Sorgenkind‘) finanziert und zu bestimmten Fragen wird mit den großen Behindertenverbänden zusammengearbeitet.

Wenn man auch gegenüber der ‚wilden‘ Anfangszeit feststellen muss, dass tatsächlich vieles angepasster geworden, die Konfrontation eher der Kooperation gewichen ist und die Aktionen nicht mehr so spektakulär sind, so zeigt sich doch, dass sich die Behindertenbewegung in ihren wesentlichen Inhalten treu geblieben ist. Von Anfang an bis heute ging und geht es darum, behinderten Menschen ein selbstbestimmtes Leben zu ermöglichen und ihnen Kontrolle über ihr eigenes Leben zu verschaffen.

Literatur

Boll, Silke, Ewinkel, Carola, Hermes, Gisela, Kroll, Bärbel, Lübbers, Sigrid & Schnartendorf, Susanne (Hrsg.) (1985): Geschlecht: behindert – Besonderes Merkmal: Frau. Ein Buch von behinderten Frauen. München

Frehe, Horst (1984): Konfrontation oder Integration. In: Gerber, Ernst P. & Piaggio, Lorenzo (Hrsg.): Behinderten-Emanzipation. Körperbehinderte in der Offensive. Basel, 104–129

N. N. (1982): Warum Krüppel? In: Krüppelzeitung 1, 82, 2

Steiner, Gusti (1983): In eigener Sache. In: Deppe-Wolfinger, Helga (Hrsg.): behindert und abgeschoben. Zum Verhältnis von Behinderung und Gesellschaft. Weinheim, 79–92

Geschlecht

Ulrike Schildmann

1 Definition, Begriffs- und Gegenstandsgeschichte

Der Begriff Geschlecht weist etymologisch zwei unterschiedliche Bedeutungen auf: Er definiert das Geschlecht im biologischen Sinne von männlich bzw. weiblich; im historischen Kontext zeigt er aber auch Familienzugehörigkeit bzw. Blutsverwandtschaft an. In ihrer Auseinandersetzung mit den sozialen Dimensionen dieses Begriffs macht Regina Becker-Schmidt folgende Ausführungen zur Begriffsgeschichte: „,slahta' (ahd.) bezeichnet ebenso die Blutsverwandtschaft wie die Familie als soziale Einheit. ,Geslehte' bezieht sich auf das Menschengeschlecht und es wird nicht unterschieden, ob menschliche Eigenschaften ererbt oder kulturell erworben sind. ,Slahan' heißt einfach soviel wie: ,Nach der Art schlagen, dieselbe Richtung einschlagen.' ,Gesleht' (mhd.) steht als Kollektivum für verwandtschaftliche Einheiten und trennt die Generationen nicht in eine weibliche und eine männliche Hälfte. Das Wort verweist überdies auf historische Prozesse: auf Genealogien, Familiengeschichten. Erst im Spätmittelalter ist ,Geschlecht' auch als Hinweis auf den natürlichen Genus in Gebrauch. Durch seine ganze Entwicklung hindurch behält der Begriff seine Vielschichtigkeit bei: er umfasst die Gesamtheit der Merkmale, die ein Lebewesen als männlich oder weiblich bestimmen, sowie: Familie, Generation, Art, Genus" (Becker-Schmidt 1993, 38).

Mit der Polarisierung der Geschlechtscharaktere in der Neuzeit wurden die Geschlechterunterschiede ab der zweiten Hälfte des 19. Jahrhunderts „als Ausdruck der von Natur aus unterschiedlichen Körperlichkeit der Geschlechter begründet" (Bublitz 1993, 62). In dieser Tradition steht auch das heutige allgemeine Sprachverständnis von Geschlecht. Die neuere feministische Forschung versucht nun aber, die Einseitigkeit dieses Begriffsverständnisses bewusst zu machen und das biologische Geschlecht wieder in seinen gesellschaftlichen Zusammenhang zu rücken, ohne den es nicht existiert. Die Auseinandersetzung um die biologischen und die kulturellen Anteile des Geschlechts spiegelt sich vor allem in der – ursprünglich aus Nordamerika stammenden – Debatte über ,sex and gender' wider [→ IX Körper und Geschlecht].

2 Zentrale Erkenntnisse, Forschungsstand

2.1 ,Sex and Gender' oder ,Doing Gender'?

Sex and Gender ist das englischsprachige Begriffspaar, das in den 1990er Jahren auch Einzug in die deutsche Frauen- und Geschlechterforschung hielt. Deutlich gemacht werden sollte damit der Unterschied ebenso wie die Verwobenheit zwischen der biologischen und der kulturellen Seite des Geschlechts, die Regina Becker-Schmidt folgendermaßen charakterisiert: „Körperlichkeit im Sinne ihrer anatomischen Phänomenologie […] samt den mit ihr verbundenen Vorstellungen von kreatürlicher Sexualität, organischen Ausstattungen und Potenzen spielt eine entscheidende Rolle in den Interpretationen, mit denen die beiden Geschlechter ihre Bedeutung für die generative Reproduktion der Menschheit begründen […] Die Selbst- und Fremddefinitionen des sexuellen Geschlechts sind immer Resultate von Körpererfahrungen einerseits, solchen am eigenen Leib und denen der gleich- wie gegengeschlechtlichen Bezugspersonen, und phantasmagorischen Verarbeitungen dieser sinnlichen Erfahrungen andererseits" (Becker-Schmidt 1993, 40 f.).

Noch einen Schritt weiter in Richtung kultureller Verwobenheit geht Carol Hagemann-White mit dem provokativen Begriff des ‚doing gender'. Sie meint damit, dass das Geschlecht nicht etwas ist, das wir haben oder sind, sondern etwas, das wir im sozialen Miteinander ‚tun', gestalten, (re-)produzieren. Das einzelne Individuum kann nicht für sich und nur nach eigenem Wunsch sein Geschlecht leben, so Hagemann-White, „dies ist vielmehr ein interaktiver Vorgang, worin wir ganz unabdingbar auf die Mitwirkung unserer Gegenüber und so auf die mit ihnen geteilte unbewusste Alltagstheorie des Geschlechts in unserer Kultur angewiesen sind" (Hagemann-White 1993, 68). Beide Positionen lassen erkennen, dass das Geschlecht immer in sozialen Zusammenhängen steht, ohne die es nicht denkbar ist. In welchem Maße die biologische Dimension des Geschlechts kulturell determiniert oder auch nur überformt ist, bleibt letztendlich eine offene Frage, die jedoch im feministischen Diskurs immer wieder auftaucht und auf einzelnen Gebieten analysiert wird.

2.2 Strukturkategorie Geschlecht

In der modernen Gesellschaft ist das Geschlecht – neben dem Alter und auch neben Behinderung – eine der zentralen *Strukturkategorien*, die der Sozialstrukturanalyse als soziale *Ordnungsprinzipien* und als *Indikatoren gesellschaftlicher Ungleichheitslagen* dienen. Die Kategorie Geschlecht gilt gemeinhin als „Oberbegriff für die Einteilung der Bevölkerung in Frauen und Männer, in weibliche und männliche Individuen. Sie folgt damit der Einsicht, dass in allen uns bekannten Gesellschaften das Geschlecht (wie auch das Alter) eine mit der Geburt festliegende Dimension sozialer Strukturierung, die das gesamte so-

ziale und kulturelle Leben einer Gesellschaft prägt, sowie ein Bezugspunkt der Zuweisung von sozialem Status ist" (Ostner 1998, 211).

Mit der Kategorie Alter hat die Kategorie Geschlecht vor allem eines gemeinsam: die Naturalisierung von Gesellschaft. Der Lebenslauf- und Altersforscher Martin Kohli führt dazu aus: „Die Gliederung nach Lebensaltern ist eine der möglichen Dimensionen der Naturalisierung von Gesellschaft. Naturalisierung heißt, dass von Menschen geschaffene gesellschaftliche Ordnungen sich als etwas Natürliches präsentieren, anders gesagt, dass Selbstverständlichkeit durch den Rekurs auf Biologisches gewonnen wird. Andere Formen der Naturalisierung sind Geschlecht oder Verwandtschaft. Dass jede Naturalisierung sich auf ein biologisches Element stützt, ist offensichtlich und macht ihre Plausibilität aus (wie am deutlichsten das Beispiel Geschlecht zeigt). Aber es ist nur der Grundstoff für die gesellschaftliche Konstruktion. Die Art, wie Gesellschaften Lebensalter praktisch und begrifflich gliedern und bestimmte Lebensläufe vorschreiben und als erstrebenswert definieren, ist außerordentlich vielfältig" (Kohli 1998, 1).

Die Orientierung beider sozialer Strukturkategorien ist auf die moderne Form der industriellen Erwerbstätigkeit gerichtet, im Falle der Kategorie Geschlecht ergänzt durch die (weibliche) familiale Reproduktionsarbeit mit deren struktureller Abhängigkeit von der (männlichen) Erwerbsarbeit [→ V Erwerbsarbeit], im Falle der Kategorie Alter ergänzt durch die Altersabschnitte Kindheit/ Jugend, in denen Erziehung und Sozialisation für die Anforderungen der modernen Industriegesellschaft stattfinden, und des modernen Ruhestandes, der nur aus industrieller Erwerbstätigkeit und männlichen Erwerbsstrukturen (vgl. Backes 2004) erklärbar ist.

Auch mit Behinderung [→ Behinderung als sozial- und kulturwissenschaftliche Kategorie] ist die Strukturkategorie Geschlecht eng verwoben; denn die Kategorie Behinderung dient dazu, eine bestimmte Art der *Abweichung von der männlichen bzw. weiblichen Normalität* [→ Normalität] zu definieren und zu klassifizieren. Dabei spielt auch wiederum die Kategorie Alter eine nicht unwesentliche Rolle; denn das, was unter Behinderung – und nach deutschen Rechtsvorgaben unter Schwerbehinderung – verstanden wird, lehnt sich in direkter Weise an die gesellschaftlichen Erwartungshaltungen bezüglich der jeweiligen Altersabschnitte an. Verdeutlicht werden kann die Verbindung zwischen Geschlecht und Behinderung vor allem auf dem gesellschaftlichen Feld der Leistung: In der modernen Leistungsgesellschaft werden wesentliche materielle und soziale Chancen, gegenseitige Anerkennung und Bewertung sowie soziale Positionen der Individuen nach Leistung vergeben [→ Sozialer Tausch]. In ihrer allgemeinsten Form wird Leistung als der Quotient aus einer verrichteten Arbeit und der dazu benötigten Zeit definiert. Damit rückt die Kategorie Arbeit ins Zentrum aller Wertmaßstäbe der modernen Gesellschaft. An der erwarteten und vollbrachten Arbeitsleistung sowie an der unterschiedlichen Bewertung voneinander verschiedener Leistungsarten (darunter vor allem so genannte produktive gegenüber reproduktiver Arbeit) orientiert sich auch die gesellschaftliche Wertschätzung der jeweiligen Leistungsträger: Die moderne Industriegesellschaft basiert jedoch auf einer geschlechterspezifischen Arbeitsteilung, welche im historischen Prozess der Industrialisierung Männern und Frauen unterschiedliche Arbeitsbereiche – mit einer ungleichen gesellschaftlichen Wertschätzung – zugewiesen hat: Männern die Erwerbsarbeit, Frauen die familiale Reproduktionsarbeit (Hausarbeit) und (ggf.) zusätzlich (zumeist reproduktionsbezogene) Erwerbsarbeit. Während die (männliche) Erwerbstätigkeit nach jeweiligem Marktwert entlohnt wurde/wird, wurde Vergleichbares für die familiale Reproduktionsarbeit nie eingeführt; der Aufwand für die Hausarbeit wurde stattdessen indirekt im Lohn des männlichen ‚Ernährers‘ verankert und die Leistung der Frau auf dieser Ba-

sis gegenüber der (männlichen) Erwerbsarbeit abgewertet. Wenn auch die ‚Ernährernorm‘ des Mannes heute brüchig geworden ist (vgl. Ostner 1998, 219) und Frauen unterschiedliche Formen des ‚Spagats‘ zwischen familialer Reproduktionsarbeit und Erwerbsarbeit (insbesondere in Form von Teilzeitarbeit) praktizieren, sind finanzielles Ungleichgewicht und unterschiedliche Bewertungen geschlechterspezifischer Arbeit bis heute erhalten geblieben. Mit der Kategorie Behinderung verbindet sich diese Konstruktion durch die an einem fiktiven gesellschaftlichen Durchschnitt gemessene Leistungsfähigkeit von Männern und Frauen, Jungen und Mädchen. Behinderung als eine mögliche Form der Abweichung von der Normalität wird gemessen an einer Leistungsminderung aufgrund gesundheitlicher Schädigungen und/oder intellektueller Einschränkungen, ggf. in Verbindung mit sozialer Auffälligkeit. Die formalen Kriterien für die Festlegung einer Behinderung, im Sinne des Gesetzes ‚Schwerbehinderung‘ genannt, orientierten sich historisch (bis 1974) an den Problemen kriegsbeschädigter Männer sowie (bis heute) an der durchschnittlichen Arbeitsfähigkeit männlicher Erwerbstätiger. Im Begriff der Minderung der Erwerbsfähigkeit, der bis 1985 die Definition von Schwerbeschädigung bzw. ab 1974 Schwerbehinderung bestimmte, wurde der Zusammenhang mit der industriellen, auf Erwerbsarbeit bezogenen Leistungsminderung deutlich. Reproduktionsbezogene Familienarbeit spielte dagegen nie eine wesentliche Rolle. Die ausgehandelten Nachteilsausgleiche für Behinderte waren und sind weitgehend orientiert an den Strukturen männlicher Erwerbsarbeit und Sozialversicherung und vernachlässigen weibliche Problemlagen bzw. erklären diese zur ‚Besonderheit‘ im Vergleich zum ‚Allgemeinen‘, womit die Konstruktion von Normalität angesprochen wäre (vgl. Schildmann 2004, 2006, 2007).

2.3 Gender Mainstreaming

Während die Strukturkategorie Geschlecht im Rahmen der Frauen- und Geschlechterforschung reflektiert wird, also als Bestandteil der feministischen Forschung anzusehen ist, steht das Konzept des Gender Mainstreaming als eine politische Maßnahmen- und Handlungsstrategie in der Tradition der Frauenförderung. Die Grundidee des Gender-Mainstreaming als politische Strategie wurde erstmals im Jahr 1985 auf der Dritten Weltfrauenkonferenz in Nairobi vorgestellt. Die einzelnen Regierungen sollten motiviert werden, auf den verschiedenen institutionellen Ebenen Geschlechtergerechtigkeit einzuführen, was allerdings innerhalb der folgenden zehn Jahre auf der Basis reiner Selbstverpflichtungen der Regierungen weitgehend unerfüllt blieb. Deshalb wurde auf der Vierten Weltfrauenkonferenz 1995 in Peking folgende Strategie vereinbart und mit dem Begriff ‚Gender Mainstreaming‘ versehen. Im Rahmen der Pekinger Arbeitsplattform verpflichteten sich die Regierungen aller beteiligten 189 Staaten, auf jeweiliger nationaler Ebene das Gender Mainstreaming-Prinzip zu implementieren. Die formale Verpflichtung der Europäischen Union (EU) zum Gender Mainstreaming erfolgte 1995, in rechtlich verbindlicher Form wurde das Gender Mainstreaming-Prinzip mit dem In-Kraft-Treten des Amsterdamer Vertrages am 1. Mai 1999 verankert. Der Amsterdamer Vertrag beinhaltet die Verpflichtung der EU-Mitgliedsstaaten, diese Strategie zur praktischen Anwendung zu bringen. Das bedeutet auch für die Bundesrepublik Deutschland die Anerkennung der Gleichstellung der Geschlechter als durchgängiges Leitprinzip und dessen Förderung durch Gender Mainstreaming. Dies wurde 1999 vom Bundeskabinett akzeptiert und 2000 in die Gemeinsame Geschäftsordnung der Bundesregierung (GGO, § 2) aufgenommen (vgl. Schildmann 2005).

Damit ist der Charakter des Gender Mainstreaming folgendermaßen umrissen: Gender Mainstreaming ist nicht nur eine frauenspezifische Maßnahme, sondern eine politische Strategie, die von beiden Geschlechtern getragen werden muss. Folglich ist auch die Umsetzung nicht etwa von speziellen Gleichstellungs- oder Frauenbeauftragten, sondern von allen an politischen Entscheidungen beteiligten Akteuren und Akteurinnen zu leisten. Auswirkungen hat diese Strategie vor allem auf die politische Berichterstattung über alle sozialen Fragen – darunter die Armuts- und Reichtumsberichte oder auch die Berichte zur sozialen Lage behinderter Menschen (vgl. zuletzt: Deutscher Bundestag 2004 und 2005) – und damit auch auf die offiziellen Statistiken des Statistischen Bundesamtes sowie auf die von der Bundesregierung und ihren Ministerien in Auftrag gegebenen (Ressort-)Forschung (vgl. § 2 GGO 2002, o. S.).

3 Ausblick

Die Geschlechterperspektive hat in alle (sozialwissenschaftlich) relevanten Forschungsrichtungen Einzug gehalten. In den meisten wissenschaftlichen Disziplinen haben sich seit den 1970er Jahren fachspezifische Frauen- und Geschlechterforschungstraditionen entwickelt, die sich vor allem durch spezielle Professuren etablieren konnten und auch untereinander weitgehend vernetzt sind. Eine Vernetzung mit den eigenen Herkunftsdisziplinen ist ebenfalls überwiegend gegeben, jedoch durch eine gewisse Einseitigkeit geprägt, nämlich durch die Orientierung: der Frauen- und Geschlechterforschung an den Mainstream-Fragestellungen der eigenen Herkunftsdisziplin, wogegen umgekehrt die Forschungsergebnisse der Frauen- und Geschlechterforschung weniger zur Kenntnis genommen und in die Mainstream-Diskurse aufgenommen werden. Die Distanz der Herkunftsdisziplinen gegenüber der Geschlechterforschung spiegelt sich schließlich auch darin wider, dass sich eine männlich orientierte Geschlechterforschung bisher kaum etablieren konnte.

Literatur

Backes, Gertrud M. (2004): Alter(n): Ein kaum entdecktes Arbeitsfeld der Frauen- und Geschlechterforschung. In: Becker, Ruth & Kortendiek, Beate (Hrsg.): Handbuch Frauen- und Geschlechterforschung. Wiesbaden, 395–401

Becker-Schmidt, Regina (1993): Geschlechterdifferenz – Geschlechterverhältnis: soziale Dimensionen des Begriffs „Geschlecht". In: Zeitschrift für Frauenforschung 11, 1 + 2, 37–46

Bublitz, Hannelore (1993): Macht – Diskurs – Körper – Leben. Über die Möglichkeit weiblicher Gegen-Diskurse im Rahmen der strukturalistischen Theorie. Frankfurt a. M.

Deutscher Bundestag (2004): Bericht der Bundesregierung über die Lage behinderter Menschen und die Entwicklung ihrer Teilhabe. Drucksache 15/4575 vom 16. 12. 2004

Deutscher Bundestag (2005): Lebenslagen in Deutschland. Zweiter Armuts- und Reichtumsbericht. Drucksache 15/5015 vom 3. März 2005

Hagemann-White, Carol (1993): Die Konstrukteure des Geschlechts auf frischer Tat ertappen? Methodische Konsequenzen einer theoretischen Einsicht. In: Feministische Studien 11, 2, 68–78

Kohli, Martin (1998): Alter und Altern der Gesellschaft. In: Schäfers, Bernhard & Zapf, Wolfgang (Hrsg.): Handwörterbuch zur Gesellschaft Deutschlands. Opladen, 1–11

Ostner, Ilona (1998): Frauen. In: Schäfers, Bernhard & Zapf, Wolfgang (Hrsg.): Handwörterbuch zur Gesellschaft Deutschlands. Opladen, 210–221

Schildmann, Ulrike (2004): Normalismusforschung über Behinderung und Geschlecht. Eine empirische Untersuchung der Werke von Barbara Rohr und Annedore Prengel. Opladen

Schildmann, Ulrike (2005): Die politische Berichterstattung über Behinderung: 2. Armuts- und Reichtumsbericht und Bericht über die Lage behinderter Menschen – kritisch reflektiert unter besonderer Berücksichtigung des „Gender Mainstreaming". In: Behindertenpädagogik 44, 2, 115–148

Schildmann, Ulrike (2006): Verhältnisse zwischen Behinderung und Geschlecht in der Lebensspanne. Eine statistische Analyse. In: Vierteljahresschrift für Heilpädagogik (VHN) 75, 1, 13–24

Schildmann, Ulrike (2007): Gender/Geschlecht. In: Greving, Heinrich (Hrsg.): Kompendium der Heilpädagogik. Bd. 1, 278–286

Rassismus

Wolfgang Jantzen

1 Definition, Begriffs- und Gegenstandsgeschichte

Rassismus ist ein soziales Gefüge von Inklusion und Exklusion, Ausgrenzung und Unterwerfung, leben machen und sterben lassen [→ III Integration und Exklusion], das sich im Alltag subjektiv wie objektiv erneuert und fortschreibt. Seine Funktionalität liegt in der Verknüpfung

1. einer das Selbst aufwertenden *Gemeinschaftsbindung* nach innen verbunden mit Abgrenzung und Entwertung anderer Menschen nach außen einerseits und mit

2. einer Erklärung, Legitimierung sowie *Aufrechterhaltung herrschaftlich verfasster Verhältnisse* andererseits.

Dies geschieht durch die Reduktion sozialer Ungleichheit auf natürliche und/oder schicksalhafte Differenzen wie Rasse, Ethnizität, Kultur, aber im weiteren Sinne auch Geschlecht oder Behinderung, durch binäre Konstruktionen wie normal/anormal, kultiviert/barbarisch, rein/unrein, erwählt/vom Teufel besessen, zivilisiert/wild, weiß/farbig, wertvoll/minderwertig. Und es geschieht in Form der Konstruktion symbolischer Sinnwelten ebenso wie zahlreichen Praktiken sozialen Handelns [→ Sinn/sinnhaftes Handeln].

Gemäß der Definition von Memmi, aufgenommen in die „Encyclopedia Universalis", ist Rassismus „die verallgemeinerte und verabsolutierte Wertung tatsächlicher oder fiktiver biologischer Unterschiede zum Nutzen des Anklägers und zum Schaden seines Opfers […], mit der eine Aggression gerechtfertigt werden soll" (Memmi 1987, 151).

Als soziales Dogma, in dessen Zentrum die Behauptung steht, dass eine Gruppe von Natur oder schicksalhaft zu Minderwertigkeit und die andere zu Höherwertigkeit bestimmt ist, existiert Rassismus auch unabhängig von Rassentheorien, so die Debatte um einen „Rassismus ohne Rassen" (vgl. Balibar & Wallerstein 1991).

Noch einen Schritt weitergehend wird Rassismus als Voraussetzung und nicht als Resultat der Konstruktion von Rassen betrachtet (vgl. Foucault 1993; Hund 2007).

Diese sehr unterschiedliche Verknüpfung von Rassismus und Rasse führt zu einer großen begrifflichen Vielfalt und einer Verwirrung definitorischer Bemühungen, je nachdem, ob der Begriff des Rassismus über Rasse, Ethnizität, Kultur substanzialisiert wird oder funktional jenseits davon macht- oder herrschaftssoziologisch begründet wird.

Entsprechend tauchen in den gängigen Definitionen unterschiedliche Aspekte auf, wird die Geschichte des Rassismus (vgl. Frederickson 2004, Geiss 1988, Hund 2007, Mosse 2006) eng oder weit gefasst geschrieben.

Eher am Pol von Substanzbegriffen (vgl. Cassirer 1980) bzw. einer Ontologie von Dingen argumentiert Frederickson, relativ dicht an dem in politisches Handeln inkorporierten Rassebegriff der Biologie orientiert. Auf dem Hintergrund der Geschichte von Sklaverei, Kolonialismus sowie Antisemitismus und unter Aufgreifen der USA-Rassenpolitik (Jim-Crow-Gesetzgebung der Südstaaten), von Südafrika (Apartheid) sowie des Nazi-Regimes bestimmt er Rassismus als Gefüge von Macht und Differenz. „Rassismus entspricht einer Denkweise, nach der ‚sie' von ‚uns' sich dauerhaft unterscheiden, ohne dass es die Möglichkeit gäbe, die Unterschiede zu überbrü-

cken. Dieses Gefühl der Differenz liefert ein Motiv beziehungsweise eine Rechtfertigung dafür, dass wir unseren Machtvorteil einsetzen" (Frederickson 2004, 16). Entsprechend seiner substanzialistischen Vorgehensweise warnt Frederickson vor einer Ausweitung des Begriffs durch Einschluss von Fremdenfeindlichkeit und Verfolgung aufgrund religiöser und kultureller Differenzen (ebd., 149).

Eher am Pol von Funktionsbegriffen bzw. einer Ontologie von Prozessen versucht Hund Rassismus von einer „einseitigen theoretischen Bindung an den Rassenbegriff" zu lösen (Hund 2007, 128)

„Rassismus ist eine Erscheinung der menschlichen Gesellschaft, die in deren herrschaftlicher Verfassung begründet liegt und sowohl herrschaftliche Verhältnisse wie daraus resultierende Spannungen und Verwerfungen erklären und legitimieren soll. Sie entspringt keinen wie auch immer gearteten Prozessen natürlicher Abgrenzung und Bevorzugung" (ebd. 131).

Entsprechend ist von einer Vielzahl sozial konstruierter *Rassismen* auszugehen, wie z.B. Rassenrassismus, Klassenrassismus, Geschlechterrassismus, Rassismus der Kontamination, dämonologischer Rassismus, Farbenrassismus. Ohne Schwierigkeit ließe sich hier ein disability-racism hinzufügen (vgl. Jantzen 1987, 59 ff.).

Bei einer derartigen Auffassung von Geschichte liegt der Ausgangspunkt bei Prozessen von Herrschaft und Unterwerfung, die sich zu unterschiedlichen Zeiten in unterschiedlichen Konstruktionen von Zeichen für Höher- oder Minderwertigkeit realisieren.

2 Zentrale Erkenntnisse und Forschungsstand

Zwischen den Polen substanzbegrifflicher oder funktionsbegrifflicher Analyse liegen auf unterschiedlichen Ebenen bedeutsame wissenschaftliche Beiträge zur Analyse des Rassismus vor.

Biologische Wissenschaften

Zahlreiche in den Diskurs des Rassismus einbezogene biologische Annahmen halten einer kritischen Diskussion durch die Biologie nicht stand.

Dies gilt ebenso für den Begriff ,Rasse', der sinnvolle Anwendung nur im Bereich der Tierzüchtung findet, nicht aber bei der Beschreibung der Variation des Wildtyps innerhalb einer Species (vgl. Kattmann 2005), wie für die Annahme von Rassenbildung auf der Grundlage von darwinistischer Selektion und Isolation (vgl. Cavalli-Sforza 1994). Die Kritik mündet in den Vorhalt einer biologisch unhaltbaren sozialen Konstruktion menschlicher ,Rassen'.

Vergleichbar treffende Argumente lassen sich gegen das Muster einer angeborenen Fremdenfeindlichkeit (Xenophopie) anführen (vgl. Tsiakalos 1983, 1992).

Die enge Verbindung sozialer Vorurteile mit der Genesis biologischer Theorien zeigt sich in der gesamten Geschichte des Sozialdarwinismus (vgl. Koch 1973; Weingart et al. 1988). Versuche, Menschen durch biologische Merkmale als hochwertig und minderwertig zu klassifizieren, haben eine lange Geschichte und sind jeweils gescheitert.

Dies zeigt Gould (1983) zur Geschichte der Schädelmessung, aber auch der biologistischen Intelligenztheorien. Weder gaben Schädelgröße noch Gehirnvolumen noch Intelligenztests [→ VII Intelligenz] eine reale Basis zur Klassifikation zwischen sog. Rassen, zwischen Männern und Frauen, zwischen Behinderten und Nichtbehinderten, zwischen arm und reich. Und ebenso scheiterten die Versuche, indigene Völker als Zwischenstufe zwischen Mensch und Affen zu etablieren (vgl. Gould 1983) oder entsprechende rassistische Klassifikationen von Behinderung wie z. B. Down-Syndrom rassistisch als Minderwertigkeit (Mongolismus) zu interpretieren, oder der Versuch, Mikrozephalus als Atavismus, als Rückfall auf eine Zwischenstufe zwischen Menschen und Affen zu definieren. Und schon gar ist die sexistische Interpretation der weiblichen Gehirnanatomie und -physiologie als gegenüber der männlichen minderwertig gescheitert.

Insofern ist Tsiakalos (1992) zuzustimmen, dass die Auseinandersetzung mit Rassismus und Neorassismus sich immer auch auf sein Stammgebiet, die Biologie beziehen muss. Dies gilt auch für die Auseinandersetzung mit allen anderen Formen des biologischen Reduktionismus, seien es unangemessene Erklärungen der Genetik ebenso wie der Neurowissenschaften (vgl. Jantzen 2007).

Gesellschaftstheoretische Aspekte I: Marxistische Theorien

Eine der gegenwärtig bedeutendsten Theorien des Rassismus ist die von Etienne Balibar, der von einem „Rassismus ohne Rassen" redet. Rassismus und liberaler Humanismus sind keine Gegensätze, sondern untrennbar verbunden.

„It would not be so difficult to organize the struggle against racism in the intellectual sphere if the ,crime against humanity' were not being perpetrated in the name and by means of a humanistic discourse" (Balibar & Wallerstein, 1991, 59).

An der Situation in Europa, als zentraler Ort, wo sich die politischen Probleme der ganzen Welt kristallisieren (Balibar 1993), exemplifiziert Balibar seine theoretischen Vorstellungen über einen Rassismus ohne Rassen. Offen steht, ob Europa sich mehr und mehr als geschlossene Einheit (föderaler Staat) oder multinationales Empire entwickeln wird. Auf jeden Fall enthält es eine Welt verschiedener Räume, die nicht mehr durch Grenzen getrennt sind, und ist Treffpunkt verschiedener Ströme politisch-ökonomischer Migration, insbesondere aus dem Süden und dem Osten. In dieser Konzentration ethnischer Spannungen wandelt der Begriff ,Rasse' ebenso wie seine Substitute Farbe, Ethnizität, Ausgegrenztheit (outsideness), Immigration, ja sogar Religion, seine Bedeutung. Dieser Wandel geschieht in dem Zusammenwirken von drei Ebenen:

- Traditionen oder Schemata des kollektiven Gedächtnisses;
- Diskriminierende Sozialstrukturen des Alltags;
- Zusammentreffen mit institutionellen Krisen, die intellektuelle und soziale Unsicherheit produzieren.

Auf der Ebene ideologischer Schemata, hier trifft sich die Analyse mit jener von Frederickson (2004), sind Kolonialismus und Antisemitismus persistierende Muster.

Durch die weltweiten Veränderungen der kapitalistischen Welt kommt es zur Herausbildung multirassischer (multiracial) und multikultureller Unterklassen, bei gleichzeitig weltweiter Maximierung und nationaler Minimierung (Städte, Ballungszentren) ethnischer Differenzen. Zugleich verändert sich die Rolle des Staates. Der moderne Rassismus ist aber eine Beziehung, die über die Intervention des Staates vermittelt erfolgt, durch die Produktion nationaler und pseudonationaler Minoritäten (ethnisch, kulturell, beschäftigungsmäßig), durch Öffnung für äußere Arbeitskräfte und zugleich deren Repression. Da Europa als Staat weder national noch supranational existiert, verschwindet die Macht einer zentralisierenden Institution, der Staat wird Institution des Marktes, liberale Utopie in der Praxis. Und damit verliert er seine genuin soziale Funktion, wird ,statism without a true state', staatsförmig, ohne echter Staat zu sein. Es erfolgt zunehmend eine Trennung in Staatsbürger und Subjekte, ähnlich Agambens (2002) Überlegungen zu einer zunehmenden Trennung von politischem, zivilgesellschaftlichem Leben und biologischem Leben als Überleben [→ III Integration und Exklusion]. Doch können die anderen, die Subjekte nicht in völlig rechtloser Position belassen werden, da dies zu Unruhen führen würde. Notwendigerweise zentriert sich eine antirassistische, demokratische Gegenbewegung daher auf universelles Wahlrecht und kulturelle Gleichheit zwischen verschiedenen historischen Populationen, andererseits aber besteht die Frage, wie ein Nicht-Staat demokratisiert werden soll und kann.

Ähnlich sieht Gilroy (2001) die Situation eines Rassismus ohne Rassen, hebt aber darüber hinaus einen engen Zusammenhang von internen Wertbildungen und partikulären ethnischen Zuordnungen hervor. So wird die Integrität der imperialen Nationen aktiv imaginiert als ursprunghafte Besonderheit vormoderner Stämme und Politik wird auf dem Hintergrund einer Clan-Bildung rekonzeptualisiert: als dualistischer Konflikt zwischen Freunden und Feinden (wer nicht unsere Truppen unterstützt, ist kein guter Amerikaner). Derartige *theoretische Camps*, die Gilroy nach dem Muster des Faschismus gebildet sieht, bergen die Gefahr in sich, in Richtung Genozid zu driften (auf Grund der Hinnahme des Völkermordes in Ruanda oder der Massaker in Srebrenica durch die Staatengemeinschaft u. a. m. eine nicht völlig unbegründete Annahme). Es ist daher von hoher Bedeutung, sich mit allen ethnisch-absolutistischen und kulturell-separatistischen Formen, die unsere Existenz bedrohen, aktiv auseinanderzusetzen, so Gilroy.

Offen bleibt bei diesen Debatten, was denn nun Rassismus selbst ist, wenn es einerseits einen mit Rassen und andererseits einen ohne Rassen gibt.

Gesellschaftstheoretische Aspekte II

Michel Foucault geht in seiner berühmten Vorlesung über „Leben machen und Sterben lassen: Die Geburt des Rassismus" davon aus, dass sich mit der Moderne die Staatsform entscheidend verändert hat und somit auch das Verhältnis von Leben und Sterben. Galt bis dahin das Recht auf Leben als das grundlegende Recht des Souveräns, das er von dem Moment an ausüben konnte, in dem er töten konnte, bestand also das Grundrecht der Machtausübung darin, „sterben zu machen und leben zu lassen" (Foucault 1993, 28), so verkehrt sich dies in der Biopolitik des modernen Staates. Im Rahmen der Entwicklung von Machttechniken werden (1.) die individuellen Körper institutionell sichtbar und durch entsprechende Techniken der *Disziplinierung* gestaltbar und

(2.) entsteht eine nicht individuierende, Massen konstituierende Seite der Macht, „die nicht auf den Körper-Menschen, sondern auf den Species-Menschen gerichtet ist" (S. 30) mit entsprechenden Techniken der *Regulierung*. Krankheiten erscheinen als Kostenfaktoren, „als permanenter Tod, der in das Leben eindringt" (S. 31), Bevölkerung wird zum politischen Problem und zum Problem der Macht. Körperregulierung wird Aufgabe der Institutionen, Bioregulierung wird Aufgabe des Staates.

Rassismus erscheint hier als grundlegender Mechanismus der Macht, um Einschnitte durchzuführen „zwischen dem, was leben muss und dem, was sterben muss" (Foucault 1993, 42). Die erste Funktion des Rassismus ist es zu fragmentieren, „Zäsuren innerhalb des biologischen Kontinuums vorzunehmen, auf das sich die Biomacht richtet" (ebd.). Seine zweite Funktion ist es, die erste Funktion zu begründen „Je mehr Du tötest, je mehr Du sterben machst, umso mehr wirst Du deshalb leben" (S. 42), wobei Foucault unter Tötung nicht nur die direkte versteht, „sondern all das, was zu einem indirekten Tod führt (politischer Tod, Vertreibung, Zurückweisung" (S. 43). Rassismus ist daher sowohl mit der regulierenden als auch mit der disziplinierenden Funktion der Macht verbunden (vgl. Shtein 2004, 17), ist nicht nur Mechanismus der Macht sondern auch Imperativ des Todes.

Diese ebenso klare wie relativ schlichte Botschaft des Strukturalismus gewinnt Konkretion, verbindet man die regulative Seite der Biomacht mit einigen Aspekten von Hannah Arendts Analyse totaler Herrschaft und ihre disziplinierende Seite mit Zygmunt Baumans Soziologie des Holocausts.

Seitens der Staatsmacht drückt sich Regulation am deutlichsten in der Konstruktion des „objektiven Gegners" aus (Arendt 1986, 654 f., 669). Rassisch Minderwertige sind ‚objektive Feinde' der Rassengesellschaft, ebenso wie ‚sterbende Klassen' dies für die klassenlose Gesellschaft sind. Der objektive Gegner „gleicht einem Bazillenträger, objektiv gefährlich als Träger bestimmter Tendenzen"

(ebd.). Er ist daher auszurotten und zu vernichten, ohne dass er seine Unschuld beweisen könnte. Dabei ist die Einführung des Begriffs selbst wichtiger, als die Festlegung, wer der Gegner jeweils ist. Prädikate wie farbig und weiß, Arier und Jude aber auch behindert und nichtbehindert u. a. m. sind sozial beliebig verschiebbar, solange sie ihren Zweck erfüllen (vgl. Hund 2007). Dies entspricht exakt Foucaults Unterschied des Staates als Regulationsmacht und der ausführenden Institutionen als Disziplinarmacht. Wie aber wird diese Disziplinarmacht zu einem Organ der Disziplinierung, die ggf. vor keinem Verbrechen zurückschreckt?

Hier ist Baumans (1992) Analyse hilfreich. Seiner Auffassung nach verknüpfen sich im Holocaust latent in der Moderne enthaltene, neuartige Bedingungen.

An erster und wesentlicher Stelle sind es Merkmale moderner Verwaltung; das Konzept der „Endlösung" kann geradezu als „Ergebnis einer bürokratischen Kultur" betrachtet werden (ebd., 29). Hinzu treten weitere Faktoren, wie (2.) die Erzeugung moralischer Insuffizienz; (3.) die Ersetzung persönlicher Verantwortung durch technisch-formale Verantwortung; (4.) die Herausbildung kühner Entwürfe einer besseren, vernünftig-rationalen Ordnung; (5.) die Möglichkeit und Entschlossenheit, solche Entwürfe durchzusetzen; (6.) Instabilität oder Unterentwicklung demokratischer Prozesse sowie (7.) nationalstaatliche Abgeschlossenheit.

Zentral ist die moralische Insuffizienz, welche auf sachliche und unpersönliche Regelung „der Aufgabe" (Bauman 1992, 34) zielt. Ihre Entstehungsbedingungen sind:

1. Disziplin (idealerweise als totale Identifikation mit dem Apparat);
2. moralische Unsichtbarkeit durch vermitteltes Handeln;
3. Dehumanisierung der Opfer durch entsprechende Ideologien.

Zentraler Ort der Verwandlung von moralischer in technisch-formale Verantwortung sind Bürokratien. Moderne Bürokratien sind als Institutionen zweiter Ordnung zu verstehen (vgl. Jantzen 1998, 52), die insbesondere den gesellschaftlichen Austausch ‚abstrakter Arbeit' unter dem Aspekt ökonomischer Biopolitik regulieren. Im Sinne Foucaults wären sie ebenso Instrumente der Regulation wie der Disziplinierung. Sie sind notwendige Handlungsgrammatiken moderner Gesellschaften. Als notwendige gesellschaftliche Ordnungsmittel und -kräfte verkehren sie sich jedoch gegen die humanen Grundlagen dieser Ordnung, sofern sie nicht durch bestimmte Schutzmechanismen unter Kontrolle gehalten werden. Bürokratien repräsentieren daher die Bedingung der Möglichkeit des Krieges gegen die eigene Bevölkerung. Sie realisieren in sich eine soziale Grenze des latenten Krieges, die in modernen Gesellschaften, staatstheoretisch betrachtet, offensichtlich die Wegscheide jeder Form der Abgrenzung von ‚normal' und ‚anormal' darstellt.

Die Bedingung der Möglichkeit ihrer dementsprechenden Wirkung entsteht jedoch erst durch die Außerkraftsetzung persönlicher Verantwortung (vgl. auch Bauman 1995) als (8.), massenpsychologisches Phänomen (Jantzen 1994, 158 ff.) sowie durch Prozesse fehlender Demokratisierung.

Die bisherige Diskussion zeigt, dass ein großer Fundus an Theorien auf eine allgemeinere Fassung von Rassismus zielt, wie sie vor allem durch Hund (2007) versucht wird.

3 Ausblick

Rassismus und Rassismen

Für Hund (2007) liegt der Kern des Rassismus, lange vor dem Rassenbegriff, in der Annahme unterschiedlicher Grade des Menschseins. Seine Entwicklung umfasst zwei Phasen: mit der Ausbreitung der Geldwirtschaft entsteht die Lehre vom Adel als naturbedingt höherwertig (edles Blut) und mit der Entstehung des Kapitalismus und damit des Kolonialismus die Anthropologisierung von Höher- und Min-

derwertigkeit, zunächst im Entwurf eines Farbenschemas der Rasseneinteilung durch die Aufklärung, dann im Sozialdarwinismus als Unterschiede in Schädeln und Knochen und heute als genetischer Unterschied. Und immer waren die Konstruktion anthropologischer Schemata sowie praktische Prozesse der Inklusion, Exklusion aufs Engste verbunden.

Entsprechend nimmt der Rassismus, der jeweils auf den „sozialen Tod" der Unterworfenen zielt und „soziale Empathie" außer Kraft setzt (Hund 2007, 31 f.), höchst unterschiedliche Formen längs der Konstruktion binärer Schemata an (ebd., 34 ff.): Kultivierte und Barbaren, Reine und Unreine, Erwählte und Teufel, Zivilisierte und Wilde, Weiße und Farbige, Wertvolle und Minderwertige. Und er bedient sich auf allen Feldern vergleichbarer Methoden: „Entfremdung", insofern Mangel anstelle von Differenz gesetzt wird, „Desozialisation" als Absprechen von sozialer Persönlichkeit, auf Exklusion gerichtete „Differenzierung und Inferiorisierung" sowie „Stigmatisierung und Verkörperung", was letztlich durch gegebene Wohnungs-, Arbeits- und Bildungsverhältnisse zu einem Aufherrschen des sozialen Blickes bezogen auf die Selbstwahrnehmung führt (ebd., 108), und nicht zuletzt „Assimilation und Segregation".

Diese „negative Vergesellschaftung" durch alle Varianten des Rassismus „erlaubt die Zusammenfassung der Ungleichen durch die Degradierung anderer", die „Umwandlung sozialen Konfliktpotenzials in rassistische Verachtung" (ebd., 123) und erzeugt auf diese Weise „Untermenschen" (ebd., 126).

Obgleich Hund (ebd., 80) am Beispiel des Bioethikers Peter Singer, der den Fötus zur „Unperson" erklärt, und des Molekularbiologen und Nobelpreisträgers Francis Crick, der „ein geistig behindertes Spastikerkind" als „Nicht-Existenz" einstuft, eklatante Beispiele von Rassismus benennt, fehlt der letzte Schritt, auch von einem „disability racism", einem Behinderungs-Rassismus zu sprechen.

Disability racism

Dieser fehlt bisher auch in den UN-Menschenrechtskonventionen, obgleich deren letzte, die ‚disablity convention' ihn im Gefüge der anderen Konventionen zwingend erforderlich erscheinen lässt. [→ Menschenrechte und Behinderung] Sie ist der Schlussstein in einem Gefüge von Konventionen, das als „einander ergänzende Komponenten des einen internationalen Menschenrechtsschutzes" (Bielefeldt 2006, 13) hohe Übereinstimmungen aufweist:

Neben dem ‚Internationalen Pakt über wirtschaftliche, soziale und kulturelle Rechte' sowie dem Internationalen Pakt über bürgerliche und politische Rechte (beide 1966) sind dies

- die Internationale Konvention zur Abschaffung aller Formen rassistischer Diskriminierung (1965),
- das Übereinkommen zur Abschaffung aller Formen der Diskriminierung der Frau (1979),
- die Antifolterkonvention (1984),
- die Kinderrechtskonvention (1989)
- sowie die Konvention zum Schutz der Wanderarbeitnehmer und ihrer Familien (1990).

Deutlicher als die anderen hebt die Disability-Konvention das Bewusstsein der Würde im Sinne eines ‚sense of dignity' als Voraussetzung jeden Empowerments hervor. Dies ist nicht nur von einer inneren Einstellung abhängig, sondern z. B. von der Beseitigung einer ‚zwangsweisen Sonderbeschulung' sowie vielfältigen weiteren, auf Partizipation zielenden Unterstützungsmaßnahmen (Bielefeldt 2006, 5 f.). Ähnlich der Differenz von ‚Sex' und ‚Gender' ist von einer Differenz von ‚Impairment' und ‚Disability' auszugehen, von ‚doing disability', von Behinderung als gesellschaftlicher Konstruktion statt von natur- und schicksalhaft gegebener Lage. Pointe dieser Deklaration, so Bielefeldt, ist die menschenrechtliche Emanzipation. Sie zielt damit zugleich auf „positive Möglichkeiten, Gemeinschaften und die Gesellschaft im Ganzen nach Gesichtspunkten von Freiheit und Gleichberechtigung weiter zu entwickeln" (ebd., 12).

Die Aufnahme eines disablity racism in die Rassismus-Debatte erscheint im Geflecht dieser Konventionen unumgänglich, auch wenn der UN-Bericht über die Umsetzung der Antirassismuskonvention in Deutschland vom 15. 8. 2008 unter Punkt 23 lediglich die Überpräsentation von Kindern aus Migrantenfamilien in Sonderschulen inkriminiert, nicht aber die Existenz dieser Schulen.

Literatur

Agamben, Giorgio (2002): Homo sacer. Die souveräne Macht und das nackte Leben. Frankfurt a. M.

Arendt, Hannah (1986): Elemente und Ursprünge totalitärer Herrschaft. München

Balibar, Etienne (1993): „Es gibt keinen Staat in Europa". Rassismus und Politik im heutigen Europa. In: Balibar, Etienne (Hrsg.): Die Grenzen der Demokratie. Hamburg, 137–156

Balibar, Etienne & Wallerstein, Immanuel (1991): Race, Nation, Class: Ambigous Identites. London (deutsch: Hamburg 1998)

Bauman, Zygmunt (1992): Dialektik der Ordnung. Hamburg

Bauman, Zygmunt (1995): Postmoderne Ethik. Hamburg

Bielefeldt, Heiner (2006): Zum Innovationspotential der UN-Behindertenkonvention. Berlin

Cassirer, Ernst (1980): Substanzbegriff und Funktionsbegriff. Darmstadt

Cavalli-Sforza, Luca & Cavalli-Sforza, Francesco (1994): Verschieden und doch gleich. München

Foucault, Michel (1993): Leben machen und sterben lassen: Die Geburt des Rassismus. In: Reinfeldt, Sebastian et al. (Hrsg.): Bio-Macht. Biopolitische Konzeptionen der Neuen Rechten. Duisburg (DISS), 27–52

Frederickson, George M. (2004): Geschichte des Rassismus. Hamburg

Geiss, Immanuel (1988): Geschichte des Rassismus. Frankfurt a. M.

Gilroy, Paul (2001): Against Race. Cambride/Mass., 4th ed.

Gould, Stephen J. (1983): Der falsch vermessene Mensch. Basel

Hund, Wulf D. (2007): Rassismus. Bielefeld

Jantzen, Wolfgang (1987): Allgemeine Behindertenpädagogik Bd. 1. Weinheim

Jantzen, Wolfgang (1994): Am Anfang war der Sinn. Marburg

Jantzen, Wolfgang (1998): Die Zeit ist aus den Fugen. Marburg

Jantzen, Wolfgang (2007): Biologismus in neuem Gewand – Eine neuropsychologische Kritik der Rede von „Verhaltensphänotypen". In: Rumpler, Franz &

Wachtel, Peter (Hrsg.): Erziehung und Unterricht – Visionen und Wirklichkeiten. Würzburg, 219–230

Kattmann, Ulrich (2005): Rassismus, Biologie und Rassenlehre. Oldenburg. URL: http://www.shoa.de [Stand: 23.08.08]

Koch, Hannsjoachim W. (1973): Der Sozialdarwinismus. München

Memmi, Albert (1987): Rassismus. Frankfurt a. M.

Mosse, George L. (1996): Die Geschichte des Rassismus in Europa. Frankfurt a. M.

Shtein, Avital (2004): A Foucauldian Explanation of Racism beyond Foucault's. College Park/Maryland. URL:http://www.panopticweb.com/2004conference/3. shtein.pdf [Stand: 23.08.08]

Tsiakalos, Georgios (1983): Ausländerfeindlichkeit. München

Tsiakalos, Georgios (1992): Interkulturelle Beziehungen: steht ihnen die „Natur" entgegen? In: Foitzik, Andreas et al. (Hrsg.): „Ein Herrenvolk voll Untertanen". Rassismus – Nationalismus – Sexismus. Duisburg (DISS), 35–56

Weingart, Peter et al. (1988): Rasse, Blut und Gene. Geschichte der Eugenik und Rassenhygiene in Deutschland. Frankfurt a. M.

Naturalistische Dogmen: Unerziehbarkeit, Unverständlichkeit, Bildungsunfähigkeit

Georg Feuser

1 Problemstellung

Die Zuschreibung einer ‚Unerziehbarkeit' und ‚Bildungsunfähigkeit' – sie treten in der Regel in Kombination miteinander auf und intendieren auch eine ‚Lernunfähigkeit' – sowie die Annahme, dass gewisse Handlungen, die Menschen zeigen und die als im Widerspruch zu Vorstellungen (individueller wie sozialer) menschlicher ‚Normalität' [→ Normalität] stehend bewertet werden, unverständlich seien, resultieren aus einer langen, zum Mythos verdichteten Tradition erziehungswissenschaftlichen und medizinisch-psychiatrischen Denkens. Diese Begriffe verweisen im Feld der Pädagogik auf einen ersten Blick in den Bereich der Heil- und Sonderpädagogik und dort auf Menschen, die heute als geistigbehindert bezeichnet werden; insbesondere solche, die darüber hinaus als schwerst-mehrfach behindert klassifiziert sind. Die Praxis der Wahrnehmung dieser Menschen als genau dadurch charakterisiert, dass sie diese Klassifikationen auf sich vereinen, negiert eine differenzielle Betrachtung der zur Wirkung

kommenden geisteswissenschaftlichen und naturwissenschaftlichen Einflusssphären, die zu unterscheiden sind. Auch bleibt der Prozess weitgehend unsichtbar, dass die Jahrhunderte überdauernde Konsistenz in der Klassifikation von Subjekten anhand dieser Begrifflichkeiten gleichwohl die Objektivität bedinge, dass sie so seiend wären, wie sie wahrgenommen werden. In historischen Zusammenhängen betrachtet gewinnen die skizzierten Kategorien im Sinne einer angenommenen Überzeitlichkeit und Unveränderbarkeit der damit beschriebenen Zustände dogmatischen und durch die Ontologisierung der beobachteten Phänomene ihren naturalistischen Charakter. Sie sind im Sinne von Bourdieu individuell wie kollektiv im ‚Habitus' verankert. In dessen Disposition sind sie als eine überwiegend unbewusst wirkende Struktur des Systems der Existenzbedingungen angelegt, die sich in der Erfahrung einer besonderen sozialen Lage mit einer bestimmten Position innerhalb dieser Struktur niederschlägt (vgl. Bourdieu 1979, 279). Sie stellen „wohlbegründete Irrtümer" dar, die in den Gegenständen der sie hervorbringenden Geistes- und Naturwissenschaften selbst stecken, „die sich durch sozialwissenschaftliche Aufklärung kaum beeinflussen lassen" (Bourdieu 1994, 24).

2 Begriffsgeschichte, Ideologisierung und deren Folgen

Die sich in den Konzepten des Neuhumanismus herausbildende Auffassung von Bildung als Instrument einer zu entwickelnden bürgerlichen Gesellschaft reduziert das Verständnis von Entwicklung auf die gelingende Aneignung von Wissen und betrachtet das Subjekt wesentlich unter Aspekten, wie das mit Bildung verbundene Allgemeine im Prozess selbsttätigen Lernens durch das Individuum hinsichtlich des intendierten gesellschaftlichen Nutzens erzeugt werden kann (Bracht et al. 1990). Dabei steht, anders gewendet, die Schaffung von Vernunft im Sinne eines den Willen und Verstand kontrollierenden Erkenntnisvermögens im Mittelpunkt. Die curriculare Verdichtung der Bildungsinhalte im Fächerkanon dominiert auf dem Hintergrund eines diesem Bildungsverständnis impliziten Menschenbildes bis heute die Ausdifferenzierung des institutionalisierten Erziehungs-, Bildungs- und Unterrichtssystems, das im Sinne ständischer Orientierung aber auch hinsichtlich der graduellen Annäherung an das Ideal der ‚Vernunft' hierarchisch gegliedert und damit prinzipiell auf Ausschluss orientiert ist. Wer auf Grund bereits bestehender diagnostischer und prognostischer Einschätzung seiner Lernfähigkeit den diesem Bildungsideal inhärenten Erwartungen nicht entsprechen kann, bleibt als ‚bildungsunfähig' aus den regulären Bildungsinstitutionen ausgeschlossen oder wird, wenn ein Schüler nach Maßgabe dieser Zielsetzungen in diesem versagt, ins Sonderschulsystem verwiesen. Dort ist dann auch bezogen auf den ‚sonderpädagogischen Förderbedarf' und den bezeichneten, schwer bis schwerst beeinträchtigten Personenkreis nicht mehr von Bildung, sondern bestenfalls von ‚Förderung', aber auch von ‚Betreuung' und (Förder-),Pflege' die Rede. Der Erziehungsbegriff verwischt sich in der Anwendung ‚heil- und sonderpädagogischer Verfahrensweisen' bzw. im Therapiebegriff. Bleiben diesbezüglich erwünschte Erfolge des Bemühens um den Aufbau kommunikativer und sozialer Kompetenzen langfristig aus und dominieren Handlungen, die als ‚herausfordernde Verhaltensweisen' verstanden werden (z. B. stereotype, selbstverletzende, aggressive und destruktive Handlungen), kommt oft die Beurteilung der betroffenen Personen als ‚therapieresistent', ‚austherapiert', ‚selbst- und fremdgefährdend' oder gar als ‚gemeinschaftsunfähig' hinzu. Kulminieren attestierte Bildungsunfähigkeit und angenommene Therapieresistenz, wird in besonderer Weise auch die Auffassung der ‚Unverständlichkeit' der zu beobachtenden Handlungen der Betroffenen bis heute kolportiert.

Die das Sonderschulwesen und andere Sonderinstitutionen (z. B. Sonderkindergärten, Wohnheime, Werkstätten für behinderte Menschen) begründende Heil- und Sonderpädagogik wurzelt ihrerseits in einer Erkenntnis- und Denktradition, die einerseits vom skizzierten Bildungsideal der allgemeinen Pädagogik beeinflusst sind, und andererseits in den medizinisch-psychiatrischen Modellen des Oligophrenie- bzw. Schwachsinnskonzepts mit seiner Unterteilung – aufsteigend im Schweregrad – in Zustände der Debilität, der Imbezilität und der Idiotie. In beide Konzepte wirkt der im 17. und 18. Jahrhundert in besonderer Weise auf die Entwicklung der Heil- und Sonderpädagogik Einfluss gewinnende Pietismus hinein. Er verstärkt die sich auch aus anderen Annahmen speisende Auffassung der Fehlerhaftigkeit und Verderbtheit menschlicher ‚Natur', die nur durch über das Gemüt und Gefühl und nicht über den Intellekt zu ermöglichende religiöse Erfahrung und die Pflicht zur Arbeit, die auch mit Gewalt durchzusetzenden Gehorsam und Zucht impliziert, kultiviert werden kann. Die Kulmination von christlich orientierter Nächstenliebe für gesellschaftlich Ausgestoßene und Geächtete und eine durch direkte und institutionelle Gewalt im ordnungsstaatlichen Sinne handelnde Praxis der Heil- und Sonderpädagogik führt in die bis heute dominierende Parallelität des regel- und sonderpädagogischen Erziehungs-, Bildungs- und Unterrichtssystems. Exemplarisch lässt sich die aufscheinende Widersprüchlichkeit in der Behandlung Behinderter bei Pinel (1745–1826) und dessen Schüler Esquirol (1772–1840) aufzeigen. Sie beschreiben Menschen, die wir heute als geistigbehindert bzw. schwerstbehindert klassifizieren, zusammenfassend skizziert wie folgt: Blödsinnige sind Wesen, „deren Dasein und Lebensäußerungen ohne Zweck und ohne Zusammenhang mit bestimmten Anforderungen ablaufen, sie sind automatische Existenzen, kein Leben im menschlichen Sinne, bloßes Existieren" und Stumpfsinnige sind Menschen, „deren Gestalt ohne Leben, deren Sinne stumpf, deren Bewegungen automatisch und die ohne Wollen und Fühlen sind", sie kennzeichnen die „Nullität", eine „Art Pflanzenleben" (Pinel 1827). Esquirol (1801) sieht die meisten Stumpfsinnigen „noch unter dem Tier stehen, da sie nicht einmal über genügend Instinkte verfügen, um den notwendigen Bedürfnissen zur eigenen Lebenserhaltung nachzukommen", er hält sie „für krank ohne die Möglichkeit der Heilung, da die Seelenkräfte dieser unglücklichen Geschöpfe nicht sowohl nur gestört als vielmehr nie zu ihrer gehörigen Entwicklung kommen", sie sind „Mißbildungen, die dem ihnen bestimmt zu sein scheinenden frühen Tod nicht entgehen würden, schützte nicht Elternliebe und das öffentliche Mitleid ihr erbärmliches Bestehen" (Esquirol 1827). Wenngleich Pinel die Basis für die Diagnostik einer modernen Psychiatrie schafft, den ‚Verwirrten‘, ‚Wahnsinnigen‘ und ‚Kriminellen‘, mit denen er arbeitet, die Ketten abnimmt, eine Behandlung ohne Zwang anstrebt und erkennt, dass die Unterbringung der Kranken ihr Verhalten prägt, erfolgt die Einbindung der Betroffenen in das ‚Traitement Moral‘, wird das Soziale in neuer Weise auf das Psychische (im Sinne einer naturhaft inneren Wesenhaftigkeit) und das Medizinisch-Psychiatrische (das Defekte

und Abweichende) auf das Biologische reduziert und eine bis heute wirksame, wenngleich in Überwindung befindliche Denkform über Behinderung im Sinne des Defizit-Modells konstituiert. Dies verdichtet sich in besonderer Weise im Begriff der ‚Idiotie‘, der im Enzyklopädischen Handbuch der Heilpädagogik 1934 (Spalte 1200) mit Bezug auf Albert Griesinger (1881–1952) als Ausdruck ‚psychischer Nullität‘ charakterisiert ist und der im Band 2 der 3. Auflage desselben Handbuches 1969 von Busemann noch wie folgt beschrieben wird: „Der (Voll-)Idiot lebt in einer Welt bloßer Triebbefriedigungsmittel, ist also psychologisch weder das Subjekt von Wahrnehmungen noch von Handlungen, ethisch gesehen keine Persönlichkeit. Aber biologisch gesehen ist er kein Tier, sondern ein sehr kranker Mensch" (Spalte 1498).

Die von Binding (1841–1920) und Hoche (1865–1943) 1920 niedergelegten Auffassungen über „die Freigabe der Vernichtung lebensunwerten Lebens" ordnen sich nahtlos in den Kontext von ‚Bildungsunfähigkeit‘, gesellschaftlicher ‚Nutzlosigkeit‘, daran gekoppelter (ethischer) ‚Wertlosigkeit‘ und in die Gesamtbewertung als ‚lebensunwertes Leben‘ ein [→ Euthanasie]. Diese Auffassungen hatten Hochzeiten vor 1933 und sie behielten sie nach 1945. Die heute neben anderen philosophischen Begründungen zur Legitimation der ‚Euthanasie‘ schwer kranker und beeinträchtigter Menschen dominierenden utilitaristischen und präferenzutilitaristischen Auffassungen, wie sie in den 1980er Jahren in der so genannten Singer-Debatte erstmals breit in der Öffentlichkeit diskutiert wurden, geben Zeugnis von diesen Kontinuitäten.

3 Gegenkräfte, Widerlegung und Auffassungswandel

Demgegenüber bleiben der Epoche der Aufklärung und den Orientierungen an der französischen Revolution verpflichtete Positionen, wie sie z. B. durch den Saint-Simonismus repräsentiert sind und für die Entwicklung der Heil- und Sonderpädagogik im Allgemeinen und einer Geistigbehindertenpädagogik im Besonderen durch Edouard Séguin (1812–1880) grundgelegt werden, marginalisiert. Séguin legt sein Werk über „die Idiotie und ihre Behandlung nach der physiologischen Methode" 1866 in überarbeiteter Fassung seines Lehrbuches von 1846 (1912 durch Krenberger in deutscher Sprache gekürzt herausgegeben) vor, nachdem er 1850 nach der gescheiterten Revolution von 1848 in die USA emigrieren musste. Wie schon durch Guggenmoos (1775–1838) in Hallein (Österreich) und Guggenbühl (1816–1863) auf dem Abendberg bei Interlaken (Schweiz) für den als ‚idiotisch' und ‚imbezill', mithin als erziehungs- und bildungsunfähig deklassierten Personenkreis grundgelegt, wird von Séguin eine Erzieh- und Bildbarkeit auch im Sinne intellektueller Begabung und mithin die Wahrnehmung dieser Menschen als vernünftig vertreten. Auch dieser Ansatz findet trotz der Dominanz eines am Defekt-Modell orientierten heil- und sonderpädagogischen Theorie- und Praxismodells bis in die Gegenwart hinein namhafte Vertreter. Er kann als historischer Referenzpunkt einer „gleichberechtigten und gleichwertigen Partizipation Aller an Bildung für Alle" angesehen werden. Die Betonung der Wiederherstellung der „Einheit des Menschen in der Menschheit" und der „zusammenhanglos gewordenen Mittel und Werkzeuge der Erziehung" durch Séguin (1866/1911, 164) findet erst in der in den 1970er Jahren beginnenden Entwicklung einer materialistischen Behindertenpädagogik auf der Basis der Tätigkeitstheorie der Kulturhistorischen Schule und unter Einbezug der modernen Humanwissenschaften eine subjektwissenschaftliche Ausformulierung und in der Praxis der Integration eine auf eine ‚Allgemeine Pädagogik und entwicklungslogische Didaktik' bezogene reformpädagogische Entsprechung. Dies in Referenz zu der in den 1950er Jahren von Klafki grundgelegten kategorialen Bildungstheorie, die in Überwindung formaler und materialer Bil-

dungskonzeptionen den Weg zu einer ‚Allgemeinbildungskonzeption' öffnet, die heute als weitreichendste erziehungswissenschaftliche Konzeption geisteswissenschaftlicher Pädagogik anzusehen ist. In Synthese mit der ‚Behindertenpädagogik' kann die angedeutete ‚Allgemeine Pädagogik' erziehungswissenschaftlich begründet werden, in der die skizzierten naturalistischen Dogmen auch in der Erziehungs-, Bildungs- und Unterrichtspraxis außer Kraft gesetzt werden können. Im Konzept einer ‚Behindertenpädagogik' als synthetische Humanwissenschaft kann dieser Dogmatismus heute als grundsätzlich und umfassend widerlegt und der sich darum rankende Mythos als entschleiert angesehen werden [→ I Allgemeine Behindertenpädagogik].

Die Grundlegung einer wissenschaftlichen Heil- und Sonderpädagogik verweist wesentlich auf Georgens (1823–1886) und Deinhardt (1821–1880). Ihre Orientierung am Konzept ‚Levana', d. h. an der prinzipiellen Entwicklungsfähigkeit des Menschen, die durch die Förderung der persönlichen Eigenart (Subjektorientierung) und durch die Gewährung sozialer und materieller Lebensgrundlagen (sozio-ökonomischer Aspekt) zu ermöglichen ist und die Gemüt und Verstand (Emotion und Kognition) als Einheit begreift, impliziert ein Verständnis von Heilpädagogik „als den pädagogischen Kampf gegen bestimmte Gestaltungen der Noth, des Leidens und der Entartung, die in der civilisierten Gesellschaft hervortreten, damit aber als die Fortsetzung und Besonderung einer Thätigkeit […], welche der Erziehung schlechthin zukommt" (Georgens & Deinhardt 1861, 191).

Hier ist weder von Bildungsunfähigkeit noch von Bildungsreduktionismus die Rede, wie er sich in der Folge der Anstaltsgründungen und der Gründung der Hilfsschule schnell und nachhaltig etabliert hat. Diese Tendenzen sind, wie ausgeführt, aber nicht nur im Defekt- und Defizitmodell grundgelegt, sondern in einem sich parallel entwickelnden Wissenschaftsverständnis, das sich als extrem biologistisch und lebensphilosophisch verbrämt darstellt und die Degenerations-, Entartungs- und Selektionstheorien vertieft. Zu nennen sind hier Sozial-Darwinismus, Eugenik [→ Eugenik] und Rassismus [→ Rassismus].

Die seit Mitte des 19. Jahrhunderts wissenschaftlich in Entwicklung begriffene Heilpädagogik [→ I Historiographie] öffnet sich diesen Einflüssen nicht nur, sondern nimmt sie geradezu bereitwillig als Erklärungsansätze für die Probleme auf, die ihr Menschen mit psychischen und geistigen Beeinträchtigungen aufwerfen. In einer wissenschaftlich nicht haltbaren Verschränkung phänomenologischer und ontologischer Sichtweisen einerseits und der aufkommenden ökonomisch begründeten und an Verwertungs- und Nützlichkeitserwägungen orientierten Gewährung bzw. Vorenthaltung von Bildung andererseits, kommt es zu einer Entwicklung, die im Hitlerfaschimus zur Ermordung Behinderter und anderer Minderheiten und in den Holocaust führt – zu einem „Gattungsbruch" (Zimmermann 2005). Damit verwobene eschatologische Gesichtspunkte führen zudem in die vermeintlich ethische Legitimation der Tötung schwer beeinträchtigter Menschen als moralisch gebotener Akt ihrer Befreiung von Leiden, mit dem schwere Beeinträchtigungen per se verbunden gesehen werden. Damit werden die Betroffenen auf das nackte Überleben, ihre pure Körperlichkeit reduziert und als ,andersARTig' bis heute Zuständen der Ausgrenzung vom Grad hochgradiger Deprivation und schwerer sozialer, bildungsmäßiger und kultureller Isolation überantwortet, was als ihrer Natur und ihren Bedürfnissen entsprechend, als ,behinderungsspezifisch' gesehen wird. Diese Prozesse können zusammenfassend charakterisiert werden als

- Identifikation von beobachtbaren, beschreibbaren und klassifizierbaren Merkmalen als Eigenschaft ihrer Träger, d. h. als ihre innere Natur, ihr ureigenes Wesen; als Ontologisierung phänomenologischer Sachverhalte (von der die Testdiagnostik geradezu durchtränkt ist) und

- Bewertungen der vermeintlichen (Charakter- und Wesens-),Eigenschaften' im Spiegel normwertorientierter Erwartungen, was ein Mensch eines bestimmten Alters zu lernen und zu leisten und wie er sich zu verhalten habe.

Sie sind schließlich begrifflich und ideologisch in den dogmatischen Verdichtungen der Psychiatrie (dort als Endogenität, Chronizität, Therapieresistenz, Krankheitsspezifität, Uneinfühlbarkeit und Unverstehbarkeit) und der Heil- und Sonderpädagogik (dort in der Lern-, Erziehungs- und Bildungsunfähigkeit, Irreversibilität und Behinderungsspezifität) verankert, die durch das generelle Dogma der ,Normalität' reguliert sind [→ Normalität].

4 Perspektiven

Mit Gründung der Bundesrepublik Deutschland kommt es zur Restauration eines ständischen und hierarchisch gegliederten institutionalisierten Erziehungs-, Bildungs- und Unterrichtssystems (v. Friedeburg 1989), gleichwohl aber auch – allgemein gesehen – bedingt durch die 1968er Jahre und den Rückgriff auf die Ansätze der Aufklärung in der Pädagogik wie den Einbezug materialistischer und dialektischer philosophischer und soziologischer Positionen zu ersten Ansätzen der Kritik an der traditionellen Heil- und Sonderpädagogik und Psychiatrie und deren Neukonzeption durch die ,Behindertenpädagogik' und ,Demokratische Psychiatrie'. Der Einbezug naturphilosophischer Denkansätze und der Selbstorganisationstheorie, der Systemtheorie und eines kritischen Konstruktivismus vermag das Verständnis eines kompetent handelnden Menschen grundzulegen, so schwer er auch beeinträchtigt sein mag und so viel technischer und/oder personal-assistiver Hilfe er auch bedarf. Zentral für die Ablösung der naturalistischen Dogmen ist die Erkenntnis, dass sich jeder Mensch als dissipativ-autopoietisches System nach Maßgabe seiner Ausgangs-

und Randbedingungen auf dem Hintergrund der Phylogenese der Menschheit entwickelt und seine Wahrnehmung, sein Denken und Handeln (mithin auch seine Lernfähigkeit, Erzieh- und Bildbarkeit) entwicklungslogisch (d. h. erklärbar und verstehbar) und Ausdruck seiner Kompetenz ist, unter den für ihn gegebenen Bedingungen ein menschliches Leben zu führen.

Bezogen auf als geistigbehindert klassifizierte Menschen – wesentlich beeinflusst durch die Gründung der Elternvereinigung ‚Lebenshilfe für Geistigbehinderte‘ 1958 – gelang es sukzessive, in Theoriebildung und Praxis eine Geistigbehindertenpädagogik aufzubauen. In Frankfurt/Main entsteht die erste Schule für Geistigbehinderte und Hessen führt als erstes Bundesland die Schulpflicht für diesen Personenkreis ein. Das Verdikt der ‚Lernunfähigkeit‘ konnte zurückgedrängt werden. Nachdem auch das der ‚Bildungsunfähigkeit‘ ins Wanken gebracht werden konnte, blieben in einer folgenden Phase durch das Konstatieren einer ‚Schulbildungsunfähigkeit‘ und durch zu erfüllende ‚Einschulungsvoraussetzungen‘ schwerer geistigbehinderte Kinder und Jugendliche formal weiterhin vom Schulbesuch ausgeschlossen. Der noch immer bestehende bildungsmäßige Reduktionismus und die Zweifel an der Vernunftfähigkeit drückten sich auch in der Bezeichnung ‚Schule für Praktisch Bildbare‘ aus, die allerdings in Bezug auf die Anerkennung eines schulischen Bildungsbedürfnisses für diesen Personenkreis hinsichtlich erster Annäherungen an diese Gedanken auch positive Wirkung hatte. In den 1970er Jahren etabliert sich die Schulpflicht für Geistigbehinderte in allen Bundesländern. Die ‚Krüppelbewegung‘ formiert sich. Die Einflüsse vor allem der ‚Demokratischen Psychiatrie‘ in Italien mit den bedeutenden Schriften Basaglias, der skandinavische Normalisierungsgedanke, der des Mainstreaming in den USA und 1973 die Empfehlung ‚Zur pädagogischen Förderung behinderter und von Behinderung bedrohter Kinder und Jugendlicher‘ durch die Bildungskommission des Deutschen Bildungsrates

dokumentieren auch im deutschsprachigen Raum den Aufbruch zur ‚Integration‘ im Sinne der ‚gemeinsamen Erziehung und Bildung behinderter und nichtbehinderter Kinder‘ in Kindergärten und Regelschulen. Der Integration dürfte im Erziehungs-, Bildungs- und Unterrichtsystem eine zentrale Bedeutung zukommen, die tradierten Mythen und Dogmen weiter zu dekonstruieren und im Feld der Pädagogik eine uneingeschränkte Partizipation aller an einer Bildung für alle zu realisieren (Feuser 1981, 1995). Georgens und Deinhardt schreiben: „Zu allen Zeiten hat es ‚Aufgegebene‘ und ‚Ausgestoßene‘ gegeben, nicht nur vereinzelte, sondern ganze Klassen, solche, die für unverbesserlich und unheilbar galten, die aus der Gemeinschaft der Gesunden und der sittlich Normalen entfernt wurden“ (1861, 30). „[…] dass es geschieht, wird kein einsichtiger Beobachter verkennen können, und jeder Denkende muss sich eingestehen, dass die Häufigkeit der Erscheinung auf einen entschiedenen Mangel des Erziehungswesens hinweist, wie die Menge der ‚Aufgegebenen‘ und ‚Ausgestoßenen‘ überhaupt auf eine mangelhafte Organisation der Gesellschaft“ (1861, 39).

Literatur

Bachmann, Walter (1985): Das unselige Erbe des Christentums: Die Wechselbälge. Giessen

Basaglia, Franco & Basaglia-Ongaro, Franca (1980): Befriedungsverbrechen. In: Basaglia, Franco et al. (Hrsg): Befriedungsverbrechen. Frankfurt a. M., 11–61

Bracht, Ulla et al. (1990): Erziehung und Bildung. In: Sandkühler, Hans-Jörg (Hrsg.): Europäische Enzyklopädie zu Philosophie und Wissenschaften. Hamburg, Bd. 1, 918–939

Bracken, Helmut von (1976): Vorurteile gegen behinderte Kinder, ihre Familien und Schulen. Berlin

Binding, Karl & Hoche, Alfred (1920): Die Freigabe der Vernichtung lebensunwerten Lebens. Leipzig

Bourdieu, Pierre (1979): Die feinen Unterschiede. Kritik der gesellschaftlichen Urteilskraft. Frankfurt a. M.

Bourdieu, Pierre (1994): Zur Soziologie der symbolischen Formen. Frankfurt a. M.

Esquirol, Jean Etienne Dominique (1827): Allgemeine und spezielle Pathologie und Therapie der Seelenstörungen. Leipzig

Feuser, Georg (1981): Beiträge zur Geistigbehindertenpädagogik. Solms-Oberbiel

Feuser, Georg (1995): Behinderte Kinder und Jugendliche. Zwischen Integration und Ausgrenzung. Darmstadt

Friedeburg, Ludwig von (1989): Bildungsreform in Deutschland. Frankfurt a. M.

Georgens, Jan Daniel & Deinhardt, Heinrich Marianus (1861): Die Heilpädagogik unter besonderer Berücksichtigung der Idiotie und der Idiotenanstalten. Leipzig

Jantzen, Wolfgang (1982): Sozialgeschichte des Behindertenbetreuungswesens. München

Jantzen, Wolfgang (2007): Allgemeine Behindertenpädagogik. Bd. 1 u. 2, Berlin

Klafki, Wolfgang (1996): Neue Studien zur Bildungstheorie und Didaktik. Weinheim

Pinel, Phillippe (1801): Philosophisch-medizinische Abhandlung über Geistesverwirrungen und Manie. Wien

Séguin, Eduard: Die Idiotie und ihre Behandlung nach der physiologischen Methode. Wien 1912

Singer, Peter (1984): Praktische Ethik. Stuttgart

Zimmermann, Rolf (2005): Philosophie nach Auschwitz. Reinbek

Recht auf Leben

Michael Wagner-Kern

1 Definition, Begriffs- und Gegenstandsgeschichte

Die Begriffskopplung ,Recht' und ,Leben' setzt im Kontext wissenschaftlicher Diskussionen unterschiedliche Akzente. Berührt sind in erster Linie rechtsdogmatische Interpretationen eines ,Lebensschutzes' und damit insbesondere die rechtlichen Vorgaben des Grundgesetzes zum ,Recht auf Leben' in Art. 2 Abs. 2 Satz 1 des Grundgesetzes. Darüber hinaus spezifiziert ein rechtlich etikettierter Anspruch ,auf Leben' auch die ethische Frage nach verbindlichen Maßstäben für den Umgang mit dem menschlichen Leben und verweist damit auf eine angewandte (Rechts-)Ethik, die hierfür nach Regeln, Normen und Vorschriften sucht, wobei sich diese Bereichsethik von außen – wertend und normativ – auf das Recht bezieht. Als Terminus knüpft die dem Grundgesetz entnommene Umschreibung ,Recht auf Leben' somit auch an Fragestellungen normativer Ethik an.

Abzugrenzen sind diese Konturen von politisch zugespitzten Assoziationen, die Begrifflichkeiten wie ,Lebensrecht' oder ,Lebensschutz' primär in einen Zusammenhang mit moralisch aufgeladenen Positionen stellen, sei es als Ersatz für eine wissenschaftliche Auseinandersetzung über die Grundlagen und Grenzen eines ,Rechts auf Leben', sei es als Anwurf an die Adresse derjenigen, die einer sich ausweitenden Verfügbarkeit menschlichen Lebens in Wissenschaft und Forschung kritische Positionen entgegenhalten.

Die zwei benannten Felder, die ,rechtsdogmatische' und die ,(rechts-)ethische' Dimension des ,Rechts auf Leben', sind, wie gezeigt, zwar trennbar, und doch beziehen sich beide Gesichtspunkte in wesentlichen Teilbereichen einer modernen Lebensrechtdebatte aufeinander. ,Recht' bezogen auf das menschliche Leben knüpft dogmatisch an die Interpretation und Praxis des geschaffenen (Verfassungs-)Rechts an, während das ethische Moment im Blick hat, wie ein ,Recht auf Leben' im Sinne richtigen Rechts anerkannt und zu gewährleisten ist. Zentrale Fragen einer angewandten Ethik sind die nach dem Schutz und dem Stellenwert menschlichen Lebens, wobei immer häufiger vorgetragene Plädoyers für eine Abkehr von einem tendenziell extensiv interpretierten Lebensschutz Indiz dafür sind, dass es die technologische Verfügbarkeit der Lebensschaffung und -beendigung selbst ist, die eine Konjunktur utilitaristischer Legitimationsmodelle hervorbringt. Der rechtsdogmatische Spiegelstrich dieses Phänomens ist eine Grundrechtdebatte, die sowohl den Lebensschutz in Art. 2 Grundgesetz im Lichte der modernen (Bio-)Medizin als auch den verfassungsrechtlichen Zusammenhang von Lebensrecht und Menschenwürde hinterfragt bzw. zum Thema macht [→ Menschenwürde].

Die beiden (ethisch wie auch grundrechtsdogmatisch) miteinander verbundenen Momente eines Lebens- und Würdeschutzes reflektieren als Kernfragen einer modernen Lebensrechtdebatte gerade auch die Existenz von Menschen mit Behinderung [→ Ethische Grundlagen der Behindertenpädagogik: Konstitution und Systematik]. Zu diesem Befund gehört, dass dieser Zusammenhang in der wissenschaftlichen Auseinandersetzung bislang eine nur untergeordnete Rolle spielt (Schramme 2002, 149). Zum Tragen kommt dabei der Konflikt zwischen einem Verständnis von Behinderung als in erster Linie vermeidbare oder zu vermeidende Lebensform einerseits, andererseits die Forderung nach unbedingter (rechtlicher) Anerkennung von Differenz bzw. einer „Ethik der Anerkennung", wobei der Anspruch auf das Lebensrecht auch als Verteidigung des eigenen Daseins erscheint (Wils 2004, 81) [→ Anerkennung]. Innerhalb der „Ethik der Anerkennung" ist daher der Hinweis auf das Existenz- oder Lebensrecht von Menschen mit Behinderung gleichsam Synonym für die Abgrenzung gegenüber einem medizinischen Fortschrittsanspruch, der Krankheit und Behinderung als zu überwindende Daseinsformen definiert und Heilsversprechen als Legitimation für den gentechnischen Zugriff auf den Menschen begreift.

Der (bio-)ethische Diskurs [→ Bioethik] moderner Prägung veranschaulicht die skizzierten Zusammenhänge: Ethischen Auseinandersetzungen um eine bedingungslose Anerkennung des menschlichen Daseins, also um die Akzeptanz ohne Ansehen mentaler oder körperlicher Dispositionen, folg(t)en im Lichte der sich dynamisch entwickelnden Biomedizin seit den 1990er Jahren differenzierte rechtspolitische Auseinandersetzungen um die verfassungsrechtlichen Grenzen des Lebensschutzes. Wenngleich die dabei zugrunde liegenden Fragen in Bezug auf den Umgang des Menschen in den Grenzbereichen des Lebens, also an den Schwellen von Geburt und Tod, bereits seit Jahrzehnten wichtige ethische Themen benennen, stehen neuerdings derart tradierte Problemstellungen, wie zum Beispiel Schwangerschaft(sabbruch) und Sterbehilfe, vor dem Hintergrund epochaler Eingriffsmöglichkeiten der modernen Biomedizin mit immer neuen Vorzeichen auf der Agenda wissenschaftlicher Beratungen; tiefgreifende Transformationsmöglichkeiten der äußeren Natürlichkeit von Lebensentstehung und Lebensende konturieren ein gesteigertes Diskurs- und Regelungsinteresse, das angesichts einer innovativen Fortpflanzungs- und Intensivmedizin gerade juristische Definitions- und Interpretationsversuche notwendig macht. Die moderne Lebensrechtdebatte – notwendig verstanden als Teil des aktuellen (Bio-)Ethikdiskurses – ringt also um Orientierung bzw. um verbindliche Vorgaben und baut damit eine natürliche Brücke zum Anforderungsprofil des Rechts, wenngleich es letztlich nicht die Gesetze sind, die das Menschsein bestimmen (vgl. Spaemann 2001, 73). Gleichwohl: Aus dem breiten Spektrum der geforderten Fachdisziplinen ragt die Jurisprudenz als Entscheidungswissenschaft heraus, weil eine normativ angelegte (Lebensrechts-)Debatte nach Regeln für den technischen Fortschritt verlangt. Diese Aufgabe greift in letzter Konsequenz zurück auf rechtliche Vorgaben, weil nur diese als Produkt eines verbindlichen Willensbildungsprozesses anerkannt oder zumindest anzuerkennen sind. Der Rückgriff auf die (verfassungs-)rechtliche Verankerung des Lebensschutzes ist daher notwendig, um sich auf zentrale Grundlagen einer Lebensrechtdebatte zu verständigen.

2 Zentrale Erkenntnisse, Forschungsstand

Das Grundgesetz garantiert im Kontext des Schutzes auf körperliche Unversehrtheit ein „Recht auf Leben" (Art. 2 Abs. 2 Satz 1 Grundgesetz: „Jeder hat das Recht auf Leben und körperliche Unversehrtheit"). Zudem findet sich in Art. 2 Abs. 1 Satz 1 der Europäischen Menschenrechtskonvention ein vergleichbares Recht, das (allerdings nur) im Geltungsrang eines einfachen Bundesgesetzes eine entsprechende Schutzvorschrift statuiert. Als eigenständige Garantieerklärung formuliert die Verfassung in Art. 2 des Grundgesetzes eine Grundrechtsverbürgung zu Gunsten des menschlichen Daseins – der Mensch wird in seiner lebenden, biologisch-physischen Existenz geschützt, und dieser Schutz zielt darauf ab, das Leben als die elementare Grundvoraussetzung des Seins gegenüber allen Fremdeinwirkungen aufrecht zu erhalten. Dieses Menschenrecht stellt nach der Rechtsprechung des Bundesverfassungsgerichts „innerhalb der grundgesetzlichen Ordnung einen Höchstwert dar" (BVerfG 1979, 53).

Der grundrechtlich geschützte Lebensbereich (Schutzbereich) erfasst nicht nur das Leben eines geborenen, eines physisch bzw. psychisch und sich selbst organisierenden Menschen, sondern schreibt die Grundrechtsgarantie jedem Menschen unabhängig von seinem Geistes- oder Gesundheitszustand zu; erfasst wird auch das Leben vor der Geburt (vgl. BVerfG 1975, 36). Es besteht zwar weitgehend Einigkeit, den Beginn des Lebens(-schutzes) nicht erst mit der Geburt anzusetzen, ungeklärt ist jedoch, zu welchem Zeitpunkt genau der Schutzbereich in Art. 2 Abs. 2 Grundgesetz zu Gunsten des ungeborenen Menschen eingreifen soll. Die wohl herrschende Meinung sieht hierbei den Zeitpunkt der Verschmelzung von Ei- und Samenzelle als maßgebend an, während andere auf die Nidation als entscheidenden Zeitpunkt abstellen. Das Ende des Lebens (und damit das Ende des Grundrechtsschutzes) tritt nach allgemeiner Ansicht mit dem Erlöschen der Gehirnströme ein.

Der als Grundrechtsträger erfasste Mensch genießt den Schutz des Menschenrechts unabhängig von psychischen oder sozialen Aspekten. Entgegen utilitaristischen Ansätzen verbietet Art. 2 Grundgesetz daher jeden Rückgriff auf Differenzierungsmodelle in Bezug auf den Gesundheits- oder Geisteszustand – der einmal geborene Mensch ist Grundrechtsträger, er erhält und behält diesen Status unabhängig von seinem körperlichen oder geistigen Möglichkeiten, also auch dann, wenn er nicht selbstständig handeln oder sich artikulieren kann, etwa im Koma oder im Zustand der Bewusstlosigkeit. Diese zwingende Schranke gegenüber jeder Form einer Lebenswertzuschreibung ergibt sich aus einer konsequenten Orientierung an der Entstehungsgeschichte dieses Grundrechtsschutzes. Historisch erklärt sich die Existenz des Lebensgrundrechts unmittelbar aus den Verwerfungen des Nationalsozialismus. Ohne ausdrückliche verfassungsrechtliche Vorläufer, etwa in der Weimarer Reichsverfassung, ist der in Art. 2 Abs. 2 Grundgesetz festgeschriebene Lebensschutz die unmittelbare Reaktion auf die Verbrechen des NS-Staates, der einzelnen Gruppen der Gesellschaft ein Lebensrecht absprach [→ Eugenik] [→ Euthanasie]. Das Bundesverfassungsgericht schreibt dies unmissverständlich fest: „Die ausdrückliche Aufnahme des an sich selbstverständlichen Rechts auf Leben in das Grundgesetz […] erklärt sich hauptsächlich als Reaktion auf die ‚Vernichtung lebensunwerten Lebens', auf ‚Endlösung' und ‚Liquidierung', die vom nationalsozialistischen Regime als staatliche Maßnahmen durchgeführt wurden" (BVerfG 1975, 36).

Auch der ungeborene Mensch ist Grundrechtsträger. Art. 2 Abs. 2 Satz 1 Grundgesetz räumt ihm als Berechtigtem eine Grundrechtsposition ein. Umstritten ist allerdings, ob der Ungeborene auch in jedem Stadium als Grundrechtssubjekt im Sinne von Art. 2 Abs. 2 Satz 1 Grundgesetz anzusehen ist. Teilweise wird die Ausbildung gewisser

Entwicklungsstufen als Voraussetzung einer Grundrechtträgerschaft genannt, während die wohl überwiegende Auffassung dem umfassenden – auch den Ungeborenen einschließenden – Schutzgut ‚Leben' eine verfassungsrechtlich entsprechend weit verstandene Grundberechtigung folgen lässt. Dieser Streit ist Kennzeichen einer modernen Lebensrechtdebatte, in der zum Thema wird, ob ‚Lebensrecht' (und Menschenwürde) von Fähigkeiten zur Wahrnehmung eines entsprechenden Grundrechts bzw. von den Entwicklungsstufen des Embryo abhängig zu machen ist.

Die damit auch angedeutete Verbindung mit der grundrechtlichen Reichweite des Menschenwürdeschutzes erklärt die besondere Tragweite dieser Auseinandersetzung. Rechtsprechung und Dogmatik konstituieren einen unmittelbaren Zusammenhang zwischen den grundgesetzlichen Garantien des „Rechts auf Leben" und der „Menschenwürde" (Rixen 2005, 69 f.). Das menschliche Leben stellt nicht nur einen Höchstwert dar, sondern ist auch „vitale Basis der Menschenwürde und die Voraussetzung aller anderen Grundrechte" (Hofmann 2004, 50). Während in das Grundrecht „auf Leben" gemäß Art. 2 Abs. 2 Satz 3 Grundgesetz „auf Grund eines Gesetzes eingegriffen werden" kann, verbietet die apodiktische Formel in Art. 1 Abs. 1 Satz 1 Grundgesetz („Die Würde des Menschen ist unantastbar") jede Einschränkung dieses Rechts. Grundsätzlich sucht die Verfassung einen Ausgleich zwischen divergierenden Grundrechtsinteressen. Es besteht, wie etwa in Art. 2 Grundgesetz, fast immer die Möglichkeit, zwischen unterschiedlichen Ansprüchen abwägende Ergebnisse zu entwickeln. Allerdings besteht keine Abwägungsmöglichkeit, wenn die Menschenwürde negativ betroffen ist.

Die Verknüpfung beider Grundrechte offenbart somit ein Spannungsverhältnis zwischen dem Konzept ‚absoluter Menschenwürde' und dem verfassungsrechtlich verankerten Lebensschutz mit Eingriffsvorbehalt. Wenn nach dem Grundgesetz nicht jede Tötung menschlichen Lebens per se eine Grundrechtsverletzung sein kann, so benennt doch der (mit dem Lebens-

recht verbundene) absolute Schutz in Art. 1 Grundgesetz mit dem kompromisslos formulierten Achtungsanspruch eine Grenze, nach der jeder Zugriff auf das Leben, mit dem der Kernbereich menschlicher Existenz in Frage gestellt wird, verboten ist. Demnach markiert auch das grundgesetzliche ‚Recht auf Leben' eine Zone, die der Logik der Abwägung entzogen ist. Diesem Kernbereich zuzuschreiben ist der unbedingte Schutz einer „Subjektqualität des Individuums" (Rixen 2005, 71). Verboten ist jede Behandlung des Menschen, „die dessen Subjektqualität, seinen Status als Rechtssubjekt, grundsätzlich in Frage stellt […], indem sie die Achtung des Wertes vermissen lässt, der jedem Menschen um seiner selbst willen, kraft seines Personseins, zukommt" (BVerfG 2006, 757 f.). Die vor diesem Hintergrund im Einzelnen notwendige Beurteilung (bio-)medizinischer Verfahren verlangt demnach, die in Frage stehenden Interventionen im Bereich des menschlichen Lebens unter dem Gesichtspunkt der Akzeptanz dieser Subjektqualität zu beurteilen. Diesen Kernbereich zu präzisieren ist die zentrale (Zukunfts-)Aufgabe einer modernen Lebensrechtdebatte.

3 Ausblick

Eine ständig fortschreitende Biomedizin macht es zunehmend schwerer, die Grenzen von Lebensbeginn und -ende zu bestimmen. Das erklärt, warum in der (bio-)ethischen Debatte gerade die spezifische Festlegung der durch ein ‚Recht auf Leben' statuierten (rechtlichen) Schranken immer wieder neu zur Diskussion gestellt wird. Und dieser Umstand begründet als Folge eine Skepsis gegenüber einem umfassenden Steuerungsanspruch des Rechts innerhalb einer modernen Lebensrechtdebatte. Gleichwohl formuliert diese Debatte die Forderung an das Recht, dem Menschenbild des Grundgesetzes deutliche Konturen im Sinne eines verbindlichen Ordnungssystems zu geben. Dies ist und dies bleibt eine Aufgabe, die das Recht auch, wenngleich nicht allein, zu leisten hat. Das Recht wiederum muss in seiner begrenzten Reichweite richtig verstanden werden. Wenn, wie gezeigt, die moderne Medizin das Feld juristischer Dogmatik entgrenzt, erfordert dies einen breit angelegten Diskurs, der juristischer Auslegung und rechtlicher Entscheidung Wege aufzeigen kann. Ob sich eine Gesellschaft auf dieser Grundlage zu einer mit den Geboten in Art. 1 und 2 Grundgesetz entsprechenden ‚würdigen‘ Ordnung entschließt, hängt eng damit zusammen, inwieweit Menschen mit Behinderung in diese Ordnung einbezogen sind (vgl. Welti 2007, 6).

Literatur

BVerfG Bundesverfassungsgericht (1975): Urteil des Ersten Senats vom 25. 02. 1975. In: BverfG Bundesverfassungsgericht: Entscheidungen des Bundesverfassungsgerichts. Bd. 39, Tübingen, 1–95

BVerfG Bundesverfassungsgericht (1979): Beschluss des Zweiten Senats vom 01. 08. 1978. In: BVerfG Bundesverfassungsgericht: Entscheidungen des Bundesverfassungsgerichts. Bd. 49, Tübingen, 24–69

BVerfG Bundesverfassungsgericht (2006): Urteil des Ersten Senats vom 15. 02. 2006. In: Neue Juristische Wochenschrift, 11, 751–761

Hofmann, Hans (2004): Art. 2. In: Schmidt-Bleibtreu, Bruno (Hrsg.): Kommentar zum Grundgesetz, 10. Aufl. Neuwied, Rn. 1–67

Picker, Eduard (2002): Menschenwürde und Menschenleben. Das Auseinanderdriften zweier fundamentaler Werte als Ausdruck der wachsenden Relativierung des Menschen. Mit einem Vorwort von Robert Spaemann. Stuttgart

Rixen, Stephan (2005): Verfassungsrecht und Lebensschutz. Verfassungsrechtliche Beobachtungen am Beispiel der Präimplantationsdiagnostik. In: Graumann, Sigrid (Hrsg.): Anerkennung, Ethik und Behinderung. Beiträge aus dem Institut Mensch, Ethik und Wissenschaft. Berlin, 59–85

Schramme, Thomas (2002): Bioethik. Frankfurt a. M.

Spaemann, Robert (2001): Wer jemand ist, ist es immer. Es sind nicht die Gesetze, die den Beginn eines Menschenlebens bestimmen. In: Geyer, Christian (Hrsg.): Biopolitik. Die Positionen, Frankfurt a. M., 73–81

Welti, Felix (2007): Würde von Menschen mit Behinderungen. Achtung im Recht, Schutz in der Gesellschaft. In: Sozialrecht+Praxis, 1, 3–8

Wils, Jean-Pierre (2004): Respekt statt Ausgrenzung – Die Ethik der „Anerkennung". In: Graumann, Sigrid (Hrsg.): Ethik und Behinderung. Ein Perspektivenwechsel. Frankfurt a. M., 81–91

Bildungsrecht

Lutz Dietze

1 Definition

Hierunter versteht man im Allgemeinen den Rechtsausschnitt der Lebenswirklichkeiten, in dem Erziehung als Charakterbildung, Vermittlung von Kulturtechniken und funktional ‚zweckfreie‘ Allgemeinbildung, insbesondere aber die Beziehungen zwischen Bildungseinrichtungen und zu Bildenden anhand von Zielvorstellungen in institutionalisierter Form angeboten wird. Oft muss nach den Altersstufen zumindest kompetenz- und organisationsrechtlich differenziert werden. Das dem Bildungsrecht vorgegebene verfassungsrechtliche Ziel ist die freie Entfaltung der Persönlichkeit durch Bildung (Mündigkeit). Daher gelten die Neutralitätspflicht des Staates und das pädagogische Indoktrinationsverbot in politischer und weltanschaulicher Hinsicht. Die zu Bildenden sind gesetzlich verpflichtet, nach Begabung und Vermögen am Erreichen dieses Zieles mitzuwirken. Die Folgen etwaigen Scheiterns haben sie selbst zu tragen

(Durchlässigkeit des Bildungssystems ‚nach unten' ist rechtlich gewährleistet). Das formale Ziel der verschiedenen Bildungsprozesse ist eine möglichst allseits akzeptierte Bescheinigung darüber, dass der Bildungsabschluss erreicht worden ist. Man spricht insoweit vom Berechtigungswesen. Insbesondere im Schul- und Hochschulrecht betreffen mehr als $^2/_3$ aller Rechtsstreitigkeiten die Anfechtung von Bewertungen und das Einklagen in qualifizierte Bildungsgänge. Bildung ist ja Produktivfaktor.

Die ehemals auch rechtlich bedeutsamen Unterschiede zwischen Bildung und Ausbildung verlieren mit Einführung des Kompetenzbegriffs als Zielnorm zunehmend an Bedeutung. Die Bezugsnorm Bildung und ihr tradierter kultureller Kern (vgl. Oppermann 1969) ist selbst mehr denn je funktional und mehrdeutig geworden.

Deskriptiv zählen erst neuerdings der vorschulische und der Elementarbereich zum Bildungsrecht, es folgen Schul- bzw. Hochschulrecht und das Recht der beruflichen Bildung; ferner und insbesondere in Bezug auf die Integration Behinderter rechnen hierzu Teile des Rehabilitations- und Sozialrechts dazu – z. B. die Eingliederungshilfe-Verordnung nach §47 des Bundessozialhilfegesetzes (BSHG), des Weiteren berufliche Rehabilitation, Arbeitsförderungs- und Ausbildungsförderungsrecht sowie das Recht der Erwachsenenbildung [→ VI Recht und strukturelle Folgen]. Gegenüber dem schon erwähnten Sozialhilferecht, das im Verhältnis zu anderen Rechtsmaterien, insbesondere des Schul- und Gesundheitsrechts, nachrangig ist, ist das Kinder- und Jugendhilferecht nochmals subsidiär. Infolgedessen kann die dem Grunde nach rechtlich mögliche öffentliche Hilfe gegenüber den nach dem Bürgerlichen Gesetzbuch (BGB) Erziehungsberechtigten (§§ 1626 ff.) gerade bei prekären Familienverhältnissen wenig bewirken. Die Rechtsfrage der Integration Benachteiligter und Behinderter durchs Schulwesen und die berufliche Bildung sind im Wesentlichen immer noch hoheitliche Gestaltungsaufgaben, an denen mit unterschied-

lichen Kompetenz-Schwerpunkten Bund und Länder beteiligt sind.

2 Quellen und Zuständigkeiten

Soweit Bildungsrecht als Teil des Berufs- und Arbeitsrechts begriffen werden kann, ist Bildungsrecht als Thema im Rahmen der Niederlassungs- und Berufsausübungsfreiheit europarechtlich formal und konkret überwiegend über Richtlinien der Europäischen Union determiniert (bei ihnen sind die Ziel bestimmenden Normen gegenüber dem nationalen Recht vorrangig, die rechtliche Umsetzung ist Sache der EU-Staaten). Betroffen sind die wechselseitige Anerkennung von Befähigungsnachweisen insbesondere bei Hochschulabschlüssen sowie das Diskriminierungsverbot (Art. 12 des Vertrages über die Europäische Union (EUV) beim Zugang zu Bildungseinrichtungen). Ansonsten gilt das Subsidiaritätsprinzip (Art. 5 EUV und Art. 23 des Grundgesetzes (GG)).

Art. 12 GG betont das Grundrecht der Berufsausübungsfreiheit, dessen Schutzbereich allmählich durch die Rechtsprechung auch auf die gymnasiale Oberstufe ausgeweitet worden ist. Erziehungs- und Bildungsziele des Schul- und Hochschulwesens sowie das Bildungsorganisationsrecht werden durch die Verfassungen der 16 Bundesländer normiert. Der Kulturföderalismus ist seit dem 19. Jahrhundert Kernstück der Eigenständigkeit der Länder, wobei Schul- und Prüfungsrecht strukturell ähnlich ausgestaltet worden sind. Ferner sind die verwaltungsrechtlichen Grundlagen für das öffentliche wie private Schul- und Hochschulwesen oftmals bzw. weitgehend vergleichbar. Qualitative Unterschiede werden durch die formale Akzeptanz von Noten und Bewertungen verdeckt.

Hinsichtlich der anderen Rechtsmaterien des Bildungsrechts partizipieren diese von ihrer funktionalen Nähe zum Arbeits- und Wirtschaftsrecht, gehören kompetenzrechtlich somit überwiegend zum Bundesrecht (mit entsprechenden Ausführungsgesetzen und -verordnungen der einzelnen Länder). Nicht synchron gestalten sich die erwähnten Beziehungen von Schul- und Sozialbehörden bei der Integration durch Bildungsmaßnahmen nach BSHG. Die behindertennahen Kooperationen staatlicher und erst recht privater Leistungsträger der Rehabilitation untereinander und mit den Schulen beruhen auf dem Prinzip der Freiwilligkeit. Es ersparen dabei erfolgreiche Integrationsmaßnahmen der Schulen den Rehabilitationsträgern Kosten et vice versa.

Das schulisch rechtliche Lenkungsinstrument der Nation ist das der Ständigen Konferenz der Kultusminister der Länder in der Bundesrepublik Deutschland (KMK). Sie ist 1948 durch ein Verwaltungsabkommen der Länder begründet worden. Die nach dem Einstimmigkeitsprinzip beschließende KMK entzieht sich somit weitgehend der rechtsstaatlichen Kontrolle des Bundes wie der Länder.

Über einen Rahmenvertrag mit dem Goethe Institut sind die Länder rechtlich mit dem Auswärtigen Amt koordiniert, das für das deutsche Auslandsschulwesen federführend ist.

Das Recht der Auszubildenden ist durch die deutsche Besonderheit gekennzeichnet, dass neben der praktischen Ausbildung in Betrieben Berufsschulen zu besuchen sind, die nach Länderrecht organisiert sind und unterhalten werden (sog. duales System).

3 Schulwesen und Hochschulwesen, Prüfungsrecht

Das Recht auf Bildung ist Menschenrecht [→ Menschenrechte und Behinderung]. Im öffentlichen Schulwesen gilt der aus dem Kirchenrecht des Mittelalters überkommene Anstaltsbegriff. Es herrscht allgemeine Schulpflicht, dem auch in anerkannten Privatschulen genügt werden kann. Das Schulverhältnis bietet nach überwiegend herrschender

Meinung nur ein Recht auf Teilhabe an den zum Teil sehr verknappten Bildungsangeboten. Die unter der Herrschaft des Grundgesetzes erforderlich gewordene Abwendung vom früheren ‚besonderen Gewaltverhältnis' hat insbesondere auch durch die Rechtsprechung des Bundesverfassungsgerichts zu einer ständigen Verrechtlichung im Sinne einer Vergesetzlichung des Schulwesens geführt, nicht zu Rechtsansprüchen auf vollständigen Unterricht und hinreichend individuelle Förderung (anderer Ansicht: Dietze, Zum einklagbaren Recht auf unverkürzten Unterricht und die Garantie von Mindeststandards, Gutachten für den Bundeselternrat (BER) – derzeit – 2007 – in Arbeit. Begründete Ergebnisse sind auf der Homepage des BER abrufbar).

Nach Art. 7 GG steht die Schule unter Aufsicht des Staates. Der Aufsichtsbegriff ist der historischen Wandlung unterzogen gewesen, doch haben sich die tradierten Merkmale des Schulwesens (mehrstufige Hierarchie, Personalhoheit für das pädagogische Personal beim Staat, Kontrolle der schulischen Tätigkeiten (als Dienst-, Fach- und Rechtsaufsicht)) im Wesentlichen erhalten (für die Gebäudeunterhaltung und das nicht unterrichtende Personal sind meist die Gemeinden als Schulträger zuständig).

Wesentliche Unterschiede der Länder bestehen bei der Organisation des Schulwesens, der Lehrplanerfüllung (oder -unterschreitung) und der Struktur der Schulverfassung (mit körperschaftsähnlichen Elementen); seit mehr als 30 Jahren spricht man von der relativen Autonomie der Schulen (mit einer gewissen Beteiligung von Schülern und Eltern). Die Schulreform der letzten Jahre hat es mit sich gebracht, die Funktion der Schulleiter wieder zu stärken und den Schulen Raum zu geben, um ein eigenes Profil zu gewinnen. Hier wird experimentiert.

Stark vereinfacht gesagt besteht hinsichtlich der Bevorzugung von Gesamtschulprojekten nach skandinavischem Vorbild ein Nord-Süd-Gefälle, was insbesondere auch für die lernzieldifferente Integration behinderter Schülerinnen und Schüler gilt. Aus dem Postulat des Art. 3 Abs. 3 Satz 2 GG „Niemand darf wegen seiner Behinderung benachteiligt werden" ergeben sich entgegen einer verbreiteten Auffassung unter Behinderten- und Rehabilitationspädagogen keine verfassungsrechtlich begründeten Ansprüche auf Integration ins Normalschulwesen (Bundesverfassungsgericht v. 30. 07. 1966, Juristenzeitung 1969, 1073 f. m. Anm. von Lutz Dietze, ebd., 1074 f.). Insofern wird das Schulwesen weiterhin viergliedrig bleiben, wenn auch der Trend dahin geht, die früher Sonderschulen genannten Förderschulen stärker mit den allgemein bildenden Schulen zu verzahnen [→ III Bildung und Erziehung als Prozess].

Die tradierte körperschaftsrechtliche Verfassung der Universitäten erlebt vermehrt hoheitliche Eingriffe in die Selbstverwaltung, nicht nur durch das Einwerben von Drittmittelfinanzierungen. Wie im Schulwesen (und in der Schweiz) geht die Personalentwicklung weg vom Beamtentum zu Rechtsbeziehungen im Angestelltenverhältnis.

4 Ausblick

Der Rückzug des Bundes aus der gesetzlichen Verantwortung für das Hochschulwesen steht in Zusammenhang mit der Verpflichtung zahlreicher Staaten vom 19. Juni 1999 in Bologna, bisherige kulturell und national geprägte Bildungsgänge zu egalisieren (Bachelor- und Master-Studiengänge).

Eine ähnliche Entwicklung findet im wirtschaftsrechtlichen Ausbildungssektor statt. Von diesen Umbrüchen ist besonders das Prüfungsrecht betroffen. Die bisherigen Beurteilungsspielräume der Prüfer haben zu weitgehender Unvergleichlichkeit geführt; internationale Evaluationen des Leistungsvermögens erfordern andere Messsysteme und beziehen sich auf das Erreichen vorgegebener Niveaus und Kompetenzen. Was immer schon bekannt war, wird nun offenkundig: Die Art und Weise der Beurteilung von Leistungen durch Prüfer führt und ausbildungs- und bereichsspezifisch zu krassesten Unterschieden, womit die Aussagekraft von Zeugnisnoten zunehmend in Frage gestellt und durch andere Formen der Eignungsbeurteilung, z. B. Tests, Coaching und Training, Probezeiten mit Aufnahme-, Vor- und Zwischenprüfungen etc. ersetzt werden.

Die Anfang dieses Jahrtausends in Lissabon beschlossene Strategie der Kultusminister der Europäischen Union mit dem Ziel, die Zahl der Hochschulabsolventen drastisch zu vergrößern, schwächelt in Deutschland und wird unzureichend umgesetzt.

Hingegen hat die Verfallsdauer bei Schulgesetzen in den Bundesländern zugenommen.

Die im Dezember 2003 von der KMK vereinbarten Regelstandards sind entgegen weit verbreiteter Auffassung mit den nationalen Mindeststandards nach skandinavischem Muster nicht, sondern eher mit den historischen Rahmenrichtlinien als weichen Formen von Lehrplänen zu vergleichen. Dadurch können länderspezifische Kompetenzstandards rechtlich folgenlos unterschritten werden: die diesem Ziel- und Strukturmangel angepasste Evaluation wird im KMK-Interesse diese Mängel ‚frisieren'. Hier und auch besonders im Hochschulsektor wird die Akkreditierung von Bildungs- und Studiengängen durch Agenturen, die nicht Teil der Kultus- oder Hochschulverwaltung sind, forciert.

Die Selbstevaluation steckt noch in ihren Anfängen.

Zusätzlich rechtlich problematisch ist das Zertifikatswesen im Bereich der Fort- und Weiterbildung bzw. bei der Kreation neuer Berufe insbesondere im Bereich der Beratung.

Eine qualitative Reform der Lehrerstudiengänge steht aus.

Hinsichtlich des Leistungsvermögens, der Leistungsfähigkeit und der Zurechenbarkeit von Leistungen wie Minderleistungen ist insbesondere das deutsche Schulwesen immer noch wenig transparent. Es besteht wenig Aussicht, dass sich dies alsbald ändert. Das gilt auch für die substanziell integrative Mitarbeit der Erziehungsberechtigten insbesondere in Schulen mit prekären Verhältnissen und für die Verlagerung der Schulentwicklungsplanung in die Schulen und deren eigenständige Profilierung.

Zu befürchten ist ferner, dass im Interesse nationaler und internationaler vergleichender Evaluation die künstlerisch-musischen bzw. gesundheitlich-sportlichen Bildungsbereiche in den öffentlichen Schulen durch Projektierungen, fächerübergreifende Zusammenlegungen oder schlicht Stundenausfall minimiert zu werden drohen. Durch die weitere Verlagerung von Bildungsangeboten und -anstrengungen in den privaten Bereich wird daher die nach Sozialmilieu international auffällige Leistungsdivergenz im Schulwesen weiter zunehmen.

Maßnahmen dagegen wären Gestaltungsaufgaben der Landesgesetzgeber und der integrativen Allokation der Mittel, die sich bildungsrechtlich fordern und begründen, nicht hingegen einklagen lassen.

Literatur

Avenarius, Hermann & Heckel, Hans (unter Mitarbeit von Hans-Christoph Loebel) (2000): Schulrechtskunde, 7. Aufl. Neuwied/Kriftel
Dietze, Lutz (1973): Von der Schulanstalt zur Lehrerschule. Braunschweig
Luthe, Ernst-Wilhelm (2003): Bildungsrecht. Berlin
Niehus, Norbert & Rux, Johannes (2006): Schul- und Prüfungsrecht, Bd. 1, Schulrecht. München
Oppermann, Thomas (1969): Kulturverwaltungsrecht. Tübingen
Zeitschrift Recht der Jugend und des Bildungswesens (RdJB – seit 1952)
Zimmerling, Wolfgang & Brehm, Robert G. (2001): Prüfungsrecht, 2. Aufl., Köln

Prävention

Günther Opp

1 Definition, Begriffs- und Gegenstandsgeschichte

Prävention ist ein Modewort. In der Sprache der Soziologie könnte man von einer Kontingenzformel sprechen, mit der die Unbestimmtheiten sozialer Arbeitsfelder bewirtschaftet werden können. Dabei geht es um die Verhandlung von zwei Seiten sozialer Aufgabenbestimmung, nämlich die Entstehung sozialer Problemlagen einerseits nach Möglichkeit zu verhindern (Vorbeugung) und bestehende soziale Problemlagen zu beheben oder zu lindern (Intervention), respektive ihre Manifestation oder Verschlimmerung zu vermeiden. Im Sinne einer Kontingenzformel könnte der Präventionsbegriff nach Luhmann als Zwei-Seiten-Form beschrieben werden: „Die eine Seite verweist auf kognitiv unzugängliche, unbekannte Räume von Möglichkeiten. Die andere Seite stellt sicher, dass man trotzdem nicht ins Unbestimmbare abtreibt, sondern, dass man für die gesellschaftliche Kommunikation [...] Bestimmtheiten gewinnen und nutzen kann. Eine Kontingenzformel ist gewissermaßen eine Kippfigur, die man nach ihren beiden Seiten hin auswerten kann, wenn man ihre innere Grenze kreuzt" (Luhmann 2002, 183).

Der Vorteil eines Verständnisses von Prävention als Kontingenzformel besteht darin, dass die jeweils andere Seite von Vorbeugung versus Intervention bei manifesten Problemen nicht nur erhalten, sondern eben auch anschlussfähig bleibt. Kontingenzformeln ermöglichen dadurch die Fassung sozialer Kontingenz im Spiel zwischen Möglichkeit und

Unmöglichkeit sowie auch ihre Generalisierung auf sinnhafte Möglichkeiten hin.

Das Verständnis von Prävention bleibt deshalb notwendig schillernd. Das zeigt sich insbesondere im Vorschlag eines gestuften Präventionssystems, indem primäre, sekundäre und tertiäre Prävention unterschieden werden (Cowen 1984; Kauffman 1999). Ausgangspunkt aller Überlegungen ist die Früherkennung individueller oder sozialer Lebenserschwernisse, die Entwicklungsrisiken darstellen und/oder die sozialen Integrations- und Partizipationschancen eines Individuums aktuell oder in der Zukunft signifikant einschränken könnten. Unter *Primärer Prävention* versteht man die Vorbeugung von Fehlentwicklung angesichts vorhandener Risiken und die Hilfestellungen, die durch das Vorliegen früher Anzeichen von Fehlentwicklungen oder Auffälligkeiten ausgelöst werden. Das Ziel primärer Prävention ist es, die Entstehung von Störungen zu vermeiden und anfängliche psychosoziale Auffälligkeiten oder Fehlentwicklungen zu verhindern. Durch den Erfolg primärer Prävention erübrigen sich sekundäre Präventionsmaßnahmen. Wenn eine Anpassungsstörung oder Fehlentwicklung manifest (diagnostisch bestimmbar) wird, dann setzen Maßnahmen *Sekundärer Prävention* ein, deren Aufgabe darin liegt, einer Erschwerung und Verschärfung individueller und sozialer Problemlagen vorzubeugen und sie nach besten Möglichkeiten zu revidieren oder zu kompensieren. Dabei sollen problemstabilisierende Strukturen und Ausgangslagen soweit verändert werden, dass stabile und lebenswerte Alltagsverhältnisse entstehen. Dabei ist auf biographische Übergangssituationen (z. B. Einschulung; Schulwechsel) und belastende Lebensereignisse (z. B. Umzug; Verlust von wichtigen Bezugspersonen) zu achten. Von *Tertiärer Prävention* wird gesprochen, wenn die Hilfemaßnahmen bei Vorliegen manifester Behinderungen und signifikanter Lebenseinschränkungen auf fürsorgliche Begleitung, Linderung zielen und wenn chronische Verfestigungen von Problemlagen verhindert werden sollen. Das Ziel tertiärer Prävention liegt vor allem darin, überfordernde Situationen für das betroffene Individuum und seine Lebenswelt zu verhindern. In dieser Vorstellung tertiärer Prävention zeigt sich ein deutliches Spannungsverhältnis zur eigentlichen Bedeutung des Präventionsbegriffs im Sinne der Vorbeugung (praevenire lat.: zuvorkommen). Auf allen Präventionsstufen geht es darum, die Partizipation der Betroffenen, die Verantwortung für eigene Lebensentscheidungen und die Sorge um sich selbst im Sinne von Empowermentkonzepten (Theunissen & Plaute 2002) sicher zu stellen.

Die Neuorientierung sozialer Arbeitsfelder auf Präventionskonzepte begann vor etwa 40 Jahren und wurde von Emory Cowen (1996), einem der wichtigsten Vertreter von Präventionskonzepten, im Rückblick so beschrieben: „Ich wurde mir bewusst, dass es, nachdem sich die Probleme einmal herauskristallisiert und ausgebreitet hatten, im Vergleich zu frühen Hilfen, immer kosten- und arbeitsintensiver wurde, sie aufzulösen und dass dieser Versuch oftmals zum Scheitern verurteilt war [...]" (ebd., 235).

Ein präventives Verständnis sozialer Hilfesysteme, respektive die stärker werdende Forderung nach einer Umsteuerung sozialer Arbeit auf Prävention hin, war von Beginn an eng verknüpft mit den scharf geführten Chancengleichheitsdiskussionen der 1970er Jahre. Eine Stärkung des Präventionsgedankens resultierte insbesondere auch aus dem internationalen Konsens in der Forderung nach einer gesundheitsförderlichen Politik, die in der Ottawa Charta (WHO 1986) erhoben wurde. Im Rückblick hat der Erfolg des Präventionsbegriffs viele gute Gründe und markiert zugleich einen Wendepunkt im Selbstverständnis sozialer Arbeit, der auf neuen Forschungsergebnissen unterschiedlicher Disziplinen beruhte. Dazu gehörten:

- Die Aufgabe eines eher therapeutischen und auf das Individuum fokussierten Interventionsansatzes zu Gunsten frühzeitiger und schneller Hilfestellungen bei der Entstehung sozialer Probleme.

- Die Anerkennung der Bedeutung ökologischer Kontexte menschlichen Verhaltens und die Umsetzung dieser Einsichten in lebensweltorientierte Hilfeansätze auch im Rahmen einer Gemeindeperspektive oder Lebensraumorientierung [→ V Lebenswelt, Lebenslage].
- Einsichten in die Plastizität des Gehirns und die Bedeutung frühkindlicher Erfahrungen (Bindungsforschung) [→ Bindung] und die daraus abgeleitete Forderung nach möglichst frühen Hilfeangeboten für Kinder und Familien in sozialen Risikolagen.
- Die Herausforderungen, die die zunehmende Individualisierung von Problemlagen in modernen Gesellschaften an die Organisation sozialer Hilfesysteme stellt und die damit verbundene Flexibilisierung von Hilfen (mobile und niedrig schwellige Hilfeangebote).
- Die Transformation der Expertenrolle zu Beratungsangeboten, die die Partizipations- und Selbstbestimmungsmöglichkeiten der Betroffenen erhöhen und damit auch mehr Verantwortung bei den Klienten belassen können.
- Nicht zuletzt wurden neue Fragen nach dem Kosten-Nutzen-Verhältnis sozialer Hilfeangebote [→ VI Deregulierung, Globalisierung, Ökonomisierung] sowie nach Möglichkeiten der Evaluation sozialer Arbeit gestellt.

2 Zentrale Erkenntnisse, Forschungsstand

Im Rahmen dieser Entwicklungseinflüsse ist es nicht erstaunlich, dass sich die ersten praktischen Umsetzungen des Präventionskonzeptes im Bereich der Frühförderung (Speck 1973) in vorschulischen Projekten wie Head Start (Opp & Fingerle 2000) und im Grundschulbereich (Cowen et al. 1996) formierten. Der Präventionsbegriff hat sich seitdem durchgesetzt und gibt keinen Bereich sozialer Arbeit, in

dem er nicht verwendet wird. Er bezeichnet einerseits Hilfen für spezifische Problemstellungen (z. B. Drogenprävention, Gewaltprävention, Gesundheitsprävention) und andererseits die institutionelle Lokalisierung von Hilfen (z. B. schulische Prävention) oder eine Kombination von beidem (z. B. schulische Gesundheitsprävention). Man könnte heute von einer inflationären Verwendung des Präventionsbegriffs sprechen. Der Sprachgebrauch und die Verwendung des Präventionsbegriffs werden dabei relativ frei gehandhabt. Die Praxisfelder präventiver Arbeit sind unter anderem Gesundheit, Ernährung, Bildung, Wohnumfeld, Armut, Drogen, Misshandlung und Missbrauch, familiäre Zerrüttung und Migration.

Ein zentraler wissenschaftlicher Impuls für die Formulierung von Präventionskonzepten waren die Ergebnisse der Resilienzforschung (Opp & Fingerle 2007) [→ III Risiko und Resilienz; X Psychische Gesundheit und Resilienz]. Es konnte gezeigt werden, dass sich Kinder, die unter Hochrisikobedingungen (*Risikofaktoren*) aufwachsen, im Zusammenspiel zwischen individuellen Eigenschaftskonstellationen mit spezifischen Umweltqualitäten (*Schutzfaktoren*) zu kompetenten und optimistischen Erwachsenen entwickeln können. Diese Kompetenzen sowie auch den Prozess der erfolgreichen Risikobewältigung über die gesamte Lebensspanne nannte man Resilienz. Neuere Forschungsergebnisse zeigen die große Bedeutung, die frühe Bindungserfahrungen in diesem Prozess und bei der Entwicklung grundlegender Kompetenzen spielen (Grossmann & Grossmann 2004; Suess & Sroufe 2005). Es ist eine Folge dieser Erkenntnisse, dass präventive Maßnahmen für ein immer früheres Alter gefordert werden (Brisch 2003; Erickson & Egeland 2006).

Die Präventionsforschung hat sich in den letzten Jahren verstärkt mit Evaluationsfragen beschäftigt (Durlack & Wells 1997; Munoz, Mrazek & Haggerty 1996; Heller 1996; Kroetz & Moscicki 1997) und ist dabei mit signifikanten Forschungsproblemen konfrontiert. Konzepte primärer Prävention zielen auf langfristige Effekte und erfordern kostenintensives längsschnittliches Follow-up für ihre empirische Dokumentation. Aus Finanzierungsgründen fokussierte man die Forschungsinteressen in der Regel jedoch eher auf proximale Effekte (Risikoreduktion). Darüber hinaus unterscheiden sich Präventionsprogramme neben ihrer lokalen Spezifika in der Regel auch hinsichtlich ihrer Zielpopulation, dem Umfang und der Dauer der Intervention und sind deshalb nur bedingt vergleichbar.

Präventive Maßnahmen scheinen dann am erfolgreichsten zu sein, wenn sie auf unterschiedliche Lebensbereiche und Risikofaktoren gleichzeitig gerichtet sind und die breitere Lebenswelt der Zielpopulation (z. B. die Familie oder die Gemeinde) berücksichtigen. Dabei sollte nicht übersehen werden, dass Programme, die positive Effekte erzielen, auch negative Wirkungen haben könnten. In einer Metaanalyse von 177 unterschiedlichen Programmen primärer Prävention für Kinder und Jugendliche fanden Durlak & Wells (1997) allerdings überzeugende Belege für die Effizienz dieser Programme.

Durchaus ermutigend sind die Ergebnisse von Kosten-Nutzen-Analysen von frühen Präventionsprogrammen. In der Regel werden langfristige Einsparungspotenziale zwischen dem Drei- bis Siebenfachen der investierten Mittel belegt (Barnett 1993; Chiesa et al. 1998; Fleer 2002; Mann & Reynolds 2006). Dabei handelt es sich um die Verrechnung langfristiger Einsparung im Bereich der Sozialhilfe, der Bildungskosten, der Gesundheitskosten und möglicher Kosten im Rechtssystem sowie auch um das spätere potenziell höhere Steueraufkommen der geförderten Kinder und Jugendlichen. Nicht erfasst ist dabei der subjektive Gewinn psychischen Wohlbefindens für die Betroffenen und ihr soziales Umfeld sowie später auch die besseren Entwicklungschancen ihrer eigenen Kinder. Aus England berichteten Scott et al. (2001), dass die Kosten späterer Sozialleistungen für sozial auffällige Kinder das Zehnfache der Leistungen für nicht auffällige Kinder betrug.

3 Ausblick

Der offensichtliche Reiz des Präventionsbegriffs sollte den Blick auf ungelöste Probleme nicht verstellen: „Wenn wir als Gesellschaft oder als professionelle Erzieher klare Verantwortung für Prävention übernehmen, dann ist das der Bereich tertiärer Prävention. Wir zögern kaum, Interventionen vorzuschlagen, wenn ernste und langwierige Probleme vorliegen, von denen sich die Gesellschaft bedroht fühlt, obwohl diese Interventionen, auch wenn sie umfassender sind, zu spät einsetzen und wenig Aussicht auf Erfolg haben" (Kauffman 1999, 448).

Die programmierte Erfolglosigkeit verspäteter Interventionsprogramme führt letztlich zu verschärfter gesellschaftlicher Ausgrenzung, zu Strafen und physischen Einschränkungen von Kindern und Jugendlichen, die mit pädagogischen Mitteln scheinbar nicht mehr erreicht werden können. Man kann dieses Problem beispielhaft auch an einer Zahl von über einem Fünftel aller 14-jährigen deutschen Schüler festmachen, die über eine so geringe Lesekompetenz verfügen, dass ihre berufliche Ausbildung erheblich in Frage steht (vgl. Prenzel, Baumert & Blum 2004). Die beklagte Erfolglosigkeit beruflicher Eingliederungsprogramme für diese Jugendlichen ist im Zusammenhang mit Präventionsvorstellungen vor allem darin zu sehen, dass die Potenziale früher Hilfestellung ungenützt verstreichen. Insgesamt wird das Ausmaß psychischer Probleme in der Öffentlichkeit signifikant unterschätzt oder aus fiskalischen Gründen schlicht geleugnet.

Die Problematik präventiver Hilfeprogrammierung ist dabei ein systematisches Problem, das aus der Organisation sozialer Hilfen resultiert. Die komplexen Notlagen und Risiken individueller Lebensführung in modernen Gesellschaften lassen sich mit einer freiwilligen ‚Almosenpraxis' nicht dauerhaft lösen. Es bildeten sich eigenständige Professionen heraus, die sich auf Hilfestellungen für Menschen in unterschiedlichsten Notlagen spezialisierten. Die Organisation sozialer Hilfen löst sich damit aus lokalen Einbindungen, sie wird verwaltbar, generalisiert und in konditionalen Entscheidungsprogrammen organisiert. „Die helfende Aktivität wird nicht mehr durch den Anblick der Not, sondern durch einen Vergleich von Tatbestand und Programm ausgelöst und kann in dieser Form generell und zuverlässig stabilisiert werden" (Luhmann 1975, 143).

Das Vorliegen einer definierten Notlage (Kondition) löst die Hilfe aus. Diese Form der konditionalen Programmierung hat gegenüber einer Zweckprogrammierung, also der Programmierung von Hilfe auf einen Zweck hin (Prävention), erhebliche Vorteile der Technisierbarkeit, der Entscheidungsentlastung, der zentralen Steuerbarkeit, der Ressourcenbeschränkung durch Anspruchsbegrenzung und der Kontrollierbarkeit im Rahmen linearkausaler Interventionsmodelle. Hand in Hand mit der konditionalen Hilfeprogrammierung geht die ‚Juridifzierung von Hilfeansprüchen' [→ VI Recht und strukturelle Folgen], die in Form gerichtsfester Konditionen Hilfe in definierten Notlagen als individuellen Hilfeanspruch sichern. Die Problematik konditionaler Hilfeprogrammierung liegt einerseits in ihrer Rigidität gegenüber sich verflüssigenden individuellen Problemlagen und Hilfebedürfnissen und andererseits in ihrem Widerspruch zu professionellen Identitäten, die sich vorrangig in der Identifizierung mit den Zwecksetzungen sozialer Arbeit verbinden. Die Kernproblematik der Zukunft ist jedoch die Frage, wer, angesichts steigender Gesundheitsausgaben und fiskalischen Einschränkungen, die Kosten für Prävention tragen soll.

Literatur

Barnett, W. Steven (1993): Benefit-cost analysis of preschool education: Findings from a 25 year follow-up. In: American Journal of Orthopsychiatry, 63, 25–50

Brisch, Karl-Heinz (2003): Bindungsstörungen. Von der Bindungstheorie zur Therapie. Stuttgart

Cowen, Emory L. (1984): A general structural model for primary prevention program development in mental health. In: Personnel and Guidance Journal, 63, 485–490

Cowen, Emory L. (1996): The ontogenesis of primary prevention: lengthy strides and stubbed toes. In: American Journal of Community Psychology, 24, 235–249

Cowen, Emory L., Hightower, Dirk A., Pedro-Carroll, Jo-Ann L., Work, William C. & Wyman, Peter A. (1996): School-based prevention for children at risk: The Primary Mental Health Project. Washington D. C.

Durlak, Joseph A. & Wells, Anne M. (1997): Primary Prevention Mental Health Programs for Children and Adolescents: A Meta-Analytic Review. In: American Journal of Community Psychology, 25, 115–152

Erickson, Martha F. & Egeland, Byron (2006): Die Stärkung der Eltern-Kind-Bindung. Stuttgart

Fleer, Marilyn (2002): Research Evidence with Political Currency: Keeping Early Childhood Education on the International Agenda. In: Australian Journal of Early Childhood, 27, 1–7

Grossmann, Klaus & Grossmann, Karin E. (2004): Bindungen – das Gefüge psychischer Sicherheit. Stuttgart

Karoly, Lynn A., Greenwood, Peter W., Everingham, Susan S., Hoube, Jill, Kilburn, Rebecca M., Rydell, Peter C., Sanders, Matthew & Chiesa, James (1998): Investing in Our Children: What We Know and Don't Know about the Costs and Benefits of Early Childhood Interventions. New York

Kauffman, James M. (1999): How we prevent the prevention of emotional and behavioral disorders. In: Exceptional Children, 65, 448–468

Luhmann, Niklas (1975): Soziologische Aufklärung. Bd. 2, Opladen

Luhmann, Niklas (2002): Das Erziehungssystem der Gesellschaft. Frankfurt a. M.

Mann, Emily A. & Reynolds, Arthur J. (2006): Early Intervention and Juvenile Delinquency Prevention: Evidence from the Chicago Longitudinal Study. In: Social Work Research, 30, 153–167

Opp, Günther & Fingerle, Michael (2000): Risiko und Resilienz in der Kindheit am Beispiel von Kindern aus sozioökonomisch benachteiligten Familien: amerikanische Erfahrungen mit Head Start. In: Weiß, Hans (Hrsg.): Frühförderung mit Kindern und Familien in Armutslagen. München, 164–174

Opp, Günther & Fingerle, Michael (Hrsg.) (2007): Was Kinder stärkt. Erziehung zwischen Risiko und Resilienz. 2. Auflage. München

Prenzel, Manfred, Baumert, Jürgen & Blum, Werner (2004): PISA 2003. Münster

Scott, Stephen, Knapp, Martin, Henderson, Juliet & Maughan, Barbara (2001): Financial cost of social exclusion: follow up study of antisocial children into adulthood. In: British Medical Journal, 323, 191–194

Speck, Otto (1973): Früherkennung und Frühförderung behinderter Kinder. In: Sonderpädagogik 1,

Gutachten und Studien der Bildungskommission. Stuttgart, 111–150

Suess, Gerhard J. & Sroufe, J. (2005): Clinical implications of the development of the person. In: Attachment & Human Development, 7, 381–392

Theunissen, Georg & Plaute, Wolfgang (2002): Handbuch Empowerment und Heilpädagogik. Freiburg

WHO (Hrsg.) (2004): Prevention of mental disorders. A report of the World Health Organization. Department of Mental Health and Substance Abuse in collaboration with the Prevention Research Centre of the Universities of Nijmegen and Maastricht.

Professionalität

Andrea Dlugosch

1 Definition, Begriffs- und Gegenstandsgeschichte

Der Begriff *Professionalität* und die assoziierten Begriffe *Profession* und *Professionalisierung* [→ VI Profession und Professionalisierung] legen aufgrund des gemeinsamen Wortstammes zunächst die Annahme nahe, dass mit ihnen weitestgehend kongruente Bedeutungsfelder verbunden sind. Ein differenztheoretischer Blickwinkel, der für eine getrennte Betrachtung der Begriffe plädiert, verdeutlicht jedoch, dass zwar verwandte Bedeutungshöfe im Kontext von *Beruflichkeit* mit den Kategorien verbunden sind. Diese können aber nicht zwangsläufig aufeinander zurückgeführt werden, da sie sich auf unterschiedliche soziale Einheiten und damit verbundene Prozess- bzw. Zustandsbeschreibungen beziehen (vgl. Nittel 2002). Insofern trägt eine nuancierte Klärung aller anfangs genannten Begriffe zu Präzisierungen im Gegenstandsfeld bei, zumal die erziehungswissenschaftlichen Diskussionsstränge auch unterschiedliche Begriffskonnotationen transportieren.

In einem ersten Zugriff und in Rekurs auf berufssoziologische Linien sind „Professio-

nen [...] eine bestimmte Klasse von Berufen", die sich „nicht nur von solchen Berufen unterscheiden, die keine Professionen sind, sondern auch von solchen, die *noch* keine Professionen sind" (Horster et al. 2005, 9). Für die angloamerikanische soziologische Theorielinie, die sich zunächst empirisch dem Phänomen widmete, ist die Verständigung auf Merkmale, die eine Profession charakterisieren, kennzeichnend. Terhart führt aus, dass im „Unterschied zum alltäglichen Sprachgebrauch [...] der Begriff der Profession in der Berufssoziologie ursprünglich nur für besonders herausgehobene, am Gemeinwohl orientierte, [...] selbstständige oder ‚freie' Berufe reserviert (wurde). Als klassische Beispiele galten Arzt, Rechtsanwalt und Klerus, teilweise auch Architekten" (Terhart 2005, 87 f.).

Erst die Einbindung in theoretische Zusammenhänge, in deren Kontext auf Talcott Parsons zu verweisen ist, lieferte übergreifende Erklärungen zur gesamtgesellschaftlichen Struktur und zur Bedeutung dieser Klasse von Berufen im Kontext einer umfassenden Theorie eines sozialen Gesellschaftssystems (vgl. ebd., 10 ff.). Die deutsche soziologische Theorielinie folgte weniger einem empirischen Interesse, sondern setzte auf die

Bestimmung professionstypischer Charakteristika und stellte den Begriff der Profession nicht gesondert in Frage, was zu vielfältigen, auch widersprüchlichen, Lesarten im Diskurs führte. Die Anleihen an der merkmalsorientierten berufssoziologischen Perspektive, die sich oftmals in einem Abgleich der Merkmale erschöpfte, sind inzwischen, nicht zuletzt auch aufgrund von Deprofessionalisierungstendenzen in den als klassisch geltenden Professionen, zu einem Nebenschauplatz geworden.

Markante theoretische Präzisierungen sind in der von Niklas Luhmann ausgearbeiteten Theorie sozialer Systeme vorzufinden: Hiernach „sind Professionen, historisch gesehen, ein relativ neues Element gesellschaftlicher Differenzierung" (ebd., 13). Sie stehen, in Abgrenzung zu segmentären oder stratifikatorischen Gesellschaftsformen, im Rahmen einer funktionalen Differenzierung für ein „Differenzierungsprinzip nach Sachgesichtspunkten" (ebd., 14). Der Ansatz von Luhmann stellt in den Erziehungswissenschaften für die Professionalisierungsdebatte anhaltend einen wichtigen Bezugspunkt dar [→ I Systemtheorie]. Seine Rezeption findet zudem im Kontext einer „Professionstheorie im Fokus sonderpädagogischer Disziplinentwicklung" besondere Beachtung (vgl. Moser 2005). Ferner ist insgesamt eine „engere Verzahnung mit der jüngeren soziologischen Theorieentwicklung zu beobachten", wofür z. B. auch die Relevanz des Ansatzes von Ulrich Oevermann im Professionalisierungsdiskurs der Erziehungswissenschaften steht (Horster et al. 2005, 15).

Im Anschluss an die Bestimmung von Professionen „[ist] Professionalisierung […] – auf kollektiver Ebene – demgemäß der allmähliche Aufstieg vom Status des bloßen Berufs zum Status der freien Profession, auf individueller Ebene bedeutet Professionalisierung die Herausbildung der professionellen Kompetenz" (Terhart 2005, 87 f.).

Nittel differenziert an dieser Stelle und weist darauf hin, dass der Begriff sich lediglich auf „kollektive und individuelle Prozesse der Verberuflichung" bezieht: „Vorgänge der Professionalisierung sind in vielen Berufen zu beobachten, und längst nicht alle enden mit der Konstituierung einer Profession" (Nittel 2002, 254). Die anfangs erwähnte Unterscheidung zwischen Zustands- und Prozessbegriffen verdeutlicht die erläuterten Konnotationen: „Während der Terminus ‚Profession' einen auf die gesellschaftlich herrschende Arbeitsteilung referierenden Strukturbegriff darstellt, also eine Statik einer bestimmten sozialen Einheit in Relationen zu anderen abbildet, zielt die Kategorie ‚Professionalisierung' auf *Prozesse in der Zeit*" (Nittel 2004, 347). Im historischen Rückblick wird das letzte Jahrhundert auch als „Jahrhundert der Professionen und der Neukonstituierung von Professionalisierungsentwicklungen" bezeichnet (Helsper, Krüger & Rabe-Kleberg 2000, 5). Hierfür spricht die Expansion nicht nur der Leistungen in den als klassisch geltenden Professionen, sondern auch die Ausdifferenzierungen in weiteren Sektoren, wie z. B. der pädagogischen oder pflegerischen Berufe.

Der differenztheoretischen Perspektive folgend ist mit dem Begriff der Professionalität explizit eine handlungstheoretische Betrachtung verbunden: „Professionalität ist keineswegs an die Existenz einer Profession gebunden, sondern beschreibt die besondere Qualität einer personenbezogenen Dienstleistung auch über den institutionellen Komplex der anerkannten Professionen hinaus" (Nittel 2004, 350). Im Unterschied zu anwendungsorientierten Berufen ist in Face-to-face-Situationen, die z. B. für pädagogische Berufe charakteristisch sind, situationsadäquates und -sensibles Wissen und Können in Relation zueinander notwendig. Diese „Figur professionellen Handelns" bleibt schwer zu beschreiben und bezieht sich mit gesteigerter Begründungsverpflichtung auf allgemeine Wissensbestände, ohne die Spezifik des Einzelfalls aufzugeben und birgt in sich daher widersprüchliche Anforderungen (Dlugosch 2005, 30 f.). Demnach „[bilden] Wissen und Können […] die beiden – je einer anderen Logik folgenden – Quellen von Professionalität. Als Synonym für ‚gekonnte

Beruflichkeit' stellt Professionalität die nur schwer bestimmbare Schnittmenge aus Wissen und Können dar; sie markiert die widersprüchliche Einheit jener Kompetenzen und Wissensformen, die ihrerseits den Umgang mit beruflichen Widersprüchen, Paradoxien und Dilemmata erlaubt" (Nittel 2002, 256) [→ X Professionelles Handeln].

Die Anforderungen an eine ‚gekonnte Beruflichkeit' lassen die Aneignungsprozesse und Qualifizierungsfragen der professionell Handelnden im Rahmen einer professionellen Entwicklung in den Vordergrund rücken (vgl. Dlugosch 2003, 12 ff.). Zudem ist die „Professionalität pädagogischer Berufe im Allgemeinen und des Lehrerberufs im Besonderen […] als ein individuelles berufsbiographisches Entwicklungsproblem zu sehen" (Terhart 2005, 89) [→ I Biographie].

Die erwähnte berufssoziologische Ausrichtung in den 1960er und 1970er Jahren wird Mitte der 1980er Jahre von einem Perspektivenwechsel abgelöst. Es kündigte sich eine neue Professionalisierungsdiskussion an, die „nicht mehr die sozialen Probleme der Verberuflichung und die akademische Aufwertung der Tätigkeit, sondern die Strukturprobleme professionellen Handelns ins Zentrum der Aufmerksamkeit rückt. Sie wird nicht mehr vornehmlich als legitimations- und standespolitische Debatte […] geführt […], sondern sie nähert sich tastend den Binnenstrukturen und dem, was man die Logik professionellen Handelns im Spannungsfeld von allgemeiner Wissensapplikation und individuellem Fallverstehen nennen könnte" (Dewe 2005, 257).

Im erziehungswissenschaftlichen Diskurs dient der Gegenstand ‚Pädagogische Professionalität' inzwischen zur internen Selbstvergewisserung mit bereichsspezifischen Ausformungen, wie z. B. in Bezug auf die Sozialpädagogik oder die Erwachsenenbildung (vgl. Combe & Helsper 1996; vgl. Helsper 2004). Die Frage der Professionalität im Lehrerberuf hat in den letzten Jahren, insbesondere in der Folge der internationalen Schulleistungs-Vergleichsstudien, einen noch größeren Stellenwert.

In der Behinderten- bzw. Sonder- und Heilpädagogik signalisieren Publikationen seit Beginn des neuen Jahrtausends ein wachsendes Interesse an einer (sonder-)pädagogischen Professionalität (vgl. Horster et al. 2005; vgl. Lindmeier & Lindmeier 2007, 216 f.). Die hier vorzufindende Themenbreite wird in den Fragen: „Was ist Sonderpädagogik? Was kann Sonderpädagogik? Was soll Sonderpädagogik?" gebündelt (Horster et al. 2005, 7 f.).

2 Zentrale Erkenntnisse, Forschungsstand

Im Kontext der Frage von Professionalität werden zur Zeit insbesondere die folgenden theoretischen Positionen erörtert: *a)* systemtheoretische Ansätze, *b)* interaktionistische Ansätze sowie *c)* strukturtheoretische Ansätze. Diese werden durch Forschungsergebnisse und empirische Rekonstruktionen unterschiedlicher (pädagogischer) Felder, durch berufsbiographische Fragestellungen und durch machttheoretische Impulse ergänzt (vgl. Combe & Helsper 2002, 31 ff.; vgl. Kraul, Marotzki & Schweppe 2002; vgl. Helsper, Krüger & Rabe-Kleberg 2000, 6 ff.): Beispielhaft für systemtheoretische Ansätze *(a)* steht die Position von Rudolf Stichweh, der im Anschluss an Luhmann Professionen als Übergangsphänomen funktional-differenzierter Gesellschaften thematisiert. Ein Kernmoment bildet in seinem Ansatz die Kategorie der Vermittlung, „jenes von Unwegbarkeiten und Ungewissheiten gekennzeichnete dreistellige Verhältnis zwischen dem professionellen und seiner Absicht, dem Klienten und seiner Haltung zur professionellen Absicht und dem zu vermittelnden Sachbezug" (Helsper, Krüger & Rabe-Kleberg 2000, 7). Kennzeichnend für den interaktionistischen Ansatz von Fritz Schütze (b) sind (im Feld der Sozialarbeit) unaufhebbare Paradoxien oder Widersprüche, insbesondere im Spannungsfeld von Interaktion und Organisation, die empirisch erschlossen werden. Der strukturtheoretische

Ansatz von Ulrich Oevermann (c) hat im Diskurs vielfältige Entgegnungen provoziert, nicht zuletzt wegen der expliziten therapeutischen Perspektive, die oftmals aber sehr verkürzt dargestellt wird, oder wegen der geforderten Aufhebung der gesetzlichen Schulpflicht. „Für Oevermann ist die professionelle Praxis eine gesteigerte Praxisform, da sie stellvertretend deutend und damit im hohen Maße verantwortlich auf die Stärkung der Autonomiepotenziale der Lebenspraxis anderer zielt" (ebd., 7). In Modifikation des Modells von Parsons steht im Anschluss daran das Arbeitsbündnis als Aushandlungsort von spezifischen und unspezifischen, d. h. diffusen, Sozialbeziehungen. Professionelle Praxis ist zudem gekennzeichnet durch die Spannungen von Theorie und Praxis, Subsumtion und Rekonstruktion, Entscheidungszwang und Begründungsverpflichtung (vgl. ebd., 7).

Trotz der unterschiedlichen Positionen sind Übereinstimmungen zu erkennen, die es erlauben von einem ‚Strukturkern professionellen Handelns' zu sprechen: „Alle drei Ansätze betten *erstens* professionelles Handeln in modernisierungstheoretische und makrosoziale Zusammenhänge ein und begreifen Professionen als Strukturerfordernis in Modernisierungsprozessen. Sie weisen *zweitens* auf einen Strukturkern professionellen Handelns hin, der mit Riskanz, Ungewissheit und Fehleranfälligkeit umschrieben werden kann. [...] *Drittens* weisen alle drei Ansätze auf antinomische und paradoxe Spannungen im professionellen Handeln hin, die diesem prekäre Vermittlungsleistungen zwischen zum Teil widersprüchlichen Handlungsanforderungen abverlangt" (Kraul, Marotzki & Schweppe 2002, 7 f.).

Übergreifend wird in den genannten Ansätzen ein besonderes Augenmerk auf die Zunahme von Reflexivität gelegt.

Aktuelle Tendenzen in der erziehungswissenschaftlichen Debatte thematisieren insbesondere den Bereich des Wissens in seinen unterschiedlichen Dimensionierungen, Formen und auch Übergängen zu Handlungsvollzügen (vgl. Dewe 2005, 262 f.). Im Rahmen der Debatte um eine Professionalität im Lehrberuf erhalten professionelle Gruppierungen und (Lern-)

Gemeinschaften innerhalb der pädagogischen Institutionen eine zunehmende Bedeutung. Die internationale Debatte ist geprägt von der Orientierung an (Qualitäts-)Standards und der Kompetenzfrage von Lehrpersonen (vgl. Terhart 2005). In Abgrenzung zu strukturtheoretischen Positionen wird mit explizit empirischem Interesse an einer „Neujustierung der theoretischen Perspektive" professioneller Kompetenz von Lehrkräften gearbeitet (Baumert & Kunter 2006, 472). Inwieweit dieser ‚empirical turn' für die Frage der (pädagogischen) Professionalität letztlich breite erkenntniserweiternde Aufschlüsse gibt, bleibt abzuwarten.

Die skizzierten Ansätze bieten, durchaus kontrovers diskutiert, die Plattform für sonderpädagogische Anschlussleistungen, die eine Kontur der Sonderpädagogik auszuformulieren suchen oder auch allgemeine Fragestellungen behandeln (vgl. Reiser 2005). Zukünftig sind Konkretisierungen anzusteuern, die auch (empirische) Rekonstruktionen bereichsspezifischer sonderpädagogischer und integrationspädagogischer Felder im Spiegel allgemein pädagogischer Fragestellungen einbeziehen und Aussagen zu den Handlungslogiken zur Verfügung stellen können.

3 Ausblick

Im Kontext der Gelingensbedingungen von Professionalität und in Rekurs auf Axel Honneth wird „Anerkennung als Strukturmoment von Professionalität" expliziert (Combe & Helsper 2002, 43) [→ Anerkennung]. Fokussiert wird bezogen auf professionelle Interaktionsformen hier die „Bedingung der Entfaltung jener Bestimmung zur Selbstbestimmung und selbsttätiger Einsicht" (ebd., 41) [→ Selbstbestimmung].

Diese Anschlüsse stellen eine weiterführende Grundlegung professionellen Handelns dar. Hierdurch angeregt ergeben sich in den unterschiedlichen Feldern neue Aufforderungen zur Gestaltung professioneller Praxis.

Literatur

Baumert, Jürgen & Kunter, Mareike (2006): Stichwort: Professionelle Kompetenz von Lehrkräften. In: Zeitschrift für Erziehungswissenschaft 9, 469–520

Combe, Arno & Helsper, Werner (Hrsg.) (1996): Pädagogische Professionalität. Untersuchungen zum Typus pädagogischen Handelns. Frankfurt a. M.

Combe, Arno & Helsper, Werner (2002): Professionalität. In: Otto, Hans-Uwe, Rauschenbach, Thomas & Vogel, Peter (Hrsg.): Erziehungswissenschaft: Professionalität und Kompetenz. Opladen, 29–47

Dewe, Bernd (2005): Perspektiven gelingender Professionalität. In: Neue Praxis 35, 3, 257–266

Dlugosch, Andrea (2003): Professionelle Entwicklung und Biographie. Impulse für universitäre Bildungsprozesse im Kontext schulischer Erziehungshilfe. Bad Heilbrunn

Dlugosch, Andrea (2005): Professionelle Entwicklung in sonderpädagogischen Kontexten. In: Horster, Detlef et al. (Hrsg.): Sonderpädagogische Professionalität. Beiträge zur Entwicklung der Sonderpädagogik als Disziplin und Profession. Wiesbaden, 27–52

Helsper, Werner (2004): Pädagogische Professionalität als Gegenstand des erziehungswissenschaftlichen Diskurses. Einführung in den Thementeil. In: Zeitschrift für Pädagogik 50, 3, 303–308

Helsper, Werner, Krüger, Heinz-Hermann & Rabe-Kleberg, Ursula (2000): Professionstheorie, Professions- und Biographieforschung – Einführung in den Themenschwerpunkt. In: Zeitschrift für qualitative Bildungs-, Beratungs- und Sozialforschung, 1, 5–19

Horster, Detlef, Hoyningen-Süess, Ursula & Liesen, Christian (Hrsg.) (2005): Sonderpädagogische Professionalität. Beiträge zur Entwicklung der Sonderpädagogik als Disziplin und Profession. Wiesbaden

Kraul, Margret, Marotzki, Winfried & Schweppe, Cornelia (2002): Biographie und Profession. Eine Einleitung. In: Kraul, Margret et al. (Hrsg.): Biographie und Profession. Bad Heilbrunn, 7–16

Kraul, Margret, Marotzki, Winfried & Schweppe, Cornelia (Hrsg.) (2002): Biographie und Profession. Bad Heilbrunn

Lindmeier, Bettina & Lindmeier, Christian (2007): Professionstheorie und -forschung in der Heilpädagogik. In: Bundschuh, Konrad, Heimlich, Ulrich & Krawitz, Rudi (Hrsg.): Wörterbuch Heilpädagogik, 3. Auflage, Bad Heilbrunn/Obb., 214–218

Moser, Vera (2005): Professionstheorie im Fokus sonderpädagogischer Disziplinentwicklung. In: Horster, Detlef et al. (Hrsg): Sonderpädagogische Professionalität. Beiträge zur Entwicklung der Sonderpädagogik als Disziplin und Profession. Wiesbaden, 87–96

Nittel, Dieter (2002): Professionalität ohne Profession? In: Kraul, Margret et al. (Hrsg.): Biographie und Profession. Bad Heilbrunn, 253–286

Nittel, Dieter (2004): Die ‚Veralltäglichung‘ pädagogischen Wissens – im Horizont von Profession, Professionalisierung und Professionalität. In: Zeitschrift für Pädagogik 50, 3, 342–357

Reiser, Helmut (2005): Professionelle Konzepte und das Handlungsfeld Sonderpädagogik. In: Horster, Detlef et al. (Hrsg.): Sonderpädagogische Professionalität. Beiträge zur Entwicklung der Sonderpädagogik als Disziplin und Profession. Wiesbaden, 133–150

Terhart, Ewald (2005): Pädagogische Qualität, Professionalisierung und Lehrerarbeit. In: Vierteljahresschrift für wissenschaftliche Pädagogik 81, 1, 79–97

Grenzbereiche/Grenzsituationen

Andreas Zieger

1 Definition, Begriffs- und Gegenstandsgeschichte

Im Deutschen Wörterbuch wird unter einer ‚Grenzsituation‘ eine „vom Üblichen abweichende Situation" verstanden, „die mit den gewöhnlichen Mitteln zur Beherrschung von alltäglichen Situationen nicht bewältigt werden kann" (Wahrig 2005, 577). Während Grenzbereiche räumliche Übergangszonen und Bedeutungsfelder zwischen Ordnungszuständen und Begriffen markieren, werden mit Grenzsituationen zeitliche Begebenheiten oder Geschehnisse bezeichnet, die durch bestimmte kritische Ereignisse ausgelöst und Menschen unausweichlich zur Aufgabe gestellt werden.

Die in den Begriffen ‚Grenzbereiche‘ und ‚Grenzsituationen‘ enthaltene Ursprungsbedeutung geht auf den Begriff der Grenze zurück. Der Begriff Grenze geht etymologisch auf das Slawische ‚granica‘ zurück und bezeichnet eine Trennlinie. Alles was ist, ist gegenüber anderem begrenzt. Jedes Geschehen hat einen Anfang und ein Ende, jedes Objekt hat eine Oberfläche, eine Grenze zur Umgebung. Grenzen gehören zum Leben. Die Haut ist Oberfläche des Körpers und die Grenze zur Umwelt. Definition (*de* lat.: weg; ab; *finis*: Grenze) bedeutet Abgrenzung und Unterscheidung von Begriffen und ihren Bedeutungen als Werkzeuge des Denkens und Grundlage von Sprache und Wissenschaft.

Der Begriff ‚Grenzsituationen‘ hat seinen Ursprung in der Existenzphilosophie von Karl Jaspers (1883–1969). Er bezeichnet damit „letzte Situationen, die im Alltag oft nicht beachtet werden und dennoch das Leben weitgehend bestimmen, z. B. Tod, Schuld, Kampf als Unausweichlichkeit" (Jaspers 1973, 271). Er beschreibt Grenzsituationen als ‚geschichtliche Bestimmtheit des menschlichen Daseins‘. Entscheidend ist, wie sich der Mensch zu diesen Grenzsituationen verhält. Grenzsituation und Leben sind für ihn dasselbe: „Was der Mensch eigentlich ist und werden kann, hat seinen letzten Ursprung in der Erfahrung, Aneignung und Überwindung der Grenzsituationen" (ebd. 271). Grenzen sind Teil einer Grundsituation und Wirklichkeit des Menschen, nämlich „als einzelnes endliches Wesen in der Welt zu stehen, abhängig zu sein, aber Möglichkeiten seiner Aktivität zu besitzen innerhalb eines wechselnden von zwingenden Grenzen eingeschränkten Spielraums. Das Leben ist eine Auseinandersetzung mit der Welt, die wir die Wirklichkeit nennen, ist Kampf, Einwirkung und Gestaltung – ist Scheitern an ihr – ist Anpassung an sie – ist Auffassung und Wissen von ihr" (Jaspers 1973, 271).

In Anlehnung an Johann Jakob von Uexküll (1864–1944), den Pionier der theoretischen Biologie, vollzieht sich nach Jaspers das Leben nicht nur als ‚Dasein in der Welt‘, sondern als „Wechselbestimmung einer Inwelt und einer Umwelt. Daher ist schon das somatische Dasein nicht als der anatomische Leib mit seinen physiologischen Funktionen in einem beliebigen Raum zureichend zu erforschen, sondern erst als ein Leben mit seiner Umwelt, auf die hin es gebaut ist und sich verwirklicht, in einer Angepasstheit als Merkwelt und Wirkwelt" (Jaspers 1973, 10 f.).

Die empirische Erforschung dieser ‚Grundbeziehung‘ müsse sich den Ausformungen und Vereinzelungen des Verhältnisses von Innen und Außen zuwenden, wobei der *Situationsbegriff* eingeführt wird: „Insbesondere erwächst der Umwelt die Situation, in der der Einzelne seine Gelegenheiten ergreift oder versäumt, oder in denen er sich entscheidet. Er bringt selber die Situation hervor, lässt sie entstehen oder nicht zustande kommen in einer verstehbaren Verwicklung. Er gehorcht Ordnungen, Regeln und Konventionen einer Welt und macht sie zugleich zu Werkzeugen, mit denen er sie durchbricht. Schließlich stößt er an ‚Grenzsituationen‘, unüberschreitbare Daseinsgrenzen – den Tod, den Zufall, das Leiden, die Schuld –, an denen in ihm erwachen kann, was wir Existenz nennen: eine Wirklichkeit des Selbstseins" (Jaspers 1973, 11).

Der Begriff Grenzsituationen gilt als Schlüsselbegriff der Existenzphilosophie. Die Geschichte der Existenzphilosophie des Arztes und Philosophen Karls Jaspers (1883–1969) geht zurück auf Søren Kierkegaard (1813–1855) und Friedrich Nietzsche (1844–1900). Sie wandten sich gegen den Vorherrschaftsanspruch rationalen Denkens und die Auseinandersetzung mit der menschlichen Entfremdung und betonten die Einmaligkeit und Einsamkeit des Individuums. Bei diesem Denken werden keine Gegenstände erkannt, sondern Lebenssituationen menschlichen Daseins erhellt.

2 Zentrale Erkenntnisse, Forschungsstand

Grenzsituationen stellen für Menschen eine außerordentliche und jeweils einmalige Herausforderung dar, in der es um ihn selbst in seinem einzigartigen, unverwechselbaren Selbstsein als Mensch geht (vgl. Wiehl 2002, 24f.). In Jaspers ‚Allgemeine Psychopathologie‘ wird der zunächst auf Schuld, Zufall, Krankheit, Leiden und Tod beschränkte Begriff der Grenzsituationen durch eine *sinnstiftende Funktion* [→ Sinn, sinnhaftes Handeln und der Aufbau der sozialen Welt] erweitert, indem er sie ausdrücklich für psychiatrische Erkrankungen wie Psychose, Neurose und Psychopathien [→ X Psychosen] einfordert: „Hier zeigen sich nicht nur Abweichungen von einer Gesundheitsnorm, sondern darin liegen auch die Ursprünge der menschlichen Möglichkeiten überhaupt. Was im Abnormen geschieht oder erlebt wird, ist nicht selten ein Offenbarwerden von etwas, was den Menschen als Menschen angeht" (Jaspers 1973, 275).

Von Wiehl (2002, 26) wird kritisch angemerkt, dass die Unterscheidung zwischen Grenzsituationen und anderen Situationen ‚unterbestimmt‘ und ‚unbefriedigend‘ bleibt. Es fehlen allgemeingültige Kriterien, die Grenzsituationen von anderen Situationen unterscheiden. Der Mensch wäre grundsätzlich überfordert, wenn er sich im Alltagsleben ständig um das eigene Selbstsein als Mensch sorgen und diese Sorge zu seiner Lebensaufgabe machen müsste. Deshalb habe Jaspers eine unübersehbare, direkte und unmittelbare Konfrontation mit einer Grenzsituation zu einem *Ausnahmefall* erhoben. Umgekehrt sei eine unalltägliche Ausnahmesituation nicht von vornherein und notwendigerweise auch eine Grenzsituation. Die Grenzsituation sei „die Bedingung der Möglichkeit" für „wahre Selbstfindung" und menschliche Freiheit (ebd. 27). In seiner Lebenswirklichkeit verhalte sich der Mensch zudem ständig wertend. Die Befindlichkeit in einer jeweiligen Situation sei eine bewusst oder unbewusst von ihm selbst bewertete.

Grenzsituationen sind per definitionem von gewöhnlichen Situationen des Alltagsdaseins zu unterscheiden (vgl. Wiehl 2002, 26). Eine gewöhnliche Situation fordert niemals den Menschen als Ganzen, und es geht nicht um Sein oder Nicht-Sein, des Menschseins als eines solchen. Auch Ausnahme- und Extremsituationen mögen zwar für den Betroffenen eine extreme Herausforderung darstellen, für das Überleben mit großen Unsicherheiten, Gefahren und Risiken einhergehen, von einem hohen Bedrohungs- und Schädigungspotenzial belastet sein und die ganze Kraft des Menschen erfordern, sie unterscheiden sich jedoch von Grenzsituationen, in denen der ganze Mensch in seinem ganzheitlichen Selbstsein als Mensch existenziell gefordert ist wie z. B. Kampf, Krankheit, Leiden, Schuld und Tod.

Ferner geht eine Grenzsituation über das geschilderte Verhältnis des einzelnen Menschen zu seinem Selbstsein hinaus und betrifft andere Menschen, die ihrerseits zu einem der Situation entsprechenden Verhalten herausgefordert sind, wenn auch nicht im Sinne einer eigenen Grenzsituation. Grenzsituationen eines vereinzelten Menschen sind stets an einen Komplex von Situationen gebunden, an dem andere Menschen mitwirken. Menschen haben nicht nur die Möglichkeit und Fähigkeit zur Mitwirkung und Gestaltung von Grenzsituation eines anderen Menschen, sondern auch die Freiheit, eigene Grenzsituationen als Herausforderung zur Überwindung ihrer selbst zu schaffen und dabei den wesentlichen Kern der Grenzsituation, das pathologische, traumatische Lebensereignis in die Abfolge der Lebensgeschichten zu integrieren.

Schließlich wird von Jaspers die Auffassung betont, dass das Wertgefüge, welches das Wesen des Menschen ausdrückt, sich der Vergegenständlichung des empirischen Erkennens und Erklärens *entzieht*. Vom Psychopathologen (wir dürfen in heutiger Perspektive dazufügen: und von anderen professionellen Helfern wie Ärzten, Pädagogen, Therapeuten) wird ein Bewusstsein dieser sinnstiftenden Funktion der Grenzsituation von schwerer Krankheit und Behinderung gefordert, welches das eigene Tun begleitet und seiner wissenschaftlich-therapeutischen Zielsetzung menschliche Färbung und kritische Wertakzente verleiht.

Nach Yalom (2000, 28 f.) hat die Tradition des „existenziellen Therapieansatzes" und die existenzphilosophischen Tradition in Europa immer die menschliche Begrenztheit und die tragischen Dimensionen der Existenz betont. Die Aufgabe des Philosophen wie auch des Therapeuten sei es, „die Verdrängung wieder rückgängig zu machen und das Individuum wieder mit etwas vertraut zu machen, was er oder sie immer schon gewusst hat" (Yalom 2000, 28 f.). Grenzsituationen sind demnach Ereignisse, und eindringliche Erfahrungen, die uns in die Auseinandersetzung mit unserer existenziellen Situation in der Welt hineintreiben. Dabei sei der eigene, bevorstehende Tod eine Grenzsituation par excellence: „Die Bewusstheit des Todes bringt uns weg von trivialen Beschäftigungen und verleiht dem Leben eine tiefe Intensität sowie eine völlig andere Perspektive" (ebd. 193).

Existenzielle Analytiker wie Binswanger (1881–1966), Gebsattel (1883–1974) und Boss (1903–1990) in der Medizin, Bollnow (1903–1991) in der Pädagogik und Frankl (1905–1997) in der Psychologie waren sich einig in der grundlegenden Verfahrensfrage, wonach Therapeuten (Ärzte, Pädagogen, Psychologen, Pflegende) sich dem Patienten auf phänomenologische Weise nähern und ohne Vorannahmen in die Erfahrungswelt des Patienten eintreten müssen.

Dieses Gebot erscheint heute angesichts der zunehmenden ‚biomedizinischen' Interventionsmöglichkeiten [→ Medizinisierung] und ‚bioethischen' Bewertungen [→ Bioethik] und Bedrohungen menschenmöglicher Seinsweisen wie schwerstgeschädigte Früh- und Neugeborene, Kinder im Anencephalie-, Down-, Autismus-, Koma- und apallischen Syndrom (Wachkoma) und Menschen mit schwerster geistiger Behinderung mehr

denn je von behindertenpädagogischer Relevanz. Dabei geht es nicht vorrangig (wie in Medizin und Rehabilitation) um Heilung, Leistungsfähigkeit oder positive Erwerbsprognose, sondern um Förderung von Autonomie-Entwicklung und Ermöglichung von Lebenssinn, Wohlbefinden und sozialer Teilhabe. Dieses Gebot erscheint heute angesichts ‚neuer' Grenzsituationen wie Gewalt in der Schule, Missbrauch von Schülerinnen und Schülern und dem Miterleben unausweichlicher, vernichtender Grenzsituationen anderer Menschen beim Amoklauf oder terroristischen Anschlägen völlig neue Dimensionen von großer gesellschaftlicher Bedeutung zu bekommen [→ V Macht, Herrschaft, Gewalt]. Frühkindliche Gewalterfahrung, Kindesmissbrauch und andere Stresstraumen scheinen häufiger vorzukommen als bisher angenommen. Aktuelle Erkenntnisse der (neuro-)psychotraumatologischen Forschung zur Bedeutung und zu hirnfunktionell nachweisbaren Langzeitfolgen von Stresstraumen [→ X Traumatisierung] mit entsprechenden Verhaltens- und Lernstörungen ermöglichen neue diagnostische und therapeutische Ansätze (vgl. Lüderitz 2005). Pädagogische Präventions- und Behandlungsmaßnahmen [→ Prävention] von Extrem- und Grenzsituationen haben angesichts eines zunehmend sich entwickelnden Gewaltpotenzials in Schule und Gesellschaft eine zunehmende Bedeutung bekommen.

3 Ausblick

In dem Begriffspaar ‚Grenzbereiche/Grenzsituationen' findet sich ein existenzphilosophischer Verständniskern für humanwissenschaftliche Disziplinen und behindertenpädagogische Anwendungsfelder. Schon Paulo Freire (1921–1997) verstand in der „Pädagogik der Unterdrückten" unter Grenzsituationen Lebensbereiche, in denen Hindernisse, Barrieren und andere gesellschaftliche Eingrenzungen die persönliche allseitige Entwicklung verhindern (Freire 1973, 82). Viele von ihnen sind von Menschen selbst gemacht und mit anderen Menschen verbunden. Das Scheitern und Versagen in Grenzsituationen ist gleichbedeutend mit unwiederbringlicher Schuld, schwerer tödlicher Krankheit, Entzug der Existenzgrundlage sowie unausweichlichem Leiden und Tod. Das Steckenbleiben von Menschen in Grenzsituationen bei frühkindlichen Misshandlungen oder anhaltenden Stresstraumen bedingt, dass der Einzelne sich dem Geschehen hilflos ausgeliefert fühlt, sein Selbst abspaltet und, wenn er überlebt, unter dissoziativen Traumafolgen mit Auflösung von Körper- und Identitätsgrenzen leidet (vgl. Lüderitz 2005). Der Schwebezustand bei schwerer chronischer Krankheit, Behinderung und Wachkoma kann mit dem „Concept of liminality" zutreffend nachvollzogen werden (Mwaria 1990, 889).

Die Überwindung von Grenzsituationen ist für Selbstverständnis und Weltbezug von Menschen von größter erfahrungs-, handlungs- und erkenntniskonstituierender Bedeutung. Selbsterfahrungsberichten zufolge scheint es in Grenzsituationen nicht Tod oder Leben zu geben, sondern eine Zwischenwelt, ein ‚Sterbeleben'. Von Menschen mit Nahtoderfahrungen nach Reanimation wird berichtet, dass sie die Angst vor dem Tod verloren und ihr Leben durch Berufs- und Partnerwechsel oder Veränderungen im sozialen Umfeld radikal umgestellt haben (vgl. Zieger 1998). Grenzerfahrungen können den Erfahrungshorizont erweitern, die Selbstbewusstheit stärken, ein Motiv zur Sinnsuche sein und den Blick auf neue Entwicklungspotenziale und Handlungsmöglichkeiten richten.

Für Behindertenpädagogik und Behindertenhilfe stellt sich demnach die Aufgabe, Grenzbereiche und Grenzsituationen menschlicher Seinsweisen in Forschung und Arbeit ebenso mit einzubeziehen, wird doch durch sie ermöglicht, subjektives Erleben und die Betroffenen als Subjekt in die Wissenschaft wieder einzuführen (vgl. Weizsäcker 1940). Dominierende

Gefühle von Menschen in Grenzsituationen sind Angst (vor dem Schmerz) und Verzweiflung. Ein Mensch, dem seine Grenzsituation unmissverständlich vor Augen steht, kann sein Leiden als Chance zur Existenzerhellung und Versöhnung nicht ohne Zuwendung und aktive Hilfe vonseiten anderer Menschen bewältigen. Hier findet die Autonomie des Einzelnen eine Grenze, die bei genauerer Betrachtung einen natürlichen Grenzbereich, eine „Schnittstelle" zur Fürsorge und möglicherweise auch Fremdbestimmung durch andere markiert, ist doch der Mensch, zumindest am Anfang und Ende seines Lebens, auf Bindung und Beziehung zu anderen angewiesen (Dörner 2001) [→ Selbstbestimmung/Autonomie] [→ Ethische Grundlagen der Behindertenpädagogik].

Existenzielle Grundfragen, die aus Grenzbereichen und Grenzsituationen erwachsen, zielen auf Antworten zur ethischen Verantwortung von Medizin, Behindertenpädagogik und Rehabilitation, und zwar in einer Zeit, in der neue wissenschaftliche Erkenntnisse und neue technische Möglichkeiten das Dilemma von Aufklärung und Moderne, wie es sich am Beispiel der biotechnisch orientierten Medizin oder auch einer gegenüber dem defektmedizinischen Dogma unkritischen Behindertenpädagogik aufzeigen lässt, deutlich vor Augen führen (Dederich 2000, Rehbock 2005). Die dabei entstehenden Fragen – Soll jedes Frühgeborene mit schwerer Hirnschädigung reanimiert werden? Müssen alle hirngeschädigten Menschen maximal behandelt werden? Wo liegen die Grenzen der Behandlungspflicht heute? Wie soll durch behindertenpädagogische, therapeutische und rehabilitative Maßnahmen in die existenziellen Zyklen von Leben und Sterben bei schwer erkrankten, unfallverletzten, wachkomatösen und demenzkranken Menschen und mit schwerer Behinderung eingegriffen werden? – sind nur humanwissenschaftlich interdisziplinär zu beantworten. Eine Behindertenpädagogik, die alle extremen menschlichen Seinsweisen und die mit Grenzsituationen verbundenen existenziellen und ethischen Problemlagen konsequent versucht anzuerkennen, zu fördern und zu integrieren, muss sich dessen gewahr sein, selbst in Grenzsituationen zu geraten.

Literatur

Dederich, Markus (2000): Behinderung, Medizin, Ethik. Behindertenpädagogische Reflexionen zu Grenzsituationen am Anfang und Ende des Lebens. Bad Heilbrunn

Dörner, Klaus (2001): Der gute Arzt. Lehrbuch der ärztlichen Grundhaltung. Stuttgart

Jaspers, Karl (1973): Allgemeine Psychopathologie. 9. Aufl., Berlin

Lüderitz, Susanne (2005): Wenn die Seele im Grenzbereich von Vernichtung und Überleben zersplittert. Paderborn

Mwaria, Cheryl B. (1990): The concept of the self in the context of crisis: A study of families of the severely brain-injured. Journal of Social Science and Medicine 30, 8, 889–893

Rehbock, Theda (2005): Personsein in Grenzsituationen. Zur Kritik der Ethik medizinischen Handelns. Paderborn

Wahrig Deutsches Wörterbuch (2007). 7. Aufl., Gütersloh

Weizsäcker, Viktor v. (1940): Der Gestaltkreis. Leipzig

Wiehl, Reiner (2002): Grenzsituation und ethische Weiterbildung. In: Hermes A. Kick (Hrsg.): Ethisches Handeln in den Grenzbereichen von Medizin und Psychologie. Münster

Yalom, Irvin D. (2000): Existentielle Psychotherapie. 3. Aufl., Köln

Zieger, Andreas (1998): Grenzbereiche der Wahrnehmung. Die ungewöhnliche Lebensform von Menschen im Koma und Wachkoma. In: Behinderte 21 (6), 21–40

Sterben/Hospiz

Johann-Christoph Student

1 Gegenstandsgeschichte

„Der Tod macht alle gleich", sagt der Volksmund. So unterscheiden sich auch die Anforderungen an die Sterbebegleitung von Menschen mit Behinderungen nicht wesentlich von jenen für Menschen ohne längerfristige Behinderungen. Anderseits gilt, dass heute viele zum Tode führende Erkrankungen ein langes Stadium der Behinderung durchlaufen.

Sterben und Tod gehören zu den beunruhigendsten Phänomenen menschlichen Lebens – eine Beunruhigung, auf die jede Kultur, jede Gesellschaft Antworten zu suchen hat. Andererseits ist die Angst vor dem Tod Wurzel zahlreicher kultureller Leistungen und möglicherweise wesentlicher Motor für die Entwicklung der Religionen (vgl. Becker 1987; Ochsmann 1993). In Mitteleuropa war der Umgang mit Sterben, Tod und Trauer über die Jahrhunderte hin geprägt von Ritualen, die der jeweiligen Gemeinschaft Sicherheit zu geben versprachen. Solche verbindlichen Rituale und Gebräuche sind im Laufe des 20. Jahrhunderts zunehmend zerbrochen und verweisen den Einzelnen auf individuelle Lösungsstrategien. Zusätzliche Erschwernisse im Umgang mit dem Sterben liegen in der Entwicklung der modernen Medizin. Durch ihre zunehmenden Möglichkeiten, das Lebensende durch ihre Eingriffe zu manipulieren, ist der ‚natürliche Tod' weitgehend durch einen ärztlich fremdbestimmten abgelöst worden. Dies alles führte zu dem, was der französische Historiker Ariès (1995) als ‚Verwilderung' des Umgangs mit Sterben, Tod und Trauer bezeichnete. Diese Verwilderung ist gekennzeichnet durch:

a) *Das Verheimlichen und Isolieren des Todes*: Es bedeutet in unserer Zeit, dass das Sterben zunehmend den Blicken der Öffentlichkeit entzogen ist. Besonders deutlich wird dies, wenn der Sterbeort betrachtet wird: Starben noch am Anfang des 20. Jahrhunderts fast 80 % der Menschen in der Geborgenheit der eigenen vier Wände, so sterben heute 80 % in der Fremde: in der Fremde des Krankenhauses (58 %) oder des Pflegeheimes (30 %). Aber auch dort wird der Tod keineswegs angenommen, sondern vielfach weiterhin verheimlicht und der Sterbende isoliert. Wo dies anders ist, liegt es am Einsatz einzelner Personen und ist keineswegs die Regel.

b) *Das Belügen und Entmündigen des Sterbenden*: Wir gehen heute oftmals so weit, dass selbst dem Sterbenden sein bevorstehender Tod zu verheimlichen versucht wird, so als sei er nicht reif genug, sein eigenes Sterben zu erleben. Diese Infantilisierung des sterbenskranken Menschen nimmt ihm einen Teil seiner Würde. Zugleich überfordert dieses Verhalten die Angehörigen. Sie werden meist lange vor dem Kranken selbst über die Schwere der Erkrankung oder den bevorstehenden Tod informiert, so als seien sie viel belastbarer als er selbst.

c) *Die Abschaffung der Trauer* [→ IX Schmerz, Leid und Trauer]: Wo das Sterben und der Sterbende keinen Raum mehr haben, hat auch die Trauer ihren Platz verloren. Konsequent wurde daher im 20. Jahrhundert die Trauer ,abgeschafft', d. h. abgesehen von geringfügigen Resten wird sie im Alltag nicht mehr sichtbar. Der gesellschaftliche Umgang mit Hinterbliebenen hat das Ziel, sie zu möglichst rascher Rückkehr in die so genannte Normalität zurückzurufen. Damit aber wird ihnen das Unnormalste abverlangt, was von einem Trauernden überhaupt erwartet werden kann.

Gewissermaßen als eine Art Gegenbewegung gegen die skizzierte ,Verwilderung' im Umgang mit Sterben, Tod und Trauer entstand in der Mitte des 20. Jahrhunderts in Großbritannien und den USA das Hospizkonzept, das sich zu einer weltweiten Bewegung (Hospizbewegung) entwickelte, die (relativ spät) in den 1980er Jahren des vorigen Jahrhunderts auch auf die Bundesrepublik Deutschland übersprang. Ihre Entstehung verdankt diese Bewegung wesentlich zwei Ärztinnen: Zum einen der Engländerin Cicely Saunders (1918–2005). Sie verband sorgsame Pflege, psychosoziale Fürsorge und kundige Medizin miteinander in einer 1967 eröffneten Spezialeinrichtung (St. Christopher's Hospice). Dort wurde sterbenskranken Menschen ein Lebensende ermöglicht, das den Tod weder beschleunigte noch ihn hinauszögerte, aber dem Einzelnen versprach, ihn nicht alleine zu lassen und Beschwerden so weit wie möglich zu lindern. Als die zweite Mitbegründerin der Hospizbewegung gilt die aus der Schweiz stammende Amerikanerin Elisabeth Kübler-Ross (1926–2004). Sie wagte es erstmals wieder, sterbenskranke Menschen in eine breite Öffentlichkeit zu bringen und mit der Beschreibung von Entwicklungsphasen eines schwerkranken Menschen bis zu seinem Tod (vgl. Kübler-Ross 1969) bei Laien und Professionellen ein tieferes Verständnis für Verhaltensweisen und Bedürfnisse sterbender Menschen zu wecken. Zugleich setzte sie sich nachdrücklich dafür ein, dass Menschen, die Sterbende begleiten, sich zuvor intensiv mit der eigenen Sterblichkeit auseinandergesetzt haben müssen (vgl. Kübler-Ross 1983).

2 Zentrale Erkenntnisse

a) Inhaltliche Kriterien der Hospizarbeit

Die nahezu weltweite Ausbreitung der Hospizidee ist in erster Linie einem breiten bürgerschaftlichen Engagement zu verdanken, das in produktiver Spannung zu der erforderlichen professionellen Unterstützung steht. Hospizarbeit ist heute weniger durch den formalen Rahmen charakterisiert, in dem sie sich vollzieht als vielmehr durch inhaltliche Kriterien, von denen sich die folgenden fünf weltweit als Basis etabliert haben (vgl. Student et al. 2007, 27–29):

Der sterbende Mensch und seine Angehörigen stehen im Zentrum des Dienstes. Dies bedeutet, dass die Kontrolle über die Situation ganz bei den Betroffenen liegt. Für die Helfenden spielt hierbei das Wissen um die vier typischen Wünsche sterbender Menschen eine wichtige Rolle: Der Wunsch in vertrauter Umgebung (am liebsten zu Hause) zu sterben, ohne Schmerzen zu sterben, Dinge noch zu Ende bringen zu können und Gesprächspartner für spirituelle Nöte zu finden. Nicht weniger wichtig ist es jedoch, dass die Angehörigen in gleicher Weise beachtet werden – in dem Wissen, dass sie oftmals mehr leiden als die sterbenden Menschen selbst.

Der Gruppe der Betroffenen steht ein interdisziplinäres Team zur Verfügung. Dieses besteht nicht nur aus medizinischem Personal, wie Ärztin bzw. Arzt und Pflegekräften, sondern bezieht weitere Berufsgruppen, insbesondere Sozialarbeiterinnen/Sozialarbeiter und Seelsorgerinnen/Seelsorger ein. Denn Sterben ist keine Krankheit, sondern eine kritische Lebensphase, die allerdings oftmals mit Krankheit verbunden ist. Die Teammitglieder haben aber nicht nur Aufgaben gegenüber der betroffenen Gruppe, sondern auch untereinander. Sie sollen sich gegenseitig so unterstützen, dass sie inneres Wachstum aller Teammitglieder fördern und auf diese Weise dem ‚burn out‘ entgegenwirken. Dabei kann eine externe Supervision eine unschätzbare Hilfe sein.

Die Einbeziehung freiwilliger Helferinnen und Helfer. Diese ‚Ehrenamtlichen‘ haben ganz eigenständige Aufgaben, indem sie zwar Alltägliches tun: wie kochen, einkaufen, Kinder hüten, am Bett sitzen, reden, sich zur Verfügung stellen. Aber sie tun dies alles im Angesicht des Todes. Ihr Ziel ist es, Sterbebegleitung zu einem Teil alltäglicher mitmenschlicher Begegnungen zu machen und damit der Integration des Sterbens in den Alltag zu dienen, Sterbenden und Trauernden die Teilhabe an der Gesellschaft (wieder) zu ermöglichen.

Gute Kenntnisse in der Symptomkontrolle. Hier geht es insbesondere (aber nicht nur) um die Schmerztherapie. Insgesamt kommt es dabei nicht nur auf medikamentöse Strategien an, sondern ebenso auf die Berücksichtigung aller Dimensionen menschlicher Existenz: der sozialen ebenso wie der psychischen, der spirituellen nicht weniger als der körperlichen (vgl. Doyle et al. 2004). Entscheidend ist die Verbesserung der Lebens*qualität*, nicht die Vermehrung der Lebens*quantität* (‚care not cure‘).

Kontinuität der Fürsorge für die betroffene Gruppe. Dies bedeutet vor allem, dass ein Hospizdienst rund um die Uhr erreichbar sein muss. Kontinuität der Fürsorge hat aber noch einen weiteren Aspekt: Sie bedeutet, dass die Begleitung einer Familie nicht mit dem Tod eines Angehörigen beendet wird. Gerade diejenige Person des Teams, die besonders enge Kontakte zur Familie hatte, sollte den Hinterbliebenen auch in der Zeit der Trauer weiterhin zur Verfügung stehen.

b) Die Umsetzung des Hospiz-Konzeptes

Das Handlungskonzept, das aus der Hospizarbeit erwachsen ist, wird mit dem Begriff ‚Palliative Care‘ umschrieben. Palliative Care wurde von der WHO 2002 folgendermaßen definiert: „Palliative Care ist ein Handlungsansatz, der die Lebensqualität jener Patienten und ihren Familien verbessert, die sich mit Problemen konfrontiert sehen, wie sie eine lebensbedrohliche Erkrankung mit sich bringt. Dies geschieht durch die Verhütung und Linderung von Leidenszuständen. Dabei werden Schmerzen und andere Probleme (seien sie körperlicher, psychosozialer oder spiritueller Art) frühzeitig entdeckt und genau eingeordnet [...]" (WHO 2002).

Bei der konkreten Umsetzung haben sich in Deutschland (in Anlehnung an die angelsächsischen Modelle) zunächst folgende drei Grundmodelle entwickelt:

* *Ambulante Hospiz-Dienste*
  (Überwiegend ehrenamtlich getragene psychosoziale Angebote, die hauptamtlich koordiniert werden.)

- Vollstationäre Angebote in zwei Formen: *Stationäre Hospize* als unabhängige, kleine Pflegeeinheiten mit pflegerischer Leitung; *Palliativstationen* als Spezialstationen, die in Krankenhäuser integriert sind (vgl. Student & Bürger 2002).
- *Teilstationäre Hospize* (Tages- bzw. Nachthospize): Unabhängige Pflegeeinheiten, die vor allem rehabilitative Aufgaben bei schwerstkranken Menschen übernehmen, Angehörige entlasten und einen längeren Verbleib in der häuslichen Umgebung ermöglichen (vgl. Myers & Hearn 2001).

Eine besondere Form der Hospizangebote stellen die *Kinderhospize* dar (vgl. Student 2002), die sich in vielfältiger Hinsicht von den Hospiz-Angeboten für Erwachsene unterscheiden: Kinder-Hospize beginnen ihre umfassende Unterstützung der betroffenen Familien zu einem frühen Zeitpunkt, nämlich ab dem Moment, wo es für die Familie klar ist, dass ihr Kind eine lebensbegrenzende Krankheit hat. Die meisten der betroffenen Kinder leiden an einer angeborenen Erkrankung, es handelt sich also um Kinder mit Behinderungen i. e. S. Das Angebot zielt vor allem auf vielfältige Entlastungen der Familien ab und hat (wie im Erwachsenenbereich) das Ziel, möglichst vielen betroffenen Kindern ein Sterben zu Hause zu ermöglichen. Das stationäre Angebot eines Kinderhospizes dient in erster Linie dazu, den Familien für begrenzte Zeiten jährlich Erholungsmöglichkeiten zu vermitteln.

3 Ausblick

Das Hospiz-Angebot in Deutschland zeigt zurzeit (2008) im internationalen Vergleich vor allem die folgenden Begrenzungen:

- Die ambulanten Hospiz-Dienste leisten zwar wichtige Arbeit, diese reicht aber häufig dann nicht aus, wenn körperliche Probleme das Bild erschweren. Dringend erforderlich sind deshalb umfassende ambulante Palliative Care-Angebote. Nur so kann Hospizarbeit auch hierzulande ihrem Kernziel, nämlich ein Sterben zu Hause zu ermöglichen, gerecht werden.
- Hospizarbeit richtet sich in Deutschland (außer im Kinderhospiz-Bereich) vor allem an Menschen mit onkologischen Erkrankungen. Die Mehrzahl aller Sterbenden aber leidet an einer nicht-onkologischen Erkrankung (NOE). Dem müssten entsprechende Angebote stärker Rechnung tragen (vgl. Student & Napiwotzky 2007, 177). Erst dann wird das Hospizkonzept auch in Pflegeheimen und Heimen für Menschen mit Behinderungen fruchtbar werden.
- Noch ist Palliative Care wesentlich in typischen Hospizeinrichtungen verortet. Diese Grenze sollte möglichst rasch in Richtung auf die herkömmlichen Settings für kranke und behinderte Menschen übersprungen werden, damit auch Menschen in der ambulanten Pflege, im Krankenhaus und Heim von diesem Wissen und Können profitieren.
- Die Bedürfnisse von älteren Menschen mit geistigen Behinderungen am Lebensende sind in Deutschland bisher vor allem bei Menschen mit demenziellen Erkrankungen in den Blick gekommen (vgl. BAG Hospiz 2004). Bei den anderen Betroffenengruppen – insbesondere solchen mit lebenslangen geistigen Behinderungen, aber auch bei Menschen im Wachkoma – harren sie noch weitgehend der Erkundung. Hier ließe sich an angelsächsische Erfahrungen anknüpfen (vgl. Botsford & Force 2004; Tuffrey-Wijne et al. 2007).
- Während die kleinen Hospiz-Arbeitseinheiten ethische Entscheidungen am Lebensende auf der Basis ihres Handlungskonzeptes (z. B. Leben weder zu verkürzen noch es zu verlängern) und ihre Nähe zu dem Kranken und seinen Angehörigen zeitnah und in engem kommunikativen Kontakt zu allen Beteiligten fällen können, fühlen sich viele der klinischen Großeinrichtungen und Heime, aber auch die häu-

fig sehr isoliert arbeitenden ambulanten Pflegedienste in ethischen Fragen überfordert. Hier eine neue Entscheidungskultur zu entwickeln, die auf intensiver Kommunikation und gemeinsam erarbeiteten Entscheidungsgrundsätzen basiert (wie z. B. die Klinischen Ethik-Komitees vgl. Marckmann 2007), ist eine wichtige Herausforderung.

Ein hilfreicher Lösungsansatz für die meisten der oben skizzierten Herausforderungen stellt die Einführung von Palliative Care-Beratungs-Teams dar (vgl. Student & Napiwotzky 2007, 18). Hierunter versteht man ein speziell geschultes Hospiz-Team (insbesondere Pflegekräfte und ÄrztInnen), das MitarbeiterInnen im ambulanten Bereich ebenso wie in stationären Einrichtungen auf Anforderung hin *beratend* zur Verfügung steht, ohne selbst medizinisch oder pflegerisch tätig zu werden. Dabei lernen die beratenden KollegInnen im Laufe der Zeit, die Methoden der Palliative Care auch selbstständig anzuwenden, so dass sich die Beratungsteams sozusagen selbst überflüssig machen. In Deutschland sind solche Angebote bislang fast nur im ambulanten Bereich realisiert (vgl. Eberhardt et al. 1999). Eine Ausweitung dieses Angebotes – insbesondere in den stationären Sektor – könnte der Verbreitung des Palliative Care-Gedankens nachhaltig Vorschub leisten und damit eine neue Kultur der Begleitung von Menschen mit und ohne Behinderungen in der Zeit des Sterbens und der Trauer ermöglichen.

Literatur

Ariès, Philippe (1995): Geschichte des Todes. 7. Aufl., München

Becker, Ernest (1987): Die Überwindung der Todesfurcht – Dynamik des Todes. Berlin

Botsford, Anne L. & Force, Lawrence T. (2004): End-of-Life Care. A Guide for Supporting Older People with Intellectual Disabilities and their Families. 2. Aufl., New York

Bundesarbeitsgemeinschaft Hospiz e. V. (Hrsg.) (2004): MIT-GEFÜHLT. Curriculum zur Begleitung Demenzkranker in ihrer letzten Lebensphase. Wuppertal

Doyle, Derek, Hanks, Geoffrey, Cherny, Nathan & Calmann, Kenneth (Hrsg.) (2004): Oxford Textbook of Palliative Medicine. 3. Aufl., Oxford

Eberhardt, Gerhild, Miller, Gertrud & Schneider, Gundula (1999): Brückenschwestern – kompetente Hilfe und Unterstützung für schwer kranke und sterbende Tumorpatienten und ihre Angehörigen. In: Student, Johann-Christoph (Hrsg.): Das Hospiz-Buch. 4. erweiterte Aufl., Freiburg i. Br., 67–72

Kübler-Ross, Elisabeth (1969): On Death and Dying. London (dt: Interviews mit Sterbenden. Stuttgart 1971)

Kübler-Ross, Elisabeth (1983): Befreiung aus der Angst. Berichte aus den Workshops ‚Leben, Tod und Übergang'. Stuttgart

Marckmann, Georg (2007): Einführung eines klinischen Ethik-Komitees (KEK). In: Napiwotzky, Annedore & Student, Johann-Christoph (Hrsg.): Was braucht der Mensch am Lebensende? Ethisches Handeln und medizinische Machbarkeit. Stuttgart, 134–147

Myers, Kathryn & Hearn, Julie (Hrsg.) (2001): Palliative Day Care in Practice. Oxford

Ochsmann, Randolph (1993): Angst vor Tod und Sterben. Beiträge zur Thanato-Psychologie. Göttingen

Student, Johann-Christoph & Bürger, Elisabeth (2002): Stationäres Hospiz – Alternative oder komplementäre Einrichtung zur Palliativstation. In: Aulbert, Eberhard, Klaschik, Eberhard & Kettler, Dietrich (Hrsg.): Beiträge zur Palliativmedizin, Band 5, Palliativmedizin – Ausdruck gesellschaftlicher Verantwortung. Stuttgart, 52–58

Student, Johann-Christoph (2002): Sterbebegleitung – was ist aus dem Erwachsenenbereich auf Kinder übertragbar? In: Kinderkrankenschwester 21, 4, 139–144

Student, Johann-Christoph & Napiwotzky, Annedore (2007): Palliative Care – wahrnehmen, verstehen, schützen. Stuttgart

Student, Johann-Christoph, Mühlum, Albert & Student, Ute (2007): Soziale Arbeit in Hospiz und Palliative Care. 2. Aufl., München

Tuffrey-Wijne, Irene, Hogg, James & Curfs, Leopold (2007): End-of-life and Palliative Care for People With Intellectual Disabilities who Have Cancer or Other Life-Limiting Illness: A Review of the Literature and Available Resources. Journal of Applied Research in Intellectual Disabilities, 20, 4, 331–344

World Health Organization (2002): National Cancer Control Programmes: Policies and Managerial Guidelines. Geneve, 84

Syndrom und Symptom

Wolfgang Jantzen

1 Definition

Symptom (von griech. *sýmptoma* = Zufall, vorübergehende Eigentümlichkeit, zufälliger Umstand einer Krankheit) bedeutet Anzeichen, Kennzeichen, Merkmal, Vorbote (Drosdowski 1989, 729) und im medizinischen Sprachgebrauch „Krankheitszeichen" (ebd.; Boss 1987, 1657).

Ein Syndrom (griechisch *sýndromo*, von *syn* = zusammen und *dromós* = der Weg) ist ein „Satz von übereinstimmenden Dingen, die gewöhnlich ein identifizierbares Muster bilden", bzw. enger gefasst eine „Gruppe von Zeichen, welche zusammen auftreten und eine partikuläre Anomalie kennzeichnen" (Encyclopedia Britannica 2003). In der Medizin ist Syndrom „ein Krankheitsbild, das sich aus dem Zusammentreffen verschiedener Symptome ergibt" (Drosdowski 1989, 730), „ein Muster multipler Anomalien, die bekannter- oder vermutetermaßen ursächlich miteinander verbunden sind" (Boss 1987, 1659).

Beide Begriffe finden über die Medizin hinaus in sehr unterschiedlichen Wissenschaftsbereichen Anwendung.

2 Zentrale Probleme

In der Medizin selbst herrscht auf diese Begriffe bezogen bis heute eine eher statische Sicht vor – durchaus im Gegensatz zu einer systemischen und prozesshaften Diskussion von Krankheiten (Hecht et al. 1977).

So werden in der psychiatrischen Standardklassifikation des „Diagnostic and Statistical Manual of Mental Disorders" (DSM IV) der American Psychiatric Association (APA)

bzw. entsprechend in der ICD 10 (Dilling et al. 1999) Syndrome in der Regel als eine additive Anhäufung von Symptomen bestimmt, so z. B. Autismus (APA 1994, 299.00, 65 ff., Dilling et al. 1999 F.84.1, 271 ff.). Autismus ist dann zu diagnostizieren, wenn eine bestimmte Mindestanzahl der dort aufgezählten Symptome bzw. Symptomgruppen gegeben ist. Das DSM IV als „book of names" (Jensen & Hoagwood 1997) ebenso wie die ICD-10 (Internationale Klassifikation der Krankheiten) ist einerseits für eine Verständigung von großer Bedeutung, lässt andererseits aber die Generierungsmechanismen von Syndromen gänzlich außer Acht. Es berücksichtigt nicht, dass psychopathologische Symptome und Syndrome [→ X Isolation und Entwicklungspsychopathologie] die Anstrengung eines Organismus widerspiegeln, sich an einen breiten Entwicklungskontext anzupassen. Dabei gelten die Bedingungen der Äquifinalität (verschiedene Ursachen führen zum gleichen Ergebnis), der Multifinalität (eine Ursache führt zu höchst unterschiedlichen Ergebnissen), der Epigenese (die biotische Entwicklung wird durch innere und äußere Transaktionen in der Entwicklung bestimmt) sowie transaktionale Einflüsse des jeweiligen sozialen Kontextes. Diese zentralen methodologischen Aussagen lassen sich durch drei weitere Aspekte ergänzen (vgl. Sroufé 1997): Störungen sind Abweichungen über die Zeit; eine Veränderung der Entwicklungsrichtung ist an verschiedenen Punkten möglich; Möglichkeit und Umfang der Veränderungen der Entwicklungsrichtung werden beschränkt durch die bisherige Adaptation.

Vergleichbare Prozesse zeigen sich auch bei schwersten Behinderungen. So zeigen z. B. die Arbeiten von Zieger (2002), dass bei Koma und apallischem Syndrom als extremen organischen Bedingungen sozialer Isolation ein dynamischer Rückzug ins Kern-Selbst erfolgt und es neben einer guten medizinischen Versorgung vor allem von Dialog, personaler und sozialer Fürsorge abhängt, wie schnell diese Dynamismen auf höheres Niveau zurückkehren und sich dort konsolidieren. Deterministische Modelle sind für das Verständnis des Zusammenhangs von Symptomen und Syndromen nicht anwendbar (vgl. Richters 1997), nichtlineare, systemtheoretische, kybernetische, dialektische Erklärungen haben an ihre Stelle zu treten.

Dies gilt nicht nur für die Psychopathologie, sondern für die Medizin allgemein, u. a. deutlich moniert von der Psychosomatik [→ IX Psychosomatik] (vgl. Uexküll & Wesniak 1991). Insofern beseitigen das ICD-10 ebenso wie das DSM-IV sowie die ihnen historisch insgesamt vorweg gehenden Klassifikationssysteme zwar die „Sprachverwirrung der Mannigfaltigkeit der Symptome", so Pethö (1969, 421) bezogen auf Kraepelins Leistung für die Psychiatrie. Aber auch innerhalb der Medizin als Ganzes bleibt eine „Sprachverwirrung der mannigfaltigen Richtungen und Theorien" (ebd.). Ihre Überwindung realisiert sich erst langsam durch ein zunehmend systemtheoretisches und kybernetisches Verständnis der organismischen Vorgänge insgesamt (vgl. Chauvet 1996) ebenso wie durch ein zunehmend nicht mehr linear zu verstehendes Verhältnis von Genetik und Epigenetik, Genotyp und Phänotyp in der modernen molekularbiologischen Debatte (vgl. Oyama et al. 2001; Stotz 2005).

Merkwürdig ist es, dass der Begriff Syndrom innerhalb der medizinischen Wissenschaften vielfältige Verwendung erfährt, jedoch theoretisch völlig ungeklärt bleibt, was hierunter verstanden werden soll. Bei meinen ausgiebigen Recherchen in medizinischen, biologischen, kybernetischen und philosophischen Enzyklopädien sowie im Internet ergaben sich keinerlei Hinweise auf eine entsprechende Diskussion. In Uexkülls und Wesniaks Monographie „Theorie der Humanmedizin" taucht der Begriff nicht einmal im Index auf. Wohl aber eine durchaus wichtige Neuerörterung des Begriffs Symptom: „Mit

der Auffassung von Symptomen als Antworten lebender Systeme, die als Zellen, Organe, Organismen und soziale Gebilde im gegenseitigen Austausch von Zeichen stehen, wird die semantische Dimension von Symptomen neu entdeckt. Mit ihr zeigt sich auch, dass der Vorgang des Übersetzens von einem Zeichensystem in ein anderes, die Semiose, auf allen Stufen ein Grundphänomen des Lebens bildet" (1991, 237).

Was aber ist dann ein Syndrom? Ersichtlich ein dynamisches System innerhalb des Organismus (dieser selbst spinozanisch als beseelter Körper in der Welt verstanden [→ IX Organismus und Welt]), das mit anderen Systemen semiotisch verbunden ist, sich in struktureller Kopplung mit ihnen befindet.

3 Zentrale Ergebnisse

Außerhalb der Medizin findet der Begriff Syndrom zunehmend in der (inter- und transdisziplinären) globalen Umweltforschung Verwendung. Petschel-Held und Reusswig (2000) schlagen vor, das Syndrom selbst als funktionales und dynamisches System von einem es generierenden Mechanismus zu unterscheiden, den sie als „funktionales Gefährdungsmuster" definieren. Die von ihm hervorgebrachten Entwicklungen, „die gemeinhin [...] als nicht-nachhaltig bezeichnet werden müssen", sind das Syndrom.

„Die Einbettung in einen übergeordneten Mechanismus erlaubt, die Entstehungsgeschichte eines Syndroms zu verstehen und auf dieser Basis mögliche Handlungsoptionen zur Vermeidung, Abschwächung oder ‚Heilung' eines Syndroms systematisch bewerten zu können" (ebd.).

Ähnliche dynamische Sichtweisen finden sich in verschiedenen medizinischen Theorien, die mehr oder weniger auf die biologische Systemtheorie (vgl. v. Bertalanffy 1990; Anochin 1978) und auf die Stress-Theorie (Selye 1936, 1991) zurückgreifen.

Stress im biowissenschaftlichen Sinne wird dabei als Störung der Homöostase, des organismischen Fließgleichgewichts verstanden, die zu bewältigen ist. Diese Störung kann für den Organismus positiven (Eustress) oder negativen Charakter haben (Distress = Stress i. e. S.). Die Bewältigung von Stress geschieht in Form eines Allgemeinen Anpassungssyndroms mit drei Phasen: (1) allgemeine Alarmreaktion, (2) Resistenz und Bewältigungsversuche, (3) Erschöpfung. Dabei wirkt die Erschöpfung eines Teilsystems gleichzeitig als Stressor für den Gesamtorganismus und zwingt zu Bewältigungsreaktionen. Als Gefährdungsmuster könnte hier eine spezifische Relation der Belastung betrachtet werden, als eine spezielle Relation von dynamischem System und Feld, ähnlich der allgemeinen Anwendung des Stress-Begriffs in Natur- und Technikwissenschaften als Ausdruck für kritische Dimensionen von Belastbarkeit (vgl. Gordon 1989). Entsprechend wären die von einer entsprechenden Dimension von Belastung ausgehenden Bewältigungsmuster als Syndrom aufzufassen, das wiederum über eine Reihe von Symptomen erschlossen werden kann.

Soweit der Syndrombegriff in der Medizin Verwendung findet, scheint er breiter angelegt zu sein als der Begriff der Krankheit und nicht mit diesem zusammenzufallen.

Wie Krankheiten können auch Syndrome als funktionelle Systeme der Adaptation an veränderte Feldbedingungen und der Bewältigung von Stress verstanden werden. Allgemeinbiologisch betrachtet ist Krankheit eine „meist zeitlich begrenzte, labile Form des Lebens, die durch morpho-physiologisch bedingte Disproportionen und auf Wiederherstellung der Gesundheit gerichtete Prozesse gekennzeichnet ist" (Hecht et al. 1977, 20). Krankheitsprozesse sind generell sinnvoll. „Die Ursache der Systemwidrigkeit mancher biologischer Reaktionen liegt [...] in dem zeitlichen, örtlichen und quantitativ inadäquaten Auftreten dieser Reaktionen" (ebd., 40). Jeder Krankheitsprozess führt zu Bewältigungsversuchen des gesamten Organismus auf verschiedenen hierarchischen Ebenen (ebd.,

76 ff.), von der molekularen Struktur über Zellen, Organe und Organsysteme bis hin zum Organismus-Umwelt-System in Form von Beseitigung (Heilung), Kompensation, Anpassung an veränderte Regulationsbedingungen – manchmal auch als ‚fehlgeleitete Regulation' in Form eines ‚circulus vitiosus' (Teufelskreis). ‚Fehlgeleitete Regulationen' können im Rahmen einer Theorie pathologischer funktioneller Systeme als sinnvolle und systemhafte Prozesse raumzeitlicher Entkoppelung von Zellen, Organen oder Organsystemen durch die aktive Unterdrückung struktureller Koppelung (Hyperaktivität als Stressbewältigungsmechanismus) an andere Teile des Organismus verstanden werden (vgl. Kryzhanovsky 1986).

Immer aber haben diese Prozesse das Ziel, auf der jeweils einbezogenen Ebene ein „funktionelles Optimum" wieder herzustellen (Jantzen 1990, 298 ff.; 1991). Sie zielen auf die Aufrechterhaltung von Autonomie nicht nur durch Homöostase sondern Autopoiese (Maturana & Varela 1987); sie beinhalten rekursive systemische Prozesse zur Herstellung von Komplexität bzw. von „Negentropie" durch Aktivität (vgl. Bernstein 1987, 233 ff.).

Syndrome wären demnach temporäre bzw. bei Chronifizierung auf Dauer veränderte dynamische Bewältigungssysteme innerhalb bestimmter Feldbedingungen der Organismus-Umwelt-Relation. Sie unterliegen den Einwirkungen von Feldbedingungen auf allen Niveaus ihrer Organisation, wobei vorausgehende Bedingungen (Gefährdungsmuster) von den initiierenden (Stress) und den folgenden Bedingungen zu unterscheiden wären, letztere im Sinne von Feldwirkungen, die Bewältigung unterstützen, oder von Feldwirkungen, die Bewältigung erschweren oder verunmöglichen.

Jedes funktionelle System [→ IX Neurophysiologie: Funktionelle Systeme und afferentes Feld] ist Ausdruck der Aktion eines bestimmten Schrittmachers, der selbst wiederum unterschiedliche Teile dieses Systems mit eigenen Schrittmachern untereinander koppelt (vgl. Anochin 1974, 528). Diese Schrittmacher wirken als Operatoren in dynamischen Feldern, die nicht unmittelbar ortsgebunden sind (Chauvet 1996), sowie durch multioszillatorische Koppelung (vgl. Sinz 1980; Buzsáki 2006).

Ein Syndrom koppelt unterschiedliche Bewältigungsmechanismen auf sehr verschiedenen Ebenen und realisiert Bewältigung zu jedem Augenblick, nicht als Summe seiner Teile, sondern als Integration differenzieller Aspekte und als Differenzierung integrativer Aspekte, immer gekoppelt mit und eingebettet in die Suche nach einem funktionellen Optimum.

Bezogen auf ‚genetische Syndrome‘ erweist sich die Veränderung des Genotyps als ‚Gefährdungsmuster‘, die Realisierung des Phänotyps als Bewältigungsmuster. Exemplarisch lässt sich dies an der Molekularbiologie der Phenylketonurie (PKU) aufzeigen (als Überblick über dieses Syndrom vgl. Guthrie 1997). An Stelle eines einzelnen Gens als unmittelbar determinierende Ursache für die Produktion der Phenylalanin-Decarboxylase tritt im modernen Verständnis ein komplexes Geflecht molekularbiologischer Vorgänge, die ihrerseits z. T. auf die Genexpression rückwirken (vgl. Rosenberg 2006, 225 ff.).

„So ergibt die Reduktion von PKU von einem medizinischen Syndrom auf einen detaillierten biosynthetischen Entwicklungspfad, dass dies nicht *eine* Störung (geistige Behinderung) ist, die von *einem* fehlerhaften Gen und seinem Enzym-/Eiweißprodukt verursacht wird, die mit einer einfachen Manipulation der Umgebung durch Entfernen von Phenylalanin aus der Diät behoben werden könnte“ (ebd., 231).

Ähnlich formuliert der „Hastings Center Report“, unter Beteiligung von namhaften Genetiker/innen in einer dreijährigen Diskussion entstanden, bezogen auf das Huntington-Syndrom: Die Aufdeckung des codierenden Gens war ein „Triumph für die medizinische Genetik“, aber ein „Desaster für die öffentliche Diskussion über Verhaltensgenetik“, denn es ergaben sich „höchst komplexe Beziehungen zwischen Genen und Umgebungsfakto-

ren, die im Gehirn und durch die Umgebung vermittelt werden“ (Parens 2004, 18).

Genetische Syndrome wären folglich als Gefährdungsmuster zu betrachten, die zu unterschiedlichen organismischen Bewältigungsstrategien in der Konstruktion des jeweiligen Phänotyps führen (vgl. Oyama et al. 2001; Kirschner & Gerhart 2005), die jeweils wieder Gefährdungsmomente und Bewältigungsmöglichkeiten mit bedingen, z. B. als Fenster der Verwundbarkeit zu verschiedenen Zeiten der Entwicklung unter den Bedingungen eines derartigen Syndroms. Entsprechend zeigt die Forschungsliteratur zu Fragilem-X-Syndrom ebenso wie bei Autismus eine weitaus höhere Gefährdung durch Stress (vgl. Jantzen 2007). Diese kommt durch misslingende oder gestörte Muster früher Bindung ins Spiel und hat entsprechende Rückwirkungen auf die Herausbildung kortikaler und subkortikaler Mechanismen der Stressregulation (vgl. Schore 2001, a, b).

Als Folge der durch genetische Syndrome gegebenen Gefährdungspotenziale, die nur z. T. medizinisch und pädagogisch kompensiert werden können, treten in der Entwicklung neue Gefährdungsmuster auf, die neue soziale vermittelte Bewältigungsstrategien erfordern, die ihrerseits in neurowissenschaftlicher Sicht zu neuen sekundären Repertoires (vgl. Edelman 1993; Edelman & Tononi 2004) führen können. Dabei besteht eine außerordentlich hohe Flexibilität des Gehirns zu Veränderungen, allerdings von den je erreichten Repräsentationsniveaus [→ VII Repräsentationsniveaus des Psychischen] abhängig und durch die bereits durchlaufenen mit bedingt. So zeigen die Ergebnisse von Merzenich (vgl. Edelman 1993, 189 ff.), dass es zur Umorganisation kortikaler Repräsentationen bei Unterbindung von Bewegungen oder deren sensorischer Rückkoppelung kommt. Andere Untersuchungen zeigen z. B., dass zwischen geübten und ungeübten Lesern ein deutlicher Unterschied in der Organisation des Gehirns besteht (vgl. Fletcher et al. 2000).

Auf der anderen Seite sind die Rückwirkungen von Stress nicht nur auf das Gehirn,

sondern auch auf das endokrine System ebenso wie das Immunsystem hinlänglich doku-
mentiert (vgl. Ader 2007), so dass in jeder Beziehung das menschliche Gehirn als soziales
Organ (vgl. Luria 1992; Freeman 2005) zu
gelten hat, dessen Entwicklung neue Gefährdungsmuster hervorbringt und neue Bewältigungsmöglichkeiten zu organisieren vermag.
Insofern können sich aus Syndromen heraus
neue Syndrome entwickeln.

Ein Beispiel auf unmittelbar neurobiolo-
gischer Ebene wären die augenscheinlich an
wesentliche Etappen der Neuorganisation der
kortikalen Strukturen (vgl. Thatcher 1996) ge-
bundenen epileptischen Syndrome des Kindes
und Jugendalters (Matthes 1984, 51 ff., 68 ff.,
88 ff., 98 ff.), die im Rahmen unterschiedlicher
genetischer Syndrome jedoch auch außerhalb von diesen auftreten können: Das West-
Syndrom (beginnend mit Anfällen zwischen
3. und 8. Monat) verwiese auf die Umorganisation von der amygdalären Ebene auf die
cinguläre und dann orbitofrontale Ebene (vgl.
hierzu Schore 2001a) und die folgenden Syndrome, das Lennox-Syndrom zwischen 2. und
6. Lebensjahr, das Friedmann-Syndrom zwischen 5. und 10. Lebensjahr sowie das Janz-
Syndrom (zwischen 13. und 20. Lebensjahr)
verwiesen auf die links-rechts-hemisphäri-
sche Umorganisation (1) vom Kleinkind- zum
Vorschulalter als „sensomotorisch-linguisti-
sche und emotionale Differenzierung", (2) im
Alter von etwa acht Jahren als „Abstraktion
und Systemintegration" und (3) in der frühen
Pubertät als „multidimensionale Abstraktion"
(vgl. Thatcher 1996).

Ein Beispiel auf der Ebene des psychosozialen Erlebens wäre das Posttraumatische Belas-
tungssyndrom, das häufig gekoppelt an sehr
schwere Formen von geistiger Behinderung
auftritt, so die neuere Forschungslage, und
dort als Resultat sozialer Isolation ebenso wie
unterschiedlicher Formen direkter und indi-
rekter Gewalt verstanden werden muss (vgl.
Jantzen 2004a).

Bereits Luria hat auf die Möglichkeit verweisen, mittels einer Syndromanalyse (vgl.
Jantzen 2005) unterschiedliche Faktoren, die

einem sog. hirnorganischen Psychosyndrom
zugrundeliegen, zu identifizieren. Syndrome
werden als funktionelle Systeme verstanden,
die bei unterschiedlichen Störungen neuronaler Prozesse ins Spiel kommen. Gemäß
Vygotskijs Regel zum Aufbau aller höheren
psychischen Prozesse, dass diese zunächst in-
terpsychisch, im sozialen Austausch existieren [→ VII Evolution und Entwicklung des
Psychischen] und dann erst intrapsychisch
werden, werden Syndrome als komplexe Bewältigungsstrategien verstanden, die immer in das Gesamt der Persönlichkeit integriert werden – im Prozess der Rehabilitation
mit Hilfe anderer (vgl. Sacks 1987; Cvetkova
1996).

Syndrome wären hier als Gesamtmatrix zu
verstehen, die einer Vielzahl von Symptomen
eine innere Ordnung verleiht, ähnlich der
faktoriellen Matrix einer Vielzahl von Korrelationen (Faktoren kennzeichnen hohe Korrelationen von Variablen untereinander bei
gleichzeitig niederen Korrelationen zu Variablen anderer Faktoren). Die (reliable und vali-
de) Identifizierung dieser Faktoren erfolgt auf
Grund eines empirisch begründeten theoretischen Populationsbezuges in Form von Lurijas Systematik der Aphasien, d.h. einer Theorie der zugrunde liegenden dynamischen und
chronogenen Lokalisation höherer psychischer Prozesse und ihrer Störung bei örtlicher
Hirnschädigung (vgl. Luria 1970). Diese Theorie bezieht sich auf den Anteil verschiedener
Hirnareale an der dynamischen Lokalisation
von Prozessen wie Gedächtnis, Sprache, Denken, Wahrnehmung, Motivation usw. (vgl.
Lurija & Artëm'eva 2002) und nimmt viele
Resultate der modernen Neurowissenschaften vorweg (vgl. Jantzen 1994, 2004b). Durch
die Syndromanalyse [→ III Rehistorisierende Diagnostik] werden Syndrome als sinnvoll
geordnetes Ganzes verschiedener Wirkungs-
faktoren betrachtet, als funktionelles System
funktioneller Systeme, das sich im Muster der
Symptome ausdrückt.

Der neuropsychologische Ansatz Vygotskijs reicht über die von Lurija realisierten Aspekte hinaus (vgl. Achutina 2002). Am deut-

lichsten kommen seine Überlegungen zum Charakter von Syndromen in der Arbeit über „Entwicklungsdiagnostik und klinische Pädologie schwieriger Kinder" von 1931 zum Ausdruck (vgl. Vygotskij 1993b), auch wenn hier der Begriff selbst bezogen auf das Problem der ‚Entwicklungshemmung' nicht systematisch verwendet wird.

‚Entwicklungshemmung' (‚retardation') drückt in der Pädologie inhaltlich ebenso wenig aus wie der Begriff ‚Krankheit' in der gegenwärtigen Medizin. Anstelle eines bloßen Benennens sind „die internen Umstände, die interne Logik, die internen Verknüpfungen und Abhängigkeiten [aufzudecken; W. J.], welche den Verlauf und die Struktur der Entwicklungsprozesse der Kinder bestimmen" (ebd., 252). Entscheidend ist es, zwischen einem Kern der Retardation und sekundären Komplikationen zu differenzieren, deren wichtigste die Unterentwicklung der höheren psychischen Funktionen wie Gedächtnis, Denken und Charakter sind.

Entsprechend Vygotskijs grundlegender entwicklungsneuropsychologischer Regel leiden in der Kindheit unmittelbar über der Schädigung liegende funktionelle Systeme am meisten (vgl. Vygotskij 1985). Sie bilden zusammen mit der Schädigung den Kern der Retardation (vgl. Vygotskij 1993b), der als ein primäres kompensatorisches Gebilde verstanden werden kann (z. B. Langsamkeit beim Down-Syndrom, vgl. Latash 1993, Kap. 9; Jantzen 1998). Dies führt nicht zwangsläufig zur Unterentwicklung der höheren psychischen Funktionen, sondern nur dann, wenn durch das Zusammenwirken dieser Störung mit einem Aussetzen der notwendigen sozialen Unterstützung das Kollektiv als „Primärfaktor" der Entwicklung höherer psychischer Funktionen außer Kraft gesetzt ist (ebd., 256).

Dieser Ausschluss von und in Kinderkollektiven wirkt sich auch auf niedere Formen der Zusammenarbeit mit anderen Kindern aus, bewirkt Unterentwicklung in den sozialen Bereichen des Verhaltens ebenso wie in den höheren psychischen Funktionen.

Geistige ‚Unterentwicklung' resultiert demnach in letzter Konsequenz aus kultureller Isolation. „In principle a retarded person is capable of cultural development" (ebd. 256).

Was aber passiert, wenn auch die elementaren Bedingungen von Dialog und sozialem Verkehr, welche die Kulturbildung „wie durch Selbstzündung" (Vygotskij 1993a, 169) mit absichern, durch sozialen Ausschluss oder Gewalt außer Kraft gesetzt werden? In diesem Falle verknüpfen sich eine Reihe kompensatorischer Prozesse im Syndrom der Unterentwicklung.

Im Einzelnen nennt Vygotskij (1993b) das Zurückgehen auf spontane, affektive Prozesse, ‚Primitivreaktionen', die sich jedoch auch bei traumatisierenden Einflüssen bei gebildeten, kulturell entwickelten Erwachsenen zeigen. Neben derartigen Rückgriffen auf frühere einfache Reaktionen, die unter hohem emotionalen Druck erfolgen, finden sich sekundäre Kompensationen, wie z.B. beim de-Grief-Syndrom (= scheinbar unkritische Selbsteinschätzung geistig behinderter Menschen) in Form einer „fiktiven Kompensation als Reaktion auf die geringe Wertschätzung der Umgebung für das Kind", so Vygotskijs Vermutung (ebd., 259). Drittens können Erscheinungen des Negativismus, des Starrsinns, der Leistungs- und Zweckschwäche, aber auch der ‚Dissoziation' als vom Zweckwillen getrennte Prozesse in Erscheinung treten:

„The fact of disengagement (im Original bei Kretschmer „Dissoziation"; 1927, 100 f.) is that the different layers or functions which usually operate together begin to act in isolation, or even against one another" (Vygotskij 1993b, 261). Und viertens können neurotische Symptome auftreten. Kern all dieser möglichen Sekundärsymptome ist die vom geistig behinderten Kind gespürte Geringschätzung durch seine Umgebung.

Analoge Veränderungen lassen sich für die Situation schizophrener Kinder aufzeigen, so Vygotskij im Folgenden. Auch hier gilt: „Traumatization stemming from contact with children's collectives, with ridicule and with comrades' jokes result in greater reserve and withdrawal from the collective" (ebd., 264).

Ersichtlich ist es notwendig, zwei Serien von Symptomen zu unterscheiden: Basis- und Primärsymptome als unmittelbare Folge biologischer Inadäquatheit und sekundäre Symptome als Herausbildung reaktiver Bedingungen in den durch den Defekt veränderten sozialen Verhältnissen (Isolation). Hieraus resultiert die Hauptaufgabe der Diagnostik, diesen Prozess zu rekonstruieren. Entwicklung erfolgt grundsätzlich subjektlogisch in sozialen Verhältnissen. Unter allen Umständen erfolgt der Aufbau der psychischen Prozesse sinnhaft und systemhaft vermittelt über die elementare Einheit des Erlebens. Und auch die Biologie kennt keine ‚Anormalität‘, so unter Bezug auf den berühmten Hirnforscher Lashley: „The nervous system, he says, has the capacity of self regulation, which gives a coherent logical character to its functioning regardless of what violations may exist in its component anatomical parts" (ebd., 273).

4 Ausblick

Eine systematische Bestimmung des Begriffs Syndrom, die noch aussteht, verlangt das Aufgreifen dieser und vergleichbarer Überlegungen. Sie hätte zudem eine relationale Theorie der Felder, in welchen die Auftretenswahrscheinlichkeit von Syndromen erhöht oder reduziert wird, zu entwickeln. Denn der Umschlag von Gefährdungsmustern in Syndrome verlangt immer auch eine entsprechende Feldstruktur; im Falle des Autismussyndroms könnte man von einem autistischen Feld sprechen, im Falle von Entwicklungshemmung von einem entwicklungshemmenden Feld, im Falle von geistiger Behinderung von einem geistig behindernden Feld usw. Entsprechendes gilt für die sich jeweils verändernden organismusinternen Feldbedingungen in syndromspezifischen Fenstern der Verwundbarkeit. Weder darf der Umschlag von Gefährdungsmustern

in Syndrome alleine im Feld gesucht werden (dies gilt allgemeinbiologisch auch für die Wechselwirkungen von innerorganismischen Feldern und funktionellen Systemen, vgl. die Beispiele PKU und Huntington-Syndrom), noch allein in der Person. An Stelle einer Ontologie der Dinge (Addition von Symptomen) hätte eine Ontologie der Prozesse zu treten, welche die Erscheinungsformen von Syndromen hervorbringen (vgl. H. v. Foersters Begriff der Ontogenetik; 1993, 104).

Literatur

Achutina, Tatjana (2002): Foundations of neuropsychology. In: Robbins, Dorothy; Stetsenko, Anna: Voices within Vygotsky's non-classical psychology. New York 27–44

Ader, Robert (2007): Psychoneuroimmunology. 2 Vol. Amsterdam, 4th ed.

Anochin, Pjotr K. (1974): Biology and neurophysiology of the conditioned reflex and its role in adaptive behavior. Oxford

Anochin, Pjotr K. (1978): Beiträge zur allgemeinen Theorie des funktionellen Systems. Jena

APA (1994): DSM-IV Diagnostic and statistical manual of mental disorders. 4th ed., Washington

Bernstein, Nicolai A. (1987): Bewegungsphysiologie. 2. Aufl., Leipzig

Bertalanffy, Ludwig von (1990): Das biologische Weltbild. Wien

Boss, Norbert (Hrsg.) (1989): Roche Lexikon Medizin. 2. Aufl., München

Buzsáki, György (2006): Rhythms of the Brain. New York

Chauvet, Gilbert A. (1996): Theoretical Systems in Biology. Vol. I–III. New York

Cvetkova, Ljubov' S. (1996): Neuropsychologie und Rehabilitation von Sprache und intellektueller Tätigkeit. Münster

Dilling, Horst et al. (1999): Taschenführer zur ICD-10 Klassifikation psychischer Störungen. Bern

Drosdowski, Günther (Hrsg.) (1987): Duden „Etymologie". 2. Aufl., Mannheim

Edelman, Gerald M. (1993): Unser Gehirn – ein dynamisches System. München

Edelman, G. M. & Tononi, Giulio (2004): Gehirn und Geist. München

Encyclopaedia Britannica (2003). Deluxe Edition. CD-ROM. London

Fletcher, Jack M. et al. (2000): Neuroimaging, language, and reading. Office of Bilingual education and Minority Languages Affairs (OBEMLA), Proceedings April 19–20, 41–58 URL: http://www.ncela.gwu.edu/pubs/symposia/reading/2fletcher.PDF [Stand: 07.01.2008]

Foerster, Heinz von (1993): KybernEthik. Berlin

Freeman, Walter J. (1995): Societies of Brains. Hillsdale, N. J.

Gordon, James E. (1989): Strukturen unter Stress. Heidelberg

Guthrie, Robert (1997): The PKU story. Pasadena/Cal.

Hecht, Arno et al. (1977): Allgemeine Pathologie. 2. Aufl., Berlin

Jantzen, Wolfgang (1990): Allgemeine Behindertenpädagogik Bd. 2. Weinheim

Jantzen, Wolfgang (1991): Gesundheit und Krankheit. In: Keil, Annelie et al.: Gesundheitswissenschaften und Gesundheitsförderung. Bremerhaven, 202–213

Jantzen, Wolfgang (Hrsg.) (1994): Die neuronalen Verstrickungen des Bewußtseins. Zur Aktualität von A. R. Lurijas Neuropsychologie. Münster

Jantzen, Wolfgang (1998): Zur Neubewertung des Down-Syndroms. In: Geistige Behinderung, 37, 3, 224–238

Jantzen, Wolfgang (2004a): Gewalt ist der verborgene Kern von geistiger Behinderung. In: Wüllenweber, Ernst: Soziale Probleme von Menschen mit geistiger Behinderung. Stuttgart, 148–169

Jantzen, Wolfgang (Hrsg.) (2004b): Gehirn, Geschichte und Gesellschaft. Die Neuropsychologie Alexandr R. Lurijas (1902–1977). Berlin

Jantzen, Wolfgang (2005): „Es kommt darauf an, sich zu verändern …" – Zur Methodologie und Praxis rehistorisierender Diagnostik und Intervention. Gießen

Jantzen, Wolfgang (2007): Biologismus in neuem Gewand – eine neuropsychologische Kritik der Rede von „Verhaltensphänotypen". In: Rumpler, Franz & Wachtel, Peter (Hrsg.): Erziehung und Unterricht – Visionen und Wirklichkeiten. Würzburg, 219–230

Jensen, Peter S. & Hoagwood, Kimberly (1997): The Book of Names: DSM-IV in Context. In: Development and Psychopathology, 9, 231–249

Kirschner, Marc W. & Gerhart, John C. (2005): The plausibility of life. New Haven

Kretschmer, Ernst (1927): Über Hysterie. Leipzig

Kryzhanovsky, Georgij N. (1986): Central Nervous System Pathology. New York

Latash, M. L. (1993): Control of Human Movement. Leeds

Luria, Alexandr R. (1970): Die höheren kortikalen Funktionen und ihre Störung bei örtlicher Hirnschädigung. Berlin

Luria, Alexandr R. (1992): Das Gehirn in Aktion. Reinbek

Luria, Alexandr R. & Artëm'eva, Evgenia J. (2002): Zwei Zugänge der Bewertung der Reliabilität psychologischer Untersuchungen. In: Lurija, Alexandr R.: Kulturhistorische Humanwissenschaft. (Hrsg.: Jantzen, Wolfgang) Berlin, 186–196

Matthes, Ansgar (1984): Epilepsien. 4. Aufl., Stuttgart

Maturana, Humberto & Varela, Francisco (1987): Der Baum der Erkenntnis. München

Oyama, Susan et al. (Hrsg.) (2001): Cycles of contingency. Developmental systems and evolution. Cambridge/Mass.

Parens, Erik (2004): Genetic differences and human identities. In: Hastings Center Report Special Supplement, 34, 1, 1–36

Pethö, Bertalan (1969/1974): Zur methodologischen Neubesinnung in der Psychiatrie. In: Fortschritte der Neurologie und Psychiatrie, 37/42, 8/10, 406–474/475–539

Petschel-Held, Gerhard & Reusswig, Fritz (2000): Syndrome des Globalen Wandels. In: Brandt, Karl-Werner: Nachhaltigkeit und Transdisziplinarität. Berlin, 127–144

Richters, John E. (1997): The Hubble Hypothesis and the Developmentalist's Dilemma. In: Development and Psychopathology, 9, 193–229

Rosenberg, Alex (2006): Darwinian reductionism. Chicago

Sacks, Oliver (1987): Der Mann, der seine Frau mit einem Hut verwechselte. Reinbek

Schore, Allan (2001a): The effects of secure attachment relationship on right brain development, affect regulation, and mental health. In: Infant Mental Health Journal, 22, 7–66

Schore, Allan (2001b): The effects of early relational trauma on right brain development, affect regulation, and mental health. In: Infant Mental Health Journal, 22, 201–269

Selye, Hans (1936): A syndrome produced by diverse nocuous agents. In: Nature, 138, 4, 32. Erneut in: Neuropsychiatric classics 10 (1998), 2, 230–231

Selye, Hans (1991): Stress beherrscht unser Leben. München

Sinz, Rainer (1980): Chronopsychophysiologie. Chronobiologie und Chronomedizin. Berlin

Sroufé, Allan (1997): Psychopathology as an outcome of development. In: Development and Psychopathology, 9, 251–268

Stotz, Karola (2005): Organismen als Entwicklungssysteme. In: Krohs, Ulrich & Toepfer, Georg: Philosophie der Biologie. Frankfurt a. M., 125–143

Thatcher, Robert W. (1996): Neuroimaging of cyclic cortical reorganization during human development. In: Thatcher, Robert W. et al. (Hrsg.): Developmental Neuroimaging. New York, 92–106

Uexküll, Thure von & Wesniak, Wolfgang (1991): Theorie der Humanmedizin. 2. Aufl., München

Vygotskij, Lev S. (1985): Die Psychologie und die Lehre von der Lokalisation psychischer Funktionen. In: Vygotskij, Lew S.: Ausgewählte Schriften Bd. 1. Köln, 353–362

Vygotskij, Lev S. (1993a): Defectology and the Study of the Development and Education of Abnormal Children. In: Vygotskij, Lev S.: Collected Works. Vol. 2. Hrsg.: Robert W. Rieber & Aaron S. Carton. New York, 164–170

Vygotskij, Lev S. (1993b): The Diagnostics of Development and the Pedological Clinic for Difficult Children. In: Vygotskij, Lev S.: Collected Works. Vol. 2. Hrsg.: R. W. Rieber & Aaron S. Carton. New York, 241–291

Zieger, Andreas (2002): Das Komaproblem als wissenschaftliche, geistige und praktische Herausforderung einer integrierten Human- und Neurowissenschaft im 21. Jahrhundert. In: Feuser, Georg & Berger, Ernst: Erkennen und Handeln. Berlin, 379–418

Medizinisierung

Swantje Köbsell

1 Definition, Begriffs- und Gegenstandsgeschichte

Medizinisierung oder auch Medikalisierung (engl. medicalization) bezeichnet einen seit dem 20. Jahrhundert zunehmenden Vorgang (Zola 2005, 52), bei dem normale Prozesse des menschlichen Lebens oder abweichende Verhaltensweisen als medizinische Probleme definiert werden, die der medizinischen Behandlung bedürfen. Dabei werden oftmals soziale Probleme bzw. Phänomene als medizinische definiert und entsprechend medizinisch-technische Lösungen für die Probleme angeboten; sie werden auf Biologie reduziert und die betroffenen Menschen essenzialisiert. „Abweichungen eines Individuums von der Norm sind als *Abnormalitäten* anzusehen, die medizinische Probleme anzeigen und behandelt werden müssen" (Lewontin et al. 1988, 4). Zola beschreibt Medizinisierung als ein „undramatisches Phänomen", bei dem von angeblich moralisch neutralen und objektiven Experten (Ärzten) absolute und finale Urteile getroffen werden (2005, 41), wodurch die Etikette „gesund" und „krank" für immer größere Bereiche des Lebens relevant werden (ebd., 42).

Insbesondere mit Frauenkörpern zusammenhängende Phänomene sind zunehmend medizinisiert worden: Schwangerschaft, Prämenstruelles Syndrom, Menopause, Unfrucht-

barkeit u. a. gelten inzwischen alle als medizinische Einsatzfelder. Andere bekannte Beispiele sind die Medizinisierung des Alterns (ebd. 57 ff.) sowie kindlicher Aufmerksamkeitsstörungen, bekannt unter dem Kürzel AD(H)S. Viele dieser Medizinisierungsprozesse gehen mit der Erschließung von pharmazeutischen Märkten einher.

Im Zusammenhang mit Behinderung bedeutet Medizinisierung, dass Behinderung ausschließlich als medizinisches Problem gesehen wird, dessen Ursache in der Biologie der betroffenen Person liegt. Eine solche Sichtweise von Behinderung ist defizitorientiert, gesellschaftliche Aspekte werden ausgeklammert und als ‚Lösung' wird versucht zu heilen; wo dies – wie oftmals im Falle von Behinderung – nicht möglich ist, wird versucht, Defizite zu kompensieren bzw. der betroffene Mensch muss sich anpassen. Diese Sichtweise von Behinderung ist immer noch weit verbreitet. Von den Emanzipationsbewegungen behinderter Menschen [→ Behindertenbewegung] wird sie seit vielen Jahren kritisiert und in den Disability Studies [→ Disability Studies] war die Kritik an diesem medizinischen bzw. individuellen Modell von Behinderung Ausgangspunkt für die Entwicklung eines sozialen Modells von Behinderung.

Historisch verortet u. a. Dörner (1993) die ‚Medizinisierung der Sozialen Frage' im Kontext der durch die Industrialisierung ab ca.

1750 ausgelösten gesellschaftlichen Umwälzungen, durch die die ‚Soziale Frage‘ überhaupt erst entstanden sei. Die Wirtschaftseinheit des ‚ganzen Hauses‘, die auch die Sorge für Alte, Kranke und Behinderte übernommen hatte, fiel auseinander. Die arbeitsfähigen Männer wurden in den Fabriken gebraucht (in geringerem Maße auch die Frauen und Kinder), wodurch sich die Lebensgemeinschaften verkleinerten und hilfsbedürftige Mitmenschen zunehmend sich selbst überlassen wurden. Parallel veränderten sich die Anforderungen an arbeitende Menschen.

„Als vernünftig und damit brauchbar für das neue industrielle System galt jetzt zunehmend die Fähigkeit zur Anpassung an einen vielfältigen Normendruck von der Pünktlichkeit bis zur Leistungsgleichheit ohne individuell-physiologischen Rhythmus, die Fähigkeit, immer dieselben Handgriffe auszuführen, die Bereitschaft zum reibungslosen, monotonen Funktionieren, die Unterdrückung störender persönlicher Besonderheiten und Eigenarten sowie Kalkulierbarkeit und Vorausberechenbarkeit des Verhaltens über eine lange Zeit.“ (ebd., 21 f.)

Diese Erwartungen konnten jedoch nicht von allen erfüllt werden – die „Soziale Frage“ war geboren und damit ein Teil der Gesellschaft „fragwürdig“ geworden (ebd., 21). Als Lösung wählte man die Errichtung von Institutionen, in denen die für den industriellen Arbeitsprozess Unbrauchbaren zusammengefasst wurden. So entstand zwar eine Kostenbelastung für die Öffentlichkeit, andererseits waren die ‚Unbrauchbaren‘ so gut zu verwalten und zu kontrollieren.

Eine weitere Folge der gesellschaftlichen Umwälzungen, zu denen im Zuge von Aufklärung, Französischer Revolution und Amerikanischer Unabhängigkeit die Erklärung der Gleichheit aller Menschen gehörte, war die Suche nach einer wissenschaftlichen Begründung der nach wie vor bestehenden gesellschaftlichen Ungleichheit, die zur Etablierung der Ideologie des biologischen Determinismus führte (Lewontin et al. 1988, 54 ff.). Dieser erklärte gesellschaftliche Ungleichheiten mit biologischen Unterschieden – Biologie als naturgegebenes, nicht veränderbares Schicksal [→ Rassismus].

Schon bald verschärfte sich die Soziale Frage zur Wertfrage, was an der zunehmend selbstverständlichen Verwendung des Begriffes der „Minderwertigkeit“ deutlich wird (Dörner 1993, 28). Der Umgang mit den ‚sozial Fragwürdigen‘ änderte sich. Man hatte zunächst versucht, sie mit im weitesten Sinne pädagogischen Maßnahmen zu ‚normalisieren‘, allerdings dauerten diese Prozesse lange; oftmals waren sie auch nicht erfolgreich. Im Gegensatz zur Pädagogik konnte die naturwissenschaftliche Medizin des 19. Jahrhunderts einen rasanten Anstieg wissenschaftlicher Erfolge vorweisen; immer mehr menschliche Abweichungen konnten als körperlich begründet erklärt werden (vgl. ebd., 29). Auf diesem Hintergrund erschien es sinnvoll, hier die Lösung der Sozialen Frage zu suchen; das medizinische Denkmodell etablierte sich sukzessive auch im Hinblick auf (geistige) Behinderungen und psychische Erkrankungen – sie wurden medizinisiert. Der medizinische Auftrag ist es, Krankheiten zu heilen, doch in den Anstalten befanden sich zahlreiche Menschen, die medizinisch nicht zu heilen waren, was zur Folge hatte, dass sie von der Medizin als unheilbar abgeschrieben wurden.

Mit Übernahme der Erblichkeit in das medizinische Erklärungsrepertoire und der Entwicklung eugenischen bzw. rassehygienischen Gedankengutes [→ Eugenik] richtete sich der Fokus der medizinischen Interventionen weniger auf Heilung, sondern auf Prävention durch die Unterbindung der Fortpflanzung der ‚Minderwertigen‘. Dies geschah zunächst durch geschlechtergetrennte Asylierung, ab Anfang des 20. Jahrhunderts wurde hierfür zunehmend die operative Sterilisation diskutiert und praktiziert. Nach der Machtübernahme durch die Nationalsozialisten und die Verabschiedung des ‚Gesetzes zur Verhütung erbkranken Nachwuchses‘ konnten Zwangssterilisationen ganz legal an zu Erbkranken erklärten Menschen durchgeführt werden, wobei sich der zu sterilisierende Personenkreis kontinuierlich erweiterte. Insbesondere die Kategorie des „moralischen Schwachsinns" erwies sich als besonders elastisch, um jegliche Abweichung von den Werten des Systems abzudecken (Ayass 2005, 113). Wie sonst selten, wurde hier die Biologisierung bzw. Medizinisierung sozialer Probleme deutlich: „Durch umfassende Zwangssterilisation [...] sollten althergebrachte soziale Probleme ein für alle Mal beseitigt werden" (ebd., 114).

Bald ging es nicht nur um die Verhinderung zukünftiger ‚Minderwertiger', sondern um die Ermordung der Lebenden – durch Ärzte. „Das gesamte Nazi-Regime war [...] auf einer biomedizinischen Vision errichtet, die eine Art rassischer Reinigung erforderte, die sich von der Sterilisation zum Massenmord hin entwickelte" (Lifton 1988, 30). Damit wurde planmäßiges – „therapeutisches" – Töten Teil medizinischen Handelns an denjenigen, die nicht zu heilen waren (ebd., 58). Auch hier lässt sich eine kontinuierliche Erweiterung des zu tötenden Personenkreises feststellen (ebd., 61) – von den „Schwachsinnigen" bis schließlich zu den Juden, der „chirurgischen" Beseitigung „der jüdischen Krankheit" (Goebbels in ebd., 576).

Der Nationalsozialismus hat biologischen Determinismus und die Medizinisierung sozialer Verhältnisse in extremer Weise zur Durchsetzung seiner biologischen Ideale vom ‚reinen Volkskörper' eingesetzt. Die überlebenden Opfer wurden erst sehr spät oder gar nicht als Opfer nationalsozialistischen Unrechts anerkannt; viele am medizinischen Töten Beteiligte wurden nie zur Rechenschaft gezogen, waren nach 1945 wieder lehrend oder praktizierend tätig (vgl. Mattner 2000, 125).

Die menschliche Erblehre wurde nach dem Krieg in Humangenetik umbenannt, anders als die Rassenhygiene geht es ihr nicht um die Reinerhaltung des Volkskörpers, sondern um die Erforschung der genetischen Beschaffenheit von Individuen, deren Symptomatik zu einem medizinischen Krankheitsbegriff passt. Die Humangenetik wurde medizinische Teildisziplin. Als solche ist sie auch wie-

der an der Medizinisierung/Biologisierung sozialer Problemstellungen beteiligt. In der alten Diskussion darum, ob Umwelt oder Anlage die entscheidenden Faktoren im Leben eines Menschen sind, schlägt das Pendel dank der zunehmenden Genetisierung immer mehr in Richtung ‚Anlage' aus – auch Verhalten wird zunehmend als genetisch determiniert angesehen. Darüber hinaus trägt die Humangenetik, sowohl durch humangenetische Beratung wie auch durch die pränatale Diagnostik, weiterhin zur Medizinisierung von Behinderung bei. Behinderung wird hier auf genetische Merkmale reduziert, im Individuum verortet und als Defizit bewertet. Da vorgeburtlich diagnostizierte „Defekte" nur äußerst selten therapiert werden können, heißt die „Therapie" in mehr als 90 % der Fälle selektiver Schwangerschaftsabbruch (Wunder 2005, 228).

Behinderte Menschen haben ein besonders enges Verhältnis zur Medizin: Es gibt kaum eine andere Bevölkerungsgruppe, deren Leben so stark mit medizinischen/therapeutischen Interventionen durchsetzt und in einem solchen Maß der Gefahr der Medizinisierung ausgesetzt ist. Es gibt auch kaum eine Gruppe, deren Haltung so ambivalent ist, hin- und her gerissen zwischen dem negativen Erleben medizinischer Definitionsmacht und dem Wissen, dass Medizin gerade für sie oft lebenserhaltende oder -verlängernde Wirkung hat (vgl. French & Swain 2001, 737).

Die Medizinkontakte behinderter Menschen sind nach wie vor vom medizinischen Blick auf Behinderung geprägt [→ Behinderung als sozial- und kulturwissenschaftliche Kategorie]. Die von dieser Medizin ausgesendete Botschaft ist: „Du bist falsch"; „Wir müssen Dich ändern"; „Du musst dich ändern", was insbesondere für das Selbstwertgefühl von mit einer Beeinträchtigung Aufgewachsenen negative Auswirkungen hat – ein positives Selbstwertgefühl muss hier *gegen* die mächtige Medizin entwickelt werden. Die Schädigung und ihre Auswirkungen, wie schlechtere Bildung und Ausbildung, schlechtere Chancen auf dem Arbeitsmarkt, reduzierte Mobilität etc. werden in dieser Sichtweise zur persönlichen Tragödie. Mit dem Vergleich einher gehen Zuschreibungen und Bewertungen. Nichtbehinderung wird gleichgesetzt mit Normalität, Fitness, Kompetenz, Aktivität und Unabhängigkeit und als ‚Wert an sich' positiv bewertet. Behinderung stellt in dieser Dichotomie die Gegenseite dar: Abnormalität, Unfähigkeit, Abhängigkeit und Passivität und wird als negativ bewertet. Nach dieser Denkweise liegen alle in Folge einer Beeinträchtigung auftretenden Probleme im Individuum bzw. seiner Beeinträchtigung begründet. Entsprechend liegen Veränderungen ebenfalls in der Verantwortung des Einzelnen: er kann sich heilen lassen oder sich mit dem, was ist, abfinden. Hilfen zur Überwindung auftretender Probleme sind wohlmeinende Almosen, die nicht auf die grundlegende Veränderung gesellschaftlicher Verhältnisse ausgerichtet sind.

Die Kritik am medizinischen Modell von Behinderung bedeutet jedoch nicht, dass behinderte Menschen keine medizinischen Hilfen bekommen möchten. Es geht vielmehr darum, dass die medizinische Sicht auf Behinderung nur noch dort zum Tragen kommt, wo sie auch ihren Platz hat: Schmerzen und Erkrankungen müssen behandelt, angemessene Hilfsmittel, die wichtig für die Bewältigung des Alltags sind, verordnet werden. Entscheidend ist, Behinderung nicht mit Krankheit gleichzusetzen, behinderte Menschen nicht auf ihre Beeinträchtigung zu reduzieren, sondern immer auch das gesellschaftliche Umfeld und seine Reaktionen, seinen Umgang mit beeinträchtigten Menschen zu berücksichtigen.

Ärzte/innen spielen im Leben behinderter Menschen eine entscheidende Rolle, da sie u. a. die Einstufungen für den Erhalt von Sozialleistungen vornehmen, was ihnen eine große Macht verleiht. In Entscheidungen über die Zuerkennung von Hilfen, der Definition von nicht-medizinischen Bedürfnissen hinsichtlich der Wohnsituation, Bildung und Arbeit fließen die verinnerlichten Vorurteile der Mediziner/innen mit ein. Die medizinische

Dominanz im Leben behinderter Menschen hat Segregation und Diskriminierung verstärkt, indem Ärzte biologistische Argumente zur Rechtfertigung des Ausschlusses behinderter Menschen von allgemeiner Schule und Berufstätigkeit lieferten (vgl. French & Swain 2001, 736).

2 Ausblick

Da starke finanzielle Interessen dahinter stehen, muss davon ausgegangen werden, dass Medizinisierungsprozesse, mit denen z. B. normale Begleiterscheinungen des menschlichen Alterungsprozesses wie die Osteoporose zu behandlungsbedürftigen Krankheiten erklärt werden, weiter voran getrieben werden (vgl. Blech 2005). Da die Menschen in den Industrieländern immer älter werden und im Zuge dessen Krankheiten bekommen, „von denen sie nie geträumt hätten" (Zola 2005, 49), sind hier riesige Märkte zu erschließen. „Das Alter wurde genau in dem historischen Augenblick medikalisiert, als es aus demographischen Gründen ein allgemeines Phänomen wurde" (Illich 1995, 59).

Behinderte Menschen hatten noch nie so viele Rechte auf Selbstbestimmung und Teilhabe [→ Selbstbestimmung] – auf dieser Ebene hat eine von den Betroffenen selbst erstrittenen Entmedizinisierung stattgefunden. Andererseits werden für die Umsetzung dieser Rechte nicht die entsprechenden Gelder bewilligt, so dass zu befürchten ist, dass im Zuge einer reinen ‚satt und sauber'-Versorgung die Medizinisierung derjenigen, die ihre Selbstbestimmung und Teilhabe nur mit Unterstützung wahrnehmen können, zunehmen wird. Darüber hinaus werden im Zuge der Erweiterung genetischer Erkenntnisse neue Begehrlichkeiten hinsichtlich der genetischen ‚Verbesserung' des Menschen geweckt und der Glaube genährt, dass Behinderung nicht mehr sein müsse, jegliche Abweichung von einer wie immer gearteten Normalität genetisch/medizinisch kontrollierbar sei. Wunder schreibt in diesem Zusammenhang, man müsse nicht *aus*, sondern *mit* der Geschichte lernen: „Eine wesentliche Erfahrung der Geschichte der Zwangssterilisation und der Euthanasie im Nationalsozialismus ist die absolute Notwendigkeit der Menschenrechtsgarantie für jeden einzelnen. Angesichts der enormen Fortschritte der Biomedizin, insbesondere ihrer neuen, alten Ideen der genetischen Optimierung des Menschen ist es notwendig, auf etwas ganz Einfaches und Grundsätzliches dabei hinzuweisen. Das Prinzip der Menschenwürde schließt das Recht auf So-Sein in jedem Fall mit ein. (...) Anders ausgedrückt: das Prinzip der Menschenwürde beinhaltet auch das Recht auf den genetischen Zufall" (Wunder 2005, 231).

Es gilt, die erstrittenen Rechte zu verteidigen und umzusetzen und den zunehmenden Medizinisierungs- und Genetisierungstendenzen kritisch entgegen zu treten.

Literatur

Ayass, Wolfgang (2005): „Asozialer Nachwuchs ist für die Volksgemeinschaft vollkommen unerwünscht". In: Hamm, Margret (Hrsg.): Lebensunwert. Zerstörte Leben. Zwangssterilisation und „Euthanasie". Frankfurt a. M., 111–119

Blech, Jörg (2003/2005): Die Krankheitserfinder. Wie wir zu Patienten gemacht werden. Frankfurt a. M.

Dörner, Klaus (1993/1988): Tödliches Mitleid. Zur Frage der Unerträglichkeit des Lebens oder: die Soziale Frage: Entstehung, Medizinisierung, NS-Endlösung heute, morgen. Gütersloh

French, Sally & Swain, John (2001): The relationship between Disabled People and Health and Welfare Professionals. In: Albrecht, Gary L., Seelmann, Katherine D. & Bury, Michael (Hrsg.): Handbook of Disability Studies. Thousand Oaks, 734–753

Illich, Iwan (1995): Die Nemesis der Medizin. Die Kritik der Medikalisierung des Lebens. München

Lewontin, Richard, Rose, Steven & Kamin, Leon J. (1988): Die Gene sind es nicht ... Biologie, Ideologie und menschliche Natur. München

Lifton, Robert Jay (1988): Ärzte im Dritten Reich. Stuttgart

Mattner, Dieter (2000): Behinderte Menschen in der Gesellschaft. Zwischen Ausgrenzung und Integration. Stuttgart

Wunder, Michael (2005): Die genetische Verbesserung des Menschen. Der Traum, der zum Alptraum wurde. In: Hamm, Margret (Hrsg.): Lebensunwert. Zerstörte Leben. Zwangssterilisation und „Euthanasie". Frankfurt a. M., 220–232

Zola, Irving Kenneth (2005/1977): Healthism and Disabling Medicalization. In: Illich, Iwan (Hrsg.): Disabling Professions. New York

Bioethik/Biomedizin

Sigrid Graumann

1 Definition

Der Begriff ‚Bioethik' wird mehrdeutig verwendet. Zum einen bezeichnet er ein Forschungsgebiet der angewandten Ethik, das sich mit ethischen Fragen der Lebenswissenschaften, insbesondere der Biomedizin, beschäftigt, zum anderen ein höchst kontroverses Feld der Politik, in dem über die Unterzeichnung der ‚Biomedizin-Konvention' oder die Zulässigkeit von Sterbehilfe, Präimplantationsdiagnostik und embryonaler Stammzellforschung gestritten wird [→ Ethische Grundlagen der Behindertenpädagogik: Konstitution und Systematik].

Der Begriff ‚Biomedizin' wird in der Encyclopedia Britannica als Medizin, die auf der Anwendung naturwissenschaftlicher Prinzipien kartesischer Prägung, insbesondere der Biologie und der Biochemie beruht, definiert. Dementsprechend kann „Biomedizin" mit „naturwissenschaftliche Medizin" oder „Schulmedizin" übersetzt werden (Kalitzkus 2003, 15).

2 Begriffs- und Gegenstands-
geschichte

Der Begriff ‚Bioethik' entstand in den 1970er Jahren in den USA. Der Biologe und Krebsforscher Van Rensselaer Potter verwendete den Begriff 1970 als erster in einem Aufsatz für eine neue wissenschaftliche Disziplin, die eine Brücke zwischen biologischem Wissen und humanen Werten bauen sollte, um der Menschheit ein Überleben zu ermöglichen. Dabei hatte er vor allem die globale Umweltzerstörung im Blick.

Unabhängig davon prägten 1971 der Arzt und Entwicklungsphysiologe Andre Hellegers und seine Kollegen mit der Gründung des ‚Kennedy Institute for Human Reproduction and Bioethics' den Begriff im Sinne biomedizinischer Ethik. Sie wollten damit zum Ausdruck bringen, dass Fragen der modernen Biomedizin von der traditionellen Medizinethik, die sich bis dahin auf Regeln und Codices der ärztlichen Berufspraxis beschränkte, nicht hinreichend erfasst werden. Ihnen ging es um einen verantwortlichen Umgang mit den neuen Möglichkeiten der biomedizinischen Forschung und Praxis (vgl. Callahan 1995).

Die beiden Positionen verbindet die Ansicht, dass das wachsende Verfügungswissen der modernen Biowissenschaften mit der zunehmenden Notwendigkeit ethischer Reflexion einhergeht. Dabei verstehen die einen ‚Bioethik' als Bereichsethik der Biomedizin (vgl. Honnefelder 1996), die anderen allgemeiner der Biowissenschaften; sie schließen Tierethik und Umweltethik ein (vgl. Gillon 1998).

In der Bioethik werden Vorstellungen der Biomedizin häufig unhinterfragt übernommen. Behinderung wird aus biomedizinischer Sicht als Krankheit verstanden. Krankheit

und Behinderung werden tendenziell als isolierte, vom Menschen losgelöste, Phänomene wahrgenommen. Nicht die Heilung eines Menschen, sondern die Beseitigung physiologischer Defekte des Körpers steht im Mittelpunkt des ärztlichen Handelns. Krankheiten und Behinderungen werden kausal auf physiologische Defekte, Störungen oder Normabweichungen zurückgeführt, auf ‚krankmachende' Faktoren, seien dies Krankheitserreger, ‚Geburtsfehler' oder krankmachende Gene. Dieses Erklärungsmodell mag für manche Krankheiten angemessen sein, bei vielen anderen stößt es an seine Grenzen. Für das Verständnis von Behinderung ist die ‚Defektorientierung' besonders problematisch, weil sie einerseits mit der Gleichsetzung von Behinderung und Leiden [→ Leid, Mitleid] und andererseits mit der Ausblendung subjektiver Erfahrungen und gesellschaftlicher Bedingungen einhergeht. Der Gegenentwurf dazu ist das biopsychosoziale Verständnis von Krankheit und Behinderung. Dieses bezieht das subjektive Erleben des Menschen in gesellschaftlichen und kulturellen Kontexten mit ein [→ Behinderung als sozial- und kulturwissenschaftliche Kategorie].

3 Zentrale Probleme
und Erkenntnisinteressen

Die Biomedizin hat nachhaltige gesellschaftliche Auswirkungen, insbesondere auf das Leben von behinderten Menschen. Einerseits haben sich die Lebens- und Überlebensmöglichkeiten vieler behinderter Menschen durch den medizinischen Fortschritt erheblich verbessert. Andererseits besteht gegenüber der Biomedizin aber der begründete Verdacht, die Anerkennung von behinderten Menschen zu untergraben und ihr Lebensrecht in Frage zu stellen. Denn es geht in der Biomedizin nicht nur um neue Therapien, sondern auch um die Beendigung von ‚Leiden' durch Behandlungsabbruch und Sterbehilfe oder um die Vermeidung des ‚Leidens‘ von Paaren infolge der Geburt eines behinderten Kindes durch Pränatal- und Präimplantationsdiagnostik.

Ohne Zweifel fordern die Fortschritte der Biomedizin unsere tradierten Werte und Normen heraus. Die Aufgabe der Ethik besteht in diesem Zusammenhang darin, Wege zur Lösung ethischer Konflikte zu entwickeln. Der Methoden- und Theorienpluralismus in der Bioethik steht allerdings der allgemein zustimmungsfähigen Beantwortung ethischer Konflikte entgegen. Daher wird das Ziel der Bioethik heute vor allem darin gesehen, die rationale Diskussion über bioethische Fragen zu fördern, in dem kohärente und konsistente Positionen und Argumentationen vorgestellt werden.

4 Aktueller Forschungsstand

Innerhalb der Bioethik werden vor allem drei methodische Ansätze unterschieden und kritisch diskutiert:

1. Die so genannte Kasuistik geht von Präzedenzfällen aus, bezieht sich auf moralische Alltagsüberzeugungen und gesellschaftlich etablierte Praktiken, zieht Ähnlichkeiten und Unterschiede zu Vergleichsfällen heran und versucht so zu plausiblen ethischen Urteilen zu gelangen (vgl. Jonsen & Toulmin 1988). Auf diese Weise gewonnene ethische Urteile halten allerdings kritischen Nachfragen oft nicht stand. Durch die rhetorische Präsentation der Fälle werden häufig strittige moralische Überzeugungen verdeckt. Über die Perspektive und über die für relevant erachteten Aspekte können subjektive Wertungen einfließen, ohne dass diese offen benannt werden. Außerdem können die Folgen für andere aus dem Blick geraten, wenn Einzelfälle isoliert betrachtet werden – wie beispielsweise die gesellschaftlichen Folgen einer Freigabe der Sterbehilfe.

2. Die deduktive Theorieanwendung dagegen geht nicht von Einzelfällen, sondern von einer Ethiktheorie aus und wendet diese ‚stur‘ auf ethische Fragestellungen an. Das wohl prominenteste Beispiel hierfür ist der Präferenzutilitarismus von Peter Singer. Sein Grundprinzip für die ethische Urteilsbildung ist die Maximierung von Glück. Die Glückssumme wäre dann am größten, wenn die Interessen oder Präferenzen aller betroffenen Personen zusammengerechnet optimal verwirklicht wären. Innerhalb seines Ansatzes kommt er so zwar zu rationalen Urteilen, die jedoch selbst ethisch problematisch sind. Das liegt vor allem daran, dass nur ‚Lebewesen‘ berücksichtigt werden, die als ‚Personen‘ gelten, weil sie Präferenzen haben oder artikulieren können. Dazu zählen Singer zufolge höher entwickelte Tiere, Neugeborene aber nicht. So kommt er zu seiner besonders umstrittenen These, dass die Tötung eines behinderten Neugeborenen auf Wunsch seiner Eltern ethisch nicht nur erlaubt, sondern sogar geboten sei (vgl. Singer 1994).

Singer ist zwar der bekannteste Bioethiker, nicht aber der Vertreter der Bioethik. Innerhalb der Bereichsethik ‚Bioethik‘ sind auch viele andere Ethiktheorien vertreten. Nun gibt es Unterschiede zwischen den ethischen Ansätzen. Alle Ethiktheorien können aber zu kritikwürdigen Urteilen kommen, wenn die Sensibilität für den Einzelfall und den gesellschaftlichen Kontext fehlt.

3. Das Vier-Prinzipien-Modell von Beauchamp und Childress versteht sich als Mittelweg zwischen den beschriebenen ‚bottom up‘ und ‚top down‘ Modellen. Es geht davon aus, dass die vier mittleren Prinzipien Autonomie, Wohltätigkeit, Nichtschädigung und Gerechtigkeit ein konsensfähiges, praktikables Modell für die ethische Urteilsbildung bereit stellen, da sie mit den Grundlagen verschiedener moralischer Überzeugungen und Ethiktheorien vereinbar seien (vgl. Beauchamp & Childress 1994).

An diesem Modell wurde zu Recht kritisiert, dass nicht einleuchtend sei, warum gerade die vier Prinzipien verwandt werden. Sie sind darüber hinaus unterschiedlich interpretierbar und sie könnten miteinander in Konflikt geraten. Außerdem zeige sich vielfach, dass auch die ‚sture‘ Anwendung der Prinzipien willkürlich oder vereinfachend sein kann. Letztlich stelle das Modell nicht mehr als eine Checkliste für vier Aspekte bereit, die mindestens berücksichtigt werden sollten. Der These des Vier-Prinzipien-Ansatzes, dass auf normative Ethiktheorien verzichtet werden könne, kann daher nicht überzeugen.

Die prominentesten Ansätze von normativen Ethiktheorien in der Bioethik sind tugendethische, utilitaristische, vertragstheoretische, deontologische und diskursethische Konzeptionen:

1. Für die Tugendethik ist letztes Ziel des Handelns die Glückseligkeit oder das an sich (und nicht nur für etwas anderes) Gute. Zur Verwirklichung dieses Ziels müssen Tugenden [→ Tugenden] ausgebildet werden. Heute werden Tugenden als Haltung oder Charakterdisposition aufgefasst, aufgrund derer eine Person in der Lage ist, die ihren moralischen Überzeugungen entsprechenden Handlungen freiwillig, angemessen und durchhaltend auszuführen (Foot 1998; MacIntyre 2001).

Tugendethische Argumente in der Bioethik beziehen sich meist auf eine von Ärztinnen und Ärzten und anderen helfenden Berufen geforderte selbstlose und fürsorgliche, aber auch aufrichtige und ehrliche Haltung gegenüber ihren Patientinnen und Patienten, Klientinnen und Klienten. Sie fordern eine soziale Praxis, die förderlich dafür ist, dass sich solche Tugenden ausbilden können. Die Tugendethik stärkt damit ein positives Selbstbild der Ärzteschaft und anderer helfender Berufe auf der Basis moralischer Aufrichtigkeit.

Die Schwäche tugendethischer Argumente besteht darin, dass sie nur eine ethische Beurteilung von Haltungen, nicht aber von Handlungen erlauben. Außerdem wird der Tugendethik oft ‚Paternalismus‘ vorgeworfen.

2. Das Moralprinzip des Utilitarismus ist – zeitgemäß gesprochen – die optimale Beförderung des Gemeinwohls, wobei dieses mit Hilfe einer allgemeinen Glück-Leidens-Bilanz bestimmt werden soll.

Moralisch richtig ist dann diejenige von mehreren Handlungsalternativen, die für dieses Ziel am nützlichsten ist. Die Stärke utilitaristischer Argumente ist gleichzeitig auch ihre Schwäche. Einerseits ermöglichen sie das Gemeinwohl in den Blick zu nehmen. Das kann argumentativ z. B. helfen, eine bessere Versorgungssituation von benachteiligten Patientengruppen zu fordern, indem etwa aufgerechnet wird, wie viel Gutes für Psychiatrieerfahrene getan werden kann, wenn die sozialpsychiatrische Betreuung besser ausgestattet wird, anstatt eine neue teure Diagnostik zu finanzieren. Utilitaristische Argumente bergen aber immer auch die Gefahr, dass die Rechte Einzelner für das Gemeinwohl geopfert werden, insbesondere wenn es sich um unterprivilegierte Personengruppen handelt. So stellen Forderungen nach Zwangsdrogen- oder Alkoholentzug, die mit Kosten für die Allgemeinheit argumentieren, das Gemeinwohl über die Achtung der Rechte der Betroffenen. Das ist typisch für utilitaristische Argumente: Es gibt im Utilitarismus keine theoretische Begründung für die gerechte Behandlung jedes einzelnen Menschen. Peter Singer ist nur ein besonders prominentes Beispiel dafür.

3. Die vertragstheoretische Ethik, auch Kontraktualismus genannt, versteht Moral als fiktiven Vertrag, der mit anderen aus rationaler Einsicht eingegangen wird (vgl. Mackie 1981; Hoerster 2003). Die grundlegende Annahme über das Wesen des Menschen ist, dass jeder egoistisch seine eigenen Interessen verfolgt. Ohne soziale Regeln würde das bedeuten, jeder würde jeden betrügen,

bestehlen und bekämpfen. In einem solchen Krieg von jedem gegen jeden könnte sich aber niemand darauf verlassen, seine eigenen Ziele erreichen zu können. Daher muss es im Interesse jedes Einzelnen liegen, sich auf einige grundlegende moralische Regeln zu einigen, die darin bestehen, sich darauf zu verpflichten, andere nicht zu schädigen, sofern diese dasselbe tun.

Das Moralprinzip ist damit die so genannte goldene Regel: „Was du nicht willst das man dir tu', das füg' auch keinem anderen zu." Vertragstheoretische Argumente setzen selbstbestimmungsfähige Vertragspartner voraus. Sie arbeiten mit dem Muster ‚Leistung – Gegenleistung'. Ein Beispiel dafür ist die Rede von Selbstbestimmung und Eigenverantwortung in der Gesundheitsversorgung, wenn beispielsweise vorgeschlagen wird, dass eine unregelmäßige Inanspruchnahme der Krebsvorsorge damit bestraft werden soll, dass im Krankheitsfall ein höherer Zuzahlungsanteil für die Behandlung anfällt. Die Stärke vertragstheoretischer Argumente ist, dass sie die Autonomie [→ Selbstbestimmung/ Autonomie] des Menschen betonen. Das ist aber auch ihre Schwäche mit Blick auf all diejenigen, die in ihrer Autonomie eingeschränkt sind. Eine verbindliche Verpflichtung zur Hilfe, Unterstützung und Sorge für Menschen, die dafür keine Gegenleistung (mehr) geben können, lässt sich vertragstheoretisch nicht begründen.

4. Im Gegensatz zum Kontraktualismus macht für eine deontologische Ethik, wie die von Immanuel Kant, nicht das rationale Eigeninteresse, sondern die vernünftige Einsicht in die Verpflichtung, nach moralischen Gesetzen zu handeln, das Wesen der Moral aus (vgl. Kant 1989).

Das Moralprinzip ist der kategorische Imperativ, der besagt, dass eine Handlung dann moralisch richtig ist, wenn sie sich an einem Grundsatz (Maxime) orientiert, von dem der Handelnde wollen kann, dass er auch für das Handeln aller anderen verbindlich ist. Moral wird verstanden als vernünftige Selbstgesetzgebung. Die Fähigkeit zur vernünftigen Selbstgesetzgebung, die Moralfähigkeit oder Autonomie des Menschen als Menschen macht seine Würde aus. Die Würde eines Menschen verletzen bedeutet, ihn als bloßes Mittel für einen fremden Zweck zu gebrauchen [→ Menschwenwürde].

Wenn in der Bioethik auf grundlegende Rechte, wie auf das Recht auf Selbstbestimmung, das Recht auf Leben oder das Recht auf körperliche und psychische Unversehrtheit Bezug genommen wird, und das unabhängig davon, ob der betroffene Mensch selbst seine Rechte vertreten kann, wird fast immer deontologisch argumentiert.

5. Eine zeitgenössische Version einer deontologischen Ethik ist die Diskursethik (vgl. Habermas 1991). Hier wird der kategorische Imperativ ersetzt durch eine fiktive ideale Diskurssituation. Moralisch richtig ist eine Handlung diesem Ethikmodell entsprechend dann, wenn alle davon Betroffenen in einem fiktiven herrschaftsfreien Diskurs zwanglos zustimmen und so zu einem Konsens finden könnten. Diskursethische Argumente spielen in der Bioethik überall dort eine große Rolle, wo sich mehrere Akteure über schwierige ethische Fragen einigen müssen. Dabei kann im Diskurs gefordert werden, von den jeweiligen eigenen Interessen abzusehen, einen unparteiischen moralischen Standpunkt einzunehmen und rational und ergebnisoffen zu argumentieren, um damit einen moralischen Konsens zu erreichen. Falls die von der Entscheidung betroffene Person nicht selbst urteilsfähig ist, muss sie insofern einbezogen werden, als überlegt und kommuniziert wird, wie sie sich in der Situation selbst entscheiden würde, wenn sie es selbst könnte.

5 Ausblick

Keine der dargestellten Methoden und Theorien konnte sich bisher in der Bioethik durchsetzen. Die Perspektive von behinderten Menschen könnte die Debatte allerdings vom Kopf auf die Füße stellen. Dabei geht es keineswegs darum, eine besondere Bioethik für behinderte Menschen zu entwickeln, sondern um einen allgemein einsichtigen Perspektivenwechsel: das rationale, selbstbestimmte und bindungslose moralische Subjekt ist nicht nur aus der lebensweltlichen Erfahrung von behinderten Menschen heraus eine Fiktion, sondern aus dieser Sicht vielleicht nur besonders augenfällig. Der Mensch ist nicht nur ein rationales, sondern auch ein leibliches, verletzliches und von sozialen Beziehungen abhängiges Wesen.

‚Theoriefreie‘ Methoden, wie die Kasuistik und der Vier-Prinzipien-Ansatz, dürften für behinderte Menschen wegen ihrer Anfälligkeit für willkürliche Wertungen kaum attraktiv sein. Es muss nämlich davon ausgegangen werden, dass bioethische Beurteilungen durch ein diskriminierendes und vorurteilgeladenes Verständnis von Behinderung beeinflusst werden. Auf die ethische Begründung von Handlungsregeln und Beurteilungsmaßstäben kann nicht verzichtet werden.

Vertragstheoretische Ethiktheorien, die nur Personen als moralische Subjekte anerkennen, oder utilitaristische Ethiktheorien, bei denen individuelle Rechte im Namen des Gemeinwohls geopfert werden können, beruhen auf einem reduktionistischen Menschenbild und dürften für behinderte Menschen nicht akzeptabel sein. Aber auch der moralische Appell an die Tugenden von Ärztinnen und Ärzten, Pflegekräften und Sozialarbeiterinnen und Sozialarbeitern alleine dürfte kaum überzeugen. Die Wahl dürfte daher auf deontologische Ethikkonzeptionen fallen, die allen Menschen Würde zuschreiben und

verbindliche Rechte und Pflichten ausweisen. Dabei ist aber auch eine kontextsensitive Fall- oder Situationsbetrachtung, bei der die Perspektiven von allen Betroffenen unterschiedslos berücksichtigt werden, unverzichtbar.

Mit einer solchen Ethik-Konzeption würden bioethische Konflikte nicht nur als Fragen konkurrierender individueller Rechte behandelt, sondern alle Folgen für behinderte Menschen wie für die Gesellschaft in die Beurteilung einbezogen.

Literatur

Beauchamp, Tom L. & Childress, James F. (1994): Principles of Biomedical Ethics. New York

Callahan, Daniel (1995): Bioethics. In: Reich, Warren (Hrsg.): Encyclopedia of Bioethics. New York

Foot, Philippa (1978): Virtues and vices, and other essays in moral philosophy. Oxford

Gillon, Raanan (1998): Bioethics, Overview. In: Chadwick, Ruth (Hrsg.): Encyclopedia of Applied Ethics. San Diego

Habermas, Jürgen (1991): Erläuterungen zur Diskursethik. Frankfurt a. M.

Hoerster, Norbert (2003): Ethik und Interesse. Stuttgart

Honnefelder, Ludger (1996): Bioethik im Streit. In: Jahrbuch für Wissenschaft und Ethik 1, Berlin, 73–86

Jonsen, Albert & Toulmin, Stephen (1988): The Abuse of Casuistry: A History of Moral Reasoning. Berkeley

Kalitzkus, Vera (2003): Biomedizin und Gesellschaft. Ein ethnologischer Blick auf die Biomedizin. IMEW Expertise 2, Berlin

Kant, Immanuel (1989): Kritik der praktischen Vernunft. Grundlegung zur Metaphysik der Sitten. Werkausgabe Band VII (Hrsg. Wilhelm Weischedel). Frankfurt a. M.

MacIntyre, Alasdair (2001): Die Anerkennung der Abhängigkeit. Über menschliche Tugenden. Hamburg

Mackie, John Leslie (1981): Ethik. Die Erfindung des moralisch Richtigen und Falschen. Stuttgart

Potter, Van Rensselaer (1971): Bioethics. Bridge to the Future. Engle Wood Cliffs N. J.

Singer, Peter (1994): Praktische Ethik. Stuttgart

Eugenik

Michael Wunder

1 Definition

Das Wort Eugenik kommt von *eugenes*, griechisch, ‚von edler Abstammung‘, ‚edel geboren‘. Es setzt sich zusammen aus ‚eu‘ für gut und ‚genesis‘ für Werden, Entstehen. Unter Eugenik wird die Lehre von der Verbesserung des biologischen Erbgutes des Menschen verstanden. Maßnahmen, die der Vermehrung von Menschen dienen, deren Erbanlagen erwünscht sind oder als positiv bewertet werden, werden als ‚positive Eugenik‘ bezeichnet, Maßnahmen zur Verhinderung der Vermehrung von Menschen, deren Erbanlagen unerwünscht sind oder negativ eingestuft werden, werden als ‚negative Eugenik‘ bezeichnet.

Der Begriff Eugenik weist als bestimmendes Merkmal die Idee von der genetischen Verbesserungswürdigkeit und der Verbesserungsfähigkeit des Menschen durch den Menschen auf, lässt aber die Frage offen, ob dies freiwillig, durch individuelle Wahlmöglichkeiten des Einzelnen, durch staatliche Aufforderung zur freiwilligen Unterordnung oder durch staatliche Erzwingung durchgesetzt wird.

Durch die Verwendung des Begriffs für die Maßnahmen der Erb- und Rassenhygiene des Nationalsozialismus hat der Begriff heute insbesondere in Deutschland eine weitgehend negative Konnotation. Eugenische Motive bei politischen Aktivitäten oder eugenische Ziele von Maßnahmen werden abgelehnt. In anderen europäischen Ländern, wie auch in den USA, ist dieses Begriffsverständnis nicht so negativ ausgeprägt. Der Begriff gilt aber als veraltet und wurde zunächst durch den Begriff des human betterment, heute zunehmend durch die Begriffe genetic enhancement engineering (genetische Verbesserungsstrategie) und germline intervention (Keimbahn-Intervention) ersetzt.

2 Begriffs- und Gegenstandsgeschichte

Charles Darwin (1809–1882) legt in seinem Werk „The Descent of Men" 1871 die Grundlagen für eine Unterscheidung zwischen positiver Selektion durch die Natur selbst und negativer Selektion durch die Kultur und Zivilisation. Charles Darwin ist aber, den Thesen Jean Baptiste de Lamarcks (1744–1829) folgend, der Ansicht, dass auch erworbene Fähigkeiten des Menschen vererbt werden können und somit die negativen Selektionseffekte der Kultur und der Zivilisation wieder ausgeglichen werden können.

Sein Vetter Francis Galton (1822–1911) widerspricht dem und setzt dagegen, dass sich der Erbanlagenfaktor auf jeden Fall durchsetze. Mit eigenen Familienuntersuchungen und Zwillingsforschungen kommt er zu dem Schluss, dass sich die ‚Erbminderwertigen‘ schneller, die ‚Erbhochwertigen‘ dagegen langsamer vermehren würden. Er legt damit den Grundstein für die Eugenik und ihr frühes Paradigma, dass die Gesellschaft durch Kultur und Zivilisation degeneriert, wenn nicht gegensteuernde eugenische Maßnahmen unternommen werden. Der Begriff Eugenik wird von Galton 1883 erstmals mit seiner Schrift „Inquiries into human faculty and its development" eingeführt. Galtons Programm bleibt allerdings recht vage bei Vorschlägen wie eugenische Eheberatung, Ehebeschränkungen für Menschen mit geistiger Behinderung und psychischer Erkrankung, sowie Absonderung von Gewohnheitsverbrechern.

In Deutschland werden die Gedanken Darwins von Ernst Haeckel (1834–1908) übernommen und ähnlich wie bei Galton auf die menschliche Gesellschaft übertragen. Haeckel hält die Anpassung an die Umwelt, die Erblichkeit und den Kampf ums Dasein für wesentliche Elemente der Geschichte der Menschheit. Wilhelm Schallmeyer (1857–1919) knüpft direkt an Galton an und spricht von körperlicher Entartung durch die Kultur, der durch erbbiologische Registrierung und Heiratsverbote begegnet werden müsste. Weitergehend ist dagegen das Programm von Alfred Plötz (1860–1940), der 1895 in seinen „Grundlinien einer Rassenhygiene" eine Gesellschaft entwirft, in der das gesellschaftliche Gefüge, die ethischen Maßstäbe und schließlich das Existenzrecht des Einzelnen dem Maßstab der Vernunft der Wissenschaft untergeordnet werden. Erbhochwertigkeit wird mit bestimmten Rassenzugehörigkeiten gleichgesetzt, wobei Ploetz die arische Rasse als die höchststehende Rasse ansieht.

Ab Ende des 19. Jahrhunderts kann man von einer internationalen Eugenik-Bewegung sprechen. In den USA wird 1896 im Bundesstaat Connecticut das erste Eugenikgesetz erlassen, das Menschen mit Epilepsie, geistiger Behinderung oder psychischer Erkrankung die Heirat verbietet. 1904 wird die erste Forschungsstation für experimentelle Evolution in Cold Spring Harbour auf Long Island von Charles B. Davenport (1866–1944) und etwas später das ‚Eugenics Record Office' als internationaler Eugenikerbund gegründet. 1907 wird im Bundesstaat Indiana das erste Gesetz eingeführt, das die Zwangssterilisation aus eugenischen Gründen erlaubt. Weitere 32 Bundesstaaten der USA folgen bis in die 1930er Jahre mit ähnlichen Gesetzen. In Großbritannien wird 1907 die ‚Eugenics Education Society' gegründet, die die gesetzliche Regelung der freiwilligen Sterilisation fordert.

1923 entwirft der britische Genetiker John Burdon Sanderson Haldane (1892–1964) in seinem Buch „Daedalus" das Bild einer ‚biologischen Revolution', in der die genetische Wissenschaft die Herrschaft über die Reproduktion des Menschen übernimmt und in dem er die In-vitro-Fertilisation (künstliche Befruchtung außerhalb des Mutterleibs) und die Ektogenese (künstliche Gebärmutter) bereits vorhersagt. 1925 legte Hermann Joseph Muller (1890 – 1967) erstmals sein später immer wieder überarbeitetes Manifest „Out of the Night. A Biologist's View of the Future" vor, das eine gerechtere Gesellschaftsordnung durch den Einsatz wissenschaftlich gelenkter Reproduktion fordert.

Ab Ende der 1920er Jahre kommt es in vielen nordeuropäischen, meist sozialdemokratisch regierten Ländern zu Sterilisationsgesetzen: 1929 Dänemark, 1934/35 Schweden, Norwegen und Finnland, 1937/38 Island und Lettland. Gemeinsam ist diesen Gesetzen, dass sie sich gegen genetisch Unerwünschte, insbesondere Menschen mit Behinderung oder psychischer Erkrankung richteten und dass die Sterilisation staatlich erzwungen werden kann.

In Deutschland kann man ab Ende der 1920er Jahre von einem weitgehenden eugenischen Konsens ausgehen, in dem auch die Kirchen und die bürgerlichen Parteien eingebunden waren. 1927 wird das Kaiser-Wilhelm-Institut für Anthropologie, menschliche Erblehre und Eugenik gegründet, dessen erster Direktor, Hermann Muckermann (1877–1962), ein katholischer Priester, wesentlich an dem 1932 vom preußischen Landesgesundheitsrat vorgelegten Entwurf eines Sterilisationsgesetzes beteiligt war. Der Entwurf, der nicht mehr zur Verabschiedung kommt, geht von der Erbminderwertigkeit als Indikation zur Sterilisation aus, sieht aber von Zwangsmaßnahmen aus taktischen Gründen ab.

Auf dieser Entwicklung können die Nationalsozialisten aufbauen. Am 14. 7. 1933 wird das „Gesetz zur Verhütung erbkranken Nachwuchses" erlassen, das die zwangsweise Sterilisation von Menschen mit so bezeichneten Erbkrankheiten erlaubt, wozu geistige Behinderung, eine Reihe psychischer Erkrankungen, aber auch Epilepsie, Huntington, Fehlbildungen und Alkoholismus gezählt werden. Die Durchführung geschieht anders als in den anderen europäischen Staaten mit Sterilisationsgesetzen über die Sondergerichtsbarkeit der Erbgesundheitsgerichte und ist durch ständige Ausweitungen der pseudomedizinischen Indikationen (beispielsweise ‚moralischer Schwachsinn‘), aber auch die spätere Verquickung mit dem zwangsweisen Schwangerschaftsabbruch gekennzeichnet. Mindestens 350 000 Menschen werden im Deutschen Reich zwischen 1933 und 1939 zwangssterilisiert, die Zahl der durch den Eingriff Getöteten wird heute mit 5000 bis 6000 beziffert. Die zunehmende Brutalisierung im Rahmen der Sterilisationspraxis, aber auch die rassenhygienisch begründet immer weiter gehende Institutionalisierung von abweichenden oder für unbrauchbar gehaltenen Menschen in Heimen und Anstalten wird heute als wichtige Voraussetzung für die Durchführung der ‚Euthanasie‘-Aktionen ab 1939 angesehen (vgl. Hamm 2005) [→ Euthanasie].

Gleichzeitig werden Maßnahmen der positiven Eugenik durch den von Heinrich Himmler, Reichsführer der SS, geförderten Verein ‚Lebensborn‘ durchgeführt. Die Geburtenraten so genannter reinrassisch arischer Kinder werden durch die Förderung werdender Mütter mit so genanntem ‚Ariernachweis‘ (auch des Vaters) in den Lebensbornheimen vergrößert. Die Lebensborn-Kinder werden nach der Geburt zur Adoption freigegeben. Spätere Untersuchungen haben eine hohe Rate psychischer Erkrankungen der Betroffenen nachgewiesen.

Eine Distanzierung der führenden Genetiker der Welt von der deutschen Rassenhygiene erfolgt erst im August 1939 in Edinburgh mit dem Manifest „Social Biology and Population Improvement". Darin wird eine zukünftige Weltgesellschaft angestrebt, die Krieg, Hass und den Kampf um elementare Subsistenzmittel überwunden hat und sich freiwillig durch Einsicht und ohne staatlichen Zwang einem biologischen Programm zur genetischen Verbesserung unterwirft. Das Manifest kann heute als der Schlüssel für das Wiedererstarken der Eugenik nach 1945 gewertet werden, da darin die Eugenik der NS-Zeit lediglich als ein Rückfall in die Unwissenschaftlichkeit gewertet wird, wodurch aber die Grundidee der genetischen Verbesserung des Menschen nicht in Frage gestellt werde.

Mit der von James D. Watson (geb. 1928) und Francis H. C. Crick (1916–2004) 1953 erstmals beschriebenen molekularen Struktur der DNA und der damit begründeten Phase der molekularen Genetik erhielten die sozialutopischen Visionen der Genetiker einen erneuten Aufschwung. 1962 diskutierten die führenden Humangenetiker auf dem sog. CIBA-Symposium in London, wie die Folgen von Bevölkerungsexplosion, Hungersnöten und atomarer Strahlung durch die Methoden des ‚human betterments‘ abgewendet werden könnten. Joshua Lederberg (geb. 1925) bezeichnete Methoden wie die kontrollierte Zeugung unter Verwendung ausgesuchter Keimzellen als „erbärmlich plumpe Methoden der Tierzucht" und forderte den mit der Molekulargenetik in Realisierungsnähe gerückten direkten selektiven Eingriff in die Gensequenzen der Keimzellen. Er löste damit frühzeitig den Begriff des human betterment durch den heute üblicheren Begriff des genetic enhancement engineering ab.

Die Visionen der genetischen Verbesserung des Menschen haben durch die Fortschritte der Molekularbiologie und der Sequenzierung des menschlichen Genoms in den 1990er Jahren und nachfolgend weiteren Auftrieb erhalten, obwohl aber die objektiven Voraussetzungen für gezielte Eingriffe in das menschliche Genom bisher komplett fehlen. Konzepte der genetischen Verbesserung des Menschen werden dennoch in erster Linie unter Aspekten der Machbarkeit diskutiert, weniger unter dem Aspekt ihrer ethischen Berechtigung. Wenn diese diskutiert wird, dann dominiert zumindest in der internationalen Debatte aber das Argument ihrer Erwünschtheit und neuerdings ihrer Unausweichlichkeit. Gregory Stock (geb. 1948) setzt dem klassischen eugenischen Paradigma der Degeneration, die durch eugenische Maßnahmen kompensiert werden muss, das moderne Paradigma der genetischen Verbesserung durch individuelle Verantwortung entgegen.

In merkmalsbezogenen Eingriffen in das menschliche Genom und der Schaffung neuer Genomvarianten sieht er die unausweichliche Zukunft der Menschheit, aber auch die ‚höchste Verwirklichung unseres Menschseins' (vgl. Stock 2002).

3 Zentrale Erkenntnisse, Forschungsstand

Eugenische Konzepte oder Ziele werden in der deutschen Öffentlichkeit und in der Politik weitgehend abgelehnt. 1995 wurde mit großer Mehrheit des Deutschen Bundestages die sog. embryopathische Indikation (in der Kommentierung auch ‚eugenische Indikation') zum Schwangerschaftsabbruch abgeschafft. Gleichzeitig wurde aber die medizinische Indikation um eine psychologische Indikation so erweitert, dass die bisherige embryopathische Indikation darin aufgeht. Wenn die Geburt eines voraussichtlich behinderten Kindes für eine Schwangere eine schwerwiegende psychische und damit gesundheitliche Beeinträchtigung bedeutet, die anders nicht abgewendet werden kann, so ist der Abbruch straffrei. Damit wird das Dilemma der öffentlichen Ablehnung eugenischer Ziele bei gleichzeitiger Ermöglichung persönlicher Entscheidungen, die eugenisch motiviert sein können oder zumindest eugenische Ergebnisse haben können, deutlich.

Deutlich tritt dieser Zwiespalt auch im Bereich der Pränataldiagnostik (PND) auf (vgl. Schindele 1995). Die Anwendung der invasiven PND (Fruchtwasserspiegelung oder Gewebeentnahme aus der Embryohülle) hat eine enorme Ausweitung erfahren (1976 knapp 1800 Anwendungen, 2001 64000 Anwendungen). Ein wichtiger Grund für diese Entwicklung ist die weite Verbreitung niedrigschwelliger Routinediagnostika in der normalen Schwangerenvorsorge, deren Wahrscheinlichkeitsaussagen, ob eine Behinderung vorliegt, Anschlussuntersuchungen in Gestalt invasiver PND notwendig machen. Wesentlicher Grund für den Boom der PND ist aber die weit verbreitete Angst, ein behindertes Kind zu bekommen, mit diesem alleine dazustehen und die eigene Lebensplanung vollkommen verändern zu müssen.

Zwischen einem positiven PND-Befund und dem Abbruch der Schwangerschaft wird in der Literatur meist eine Korrelation von 95 % (meist bezogen auf die Diagnose Down-Syndrom) angegeben. Indirekt kann man die Folgen der zunehmenden Anwendung der PND und der damit eng zusammenhängenden Entscheidungen zu einem Schwangerschaftsabbruch an der Zahl der geborenen Kinder mit Behinderung ablesen. So ist die Zahl der Neugeborenen mit Down-Syndrom in der Bundesrepublik Deutschland von 13,6 pro 100 000 Lebendgeborenen im Jahr 1976 auf 6,1 im Jahre 1994 zurückgegangen. Diese Entwicklung wird in der kritischen Debatte mit dem Begriff der ‚Eugenik von unten' bezeichnet.

Die Entwicklung im Bereich der assistierten Reproduktion ist ebenso von einer enormen Ausweitung gekennzeichnet. Während 1982 nur 742 Anwendungen der In-vitro-Fertilisation (IVF) in der Bundesrepublik durchgeführt wurden, waren es 2002 über 76000. Die Schnittstelle der IVF zur Eugenik liegt in ihrer Verbindung mit der bislang in Deutschland noch verbotenen Präimplantationsdiagnostik (PID). Diese wird zwar auch diskutiert, um die Erfolgsrate der IVF als Unfruchtbarkeitsbehandlung zu verbessern. Das Anwendungspotenzial der PID, die in einer Reihe anderer europäischer Länder erlaubt ist, liegt aber darin, genetisch unerwünschte Embryonen von der Fortpflanzung auszuschließen oder genetisch erwünschte Embryonen auszuwählen. Auch alle zukünftigen Keimbahninterventionen und damit die Visionen der genetischen Optimierung des Menschen sind auf die IVF und die präimplantative Behandlung des Embryos angewiesen (vgl. Wess 1998).

4 Ausblick

Menschen mit Behinderung sehen sich nachvollziehbar durch die Diskussionen zum genetic enhancement und die Entwicklungen im Bereich der PND und der PID in ihrem Existenzrecht bedroht. Die Toleranz ihnen gegenüber müssen sie als brüchig erleben, wenn die Geburt eines Kindes mit Behinderung als ein so großes psychisches Leiden anerkannt werden kann, dass damit der Abbruch der Schwangerschaft gerechtfertigt werden darf. Noch deutlicher wird dieser Zusammenhang bezüglich der möglichen Einführung der PID, da hier die genetische Unerwünschtheit direkt zur Vernichtung des Embryos führt.

Die Behindertenpädagogik diskutiert die Fragen u. a. unter dem Aspekt von Nähe und Distanz. Die Befunde der genetischen Beratung und Begleitung vor und nach PND verweisen auf die Notwendigkeit der Entwicklung eines integrierten Beratungskonzeptes, in das Menschen mit Behinderung ebenso wie die Behindertenpädagogik als Disziplin einbezogen werden sollten. Im Mittelpunkt steht die Überwindung von Fremdheit und Uninformiertheit über ein Leben mit Behinderung bei Anerkennung der Ängste und der Trauer, die bei werdenden Eltern bei einem positiven PND-Befund notwendigerweise und unausweichlich entstehen.

Im Schnittstellenbereich Ethik und Behinderung geht es um die Thematisierung der Einmaligkeit jedes Menschen und der Unschätzbarkeit seines Lebenswerts. Das Recht auf die genetische Unverfügbarkeit und das Prinzip der Gleichheit in der Differenz sind als wirksame Gegenstrategien gegen jegliche eugenische Denkweise in die behindertenpädagogische Theorienbildung zu integrieren. Sie sind eine Absage an jegliche genetische Verbesserungsidee und unterstreichen die positive Aussage, dass der Mensch weder verbesserungswürdig noch verbesserungsfähig ist.

Literatur

Hamm, Margret (Hrsg.) (2005): Lebensunwert zerstörte Leben – Zwangssterilisation und „Euthanasie". Frankfurt a. M.
Schindele, Eva (1995): Schwangerschaft zwischen guter Hoffnung und medizinischem Risiko. Hamburg
Stock, Gregory (2002): Redesigning Humans – Our Inevitable Genetic Future. Boston
Wess, Ludger (1998): Die Träume der Genetik. Gentechnische Utopien vom sozialen Fortschritt. Frankfurt a. M.

Euthanasie

Michael Wunder

1 Definition

Das Wort Euthanasie setzt sich zusammen aus ‚eu' für gut, schön und ‚thanatos' für Tod. In seiner ursprünglichen Verwendung in der griechischen und römischen Antike wird unter dem ‚guten Tod' in diesem Sinne zunächst der leichte Tod ohne lange Krankheit und die Mühen des Alters verstanden, später auch der ehrenhafte Tod durch Feindeshand.

In der modernen Diskussion wird der Begriff meist in Verbindung zur Handlung eines Arztes verwendet und mit der Tötung auf Verlangen oder der Beihilfe zur Selbsttötung mit dem Ziel der Leidvermeidung und der Wahrung der Würde gleichgesetzt. Unterschieden wird dabei die *aktive Euthanasie* (Tötung auf Verlangen) von der *passiven Euthanasie* (Abbruch oder Unterlassung lebenserhaltender Maßnahmen) und der *indirekten Euthanasie* (Gabe von Schmerzmitteln mit der unbeabsichtigten Nebenwirkung des schnelleren Todes). In Deutschland wird der Begriff Euthanasie durch den Begriff der *Sterbehilfe* ersetzt, da das Wort Euthanasie durch den Massenmord an Anstaltspatienten im Nationalsozialismus negativ belegt ist. In anderen Ländern wird dagegen der Begriff der Euthanasie verwendet.

2 Begriffs- und Gegenstandsgeschichte

Die erste Verbindung des Begriffs Euthanasie mit ärztlichem Handeln, um unheilbar Kranken qualvolles Leiden zu ersparen, findet sich bei Francis Bacon (1561–1626), der Euthanasie als „ärztliche Handlung, um Sterbenden den Todeskampf zu erleichtern", definierte. Ebenso forderte der Hallenser Arzt Johann Christian Reil (1759–1813) eine fürsorgliche Sterbebegleitung. Eine Beschleunigung des Sterbens oder eine aktive Tötung wird von beiden nicht mitgedacht.

Erst Ende des 19. Jahrhunderts wird der Begriff Euthanasie in Zusammenhang mit der Tötung schwerkranker Menschen diskutiert. Der Philosophie- und Physikstudent Adolf Jost fordert in seiner 1895 in Göttingen vorgelegten Schrift „Das Recht auf den Tod" als erster sowohl die Freigabe der Tötung auf Verlangen körperlich Kranker als auch die Freigabe der Tötung so genannter Geisteskranker. Der Wert des Lebens des Individuums bestehe aus der Summe von Freude und Schmerz und der Summe von Nutzen und Schaden für die Mitmenschen. Wegen der Akzeptanz in der Bevölkerung solle der Staat aber zunächst den Ärzten nur erlauben, unheilbar Kranke auf Grund ihrer Willensbekundung zu töten, erst in einer zweiten Stufe solle der Staat die Tötung der Geisteskranken regeln. Damit wird deutlich, dass die Tötung

auf Verlangen des einzelnen Schwerkranken und die Tötung von Menschen mit Behinderung oder schweren Erkrankungen, die sich nicht oder nicht mehr äußern können, in der modernen Euthanasiediskussion von Anfang an untrennbar miteinander verquickt sind.

Das Buch von Jost bleibt unbekannt, bis der Strafrechtler Karl Binding (1941–1920) und der Psychiater Alfred Hoche (1865–1943) ihre Schrift „Die Freigabe der Vernichtung lebensunwerten Lebens" 1920 in Leipzig vorlegen und sich dabei in wesentlichen Gedankengängen auf Jost beziehen. Binding entwickelt die Gedankenfigur der ‚straffreien Erlösungstat' für diejenigen, die selber um ihre Tötung bitten, aber auch für Hirnverletzte, die diese Forderung für sich stellen würden, wenn sie es noch könnten, und für die ‚unheilbar Blödsinnigen', für die die Gesellschaft das Tötungsverlangen aussprechen dürfe, weil ihr Leben für sie wie für die Gesellschaft keinen Wert habe. Auf diese Nützlichkeits- und Wertüberlegungen beziehen sich die Nationalsozialisten später ebenso wie auf die Gedankenfigur der Erlösung und der Gnade (vgl. Dörner 1998).

Euthanasie und Eugenik [→ Eugenik] hängen nicht ursächlich zusammen. Dennoch haben die eugenischen Maßnahmen ab 1933, wie die Zwangssterilisation, die zunehmende Asylierung von Menschen mit Behinderung und psychischer Auffälligkeit in Anstalten und die damit einhergehende Abwertung und Brutalisierung dem von den Nationalsozialisten Euthanasie genannten Massenmord an Anstaltspatienten den Weg geebnet (vgl. Schmuhl 1987).

1939 wird die Meldepflicht für ‚missgestaltete und idiotische Kinder' eingeführt. Drei Gutachter entscheiden mit + und – zunächst über die Einweisung in eine der neu geschaffenen ‚Kinderfachabteilungen' und nach medizinischen Forschungen an den Kindern über deren Tötung. Dieser ersten Euthanasie-Aktion fallen rund 5000 Kinder zum Opfer.

Im Oktober 1939 verfasst Adolf Hitler den fünfzeiligen sog. Euthanasie-Erlass, durch den Ärzte ermächtigt werden, ‚unheilbar Kranken' den ‚Gnadentod' zu gewähren. Der Erlass wird bewusst auf den 1. September 1939 vordatiert

(Beginn des Krieges nach außen, Beginn des Krieges nach innen). In einer Villa in Berlin, Tiergartenstraße 4 (daher das Kürzel ‚T 4 Aktion‘), wird die Zentrale der Euthanasie-Organisation aufgebaut. Die Erfassung der Anstaltspatienten wird über Meldebögen abgewickelt, die jeweils drei Gutachter beurteilen. Selektiert wird vordergründig nach diagnostischen Kriterien, im Kern aber nach Pflegeaufwendigkeit und Arbeitsleistung. Die Ermordung der Patienten erfolgt in den sechs dafür mit Gaskammern ausgestatteten Tötungsanstalten Grafeneck, Brandenburg, Bernburg, Hartheim, Sonnenstein/Pirna und Hadamar. Der zentralen Meldebogen-Euthanasie fallen rund 70 000 Anstaltspatienten zum Opfer.

Gleichzeitig wird ein Euthanasie-Gesetz erarbeitet, in dem Ärzten erlaubt wird, schwerkranke Patienten auf deren ausdrückliches Verlangen hin zu töten, aber auch das Leben von Menschen mit ‚unheilbarer Geisteskrankheit‘ ‚durch ärztliche Maßnahmen unmerklich‘ zu beenden. Das Gesetz wird nicht erlassen, um den Fortgang der Euthanasie-Aktionen nicht zu gefährden. 1943 fordern aber die führenden Psychiater des Reiches in ihrer Psychiatrie-Denkschrift den Erlass eines Sterbehilfegesetzes in diesem Sinne für die Zeit nach dem Kriegsende.

Nach Protesten aus der katholischen Kirche und Teilen der Bevölkerung wird die Euthanasie-Aktion im August 1941 gestoppt. Das Tötungspersonal wird in die neu geschaffenen Vernichtungslager in den besetzten Gebieten im Osten, Sobibor, Belszec, Treblinka und Majdanek verlegt. Das Know-how, das beim Massenmord an den Anstaltspatienten erworben wurde, wird ab 1941 für den Genozid an den europäischen Juden verwendet. Strittig wird heute diskutiert, ob dies auch der Grund für den offiziellen Stopp der Euthanasie war oder ob andere Gründe ausschlaggebend waren (Beruhigung der Bevölkerung; Erreichen eines ersten Planzieles).

Die Euthanasie-Aktion wird aber nach kurzer Pause ab Ende 1942 dezentral unter Beteiligung einer weit höheren Anzahl von Anstalten weitergeführt. Die Verlegungen finden jetzt oft mit katastrophenmedizinischer Begründung statt (Räumung zu Hilfskrankenhauszwecken u.ä.). Getötet wird durch Hunger, Arbeit, Überdosierung von Medikamenten und Nicht-Behandlung von Krankheiten. Dieser dezentrale Phase der Euthanasie (auch ‚Aktion Brandt‘ nach dem Urheber der katastrophenmedizinischen Evakuierungspläne, Dr. Karl Brandt, benannt, oder fälschlicherweise ‚wilde Euthanasie‘ in Übernahme der Begrifflichkeit der Täter) fallen zwischen 120 000 und 200 000 Menschen zum Opfer.

Im Nürnberger Ärzteprozess 1946/47 wird im Rahmen der Beurteilung ärztlicher Verbrechen im Nationalsozialismus auch die Euthanasie behandelt. Die meisten Täter werden erst in späteren Verfahren, viele nie belangt. Leo Alexander (1905–1985) prägte als US-amerikanischer Berichterstatter den Begriff des ‚slippery slope‘ mit seiner Feststellung, dass sich aus einer anfänglich nur feinen Verschiebung in der Einstellung der Ärzte gegenüber dem Wert des Lebens Schwerkranker später eine Ausweitung auf immer mehr Gruppen ergeben habe. Der deutsche Begriff der ‚schiefen Ebene‘ war allerdings schon Anfang der 1940er Jahre von dem württembergischen Landesbischof Theophil Wurm (1868–1953) in einem Protestbrief an Hitler gebraucht worden.

In den USA lässt sich die Debatte der Gnadentötung seit Mitte der 1930er Jahre nachweisen. Anlass sind einige breit publizierte Fälle von Menschen, die ihren Zustand als Querschnittsgelähmte oder Krebskranke als so aussichtslos empfinden, dass sie getötet werden wollen. Die ‚right to die‘-Bewegung in den USA prägt hierfür den Begriff ‚mercy killing‘ (Gnadentötung), später auch ‚beneficent euthanasia‘ (wohltätige Euthanasie). Mitte der 1970er Jahre flammt diese Diskussion über die Zulässigkeit der Euthanasie anlässlich zugespitzter Einzelfälle erneut auf. In der Folge kommt es in den meisten Bundesstaaten der USA zu living-will-Gesetzen (Patientenverfügung), die dem Einzelnen erlauben festzulegen, in welchen Fällen von als aussichtslos empfundener Erkrankung welche Maßnahmen abgebrochen oder nicht mehr angewandt werden sollen. Strittig ist, ob es sich hierbei lediglich um passive Euthanasie handelt. Die Krankheitszustände, für die die Unterlassung oder der Abbruch gewährt werden soll (auch Lähmungen oder Demenz), und die Maßnahmen, die ‚weggewählt‘ werden können (antibiotische Behandlung, Nahrungszufuhr, Flüssigkeitszufuhr), sind so ausgeweitet, dass der Unterschied zur aktiven Euthanasie fließend werde. Strittig ist ebenfalls die Übertragung auf Neugeborene mit Behinderungen, Altersgebrechliche und behinderte Personen. Kritiker sehen Selbstbestimmung und Fremdbestimmung wie am Anfang der modernen Euthanasie-Diskussion eng beieinander.

Im Bundesstaat Oregon wird 1999 der ärztlich assistierte Suizid für Patienten, die über 18 Jahre sind, unheilbar krank und eine Lebenserwartung von weniger als 6 Monate haben, legalisiert. Eine ärztliche Zweitmeinung muss eingeholt und eine Widerrufungsmöglichkeit über 15 Tage gewährleistet werden. Das Gesetz, das hohe prozedurale Anforderungen enthält, wird nur in wenigen Fällen angewandt. Ein vergleichbares Gesetz im Nord-Territorium von Australien von 1996 hat keinen Bestand. Es wird vom australischen Oberhaus 1997 aufgehoben.

In den Niederlanden ist die aktive Euthanasie seit 1994 straffrei und seit 2001 offiziell erlaubt, wenn der Arzt bestimmte Sorgfaltskriterien einhält (Freiwilligkeit, Aufklärung des Patienten, empfundene Unerträglichkeit sowie Einholen einer medizinischen Zweitmeinung). In Belgien besteht ein ähnliches Gesetz seit 2002. Das niederländische Gesetz verzichtet im Gegensatz zu dem von 1994 auf die zeitliche Beständigkeit des Tötungswunsches, die Unheilbarkeit der Krankheit und die Altersgrenze von 18 Jahren. Kritiker sehen dies als Beleg für eine ‚slippery slope‘. Insbesondere verweisen sie auf die rund 950 Fälle uneingewilligter Euthanasie pro Jahr, die sich seit 10 Jahren belegen lassen und die unaufhebbare Verknüpfung von selbstbestimmter und fremdbestimmter Euthanasie zeigten. Als Ausweitung wird auch die mit dem ‚Gro-

ninger Protokoll‘ von 2004 offiziell mögliche Euthanasie von schwer behinderten Neugeborenen und Kindern gesehen.

In der Schweiz ist die uneigennützige Hilfe zur Selbsttötung von der Strafbarkeit ausgenommen. Eine gesetzliche Garantenpflicht des Arztes besteht nicht. Die Tötung auf Verlangen steht unter Strafe. Die ‚Schweizerische Akademie der medizinischen Wissenschaften‘ gibt 2003 ihre Ablehnung der ärztlichen Suizidbeihilfe auf und befürwortet diese, wenn das Lebensende nahe ist und der urteilsfähige Patient dies wünscht. Kriterien wie in Oregon (terminale Erkrankung, medizinische Zweitmeinung, Konstanz des Wunsches) entfallen. Kritiker verweisen auf die fließenden Übergänge der Suizidassistenz zur aktiven Sterbehilfe bei Fällen unvollständig eingenommener oder wirkender Medikamente, bei denen der Suizidassistent, wenn er im Interesse der Betroffenen handelt, zum aktiven Sterbehelfer werde. Verwiesen wird in diesem Zusammenhang auch auf die hohen Fallzahlen der aktiven Euthanasie in der Schweiz. Gewarnt wird vor den Gefahren des Mentalitätswandels der Ärzte, wenn diese legitimiert sind, tödliche Medikamente zu verordnen.

3 Zentrale Erkenntnisse und Forschungsstand

In Deutschland ist die Tötung auf Verlangen (aktive Sterbehilfe) durch § 216 StGB verboten. Die Unterlassung oder der Abbruch lebenserhaltender medizinischer Maßnahmen bei Sterbenden (passive Sterbehilfe) und die Anwendung schmerztherapeutischer Maßnahmen, auch wenn diese unbeabsichtigt zu einem schnellerem Tod führen (indirekte Sterbehilfe), unterliegen den berufsrechtlichen Regelungen der Ärzteschaft und sind nach der höchstrichterlichen Rechtsprechung zulässig. Zur ärztlichen Beihilfe zur Selbsttötung bestehen keine gesetzlichen Regelungen, sie kollidiert aber mit der Garantenpflicht des Arztes

und der Strafbarkeit der unterlassenen Hilfeleistung nach § 323c StGB.

Befürworter der Legalisierung der aktiven
Sterbehilfe beziehen sich auf die Menschenwürde und das sich daraus ergebende Recht
auf Selbstbestimmung. Dies umfasse auch das
Recht, über seinen Tod zu bestimmen. Gegner bestreiten dies. Selbstbestimmung habe
da ihre Grenze, wo sie ihre eigene Grundlage
vernichte. Auch könne sie da, wo sie auf Dritte angewiesen sei, nicht deren Handlung legitimieren. Es gebe kein menschenunwürdiges
Leben, sondern nur unwürdige Behandlung
von Menschen durch andere (vgl. Student
1989). Die Menschenwürde gebiete deshalb
den Lebensschutz und den würdigen Umgang mit dem Leben zu jedem Zeitpunkt.
Grundsätzliche rechtliche Bedenken bestehen bezüglich der Verkehrung des ärztlichen
Behandlungsauftrags, der Aufweichung des
Tötungsverbots, der Gefahr der Vernachlässigung der ärztlichen Fürsorgeverpflichtung
sowie der unausweichlichen Rechtsunsicher-
heit bei Menschen mit Behinderung, mit Demenz oder im Wachkoma, die sich nicht äußern können. Eine nicht unwesentliche Rolle
spielt auch das geschichtliche Argument einer
schiefen Ebene (vgl. Frewer & Eickhoff, 2000).

Gründe für die hohe Zustimmungsbereit-
schaft zur aktiven Sterbehilfe werden u.a.
in den weit verbreiteten nachvollziehbaren
Ängsten vor Schmerzen, Einsamkeit, Wür-
delosigkeit und einer nicht mehr loslassenden
Medizin gesehen. Wesentliche Beiträge zur
Verbesserung der Situation Schwerstkranker
und Sterbender und zur Zurückdrängung des
Wunschs nach aktiver Sterbehilfe werden deshalb in einem Wertewandel in der modernen
Medizin und ihrer selbstkritischen Reflexion
der Sichtweise, das technisch Machbare auch
tatsächlich durchzuführen, gesehen sowie in
konkreten politischen Schritten in den Bereichen Patientenrecht und Palliativversorgung.

In der derzeitigen Debatte über den rechtlichen und ethischen Rahmen der medizinischen Behandlung am Lebensende erhält das
Selbstbestimmungsrecht besonderes Gewicht.
Unstrittig ist, dass der unmittelbar geäußerte

Wille des informierten Patienten verbindlich
für jede Behandlungsbegrenzung auch unabhängig vom Verlauf einer Erkrankung ist. Strittig ist, ob dies in vollem Umfang auch im Falle von vorausverfügten Willensbekundungen
(Patientenverfügungen) gilt. Eingewandt wird
hier die mangelnde Vorhersehbarkeit der Situation und die mögliche Meinungsänderung des
Patienten. Besonders strittig ist, ob die Mutmaßung Dritter im Falle einer fehlenden Voraus-
verfügung oder bei Nichteinwilligungsfähig-
keit (Menschen mit geistiger Behinderung oder
im Wachkoma) für die Entscheidung des Be-
handlungsabbruchs außerhalb der Sterbephase
oder unabhängig von einer tödlichen Erkrankung ausreicht. Kritiker sehen hier die Gefahr
des Übergangs der passiven Sterbehilfe zur
aktiven Sterbehilfe, weil der Tod dann nicht
durch die Folge der nicht weiterbehandelten
Erkrankung eintreten würde, sondern durch
die Vorenthaltung einer Behandlung einer be-
handelbaren Krankheit, die nicht vom persön-
lich geäußerten Willen abgedeckt sei.

4 Ausblick

In der Debatte um die Sterbehilfe spielen die
Gruppen der nicht oder nicht mehr einwilligungsfähigen Menschen mit Behinderung und
von Demenz oder Wachkoma Betroffenen eine
zentrale Rolle. Ausweitungen der rechtlich
und ethisch zulässigen Entscheidungen am
Lebensende werden oft für Angehörige dieser
Gruppen mit der Begründung des besonderen
Leidens, mit der Mutmaßung über deren Willen oder auch der Gleichbehandlung mit äuße-
rungsfähigen Menschen begründet. Menschen
mit Behinderung und die Behindertenpädagogik als Disziplin sind deshalb in besonderem
Maße aufgerufen, Position in dieser Debatte zu
beziehen und die Gefährdung dieser Gruppen
durch die in jeglicher Euthanasiedebatte angelegte Wertbestimmung des menschlichen Lebens und die in der Geschichte der Euthanasie
bis heute immer wieder belegte Verquickung

von versprochener Selbstbestimmung und tatsächlicher Fremdbestimmung zum Thema zu machen.

Literatur

Dorner, Klaus (1988): Tödliches Mitleid – Zur Frage der Unerträglichkeit des Lebens. Gütersloh

Frewer, Andreas & Eickhoff, Clemens (Hrsg.) (2000): Euthanasie und die Aktuelle Sterbehilfe-Debatte – Die historischen Hintergründe medizinischer Ethik. Frankfurt a. M.

Schmuhl, Hans-Walter (1987): Rassenhygiene, Nationalsozialismus, Euthanasie – Von der Verhütung zur Vernichtung „lebensunwerten Lebens". Göttingen

Student, Johann-Christoph (Hrsg.) (1989): Das Hospizbuch. Freiburg

Anthropologie/Anthropologiekritik

Hajo Jakobs

Mehr oder weniger geklärte anthropologische Annahmen (‚Menschenbilder') bildeten lange Zeit das Fundament der (Behinderten-)Pädagogik und prägen sie bis heute. Dass Anthropologie im Zuge der so genannten ‚Posthistoire' sowie des Booms der so genannten Biowissenschaften geradezu inflationär wird, ja kulturkritisch-sprachspielerische Blüten treibt und „Schäume" (Sloterdijk 2004) schlägt, nötigt zur Konzentration auf ihre ‚klassischen' Bestände und lässt nicht nur in behindertenpädagogischem Interesse generelle Skepsis und eine anthropologie-kritische Herangehensweise im anthropologischen Diskurs selbst geboten erscheinen.

1 Definition, Begriffs- und Gegenstandsgeschichte

Anthropologie (griech. ‚Lehre vom Menschen') fragt nach dem Wesen, der Natur des Menschen oder den Bedingungen des Menschseins (conditio humana). Diese Frage ist so alt wie die abendländische Philosophie selbst. Als Teil der Gesamtdeutung des Seins (Metaphysik, Ontologie) wird sie von Platon über Descartes bis Hegel unter dem Primat des Geistes (Ver-

nunft) erörtert, um dann im 19. Jahrhundert von Feuerbach bis Nietzsche in eine Phase der „Verleiblichung" (Körper, Sinnlichkeit, Trieb) und parallel der „Verwissenschaftlichung" einzutreten (Schulz 1980).

Die *Philosophische Anthropologie* im engeren Sinn tritt erst in der ersten Hälfte des 20. Jahrhunderts in Deutschland auf den Plan, wandert dann wie ihre Vertreter in soziologische Positionen ein und erfährt heute erneut eine Renaissance als historische oder naturalistische (vgl. Tanner 2004; Illies 2006). Ihre Hauptvertreter Max Scheler, Helmuth Plessner und Arnold Gehlen erhoben die vierte Kantische Frage „Was ist der Mensch?" zum Programm und suchten in Anknüpfung an Biologie, Lebensphilosophie und Phänomenologie (sowie zum Teil den Pragmatismus) auf je eigene Weise das ‚Wesen' des Menschen und seine ‚Stellung in der Welt' wie das Phänomen der Kulturentstehung zu ergründen. Zentrale Leitbegriffe sind Geist, Sprache, Handlung etc., durch die das „nicht festgestellte Tier" (Nietzsche), das „Mängelwesen" Mensch (Herder) sich von der naturhaften Umweltbindung der Pflanzen und Tiere zur ‚Weltoffenheit' emanzipiert hat; der Mensch ist [→ Person] und als solcher nicht objektivierbar.

Anthropologische Forschung bezeichnet das Vorgehen der empirischen ‚Wissenschaften vom Menschen', die ihn aus ihrer jeweiligen Perspektive zum Objekt machen: Naturwissenschaftliche Anthropologie (Biologie, Ethologie, Genetik, Medizin, Neurowissenschaften) sammelt Daten über den Organismus und phylogenetische Zusammenhänge mit anderen Lebewesen (Evolutionstheorie). Die Sozial- und Kulturanthropologie – v. a. im englischen Sprachraum verbreitet – untersucht die Wechselwirkungen zwischen jeweiliger Gesellschaft und Individuum (Kulturvergleich, Ethnologie).

Pädagogische Anthropologie fragt akzentuierter nach der menschlichen Bestimmung, nämlich nach der Erziehung und ihren Zielen, und ist deshalb stets mit Ethik verknüpft. Bei aller Heterogenität der Ansätze kann seit Kant und Herbart die ‚Menschwerdung des Menschen durch Erziehung' als durchgängiges Thema gelten. Leitbegriffe sind dementsprechend Erziehungsbedürftigkeit bzw. die Dialektik von „Bildsamkeit und Bestimmung" (Roth), Anleitung zur Selbsttätigkeit bzw. Mündigkeit [→ Autonomie] und pädagogisches Verhältnis. Die zahllosen Varianten pädagogischer Anthropologie beschritten seit den 1950er Jahren entweder einen philosophisch-hermeneutischen oder einen empirischen Weg oder suchten beide zu verbinden, um in den 1970ern zunehmend von gesellschaftstheoretischen oder strukturalistischen Ansätzen verdrängt zu werden (vgl. Kamper 2004). In der Behindertenpädagogik als „Erziehung unter erschwerten Bedingungen" (Moor) [→ I Allgemeine Behindertenpädagogik] und mit der Zielbestimmung ‚Selbstverwirklichung in sozialer Eingliederung' finden sich seit Hanselmann und Moor über Bach und Bleidick bis Haeberlin und Speck implizit oder explizit weitgehend analoge, wenn auch weniger originäre Konzeptionen (vgl. Jakobs 1997; 2006).

Während im Mittelalter Natur und Bestimmung des Menschen aus seinem Verhältnis zu Gott abgeleitet wurden, bildeten sich seit der Renaissance erstmals individuelles Selbstbewusstsein (das ‚bürgerliche Individuum') und eine naturalistische Anthropologie

der „Selbsterhaltung" heraus (Horkheimer 1988b, 10). In der Folge entstanden mechanistische Menschenbilder, und Descartes' Trennung der ‚denkenden' (res cogitans) von der ‚ausgedehnten', räumlich-materiellen Substanz (res extensa), also auch des geistigen vom real-körperlichen Menschen [→ I Erkenntnistheorie/Erkenntnis], ergab komplizierte anthropologische und methodologische Probleme, die bis heute v. a. in Medizin und Psychologie nachwirken: Wie ist das Zusammenspiel von Körper und Geist [→ I Leib/Seele], das ‚psycho-physische Problem' zu fassen?

Eine Sonderstellung nimmt Kant ein mit seiner bis heute wegweisenden Unterscheidung von „physiologischer" („was die Natur aus dem Menschen macht") und „pragmatischer Anthropologie" („was er als frei handelndes Wesen aus sich selber macht, oder machen kann und soll") (Kant 1977, 399). Pragmatisch und normativ ist Kants Anthropologie insofern, als der Mensch als Gattungswesen die Fähigkeit und die Aufgabe hat, „sich nach seinen von ihm selbst genommenen Zwecken zu perfektionieren; wodurch er als mit Vernunftfähigkeit begabtes Tier (animal rationabile) aus sich selbst ein vernünftiges Tier (animal rationale) machen kann" (ebd., 673). Das noch ungebrochen aufklärerische Ziel der „Perfektionierung des Menschen durch fortschreitende Kultur" (ebd., 674) bildet explizit oder implizit den Ausgangspunkt für alle späteren anthropologischen Entwürfe. Zugleich markiert es den Übergang zur Ethik und die Verschränkung der Anthropologie mit der Pädagogik: „Der Mensch kann nur Mensch werden durch Erziehung. Er ist nichts, als was die Erziehung aus ihm macht" (ebd., 699).

Seit Hegel bestimmt der Gegensatz von Geschichts- und Naturphilosophie (inkl. Anthropologie) die weitere Debatte bis in die Gegenwart. Als Vollender des ‚Deutschen Idealismus' und damit auch der metaphysischen Anthropologie hebt Hegel starre Wesensbestimmungen des Menschen auf, kritisiert die naturalistisch geprägte Anthropologie als ungeschichtlich und entwickelt dialektisch die Dimension der *Geschichte* als Entwicklungsgeschichte des Geistes bzw. Bewusstseins. Damit löst er Descartes' Dualismus auf und bietet eine neue Lehre vom Menschen als Vernunftträger. Anthropologie schließt bei Hegel an den letzten Teil der Naturphilosophie an und handelt von der ‚Seele‘ (vgl. Hegel 1986). Dieses im aristotelischen Sinne zwar körpergebundene, aber immaterielle Lebensprinzip, der Bereich des Erlebens, Empfindens und Fühlens, wird als Ursprung des Bewusstseins gesehen (Selbst-Gefühl). Das Bewusstsein entwickelt sich vom egozentrischen zu einem durch die Vernunft vermittelten ‚allgemeinen Selbstbewusstsein‘ als Aufhebung des Ich-Welt-Gegensatzes und gegenseitige [→ Anerkennung] verschiedener Individuen. Dieser Zusammenhang verweist auf die praktische Philosophie (Ethik, Politik, Pädagogik) und bietet erstmals eine geschichtsphilosophische Begründung der Notwendigkeit von Bildung und Erziehung [→ III Bildung und Erziehung als Prozess], die bei Kant und Pestalozzi bloß postuliert wird.

Nach Hegel entwickelt sich eine vielfältige Gegenbewegung gegen den Idealismus, die bis heute anhält. Anthropologisch schlägt das Pendel um in Richtung körper- bzw. leiborientierter Positionen, die nicht mehr von der Vernünftigkeit als der ‚wahren‘ Bestimmung des Menschen ausgehen, sondern den ‚Willen‘ als ‚reine unvernünftige Kraft‘ nicht nur als stärker, sondern auch ranghöher ansehen (Schopenhauer, Nietzsche u. a.) oder im Zuge des (Sozial-)Darwinismus biologistische Menschenbilder (Rassentheorien, Eugenik) wissenschaftlich etablieren. Geschichtsphilosophisch wird Hegel von Marx ‚vom Kopf auf die Füße‘, d. h. auf eine ‚materialistische‘ Basis, gestellt (Lebenspraxis, Arbeit, Ökonomie) und damit zugleich Anthropologiekritik bzw. eine neue kritische Anthropologie grundgelegt: Das sog. Wesen des Menschen ist nicht naturhaft abstrakt im Einzelnen vorhanden, sondern er muss es sich erst tätig aneignen (6. Feuerbachthese). Im Geschichtsprozess und in Kooperation oder Konflikt schaffen die Individuen die materiellen und institutionellen Bedingungen ihrer immer schon sozialen Welt.

2 Zentrale Erkenntnisse und Diskussionsstand

Schon Hegel und Marx erkannten, „dass der Mensch anthropologisch, in seiner sinnlich-leiblichen Existenz allein, nicht begriffen werden kann" (Habermas 1977, 94). Da er Geschichte hat und macht, ist sein sog. Wesen nie vollständig einzuholen. Seine „Unergründlichkeit" (Plessner), das „Nichtidentische" (Adorno), die „anthropologische Differenz" (Kamper), die nicht metaphysisch, sondern innerweltlich-geschichtlich begründet werden, oder auch die (post)strukturalistische [→ I Strukturalismus], von Nietzsche inspirierte Rede von der „Erfindung des Menschen" und seinem „Verschwinden" (Foucault), markieren Anfangs- wie Endpunkte einer reflexiven Selbstdeutung des Menschen im Übergang zur Anthropologiekritik.

Das Problem, nicht nur den (erkenntnis-) anthropologischen Dualismus, sondern zugleich positivistische Engführungen zu überwinden, scheint Plessner am besten gelöst zu haben. Anders als Scheler, der Geist gegen Leben stellt, kommt er ohne spiritualistische Folgerungen aus und verhält sich zugleich kritischer zur Evolutionstheorie und Ethologie als Gehlen. Mit dem Grundbegriff der ‚Exzentrischen Position‘ entfaltet Plessner eine dialektische Struktur, die vorbelastete begriffliche Bestimmungen wie Gefühl, Drang, Trieb, Geist etc. vermeidet und nicht einfach als ‚Weltoffenheit‘ im Schelerschen oder Gehlenschen Sinn zu verstehen ist, sondern von einer ‚Philosophie der (Inter-)Subjektivität‘ her. Jenseits von Psychologie und Existenzphilosophie versucht er, nicht nur Körperlichkeit und Innerlichkeit (Seelenleben), beide mit der Außen- und Mitwelt sowie dem Ich „als Fluchtpunkt der eigenen Innerlichkeit" (Plessner 1982, 12) zu verschränken und in einer Sozialtheorie zu fundieren. Schon die formalen Strukturen des menschlichen Selbstverhältnisses (Exzentrizität) bedingen Personalität als Sozialität. Sozialität – analog zur Intersubjektivität bei Mead – wird zur „anthropologischen Zentralkategorie" (Rehberg 1985). Demgegenüber bleibt Gehlens soziobiologisches Verhaltensmodell, der quasi empirische Lösungsversuch des Subjekt-Objekt-Dualismus, trotz der Fülle erhellender Einzelanalysen (anthropologische Forschung) und des Bezugs auf Meads Pragmatismus begrenzt oder bekommt gar eine reaktionäre Färbung, da Handlung und Sprache, Institutionen und Moral nur der Kompensation oder Entlastung dienen. Das Soziale wird naturalisiert.

Die „Kernfrage der Anthropologiekritik" (Kamper 1973, 59), ob und wie Geschichte und Gesellschaft die ‚menschliche Natur' fundiert, wird unter Einbeziehung der Psychoanalyse [→ Psychoanalyse] in der Kritischen Theorie [→ Kritische Theorie] entfaltet – von den frühen Aufsätzen Horkheimers über die ‚Dialektik der Aufklärung' bis zur späten ‚Negativen Dialektik' Adornos. Der Satz „Eine Formel, die ein für alle Mal die Beziehung zwischen Individuum, Gesellschaft und Natur bestimmte, gibt es nicht" (Horkheimer 1988a, 251) umreißt Ausgangspunkt und zugleich Ergebnis ihres Programms. Anthropologie kann die Verschiedenheit der Menschen, ihre konkreten Bedürfnisse und Nöte, nicht auf den Begriff bringen. Die Frage nach *dem* Menschen verfällt der Kritik, weil schon in der Frageform das „Invariante der möglichen Antwort, und wäre es Geschichtlichkeit selber", vorgegeben scheint: Der Mensch „ist aber nicht nur, was er war und ist, sondern ebenso, was er werden kann; keine Bestimmung reicht hin, das zu antizipieren" (Adorno 1980, 61). Auch eine ‚historische Anthropologie', wie sie sich seit den 1990er Jahren etabliert und international wie transdisziplinär das weite Feld von Alltags- und Mentalitätsgeschichte, Kultur und Lebenspraxis beackert (vgl. van Dülmen 2001), vermag kaum, den mit der Kritischen Theorie bereits erreichten Horizont zu übersteigen: „Zwar begriffe sie Gewordensein und Bedingtheit ein, aber rechnete sie den Subjekten zu, unter Abstraktion von der Entmenschlichung, die […] toleriert bleibt." (Adorno 1980, 130) Die gesellschaftliche Formierung der

Individuen, die Zurichtung der Körper, wird weder den anthropologischen Wissenschaften noch der philosophischen Anthropologie zum Problem, solange sie sozialethisch wie -politisch indifferent bleiben. Die erkenntnis-anthropologische Überhöhung des Subjekts (der Mensch) steht im Widerspruch zu seiner realen Entwertung. „Je konkreter Anthropologie auftritt, desto trügerischer wird sie. […] Dass nicht sich sagen lässt, was der Mensch sei, ist keine besonders erhabene Anthropologie sondern ein Veto gegen jegliche" (ebd.).

3 Ausblick

Auch Behindertenpädagogik artikuliert sich zunehmend anthropologie-kritisch (Haeberlin 2005; Jakobs 1997; 2006). Aus ihrer Sicht bleibt alle Anthropologie defizitär und potenziell behindertenfeindlich, da Behinderung in ihr nicht vorkommt, ja anthropologische Kategorien theoretisch wie praktisch zur Ausgrenzung der Betroffenen aus dem Menschlichen missbraucht wurden und werden (was selbst noch disziplininterne Versuche von ‚Sonderanthropologien' betrifft.).

Wenn heute weithin Einigkeit zu bestehen scheint, dass keine normative, positive Anthropologie mehr möglich sei, so ist diese doch längst ‚praktisch' geworden: in ubiquitären und medial forcierten Normierungen von Schönheit, Intelligenz, Gesundheit, Leistung etc., die behinderte Menschen ausschließen. Insofern greift selbst die Forderung, auch pädagogische Anthropologie nur noch als historische zu betreiben (Gebauer et al. 1989; Wulf 2001), zu kurz. Zudem etabliert sich im Zuge der Biowissenschaften auch ‚theoretisch' ein neuer Naturalismus, der aufgrund der damit verknüpften ökonomischen Interessen durch eine neue Theorie der „Konvergenz von Moral und Natur" (Illies 2006) (anstelle der alten von Natur und Geschichte) kaum zu zähmen sein wird. Das alte aufklärerische Ziel der ‚Perfektionierung des Menschen' durch Bildung schlägt um in – vor allem für behinderte Menschen – bedrohliche Visionen einer Perfektionierung durch gentechnische Manipulation (Sloterdijk 1999; Habermas 2001).

Immer noch Anthropologie …? Nur wenn historische Anthropologie künftig Disability Studies einbezöge und anthropologische als „Reflexionen aus dem beschädigten Leben" (Adorno 2001) vollzogen würden [→ Disability Studies], ließe sich das Veto gegen jene aufheben. Eine anthropologie- und gesellschaftskritische Herangehensweise, die mikrologisch (nicht defizitorientiert) von der Verschiedenheit der Individuen wie ihrer „Beschädigung" ihren Ausgang nimmt (Jakobs 2004), bleibt gerade für eine Behindertenpädagogik als integrative Humanwissenschaft unverzichtbar – und sie muss notwendig praktisch werden.

Literatur

Adorno, Theodor W. (2001): Minima moralia. Frankfurt a. M.

Adorno, Theodor W. (1980): Negative Dialektik. Frankfurt a. M.

Fetscher, Iring (2004) (Hrsg.): Marx-Engels-Studienausgabe I–V. Berlin

Foucault, Michel (1974): Die Ordnung der Dinge. Frankfurt a. M.

Gebauer, Gunter, Kamper, Dietmar, Lenzen, Dieter, Mattenklott, Gert, Wulf, Christoph & Wünsche, Konrad (1989): Historische Anthropologie. Reinbek

Gehlen, Arnold (1986): Studienausgabe der Hauptwerke. Wiesbaden

Habermas, Jürgen (1977): Philosophische Anthropologie. In: Kultur und Kritik. Frankfurt a. M., 89–111

Habermas, Jürgen (2001): Die Zukunft der menschlichen Natur. Frankfurt a. M.

Haeberlin, Urs (2005): Grundlagen der Heilpädagogik. Bern

Hegel, Georg Fr. W. (1986): Enzyklopädie der philosophischen Wissenschaften III. Werke Bd. 10. Frankfurt a. M.

Horkheimer, Max (1988a): Bemerkungen zur philosophischen Anthropologie. In: Gesammelte Schriften Bd. 3. Frankfurt a. M., 249–276

Horkheimer, Max (1988b): Egoismus und Freiheitsbewegung. Zur Anthropologie des bürgerlichen Zeitalters. In: GS Bd. 4. Frankfurt a. M., 9–88

Illies, Christian (2006): Philosophische Anthropologie im biologischen Zeitalter. Frankfurt a. M.

Jakobs, Hajo (1997): Heilpädagogik zwischen Anthropologie und Ethik. Eine Grundlagenreflexion aus kritisch-theoretischer Sicht. Bern

Jakobs, Hajo (2004): Mikrologische Heilpädagogik – heilpädagogische Mikrologie? In: Greving, Heinrich, Mürner, Christian & Rödler, Peter (Hrsg.): Zeichen und Gesten. Heilpädagogik als Kulturthema. Gießen, 29–47

Jakobs, Hajo (2006): Anthropologie. In: Antor, Georg & Bleidick, Ulrich (Hrsg.): Handlexikon der Behindertenpädagogik. Stuttgart

Kamper, Dietmar (1973): Geschichte und menschliche Natur. München

Kamper, Dietmar (2004): Anthropologie, pädagogische. In: Lenzen, Dieter (Hrsg.): Pädagogische Grundbegriffe. Bd. 1. Reinbek, 82–88

Kant, Immanuel (1977): Werkausgabe KWA Bd. XII. Frankfurt a. M.

Plessner, Helmuth (1982): Mit anderen Augen. Aspekte einer philosophischen Anthropologie. Stuttgart

Rehberg, Karl-Siegbert (1985): Die Theorie der Intersubjektivität als eine Lehre vom Menschen. In: Joas, Hans (Hrsg.): Das Problem der Intersubjektivität. Frankfurt a. M., 60–92

Schulz, Walter (1980): Philosophie in der veränderten Welt. Pfullingen

Sloterdijk, Peter (2004): Sphären III. Schäume. Frankfurt a. M.

Tanner, Jakob (2004): Historische Anthropologie zur Einführung. Hamburg

van Dülmen, Richard (2001): Historische Anthropologie. Köln

Wulf, Christoph (2001): Einführung in die Anthropologie der Erziehung. Weinheim

Tugenden

Dieter Gröschke

1 Definition, Begriffs- und Gegenstandsgeschichte

Tugenden sind der Gegenstand der Tugend-ethik, die seit der Antike (Platon, Aristoteles) einer der traditions- und einflussreichsten Ansätze ethischer Reflexion und Theorienbildung geblieben ist (vgl. Düwell at al. 2002). Das althochdeutsche Wort ‚tugund‘ bedeutete ‚Tüchtigkeit‘, ‚Brauchbarkeit‘ und ‚Kraft‘.

In der antiken Philosophie bezeichnete der Begriff Tugend (griech.: *areté*, lat.: *virtus*) zunächst ebenso ganz allgemein die Tauglichkeit, Leistungsfähigkeit oder Funktionalität von Dingen, Tieren, Menschen und deren Handlungen. Erst bei Platon und dann besonders bei Aristoteles wird Tugend zu einer anthropologischen und ethischen Kategorie zur Bestimmung der ‚conditio humana‘ im Horizont der Frage nach einem sinnvollen, glückenden, gelingenden Leben (Eudaimonismus) [→ Ethische Grundlagen der Behindertenpädagogik: Konstitution und Systematik]. Die Fragen ‚Wie soll man leben?‘ und ‚Was für ein Mensch soll man sein?‘ sind seit alters her die Grundfragen des Eudaimonismus und der Tugendethik. Die Tugendethik entwickelte sich über die Jahrhunderte zu einer allgemeinen ethisch-anthropologischen Theorie des ‚guten Menschen‘.

Mit Sokrates (ca. 470–399 v. Chr.) beginnt der Prozess der Ethisierung des Tugendbegriffs. Tugend bezieht sich nun im Zusammenhang des sozialen und sittlichen Handelns des Menschen auf die Gesinnung des inneren Menschen, seinen Charakter und moralische Vortrefflichkeit, deren stetige Einübung und Ausübung ein gelingendes und glückliches Leben verheißen. Platon (427–347 v. Chr.) konzentrierte den Katalog verschiedener Einzeltugenden auf die vier Grund-, Haupt- oder Kardinaltugenden, das Viergespann Klugheit, Gerechtigkeit, Tapferkeit, Maß (vgl. Pieper 1991). Die Tugenden richten sich aus am obersten Wert im Reiche der Ideen, an der Idee des Guten. In seiner Erziehungslehre betonte Platon die Lehrbarkeit der Tugenden (areté) durch Vorbild, Dialog (Mäeutik) und Wiedererinnerung (‚anamnesis‘) als Besinnung der Seele auf ihr eingeborenes Wissen um das Gute, Wahre und Schöne. Ihre klassische Formulierung hat die Tugendlehre in der Ethik des Aristoteles (384–322 v. Chr.) gefunden („Nikomachische Ethik“, NE).

Tugend ist „jene feste Grundhaltung, von der aus der Handelnde tüchtig wird und die ihm eigentümliche Leistung in vollkommener Weise zustande bringt“ (NE 1106 a). Aristoteles grenzte die „dianoetischen“ Verstandes-Tugenden von den „ethischen“ Tugenden ab, die im Aufsuchen und Einhalten der jeweils richtigen Mitte zwischen den Extremen (‚mesotes‘) bestehen.

„Mut z. B. kann man also als Vermögen bezeichnen, in bestimmten Kontexten die richtige, nämlich mutige Einstellung einzunehmen. Mut kann dabei – wie von Aristoteles verstanden – das Vermögen sein, das richtige Maß zwischen Tollkühnheit und Feigheit zu finden. Oder es kann in der Disposition liegen, bestimmte Emotionen wie Angst und Furcht unterdrücken und überwinden zu können“ (Rippe & Schaber 1998, 11).

Mittels der dianoetischen Tugenden der ‚Klugheit‘ und der ‚praktischen Urteilskraft‘ (‚phronesis‘) muss die Tugend als ethisches Vermögen also die ‚Mitte‘ zwischen den Extremen anpeilen und sich für das jeweilige, auf den Handelnden in seiner Situation bezogene Optimum entscheiden und festlegen.

Auch in den antiken Lebenskunstlehren der Stoa und des Epikureismus spielte der

Tugendbegriff im Sinne einer Einübung des Menschen in ein vernunft- und naturgemäßes asketisches (Stoa) oder eudaimonistisches (Epikur) Leben eine zentrale Rolle.

Im Anschluss an Platon und Aristoteles entwickelte besonders die christlich-mittelalterliche Philosophie und Theologie die Tugendlehre für die weitere Zukunft weichenstellend weiter. Thomas von Aquin (1224–1274) ordnet das Gebiet der praktischen Philosophie/Ethik nach dem Schema der vier Kardinaltugenden (Klugheit, Gerechtigkeit, Tapferkeit, Maß), denen er die paulinische Trias der ‚theologischen‘, d. h. auf Gott bezogenen Tugenden (Glaube, Hoffnung, Liebe; nach 1. Korinther 13,13) zur Seite stellt.

Die Philosophie der Aufklärung und des Rationalismus (etwa seit Mitte des 18. Jahrhunderts) führt zu einem grundlegenden Wandel im Verständnis der Tugenden. Nach dem Zerbrechen der klassischen Ontologie eines geordneten menschlichen Kosmos als einer in sich gefestigten Seins- und Wertordnung und im Prozess einer fortschreitenden Säkularisierung wurde die Geltung von Tugenden erheblich relativiert und es kam insgesamt zu einer Verflachung des Tugendbegriffs bis hin zu den sog. ‚bürgerlichen Sekundärtugenden‘ (Ordnung, Fleiß, Sparsamkeit, Gehorsam u. a.). Dieser tugendethische Verfallsprozess zeigt deutlich, wie sehr der Begriff der Tugend auf die jeweilige geschichtliche und gesellschaftliche Situation bezogen ist, so dass es kaum möglich erscheint, ein geschlossenes System allgemeinverbindlicher, nicht-relativer und universeller Einzeltugenden zu bestimmen, wie es allerdings die Intention des Neo-Aristotelismus in der modernen Ethik (z. B. Philippa Foot, Martha Nussbaum) geblieben ist. In seinem ethischen Hauptwerk, der „Metaphysik der Sitten", ordnet Immanuel Kant die Tugendlehre vollständig seiner deontischen Pflichtethik unter: Tugend ist „die in der festen Gesinnung gegründete Übereinstimmung des Willens mit der Pflicht" (Kant 1975, 526). Der Schwerpunkt der ethischen Bewertung rückt dabei immer mehr von der inneren Gesinnung und Gesittung (Charak-

ter) der handelnden Person auf den prinzipiellen Wert einer Handlung in ihrer Übereinstimmung mit dem universellen moralischen Gesetz (Kategorischer Imperativ) oder auf die wünschenswerten oder nützlichen Handlungsfolgen (Utilitarismus, Konsequenzialismus).

Auf dem skizzierten ideengeschichtlichen Hintergrund des Tugendbegriffs und der Tugendethik lässt sich für heutige Verhältnisse folgende Begriffsdefinition von Tugend formulieren: „Mit dem Begriff der Tugend werden bestimmte Eigenschaften ausgezeichnet, derentwegen ein Mensch gelobt wird, als moralisches Vorbild oder einfach als ein moralisch guter Mensch gilt. Diese Eigenschaften beziehen sich (im Regelfall) auf einen spezifischen Bereich menschlichen Könnens und menschlicher Erfahrung. Sie drücken aus, dass sich eine Person in dem jeweiligen Bereich vortrefflich und vorzüglich zu verhalten pflegt. Die Betonung liegt dabei darauf, dass eine Person nicht nur von Zeit zu Zeit und nicht nur zufällig richtig handelt, sondern dass sie eine Disposition hat, das Richtige zu wählen. Tugendhaftigkeit zeigt sich nicht nur darin, dass richtige Handlungen gewählt werden, vielmehr bestimmt die Tugend insgesamt das Urteilen und auch die emotionale Einstellung der tugendhaften Person" (Rippe & Schaber 1998, 11).

Oder: „Tugend ist die Charakterdisposition eines moralisch Handelnden, aufgrund derer er in der Lage ist, die seinen moralischen Überzeugungen entsprechenden Handlungen motiviert (freiwillig), angemessen und durchhaltend auszuführen" (Wils in: Düwell et al. 2002, 513).

2 Zentrale Erkenntnisse und Forschungsstand

Sowohl die klassischen wie auch die modernen tugendethischen Entwürfe stimmen – trotz aller epochaler Unterschiede – immerhin darin überein, dass nicht die Bewertung von Handlungen im Vordergrund ethischer Überlegungen stehen sollte, sondern die Bewertung der moralischen Akteure, die Moralität der handelnden Person [→ Person]. Als grundlegende Urteile in der Ethik gelten den Spielarten der Tugendethik Urteile über persönliche Dispositionen und den Charakter. Tugenden bezeichnen demnach erworbene und habituell gewordene Charaktereigenschaften; und die Tugendethik fragt, welchen Charakter ein Mensch ausbilden sollte: Mut, Klugheit, Besonnenheit, Mäßigung, Toleranz oder Geduld sind solche Charaktereigenschaften, die ihren Eigner dazu befähigen, in bestimmten Lebensbereichen moralisch richtig und gut zu handeln und zu urteilen, nämlich mutig, klug, besonnen, maßvoll, tolerant und geduldig. Tugenden als Charaktereigenschaften sind erworbene und zur festen Gewohnheit [→ IX Habitus] gewordene Handlungsdispositionen, die der Einzelne durch moralische Selbsterziehung und -bildung sich aneignet und die zu entwickeln die Hauptaufgabe jeder moralischen Erziehung ist. Ihnen kommt eine essenzielle Bedeutung für das menschliche Wohlergehen zu, in dem Sinne, dass die Entwicklung und Ausübung von Tugenden selbst etwas in sich Gutes ist und oft auch (nicht immer) zum eigenen Wohlergehen, aber mehr noch zum Wohlergehen anderer beiträgt.

„Erst eine Theorie der Tugenden kann darüber Aufschluss geben, welche Formen von Wohlwollen, Mitleid, Einsicht und Pflichtbewusstsein, welches Amalgam moralischer Gefühle und Einsichten das „moralische Selbst" von Menschen in ihrer ganzen Komplexität ausmachen" (Brumlik 2002, 56).

Tugenden als Eigenschaften einer Person und als Handlungsdispositionen sind immer auf das Ganze der Person bezogen; sie sind Gestaltungsformen und Ausdrucksweisen eines Individuums als unteilbare Einheit und Ganzheit von Leib, Geist und Seele, von Verstand und Gefühl, von Können und Wollen. Sie sind anthropologisch-ethische Gestalten eines noch einheitlichen Menschenbildes von Kognition, Emotion, Motivation und Volition

vor seiner Aufspaltung in instrumentelle, zweckrationale und systemfunktionale Teilfunktionen sowie gesellschaftliche Leistungsansprüche und -erwartungen.

In der gegenwärtigen Tugendethik lassen sich ‚reine‘ und ‚gemischte‘ tugendethische Positionen unterscheiden (vgl. Rippe & Schaber 1998). Nach einer reinen Tugendethik liefern uns allein die Tugenden moralische Gründe und Motive zum Handeln; gute Handlungsweisen sind immer Ausdruck einer Tugend. Eine gemischte Tugendethik kann auch deontologische und utilitaristische Handlungsgründe und -prinzipien anerkennen, zwischen denen von Fall zu Fall zu entscheiden ist. Offen bleibt weiterhin die Frage, ob es universell gültige, nicht-relative Tugenden gibt, als „Wesenseigenschaften" aller Menschen und anthropologische Eigentümlichkeiten (so Martha Nussbaum), oder ob Tugenden nur im Kontext bestimmter Traditionen und lokaler Gemeinschaften mit ihren spezifischen Werten, Normen und sozialen Praktiken verankert sind (so Alasdair MacIntyre).

Von einer Einheit oder gar Deckungsgleichheit von Tugend und Glück kann heute jedoch nicht mehr die Rede sein: Glück und ein gutes, gelingendes Leben können sehr wohl auseinander fallen: Eine Person, die ein moralisch gutes Leben führt, muss deshalb noch nicht glücklich sein (und vice versa). Auch Lebensglück und Lebenssinn fallen nicht unbedingt ineins.

„Im Begriff der Tugend wird der Anspruch erhoben, das Verhältnis von angestrebten Tätigkeiten, seelischen Zuständen und widerfahrenen Kontingenzen alles in allem doch so steuern zu können, dass das gewollte und widerfahrene Leben schließlich im Ganzen bejaht werden kann" (Brumlik 2002, 44).

3 Ausblick

Tugenden und tugendethischen Reflexionen kommt in der Heil-, Sonder- und Behindertenpädagogik zentrale Bedeutung zu in Ansätzen und Entwürfen einer heilpädagogischen Berufsethik, die gute heilpädagogische Praxis als Einheit von Person und Handeln auffasst. Solche ersten Entwürfe einer Berufsethik auf einer ‚reinen‘ oder ‚gemischten‘ tugendethischen Grundlage existieren bislang als ‚kleine heilpädagogische Tugendlehre‘ (vgl. Gröschke 1993) oder in Bezugnahme auf den verwandten Grundbegriff der ‚heilpädagogischen Haltung‘ (vgl. Häußler 2000).

Tugenden als ‚gefestigte, innere Haltungen und Neigungen‘ sind Gestalten des ‚inneren Halts‘ einer Person, der nach der heilpädagogisch-anthropologischen Theorie vom ‚Aufbau des inneren Halts‘ bei Paul Moor Elemente des aktiven Willens und des empfänglichen Gemüts in sich vereinigt und Telos heilpädagogischer Erziehung und (Selbst-)Bildung ist. Tugendbildung bleibt auch unter heutigen gesellschaftlichen Bedingungen ein ernst zu nehmender Ansatz moralischer Erziehung. Ethisch reflektierte Tugendlehren sind mehr als überkommene und überholte Sammelsurien von ‚Anstands- und Benimmregeln‘.

Die bleibende Aktualität dessen, was der Tugendbegriff zum Ausdruck bringt, lässt sich mit Comte-Sponville (1996, 18) bündig auf den Punkt bringen: „Denken über die Tugenden ist Bewusstmachen der Entfernung von ihnen. Denken über ihre Vorzüge ist Denken über unsere Unzulänglichkeit oder unsere Erbärmlichkeit […]. Das Nachdenken über die Tugenden macht nicht tugendhaft, jedenfalls ist bloßes Nachdenken immer ungenügend.

Es fördert allerdings eine Tugend, nämlich die Demut: Die intellektuelle Demut durch das überreiche Material der Tradition und die eigentlich moralische Demut durch die Einsicht, dass uns fast alle diese Tugenden fast immer fehlen, und dass man sich gleichwohl mit ihrem Fehlen nicht abfinden und sich von der Verantwortung für ihre Schwäche, die die unsere ist, nicht freisprechen darf.“

Literatur

Aristoteles (1985): Nikomachische Ethik. Hamburg

Brumlik, Micha (2002): Bildung und Glück. Versuch einer Theorie der Tugenden. Berlin

Comte-Sponville, André (1996): Ermutigung zum unzeitgemäßen Leben. Ein kleines Brevier der Tugenden und Werte. Reinbek

Düwell, Marcus, Hübental, Christoph & Werner, Michael (Hrsg.) (2002): Handbuch Ethik. Stuttgart

Gröschke, Dieter (1993): Praktische Ethik der Heilpädagogik. Individual- und sozialethische Reflexionen zu Grundfragen der Behindertenhilfe. Bad Heilbrunn

Häußler, Michael (2000): Skepsis als heilpädagogische Haltung. Reflexionen zur Berufsethik der Heilpädagogik. Bad Heilbrunn

Kant, Immanuel (1975): Grundlegung zur Metaphysik der Sitten. In: Werke in 10 Bänden (Hrsg. Wilhelm Weischedel), Bd. 9. Darmstadt

Pieper, Josef (1991): Das Viergespann. Klugheit, Gerechtigkeit, Tapferkeit, Maß. München

Rippe, Klaus & Schaber, Peter (Hrsg.) (1998): Tugendethik. Stuttgart

Spaemann, Robert & Schweidler, Walter (Hrsg.) (2006): Ethik. Lehr- und Lesebuch. Texte, Fragen, Antworten. Stuttgart

Leid/Mitleid

Claudia Gottwald & Markus Dederich

1 Definition, Begriffs- und Gegenstandsgeschichte

a) Leid/Leiden

Zwischen den Begriffen ‚Leid' bzw. ‚Leiden' gibt es keine eindeutige und allgemein anerkannte Unterscheidung. Im allgemeinen Sprachgebrauch stehen sie für Kummer, Unglück, Schmerz, Qual. Manchmal werden anhaltende Krankheiten als ‚Leiden' bezeichnet. Etymologisch betrachtet ist ‚Leid' ein substantiviertes Adjektiv und wird vom germanischen *laipa* ‚betrüblich, widerwärtig' (Kluge 2002) hergeleitet. Während das Leid ursprünglich die ‚Abwendung' bezeichnete, meinte das Verb ‚leiden' das ‚Weggehen, Gehen, Vergehen' (vgl. ebd.).

Ein wichtiges Charakteristikum von Leiden ist die Passivität (i. S. von Erleiden, Zustoßen). Noch bevor wir uns durch Deutungs- und Bewältigungsversuche auf das Leiden beziehen, ergreift es uns, nimmt von uns Besitz. In diesem Sinne lässt sich Leiden als „Widerfahrnis (Pathos)" (Waldenfels 1991, 122) oder sogar als „Überkommnis" (ebd.) begreifen. Es ist eine Grunderfahrung des menschlichen Lebens, um deren Deutung alle Völker und Religionen, Philosophen, Dichter und Künstler gerungen haben. „Im Leiden erlebt der Mensch mit seinem unendlichen Glück-Streben die Endlichkeit seines Daseins" (Müller & Halder 1988, 172). Ein anderer Definitionsversuch fasst Leid bzw. Leiden als schmerzhaft empfundene, auf äußere oder innere Ereignisse zurückführbare Einschränkung oder Unterdrückung von als wesentlich empfundenen Lebensvorstellungen oder Zukunftserwartungen des Menschen (vgl. Höffe 1992, 159).

Die Allgegenwärtigkeit menschlichen Leidens hängt mit der Verfasstheit des Menschen zusammen, mit seiner leiblichen Verankerung in einer physischen und sozialen Welt sowie mit seiner hiermit gegebenen Verletzbarkeit. Freud unterscheidet drei Quellen des Leidens, denen wir stets ausgesetzt sind. Es droht „vom eigenen Körper her, der, zu Zerfall und Auflösung bestimmt, sogar Schmerz und Angst als Warnungssignale nicht entbehren kann, von der Außenwelt, die mit übermächtigen, unerbittlichen, zerstörenden Kräften gegen uns wüten kann, und endlich aus den Beziehungen zu anderen Menschen" (Freud 1972, 434).

Leiden kann somit nicht einseitig mit Krankheiten und schmerzlich erfahrenen Gesundheitseinschränkungen in Verbindung gebracht werden, sondern hat eine existenzielle und psychosoziale Dimension, die in der Menschheitsgeschichte einerseits eng mit der Politik verbunden wurde und andererseits stets ein Thema der Religionen war.

Bereits in der Antike war Leid bzw. Leiden ein zentrales Thema, etwa in der griechischen Tragödie. Das Alte Testament brachte Leiden vorwiegend mit menschlichen Verfehlungen in Verbindung und betrachtete es als Ausdruck von Sünde und daraus folgender Strafe. Für den Philosophen Spaemann kann das Leiden den Zweck haben, den Menschen vom Ungehorsam zum Gehorsam zu führen (vgl. Spaemann 1977, 125 ff.). Im Buch Hiob trifft das Leiden einen ‚Gerechten' und dient der Prüfung von Hiobs Glauben. Gegenüber der römischen Stoa, die eine möglichst gelassene Hinnahme des Leidens lehrte, wurde das Leiden im christlichen Denken so zu einem Heilsweg, denn, richtig verstanden, wurde es zu einer Etappe auf dem Weg zum eigenen religiösen Heil.

Eng verbunden mit dem Problem bzw. dem Sinn und Zweck menschlichen Leidens ist auch die Theodizee, also die Frage, wie angesichts des vielfältigen und oft ungerechten

Leidens in der Welt ein guter und gerechter Gott als Schöpfer dieser Welt zu rechtfertigen ist (*théos* = Gott, *díke* = Gerechtigkeit). Vor allem nach der Erfahrung des unsäglichen Leides im Holocaust wurde die Frage nach der Theodizee kontrovers diskutiert (siehe z. B. Emmanuel Lévinas und Hans Jonas). Mit zunehmender Säkularisierung verwandelte sich das Problem der Theodizee in das Problem der Anthropodizee, d. h. die Frage nach der Gerechtigkeit des Menschen.

Wie Nietzsche betont, verlor das Leiden trotz aller Erklärungs- und Besänftigungsversuche nicht seinen Stachel, denn nach dem Scheitern der Versuche, das Leiden metaphysisch zu überhöhen oder durch humanistische Programme einzudämmen, blieb das letztlich sinnlose Leiden zurück. Auch für Lévinas ist Leid bzw. Leiden zutiefst sinnlos, nutzlos, absurd und nicht in andere Lebenszustände integrierbar (vgl. Lévinas 1995, 119 ff.).

Während manche Religionen einen gewissen Fatalismus angesichts des Leidens lehren, setzte sich mit Beginn der Neuzeit im europäischen Kulturraum eine antifatalistische Überzeugung durch. Auch sie konnte die Frage nach dem Sinn des Leidens letztlich nicht beantworten. Jedoch verpflichtete sie sich dem Ziel, es durch Erforschung, Beherrschung und Beseitigung seiner Ursachen einzudämmen und so die Lebensbedingungen der Menschen zu verbessern. Dies geschah im Wesentlichen durch aktive Naturbeherrschung und Steuerung der gesellschaftlichen Entwicklung mit den Mitteln der Wissenschaft, Technik und Politik. Jedoch haben diese Anstrengungen nicht nur Früchte getragen, sondern selbst zu neuem Leiden geführt. Dies zeigt sich in einem der wichtigsten Bereiche der Leidensbekämpfung, der modernen Medizin.

b) Mitleid/Mitleiden

Das deutsche Wort ,Mitleid' ist eine Lehnübersetzung aus dem Lateinischen *compassio* für ,Mitleiden, Mitempfinden' (Kluge), die sich erst im Laufe des 17. Jahrhunderts durchsetzte. Zunächst wurde das substantivierte Verb ,Mitleiden' verwendet. Im Grimmschen Wörterbuch (Grimm 1971, Bd. 12, Sp. 2356 ff.) werden zwei Bedeutungsvarianten angeboten, die für die heutigen Diskussionen noch von Bedeutung sind: Mitleiden als gemeinschaftliches Leiden und als Teilnahme am Schmerzerleben anderer.

Mitleid wird zumeist in religiösen, philosophischen und psychologischen Zusammenhängen diskutiert und dabei höchst unterschiedlich bewertet. Auch in der Ethik ist das Mitleid überaus umstritten.

Mitleid wird bereits in der „Ilias" von Homer thematisiert. Eine erste wirkungsgeschichtlich bedeutsame Definition hat Aristoteles, wie Platon eher ein Mitleidsskeptiker, in seiner Rhetorik formuliert. Demnach ist Mitleid ein Schmerz oder Kummer „über ein offensichtliches Übel, das mit Vernichtung und Leid jemanden bedroht, der es nicht verdient, und das zu erfahren man für sich oder einen der Seinen gefasst sein muss, wenn es nah erscheint" (Aristoteles 1959, 1385b). Laut Aristoteles können wir Mitleid dann empfinden, wenn der Leidende uns so ähnlich ist, dass wir dieses Leid potenziell selber erfahren könnten. Die Stoiker lehnten das Mitleid vor allem wegen seiner affektiven Tönung ab. Demgegenüber erlangte das Mitleid im Christentum eine herausgehobene Bedeutung; in ihrer Verbindung mit der Barmherzigkeit (*misericordia*) wurde es als wesentlicher Bestandteil tätiger Nächstenliebe (*caritas*) verstanden (z. B. Augustinus, Thomas von Aquin). Auch in der neuzeitlichen Philosophie bleibt das Mitleid umstritten. Während Mitleid in der rationalistischen Philosophie der Neuzeit weitgehend auf Ablehnung stößt, etwa bei Spinoza und Hobbes, wird es in der englischen Ethik positiv bewertet, so von Hume und Smith. Hume erklärt das Mitleid, das er als universales Gefühl versteht, auf der Grundlage der Sympathie. Diese ist der Kernbegriff seiner Ethik, die von einer naturgegebenen, die Möglichkeit des Verstehens begründenden Ähnlichkeit aller Menschen ausgeht.

Ein wichtiger Verfechter des Mitleids war Rousseau, während die deutsche Aufklärungsphilosophie, vor allem Kant, dem Mitleid keine grundlegende Bedeutung für die Ethik zusprach. Einer der schärfsten Kritiker Kants war Schopenhauer, der wohl berühmteste deutschsprachige Mitleidsethiker. Moralische Handlungen sind für Schopenhauer solche, die unmittelbar durch das „Wohl und Wehe" des anderen motiviert sind (Schopenhauer 1988, 564). Das Wohl des Anderen zu wollen und sein Wehe nicht zu wollen „setzt nothwendig voraus, dass ich bei *seinem* Wehe als solchem geradezu mitleide, *sein* Wehe fühle, wie sonst nur meines, und deshalb sein Wohl unmittelbar will, wie sonst nur meines" (ebd.). Dies aber hat eine Identifizierung mit dem Anderen zur Voraussetzung. Dennoch bleibt das Leid des Anderen nach Schopenhauer *sein* Leiden, wir identifizieren uns nur mittels Erkenntnis, leiden aber nicht selber (vgl. ebd., 568). Für Nietzsche hingegen ist das Mitleid ein schädlicher Affekt, der krank und melancholisch macht und dadurch das Leiden in der Welt vergrößert. Nietzsche profilierte sich als Verächter des Mitleides, das für ihn ein Zeichen einer schwachen, dekadenten und lebensverneinenden Kultur ist. Tatsächlich gehört die Frage, wie fremdes Leiden nachvollzogen werden kann, ohne zu eigenem Leiden zu werden, zu den kontroversesten Problemen der Diskussion über das Mitleid. Max Scheler hat diese Problematik zu lösen versucht, indem er echtes Mitleid von der Gefühlsansteckung unterscheidet. Bei letzterer leidet auch die mitleidende Person, bei echtem Mitleid jedoch nicht. Scheler ordnet das Mitleid dem Mitgefühl unter, deren Fundament die Liebe im christlichen Sinn ist. Mitgefühl umfasst im Gegensatz zu Mitleid auch die Mitfreude, ist also nicht auf Leid bzw. Leiden beschränkt. Vor diesem Hintergrund weist Scheler drei häufig formulierte Kritikpunkte am Mitleid zurück: es sei Multiplikator des Leidens, es zeige eine Flucht vor sich selbst an und bedeute eine Missachtung des Anderen. „Mitleiden ist Leiden am Leiden des Anderen als dieses Anderen" (Scheler 1923, 46).

Die kontroversen Diskussionen über das Mitleid und seine Bedeutung für Ethik und Moral dauern bis in die Gegenwart an. Die unterschiedlichen Zugänge und Positionen zeigen die tiefe Zwiespältigkeit, von der das Mitleid durchzogen ist. Diese zeigt sich vor allem an zwei Entwicklungen, die das Mitleid durchlaufen hat.

Erstens kam es im Laufe des 19. Jahrhunderts zu einer Abwertung des Mitleids. Mitleidsbekundungen gelten seit dem häufig als Ausdruck moralischer Verurteilung oder Verächtlichkeit (etwa von lasterhaftem Verhalten, Dummheit, politischen Einstellungen, Ungeschicklichkeit u. a. m.) (vgl. Hamburger 1985, 83 f.). Die Person des Anderen wird zum Gegenstand des Mitleides, weil sie selbst als Quelle oder Ursache des von ihr erfahrenen Leids angesehen wird. Hiermit gehen negativ getönte Mitleidattribute einher, die im Wortfeld des Verächtlichen stehen: „spöttisch, gönnerhaft, demütigend, kränkend sind nur einige davon" (ebd., 84 f.). Damit ist ein weiterer wichtiger Wandel bzw. Bedeutungsunterschied indirekt angesprochen: ‚Mitleid haben' oder ‚Mitleid bekunden' versteht Mitleid als ein Gefühl, ‚Mitleiden' im Sinne aktiver Anteilnahme wird demgegenüber als Handlung aufgefasst.

Der zweite Entwicklungsstrang ist die Herausbildung dessen, was Dörner (1988) treffend „tödliches Mitleid" genannt hat. Diese Form von Mitleid hat sich im Kontext des Sozialdarwinismus und der Rassenhygiene im späten 19. und frühen 20. Jahrhundert herausgebildet. Es ist nach Dörner eine Folge der Medizinisierung der Sozialen Frage und zugleich ein moralisch-psychologisches Instrument, die gewaltsame Lösung dieser Frage zu legitimieren. Diejenigen Menschen werden zum Gegenstand des Mitleids, die ihre soziale Brauchbarkeit nicht mehr nachweisen können und an gesellschaftlichen Minimalanforderungen scheitern. Koffler spricht von einer „unheiligen Allianz" (Koffler 2001, 47) zwischen Sozialdarwinismus und Mitleidsethik. Nach Koffler ist dies jedoch ein Etikettenschwindel, da Nützlichkeitserwägungen im Vordergrund stehen und Euthanasiebefürworter aus der ‚Pflicht zum Mitleiden' eine ‚Pflicht zum Sterben' machen (vgl. ebd. 47 ff.).

Aufgrund oben genannter Um- und Abwertungen des Mitleidsbegriffs ist die Tendenz zu beobachten, statt Mitleid fremdsprachliche Begriffe wie Empathie und Solidarität zu verwenden oder von Mitgefühl zu sprechen, um damit im Mitleidsbegriff entstandene Ambivalenzen zu umgehen.

2 Leid, Mitleid und Behinderung – Zentrale Erkenntnisse

Behinderung ist spätestens mit Beginn der Aufklärung auf eine ambivalente Weise mit der Frage nach Leid und Mitleid verknüpft: Mitleid dient einerseits zunächst als Begründung für pädagogisches Handeln (Heinrich Hanselmann und Paul Moor gründen ihre Heilpädagogik auf christlicher Nächstenliebe und tätigem Mitleid) und wird auf der anderen Seite als Asymmetrien herstellender Begriff bemängelt.

Vor allem von der Behindertenbewegung wird die Gleichsetzung von Behinderung mit Leiden und damit auch das Mitleid abgelehnt. Diese Ablehnung bezieht sich auf die oben skizzierten Bedeutungsverschiebungen des Mitleidsbegriffs. Mitleid wird infolge dessen als entwürdigender und herrschaftlicher Übergriff oder als „Verachtung" (Jollien 2001, 60) empfunden und als „Angriff auf die Identität des Behinderten" (Saal 1987, 25) gewertet. Die Gleichsetzung von Behinderung und Leiden steht der positiven Identitätsfindung und Ideen von Anerkennung [→ Anerkennung] und Selbstbestimmung [→ Selbstbestimmung] entgegen. Diese Überlegungen führten u. a. auch zu einer Umbenennung der ‚Aktion Sorgenkind' in ‚Aktion Mensch' im Jahr 2000.

Nach Saal, der sich immer wieder mit Leid und Mitleid auseinander gesetzt hat, bedeutet Mitleiden angesichts von Behinderung gerade nicht die Teilnahme am Leid des anderen, sondern es handelt sich um eine Projektion.

„Man will gar nicht erst wissen, ob es das vermutete Leid auch wirklich gibt; es wird einfach vorausgesetzt und über seine – endgültige – Beseitigung nachgedacht. Dass wir gar nicht das Leid des anderen meinen, sondern unser eigenes beim Anblick des Vermuteten, das lassen wir gar nicht erst in unser Bewusstsein" (Saal 2002, 137).

Mitleid wird hier als bloßes Selbstmitleid verstanden, das nicht zur Verminderung von Leid, sondern zur Verhinderung des Leidenden bzw. das Töten oder Sterbenlassen (vermeintlich) Leidender im Sinne des Sozialdarwinismus bzw. der neuen Eugenik [→ Eugenik] und Euthanasie [→ Euthanasie] führt: „Geh fort, damit ich nicht leide" (Thimm 1985, 132).

3 Ausblick

Auch die Postulierung eines leidfreien Lebens (z. B. durch Humangenetik, PND, Sterbehilfe) hat nicht zu einer Abschaffung des Leids geführt. Wenn Leiden zum Leben gehört wie das Einatmen zum Ausatmen (vgl. Waldenfels 1987), dann hat eine Leidensvermeidung bzw. -verdrängung notwendig eine Lebensminderung zur Folge. Waldenfels plädiert deshalb für die Bejahung des Lebens einschließlich seiner Leiden. Ein Versuch, das Leiden in das Leben zu integrieren, stellt die Hospizbewegung [→ Sterben, Hospiz] seit Mitte der 1980er Jahre dar, die auch dank Fortschritten in der palliativmedizinischen Betreuung Leidender und Sterbender großen Zulauf bekommt. Hier geht es nicht um den ‚schönen Tod' (Euthanasie) als Mittel der Aufhebung des Leidens, sondern um das gute Leben bis zuletzt.

Einen Versuch, das Mitleid im Sinne Schopenhauers gegen die so genannte ‚Neue Euthanasie' [→ Euthanasie] an schwer behinderten Säuglingen und gegen utilitaristische Ethiken zu verwenden, unternimmt Bonfranchi (1997): Seines Erachtens ist dem Utilitarismus und seinen Vertretern mit analytischen

Gegenargumenten nicht beizukommen, aber gerade eine ‚Rehabilitation' der Emotionen und damit auch des Mitleids im Sinne ‚teilnehmender Anteilnahme' könnte einen Kontrapunkt setzen (vgl. Bonfranchi 1997, 79–126). Auch für Lévinas eröffnet das Leiden eine ethische Perspektive: Wenn das sinnlose, nutzlose und nicht zu rechtfertigende Leiden des Anderen in mir einen Sinn evoziert, ruft es damit „Nicht-Gleichgültigkeit" (Lévinas 1995, 128) und „Verantwortung" (ebd.) hervor. Damit führt auch bei Lévinas das Leiden letztlich zum Mit-Leiden und zur ‚tätigen Anteilnahme'. Es stellt sich auch die Frage, ob mit der Ablehnung des Leids und dem Verlust des Mitleids (im Sinne Schopenhauers) nicht auch Empathie, Mitgefühl und Solidarität verschwinden, weil Leid bzw. Leidende konsequent vermieden werden sollen. Mitleid bleibt zwar im Kontext von Behinderung – vor allem aufgrund seiner Geschichte – ein ambivalenter Begriff. Wenn aber Leiden (und damit auch Mitleiden) zum Leben – und zwar zu jedem Leben, nicht nur zu behindertem – gehören, dann muss der Mensch mit dem Leiden leben und nicht wegen des Leidens sterben.

Literatur

Aristoteles (1959): Rhetorik. Paderborn

Bonfranchi, Riccardo (1997): Über das Verhältnis von Analyse und Emotion in der Debatte um die „Neue Euthanasie". In: Bonfranchi, Riccardo (Hrsg.): Zwischen allen Stühlen. Die Kontroverse zu Ethik und Behinderung. Erlangen, 79–126

Dörner, Klaus (1988): Tödliches Mitleid. Zur Frage der Unerträglichkeit des Lebens oder: Die soziale Frage: Entstehung, Medizinisierung, NS-Endlösung, heute, morgen. Gütersloh

Freud, Sigmund (1972): Das Unbehangen in der Kultur. Gesammelte Werke Bd. XIV. Frankfurt a. M.

Grimm, J. & Grimm, W. (1971): Deutsches Wörterbuch. Leipzig http://germazope.uni-trier.de/Projects/DWB

Hamburger, Käte (1985): Das Mitleid. Stuttgart

Höffe, Otfried (1992): Lexikon der Ethik. München

Jollien, Alexandre (2001): Lob der Schwachheit. Zürich, 56–67

Kluge, Friedrich (2002): Etymologisches Wörterbuch der deutschen Sprache. 24. durchges. u. erw. Aufl. Berlin

Koffler, Joachim (2001): Mit-Leid. Geschichte und Problematik eines ethischen Grundwortes. Würzburg

Lévinas, Emmanuel (1995): Zwischen uns. Versuche über das Denken an den Anderen. München, 117–131

Müller, Max & Halder, Alois (Hrsg.) (1988): Philosophisches Wörterbuch. Freiburg

Saal, Fredi (1987): Mitleid – Angriff auf die Identität des Behinderten. Phänomenologie eines psychischen Abspaltungsmechanismus. In: Behinderte 6, 24–35

Saal, Fredi (2002): Brief an Klaus Dörner. In: Dörner, Klaus: Tödliches Mitleid. Zur Sozialen Frage der Unerträglichkeit des Lebens. Neumünster, 130–150

Scheler, Max (1923): Wesen und Formen der Sympathie. Bonn

Schopenhauer, Arthur (1988): Preisschrift über die Grundlage der Moral. In: Werke in fünf Bänden, Bd. III Kleinere Schriften. Zürich, 459–631

Spaemann, Robert (1977): Über den Sinn des Leidens. In: Einsprüche. Christliche Reden. Einsiedeln, 116–133

Thimm, Walter (1985): Leiden und Mitleiden – ein unbewältigtes Problem der Behindertenpädagogik. In: Vierteljahresschrift für Heilpädagogik und ihre Nachbargebiete, 54, 2, 127–141

Waldenfels, Bernhardt (1991): Der Stachel des Fremden. Frankfurt a. M.

Heiligkeit des Lebens

Dietmar Mieth

1 Begriffs- und Gegenstandsgeschichte

„Es sind die gegenwärtig zunehmenden, schmerzhaften Kontingenz-, Grenz- und Widerstandserfahrungen, mit denen der moderne Mensch konfrontiert wird, die die Frage aufkommen lassen, ob nicht die Anerkennung der Rückgebundenheit des Menschen an eine nicht-anthropozentrische, unverfügbare Wirklichkeitsdimension, die wir das Heilige nennen, zu den transkulturellen Voraussetzungen einer sinnvollen und humanen Existenz des Menschen auf Erden gehört" (Gantke 2005, 102).

Zunächst berührt der Begriff der Heiligkeit eine übergreifende Bestimmung von Religion überhaupt: „Religion ist Begegnung mit dem Heiligen und antwortendes Handeln des vom Heiligen bestimmten Menschen" (Mensching 1959, 18). Dem Heiligen als Zusammenfassung des Numinosen, des „Tremendum et Fascinosum" des Göttlichen (R. Otto) entspricht auf Seiten des Menschen die Ehrfurcht vor Gott und vor seinen Repräsentation bzw. seinen Werken. „Ehrfurcht vor dem Leben" (A. Schweitzer) als Handlungsprinzip in der Ethik gehört in diesen Bereich.

In der Bibel ist Heiligkeit entweder auf die Verehrung Gottes (vgl. Sach 8,3) oder auf die Rechtschaffenheit des Menschen (vgl. Eph 4,24) bezogen. Das erste bezieht sich stärker auf das Alte Testament: Heiligkeit gehört zum Kultort und zum Kultdienst, also wesentlich zum ‚Heiligtum‘, ein Wort, das im Neuen Testament nur einmal vorkommt (vgl. Mt 7,6). Das zweite, die Rechtschaffenheit des Lebens, drückt sich stärker in dem Prozess der Heiligung aus, der im Neuen Testament insbesondere in den Paulusbriefen beschrieben wird.

Da Heiligkeit ursprunglich zu Gott gehört, drückt sie verschiedene Elemente des Gottesbildes aus: seine Herrlichkeit, seine Entzogenheit und die Erfahrung, dass er nicht schlicht ‚das Gute‘ ist, sondern das Ganze der Wirklichkeit erhält und repräsentiert.

Die Tradition der ‚Heiligkeit des Lebens‘, im nordamerikanischen Bereich üblicher und gebräuchlicher unter dem Titel ‚sanctity of life‘ beruht auf vielschichtigen Traditionen. Zunächst ist sie durch die Schöpfungsvorstellung begründet, in welcher die Gutheit der Schöpfung in besonderer Weise hervorgehoben ist (vgl. Baranzke 2002, 54 ff.). Diese ‚bonitas‘-Tradition, die auch auf die Vorstellung von der ‚Würde der Kreatur‘ Einfluss nimmt, wird auch durch die Austauschbarkeit von ‚Sein‘ und ‚Gut‘ in philosophischen Traditionen bis ins Mittelalter hinein verstärkt. Außerdem ist die Tradition der Heiligung des Lebens in der Geschichte der Spiritualität wirksam. Sie hat einen besonderen Stand im Judentum als einer Religion praktischer Verpflichtungen, in welcher Rituale der Heiligung und eine Ethik der Heiligung bzw. der Rechtschaffenheit ineinander überfließen. Aber auch im Christentum, in das noch andere Quellen aus Griechentum, Römertum und Germanentum einfließen, wirkt die kultische Heiligkeit sich auch auf die Lebensform des Liturgen aus (z. B. auf den Zölibat der Priester). Die Heiligung des Lebens, zu der jeder aufgerufen ist, den schon Paulus in seiner Anrede an die Gemeinden zu den Berufenen, d. h. zu den Heiligen zählt, setzt sich ebenfalls in Lebensformen fort. Das Mönchtum hat hier besondere Traditionen entfaltet, aber später auch das evangelische Pfarrhaus und die wiederholten Versuche, auch zu einer Heiligung des Alltaglebens theoretisch und praktisch vorzudringen.

Die Schöpfungstradition ist freilich entscheidender für den Zusammenhang von ‚Heiligkeit‘ und ‚Leben‘. Gott gilt als die „Quelle des Lebens" (Ps 36,10). Die emphatische Betonung des Lebens als einer eigenen Dimensionalität der Gutheit der Schöpfung, als ihre Steigerung, wird in einer Legion von biblischen Fassungen sichtbar. Dabei geht die Kontinuität des Lebens über das irdische Leben hinaus. Dessen durch Endlichkeit eingeschränkte Lebensqualität wird eschatologisch überboten, wenn die „Wasser des Lebens" einmal „umsonst" fließen werden, so das letzte Wort des neuen Testamentes (Offb 22,17). Die Herkunft und die Zukunft des Lebens, als gleichsam ‚übernatürliche Akte‘, tragen das Leben zugleich in seiner ‚natürlichen‘ Form. Dies gilt insbesondere für den Menschen, dem Gott in einem eigenen Akt den „Atem des Lebens" (Gen 2,7) gegeben hat. Damit ist die Lebenslehre mit der Seelenlehre verknüpft. Mit der antiken Biologie (Hippokrates, Aristoteles, Galenus, vgl. Willam 2007), die vom Leben als kausal nicht aus der Materie ableitbarer Selbstbewegung ausgeht, ist auch eine dreistufige Seelenlehre verbunden, die eine vegetative, eine sensitive und eine intellektive Seele annimmt. Die jeweils niedere Stufe ist dabei in der höheren enthalten und wird in ihr anverwandelt, so dass die auf der höheren Stufe mit dieser gleich ist.

Mit dieser Dreiteilung ist, insbesondere bezogen auf den Menschen, oft die Vorstellung von einer chronologischen Sukzessivbeseelung verbunden (Thomas von Aquin), aber das Interesse richtet sich dabei weniger auf eine zeitliche Abfolge als darauf, dass die niedere Stufe in der höheren nicht nur hinausgehoben, sondern zugleich aufgehoben ist. Damit wird zwar die Gemeinsamkeit des Menschen mit Pflanzen und Tieren nicht aufgegeben, aber zugleich wird das, was wir heute als material geringen genetischen Unterschied etwa zu höheren Säugetieren (ca. 2 %) begreifen, doch dahingehend qualifiziert, dass diese spezifische Humanität in jeder Zelle repräsentiert ist. Damit tritt eine qualitative an die Stelle einer quantitativen Sicht.

Damit konzentriert sich die ‚Heiligkeit des Lebens‘ als Metapher für die Schöpfungsgutheit und als Metapher für die eschatologische Erwartung eines guten und vollendeten Lebens letztlich doch auf den Menschen. Dabei kann man freilich eine radikale Anthropozentrik hier außer Acht lassen, da das Leben in seinen vielfältigen Formen dispers und divers ist und darin den Menschen als Mitgeschöpf einschließt. Aber es bleibt Merkmal dieser Tradition, dass der lebendige Mensch insbesondere unter die ‚Heiligkeit des Lebens‘ (im Sinne der gesegneten Herkunfts-Gutheit und der göttlichen Zukunftsbestimmung) fällt. Deshalb wird für die Anwendung dieser Vorstellung die Frage tragend, ab wann der Mensch ‚lebendig‘, d. h. ab wann er im zutreffenden Sinne ein Mensch ist. Es geht nicht um das menschliche Leben, das ja in jeder Zelle anwesend ist, es geht um das Leben des einzelnen Menschen, denn nur dieses könnte im zentralen Sinn dieser Tradition ‚heilig‘ genannt werden.

„Das Heilige im christlichen Sinne ist eine personal-sittliche Kategorie, die deutlich abgegrenzt werden kann gegen neuere Versuche der Sakralisierung der Natur, in der die Bedeutung der menschlichen Person und ihrer Würde abgewertet wird" (Gantke 2005, 97).

2 Aktueller Forschungsstand

In der bioethischen Debatte ist ‚Heiligkeit des Lebenn‘ nichts anderes als eine pathetische, religiöse Metapher für einen Lebensschutz, auf den der Mensch als Mensch und sobald er Mensch ist, Anspruch hat. Die Besonderheit des Menschen wird in diesem Kontext als ‚Gottebenbildlichkeit‘ bezeichnet. Dass der Mensch Gottes Bild ist (vgl. Gen 1,26), betont seinen gott-präsentierenden Charakter in der Welt, zugleich aber auch seine Abhängigkeit und seine Endlichkeit. In der moralischen Anspruchshaltung unterscheidet sich die biblische Forderung nach Menschenachtung nicht von der Anwendungsformel der Menschenwürde bei Kant [→ Menschenwürde]. Denn Kant hat zwar die Menschenwürde aus den Fähigkeiten der Vernunft und der endlichen Freiheit begründet, er hatte sie aber zugleich auf die gesamte Menschheit in der Anwendung ausgedehnt (vgl. Baranzke, 2002, 163 f.). Man muss also bei ihm zwischen Begründungsgang und Reichweite der Anwendung unterscheiden. Bei Hans Jonas findet sich demgegenüber explizit die Verbindung zwischen Ebenbildlichkeit als Status des Menschen, Heiligkeit, Ehrfurcht und Lebensschutz (vgl. Jonas 1984, 392 f.).

Diese Vorstellungen sehen sich in der Bioethik [→ Bioethik] einem doppelten Angriff gegenüber: dem Angriff des biowissenschaftlichen Monismus, für den Leben nur eine Ausdifferenzierung von Materie ist, die den gleichen physikalischen und chemischen Gesetzen folgt und nach diesen zu erklären ist, und dem Angriff eines ‚Personizismus‘, der den Personbegriff von der Spezies Mensch trennt und an die Tradition des Selbstbewusstseins, darüber hinaus der Interessenfähigkeit knüpft [→ Person/Persönlichkeit]. Damit sind nicht alle Menschen Personen, damit haben nicht alle die gleichen Rechte, auch wenn sie durchaus als menschliche Lebewesen dem Interesse bzw. der Pietät von Personen überantwortet sind (vgl. Kuhse & Singer, 1993). Der Angriff auf das religiöse Motiv der Heiligkeit des Lebens trifft oft ein Schlagwort, das sich der näheren Untersuchung zu entziehen droht. Er zielt aber auch darauf, religiöse Motive als partikulare Ansichten aus dem allgemein ethischen Diskurs zu verdrängen. Dazu müsste man aber zeigen, dass das Motiv nichtreligiösen Menschen nicht plausibel erklärt werden kann. Diese Erklärung ist jedoch durchaus möglich, sofern diese des Staunens und der Ehrfurcht fähig sind. Der philosophische Lebensbegriff des Antike enthielt, vor allem bezogen auf den Menschen und seine Lebensformen, einen Begriff des ‚Bios‘, der, weit entfernt von unseren heutigen, mit methodologischem Monismus arbeitenden Biowissenschaften, etwa mit der beschaulichen Lebensführung des Philosophen oder der praktischen Lebensführung des werktätigen Menschen verbunden wurde. Demgegenüber wird der Lebensbegriff der Biowissenschaften schon einmal als „Fetisch" (Ivan Illich) bezeichnet, weil er die Gewichtigkeit der das Wort ‚Leben‘ begleitenden Gefühle mitnimmt, zugleich aber Seele und Geist im Lebensbegriff zugleich leugnet und abbaut.

Der Lebensbegriff, der mit menschlichen Lebensformen, mit Lebensgestaltung zu tun hat, tritt in die Dimension des ‚Heiligen‘, wenn damit das Staunen vor der neuen Stufe des Daseins (wie immer sie kausal abzuleiten ist) und dessen Hinordnung auf das Leben des Menschen als ‚Leben des Geistes‘ verbunden ist. ‚Heiligkeit des Lebens‘ ist keine Norm, sondern ein Indikator des Staunens und der Ehrfurcht. In diesem Sinne wird ‚das Heilige‘ vor allem von Hans Jonas gebraucht: „Auch Ehrfurcht und Schaudern sind wieder zu lernen, dass sie uns vor Irrwegen mit unserer Macht schützen (zum Beispiel vor Experimenten mit der menschlichen Konstitution). Das Paradoxe unserer Lage besteht darin, dass wir die verlorene Ehrfurcht vom Schaudern, das Positive vom vorgestellten Negativen zurückgewinnen müssen: die Ehrfurcht für das, was der Mensch war und ist, aus dem Zurückschaudern vor dem, was er werden könnte und uns als diese Möglichkeit aus der vorgedachten Zukunft anstarrt. Die Ehrfurcht allein, indem sie uns ein ‚Heiliges‘, d. h. unter keinen Umständen zu Verletzendes enthüllt (und das ist auch ohne positive Religion dem Auge erscheinbar), wird uns auch davor schützen, um der Zukunft willen die Gegenwart zu schänden, jene um den Preis dieser kaufen zu wollen. So wenig wie die Hoffnung darf auch die Furcht dazu verführen, den eigentlichen Zweck, das Gedeihen der Menschheit in unverkümmerter Menschlichkeit – auf später zu verschieben und inzwischen eben diesen Zweck durch die Mittel zuschanden zu machen. Solches würden Mittel tun, die den Menschen ihrer eigenen Zeit nicht respektieren" (Jonas 1994, 392 f.).

Dieser sehr dichte Text des Religionsphilosophen enthält wesentliche Einsichten, die mit einem nicht-kultischen, sondern humanistischen Begriff der Heiligkeit verbunden sind: die Einsicht, dass auch ohne konfessionelle Eigenheiten die Verbindung zwischen Mensch und Menschheit und deren besonderer Rang eingesehen werden kann, ja sogar faszinierend ist. Denn der Mensch ist nicht bloß eine prominente Variation des Selbstbewusstseins, das ja ohne seine leibliche Zuordnung zum Menschengeschlecht gar nicht in dieser Form existieren würde. Der Mensch, der als einzige Gattung über die Gattungen reflektieren kann, kann deshalb nicht einfach als Gattungswesen (im Sinne von ‚species‘) beschrieben werden, denn nur seine Kultur konnte den Begriff der Gattungseinteilung überhaupt gewinnen. Der Mensch ist immer zugleich einbezogen, wenn er die Menschheit als Gattung beschreibt, und er ist als Beschreibender außerhalb der damit aufgestellten Ordnung, weil er sie erst aufgrund seiner Kulturentwicklung beschreiben kann und niemand sonst. Deshalb ist Menschheit mehr als ein Gattungsbegriff, vielmehr, wie schon Kant meint, ein Achtungsbegriff (vgl. Baranzke, 2006).

3 Ausblick

Die religiöse Motivik steigert (erstens) die Achtung zur Ehrfurcht. Zugleich ist diese Ehrfurcht (zweitens) ein Zugang zu dem ethischen Kernsatz, dass der gute Zweck nicht Mittel heiligen kann, die diesen Zweck selbst verletzen. Sie ist (drittens) auch ein Zugang zur Verletzlichkeit des Menschen, die die Ehrfurcht zur Fürsorge und zur Solidarität mit den eingeschränkten, verletzlichen, behinderten Menschen werden lässt [→ Ethische Grundlagen der Behindertenpädagogik: Konstitution und Systematik].

Die ‚Heiligkeit des Lebens‘ ist also eher ein Indikator, der aufmerksam machen und zu

Vorsicht anleiten soll. Sie ist als solcher kein Begründungssatz, der zum Schutz menschlichen Lebens allein ausreicht. Es gibt in der Geschichte Begründungen für Ausnahmen vom Lebensschutz (Notwehr, Krieg, Todesstrafe), die, auch wenn sie bestritten werden, doch deutlich machen, dass Ehrfurcht und Respekt allein nicht genügen. Der ‚respect for life‘ hat z. B. den Embryonenverbrauch nicht verhindert. Es muss der Nachweis hinzukommen, dass es sich nicht nur um ‚Leben‘ handelt, sondern um individuelles Leben, das unter die Menschenwürde, d. h. unter einen absoluten, nicht austauschbaren Wert fällt. Da dieser Nachweis oft schwierig ist, kann es genügen, dass der gegenteilige Nachweis nicht geführt werden kann. Dabei steigert sich das Staunen vor der Selbstbewegung, die in einer Zelle möglich ist und nicht auf kausale Physik zurückgeführt werden kann, zu der Bereitschaft, dem menschlichen Lebewesen, gleich welchen Zustandes, gleich welcher Lebensqualität, eine Aura der Unantastbarkeit, wie sie im Grundgesetz Deutschlands anvisiert ist, zuzubilligen.

Literatur

Baranzke, Heike (2006): Heiligkeit des Lebens, Eine Spurensuche. In: Hilpert, Konrad & Mieth, Dietmar (Hrsg.): Kriterien biomedizinischer Ethik. Freiburg, 87–111

Baranzke, Heike (2002): Würde der Kreatur. Würzburg

Gantke, Wolfgang (2005): Heilig. In: Eicher, Peter (Hrsg.): Neues Handbuch Theologischer Grundbegriffe, Bd. 2. München, 94–102

Jonas, Hans (1984): Das Prinzip Verantwortung. Frankfurt a. M.

Kuhse, Helga & Singer, Peter (1993): Muss dieses Kind am Leben bleiben? Erlangen

Mensching, Gustav (1959): Die Religion. Erscheinungsformen, Strukturtypen, Lebensgesetze. Stuttgart

Willam, Michael (2007): Mensch nach 40 Tagen? Die Sukzessivbeseelung in der antiken, jüdischen, christlichen und islamischen Tradition. (Studien zur Theologischen Ethik 112). Freiburg

Stichwortregister

Die Autoren

Prof. Dr. Georg Antor
Holsteinstraße 12 a
21465 Reinbek

Prof. Dr. Günter Cloerkes
Pädagogische Hochschule Heidelberg
Zeppelinstraße 3
69120 Heidelberg

Prof. Dr. Markus Dederich
Technische Universität Dortmund
Fakultät Rehabilitationswissenschaften
Emil-Figge-Straße 50
44221 Dortmund

Prof. Dr. Theresia Degener
Evangelische Fachhochschule RWL
Immanuel-Kant-Straße 18–12
44803 Bochum

Prof. Dr. Lutz Dietze
Bergstraße 23
27726 Worpswede

Dr. Andrea Dlugosch
Leibniz Universität Hannover
Philosophische Fakultät
Institut für Sonderpädagogik
Schloßwender Straße 1
30159 Hannover

Prof. Dr. Georg Feuser
Universität Zürich
Institut für Sonderpädagogik
Hirschengraben 48
CH-8001 Zürich

Prof. Dr. Barbara Fornefeld
Universität zu Köln
Humanwissenschaftliche Fakultät
Klosterstraße 79 b
50931 Köln

Bodo Frank
Lerchenstraße 20
27111 Bassum

Dr. Claudia Gottwald
Technische Universität Dortmund
Fakultät Rehabilitationswissenschaften
Emil-Figge-Straße 50
44221 Dortmund

Dr. Sigrid Graumann
Carl von Ossietzky-Universität Oldenburg
Fakultät I – Bildungs- und Sozialwissen-
schaften
Institut für Sozialwissenschaften
26111 Oldenburg

Prof. Dr. Dieter Gröschke
Katholische Fachhochschule NW
Abteilung Münster
Piusallee 89
48147 Münster

Prof. Dr. Detlef Horster
Leibniz Universität Hannover
Philosophische Fakultät
Bismarckstraße 2
30173 Hannover

Prof. Dr. Hajo Jakobs
Fachhochschule Kiel
FB Soziale Arbeit und Gesundheit
Sokratesplatz 1
24149 Kiel

Prof. Dr. Wolfgang Jantzen
Universität Bremen
Fachbereich Erziehungs- und Bildungs-
wissenschaften
Postfach 33 04 40
28334 Bremen

Prof. Dr. Yasemin Karakaşoğlu
Universität Bremen
Fachbereich Erziehungs- und Bildungs-
wissenschaften
Postfach 33 04 40
28334 Bremen

Swantje Köbsell
Universität Bremen
Fachbereich Erziehungs- und Bildungs-
wissenschaften
Postfach 33 04 40
28334 Bremen

Dr. Anke Langner
Vianova, Mühler Straße 12
A-6600 Reutte

Prof. Dr. Dietmar Mieth
Universität Tübingen
Katholisch-Theologisches Seminar
Liebermeister Straße 12
72076 Tübingen

Prof. Dr. Vera Moser
Justus-Liebig-Universität Gießen
Institut für Heil- und Sonderpädagogik
Karl-Glöckner-Straße 21 B 115
35394 Gießen

PD Dr. Dietmut Niedecken
Eppendorfer Landstraße 161
20251 Hamburg

Prof. Dr. Günther Opp
Martin-Luther-Universität Halle-Wittenberg
Fachbereich Erziehungswissenschaften
Institut für Rehabilitationspädagogik
06099 Halle (Saale)

Prof. Dr. Annedore Prengel
Universität Potsdam
Institut für Grundschulpädagogik
Postfach 60 15 53
14415 Potsdam

Ingolf Prosetzky
Hardenbergstraße 102
28201 Bremen

Prof. Dr. Ulrike Schildmann
Technische Universität Dortmund
Fakultät Rehabilitationswissenschaften
Emil-Figge-Straße 50
44221 Dortmund

Prof. Dr. Martin W. Schnell
Universität Witten/Herdecke
Fakultät für Medizin
Institut für Ethik und Kommunikation im
Gesundheitswesen
Alfred-Herrhausen-Straße 50
58448 Witten

Prof. Dr. Volker Schürmann
Universität Leipzig
Sportwissenschaftliche Fakultät
Institut für Sportpsychologie und -pädagogik
Jahnstraße 59
04109 Leipzig

Prof. Dr. Johann-Christoph Student
Hospiz Stuttgart
Stafflenbergstraße 22
70184 Stuttgart

Dr. Michael Wagner-Kern
Bundesvereinigung Lebenshilfe
Raiffeisenstraße 18
35043 Marburg

Prof. Dr. Anne Waldschmidt
Universität zu Köln
Humanwissenschaftliche Fakultät
Frangenheimstraße 4
50931 Köln

Dr. Michael Wunder
Evangelische Stiftung Alsterdorf
Paul-Stritter-Weg 7
22297 Hamburg

Prof. Dr. Andreas Zieger
Ziegelhofstraße 57
26121 Oldenburg

Prof. Dr. Kerstin Ziemen
Universität zu Köln
Humanwissenschaftliche Fakultät
Klosterstraße 79 b
50931 Köln

Prof. Dr. André Frank Zimpel
Universität Hamburg
Institut für Behindertenpädagogik
Sedanstraße 19
20146 Hamburg

Behinderung, Bildung, Partizipation
Enzyklopädisches Handbuch der Behindertenpädagogik

Überblick über das Gesamtwerk

Bd. 1: Wissenschaftstheorie
Hrsg. von Detlef Horster & Wolfgang Jantzen

Bd. 2: Behinderung und Anerkennung
Hrsg. von Markus Dederich & Wolfgang Jantzen

Bd. 3: Bildung und Erziehung (unter erschwerten Bedingungen)
Hrsg. von Ditmar Schmetz, Astrid Kaiser, Peter Wachtel & Birgit Werner

Bd. 4: Didaktik und Unterricht
Hrsg. von Ditmar Schmetz, Astrid Kaiser, Peter Wachtel & Birgit Werner

Bd. 5: Lebenslagen und Lebensbewältigung
Hrsg. von Iris Beck & Heinrich Greving

Bd. 6: Gemeindeorientierte Dienstleistungssysteme
Hrsg. von Iris Beck & Heinrich Greving

Bd. 7: Entwicklung und Lernen
Hrsg. von Georg Feuser & Joachim Kutscher

Bd. 8: Sprache und Kommunikation
Hrsg. von Otto Braun und Ulrike Lüdtke

Bd. 9: Sinne, Körper und Bewegung
Hrsg. von Wolfgang Jantzen & Renate Walthes

Bd. 10: Emotion und Persönlichkeit
Hrsg. von Georg Feuser & Birgit Herz